DICTIONNAIRE HISTORIQUE, CRITIQUE ET BIBLIOGRAPHIQUE.

DICTIONNAIRE HISTORIQUE,

CRITIQUE ET BIBLIOGRAPHIQUE,

CONTENANT

LES VIES DES HOMMES ILLUSTRES, CÉLÈBRES OU FAMEUX DE TOUS LES PAYS ET DE TOUS LES SIÈCLES,

SUIVI

D'UN DICTIONNAIRE ABRÉGE DES MYTHOLOGIES,

ET

D'UN TABLEAU CHRONOLOGIQUE

DES ÉVÉNEMENS LES PLUS REMARQUABLES QUI ONT EU LIEU DEPUIS LE COMMENCEMENT DU MONDE JUSQU'A NOS JOURS.

PAR UNE SOCIÉTÉ DE GENS DE LETTRES.

TOME VINGT-NEUVIÈME.

CHRONOLOGIE.
II.

A PARIS,
CHEZ MENARD ET DESENNE, LIBRAIRES,
RUE GIT-LE-COEUR, N° 8.

1823.

ABRÉGÉ CHRONOLOGIQUE

DE

L'HISTOIRE UNIVERSELLE

MODERNE.

Mort de Ferdinand V, ou le Catholique, roi d'Aragon, etc., Depuis
le 22 février; il avait épousé Isabelle, reine de Castille. J.-C.
Charles-Quint, fils de Philippe d'Autriche et petit-fils de 1516.
Ferdinand, par sa mère, entre en possession des royaumes d'Espagne.

Ladislas VI, roi de Hongrie et de Bohême meurt; son fils Louis II, âgé de dix ans, lui succède.

Sélim, empereur des Turcs, déclare la guerre à Kansou, sultan d'Égypte, qui est défait et tué dans une grande bataille près d'Alep; presque toute la Syrie tombe au pouvoir du vainqueur.

Léon X publie des indulgences, et crée en une seule pro- 1517.
motion trente-un cardinaux, ce qui ne s'était point encore fait.

Martin Luther soutient en Saxe des thèses contre les indulgences, et commence ainsi la réformation.

Le 8 novembre, meurt le cardinal François Ximénès, archevêque de Tolède, principal ministre d'Espagne, et l'un des plus grands hommes de son siècle.

Sélim, empereur des Turcs, s'empare de l'Égypte et de la Syrie sur les Mamelucks, et fait pendre Toumanbai, leur dernier sultan, après l'avoir défait dans plusieurs combats; depuis ce temps, ces pays sont devenus des provinces de l'empire turc, et les empereurs turcs ont exercé les droits sacerdotaux du califat.

Fernand Perez d'Andrada, Portugais, arrive par mer à la Chine, dans la ville de Canton; ce fut le premier des Occidentaux qui y vint depuis le rétablissement du commerce.

Publication du concordat en France, par ordre du roi François Ier, malgré les oppositions du parlement, des universités, etc.

On invente les pistolets et les fusils à ressort. Dans le même temps, on commence la traite des nègres pour l'Amérique.

Les Espagnols défont quatre mille Maures.

Luther soutient des thèses sur la pénitence; il est déféré au 1518.
pape; il lui écrit; il est cité à Rome, et à l'assemblée que

Depuis J.-C. Maximilien avait indiquée à Augsbourg; il paraît à cette assemblée, le 12 octobre, devant le légat du pape. Il fait afficher un acte d'appel au pape, le 16 octobre. L'électeur de Saxe prend le parti de Luther; Léon X condamne sa doctrine, par une bulle du 9 novembre. Luther appelle de ce jugement au futur concile, le 28 novembre.

1519. L'empereur Maximilien meurt à Wels, près de Lintz, en Autriche, le 12 janvier, âgé de près de soixante ans, dont il en avait régné vingt-cinq, quatre mois et vingt-six jours. CHARLES-QUINT, son petit-fils est élu en sa place, le 28 juin; alors fut introduite la capitulation suivant laquelle l'empereur élu se soumet aux conditions que l'Empire lui impose.

Zwingle commence à prêcher sa doctrine en Suisse.

Premier voyage autour du monde, par Ferdinand Magellan.

1520. Léon X excommunie Luther, par une bulle, datée du 15 juin, dans laquelle il condamne quarante articles de Luther.

Luther écrit à l'empereur et au pape, et fait brûler cette bulle et les décrétales, dans la ville de Wittemberg, en Saxe, le 10 décembre.

Charles-Quint est couronné empereur à Aix-la-Chapelle, le 23.

Christian II, roi de Danemarck, devient roi de Suède après la mort de Sténon Sture, dernier administrateur de ce pays; il fait décapiter un très-grand nombre des individus du parti qui lui était opposé; il s'attire, par sa cruauté, la haine des Suédois, dont plusieurs s'arment contre lui, sous la conduite de Gustave Wasa, fils d'Éric Wasa, l'un des seigneurs suédois qu'il avait fait massacrer.

1521. Soliman II est empereur des Turcs, après son père Sélim.

Première diète de Worms; Luther y comparaît le 17 ou 18 avril. Il est exilé et obligé de se cacher.

Henri VIII réfute les sentimens de Luther, et compose, ou fait composer sous son nom, un livre pour la défense des sacremens. La faculté de théologie de Paris censure plusieurs propositions de Luther.

Commencement des guerres entre François Ier et Charles-Quint.

Les Espagnols s'emparent du royaume ou empire du Mexique, sous la conduite de Fernand Cortez.

Le 9 août, Soliman II s'empare de Belgrade, après six semaines de siége.

Parme et Plaisance tombent au pouvoir des papes, qui les possèdent pendant vingt-quatre ans.

1522. Henri VIII, roi d'Angleterre, déclare la guerre à François Ier, gagné par Charles-Quint, neveu de sa femme.

Luther revient à Wittemberg, le 6 mars, et traduit le Nouveau Testament en allemand.

Les Espagnols s'emparent du duché de Milan, après avoir gagné, le 22 avril, la bataille de la Bicoque, près de Milan.

Soliman, empereur des Turcs, se rend maître de l'île de Rhodes, sur les chevaliers de Saint-Jean de Jérusalem.

Frédéric, duc de Holstein, déclare la guerre à Christian II, 1523.
roi de Danemarck, le chasse de ses États, et s'en fait couronner roi. Dans le même temps, Gustave Wasa est élu roi de Suède; dès lors il n'a plus été question de l'union de Calmar, faite en 1397, et la Suède a été entièrement séparée du Danemarck.

Guerres des anabaptistes en Allemagne.

Le luthéranisme s'introduit en Suède et en Danemarck.

Thamas devient roi de Perse, après son père Ismaël Sophi.

Les paysans de Franconie se soulèvent et se déclarent pour 1525.
Luther. Guillaume de Furstemberg marche contre eux, et en tue plus de cinquante mille, selon quelques auteurs, et plus de cent mille, selon d'autres. Luther se marie à Catherine de Born, qui avait été religieuse.

François Pizarre pénètre dans le Pérou, dont il devint maître huit ans après.

Baber, descendant de Tamerlan, achève la conquête de l'Indostan, et y fonde l'empire du Mogol.

François Ier, roi de France, assiége Pavie; il livre bataille, est fait prisonnier le 24 février, et conduit en Espagne.

Albert de Brandebourg, grand-maître de l'ordre Teutonique, qui résidait en Prusse, ayant embrassé le luthéranisme, se fait reconnaître, par la Pologne, duc de la partie orientale de Prusse, à titre d'hommage; ainsi commence le duché de Prusse (qui depuis 1701 a le titre de royaume).

Jean III, roi de Portugal, introduit l'inquisition dans ses 1526.
États.

Charles-Quint permet à François Ier de sortir de sa prison de Madrid; François donne ses deux fils en ôtage, et fait avec Charles-Quint un traité très-désavantageux, qu'il n'observe pas dans la suite.

Les chevaliers Teutoniques d'Allemagne, qui étaient catholiques, élisent pour leur grand-maître Walther de Cronberg, qui est confirmé par l'empereur, et est néanmoins obligé d'abandonner la Prusse.

Projet d'une ligue entre les Anglais et les princes d'Italie. François Ier en fait une avec le pape, les Vénitiens et les Florentins; Rome est prise, le 20 septembre, par les Colonna.

Louis, roi de Hongrie et de Bohême, est défait et tué à la bataille de Mohatz, par les Turcs, qui se rendent maîtres d'une grande partie de la Hongrie. Jean de Zapolski prétend en être roi, malgré les droits de Ferdinand, frère de Charles-Quint, qui est reconnu roi de Bohême.

Henri VIII, roi d'Angleterre, prend des mesures pour ré- 1527.
pudier Catherine, sa femme, tante de Charles-Quint.

Depuis J.-C.

Rome est prise une seconde fois, le 6 mai, par les troupes de Charles de Bourbon, général de Charles-Quint, qui fut tué dans l'attaque; le pape est fait prisonnier.

Ferdinand d'Autriche chasse Jean de Zapolski du royaume de Hongrie, et s'en fait couronner roi, le 24 février. Depuis ce temps, la maison d'Autriche a toujours possédé la Hongrie. Zapolski, par désespoir, se met sous la protection des Turcs, et leur fournit les moyens de s'établir en Hongrie.

1528. Gustave Wasa, ou Éricson, est couronné roi de Suède, le 12 janvier.

1529. Nouvelle forme de gouvernement établie à Gênes; elle a long-temps subsisté depuis. On élit un doge tous les deux ans.

Diète tenue à Spire, dans laquelle on fait un décret peu favorable aux luthériens. Jean, électeur de Brandebourg, et plusieurs autres princes, protestent contre ce décret, d'où l'on donne à ces princes le nom de protestans, qui depuis est passé aux réformés. Ces princes s'assemblent à Smalkalde, et forment une ligue pour le luthéranisme.

Les Turcs viennent assiéger Vienne en Autriche; mais ils sont obligés de se retirer au bout de trois semaines.

L'affaire du divorce de Henri VIII se plaide en présence des légats; elle est évoquée à Rome.

1530. Horrible tremblement de terre en Portugal, au mois de janvier, précédé d'une grande inondation en Hollande. La ville de Lisbonne et plusieurs autres sont presque entièrement renversées.

Charles-Quint se fait couronner à Bologne, le 24 février, par le pape Clément VII.

Cet empereur érige en duché le marquisat de Mantoue, et cède l'île de Malte aux chevaliers de Saint-Jean de Jérusalem, chassés de Rhodes; depuis ce temps, on les appelle chevaliers de Malte.

Mort de Baber, descendant de Tamerlan, qui s'était établi dans l'Indostan, et y avait fondé l'empire du Grand-Mogol; son fils Homaïoun lui succède.

On assemble une diète à Augsbourg. Les luthériens y présentent, le 25 juin, leur confession de foi, qui avait été composée par Mélanchthon; les sacramentaires, ou zwingliens, présentent aussi la leur. Les catholiques et les protestans ou luthériens confèrent ensemble; la diète se sépare le 15 novembre.

1531. Ferdinand d'Autriche est élu roi des Romains, le 5 janvier, par les soins de Charles-Quint, son frère.

Guerre civile en Suisse, dans laquelle Zwingle est tué, âgé de quarante-quatre ans.

La Toscane est érigée en duché pour la famille des Médicis, par Charles-Quint.

1532. L'empereur fait la paix avec les princes d'Allemagne, le 13 juillet. Il a aussi une entrevue avec le pape, à Bologne.

Christian II, chassé de Danemarck, rentre dans ses États; il est arrêté et mis en prison, où il reste vingt-sept ans, jusqu'à sa mort. Depuis J.-C.

François Ier, roi de France, réunit le duché de Bretagne à son royaume.

Les anabaptistes, sous la conduite de Stork et de Muntzer, se rendent maîtres de Munster. 1533.

Les Suisses et les Bohémiens font des confessions de foi.

Le parlement d'Angleterre fait un décret pour se soustraire à l'obéissance du pape, et déclare le roi souverain de l'Église anglicane.

Crammer, que Henri VIII avait fait archevêque de Cantorbéri, prononce une sentence pour légitimer le divorce de ce prince avec Catherine. Anne de Bouleyn, que Henri VIII avait épousée l'année précédente, accouche d'Élisabeth.

Les Espagnols, sous la conduite de Pizarre, s'emparent du riche empire du Pérou, dans l'Amérique méridionale. Cette conquête est accompagnée de grandes cruautés.

Sentence définitive du pape pour la validité du mariage du roi d'Angleterre avec Catherine. 1534.

Henri VIII se sépare de Rome, et se fait confirmer la qualité de chef suprême de l'Église d'Angleterre, qu'il avait prise trois ans auparavant.

Christian III, fils de Frédéric, lui succède dans le royaume de Danemarck, et y introduit définitivement le luthéranisme.

François Ier conclut un traité de ligue défensive et de commerce avec Soliman, empereur des Turcs.

La ville de Genève s'étant soustraite à la juridiction de son évêque, ainsi qu'à celle de l'Église romaine, embrasse la réformation, et se constitue en république indépendante. Elle a conservé son indépendance jusqu'en 1798. 1535.

Les frères de Bohême et de Moravie se réunissent avec les luthériens. La ville de Munster est prise, et la secte des anabaptistes dissipée.

Procession solennelle à Paris, à laquelle François Ier assiste en personne, pour réparation des injures faites au Saint Sacrement dans quelques affiches mises à Paris.

Commencement de la société de Jésus, par Saint Ignace de Loyola, espagnol.

Charles-Quint fait une expédition en Afrique, où il rétablit le roi de Tunis, qui, l'année précédente, avait été dépossédé par Soliman II. Il assiége en vain, l'année suivante, la ville de Marseille.

Henri VIII, roi d'Angleterre, fait condamner à mort sa femme Anne de Bouleyn, pour crime non-avéré d'inceste et d'adultère; dès le lendemain de l'exécution d'Anne, il épouse Jeanne Seymour. 1536.

Les Bernois s'emparent du pays de Vaud sur le duc de Savoie.

1538. Le pape lance une bulle contre Henri VIII, roi d'Angleterre.

1539. Ordonnance de François Ier pour cesser d'écrire les actes en latin, et pour se servir de la langue française. La même année, on établit, pour la première fois, des loteries en France.

1540. Charles-Quint passe par la France pour aller dans les Pays-Bas, où la ville de Gand s'était révoltée. François Ier lui fait une réception magnifique.

Le pape approuve la société des jésuites, instituée par Ignace de Loyola.

En conséquence d'un traité fait entre Jean de Zapolski et Ferdinand, roi de Hongrie, Jean Sigismond, fils de Jean Zapolski, est reconnu prince de la Transylvanie, qui est séparée de la Hongrie; cette séparation a subsisté pendant plus de cent cinquante ans.

1542. Marie, reine d'Écosse, âgée seulement de huit jours, succède à Jacques V, son père, qui meurt le 15 décembre.

Le Japon est découvert par trois marchands portugais qui faisaient voile pour la Chine.

1544. Le 14 avril, le duc d'Enghien gagne la bataille de Cérisoles près de Carignan; dix mille Impériaux y périssent, et trois mille sont faits prisonniers.

Paix de l'empereur et de la France, le 17 septembre, à Crépi, dans le Laonnais. Les Français renoncent à l'Italie, où les Espagnols acquièrent une grande prépondérance.

Les États de Suède déclarent ce royaume héréditaire.

1545. Concile ouvert à Trente, le 15 décembre; c'est le dernier concile général.

Parme et Plaisance sont érigées en duché par le pape Paul III, en faveur de la famille de Farnèse, qui était la sienne.

Massacre des Vaudois dans Mérindol, Cabrières et vingt autres villages. Iwan IV Vasiliewitz, grand prince de Russie, prend le titre de tzar ou czar, que ses successeurs ont continué de porter.

1546. Luther meurt à Islèbe, le 18 février.

On tient la seconde session du concile de Trente, le 7 janvier, et l'on indique la troisième, qui se tient le 4 février; la quatrième se tient le 8 avril; la cinquième le 17 juin; la sixième, qui avait été indiquée au 19 juillet, ne se tint que le 13 janvier suivant.

1547. La nuit du 1er au 2 janvier, conjuration de Jean-Louis de Fiesque à Gênes, contre André Doria. Il se noie dans le port au moment où il allait triompher.

Henri VIII, roi d'Angleterre, meurt le 28 janvier, âgé de cinquante-cinq ans, après en avoir régné environ trente-huit. Édouard VI, son fils, lui succède.

François Ier, roi de France, protecteur des lettres, meurt le 31 mars; son fils Henri II lui succède, et est sacré à Reims, le 26 juillet.

Depuis J.-C.

Bataille de Mulberg, où Charles-Quint fait prisonnier Jean Frédéric, électeur de Saxe, qu'il prive de son électorat, lequel est donné au prince Maurice, de la branche albertine de Saxe ; ainsi la branche ernestine, qui était l'aînée, en fut privée, et la ligue de Smalkalde fut dissipée.

Intérim publié en Allemagne, et son exécution ordonnée par un édit de l'empereur, du 15 mai. 1548.

Les orangers sont apportés de la Chine en Portugal, d'où ils se sont ensuite répandus dans toute l'Europe méridionale.

Diète d'Augsbourg; Charles-Quint rend un édit contre les luthériens, qui commencent à s'établir dans les Pays-Bas. 1550.

L'empereur déclare la guerre au duc de Parme ; il l'entreprend aussi contre le roi de France. 1551.

Seconde ouverture du concile à Trente, le 1er mai.

Ordonnance du roi de France, qui défend de rien porter à Rome ; autre ordonnance contre les hérétiques.

Changement de religion en Angleterre. 1552.

Paix de Passaw, qui accorde aux protestans d'Allemagne la liberté de religion.

Les Français s'emparent, en Lorraine, des trois évêchés de Metz, Toul et Verdun ; Charles-Quint assiége en vain Metz, avec cent mille hommes.

Iwan Vasiliewitz, czar de Russie, se rend maître du royaume de Casan.

Les Turcs s'emparent de tout le bannat de Témeswâr.

Saint François-Xavier ayant entrepris de porter le christianisme dans la Chine, meurt, à la vue des côtes, dans l'île de Sancian.

Édouard VI, roi d'Angleterre, meurt le 6 juillet ; Marie, sa sœur, lui succède, et rétablit la religion catholique en Angleterre. 1553.

Jeanne Gray, petite-fille de Marie, duchesse de Suffolk, fille de Henri VII, est proclamée reine d'Angleterre ; elle abdique au bout de neuf jours ; ce qui n'empêche pas la reine Marie de lui faire trancher la tête l'année suivante, ainsi qu'à son mari et à son père.

Michel Servet est supplicié à Genève, pour ses erreurs sur le mystère de la Trinité, et comme blasphémateur.

La guerre continue dans les Pays-Bas et en Italie, entre les Français et Charles-Quint. Le 3 août, les Français sont battus à Marciano, en Toscane. 1554.

Marie, reine d'Angleterre, épouse Philippe, fils de Charles-Quint.

Iwan IV Vasiliéwitz, czar de Russie, s'empare d'Astracan ; les Tartares qui, pendant cent cinquante ans, avaient été maîtres de la Russie, le reconnaissent à l'envi pour leur souverain.

On assemble une diète à Augsbourg, et l'on propose un concile national en Allemagne; les catholiques de l'Empire 1555.

Depuis J.-C. s'accommodent avec les protestans, sur quelques articles.

Le socinianisme se répand en Pologne et en Transylvanie, par Lelio et Fauste Socin, et par leurs partisans.

1556. L'empereur Charles V renonce à ses États d'Espagne, en faveur de Philippe son fils, et il laisse l'empire à Ferdinand, son frère, qu'il avait fait élire roi des Romains. Il se retire ensuite dans le monastère de Saint-Just, dans l'Estramadure, où il passe le reste de sa vie.

1557. Le duc de Guise s'empare de Naples; mais il ne peut s'y maintenir.

La ville de Sienne est réunie à la Toscane par Côme de Médicis.

Bataille de Saint-Quentin, où les Français sont défaits par les Espagnols, commandés par le duc de Savoie.

1558. Ferdinand est reconnu empereur le 24 février.

Le 13 juillet, les Espagnols, commandés par le comte d'Egmont, battent les Français devant Gravelines.

Charles-Quint meurt, le 21 septembre, âgé de cinquante-neuf ans, et près de sept mois.

Mort de Marie, reine d'Angleterre, le 17 novembre. Sa sœur Élisabeth lui succède; elle était fille d'Anne de Bouleyn, seconde femme de Henri VIII.

Les Français, sous le commandement du duc de Guise, prennent Calais, dont les Anglais étaient maîtres depuis deux cent dix ans. La paix se traite avec Philippe, roi d'Espagne.

Troubles en Flandre pour les nouveaux évêchés.

1559. Paix conclue entre la France et l'Espagne, à Câteau-Cambrésis.

Henri II, roi de France, est blessé dans un tournois d'un éclat de lance, par le comte de Montgommeri, et meurt le 10 juillet, âgé de quarante ans, après en avoir régné douze. François II, son fils aîné, lui succède, et est sacré à Reims le 18 septembre; il avait épousé Marie Stuart, reine d'Écosse.

La reine Élisabeth révoque les édits favorables à l'Église catholique.

1560. Les réformés se révoltent en plusieurs endroits de France, et forment le dessein de se saisir de François II dans le temps qu'il était à Amboise, et de faire mourir le cardinal et le duc de Guise. C'est ce qu'on appelle *la conjuration d'Amboise*, qui fut découverte peu avant son exécution. Le roi assemble un grand nombre de seigneurs à Fontainebleau, le 21 août, et accorde un édit de tolérance en faveur des réformés.

Jean Nicot, ambassadeur de France en Portugal, apporte une plante de tabac en France, et l'y naturalise.

François II, roi de France, meurt à Orléans, le 5 décembre, âgé de 17 ans, 10 mois et 15 jours, après un an et demi de règne. Charles IX, son frère, âgé de 10 ans et demi, lui succède; et Catherine de Médicis, sa mère, gouverne sans avoir été déclarée régente. On tient les Etats à Orléans, le 13 décembre.

On propose de recommencer le concile de Trente. Pie IV l'indique au jour de Pâques de l'année prochaine, par une bulle du 30 décembre.

Ligue des Gueux en Flandre ; on y donna ce nom à ceux qui étaient pour les nouvelles religions. Il y avait néanmoins des catholiques qui s'opposaient comme eux à l'établissement de l'inquisition, etc.

Le grand-duc de Toscane, Côme Ier, établit l'ordre des chevaliers de St.-Étienne.

Marie, reine d'Écosse, veuve de François II, retourne en 1561.
Écosse, et y épouse ensuite son cousin Henri de Darnei.

Charles IX, qui fut sacré à Reims, le 15 mai, donne un édit au mois de juillet, en faveur des réformés. Colloque de Poissi.

Gothard Ketler, maître des chevaliers teutoniques de Livonie, cède les droits de son ordre sur ce pays à Sigismond Auguste, roi de Pologne ; celui-ci érige la Courlande et le Semigalle en un duché relevant de la Pologne, dont Gothard Ketler devient le premier duc.

Maximilien, fils de l'empereur Ferdinand, est couronné 1562.
roi de Bohême à Prague, le 20 septembre, et roi des Romains, le 30 novembre, à Francfort.

Les gens du duc de Guise massacrent un grand nombre de huguenots à Vassi, ville de Champagne. Cet accident devient le signal des guerres civiles en France.

Troisième ouverture du *concile de Trente*, qui devient alors général. Le 18 janvier, on tient la dix-septième session.

Le 19 décembre, les protestans de France sont battus à Dreux par le duc de Guise et le connétable.

Le duc de Guise meurt, le 24 février, assassiné par Pol- 1563.
trot, lorsqu'il assiégeait Orléans. La reine-mère accorde la paix aux huguenots, le 19 mars.

Les Suédois et les Danois se font la guerre.

Le 4 décembre, le concile de Trente est terminé ; l'on en demande la confirmation au pape, qui l'accorde par une bulle datée de Rome, le 26 janvier 1564.

Édit de Charles IX, donné à Roussillon, en Dauphiné, 1564.
entre autres choses, pour faire commencer l'année au premier janvier, au lieu qu'elle ne commençait en France auparavant que le Samedi-Saint ou à Pâques.

L'empereur Ferdinand Ier, meurt à Vienne, le 25 juillet, âgé de 61 ans, après avoir gouverné l'Empire environ huit ans. MAXIMILIEN II, son fils aîné, lui succède.

Les Turcs viennent assiéger Malte ; mais, après quatre 1565.
mois, ils sont obligés de se retirer ; on bâtit ensuite la cité Valette, ainsi nommée du grand-maître qui s'était vaillamment défendu.

Depuis J.-C.

1566. Soliman II, empereur des Turcs, meurt le 30 août, au siége de Sigeth en Hongrie; Sélim II, son fils, monte sur le trône des Ottomans.

1567. Le comte de Darnlei, mari de la reine d'Écosse, est tué : la princesse épouse le comte Bothwel, qu'on accusait de ce régicide; les peuples d'Écosse se soulèvent alors, et arrêtent leur reine, qu'ils forcent à résigner la couronne à son fils Jacques VI, âgé d'un an.

Seconde guerre de religion en France : bataille de Saint-Denis, où le connétable Anne de Montmorenci est blessé à mort.

1568. Éric, roi de Suède, est privé de ses États, par son frère Jean III, qui s'en fait mettre en possession.

La reine d'Écosse quitte ses États, et se réfugie en Angleterre, où elle est arrêtée.

Paix avec les huguenots en France; renouvellemeut de guerre, où les protestans d'Allemagne prennent parti. On accorde l'exercice de la religion réformée dans les Pays-Bas.

Mort de don Carlos, infant d'Espagne, et d'Élisabeth de France, sa belle-mère; on a soupçonné Philippe II de les avoir fait périr, parce qu'ils s'aimaient.

1569. Batailles de Jarnac et de Montcontour, où les huguenots sont défaits; Louis Ier, prince de Condé, est tué par Montesquiou dans la première.

Charles IX épouse Élisabeth d'Autriche, fille de l'empereur Maximilien.

La Toscane est érigée en grand-duché en faveur de la maison de Médicis, qui y a régné jusqu'en 1737.

1570. Les vents sont si considérables en Hollande, en Frise et en Zélande, que plusieurs bourgs et villages sont entièrement renversés, d'autres submergés.

1571. Édit de la reine d'Angleterre contre les catholiques.

Les Turcs enlèvent aux Vénitiens l'île de Chypre.

Bataille navale de Lépante, où les Turcs sont entièrement défaits par la flotte des chrétiens, commandée par don Juan d'Autriche.

1572. Charles IX, roi de France, à la sollicitation de la reine, sa mère, et de l'avis de plusieurs seigneurs de sa cour, ordonne le massacre de l'amiral de Coligni et de tous les huguenots; il se fait avec tant de cruauté, qu'il y eut en tout plus de soixante-dix mille hommes de tués, et, parce que ce massacre commença la nuit de la fête de St. Barthélemi, on l'a depuis appelé *le massacre de la St.-Barthélemi.*

Henri de Bourbon, depuis roi de France, sous le nom de Henri IV, devient roi de Navarre, après la mort de sa mère Jeanne d'Albret; il réunit dans la suite la Navarre à la France; ce qui a toujours subsisté dès lors.

Rodolphe, fils aîné de l'empereur Maximilien, est couronné roi de Hongrie, le 26 septembre.

Depuis J.-C.

Mort de Sigismond II, roi de Pologne. En lui finit la dynastie des Jagellons, qui avait subsisté cent quatre-vingt-six ans.

Henri, frère du roi de France Charles IX, est élu roi de Pologne. 1573.

Sélim II, empereur des Turcs, meurt d'apoplexie, le 13 décembre. On cache sa mort jusqu'à l'arrivée d'Amurat III, son fils, qui, pour s'assurer l'empire, fait mourir cinq de ses frères. 1574.

Charles IX, meurt à Vincennes, le 30 mai, âgé de 24 ans, après en avoir régné 13 et quelques mois. Son frère Henri III revient de Pologne, pour lui succéder en France.

Étienne Battori, prince de Transylvanie, est élu roi de Pologne, et épouse la princesse Anne, sœur du roi Sigismond. 1575.

Rodolphe, fils de Maximilien II, est couronné roi de Bohême, le 22 septembre, élu roi des Romains, le 27 octobre, et couronné le 1er novembre.

Henri III fait arrêter son frère le duc d'Alençon; ce prince trouve moyen de s'échapper, joint le prince de Condé, et se met à la tête des huguenots.

Ismaël II, fils de Thamas, roi de Perse, règne après son père.

L'empereur Maximilien II meurt à Ratisbonne, le 12 octobre, âgé de cinquante ans, après en avoir régné douze, et plus de deux mois. Son fils RODOLPHE II lui succède. 1576.

Henri III découvre et fait avorter une conspiration tramée contre lui.

Paix conclue en France avec les huguenots, et confirmée par un édit du 9 mai, vérifié en parlement, le 14. Les avantages accordés aux huguenots servent de prétexte aux mécontens, qui se déclarent contre Henri III; ce qui donna lieu à cette fameuse LIGUE, qui fit tant de ravages dans la suite. Cette ligue fait révoquer l'édit favorable aux huguenots, dans les états que l'on tient à Blois.

Grande peste à Milan, où St. Charles Borromée, archevêque de cette ville, fait voir l'étendue de sa charité; il avait été fait cardinal par le pape Pie IV, son oncle.

Les huguenots recommencent la guerre en France; on fait la paix avec eux. 1577.

En Perse, Mohamed Khodabendé règne après son frère Ismaël II, qui est étranglé par les grands du royaume.

L'archiduc Mathias, frère de l'empereur Maximilien II, va dans les Pays-Bas, pour en être gouverneur. Sa conduite ne lui faisant pas honneur, il revint en Allemagne l'an 1581.

Sébastien, roi de Portugal, passe en Afrique; il est pris et tué par les Maures, à la bataille d'Alcaçar. Le cardinal Henri, son grand-oncle, lui succède. 1578.

Henri III, roi de France, institue l'ordre des chevaliers du St.-Esprit.

Depuis J.-C.

Bataille de Gemblours, gagnée par don Juan d'Autriche, sur les rebelles des Pays-Bas.

1579. Union des provinces septentrionales des Pays-Bas, faite à Utrecht ; Guillaume Ier de Nassau, prince d'Orange, est déclaré stathouder ou gouverneur.

1580. Philippe II, roi d'Espagne, s'empare du royaume de Portugal, après la mort de Henri, arrivée le 31 janvier.

Les huguenots recommencent la guerre en France.

1581. Les Provinces-Unies des Pays-Bas renoncent expressément à l'obéissance de Philippe, roi d'Espagne ; de là sont venus les États-généraux, ou de Hollande.

Le mariage d'Élisabeth, reine d'Angleterre et du duc d'Anjou, ci-devant duc d'Alençon, frère de Henri III, est arrêté. Le duc vient à Londres pour le célébrer ; mais bientôt après, Élisabeth retire sa parole.

1582. Réforme du calendrier par le pape Grégoire XIII.

1583. Le duc d'Anjou, ci-devant duc d'Alençon, que les États-généraux des Provinces-Unies avaient proclamé duc de Brabant et comte de Flandre, ayant voulu s'emparer d'Anvers sans leur consentement, est obligé de renoncer aux Pays-Bas, et de retourner en France.

1584. Le duc d'Anjou, héritier présomptif de la couronne de France, meurt le 10 juin.

Guillaume de Nassau, prince d'Orange, fondateur de la république de Hollande, est assassiné à Delft par un émissaire des Espagnols ; le prince Maurice, son fils, lui succède dans la charge de stathouder des Provinces-Unies.

Un chef des Cosaques commence, pour le compte de la Russie, la conquête de la Sibérie.

Les Anglais commencent à former des établissemens dans l'Amérique septentrionale.

1585. Les Guises, à la tête des ligueurs, recommencent la guerre contre les huguenots, et se révoltent contre le roi.

Mohaméd Khodabendé, schâh ou roi de Perse, meurt. Hamzé, son fils aîné, n'ayant régné que quelques mois, aussi bien qu'Ismaël III, leur frère Abbas succède, l'année suivante, et règne quarante-deux ans ; il rétablit les affaires de la Perse, envahie par les Turcs et les Tartares.

Fide-Josi, Cubo ou grand-général du Japon, dépouille les Dairos ou empereurs, qui régnaient depuis l'an 660 avant Jésus-Christ, de toute autorité temporelle ; dès lors il y a eu deux empereurs au Japon ; l'un ecclésiastique, appelé Dairo ; l'autre séculier, connu sous le nom de Cubo.

1586. Marie Stuart, reine d'Écosse, est décapitée le 18 février, après qu'Élisabeth l'eut tenue en prison 19 ans.

Le 20 octobre, bataille de Coutras, où le roi de Navarre, depuis Henri IV, alors chef des huguenots, est vainqueur.

Sigismond III, depuis roi de Suède, est couronné roi de Pologne.

Depuis J.-C.

Le comte de Serin, général de l'empereur d'Allemagne, remporte une grande victoire sur les Turcs, qui, depuis soixante ans, n'avaient cessé de faire des progrès en Hongrie.

Les Russes construisent, en Sibérie, la ville de Tobolsk.

Philippe, roi d'Espagne, équipe une flotte, à laquelle on donna le nom d'*Invincible*, à cause du grand nombre de ses vaisseaux, pour envahir l'Angleterre. Cette flotte vient jusqu'à l'embouchure de la Tamise, et est entièrement dissipée, en partie par la tempête, et en partie par l'adresse de François Drack, vice-amiral d'Angleterre, qui s'était déjà rendu célèbre par son voyage autour du monde, fait dix ans auparavant. 1588.

Le 12 mai, plusieurs personnes ayant rangé des tonneaux dans quelques rues de Paris, à dessein d'empêcher le passage des troupes que le roi avait fait entrer dans cette ville, on donne à ce jour le nom de *Journée des Barricades*. Le roi est obligé de se retirer à Chartres.

Les ligueurs destituent quelques officiers de la ville de Paris, et s'emparent de plusieurs autres villes. Le duc de Guise, à la persuasion de la reine, demande pardon au roi, et l'obtient. Henri accorde la paix aux ligueurs, par l'édit de réunion ; il va à Blois pour y tenir l'assemblée des États, dont l'ouverture se fait le 16 du mois d'octobre.

Le duc de Guise est tué le 23 décembre, dans le palais de Henri III. Le cardinal de Guise, son frère, est aussi tué à coups de hallebardes. Leurs corps sont brûlés, et leurs cendres jetées au vent. Presque toutes les villes de France se soulèvent contre Henri III. Le duc de Mayenne, frère du duc de Guise, se met à la tête de la ligue ; Henri III appelle le roi de Navarre à son secours.

Jérémie, patriarche de Constantinople, étant allé en Russie, y érige le métropolitain de Moscou en patriarche ; Job fut le premier, et il y en a eu dix jusqu'à Adrien, qui mourut en 1703, et après lequel il n'y en a plus eu.

Catherine de Médicis meurt à Blois, le 5 janvier, âgée de soixante et dix ans. 1589.

Le conseil des seize propose à la faculté de théologie de Paris, un cas de conscience ; savoir : *si les Français ne pouvaient pas prendre les armes contre Henri III*. Un grand nombre de docteurs se retirent à cause des troubles ; et les ligueurs obtiennent une décision conforme à leurs désirs.

Bussi le Clerc, procureur au parlement de Paris, a la témérité d'aller avec une troupe de soldats, enlever et conduire à la Bastille Achille de Harlai, premier président du parlement de Paris, et plusieurs conseillers attachés au service de Henri III.

Le duc de Mayenne entre dans Paris ; les ligueurs lui donnent la qualité de lieutenant-général de l'Etat royal et couronne de France ; ce duc s'attribue une souveraine autorité.

Depuis J.-C. Les sermons et les discours séditieux des partisans de la ligue, font révolter la plupart des villes de France.

Le roi transfère le parlement de Paris à Tours, et une autre partie à Châlons-sur-Marne.

Henri de Bourbon, roi de Navarre, vient au secours de Henri III, et aide ce prince à faire le siége de Paris.

Jacques Clément, religieux dominicain, natif du village de Sorbonne, près de Sens, âgé de 22 ans, vient à St.-Cloud, et y perce Henri III d'un coup de couteau au-dessous du nombril, dont ce prince meurt, le 2 août, âgé de 37 ans 10 mois et 13 jours, après avoir régné quinze ans et deux mois. En sa personne finit la branche des Valois, qui avait régné deux cent soixante-un ans, à compter depuis Philippe IV, qui monta sur le trône en 1328.

Après une guerre de onze ans entre les Turcs et les Persans, ces derniers cèdent aux Turcs trois provinces, au nombre desquelles est l'Arménie.

Henri III a pour successeur Henri IV, roi de Navarre, parent du feu roi au vingt-unième degré, descendant de Robert de France, comte de Clermont, seigneur de Bourbon par sa femme, et qui était le sixième et dernier fils du roi St. Louis. Le duc de Mayenne et les ligueurs se déclarent ouvertement contre Henri IV, et font proclamer roi de France, le 21 novembre, le cardinal de Bourbon, sous le nom de Charles X.

Henri IV, après avoir été victorieux au combat d'Arques, approche de Paris, le 31 octobre, attaque le faubourg Saint-Germain, le 1er novembre, et se retire.

1590. Le 14 mars, bataille d'Ivri, gagnée par Henri IV. Ce prince fait ensuite une nouvelle tentative sur Paris; les habitans, réduits à une extrême disette de vivres, refusent de se rendre, et le roi est obligé de se retirer à l'approche du duc de Parme, gouverneur des Pays-Bas pour l'Espagne. Le comte de Châtillon tente de la surprendre; deux religieux qui faisaient sentinelle, empêchent cette entreprise.

Le cardinal de Bourbon meurt d'une rétention d'urine, le 9 mai, âgé de soixante-dix-sept ans.

Schah Abbas fixe sa résidence à Ispahan, qui lui doit de grands embellissemens, et dont il fait la capitale de ses États.

Maurice, prince d'Orange et stathouder de Hollande, prend Breda sur les Espagnols, avec l'aide des Français.

1591. Le pape excommunie Henri IV. Les parlemens du royaume reconnaissent l'injustice de cette excommunication.

1592. Le roi assiége Rouen; le duc de Parme revient une seconde fois en France, au secours des ligueurs.

Institution des prêtres de la doctrine chrétienne, dont le fondateur fut César de Bus, à Avignon.

Jean III, roi de Suède, meurt; son fils Sigismond, roi de Pologne, est reconnu pour son successeur; mais Charles, duc de Sudermanie, son oncle, s'empare du gouvernement de Suède. Depuis J.-C.

Le sultan Amurat fait une invasion dans la Croatie; ses troupes s'emparent de Wihitz, capitale du pays; l'année suivante, elles furent deux fois défaites en Hongrie.

Les partisans de la ligue tiennent une assemblée à Paris. Cependant l'archevêque de Bourges et l'abbé du Perron travaillent avec succès à la conversion de Henri IV, qui fait son abjuration à Saint-Denis, le dimanche 25 juillet. 1593.

Henri IV est sacré à Chartres, le 27 février. Le comte de Brissac et plusieurs autres ménagent son entrée dans Paris; il y entre, sans aucune opposition, le 22 mars. 1594.

Ce prince reçoit, le 27 décembre, à la lèvre, un coup de couteau, qui lui rompt une dent. L'assassin, nommé Jean Châtel, est arrêté sur-le-champ. Le parlement rend un arrêt, le 29 décembre, contre cet assassin, dans lequel on comprend aussi les jésuites, chez qui il avait étudié, et à qui il est ordonné de sortir de Paris et des autres villes du ressort du parlement, trois jours après que cet arrêt leur aura été signifié. Presque tous les parlemens du royaume font la même chose. La maison de Jean Châtel, qui était devant l'une des grandes portes du palais, à Paris, est démolie, et une pyramide érigée en sa place.

Réconciliation de Henri IV avec le Saint-Siége. 1595.

Antoine, roi titulaire de Portugal, meurt à Paris, le 25 août.

Amurat III, empereur des Turcs, meurt le 17 janvier. Son fils aîné, Mahomet III, fait mourir dix-neuf enfans de son père, et monte ensuite sur le trône des Ottomans.

Le duc de Mayenne fait sa paix avec Henri IV. Les Espagnols continuent la guerre du côté de la Flandre. 1596.

Ils surprennent Amiens; le roi reprend cette ville. 1597.

Extinction de la ligne des premiers ducs de Modène, Reggio et Ferrare, par la mort d'Alphonse d'Este. Le duché de Ferrare est réuni au domaine du Saint-Siége, et l'empereur donne une nouvelle investiture des duchés de Modène et de Reggio à César d'Este, dont la postérité a subsisté jusqu'à nos jours.

Le 2 mai, paix de Vervins entre la France et l'Espagne. 1598.

Philippe II cède à sa fille Claire-Isabelle-Eugénie, la souveraineté des Pays-Bas, du comté de Charolais et de la Franche-Comté. Cette princesse épouse Albert, archiduc d'Autriche.

Le 13 avril, édit de Nantes en faveur des réformés.

Philippe II, roi d'Espagne, meurt à l'Escurial, le 13 septembre; son fils Philippe III lui succède.

Sigismond Battori cède la Transylvanie à Maximilien, et s'en repent peu de temps après.

Fédor, ou Théodore, czar de Russie, meurt; il fut le dernier

Depuis J.-C. de la race de Rurik, qui gouvernait ce grand pays depuis près de huit cents ans. Boris Godounow, qui est soupçonné d'avoir empoisonné le czar, et fait tuer son fils, s'empare du gouvernement de la Russie.

1599. La Transylvanie est enlevée à André Battori par l'empereur.

1600. Bataille de Nieuport, gagnée par le prince Maurice, stathouder de Hollande, contre Albert d'Autriche, gouverneur ou prince des Pays-Bas espagnols. Maurice cependant ne peut prendre la ville de Nieuport.

Mariage du roi Henri IV avec Marie de Médicis, fille de François, grand-duc de Toscane.

Réforme de l'université de Paris, faite par l'autorité de Henri IV.

1601. La paix est conclue entre la France et la Savoie; le Bugei, la Bresse, le pays de Gex et le Valromei sont cédés au roi en échange du marquisat de Saluces.

Robert Devevreux, comte d'Essex, est décapité pour avoir conspiré contre la reine Élisabeth, dont il avait été longtemps le favori.

Henri IV interdit le commerce d'Espagne à ses sujets.

Louis, dauphin, depuis roi de France sous le nom de Louis XIII, naît à Fontainebleau, le 27 septembre.

1602. Conspiration du maréchal de Biron punie.

Entreprise manquée du duc de Savoie sur la ville de Genève.

1603. Élisabeth, reine d'Angleterre, meurt sans postérité, le 3 avril, âgée de plus de soixante-neuf ans, après en avoir régné quarante-cinq. Elle avait nommé pour son successeur, son plus proche parent, Jacques VI, roi d'Écosse, qui réunit en sa personne les royaumes d'Écosse et d'Angleterre, et fut le premier qui prit le nom de roi de la Grande-Bretagne.

Décret du sénat de Venise, portant défenses d'établir de nouvelles communautés religieuses, et de bâtir de nouveaux hôpitaux ou monastères.

Établissement des manufactures de soie, de tapisseries, de faïence, de cristal, etc., en France.

Mort de Mahomet III, empereur des Turcs; son fils Achmet lui succède. Mahomet avait pendant tout son règne fait la guerre aux Impériaux en Hongrie.

1604. Dès le 2 janvier, on vérifie, au parlement de Paris, l'édit que le roi avait accordé pour le rétablissement des jésuites, qui depuis dix ans avaient été chassés.

Établissement des Français dans le Canada.

Prise d'Ostende sur les Hollandais, après un siége de plus de trois ans.

Les états de Suède déposent leur roi Sigismond parce qu'il était catholique; ils le remplacent par Charles IX, son oncle, fils de Gustave Wasa.

Les Hollandais enlèvent au Portugal une partie des îles Moluques, et y établissent leur compagnie des Indes Orientales.

Le sénat de Venise défend aux séculiers de donner aucuns 1605.
fonds aux ecclésiastiques; il fait mettre en prison deux clercs, dont Paul V demande inutilement la liberté; ce refus donne lieu à de grandes contestations entre la république et le pape. Paul V publie plusieurs monitoires contre la république de Venise et les décrets du sénat.

Henri IV, roi de France, fait abattre la pyramide dressée devant le palais, en la place de la maison de Jean Châtel.

Plusieurs particuliers conspirent contre le roi d'Angleterre, et contre les seigneurs du royaume; cette trahison est nommée *Conspiration des poudres*, parce que les complices devaient s'en servir pour faire sauter le parlement, dans le temps que le roi et tous les seigneurs y seraient.

En Russie, Dmitri, imposteur, se disant frère de Fédor, se fait reconnaître grand-duc; mais il ne règne qu'environ un an, son imposture ayant été découverte.

Mort d'Akbar, troisième empereur de l'Indostan, ou Grand Mogol; ce prince, par ses conquêtes, avait beaucoup augmenté son empire; son fils Géhanghir lui succède.

Leonardo Donato est élu doge de Venise. Le sénat de cette 1606.
ville persiste à soutenir les décrets qu'il avait faits, ne voulant pas relâcher les deux ecclésiastiques emprisonnés.

Le pape Paul V interdit tous les États de Venise par une bulle du 17 avril. Le sénat défend de publier et d'observer l'interdit, et proteste contre la bulle.

Le feu prend au quartier des juifs à Constantinople, et brûle plus de huit cents maisons; plus de quinze cents personnes y périrent.

Achmet, sultan des Turcs, conclut une trève de vingt ans avec l'empereur Rodolphe; la guerre entre les Turcs et les Impériaux durait depuis quatre-vingts ans.

Le faux Dmitri, czar de Russie, est massacré à Moscou avec un grand nombre de Polonais qui avaient contribué à le placer sur le trône; le boyar Vasili Chouiski, chef des révoltés contre Dmitri, est élu pour le remplacer.

Accord entre le pape et la république de Venise, au sujet 1607.
de l'interdit, par la médiation du roi de France. Le cardinal de Joyeuse est employé, et réussit dans cette commission.

Inondation considérable en Angleterre, vers la fin du mois de janvier.

Il fait un froid si extrême, que l'on a nommé cette année, 1608.
celle du grand hiver; les rivières et les fleuves les plus rapides furent gelés, jusqu'à porter des chariots chargés; les vignes, les cyprès et les noyers gelèrent jusqu'à la racine.

Le 25 mars, la reine accouche à Fontainebleau du duc d'Anjou, appelé depuis duc d'Orléans, et nommé Gaston; il

Depuis J.-C. n'a eu qu'une fille de son premier mariage, connue sous le nom de mademoiselle de Montpensier.

L'archiduc Mathias est proclamé roi de Hongrie, le 14 novembre, et couronné le 19.

Les Français fondent Québec dans le Canada.

1609. Trève de douze ans entre les Espagnols et les Hollandais, qui pendant le fort de la guerre avaient fait des établissemens considérables dans les Indes.

Mort de Jean-Guillaume, dernier duc de Clèves, etc., dont la succession donne lieu à bien des querelles.

1610. Le 14 mai, Henri IV, surnommé le Grand, est assassiné dans Paris, par François Ravaillac, natif d'Angoulême; Louis XIII, son fils, lui succède. Dès le 14 mai, le parlement reconnut régente la reine-mère, Marie de Médicis. Le roi tient son lit de justice, le 15 mai, et, de l'avis des princes du sang royal, des ducs et grands seigneurs du royaume, il confirme l'arrêt qui avait été rendu le jour précédent, touchant la régence; il est couronné à Reims, le 17 octobre, par le cardinal de Joyeuse, archevêque de Rouen, parce que celui de Reims n'était pas encore consacré.

Philippe III, roi d'Espagne, fait exécuter l'édit qu'il avait rendu contre les Morisques, ou descendans des Maures, le 9 décembre 1609, par lequel il leur ordonnait de sortir de ses États, dans le terme de trente jours, qui fut restreint à vingt. Plus de neuf cent mille personnes se trouvent dans le cas de l'édit, et sont obligées d'abandonner la plus grande partie de leurs biens.

Grande guerre entre la Russie et la Pologne; une partie des Russes reconnaissent pour czar Uladislas, fils de Sigismond, roi de Pologne.

1611. L'archiduc Mathias est élu roi de Bohême le 23 mai.

Plus de deux cent mille personnes meurent de la peste à Constantinople.

Charles IX, roi de Suède, meurt; son fils Gustave-Adolphe lui succède.

1612. L'empereur Rodolphe II meurt de chagrin le 20 janvier, âgé de soixante ans, dont il en avait régné trente-sept sans avoir été marié. Mathias, son frère, est élu en sa place; il s'était fait élire roi de Bohême et de Hongrie, sans consulter son frère; ce qui avait pensé causer une guerre entre eux.

Les vents du midi sont si violens, et un si grand nombre de vaisseaux périrent sur mer, que l'on repêcha plus de deux mille corps morts sur les côtes de France et d'Angleterre, et plus de mille deux cents en Hollande.

Les Hollandais s'efforcent en vain d'aller dans les Indes Orientales par le détroit de Waigats.

Les Anglais tentent aussi le voyage de la Chine par le nord, du côté de la baie d'Hudson.

Les Français, sous le commandement du sieur Rasilly,

s'établissent dans l'île de Maragnan, au Brésil, et y annoncent la foi par le ministère de quelques capucins.

Fondation des prêtres de l'Oratoire de France, par Pierre de Bérulle, depuis cardinal.

Pour mettre fin aux troubles de la Russie, les grands s'as- 1613.
semblent, et élisent grand-duc ou czar, Michel Romanow, qui n'était âgé que de quinze ans; tel fut le commencement de l'illustre maison qui a occupé le trône impérial de Russie, jusqu'à nos jours, et qui l'occupe encore.

Le prince de Condé et plusieurs autres princes et grands 1614.
seigneurs sortent de Paris, et se retirent de la cour. Le duc de Vendôme est arrêté prisonnier dans le Louvre; il s'échappe et se retire à Ancenis en Bretagne. Le marquis d'Ancre est fait maréchal de France, après la mort du maréchal de Fervaques.

Le 27 octobre, assemblée des états-généraux à Paris; c'est la dernière qui ait été tenue en France, jusqu'en 1789.

La reine Marguerite de Valois, dernière princesse de cette 1615.
branche, meurt à Paris le 27 mars. Elle avait été la première femme du roi Henri IV, et son mariage avait été déclaré nul en 1599.

Lettres-patentes de Louis XIII, du 23 avril, qui ordonnent à tous les Juifs résidant en France, de sortir de ce royaume, un mois après la publication des lettres-patentes.

Le prince de Condé et d'autres seigneurs lèvent des troupes contre le roi; les réformés font la même chose.

On fait à Bordeaux la cérémonie du mariage de Louis XIII avec Anne d'Autriche, infante d'Espagne; Élisabeth, sœur de ce prince, épouse dans le même temps Philippe III, roi d'Espagne.

Les Turcs rendent à l'empereur Mathias la plupart de leurs conquêtes en Hongrie.

Le roi accorde une trève au prince de Condé, qui est en- 1616.
suite arrêté et conduit à la Bastille, le 25 septembre.

Établissement des religieuses de la Visitation, par Saint François de Sales.

La guerre éclate entre les Persans et les Turcs; ces derniers, quoique supérieurs en nombre, sont battus près de Balsora.

Le Cubo, ou empereur séculier du Japon, fait quitter son empire à tous les étrangers, excepté les Hollandais; il défend aux Japonais de sortir de leur pays, et persécute les chrétiens qui étaient très-nombreux dans ses États.

Le maréchal d'Ancre est tué le 24 avril. La populace ex- 1617.
hume son corps, le traîne par la ville, et en fait mille infamies. Éléonore Galigaï, femme de ce maréchal, est brûlée en Grève, par arrêt du parlement de Paris du 8 juillet. La reine-mère quitte la cour, et se retire à Blois.

Depuis J.-C. La république de Venise fait la guerre à l'archiduc Ferdinand de Gratz.

Achmet, empereur des Turcs, meurt le 15 novembre, âgé de trente ans, après un règne de quatorze ans et quatre mois. Son frère Mustapha est mis en sa place; mais on le dépose au bout d'environ quatre mois, et l'on met sur le trône de Constantinople Othman ou Osman, fils d'Achmet.

1618. Le roi de Suède fait la paix avec le czar de Moscovie.

Guerre de Bohême à cause de l'élection de Frédéric V; l'électeur palatin à cette couronne. Ce fut alors que commença la célèbre guerre de trente ans.

Ferdinand, cousin de l'empereur, qui avait été couronné l'année précédente, roi de Bohême, est couronné roi de Hongrie, le 1er juillet.

Le cardinal de Clesel est arrêté prisonnier par l'ordre du roi Ferdinand, enlevé par les comtes de Colalte et de Dampierre, et mené dans le comté de Tyrol.

Les jésuites ouvrent à Paris le collége de Clermont, et commencent à y enseigner.

Christian IV, roi de Danemarck, fait partir pour les Indes Orientales une escadre qui acquiert sur la côte de Coromandel un territoire où l'on a bâti depuis Tranquebar et le fort de Danebourg.

Le duché de Prusse est réuni au Brandebourg après la mort d'Albert Frédéric, beau-père de Jean Sigismond, électeur de Brandebourg.

1619. Les Hollandais fondent Batavia dans l'île de Java.

Le prince de Piémont épouse, le 10 février, Christine, seconde fille de France, âgée de treize ans.

L'empereur Mathias meurt à Vienne, le 20 mars, âgé de soixante-deux ans; Ferdinand II est élu; il était petit-fils de Ferdinand Ier.

Entrevue de Louis XIII avec la reine-mère, près de Tours. Le prince de Condé sort de prison, le 20 octobre, et est favorablement reçu du roi à Chantilli.

Synode de Dordrecht, qui fut suivi de la mort violente de Barneveldt, grand-pensionnaire de Hollande, par un effet de l'ambition du stathouder le prince Maurice.

1620. Édit de Louis XIII pour la réunion du Béarn à la couronne, etc.

Bataille de Prague, le 8 novembre, où l'électeur palatin est défait; il est obligé d'abandonner la Bohême, et ensuite ses États.

1621. Philippe III, roi d'Espagne, meurt à Madrid le 31 mars; Philippe IV, son fils, lui succède.

Grotius, qui avait été enveloppé dans la disgrâce de Barneveldt, se sauve de la prison de Louvestein, par l'adresse de sa femme Marie Regesberg; il se retire à Paris, où il compose son livre *du droit de la guerre et de la paix*, et son Traité de la vérité de la religion chrétienne. Depuis J.-C.

La Rochelle arme contre le roi Louis XIII.

Osman, sultan des Turcs, porte la guerre en Pologne; mais après avoir perdu quatre-vingt mille hommes pendant six mois, il conclut la paix, sans remporter aucun avantage de cette expédition.

Le duc de Rohan et les réformés du Bas-Languedoc et du Béarn, se soumettent à Louis XIII. 1622.

L'évêché de Paris est érigé en archevêché; il dépendait auparavant de Sens.

Heidelberg, capitale du Palatinat, est prise par les troupes de l'empereur; sa fameuse bibliothèque est transportée à Rome.

Osman, empereur des Turcs, est déposé le 19 mai, et Mustapha, son prédécesseur, est remis en sa place. On dépose celui-ci le 10 septembre de l'année suivante, et on lui substitue Amurat IV, frère d'Osman, qui régna dix-sept ans.

L'électeur palatin, Frédéric V, ayant été obligé de sortir de l'Allemagne, l'empereur donne son électorat au duc de Bavière, qui était de la branche cadette palatine, et dont la maison date de cette époque le commencement de sa grandeur. 1623.

Richelieu, depuis ministre de France, commence à entrer au conseil d'État. 1624.

Les Hollandais battent une flotte espagnole près de Lima; ils s'emparent de la baie de Tous-les-Saints et de San-Salvador, au Brésil.

Guerre de la Valteline, où les Français attaquent les Espagnols.

Jacques Ier, roi d'Angleterre, meurt le 6 avril, âgé de cinquante-neuf ans, après avoir régné vingt-deux ans en Angleterre. Son fils Charles Ier lui succède, et épouse Henriette-Marie, fille de Henri IV, le 11 mai. 1625.

Débordemens d'eaux, qui submergent plusieurs villes d'Espagne, et inondent Séville et Salamanque.

Breda est pris par Spinola et les Espagnols. Le prince d'Orange, Maurice, meurt de chagrin; Frédéric-Henri, son frère, lui succède dans le stathoudérat de Hollande.

Les Turcs assiégent Bagdad avec cent cinquante mille hommes; mais ils ne prirent cette ville qu'en 1638.

Ligue de la Suède, du Danemarck, de la Hollande et des protestans, contre l'empereur, dont les troupes gagnent les batailles de Dessau et de Lutter. 1626.

Le fils aîné de l'empereur, est couronné roi de Bohême. 1627.

Louis XIII se rend au siége de la Rochelle, qui avait commencé le 10 août.

1628. Mort de Géhanghir, empereur de l'Indostan; son fils, Schah-Gehan, lui succède.

Lés habitans de la Rochelle font une ligue avec le roi d'Angleterre.

Louis XIII se rend maître de cette ville, et y fait chanter le *Tè Deum*, le 1er novembre; il en part le 18. Les Anglais étaient venus trois fois à son secours.

Le duc de Buckingham, favori de Charles Ier, est poignardé le 23 août, à Portsmouth, au moment où il se préparait à conduire une flotte au secours des habitans de la Rochelle.

La peste ravage la ville de Lyon pendant près de quatre mois, et fait mourir plus de soixante mille habitans.

Mort du grand Schah Abbas, roi de Perse; Schah Sophi, son petit-fils, lui succède, et ne se signale que par sa cruauté.

1629. Le duc de Nevers est soutenu par la France pour être duc de Mantoue; Louis XIII marche en Italie, et force le Pas de Suze, à l'entrée du Piémont.

Christian IV, roi de Danemarck, fait la paix avec l'empereur, à Lubeck.

1630. Dernière assemblée générale, tenue à Lubeck, des représentans de la ligue anséatique, qui dès lors se dissout presque complètement : Lubeck, Hambourg et Brême demeurent cependant unies, sous le nom de villes anséatiques.

Gustave Adolphe, roi de Suède, entre en Allemagne, pour y secourir les protestans; la France fait alliance avec lui, pour diminuer la puissance de l'empereur.

Les Hollandais s'établissent dans le Brésil, pendant que les Espagnols en étaient maîtres.

1631. Gaston de France, frère de Louis XIII, et la reine-mère, sortent du royaume, à cause de leur inimitié pour le cardinal de Richelieu.

Gustave Adolphe, roi de Suède, gagne, le 7 septembre, la bataille de Leipsick sur les impériaux; il marche ensuite vers Mayence, dont il s'empare.

Le mont Vésuve, près de Naples, vomit du feu en abondance, et fait de terribles ravages. On regarde cette éruption comme l'une des plus considérables qu'il y ait eu.

1632. Mort de Sigismond, roi de Pologne, le 29 avril, après avoir régné quarante-cinq ans, et fait d'inutiles efforts pour rentrer en Suède; Uladislas VII, son fils aîné, est élu en sa place, le 13 novembre.

Gustave Adolphe, roi de Suède, livre, près de Lutzen, une bataille aux impériaux, qui sont vaincus, mais où il est tué, à l'âge de trente-huit ans, le 16 novembre. Il avait défait les Danois et les impériaux; il avait soumis la Poméranie, la Basse-Saxe, la Franconie, la Bavière, le Palatinat, l'électorat de Mayence. Sa fille Christine, âgée de sept ans, lui succède en Suède; on donne à cette princesse cinq des principaux seigneurs du royaume, pour gouverner, jusqu'à ce qu'elle ait atteint l'âge de sa majorité.

Le roi de Bohême, ou l'électeur palatin, Philippe V, meurt en exil à Mayence, le 29 novembre. Son fils Charles-Louis, fut remis en possession du Bas-Palatinat, en 1648, et on créa alors un huitième électorat en sa faveur.

Le mont Vésuve jette tant de flammes, que plus de quatre mille personnes sont consumées, et un grand espace de pays ruiné.

Traité de paix signé à vie entre Louis XIII et le duc de Lorraine. Gaston, frère de Louis XIII, revient en France, et lève des troupes; Henri, duc de Montmorenci, prend son parti, et le Languedoc se déclare pour ce prince. Le roi envoie le maréchal de Schomberg et le maréchal de la Force contre ces troupes. Louis XIII se rend en Languedoc; son armée remporte à Castelnaudari l'avantage sur celle du duc de Montmorenci, qui reçoit plusieurs coups dans le combat; il est fait prisonnier, et condamné; il est décapité le 30 octobre 1632. En lui finit la famille des barons et ducs de Montmorenci, illustre depuis plus de sept siècles. Gaston fait sa paix avec le roi son frère, et sort ensuite une quatrième fois du royaume.

Le duc de Lorraine lève des troupes, et refuse de rendre hommage à Louis XIII pour le duché de Bar. Le roi part pour aller en Lorraine; il assiége la ville de Nanci, et accorde enfin la paix au duc de Lorraine. 1633.

Le duc de Lorraine, Charles III, pour éluder les engagemens pris avec le roi, donne, par collusion, ses États au cardinal Nicolas François, son frère, le 19 janvier. Ce cardinal renvoie le chapeau de cardinal à Rome, se marie avec dispense du pape, et prend la fuite. Le roi envoie des troupes en Lorraine, et établit un conseil à Nanci. 1634.

Bataille de Nordlingue, où les impériaux sont vainqueurs des Suédois; ce qui donna occasion aux Français de mettre garnison dans plusieurs places de l'Alsace.

Assemblée de savans, tenue à Paris, en conséquence de laquelle le roi Louis XIII donne un édit qui fixe le premier méridien à la partie occidentale de l'île de Fer, l'une des Canaries.

Commencement de l'Académie française. 1635.

Guerre de la France contre l'Espagne, qui dure vingt-cinq ans, et celle contre l'empereur treize ans. La France envoie cette année des troupes en Allemagne, en Picardie, en Italie et dans la Valteline. Gaston, frère du roi, revient en France.

Depuis J.-C. Trève entre la Pologne et la Suède. L'empereur fait la paix avec l'électeur de Saxe, qui y gagne la Lusace.

Thomas Park, Anglais, meurt âgé de cent cinquante-deux ans ; il avait vu dix rois d'Angleterre.

1636. La guerre est très-animée en Allemagne, en Italie et en France.

Banier, général des Suédois, gagne la bataille de Vistock sur les impériaux et les Saxons, et ravage la Misnie.

1637. L'empereur Ferdinand II meurt à Vienne, le 15 février, âgé de cinquante-neuf ans, après en avoir régné près de dix-neuf. Son fils FERDINAND III lui succède ; il avait été élu roi des Romains, l'année précédente.

1638. Le duc de Veimar, général des Suédois, et allié de la France, remporte plusieurs avantages considérables sur les impériaux, dont il fait prisonniers quatre généraux.

Don Christophe, fils d'Antoine, roi titulaire de Portugal, meurt à Paris, âgé de soixante-six ans.

Naissance de Louis XIV, roi de France, le 5 septembre.

La reine, mère de Louis XIII, vient à Amsterdam, le 14 août ; elle passe en Angleterre.

Le christianisme s'éteint dans le Japon, après une persécution extrêmement cruelle, et cet empire est fermé à jamais pour les étrangers chrétiens.

Les Turcs attaquent les Persans, et leur prennent Bagdad, qu'ils ont toujours conservé depuis.

1639. Tromp, amiral des Hollandais, défait une flotte espagnole sur les côtes d'Angleterre.

1640. Les Français enlèvent aux Espagnols la ville d'Arras, le 10 août.

Naissance de Philippe de France, le 21 septembre : il fut depuis appelé duc d'Orléans, et a été le chef de la dernière maison d'Orléans.

Révolution de tous les États de la couronne de Portugal, que l'on prétend avoir été ménagée par le cardinal de Richelieu. Jean IV, duc de Bragance, est proclamé roi de Portugal, le premier décembre, comme le plus proche héritier de cette couronne, que les Espagnols avaient usurpée en 1580. Dans le même temps, les Catalans se révoltent contre l'Espagne.

Mort d'Amurat IV, empereur des Turcs ; Ibrahim, son frère, lui succède.

Les Hollandais s'emparent, dans les Indes, de la ville de Malacca.

1641. Louis XIII fait un traité avec Charles III, duc de Lorraine, qui est rétabli dans ses États, en faisant hommage pour le duché du Bar, ancien fief de France ; mais ce prince se révolte au bout de quelques mois.

Le 12 mai, le comte Strafford, ministre de Charles Ier,

est décapité, à la suite d'une sentence du parlement d'Angleterre. Charles Ier a la faiblesse de l'abandonner.

Différend du maréchal d'Estrées, ambassadeur de France à Rome, à l'occasion des franchises.

Le roi de Portugal fait sa paix avec les Hollandais, le 13 juin, et se prépare à soutenir la guerre d'Espagne.

Le 13 octobre, les catholiques d'Irlande massacrent près de cent mille Anglais protestans, qui habitaient leur île.

Le prince de Monaco, en Italie, qui était de l'ancienne famille des Grimaldi, se met sous la protection de la France, et en reçoit garnison dans sa ville : on lui donne des terres en France, sous le titre de duché de Valentinois.

La reine Marie de Médicis, mère de Louis XIII, meurt 1642
à Cologne, le 3 juillet, dans la plus grande misère.

Cinq-Mars et de Thou sont exécutés à Lyon. Le duc de Bouillon est privé de sa principauté de Sedan, pour laquelle on lui donna, dans la suite, un dédommagement.

Les Français se rendent maîtres du Roussillon, qui depuis ce temps a toujours été à la France.

Ils sont vaincus à la bataille de Dutlingen, le 26 novembre, et par là perdent tout ce qu'ils avaient conquis en Souabe.

Le cardinal de Richelieu meurt le 4 décembre; le cardinal Mazarin lui succède dans le ministère.

Guerres civiles en Irlande et en Angleterre entre les protestans et les catholiques. Le parlement se déclare contre ces derniers, et demande l'abolition des évêques en Angleterre. La reine d'Angleterre passe en Hollande, le 7 mars. Le roi Charles, son époux, part de Withehall, se retire à York, et forme le dessein d'aller en Irlande apaiser les troubles qui désolaient ce pays. Le parlement s'oppose à ce voyage, et lève des troupes contre le roi, qui, de son côté, se prépare à la guerre. Plusieurs provinces se déclarent en faveur du roi.

Mort de Schah Sophi, roi de Perse. Son fils, Abbas II, qui était d'un caractère bien différent, se fait aimer de ses sujets et redouter de ses voisins; il règne vingt-quatre ans.

L'empereur Ferdinand III fait sa paix avec les Turcs.

Les parlementaires d'Angleterre continuent la guerre 1643
contre le roi Charles; ils sont battus à Newburi, le 26 septembre.

Louis XIII, surnommé le Juste, fait assembler les princes et principaux seigneurs du royaume, et déclare qu'en cas de mort, la reine Anne d'Autriche, son épouse, sera régente du royaume. Il meurt le 14 mai. Son fils, Louis XIV, lui succède, âgé de cinq ans.

Depuis J.-C.

Le duc d'Enghien, connu depuis sous le nom de prince de Condé, bat les Espagnols à Rocroi, le 19 mai, et s'empare ensuite de Thionville.

Grands troubles à la Chine. Les Tartares orientaux ou Mantchéous, qui y étaient entrés, s'en rendent bientôt entièrement maîtres; ils la possèdent encore actuellement, et c'est ce qu'on appelle la vingt-deuxième famille impériale, ou des *Tsim* ou *Tsing*; elle ne fut universellement reconnue qu'en 1649.

1644. Traité de la France avec le roi de Portugal, où l'on renouvelle et confirme celui de 1641.

Le maréchal de Turenne commence à commander en Allemagne; de concert avec le prince de Condé, il bat les impériaux près de Fribourg, en Souabe, et prend ensuite Binghen, Landau, etc.

1645. Mort de Michel Romanow, czar de Russie; son fils Alexis lui succède.

Bataille de Nordlingue, où le prince de Condé et Turenne battent les impériaux, dont le fameux général Merci fut tué. Turenne finit cette campagne par la prise de Trèves, le 9 novembre. Dans le même temps, le duc d'Orléans et autres généraux, prennent plusieurs villes en Flandre.

Les rebelles d'Angleterre sont victorieux à la bataille de Naseby, le 24 juin; ce qui devint une affaire décisive contre le roi Charles.

Les Turcs se rendent maîtres sur les Vénitiens d'une grande partie de l'île de Candie.

1646. Les troupes de Louis XIV s'emparent de Piombino et de Porto-Longone en Italie, et de Dunkerque en Flandre.

Charles Ier, roi d'Angleterre, se rend volontairement aux Écossais, qui le livrent au parlement d'Angleterre.

1647. Troubles et révolte du royaume de Naples par la faction de Mazaniel. Le duc de Guise entre dans la ville de Naples, et soutient les révoltés; mais il est bientôt obligé de se retirer.

Frédéric Henri, troisième stathouder de Hollande, meurt; son fils, Guillaume II, lui succède.

1648. Paix de Munster et de Westphalie entre la France, l'Allemagne et la Suède, le 24 octobre. L'Alsace et les Trois-Évêchés sont cédés à la France, et la garnison française est maintenue dans Philisbourg. On y cède à la Suède une partie de la Poméranie, Vismar, Brême, Verden. On établit un huitième électorat dans le Bas-Palatinat, en faveur de Charles-Louis, fils de Frédéric V, dépouillé en 1623. La souveraineté de la république des Suisses y est reconnue par l'Autriche, et celle de la Hollande, ou des Provinces-Unies, par l'Espagne, qui, d'un autre côté, se résout à continuer la guerre contre les Français.

Le 20 août, le prince de Condé gagne la bataille de Lens sur les Espagnols. qui y perdent neuf mille hommes.

Guerre civile en France. Barricades de Paris, à l'occasion de l'emprisonnement du président Potier de Blancmesnil et de Broussel, conseiller au parlement. De-là l'origine de la *Fronde* ou du parti opposé au cardinal Mazarin.

Ladislas Sigismond, roi de Pologne, meurt au mois de mai; son frère Jean Casimir lui succède, et épouse sa veuve la princesse Marie de Gonzague, qu'on avait menée de France en Pologne, l'an 1645.

Charles Ier, roi d'Angleterre, est décapité le 9 février. 1649
Charles II, son fils, ayant été battu, se réfugie en France. La chambre des communes se rend maîtresse du gouvernement d'Angleterre, qu'elle érige en république.

La cour se retire de Paris à Saint-Germain-en-Laye. Guerre de Paris. Le prince de Condé bloque cette ville avec sept mille hommes; le parlement déclare le cardinal Mazarin ennemi de l'État; les troubles de Paris sont apaisés le 1er avril par une amnistie générale.

Ibrahim, empereur des Turcs, est déposé et ensuite étranglé; son fils Mahomet IV lui succède.

Le prince d'Orange, Guillaume II, stathouder de Hollande, 1650.
meurt de chagrin, ayant fait de vains efforts pour se rendre souverain. Son fils, connu depuis sous le nom de Guillaume III, prince d'Orange, ne vint au monde que huit jours après sa mort. Les Hollandais prirent alors la résolution de n'avoir plus de stathouder; mais cela ne dura que vingt-deux ans.

Emprisonnement des princes de Condé, de Conti et de Longueville, le 18 janvier. Continuation de la guerre civile en France.

Le 13 septembre, bataille de Dumbar, où Olivier Cromwell bat les Écossais, qui avaient pris le parti de Charles II.

Le fameux Descartes, né à La Haye en Touraine, et auteur de la nouvelle philosophie, meurt à Stokholm le 11 février: son corps fut dans la suite apporté secrètement en France, et enterré dans l'église Sainte-Geneviève de Paris.

Les princes français sont mis en liberté. 1651.

Le cardinal Mazarin se retire à Cologne.

Le roi Louis XIV tient un lit de justice, où il déclare sa majorité, le 7 septembre.

Le 13 septembre, bataille de Worcester, où Olivier Cromwell bat Charles II, qui faisait des efforts pour reconquérir le trône d'Angleterre.

Le cardinal Mazarin revient à la cour. La guerre civile con- 1652.
tinue. Bataille de la porte Saint-Antoine à Paris, entre le prince de Condé et Turenne, qui commandait les troupes du roi. Le cardinal Mazarin se retire de nouveau à Sedan. Les troubles s'apaisent; le roi revient à Paris, et fait arrêter le cardinal de Retz, coadjuteur de l'archevêché de Paris, et chef

Depuis J.-C. des Frondeurs ; ce prélat trouva ensuite le moyen de se sauver de sa prison de Nantes, à Rome.

Pendant ces troubles, les Espagnols reprennent Barcelonne, Casal, Dunkerque, etc.

Les Hollandais établissent une colonie près du cap de Bonne-Espérance.

1653. Le cardinal Mazarin revient à Paris, le 3 février : tout le monde s'empresse de lui faire sa cour. Les troubles de Guienne sont apaisés. Guerre entre les Hollandais et les Anglais.

Olivier Cromwell est proclamé, le 26 décembre, chef du gouvernement anglais, sous le titre de protecteur; il refuse celui de roi.

1654. Les Cosaques de l'Ukraine se soumettent à la Russie.

Le roi Louis XIV est sacré à Reims, le 7 juin, par l'évêque de Soissons, Simon-le-Gras ; le siége de Reims était vacant.

Christine, reine de Suède, abdique la couronne le 16 juin; elle se retire à Rome, ayant embrassé la religion catholique. Elle est morte dans cette ville en 1689. En quittant le trône de Suède, elle y fit établir Charles-Gustave, duc de Deux-Ponts, son cousin.

Louis XIV réconcilie les Vaudois des vallées avec le duc de Savoie.

1655. Cromwell fait un traité avec la France, et se déclare contre les Espagnols, à qui il enlève dans l'Amérique l'île de la Jamaïque, qui est restée aux Anglais.

Les Vénitiens accordent le rétablissement des jésuites, à la prière de Louis XIV, et du pape Alexandre VII.

On commence à faire usage du café en France.

1656. La paix se rétablit entre les Suisses des deux communions, par la médiation du roi de France.

Les Hollandais enlèvent l'île de Ceylan aux Portugais.

Alexis, czar de Russie, oblige les Polonais à lui rendre Smolensko, et plusieurs autres places qu'Uladislas VII avait prises sur les Russes.

1657. L'empereur Ferdinand III meurt à Vienne, le 2 avril, son fils Léopold Ier est élu empereur, le 18 juillet 1658.

Frédéric-Guillaume, électeur de Brandebourg, dont le grand-père était devenu duc de Prusse, engage la Pologne à l'en reconnaître duc souverain et indépendant.

1658. Aureng-Zeb, fils de Schah-Gehan, empereur de l'Indostan ou Grand-Mogol, fait la guerre à ses frères, emprisonne son père, et se fait déclarer empereur ; il règne quarante-neuf ans.

Le maréchal de Turenne, après avoir défait le prince de Condé et don Juan d'Autriche, à la bataille des Dunes, s'empare de Dunkerque qui est remise aux Anglais conformément au traité fait avec Cromwell. Plusieurs autres places, soit dans les Pays-Bas, soit en Italie se rendent aux Français.

Olivier Cromwell meurt le 13 septembre; son fils Richard

Cromwell lui succède dans la dignité de protecteur de l'Angleterre.

Le parlement qu'Olivier Cromwell avait dissout en 1653 est rétabli, et Richard abandonne les fonctions de protecteur. 1659.

Paix des Pyrénées entre la France et l'Espagne, conclue le 7 novembre. L'Artois, le Roussillon et une partie de la Flandre, du Hainaut et du Luxembourg, sont cédés à la France. Louis XIV est médiateur pour la paix de Suède et de Danemarck.

Le 23 février, meurt à Stockholm Charles-Gustave, roi de Suède, qui était de la maison palatine et de la branche de Deux-Ponts; il avait fait beaucoup de conquêtes dans la Pologne et le Danemarck; son fils Charles XI lui succède. 1660.

Gaston de France, frère de Louis XIII, duc d'Orléans et oncle du roi, meurt à Blois, le 2 février.

Louis XIV se marie le 9 juin, à Saint-Jean de Luz; et, le 26 août, la reine fait son entrée dans Paris.

Charles II, fils de Charles Ier, roi d'Angleterre, est rappelé par ses sujets, et fait son entrée à Londres le 8 juin; il est couronné solennellement l'année suivante. C'est lui qui a fondé par lettres-patentes la Société royale de Londres.

Les Turcs enlèvent aux Vénitiens les îles de Métélin et de Lemnos, et prennent aux impériaux Waraddin.

Traité d'Oliva près de Dantzick, entre l'empereur, la Pologne et la Suède; la Livonie est cédée à la Suède.

Les états de Danemarck assemblés à Copenhague, défèrent au roi le pouvoir absolu, et déclarent le trône héréditaire dans sa famille.

Le cardinal Mazarin meurt le 9 mars, âgé de cinquante-neuf ans; le 1er avril, Monsieur, frère de Louis XIV, et duc d'Orléans, épouse Henriette d'Angleterre, sœur de Charles II. 1661.

Traité conclu le 6 août entre les Hollandais et Portugais, par lequel la Hollande renonce à ses prétentions sur le Brésil; où les Portugais venaient de reprendre ce que les Hollandais y avaient conquis pendant que le Portugal était soumis à l'Espagne.

Le roi d'Espagne consent enfin que ses ambassadeurs cèdent le pas à ceux de France : cette dispute durait depuis plus de cent ans.

Chi-tou ou Chun-tchi, premier empereur de la Chine de la famille des Tartares Mantchéous, meurt après avoir régné dix-huit ans. Kam-hi, son fils, lui succède, et règne soixante-un ans; il favorisa le christianisme et les missionnaires.

Louis XIV vient au parlement, et y fait enregistrer la donation que le duc Charles III lui fait de la Lorraine; mais cela fut sans effet. 1662.

La France convient d'une ligue défensive avec les Hollandais. Dunkerque est rachetée des mains des Anglais.

Depuis J.-C. Les Hollandais s'emparent aux Indes de Cochin, et de plusieurs autres places sur les Portugais.

1663. Etablissement de l'Académie des inscriptions et belles-lettres, à Paris.

Le duché de Prusse est définitivement reconnu indépendant de la Pologne, en faveur de la maison de Brandebourg.

1664. Traité de Pise entre la France et le pape; le cardinal Chigi, neveu du pape Alexandre VII, et le cardinal Imperiali, viennent en France, faire satisfaction au roi, au sujet de l'insulte faite par les Corses à son ambassadeur.

Le 10 septembre, le roi établit l'Académie de peinture et sculpture. Le 8 novembre, on commence le canal de Languedoc pour la jonction des deux mers.

Bataille de Saint-Gothard en Hongrie, où le général Montecucculli et les Français, comme troupes auxiliaires de l'empereur, battent les Turcs. Cette défaite engage Mahomet IV à conclure la paix avec l'empire.

Guerre entre les Hollandais et les Anglais, au sujet de la côte de Guinée; elle fut peu avantageuse aux derniers.

1665. Etablissement du Journal des Savans à Paris, le 5 janvier; manufactures de laines, toiles peintes et autres, établies en France. Rétablissement de l'ordre de Saint-Michel, le 12 du même mois. On bâtit l'Observatoire, et l'on commence à élever la façade du Louvre.

Bataille de Villa-Viciosa, où les Portugais sont vainqueurs des Espagnols.

Philippe IV, roi d'Espagne, meurt le 17 septembre; son fils Charles II lui succède.

1666. Mort d'Anne d'Autriche, mère de Louis XIV, le 20 janvier. Ce prince déclare la guerrre aux Anglais, en faveur des Hollandais.

Etablissement de l'Académie royale des sciences de Paris, au mois de décembre

Incendie de Londres, qui détruit une grande partie de cette ville, le 13 septembre.

Le 25 septembre, mort d'Abbas II, roi de Perse; son fils Soliman, qui était d'un caractère bien différent, lui succède et se signale par sa cruauté.

Le thé est apporté pour la première fois en Angleterre.

1667. La paix est conclue à Breda, le 26 janvier, entre l'Angleterre, la Hollande, la France et le Danemarck.

Ordonnance civile de Louis XIV, publiée au mois d'avril, après un grand nombre de conférences des plus habiles gens du royaume.

Le roi marche en Flandre, ayant sous lui le maréchal de Turenne, pour faire valoir les droits de la reine sur les Pays-Bas: Prise de Tournai, Douai, etc., enfin de Lille.

Alphonse VI, roi de Portugal, est déposé et conduit dans l'île Tercère; son frère don Pèdre, ou Pierre II, est mis en sa place, mais ne prend que la qualité de régent, tant qu'Alphonse vécut, c'est-à-dire jusqu'en 1683.

Casimir V, roi de Pologne, abdique volontairement. 1668.

On dresse le premier plan de la triple alliance entre l'Angleterre, la Suède et la Hollande, le 23 janvier; cette alliance est conclue et terminée le 25 avril. L'Espagne fait la paix avec le Portugal, et reconnaît cette couronne libre et indépendante de celle de Castille; les Portugais cèdent aux Espagnols la ville de Ceuta en Afrique, etc.

Louis XIV fait la conquête de la Franche-Comté sur les Espagnols.

Le 2 mai, traité de paix conclu à Aix-la-Chapelle; la France retient seulement les conquêtes qu'elle avait faites en Flandre.

Turenne abjure le calvinisme, et se fait catholique; ce fut en partie pour lui que Bossuet fit l'*Exposition de la foi*, etc.

La triple alliance s'engage à la conservation des Pays-Bas. 1669.

Casimir, roi de Pologne, passe en France; Louis XIV lui donne l'abbaye de Saint-Germain-des-Prés.

Les états de Pologne élisent, le 19 juin, Michel Koribut Wiesnoviski.

Les Turcs prennent enfin la ville capitale de Candie, après vingt-quatre ans de guerre contre les Vénitiens; les Turcs perdirent en Candie deux cent mille hommes.

Les Algériens sont obligés de faire la paix avec la France. 1670.

Le roi de France procure celle de Savoie avec les Génois.

On renouvelle à La Haye, le 4 mai, la triple alliance.

Le duc de Lorraine brouille la France avec ses alliés; le maréchal de Créqui le dépouille de ses Etats, le 27 août.

Ordonnance criminelle de Louis XIV, publiée au mois d'août. Edit portant que le commerce de mer ne dérogera point à la noblesse.

La princesse palatine se réunit à l'Eglise catholique, le 1671.
15 novembre.

Philippe de France, frère du roi, épouse cette princesse à Châlons, le 21 du même mois.

Etablissement de l'Académie royale d'architecture, à Paris. Commencement de l'hôtel royal des invalides.

Conjuration des comtes Nadasti, Sérin, Frangipani et Tattembach pour soulever la Hongrie contre l'empereur; ils sont découverts et condamnés à mort. L'empereur ôte aux Hongrois plusieurs de leurs priviléges; ce qui excite de grands mécontentemens.

L'empereur, l'Espagne, le Brandebourg et la Hollande 1672.
se liguent contre la France.

Le roi de France déclare la guerre à la Hollande, le 6 avril, et nomme la reine régente pendant son absence. Fameux passage du Rhin, le 12 juin. Conquête d'une partie de la Hollande.

Alors le prince d'Orange, Guillaume III, fils de Guillau-

Depuis J.-C. me II, est fait stathouder ; c'est le même qui, dix-sept ans après, se fit reconnaître roi d'Angleterre.

L'empereur Mahomet IV fait une invasion en Pologne, s'empare de Kaminiek, et accorde la paix aux Polonais en leur imposant un tribut de vingt mille écus.

Casimir, roi de Pologne, meurt à Nevers au mois de décembre.

1673. Trève entre la France et le Brandebourg.

Le duc de Lorraine traite avec l'empereur, contre la France.

Le gouvernement des Pays-Bas espagnols, déclare la guerre à la France, en faveur des Hollandais, le 15 octobre. La France déclare la guerre à l'Espagne, le 20 du même mois.

La guerre entre les Turcs et les Polonais recommence; Jean Sobieski bat les Turcs aux environs de Choczin.

Michel Coribut, roi de Pologne, meurt le 10 novembre.

1674. L'électeur palatin s'engage avec l'empereur, contre la France.

Le prince Guillaume de Furstemberg est enlevé à Cologne, par ordre de l'empereur ; cette action fait discontinuer les conférences pour la paix.

L'Angleterre fait sa paix particulière avec les Hollandais.

Le roi se rend maître de la Franche-Comté, qui est depuis restée à la France.

Jean Sobieski est élu roi de Pologne, le 20 mai, avec le secours de la France.

Turenne gagne plusieurs batailles en Allemagne ; le prince de Condé est victorieux à celle de Senef en Flandre.

1675. Québec, capitale du Canada, est érigée en évêché.

Troubles à Messine, ville de Sicile : le roi de France y envoie des troupes.

Le 27 juillet, Turenne est tué en Allemagne d'un coup de canon; le maréchal de Créqui est battu à Consarbruk, le 11 août; il est fait prisonnier dans Trèves, le 6 septembre.

Mort du duc de Lorraine Charles III, le 18 septembre ; son neveu Charles IV lui succède, dans l'espérance de recouvrer ses États.

Le 14 décembre, bataille de Lunden en Scanie, entre les Suédois et les Danois; ces derniers sont mis en fuite, après avoir laissé 7,000 hommes sur le champ de bataille.

Les Turcs, après avoir essuyé plusieurs défaites, font la paix avec Jean Sobieski, roi de Pologne ; ils lui assurent les deux tiers de l'Ukraine et une partie de la Podolie.

Les Cosaques Zaporogues, habitant sur les bords du Dnieper, entre la Pologne et la Russie, se donnent aux Russes; cependant ils ont conservé en grande partie leur indépendance jusqu'en 1775, que l'impératrice Catherine fit détruire leurs demeures, et les dispersa dans son vaste empire.

Depuis J.-C.

La France déclare la guerre au Danemarck, en faveur de la Suède, le 28 août.

Mort du czar Alexis; son fils aîné, Fédor ou Théodore, lui succède; Iwan, et Pierre, qui s'est rendu depuis si illustre, étaient les autres fils d'Alexis.

Monsieur, frère unique de Louis XIV, défait le prince d'Orange et l'armée des alliés près de Cassel en Flandre, le 11 avril. 1677.

La France prend Cambrai, Valenciennes, Saint-Omer, etc., enfin Fribourg en Souabe.

Le roi règle les conditions de la paix, qui est signée à Nimègue, entre la France, la Hollande et l'Espagne. La Franche-Comté et plusieurs villes des Pays-Bas sont assurées à la France. 1678.

Le prince d'Orange, qui avait signé le traité de paix, ne laisse pas d'attaquer, près de Mons, les Français, commandés par le maréchal de Luxembourg; mais il est battu.

Tous les princes de l'Empire, excepté l'électeur de Brandebourg, signent la paix avec la France et la Suède, le 5 février; cet électeur ne la signe que le 29 juin suivant, et rend à la Suède tout ce qu'il avait pris. Le Danemarck fait la même chose le 2 septembre. 1679.

Le pays de Mississipi, nommé ensuite Louisiane, au sud-ouest du Canada, est découvert par les Français.

Le roi d'Espagne épouse la fille aînée de Philippe de France, frère de Louis XIV.

On donne à Louis XIV le surnom de Grand. Ce prince fait restituer au duc de Holstein les États qui lui avaient été enlevés par le roi de Danemarck. 1680.

Premier établissement des Français dans les Indes orientales, par la confirmation de l'acquisition qu'ils avaient faite de Pondichéri, cinq ou six ans auparavant.

Mariage du dauphin avec la princesse Marie-Anne-Victoire de Bavière, le 7 mars.

L'archevêché de Magdebourg est incorporé aux États de l'électeur de Brandebourg.

Sevajée, fondateur de l'empire des Marattes, dans l'Indostan, meurt à l'âge de cinquante-deux ans; son fils Sambajée continue pendant neuf ans à accroître la puissance des Marattes.

La ville de Strasbourg se rend au roi Louis XIV, qui y fait son entrée le 23 octobre. 1681.

Assemblée du clergé de France, qui accorde au roi la régale dans toutes les églises du royaume, et sur tous les bénéfices auxquels le roi a droit de nomination. On y dresse les quatre articles à qui l'on a donné le nom de Propositions du clergé sur l'indépendance des rois, etc. Édit du roi en conséquence, enregistré au parlement le 23 mars. 1682.

Depuis J.-C.

Même mois, déclaration en faveur de la souveraineté de Dombes.

Naissance du duc de Bourgogne, fils aîné du dauphin, le 6 août.

Bombardement d'Alger, par une escadre française, commandée par Duquesne.

L'empereur Léopold, pour apaiser les Hongrois révoltés en partie contre lui, leur rend leurs priviléges; le comte Tékéli, chef des révoltés, n'en continue pas moins les hostilités.

Le clergé, les bourgeois et l'ordre des paysans de Suède, pour humilier la noblesse, confèrent au roi l'autorité absolue.

Mort du czar Fédor; ses deux frères, Iwan et Pierre, lui succèdent ensemble, par un effet des intrigues de leur sœur Sophie, qui se fait reconnaître co-régente, et qui pendant un temps gouverna seule la Russie ou Moscovie.

1683. Marie-Thérèse d'Autriche, épouse de Louis XIV, meurt le 30 juillet.

Le duc d'Anjou, second fils du dauphin, qui a été depuis roi d'Espagne, vient au monde le 19 décembre.

Les Turcs assiégent Vienne pour la seconde fois; Jean Sobieski, roi de Pologne, accourt à son secours, et contribue beaucoup à repousser les Barbares, qui se retirent avec une grande perte, après huit semaines de siége; le grand-visir est étranglé pour avoir échoué dans cette entreprise.

Mort de Colbert, le 6 septembre; ce ministre, l'un des plus grands que la France ait eus, fit monter les arts à ce dégré de splendeur, qui a rendu si illustre le règne de Louis XIV.

1684. Les ambassadeurs d'Alger viennent à Paris, le 4 juillet, implorer la clémence du roi.

Prise de Luxembourg par les troupes de France; le roi était présent, et couvrait le siége.

Trève de Ratisbonne, le 10 août, entre la France et l'Espagne; le 16 du même mois, trève de la France avec l'empire.

Des ambassadeurs du roi de Siam viennent rendre leurs hommages à Louis XIV.

1685. Charles II, roi d'Angleterre, meurt, sans postérité, le 16 février. Jacques II, son frère, lui succède.

Louis XIV, à la prière d'Innocent XI, accorde la paix aux Génois, le 22 février. Le doge et quatre senateurs viennent à Paris, le 15 mai, faire leurs soumissions pour la république.

Tripoli est bombardée par une escadre française, commandée par le maréchal d'Estrées; Tunis fait sa paix avec la France.

En France, révocation de l'édit de Nantes, et suppression

de l'exercice de la religion réformée, par un édit du 22 octobre.

Molinos, prêtre espagnol, enseigne les erreurs des quiétistes, est arrêté à Rome, et est mis dans les prisons de l'inquisition.

Bude, en Hongrie, est prise sur les Turcs, le 2 septembre, 1686.
par les troupes de l'empereur Léopold, commandées par le duc de Lorraine, Charles IV, qui rendit de grands services à l'empereur.

Le maréchal de la Feuillade élève une statue au roi, dans la place des Victoires, à Paris.

Terrible inondation en Hollande, la mer ayant rompu ses digues.

Seconde ambassade du roi de Siam à Louis XIV.

Commencement de la ligue d'Augsbourg contre la France; elle était composée de l'empereur, des rois d'Espagne et de Suède, et d'autres princes, auxquels se joignirent, l'année suivante, les Hollandais, et ensuite les Anglais.

Les Polonais, par un traité conclu à Moscou, cèdent définitivement aux Russes les provinces de Smolensko, de Tschernigow, de Kiovie ou Kief et des Cosaques au-delà du Dniéper.

Établissement de la maison royale de Saint-Cyr, pour trois cents jeunes demoiselles nobles.

Cette année et la suivante, les Vénitiens font la conquête de la Morée sur les Turcs.

Carnaval de Venise, où le duc de Savoie, le duc de Ba- 1687.
vière, etc., forment des liaisons contre la France.

Bataille de Mohats, le 12 août, en Hongrie, où les Turcs sont entièrement défaits par le duc de Lorraine, général de l'empereur, ce qui fut suivi de la conquête de l'Esclavonie.

Le royaume de Hongrie est reconnu héréditaire dans la maison d'Autriche, et l'archiduc Joseph est couronné roi le 9 décembre.

Mahomet IV, empereur des Turcs, est déposé après trente-huit ans de règne, et son frère Soliman III est mis en sa place.

Louis XIV fait marcher des troupes en Allemagne, qui 1688.
prennent Philipsbourg, Manheim, Trèves, etc., la guerre est déclarée à la Hollande, le 3 décembre.

Belgrade est enlevée aux Turcs par les Allemands, le 6 septembre.

Troubles en Russie ou Moscovie; le czar Pierre Ier s'empare de toute l'autorité, et fait exiler sa sœur Sophie, qui ne mourut que vingt-quatre ans après.

Révolution à Siam; mort de Constance, ministre du roi Chaou-Naraye, qui, après avoir régné trente-deux ans, fut

Depuis J.-C. détrôné par Pitracha, son parent. Celui-ci obligea les Français qui s'étaient établis à Siam, de se retirer.

Les protestans anglais, persécutés par Jacques II, appellent à leur secours Guillaume, stathouder de Hollande, qui débarque le 15 novembre en Angleterre, avec une armée de quarante mille hommes.

1689. La reine d'Angleterre et le prince de Galles, s'étant retirés de Londres, arrivent à Paris le 6 janvier.

Jacques II, roi d'Angleterre, arrive, le 7 du même mois, au château de Saint-Germain-en-Laye.

Guillaume, prince d'Orange, et Marie, sa femme, fille du roi Jacques, sont couronnés roi et reine d'Angleterre, après qu'on eut declaré le trône vacant.

L'Allemagne déclare la guerre à la France, le 24 janvier; le roi déclare la guerre à l'Espagne, le 15 avril; aux Anglais et au prince d'Orange, le 25 juin.

Les Turcs reprennent Belgrade et plusieurs autres villes en Hongrie; mais ils sont forcés de céder à la maison d'Autriche, la Transylvanie, qui depuis a été jointe au royaume de Hongrie.

1690. Bataille de Staffarde, en Italie, où M. de Catinat défait l'armée commandée par le duc de Savoie.

Bataille de Fleurus, en Flandre, dans laquelle M. de Luxembourg défait l'armée des alliés, le 1er juillet.

Combat naval près de Dieppe, où M. de Tourville bat les flottes anglaise et hollandaise, le 10 juillet.

Le roi Jacques, qui l'année précédente était passé en Irlande pour s'opposer au prince d'Orange, perd, le 11 juillet, la bataille de la Boyne, et revient en France, où il est mort en 1701.

Le pape Alexandre VIII accorde des bulles aux évêques de France qui avaient été nommés par le roi, et auxquels on les refusait depuis l'assemblée du clergé de 1682.

Paix de Nipchou, dans la Tartarie orientale, pour régler les limites des États du czar de Russie et de l'empereur de la Chine. Quand on apprit cette nouvelle dans l'Europe occidentale, on ne pouvait s'imaginer comment la Russie confinait avec la Chine.

1691. Louis XIV prend Mons, en personne, le 9 avril.

Mort de Soliman III, empereur des Turcs, le 22 juin. Achmet II, son frère, est mis en sa place.

Bataille de Kilconnel, ou d'Abgrim, en Irlande, le 22 juillet; elle fut décisive contre le parti du roi Jacques.

Le prince de Bade, général de l'empereur, bat les Turcs à Salankemen en Hongrie, le 19 août.

Bataille de Leuze, gagnée en Flandre par le maréchal de Luxembourg, le 18 septembre.

1692. Combat naval contre les Anglais, le 29 mai; les Français perdent quatorze vaisseaux à Cherbourg et à la Hogue.

Louis XIV, en personne, prend Namur, le 5 juin.
Le duc de Savoie ravage le Dauphiné.
Les Vénitiens remportent de grands avantages contre les Turcs.
Le duc de Luxembourg gagne, sur les troupes du prince d'Orange, la bataille de Steinkerque, en Hainault, le 3 août.
Le duché d'Hanovre est érigé en électorat par l'empereur; c'est le neuvième; il ne fut reconnu par les états de l'Empire qu'en 1708. Le premier électeur d'Hanovre fut Ernest, père de George, depuis roi d'Angleterre.
Louis XIV établit l'ordre militaire de Saint-Louis, le 10 mai, pour récompenser les officiers de ses troupes. 1693.
Les Français se rendent maîtres du Palatinat.
Le maréchal de Luxembourg défait le prince d'Orange à Nerwinde, en Brabant, le 29 juillet; ce prince perd son camp, son canon, et plus de douze mille hommes.
Le maréchal de Catinat défait, le 4 octobre, près de la Marsaille, aux environs de Pignerol, l'armée du duc de Savoie.
Les Hollandais prennent dans les Indes, aux Français, la ville ou le fort de Pondichéri, qui fut rendu en 1697.
Les Anglais bombardent la ville de Saint-Malo, le 29 novembre.
Le maréchal de Noailles a de grands avantages en Catalogne, où il prend Girone. 1694.
Les Anglais font une descente à Camaret en Bretagne; ils sont taillés en pièces, ou faits prisonniers. Ils bombardent Dieppe, le Hâvre et Dunkerque.
Les Polonais remportent une victoire sur les Turcs, près de Niester, le 6 octobre.
Soliman, roi de Perse, meurt; on lui substitue son second fils Hussein, au lieu d'Abbas, son aîné.
Établissement de la banque royale à Londres.
Le maréchal de Luxembourg meurt, le 4 janvier. 1695.
Marie Stuart, reine d'Angleterre, fille de Jacques II, et femme de Guillaume, prince d'Orange, meurt à Londres, le 7 janvier.
Le prince d'Orange prend Namur, le 4 août.
Louis-Antoine de Noailles est fait archevêque de Paris, et François de Salignac de la Motte de Fénélon, archevêque de Cambrai.
Achmet II, empereur des Turcs, meurt le 27 janvier; on met en sa place Mustapha II, son neveu, qui était fils de Mahomet IV.
La paix entre la France et le duc de Savoie est signée à Turin, le 4 juillet, et publiée le 10 septembre; le 15, fut signé à Paris le contrat de mariage de la fille du duc de Savoie, Marie-Adélaïde, avec le duc de Bourgogne, et de ce ma- 1696.

Depuis J.-C. riage, qui ne fut célébré que l'année suivante, est né Louis XV.

Jean Sobieski, roi de Pologne, meurt à Varsovie, le 17 juin, âgé de soixante-six ans.

Le czar Pierre Ier, seul souverain de Russie, son frère Iwan étant mort cette année, prend sur les Turcs la ville d'Azof, le 28 juillet.

1697. On commence les conférences pour la paix générale, qui est conclue à Riswick, en Hollande, dans les mois de septembre et d'octobre. Le duc de Lorraine est rétabli dans ses États.

Le 27 juin, François-Louis de Bourbon, prince de Conti, et Frédéric-Auguste, électeur de Saxe, sont élus chacun roi de Pologne par différens partis : Frédéric-Auguste est couronné le 15 septembre, et l'emporte sur son concurrent.

Charles XI, roi de Suède, meurt le 15 avril; son fils, Charles XII, lui succède.

Le 11 septembre, bataille de Zenta, en Hongrie, où le prince Eugène de Savoie remporte une grande victoire sur les Turcs; ce fut la première fois que ce héros eut le commandement de l'armée impériale.

1698. Les Français, les Anglais et les Hollandais font un arrangement pour partager les États de la couronne d'Espagne, quoique Charles II, qui en était roi, fût encore vivant; ce qui donne lieu au testament de ce prince, en faveur d'un prince de la maison de France.

Le czar Pierre voyage incognito en Hollande et en Angleterre, puis il passe à Vienne; une sédition des strelitz le rappelle à Moscou; il casse cette milice, et la remplace par de nouveaux corps de troupes; il fait périr un grand nombre de séditieux.

1699. Ambassadeur du roi de Maroc auprès de Louis XIV, dont il a audience le 6 février.

Paix de Carlowitz, pour les bornes des deux empires d'Allemagne et d'Orient, ou des Turcs; ces derniers cèdent à l'empereur la Transylvanie; aux Polonais, Kaminieck, etc.; aux Russes, Azof; et aux Vénitiens, la Morée, qu'ils avaient conquise.

Le czar Pierre Ier introduit en Russie le calendrier Julien, non réformé; auparavant les Russes commençaient l'année au 1er septembre, et comptaient les années par celles du monde, suivant le calcul de Constantinople, ou l'ère des Grecs.

1700. Commencement de la guerre du Nord contre Charles XII, roi de Suède, par les rois de Pologne et de Danemarck, et par le czar de Russie.

Le roi de Suède, âgé de dix-huit ans, va en Danemarck, assiége Copenhague, et, après y avoir accordé la paix, au mois d'août, il passe en Livonie, où il bat, le 30 novembre, les Russes, près de Narva, qu'ils assiégeaient.

Mort de Charles II, roi d'Espagne, le 1er. novembre, après avoir institué, par son testament, le duc d'Anjou, petit-fils de Louis XIV, son héritier. Ce prince lui succède, sous le nom de Philippe V. Ainsi finit la branche aînée de la maison d'Autriche.

L'assemblée générale du clergé de France reçoit de la cour de Rome la condamnation du livre *des Maximes des Saints*, de M. de Fénélon, archevêque de Cambrai ; il souscrivit lui-même à cette condamnation.

L'empereur, l'Angleterre, la Hollande et le duc de Savoie déclarent la guerre à la France et à l'Espagne. 1701.

L'électeur Frédéric de Brandebourg, avec un diplôme de l'empereur, se couronne lui-même roi de Prusse, et se fait reconnaître en cette qualité par plusieurs puissances.

Le prince Eugène, général de l'empereur, commence à avoir quelques avantages en Italie ; il y gagne les batailles de Carpi et de Chiari.

Jacques II, roi d'Angleterre, âgé de soixante-huit ans, meurt à Saint-Germain-en-Laye, le 16 septembre ; son fils, Jacques III, succède à ses droits.

Le roi de Suède, Charles XII, bat le roi de Pologne près de Riga, que ce prince avait inutilement tenté d'enlever aux Suédois l'année précédente. Prise de Mittau, capitale de la Courlande ; la Lithuanie se soumet au vainqueur, qui poursuit le roi de Pologne.

Les mécontens de Hongrie commencent à remuer contre les Autrichiens.

Cette année, les Russes font la découverte et la conquête du Kamtschatka, à l'extrémité orientale de l'Asie, vers le nord : cette presqu'île n'est séparée de l'Amérique que par quelques îles.

Guillaume III, prince d'Orange et roi d'Angleterre, meurt, le 19 mars, d'une chute de cheval. Anne Stuart, seconde fille de Jacques II, lui succède. 1702.

Les Hollandais prennent une seconde fois la résolution de n'avoir plus de stathouder, après la mort du roi Guillaume ; et il n'y en a eu qu'en 1747.

Le 15 août, bataille de Luzara, en Italie, où les Impériaux sont battus par les troupes francaises, commandées par le duc de Vendôme. Le roi d'Espagne y était en personne.

Bataille de Friedlingue, près de Huningue, en Souabe, où le marquis de Villars défait les Impériaux.

Les Français, du consentement du roi d'Espagne, négocient dans la mer du Sud ; ils envoient des colonies dans la Louisiane.

Charles XII, roi de Suède, défait le roi de Pologne, Au-

Depuis J.-C. guste, à Clissau, près de Cracovie, et déclare qu'il ne sortira pas du pays qu'il ne l'ait détrôné.

1703. Mustapha II, empereur des Turcs, est déposé au mois de septembre; son frère, Achmet III, est mis en sa place, et règne vingt-sept ans.

Prise de Brisach par le duc de Bourgogne, le 7 septembre. Bataille de Spire, le 15 novembre, gagnée par les Français sur les Impériaux.

Soulèvement des Camisards dans les Cévennes, qui fut apaisé, l'année suivante, par le maréchal de Villars.

Le czar Pierre, à la mort d'Adrien, dixième patriarche de Russie, supprime cette importante charge, dont l'autorité lui faisait ombrage; il établit, dans la suite, un synode perpétuel pour le gouvernement de cette Église.

1704. Les Anglais prennent, le 4 août, Gibraltar, qu'ils possèdent encore aujourd'hui.

Bataille d'Hochstet, en Bavière, le 13 août; les Impériaux, commandés par le prince Eugène et milord Marborough, battent les Français, dont les restes se trouvent obligés de revenir en France : la perte de cette bataille cause celle de toute la Bavière.

Stanislas Leczinski est élu roi de Pologne, le 12 juillet, par les soins de Charles XII, roi de Suède.

Le czar Pierre prend, sur les Suédois, la ville de Narva. Dans le même temps ce prince fait bâtir Pétersbourg, où il fit depuis sa résidence.

1705. L'empereur Léopold Ier meurt à Vienne, le 6 mai, âgé de soixante-cinq ans, après en avoir régné près de quarante-sept : son fils aîné, Joseph Ier, lui succède, après avoir renoncé à ses droits sur la monarchie d'Espagne, en faveur de son frère Charles, qui va débarquer à Lisbonne avec des troupes anglaises et hollandaises; et qui, bientôt après, devient maître de la Catalogne et du royaume de Valence.

Bataille de Cassano, en Italie, gagnée sur le prince Eugène par le duc de Vendôme, le 16 août.

Le parlement d'Angleterre fixe la couronne dans la ligue protestante de Brunswick.

Le roi de Suède remporte deux victoires sur les Russes, près de Mittau et de Varsovie, au mois de juillet.

1706. Le 23 mai, bataille de Ramillies, dans le Brabant, où les Français sont défaits par les alliés, qui prennent ensuite la meilleure partie des Pays-Bas.

Le 7 septembre, les Français perdent la bataille de Turin, ce qui entraîne pour eux la perte de toute la Lombardie.

L'archiduc Charles a de grands avantages en Espagne; il est proclamé roi à Madrid; mais le maréchal de Berwick donne la chasse à ses troupes.

Bataille de Frawstadt, gagnée par les Suédois, contre les troupes du roi Auguste.

Depuis J.-C.

Le roi de Suède entre en Saxe, et s'en empare. Auguste fait sa paix à Alt-Ranstadt, en renonçant à la couronne de Pologne. Le czar entre dans ce royaume.

Les nouvelles Philippines sont découvertes par les Espagnols.

Bataille d'Almanza, sur les frontières du royaume de Valence, le 25 avril : l'armée de Philippe V, roi d'Espagne, commandée par le maréchal de Berwick, y remporte une victoire complète sur l'archiduc Charles. 1707.

Les Impériaux se rendent maîtres du royaume de Naples.

Siége de Toulon entrepris et levé par le duc de Savoie.

Anne, reine d'Angleterre, unit à l'Angleterre l'Écosse, qui, de royaume, devient seulement une province de la Grande-Bretagne. Cette princesse assure la succession de la couronne d'Angleterre dans la ligne protestante, en faveur de la princesse Sophie, douairière de Brunswick-Hanovre.

Mort d'Aureng-Zeb, empereur de l'Indostan, ou grand Mogol : il était âgé de 90 ans, et en avait régné 49; son fils Bahader-Schah lui succède, après avoir vaincu deux de ses frères.

Les rois de Prusse deviennent souverains de Neuchâtel et de Valangin, après la mort de Marie, duchesse de Nemours.

Action ou bataille d'Oudenarde, perdue par les Français, le 11 juillet; ce qui occasionne la levée du siége de Bruxelles, entrepris par l'électeur de Bavière, Maximilien-Emmanuel. 1708.

La ville de Lille est prise par les alliés, commandés par le prince Eugène et Marlborough, après quatre mois de siége; elle avait été vigoureusement défendue par le maréchal de Boufflers.

Les Anglais se rendent maîtres de Port-Mahon, dans l'île de Minorque, qu'ils gardent à la paix.

L'empereur s'attribue le duché de Mantoue, après la mort de son dernier duc. Il cède le duché de Montferrat au duc de Savoie.

Le roi de Suède chasse les Russes de Pologne, en remportant sur eux plusieurs victoires; et entre ensuite en Russie, dans le dessein de détrôner le czar.

Oran, ville d'Afrique, qui appartenait à l'Espagne depuis l'an 1509, est prise par les Algériens.

Hiver extrêmement rigoureux, qui commence le 5 janvier : il fait périr en France un grand nombre d'arbres et de fruits, et y occasionne une famine et une désolation générales. 1709.

Charles XII, roi de Suède, est entièrement défait par le czar Pierre Ier, près de Pultawa, en Ukraine, le 9 juillet; le général Lœvenhaupt et plus de seize mille Suédois sont obligés de se rendre au général russe Menzikow : le roi de Suède se retire à Bender, sous la protection du grand-seigneur, où il resta quatre ou cinq ans.

Auguste, roi de Suède, proteste contre son abdication et

Depuis J.-C. rentre en Pologne, où il a régné jusqu'à sa mort. Le roi Stanislas se retire dans le duché de Deux-Ponts, qui appartenait au roi de Suède; après la mort de ce prince, il vint demeurer en France, à Weissembourg.

Le comte du Bourg, lieutenant-général et commandant à Strasbourg, défait, dans la haute Alsace, un corps de troupes allemandes de neuf mille hommes, commandé par le général Merci, qui fut blessé dans l'action; les Allemands perdirent plus de deux mille cinq cents hommes et de deux mille prisonniers.

La ville de Tournai, place importante sur l'Escaut, est investie par le prince Eugène et milord Marlborough. Cette ville se rend après trois semaines de défense; la citadelle tient encore plus d'un mois, et capitule.

Le 11 septembre, bataille de Malplaquet, nommée par les alliés la bataille de Téniers, où ils gagnent le champ de bataille, au moyen de trente mille hommes qu'ils laissent sur la place; les Français en perdent près de dix mille. La Hollande est en pleurs pour cette victoire. Le maréchal de Villars y est blessé, ce qui occasionne la retraite de l'armée de France, qui se fit dans un bel ordre et avec beaucoup de dignité, sous les ordres du maréchal de Boufflers, qui voulut bien servir alors comme volontaire sous le maréchal de Villars. La ville de Mons est ensuite prise par les alliés.

Philippe V, roi d'Espagne, fait assembler les états-généraux à Madrid; l'on y reconnaît son fils aîné, le prince des Asturies, pour héritier présomptif de la couronne.

La ville et le château d'Alicante, le seul poste qui restait dans le royaume de Valence à l'archiduc Charles, sont pris par le roi d'Espagne, à la vue de la flotte anglaise.

Le 18 juin, meurt, à Macao, dans la maison des Jésuites, le cardinal de Tournon, légat du Saint-Siége.

1710. Girone, en Catalogne, se rend, dans le mois de janvier, au duc de Noailles, après un siége très-difficile.

Le 15 février, naissance de Louis, duc d'Anjou, depuis roi de France, sous le nom de Louis XV.

La ville de Douai, en Flandre, est investie par les alliés, et ne se rend qu'après cinquante-deux jours d'une défense vigoureuse.

Les négociations de la paix que l'on traitait à Gertruydenberg, place du Brabant hollandais, sont rompues par les États de Hollande.

La défaite des troupes du roi d'Espagne, près d'Almenara, et ensuite près de Saragose, oblige Philippe V d'abandonner Madrid, sa capitale, et de se retirer à Valladolid. L'archiduc Charles se rend à Madrid, où la tristesse des habitans lui fait sentir qu'il n'était pas reconnu pour légitime souverain.

Sur la fin de l'année, le roi d'Espagne rentre dans Madrid; il attaque et bat ensuite, près de Villaviciosa, l'armée des alliés, commandée par le comte de Staremberg. Le gain de cette bataille confirme la couronne d'Espagne au roi Philippe. Presque toutes les places révoltées de l'Espagne se soumettent.

Les troupes du czar Pierre prennent, sur les Suédois, Wibourg, en Finlande, Revel et Riga, en Livonie. Combat naval des Suédois et des Danois, à la vue de Copenhague, avec perte égale.

Frédéric-Guillaume Ketler, duc de Courlande, étant mort le 21 janvier, le czar Pierre fait entrer ses troupes dans ce pays, et en donne la régence à la princesse Anne, duchesse douairière, qui était sa nièce. 1711.

L'empereur donne le duché de la Mirandole, en Italie, au duc de Modène.

Le dauphin, fils de Louis XIV, meurt à Meudon, de la petite vérole, le 14 avril, âgé de 49 ans cinq mois et quatorze jours. Le duc de Bourgogne, père de Louis XV, a le titre de dauphin.

L'empereur Joseph Ier meurt le 17 avril, âgé de près de trente-trois ans, dans la sixième année de son règne. Charles VI, son frère, est élu empereur, le 12 octobre.

Le czar Pierre, investi par les Turcs, près du Pruth, au mois de juillet, est sauvé par l'adresse de l'impératrice sa femme, et par l'avarice du grand-visir : la paix se fait entre les Russes et les Turcs, malgré le roi de Suède. Pierre Ier rend Azof et renonce à la Mer Noire.

Milord Marlborough, malgré les défenses de la reine Anne, investit Bouchain sur l'Escaut, et prend cette ville le 13 septembre, après vingt-un jours de tranchée ouverte ; cette désobéissance du général anglais fit accélérer la paix entre la France et l'Angleterre.

Les Anglais font, le 3 septembre, une tentative inutile sur Québec, capitale du Canada.

Du Guay-Trouin, chef d'escadre, fait une expédition à Rio-Janeiro, dans le Brésil, qui cause un dommage de plus de vingt-cinq millions aux Portugais, qui étaient unis aux alliés.

La guerre de Hongrie, commencée en 1701, finit par la prise de Montgatz.

Marie-Adélaïde de Savoie, épouse du dauphin, ci-devant duc de Bourgogne, meurt à Versailles, le 12 février, âgée de vingt-six ans. Le dauphin, son mari, meurt à Marli, le 18 du même mois, âgé de trente ans. Le duc de Bretagne, déclaré dauphin, et fils du précédent, meurt le 8 mars. Le duc d'Anjou, son frère, depuis Louis XV, fut alors en grand danger. 1712.

Le congrès d'Utrecht, pour la paix générale, commence le 29 janvier. La suspension d'armes entre la France et l'Angleterre est publiée à Paris le 24 août, et prolongée jusqu'à la paix : on consigne Dunkerque aux Anglais. Le duc de Marlborough est disgracié en Angleterre.

Depuis J.-C.

L'armée de France, commandée par le maréchal duc de Villars, force et prend le camp des ennemis, à Denain, le 24 juillet. Le comte d'Albemarle, qui le commandait, et plusieurs officiers généraux sont faits prisonniers. Cet avantage est suivi de la levée du siége de Landrecies par le prince Eugène; de la prise de Douai par les Français; de celle du Quesnoy, et de celle de Bouchain. On prit, dans l'abbaye de Marchiennes une nombreuse artillerie et beaucoup de munitions de guerre et de bouche. Les alliés, hors d'état de continuer la guerre, pensent à faire une paix générale.

Le duc de Vendôme, arrière-petit-fils de Henri IV, meurt en Espagne, le 11 juin.

Traité d'Arau, en Suisse, du 2 août, qui met fin à la guerre civile entre les cantons protestans et catholiques : il fut fait par l'entremise du comte du Luc, ambassadeur du roi Louis XIV.

Jehaunder-Schah, empereur de l'Indostan, est défait près d'Agra, par deux Omrahs très-puissans, qui élèvent sur le trône son neveu Feroksère, lequel régna cinq ans.

1713. Le roi d'Espagne renonce solennellement à la couronne de France, par un acte du 5 novembre.

Le roi de Suède, renvoyé par les Turcs, refuse de partir; il soutient, avec sa maison, un siége contre une armée de Turcs et de Tartares, le 13 février : on le conduit à Démir-Tocca, près d'Andrinople. Le roi Stanislas vient de Pologne pour le voir.

Le 16 mai, l'armée de Suède, qui était dans le Holstein, est dissipée, et le général Steinbok obligé de se rendre. Le roi de Danemarck prive le duc de Holstein de ses États, et enlève aux Suédois Brême et Verden, qu'ils possédaient depuis la paix de Munster; il vendit ensuite ses duchés à l'électeur d'Hanovre.

Frédéric, électeur de Brandebourg et premier roi de Prusse, meurt à Berlin, le 25 février. Frédéric-Guillaume, son fils, lui succède.

La paix est conclue à Utrecht, par la France et l'Espagne, avec l'Angleterre, la Savoie, le Portugal, la Prusse et la Hollande, le 11 avril.

Le roi de Prusse est reconnu roi par le traité d'Utrecht, et on lui cède la Gueldre espagnole, excepté Ruremonde. De son côté, il renonce à tous droits sur la principauté d'Orange.

Louis XIV, pour le bien de la paix, sacrifie aux Anglais, le port et les fortifications de la ville de Dunkerque, qu'il fait ensuite démolir.

L'Acadie et l'île de Terre-Neuve, l'une et l'autre en Amérique, sont cédées aux Anglais, qui, en Europe, restent en possession de Gibraltar, et de l'île de Minorque, où est Port-Mahon. Ils gagnent encore le contrat de l'*Assiento*, ou le commerce des nègres, en Amérique, que les Portugais faisaient avant cette guerre, et qui leur était d'un grand avantage.

Les Afghans, ou Aghwans, peuple du Candahar, enlèvent le Candahar à Schah-Hussein, roi de Perse.

Landau et Fribourg sont pris sur l'empereur Charles VI, qui avait refusé de conclure la paix à Utrecht.

Les Impériaux abandonnent entièrement la Catalogne, qui est soumise par le roi d'Espagne, à l'exception de Barcelonne et de Cardone.

Pragmatique sanction de l'empereur Charles VI, du 13 avril, par laquelle il assure la possession de tous ses Etats héréditaires à Marie-Thérèse d'Autriche, sa fille aînée, au défaut d'hoirs mâles.

Le duc de Savoie, reconnu roi de Sicile par la cession que lui en fait Philippe V, se fait couronner à Palerme, capitale de cette île, le 24 décembre.

L'empereur vend à la république de Gênes le marquisat de Final, qui avait été pris sur les Espagnols dans le courant de la guerre, et la république en prend possession.

Les Russes prennent Abo et presque toute la Finlande sur les Suédois. Ils gagnent aussi sur eux une victoire navale, près des îles d'Aland, au milieu de la mer Baltique.

Le traité de paix entre la France et l'empereur est signé le 6 mars à Rastadt, dans la principauté de Bade, par le prince Eugène de Savoie, au nom de l'empereur, et par le maréchal de Villars, au nom du roi; mais ce traité ne fut entièrement ratifié que le 7 septembre suivant, dans la petite ville de Baden en Suisse. 1714.

L'empereur y gagne le Milanais, la Sardaigne, Naples et les Pays-Bas espagnols.

Les électeurs de Bavière et de Cologne sont rétablis dans leurs Etats et dignités. Le roi reconnaît la dignité électorale dans la maison d'Hanovre, et il garde Landau avec l'Alsace.

Mort du duc de Berri, à Versailles, le 4 mai.

Marie-Louise-Gabrielle de Savoie, reine d'Espagne, meurt à Madrid, le 14 février. Philippe V épouse Elisabeth Farnèse, princesse de Parme, le 16 septembre.

Après plus de six mois d'une défense très-obstinée, la ville de Barcelonne, qui soutenait toujours sa révolte, quoique abandonnée par les Impériaux, se rend enfin à discrétion, le 12 septembre. La ville de Cardone, autre ville de Catalogne, se rend aussi.

Anne, reine d'Angleterre, meurt à Londres, le 12 août, d'une troisième attaque d'apoplexie.

Les Anglais appellent à la couronne George-Louis, électeur d'Hanovre, arrière petit-fils de Jacques Ier, par sa mère. Ce prince est couronné roi le 31 octobre. Il est reconnu en cette qualité par la France, en vertu du traité d'Utrecht. Le parlement d'Angleterre promet une somme considérable à qui-

Depuis J.-C. conque arrêtera Jacques III, nommé depuis le Prétendant.

Acte du même parlement, qui promet vingt mille livres sterlings à celui qui trouvera le secret des longitudes.

Charles XII, roi de Suède, après avoir passé onze mois à Démir-Tocca, où il en fut dix couché, contrefaisant le malade, pour ne point aller chez le grand-visir qui l'avait invité, demande enfin à retourner dans ses Etats, qui étaient alors en fort mauvaise disposition. Il part le 1er novembre, traverse l'Allemagne, déguisé, et arrive le 22 à Stralsund en Poméranie, qu'on se préparait à lui enlever.

1715. La paix entre les couronnes d'Espagne et de Portugal est signée à Utrecht, le 13 février, et ce fut par là que finit ce fameux congrès.

Le roi d'Espagne soumet, par M. d'Asfeld, l'île de Mayorque, qui tenait encore le parti de l'empereur Charles VI. L'île entière, et Palma, sa capitale, ressentirent avec les autres l'effet de la clémence du roi Philippe V.

Un ambassadeur de Perse fait son entrée à Paris au mois de février, et a quelques jours après une célèbre audience dans la galerie de Versailles, où le roi et toute sa cour paraissent avec beaucoup d'éclat.

La peste se fait sentir à Vienne, en Autriche, et y fait périr plus de quinze mille personnes.

L'électeur d'Hanovre est mis en possession, par le roi de Danemarck, des Etats de Brême et de Verden, enlevés à la Suède.

Le 1er juin, Jacques III est proclamé roi à Lancastre; on se déclare pour lui en plusieurs endroits du nord de l'Angleterre. Le comte de Marr prend les armes en Écosse en sa faveur.

Les Turcs enlèvent en deux mois la Morée aux Vénitiens, et ils leur prennent, sur la fin de l'année, les deux petites places qu'ils possédaient encore en Candie, savoir Spinalonga et Suda.

Le 1er septembre, meurt, après une assez courte maladie, Louis XIV. Il avait régné soixante-douze ans, trois mois et dix-huit jours.

Louis XV, son arrière-petit-fils, monte sur le trône, et Philippe, duc d'Orléans, est déclaré régent du royaume, le 2 septembre.

Le 15 novembre, traité de barrière pour les Pays-Bas, signé entre l'empereur et les Hollandais : on cède à ces derniers Venlo et Stevensvert, dans le haut quartier de Gueldre.

Le 23 novembre, combat de Dumblain, en Écosse, entre le comte de Marr et le duc d'Argile, général du roi George; les suites en sont funestes au parti du roi Jacques.

Stralsund, capitale de la Poméranie suédoise, est assiégée par les rois de Danemarck et de Prusse, dès le mois d'octobre; le roi de Suède en sort le 22 décembre, et la ville se rend le lendemain. L'île de Rugen avait été prise le 17 novembre.

Commencement du différend sur la monarchie de Sicile, entre les officiers du pape et ceux du nouveau roi.

Naissance de don Carlos, infant d'Espagne, le 20 janvier. Ce prince est devenu roi d'Espagne en 1759. 1716.

Le chevalier de St.-George, ou Jacques III, qui était passé en Écosse, voyant son parti diminué par la désertion de plusieurs seigneurs, se retire à Avignon, puis en Italie. On fait à Londres le procès à ses partisans, qui s'étaient rendus à Preston sur la promesse qu'on leur avait donnée de la clémence du roi George.

Charles XII, roi de Suède, entre en Norwége au mois de mars, avec une armée de vingt mille hommes; ses troupes y prennent plusieurs places sur les Danois.

Lettres-patentes du 2 mai, accordées au sieur Law et à sa compagnie, pour l'établissement d'une banque générale en France.

L'empereur s'étant ligué avec les Vénitiens pour faire la guerre aux Turcs, les princes de l'Empire lui accordent des secours considérables.

Bataille de Péterwaradin, ou de Salankemen, en Hongrie, gagnée sur les Turcs, le 5 août, par le prince Eugène, généralissime de l'empereur: le grand-visir y est tué, avec plus de trente mille des infidèles; leur camp fut pris, plus de cent cinquante canons, etc.

Les Turcs lèvent le siége de Corfou, le 22 août; le général de Schulembourg défendait, pour les Vénitiens, cette place, qui est le rempart de l'Italie du côté du levant; et le roi d'Espagne avait envoyé aux Vénitiens nombre de vaisseaux.

Expédition de M. de Louvigny contre les Renards, ou Otagamis, peuples sauvages de la Nouvelle-France: ils se soumettent à l'obéissance du roi; et c'est la première expédition du règne de Louis XV.

Le 12 octobre, la forte ville de Temeswar, la seule que les Turcs tenaient en Hongrie, est obligée de se rendre au prince Eugène. Le pape Clément XI lui envoie le bonnet et l'estoc bénis, que le prince reçoit en cérémonie, le 7 novembre, dans l'église de Raab ou Javarin.

Le prince de Conti, le comte de Charolois, le prince de Dombes, et autres seigneurs français, vont servir en Hongrie. 1717.

Le 8 mai, le czar Pierre arrive de Hollande à Paris, et y séjourne quarante-quatre jours. La Sorbonne lui présente un mémoire pour la réunion de l'Église de Russie.

Au mois de juin, combat naval des Dardanelles, entre les Vénitiens et les Turcs, sans avantage marqué de part ni d'autre; il y en eut encore trois, qui ne firent pas perdre aux Turcs un pouce de terre; mais les Vénitiens firent quelques conquêtes dans la Dalmatie et pays voisins.

Depuis J.-C. Découverte d'une conjuration tramée par les officiers saxons, contre le roi Stanislas, alors à Deux-Ponts, le 15 août : trois des conjurés, arrêtés, sont condamnés le 17. Le prince leur fait grâce.

Bataille de Belgrade, gagnée sur les Turcs par le prince Eugène, le 16 août : plus de vingt mille des infidèles restent sur la place. La ville de Belgrade se rend le 18. La Bosnie et la Servie sont ensuite ravagées. Zwornic fait une si vigoureuse défense, que les Impériaux ne peuvent s'en rendre maîtres.

Le cardinal Albéroni, principal ministre d'Espagne, pour se faire un nom, forme le projet de recouvrer les anciens domaines de cette couronne, et tâche d'exciter des troubles en France et en Angleterre.

Une flotte espagnole, commandée par le marquis de Lede, aborde en Sardaigne, s'empare de Cagliari, le 1er octobre, et en peu de jours de toute l'île. Le marquis de Rubi, qui y commandait pour l'empereur, se sauve avec peine.

A la fin d'octobre et en novembre, les Vénitiens prennent aux Turcs, en Albanie, la Prévesa, Voniza et Larta.

Dans le même temps que les protestans de Saxe, etc., célébraient la fête du Jubilé, qu'ils avaient instituée cent ans auparavant, en mémoire de l'établissement du luthéranisme, l'électeur publie une déclaration pour donner avis que son fils avait embrassé la religion catholique à Vienne, et pour laisser la même liberté à ses sujets qu'il avait donnée à son fils, sachant bien, ajoutait-il, que la foi est un don de Dieu.

Cette année, et les suivantes, les Russes font la conquête de la Géorgie, du Schirvan, etc., sur les Perses.

1718. Les Espagnols, commandes par le marquis de Lede, débarquent en Sicile le 1er juillet. La ville de Palerme se rend à eux le 13 de ce mois.

Le czar Pierre fait faire le procès à son fils aîné Alexis, qui est condamné à mort le 24 juin, et meurt le surlendemain dans d'horribles convulsions, qu'on qualifie d'apoplexie. Ce prince laisse un fils en bas âge, qui monta dans la suite sur le trône de Russie.

Paix de Passarowitz, signée le 21 juillet, entre l'empereur et les Turcs : ceux-ci abandonnent Temeswar, Belgrade, et une partie de la Servie, et consentent à une trève de 25 ans.

Suite de la guerre d'Italie, entreprise par les Espagnols : la ville de Messine se soumet à eux le 24 juillet, mais la citadelle ne se rendit qu'au mois de septembre.

Le 2 août, traité conventionnel de Londres entre l'empereur, la France et l'Angleterre, pour maintenir les traités d'Utrecht et de Bade, et pour pacifier l'Italie : les Hollandais sont invités d'y accéder; ce qui l'a fait nommer le traité de la quadruple Alliance. L'empereur y consent de reconnaître le roi d'Espagne, à condition qu'on lui remettrait la Sicile,

Depuis J.-C.

et que la Sardaigne serait donnée en indemnité à S. A. R. de Savoie. On y convient aussi d'assurer à don Carlos la succession des duchés de Parme et de Plaisance, et du grand-duché de Toscane.

Combat naval entre les Anglais, commandés par l'amiral Bing, et les Espagnols, qui perdent presque tous leurs vaisseaux à la hauteur de Syracuse, le 11 août.

Paix et traité du roi d'Espagne avec le roi de Maroc, Muley-Ismaël.

Traité entre l'abbé de St.-Gall, en Suisse, et les cantons de Berne et de Zurich ; on restitue à cet abbé le Tockembourg, pour lequel il y avait eu depuis dix ans de grandes divisions entre les Suisses.

Les Russes font une descente dans la Suède, qu'ils ravagent.

En octobre, le roi de Suède, Charles XII, entreprend une seconde fois la conquête de la Norwège, et gagne deux batailles sur les Danois. Ce prince est ensuite tué d'un coup de fauconneau devant Fridericshall, le 11 décembre, âgé de 36 ans et 6 mois. La princesse Ulrique-Éléonore, sa sœur, lui succède ; les États de Suède l'ayant reconnue par forme d'élection, elle est couronnée, le 28 mars de l'année suivante, à Upsal. Elle renonce au pouvoir absolu dont avaient joui ses prédécesseurs, et consent à restreindre considérablement l'autorité royale dans ses États.

Commencement du démêlé entre les Hollandais et l'empereur, au sujet de la nouvelle compagnie d'Ostende, à laquelle il avait accordé un privilége pour le commerce des Indes Orientales, et dont le principal établissement était à Sadraspatan, au nord de Pondichéri ; ses succès firent ombrage aux Anglais et Hollandais, qui prétendirent que l'érection de cette compagnie était contraire aux anciens traités.

La France et l'Angleterre, voyant l'Espagne rejeter toute voie d'accommodement, lui déclarent la guerre. 1719.

Une furieuse tempête disperse la flotte espagnole, sur laquelle on avait embarqué des troupes pour faire une descente en Écosse, en faveur de Jacques III, qui vint alors d'Italie en Espagne. Il n'arriva en Écosse qu'environ douze cents hommes, qui, peu après, furent battus, et contraints de se rendre prisonniers de guerre.

Le 2 mars, le comte de Gortz est décapité à Stockholm.

Le 14 avril, lettres-patentes du roi Louis XV, en faveur de l'université de Paris, et, pour y établir l'instruction gratuite, le roi ayant cédé une somme pour les professeurs, sur le produit des postes et messageries, dont cette université est l'inventrice.

Le 19 avril, les États provinciaux de l'Autriche, adoptent la pragmatique-sanction, ou le règlement que l'empereur Charles VI avait fait par rapport à sa succession en cas de

Depuis J.-C. mort sans enfans mâles. Il y appelle sa fille aînée Marie-Thérèse, et ses descendans, ensuite ses autres filles, et leurs descendans, selon le droit d'aînesse ; enfin les archiduchesses ses nièces, filles de l'empereur Joseph, et au défaut de toutes, la reine de Portugal et les filles de l'empereur Léopold ; les terres de la maison d'Autriche restant toujours sans être divisées.

Les Impériaux, venus au secours de la Sicile, livrent, le 20 juin, une bataille aux Espagnols, près de Francavilla ; l'action est très-sanglante, et chaque parti s'attribue la victoire ; le comte de Merci, général des Impériaux, y est blessé.

Le duc de Berwick, maréchal de France, prend aux Espagnols Fontarabie, le 16 juin, et ensuite St.-Sébastien, avec les pays voisins de la côte de Biscaye, tels que le Guipuscoa. Un autre corps de Français ayant de l'autre côté pénétré en Catalogne, se saisit de diverses petites places jusqu'à Urgel.

Le 22 juillet, traité de l'électeur de Hanovre, roi d'Angleterre, avec la Suède, qui lui abandonne Brême et Verden.

Les conférences qui se tenaient depuis long-temps dans les îles d'Aland, entre les Suédois et les Russes, ne pouvant rien terminer, les Russes vont faire de nouveaux ravages en Finlande, province de Suède, et y exercent de grandes cruautés, pour forcer d'accepter les conditions qu'ils proposaient.

Le pape Clément XI envoie Charles-Ambroise de Mezzabarba, légat du Saint-Siége, à la Chine, avec de magnifiques présens pour l'empereur Kam-hi.

Le 18 octobre, le comte de Merci, général des Impériaux en Sicile, prend la citadelle de Messine sur les Espagnols ; la ville s'était rendue le 19 août.

Le 5 décembre, le cardinal Jules Albéroni, principal ministre d'Espagne, est disgracié, et obligé de se retirer en Italie.

1720. En France, le sieur Law, Écossais, est nommé contrôleur général, le 5 janvier, et le 14, il entre au conseil de régence ; six mois après, il est disgracié. Il fait ensuite divers voyages en Angleterre, en Brabant, en Allemagne, en Italie, en Danemarck ; enfin il se retira à Venise, où il mourut, le 21 mars 1729.

Le 1er février, paix de Stockholm, entre la Suède et l'électeur de Brandebourg, roi de Prusse, à qui l'on cède, en Poméranie, le territoire de Stettin et les îles d'Usedom et de Wollin ; il rend à la Suède Stralsund et ses environs jusqu'à la rivière de Penne, avec l'île de Rugen.

Le roi d'Espagne accède, le 25 janvier, au traité de Londres, dit la quadruple Alliance. En conséquence il est reconnu par l'empereur, et les Espagnols évacuent la Sicile et la Sardaigne ; cette dernière île est remise, au nom de l'empereur, au duc de Savoie, qui en prend possession, avec le titre de roi, au mois d'août ; la France rend à l'Espagne Fontarabie, St.-Sébastien, etc.

Naissance de don Philippe, infant d'Espagne, le 15 mars; ce prince a été dans la suite duc de Parme et de Plaisance.

Le 4 avril, Frédéric Ier (fils de Charles, landgrave de Hesse-Cassel, mort le 23 mars 1730), est élu roi de Suède par les États du royaume, à la demande de la reine Ulrique-Éléonore son épouse. Il est couronné, le 4 mai, après avoir renoncé au calvinisme, et fait profession du luthéranisme, qui est la religion dominante en Suède.

Jonction des flottes anglaise et suédoise. Les Russes font néanmoins une nouvelle descente en Suède, et y font encore de grands ravages.

Paix de la Suède avec le Danemarck, signée à Fridericsbourg, le 3 juillet. On se rend de part et d'autre toutes les conquêtes; la Suède est obligée de payer le péage du Sund, et le roi de Danemarck garde la partie du Holstein qui avait appartenu au duc de Sleswig.

Peste affreuse à Marseille, surtout au mois d'août; elle moissonne plus de vingt mille âmes.

Variation des actions de la compagnie des Indes, et discrédit des billets de banque en France.

L'évêché de Vienne en Autriche est érigé en archevêché par le pape Clément XI. 1721.

Ce pape, dont le nom de famille était Albani, meurt le 10 mars, après vingt ans quatre mois et trois jours de pontificat. On élit en sa place, le 8 mai, le cardinal Conti, qui prend le nom d'Innocent XIII.

Le czar Pierre Ier fait prendre possession du duché de Courlande à sa nièce (Anne), veuve du dernier duc, depuis impératrice de Russie.

Traité de Nystadt en Finlande, entre la Russie et la Suède, conclu le 11 septembre. La Livonie, l'Ingrie et une partie de la Carélie sont cédées aux Russes, qui s'en étaient emparés, et ils rendent à la Suède le reste de leurs conquêtes en Finlande.

Le sénat de Russie décerne au czar Pierre Ier, le titre d'empereur; il est proclamé en cette qualité, au mois de novembre.

Les Espagnols, sous la conduite du marquis de Lède, remportent trois victoires sur les Maures, près de Ceuta.

La princesse Marie-Anne-Victoire, infante d'Espagne, arrive à Paris le 2 mars, pour épouser, dans la suite, le roi Louis XV. Elle n'avait que quatre ans, étant née le 31 mars 1718. Ce mariage n'a pas eu lieu. 1722.

Le 23 octobre, grande révolution en Perse; le sophi Hussein est obligé de se démettre de la couronne; et Myr Mahmud, chef des Afghans, ou habitans du Candahar, qui avaient fait une irruption en Perse, se fait reconnaître à Ispahan.

Louis XV est sacré et couronné, le 25 octobre,

Depuis J.-C. à Reims, par l'archevêque Armand - Jules de Rohan-Guémené.

Les États de Hongrie et de Transylvanie acceptent la pragmatique-sanction de l'empereur Charles VI.

Le 20 décembre, meurt Kam-hi, empereur de la Chine, après avoir régné avec gloire soixante-deux ans. Il déclare son quatrième fils pour son successeur. Ce nouveau monarque prend le nom d'Yum-Tchim, et reçoit les hommages des grands de l'empire chinois. Il ne tarda pas à persécuter les chrétiens, que son père avait beaucoup favorisés.

Violent tremblement de terre dans les Algarves, en Portugal.

1723. Le 28 mars, grand incendie à Bude en Hongrie, qui est presque toute consumée ; autre à Stockholm, le 12 mai ; en France, la ville de Châteaudun est presque réduite en cendres le 20 juin.

Mezzabarba, légat du Saint-Siége à la Chine, arrive à Rome le 21 avril, rapportant le corps du cardinal de Tournon, qui est enterré dans l'église de la Propagande, avec une épitaphe glorieuse à sa mémoire.

Le 10 août, mort du cardinal Dubois, principal ministre de France, âgé de près de soixante-sept ans.

Grande inondation à Madrid, le 15 septembre; plusieurs personnes y périssent.

Le 31 octobre, meurt à Florence Côme III de Médicis, grand-duc de Toscane, âgé de quatre-vingt-deux ans, après un règne de cinquante-quatre ans ; il avait obtenu du pape et de l'empereur le titre d'altesse royale. Son fils Jean Gaston, lui succède.

Mort de Philippe II, duc d'Orléans, régent, arrivée subitement à Versailles, le 2 décembre.

Pendant que la Perse était troublée par l'usurpation de Mahmoud et des Afghans, et que le prince Thamas, le seul fils du sophi Hussein qui fût en liberté, se maintenait encore du côté de l'Arménie, les Turcs attaquent la Perse, et lui enlèvent la Géorgie et la ville de Tauris ; mais le prince Thamas remporte sur eux une grande victoire, et reprend Tauris.

Traité d'alliance entre Pierre-le-Grand, empereur de Russie, et le prince Thamas, qui abandonne à la Russie les villes de Derbent et de Backu, avec les provinces de Schirvan, Ghilan, Mazanderan et Asterbath, qui sont le long de la mer Caspienne; ce qui était favorable au commerce que Pierre-le-Grand voulait faire en Perse.

Le roi de Sardaigne, duc de Savoie, etc. Victor Amédée II fait publier le recueil des lois et constitutions qui doivent être observées dans ses États pour le civil et pour le criminel, en italien et en français.

1724. Philippe V, roi d'Espagne, âgé seulement de quarante-un ans, remet, le 15 janvier, sa couronne et le gouvernement de ses États à son fils aîné du premier lit, le prince des Asturies, qui, le 17, est proclamé roi sous le nom de Louis Ier.

Le 11 janvier, édit de l'empereur de la Chine contre la religion catholique; il la persécute dans ses États.

L'impératrice de Russie, Catherine, épouse de l'empereur Pierre Ier, est couronnée à Moscou, le 7 mai, par les soins de ce prince.

Le pape Innocent XIII étant mort le 7 mars, Benoît XIII (Pierre-François Orsini), est élu le 29 mai.

Le 31 août, mort de Louis Ier, roi d'Espagne, âgé de dix-sept ans et six jours, après un règne de sept mois et demi. Il ne laisse point d'enfans de Louise-Marie-Élisabeth d'Orléans, qu'il avait épousée en 1721, et qui revint en France, où elle est morte en 1742.

Philippe V, son père, reprend la couronne avec peine, le 6 septembre, pressé par tous les ordres du royaume. Il fait proclamer prince des Asturies, et héritier présomptif de la monarchie d'Espagne, don Ferdinand, son autre fils du premier lit.

Traité entre les Turcs et Pierre Ier, empereur de Russie, pour le partage des provinces de Perse dont ils s'étaient emparés. Les Turcs venaient encore de se rendre maîtres d'Érivan en Arménie.

Le mont Hécla, en Islande, fait une irruption semblable à celle du Vésuve, qui l'avait précédé.

Le 8 février, meurt, à Saint-Pétersbourg, Pierre Ier, surnommé le Grand, empereur de Russie, âgé de cinquante-trois ans, en ayant régné seul vingt-neuf, et quatorze auparavant avec son frère Iwan. En conséquence de son testament, qui dispose du trône de Russie en faveur de Catherine, son épouse, avec un pouvoir absolu de choisir ensuite son successeur, cette princesse est proclamée le même jour. Elle travaille à mettre à exécution la suite des projets que Pierre-le-Grand avait formés pour le bien de ses vastes États. Cette impératrice institue l'ordre de Saint-Alexandre Newski, l'un des anciens grands-ducs, mort en 1264. 1725.

Naissance de Henri-Benoît-Marie-Clément, second fils de Jacques Stuart III, à Rome, le 6 mars. Ce prince, qui a embrassé l'état ecclésiastique, a été nommé cardinal à vingt-deux ans, et a été connu pendant soixante ans sous le nom du cardinal d'York. Il est mort en 1807.

Le roi Louis XV, de l'avis de son conseil, ayant jugé qu'il était du bien de l'État de se procurer incessamment des successeurs, la jeune infante, Marie-Anne-Victoire, retourne de France en Espagne, et part de Paris le 5 avril. (Elle a été depuis reine de Portugal.) Le 27, le roi déclare

Depuis J.-C. son mariage futur avec la fille de Stanislas Leczinski, ci-devant roi de Pologne.

Le 22 avril, Mahmoud, usurpateur de la Perse, est mis à mort ; Ashraff ou Echeref, son parent, est placé sur le trône de Perse par les chefs de l'armée.

On désarme la noblesse et les clans, ou montagnards d'Écosse, en conséquence d'un acte du parlement britannique. Le roi d'Angleterre rétablit l'ordre des chevaliers du Bain.

Le 5 septembre, Louis XV épouse, à Fontainebleau, la princesse Marie, fille unique de Stanislas Leczinski, née le 23 juin 1703. Ce mariage a donné à la France deux princes et huit princesses.

Tauris, ville considérable de Perse, est prise par les Turcs, qui continuent à faire des progrès contre les Persans toujours divisés.

1726. Maximilien, électeur de Bavière, qui avait été proscrit par l'empereur, en 1706, et rétabli en 1714, meurt le 26 février. Son fils, Charles Albert (depuis empereur), lui succède.

Escadre anglaise envoyée dans la mer Baltique, sous la conduite de l'amiral Wager, pour empêcher le rétablissement du duc de Holstein, que la Russie semblait méditer.

Le 11 juin, le duc de Bourbon-Condé, premier ministre de France depuis deux ans et demi, est disgracié ; l'évêque de Fréjus, depuis cardinal de Fleuri, devient alors tout puissant en France.

Louis XV déclare, le 16 juin, qu'il veut gouverner par lui-même, ayant supprimé pour toujours la charge et le titre de premier ministre.

Le comte Maurice de Saxe, fils naturel du roi de Pologne, est élu duc éventuel de Courlande : la diète de Pologne s'y oppose, et le comte de Saxe est forcé l'année suivante, par les Russes, de sortir de la Courlande.

Traité d'alliance défensive signé à Vienne, le 6 août, entre l'empereur et la Russie.

L'évêque de Londres, en qualité de patriarche d'Angleterre, par les patentes du roi, étend sa juridiction sur les colonies anglaises d'Amérique.

La ville de Palerme, capitale de la Sicile, est presque abîmée par un tremblement de terre, le 1er septembre.

Imprimerie établie à Constantinople, malgré les obstacles qu'y oppose le mufti.

1727. Le 23 février, les Espagnols commencent à attaquer Gibraltar : les Anglais y envoient du secours ; et les Espagnols trouvent plus de difficultés qu'ils n'avaient pensé.

Le 20 mars, mort d'Isaac Newton, philosophe et mathématicien, l'un des plus grands génies que l'Angleterre ait produits ; il était âgé de quatre-vingt-cinq ans.

L'impératrice de Russie, Catherine Ire, qui avait succédé, en 1725, à son mari Pierre-le-Grand, meurt le 17 mai, après avoir réglé la succession au trône de Russie, et désigné pour son successeur immédiat Pierre II, petit-fils du czar Pierre.

La France ayant travaillé à prévenir la guerre dont l'Europe était menacée, on signe à Paris, le 31 mai, des préliminaires de paix. Les puissances liées par les traités de Vienne et d'Hanovre, confirment tous ceux qui étaient antérieurs à l'année 1725. L'empereur promet de suspendre pour sept ans, l'octroi qu'il avait accordé à la compagnie d'Ostende; et les prétentions de l'Espagne sont renvoyées à un congrès, qui s'assembla ensuite à Soissons.

George Ier, roi d'Angleterre, étant allé visiter ses États de Hanovre, meurt, le 22 juin, à Osnabruck; il avait régné treize ans, et était âgé de soixante-sept ans. Son fils George II est proclamé à Londres, le 26 juin, et à Édimbourg et Dublin, le 30; il est couronné à Westminster, le 22 octobre.

Les Turcs sont défaits par les Persans, et forcés, en octobre, à faire la paix. Le Grand-Seigneur reconnaît Ashraff roi de Perse, et gagne tout le pays qui s'étend depuis Érivan jusqu'à Tauris et à Hamadan.

Guerres civiles dans le royaume de Maroc, qui durent plusieurs années, entre les fils de Muley Ismaël.

Les Persans attaquent les Russes dans le Ghilan, et sont 1728. défaits.

Le comte Sawa est envoyé en qualité d'ambassadeur extraordinaire de Russie, vers l'empereur de la Chine, pour établir solidement le commerce entre ces deux nations.

Le 17 mars, Muley Hamet, roi de Maroc, est arrêté dans son palais par des eunuques révoltés, et son frère Abdelmelec est reconnu roi. Hamet s'échappe de prison et remonte sur le trône, son frère lui ayant été livré.

Tunis satisfait la France sur les insultes faites à ses vaisseaux. Tripoli est bombardée par ordre de Louis XV, et elle envoie des députés en France pour demander pardon au roi.

Thamas, fils de Hussein, dernier roi de Perse, travaille à chasser l'usurpateur Ashraff.

Grand incendie à Copenhague, le 10 octobre; une partie considérable de cette ville est entièrement consumée, et entre autres la bibliothèque publique, qui renfermait vingt mille manuscrits.

Mort de Léopold Ier, duc de Lorraine et de Bar, le 27 mars. 1729. Son fils aîné, François-Étienne, lui succède. (Ce prince a été depuis empereur.)

Le roi de Maroc, Muley Hamet, meurt après avoir fait périr son frère Abdelmelec. Abdallah, leur frère, monte sur

Depuis J.-C. le trône; mais, comme il affectionnait les Noirs, la plupart des Blancs se révoltent, et de nouvelles guerres civiles recommencent dans ce pays.

Naissance du dauphin, fils de Louis XV, le 4 septembre.

Traité de paix et d'alliance conclu à Séville, le 9 novembre, entre la France, l'Angleterre et l'Espagne. On y confirme la quadruple alliance et les anciens traités. L'Espagne y renonce à Gibraltar et Port-Mahon, et l'Angleterre consent que les places fortes de Toscane, de Parme et de Plaisance soient gardées par six mille Espagnols. L'empereur s'oppose à cette dernière clause.

Colonie de Français dans l'île de Tabago, en Amérique. Les négocians anglais en ont dans la suite de l'inquiétude, et cela devient un sujet de contestation entre les deux nations.

Les Natchès, nation sauvage de la Louisiane, massacrent tous les Français qui étaient établis chez eux, à la fin de novembre.

Cette année, les protestans commencent à être inquiétés dans les États de l'archevêque de Salzbourg. Après bien des difficultés il en est sorti trente mille familles, dont vingt mille ont été s'établir dans la Prusse.

Les Corses se révoltent contre la république de Gênes, à l'occasion de l'impôt mis pour le remboursement des grains qu'elle leur avait fournis. Pompiliani, à la tête de vingt mille montagnards, fait battre de verges les commissaires de la république, et offre la royauté au sénateur Veneroso, qu'il reconnaît avoir bien gouverné ci-devant la Corse. Depuis ce temps, la révolte a continué pendant près de quarante ans dans cette île.

1730. Ashraff, usurpateur de la Perse, est tué au mois de janvier, dans un combat qu'il livre aux troupes de Thamas-Kouli-Kan. Thamas II rentre dans Ispahan, et remonte sur le trône de ses pères.

La nuit du 29 au 30 janvier, mort de Pierre II, empereur de Russie, âgé de quatorze ans trois mois et sept jours. La princesse Anne Iwanowna, seconde fille de Iwan, frère de Pierre-le-Grand, et duchesse douairière de Courlande, lui succède, malgré le règlement de Pierre Ier, et de sa femme Catherine, qui appelait à la couronne la princesse Élisabeth, fille de Pierre-le-Grand. Au reste, la fille aînée de Iwan, duchesse de Mecklembourg, vivait encore. Les seigneurs de Russie, qui firent monter la duchesse de Courlande sur le trône, mirent des bornes à son autorité; mais elle sut bientôt les faire disparaître.

Le pape Benoît XIII, illustre par sa piété, meurt le 21 février, après avoir occupé le Saint-Siége cinq ans et près de neuf mois.

Le 1er mars, le capitaine Beering, qui avait été envoyé,

en 1725, à l'extrémité des États de Russie, au nord de l'Asie, par Pierre-le-Grand, arrive à Saint-Pétersbourg de son voyage, et apprend que l'Asie est séparée de l'Amérique.

Élection du pape Laurent Corsini, qui prend le nom de Clément XII, le 12 juillet.

Le 30 août, naissance du duc d'Anjou, second fils du roi Louis XV.

Le 2 septembre, Victor-Amédée, roi de Sardaigne, duc de Savoie, etc., abdique sa couronne, et la remet au prince de Piémont son fils, Charles-Emmanuel III.

Révolte des nègres dans la Jamaïque.

Le 30 septembre, tremblement de terre considérable à la Chine, où il périt cent mille âmes.

Les Turcs ayant eu un mauvais succès dans la guerre entreprise contre les Persans, il arrive une grande sédition à Constantinople. Au mois d'octobre, le sultan Achmet III prévient sa déposition, et reconnaît le premier pour empereur, Mahmoud, son neveu, fils de Mustapha, âgé de trente-quatre ans. Ce prince, contre l'usage barbare de ses prédécesseurs, conserve la vie à son oncle Achmet, qui mourut en 1736, âgé de soixante-quatorze ans.

Antoine Farnèse, dernier duc de Parme et de Plaisance, 1731.
meurt, le 20 janvier, sans postérité. L'empereur, cinq jours après, fait entrer des troupes dans Parme. Cependant Élisabeth Farnèse, reine d'Espagne, en était héritière, et avait assuré ses droits par son contrat de mariage avec Philippe V, en 1714, aux enfans à naître d'elle et de ce monarque. L'aîné, don Carlos, après bien des difficultés, prit enfin possession de ces duchés, au mois d'août.

Second traité de Vienne, conclu le 16 mars, entre l'empereur, l'Angleterre et la Hollande : l'Espagne y accède le 22 juillet. On y rappelle les anciens traités; l'empereur promet de révoquer l'octroi accordé à la compagnie d'Ostende, et consent à l'entrée de six mille Espagnols en Italie : les autres contractans se chargent de la garantie de la pragmatique-sanction, qui fut, la même année, portée à la diète de l'empire.

Le roi d'Espagne émancipe son fils, l'infant don Carlos, né le 20 janvier 1716, pour le mettre en état de prendre possession des États de Parme et Plaisance.

A la fin d'octobre, six mille Espagnols débarquent en Toscane, pour y être distribués en garnisons dans les places fortes, et don Carlos en est reconnu prince héréditaire; il part au même temps d'Espagne, par terre, pour l'Italie, s'embarque à Antibes, et arrive en Toscane à la fin de décembre.

Thamas-Kouli-Kan, général des Persans, reprend sur les Turcs une partie des villes de Perse qu'ils avaient conquises pendant les troubles. Les Persans ayant été vaincus auprès

Depuis J.-C. d'Érivan, le roi de Perse est disposé à faire la paix, que les Turcs désiraient.

Les Portugais de Goa remportent plusieurs avantages sur les Indiens voisins, qui les avaient attaqués.

1732. Le 11 janvier, la diète de l'empire se charge enfin de la garantie de la pragmatique-sanction de Charles VI, dressée en 1713, par rapport à l'indivisibilité et la succession des États de la maison d'Autriche. Les électeurs de Bavière et de Saxe protestent contre cette garantie.

Traité de Riatscha entre la Perse et la Russie, signé le 21 janvier. Les Persans y abandonnent le Schirvan et les villes de Derbent et de Beku, et les Russes leur rendent le Ghilan, etc., où ils ne s'étaient point fortifiés.

Traité de Copenhague, conclu le 27 mai, entre l'empereur, la Russie et le roi de Danemarck, qui garantit la pragmatique-sanction, et auquel on assure la possession du Sleswig ducal, pour lequel il donnera la somme d'un million au duc de Holstein-Gottorp.

Au commencement de juillet, les Espagnols reprennent, sur les Algériens, la ville d'Oran et le château de Mazarquivir. D'un autre côté, les Maures, qui bloquaient Ceuta, sont plusieurs fois battus par la garnison espagnole.

Schah-Thamas, roi de Perse, après avoir remporté divers avantages sur les Turcs, est battu deux fois, et il fait la paix avec eux. Son général et ministre Thamas-Kouli-Kan s'élève contre ce traité au mois d'août; et ayant fait déposer le prince, il met sur le trône de Perse son fils, qui n'était qu'un enfant au berceau. Après l'avoir fait proclamer sous le nom de Schah-Abbas III, il gouverne comme régent. La guerre recommence avec les Turcs, qui ont d'abord l'avantage.

L'ordre de chevalerie de la Fidélité est établi en Danemarck, le 7 août, pour des seigneurs et des dames.

Le 31 octobre, meurt à Montcallier, Victor-Amédée, roi de Sardaigne, qui avait fait l'abdication de ses États en 1730. Il était aïeul maternel de Louis XV, et âgé de soixante-six ans, cinq mois et seize jours.

La Hollande se trouve dans un grand danger pour ses digues, à cause d'un grand nombre de vers d'une espèce particulière, apportés par des vaisseaux revenus des Indes.

Une partie de l'escadre que les Algériens avaient équipée pour aller attaquer Oran, est battue par les vaisseaux de Malte.

1733. Auguste Ier, roi de Pologne et électeur de Saxe, meurt le 1er février. Cette mort et ses suites mirent bientôt en mouvement une grande partie de l'Europe.

Les Maures et les Algériens viennent assiéger Oran; les Espagnols remportent sur eux divers avantages, et les obligent de se retirer.

En juillet, Thamas-Kouli-Kan remporte une grande victoire sur les Turcs, ce qui augmente son autorité en Perse.

Le roi Stanislas est élu de nouveau, et proclamé roi de Pologne à Varsovie, le 12 septembre; il se retire ensuite à Dantzick, où il est assiégé pendant cinq mois par les Russes.

Les opposans à son élection, ayant à leur tête le comte de Lasci, général de Russie, élisent, le 5 octobre, Auguste II, électeur de Saxe, qui est couronné à Cracovie, le 17 janvier suivant.

Le roi de France, voyant que l'empereur soutenait ce prince, lui déclare la guerre le 10 octobre, et fait entrer ses troupes en Allemagne; le fort de Kehl est pris, le 28 de ce mois, par le maréchal de Berwick.

Le roi de Sardaigne et celui d'Espagne se joignent au roi de France contre l'empereur.

La guerre commence en Italie au mois de novembre, le roi de Sardaigne étant dans le Milanais à la tête des Français et de ses propres troupes, les villes de Pavie et de Milan se rendent à ce prince; le château de Milan ne fut pris que le 30 décembre par le maréchal de Villars.

Les alliés continuent à faire des progrès en Italie. Il ne reste à l'empereur que la ville de Mantoue, qui servit de place d'armes pour l'armée qu'il envoya en Italie, sous les ordres du comte de Merci. 1734.

Don Carlos, à la tête des Espagnols qu'on avait transportés en Italie, est proclamé roi de Naples, le 15 mai.

Bataille de Bitonto, dans la Pouille, où les Impériaux furent défaits, le 25 mai, par les Espagnols, commandés par le comte de Mortemart, fait duc en conséquence.

Thamas-Kouli-Kan, usurpateur du trône de Perse, remporte une seconde victoire sur les Turcs, qui perdent cinquante mille hommes et tous leurs bagages et artillerie.

Le 12 juin, le maréchal de Berwick, duc de Fitz-James, est tué devant Philipsbourg, qu'il assiégeait.

Le 17 juin, mort du maréchal de Villars à Turin; il était âgé de quatre-vingt-quatre ans.

Bataille de Parme gagnée, le 29 juin, par les Français et les Piémontais, commandés par les maréchaux de Coigni et de Broglie. Le comte de Merci, général des Impériaux, y fut tué.

Le comte de Munnick, général des Russes, qui assiégeait Dantzick depuis cinq mois, oblige les troupes françaises qui étaient venues en Pologne, de se retirer, et la ville se rend le 9 juillet; le roi Stanislas en était sorti le 27 juin, et s'était retiré à Kœnigsberg, d'où il revint ensuite en France.

La ville de Philipsbourg est prise, le 18 juillet, par le maréchal d'Asfeld, après quarante-huit jours de tranchée ouverte. L'armée impériale était en présence, commandée par le prince Eugène; ce grand général couvrit ensuite Mayence et Fribourg, et ce fut sa dernière campagne.

Depuis J.-C. Descente des Espagnols en Sicile, le 29 août; tout le royaume se soumet à don Carlos, excepté Messine et Syracuse, où il y avait garnison impériale.

En Italie, bataille de Guastalla, gagnée le 19 septembre par le roi de Sardaigne et les maréchaux de Coigni et de Broglie sur les Impériaux, commandés par le comte de Konigsegg.

Le royaume de Naples est entièrement soumis à don Carlos, par la prise de Capoue, le 24 novembre.

1735. Le 22 février, Messine se rend aux Espagnols; le prince de Lobkowitz y commandait pour l'empereur.

Don Carlos passe d'Italie en Sicile, le 9 mars, pour en achever la conquête.

Vers ce temps, l'impératrice de Russie fait un traité avec la Perse, à qui elle cède tout ce qui avait été conquis par les Russes, qui gardent Terki, pour assurer leur commerce et navigation sur la mer Caspienne.

En Sicile, le 1er juin, Syracuse est prise, et le 30, don Carlos entre dans Palerme, où il est couronné, le 3 juillet, roi des Deux-Siciles. La ville de Trapani s'étant rendue le 12, tout fut soumis aux Espagnols.

Le 9 juillet, finit la diète de pacification en Pologne; le calme fut alors rétabli dans ce royaume, qui était agité par de grands troubles depuis quatre ans. On y révoque le décret de 1726 au sujet de la réunion de la Courlande, et l'on permet à ses états de se choisir un duc; ils nommèrent duc Biren, favori de l'impératrice de Russie.

Le 3 octobre, les préliminaires de la paix, qui ont ensuite formé le traité même, sont signés à Vienne par les soins de Louis XV. Il s'agissait d'y régler les intérêts des rois de Pologne, des Deux-Siciles et de Sardaigne, de l'empereur et du duc de Lorraine, qui allait devenir son gendre.

On y arrêta que le roi Stanislas abdiquerait la couronne de Pologne en faveur d'Auguste II; mais qu'il conserverait le titre de roi, et qu'il serait mis en possession des duchés de Lorraine et de Bar, dont la propriété resterait après sa mort à la France; que le duc de Lorraine aurait en échange le grand-duché de Toscane; que l'infant don Carlos garderait le royaume des Deux-Siciles, et l'état des garnisons; que le roi de Sardaigne aurait Tortone, Novare et les Langhes; que l'empereur rentrerait dans le duché de Milan et les États de Parme et de Plaisance; enfin que la France garantirait la pragmatique-sanction.

L'empereur de la Chine, Yong-Tching, fils du célèbre Kam-hi, meurt la nuit du 7 au 8 octobre, âgé de cinquante-huit ans, après en avoir régné treize. Son fils Kienlong lui succède.

Thamas-Kouli-Kan ayant conquis la Géorgie et l'Arménie sur les Turcs, ceux-ci se déterminent à faire la paix avec les

Persans, qui redemandent toutes les conquêtes que le sultan Achmet avait faites sur eux pendant les troubles de Perse; mais le traité ne fut conclu que l'année suivante. Dans le même temps, Thamas-Kouli-Kan usurpe le sceptre, détrône Abbas III, qui était encore enfant, et se fait reconnaître roi de Perse, sous le nom de Nadir-Schah.

Cette même année 1735, Louis XV envoie des académiciens, les uns sous l'équateur au Pérou, les autres sous le cercle polaire en Laponie, pour déterminer la figure de la terre par leurs observations.

Le 12 février, François-Étienne, héritier de Toscane, et 1736.
auparavant duc de Lorraine et de Bar, épouse à Vienne, Marie-Thérèse d'Autriche, fille aînée de l'empereur Charles VI, et son unique héritière en vertu de la pragmatique-sanction.

Théodore, baron de Neuhoff, du comté de la Marck, en Westphalie, étant venu en Corse, se met à la tête des rebelles, qui lui donnent le titre de roi; son parti étant affaibli, il disparaît le 12 novembre.

Guerre entre la Russie et la Turquie. Le comte de Munnich, général des Russes, s'empare des principales places de la Crimée ou Petite-Tartarie, et des environs d'Oczakow, pendant que le général Lasci soumet d'un autre côté Asof à la Russie.

En juillet, traité de paix entre Nadir-Schah et les Turcs, qui le reconnaissent pour roi de Perse, et lui abandonnent leurs conquêtes, à l'exception de Bagdad.

Les différends qui duraient depuis long-temps entre la ville de Hambourg et le roi de Danemarck, sont enfin terminés.

Auguste II, roi de Pologne, institue l'ordre des chevaliers de Saint-Henri, et s'en déclare grand-maître.

En Amérique, découverte d'une conspiration des nègres, formée contre les blancs, à Antigoa, île anglaise, au mois d'octobre.

Ferdinand, dernier duc de Courlande, de la famille des 1737
Kellers, meurt à Dantzick, le 4 mai; il n'avait jamais été tranquille possesseur de son duché depuis 1711, qu'il avait succédé de droit à son frère. Les états de Courlande élisent pour leur duc Jean-Ernest Biren, favori de l'impératrice de Russie, qui leur avait fait connaître son désir.

L'empereur Charles VI, après avoir fait tout son possible pour réconcilier la Turquie et la Russie, prend les armes contre les Turcs, en conséquence de l'alliance qu'il avait faite avec la Russie en 1726. Son armée se partage en plusieurs corps.

Le 9 juin, mort de Jean-Gaston, grand-duc de Toscane, le dernier des mâles descendans de Côme Ier, de Médicis, qui commença à être souverain de cet État en 1537. François-Étienne de Lorraine succède à Jean-Gaston, le 19 juil-

Depuis J.-C. let, en conséquence des nouveaux traités, et de la cession faite par l'Espagne.

Le comte de Munnich, général des Russes, prend sur les Turcs la ville d'Oczakow, le 13 juillet.

Les Impériaux, commandés par le comte de Seckendorf, s'emparent de la ville de Nissa, en Servie, le 28 juillet, et ils s'avancent ensuite jusqu'à Widdin, en Bulgarie, dans le dessein de se joindre à une armée russe, qui devait entrer en Valachie; mais ce projet ne put être exécuté. Le prince de Hildbourghausen, qui assiégeait Banjaluca, en Bosnie, reçoit un échec, qui l'oblige de lever le siége le 5 août.

Le général Lasci, à la tête d'une armée russe, entre en Crimée, et la ravage.

1738. Le 5 mars, après un siége de plus d'un an, Thamas-Kouli-Kan s'empare de Candahar, et soumet les Afghans qui s'étaient révoltés contre lui; il marche ensuite contre l'Indostan; la même année, il s'empare de Caboul, et de Peychaver, il traverse l'Indus, et se rend maître de Lahor.

Le 8 mai, les différends qui existaient depuis quelques années entre les magistrats et les citoyens de Genève, sont terminés par les soins du marquis de Lautrec, ambassadeur de France, et les députés de Zurich et de Berne.

Le comte de Boissieux débarque, en février, avec un corps de troupes françaises dans l'île de Corse; mais il ne peut complètement soumettre les rebelles.

Les Turcs assiégent Orsowa; l'armée impériale, commandée par François-Étienne de Lorraine, marche au secours, et défait, le 4 juillet, près de Cornéa, un corps de troupes turques; elle ne peut cependant aller jusqu'à Orsowa, et se retire sous Belgrade.

Le 6 juillet, est institué à Naples l'ordre des chevaliers de Saint-Janvier.

Le siége d'Orsowa est repris par les Turcs, qui s'en emparent le 9 août. Ils évitent dans cette guerre d'en venir à une action générale, et ne combattent que par des corps détachés. D'un autre côté, l'armée impériale fut ruinée par les marches, la peste et la famine.

Les Russes rentrent en Crimée avec le général Lasci, et y font un grand butin de bestiaux, etc. Les Turcs attaquent le comte de Munnich; mais ils sont repoussés par les Russes qu'il commandait. Ils remportent quelque avantage sur une partie de la flottille que la Russie avait envoyée du Don dans la mer Noire.

Le 18 novembre, traité définitif de paix entre la France et l'Empire, sur le pied des préliminaires de 1735. L'Espagne y accède enfin le 21 avril de l'année suivante.

1739. Bataille de Croska, livrée, le 21 juillet, entre les Turcs commandés par le grand-visir, et les Impériaux sous les ordres du comte Wallis; ces derniers la perdent avec six mille hommes.

L'avantage qu'ils remportèrent le 30 du même mois à Panzowa ne put empêcher les Turcs de faire le siége de Belgrade, qui continua jusqu'à la paix.

Le comte de Munnich et les Russes pénètrent en Moldavie, battent les Turcs, le 8 août, près de Choczim, prennent cette ville, et ensuite Jassi, capitale de la Moldavie,

Le marquis de Villeneuve, ambassadeur de France à Constantinople, va négocier la paix à Belgrade entre les Turcs et l'empereur; elle est signée, le 1er septembre, dans le camp des Turcs, qui exigèrent la restitution de Belgrade comme un préalable du traité; la cession leur en fut accordée en rasant les fortifications. Il fut aussi réglé qu'Orsowa leur resterait, dans l'état où ils s'en étaient emparés; qu'on leur céderait la Valachie impériale et la Servie; enfin que les rives du Danube et de la Save seraient désormais les frontières de la Hongrie et de l'empire ottoman. Ainsi l'empereur perdit une partie de ce qu'il avait acquis en 1718.

La tranqnillité est établie dans l'île de Corse, par les troupes françaises, sous le commandement du marquis de Maillebois; mais cette tranquillité ne dura que deux ans.

Déclaration de guerre du roi d'Angleterre contre l'Espagne, le 30 octobre; contre-déclaration du roi d'Espagne, le 28 décembre.

Thamas-Kouli-Kan continue ses conquêtes dans les Indes, et ayant défait le Grand-Mogol, conclut avec lui un traité de paix. Il invite ce prince à le venir voir, et il le fait arrêter dans un festin. Il met ensuite la ville de Delhi, sa capitale, au pillage. Enfin, il rend à Mahomed-Schah le trône de l'Indostan, moyennant un tribut, et en gardant pour lui les provinces voisines de la Perse, situées à l'ouest de l'Indus.

Les Indiens voisins de Goa s'assemblent au nombre de cinquante mille, dans le dessein de chasser les Portugais de la côte des Indes ; ils sont entièrement vaincus l'année suivante.

L'amiral Vernon, Anglais, après avoir fait quelque tentative sur Cuba, tourne vers Porto-Bello, et prend cette ville sur les Espagnols le 3 décembre : il en détruit les fortifications, et retourne à la Jamaïque d'où il était parti.

Le capitaine Spangenberg, commandant d'un vaisseau russe, découvre trente-quatre nouvelles îles, depuis le Kamtschatka jusqu'au Japon, où il aborde en deux endroits.

Le pape Clément XII (Laurent Corsini) meurt le 6 fé- 1740.
vrier, âgé de quatre-vingt-sept ans, neuf mois et vingt-neuf jours, après avoir été sur le Saint-Siége neuf ans et six mois.

Le 31 mai, meurt à Postdam Frédéric-Guillaume, second roi de Prusse et électeur de Brandebourg ; Frédéric II, son fils lui succède, et institue peu après, pour ses offi-

Depuis J.-C. ciers militaires, l'ordre du Mérite en place de l'ordre de la Générosité, qui avait été établi en 1685.

Benoît XIV (Prosper Lambertini) est élu pape le 17 août. Il rétablit, par un bref du 5 novembre, l'ordre des chevaliers de Saint-Etienne pour la Hongrie.

L'empereur Charles VI meurt la nuit du 19 au 20 d'octobre, dans la cinquante-cinquième année de son âge, et la vingt-neuvième de son règne. Il avait fait son testament le 17, conformément à sa pragmatique-sanction. En lui finit la race masculine d'Autriche, qui avait eu l'empire sans interruption depuis l'an 1438. Sa fille aînée, Marie-Thérèse-d'Autriche, prend possession de ses États héréditaires, en conséquence de la pragmatique-sanction; et elle associe au gouvernement, son époux, François-Etienne de Lorraine, grand-duc de Toscane. Elle trouve bientôt un obstacle à la jouissance de sa succession dans les maisons de Bavière et de Saxe, et d'un autre côté, le roi de Prusse prétend faire valoir des droits sur le duché de Silésie.

Le 28 octobre, mort de la princesse Anne Iwanowna, impératrice de Russie : elle déclare pour son successeur Jean de Brunswick, petit-fils de sa sœur, sous la régence du duc de Biren, son favori. Le 29, ce jeune prince qui n'avait que trois mois, est proclamé empereur de Russie, sous le nom de Iwan VI. Environ un mois après, le duc Biren est destitué et exilé en Sibérie, et la régence déférée à la princesse Anne de Brunswick-Bevern, mère du jeune empereur.

Thamas-Kouli-Kan ou Nadir-Schah fait la guerre aux Tartares Usbeks, et s'empare de Bocara et des pays connus autrefois sous le nom de Sogdiane, à l'orient de la mer Caspienne.

Sahoojée, fils de Sambajée chef des Marattes, meurt après un règne glorieux de 51 ans; il avait étendu son empire sur une grande partie de l'Indostan.

Le roi de Prusse entre le 16 décembre dans la Silésie, à la tête de trente mille hommes, sans déclaration de guerre à Marie-Thérèse d'Autriche, dont il avait garanti toute la succession; il donne une déclaration aux ministres étrangers, par laquelle il revendique les anciens droits de sa maison sur le duché de Silésie.

1741. Le Grand-Glogaw et son château se rendent le 9 mars au roi de Prusse.

Auguste II, électeur de Saxe et roi de Pologne, entre les armes à la main dans les Etats de l'archiduchesse-reine, et publie les droits qu'il prétend avoir sur la succession de Charles VI.

Le roi d'Espagne fait aussi part des siens aux princes d'Allemagne, et se prépare à entrer en Italie.

Le roi de Prusse gagne en Silésie, le 10 avril, la bataille

de Molwitz sur le comte de Neuperg, général de l'armée autrichienne, et prend la ville de Brieg, le 5 mai.

Le 25 juin, Marie-Thérèse d'Autriche se fait couronner reine de Hongrie à Presbourg; et par un discours latin, engage les Hongrois à la secourir de toutes leurs forces.

Le 27, les états de Courlande élisent pour leur duc Ernest Ferdinand de Brunswick, frère d'Antoine-Ulric, époux de la régente de Russie.

L'amiral Vernon, anglais, est obligé, le 27 avril, de lever le siége de Carthagène en Amérique ; les Espagnols, par une généreuse défense, lui font perdre beaucoup de monde, et une partie de son escadre.

L'électeur de Bavière fait occuper Passaw par ses troupes. Il prétendait à la succession entière d'Autriche.

Le roi Louis XV envoie à l'électeur de Bavière quarante mille hommes de troupes auxiliaires.

Le roi de Prusse s'empare de Breslaw, capitale de la Silésie, le 10 août.

En Amérique, mauvais succès de l'amiral Vernon et des Anglais dans l'attaque de l'île de Cuba sur les Espagnols, depuis le mois de juillet jusqu'en septembre.

Le général Lasci, commandant les Russes en Finlande, gagne la bataille de Willamstrand, le 3 septembre, sur les Suédois, qui depuis trois mois, avaient déclaré la guerre aux Russes.

L'électeur de Bavière, aidé par les Français, s'empare de la Basse-Autriche, et se fait prêter serment de fidélité à Lintz, sa capitale, le 2 octobre. La cour de Vienne sort de cette ville, et en donne le commandement au comte de Kevenhuller. L'électeur de Bavière entre en Bohême avec les Français.

La ville de Neiss, en Silésie, est prise le 31 octobre, par les Prussiens, qui par là sont maîtres de la Silésie : les députés de ce grand-duché rendent hommage au roi de Prusse, le 7 novembre à Breslaw.

Le 26 novembre, le comte Maurice de Saxe, à la tête de l'armée française, prend la ville de Prague par escalade pour l'électeur de Bavière, aux troupes duquel celui de Saxe avait joint les siennes, ainsi que le roi de Prusse. Les états de Bohême reconnaissent pour leur roi l'électeur de Bavière, le 19 décembre.

La nuit du 5 au 6 décembre, il se fait une révolution subite en Russie : l'empereur Iwan ou Jean est détrôné avec sa mère, et la princesse Élisabeth Petrowna, fille de Pierre-le-Grand, est proclamée impératrice de Russie.

Le 5 décembre, mort de la reine de Suède Ulrique-Éléonore, qui avait fait élire son mari roi en 1720. Cette princesse avait succédé à Charles XII, son frère.

Des assassins attentent cette année à la vie de Thamas-Kouli-Kan; ils manquent leur coup. Thamas, soupçonnant son

Depuis J.-C. fils aîné de rébellion, le fait arrêter, et l'année suivante, il le fait priver de la vue.

1742. Charles-Albert, électeur de Bavière, est élu empereur le 24 janvier à Francfort, et y est couronné le 22 février. On l'appelle Charles VII.

Les Autrichiens se mettent en possession de presque toute la Bavière, qu'ils abandonnent peu après.

Le 27 mars, le roi de Prusse se rend maître d'Iglaw en Moravie : il quitte ensuite ce pays, où il laisse dix-huit mille hommes sous la conduite du prince d'Anhalt-Dessau ; il passe en Bohême, dans le comté de Glatz, dont il prend la ville et le château, le 26 avril.

La ville d'Egra, en Bohême, est investie par le comte Maurice de Saxe, général français, le 3 avril ; elle se rend le 19.

Bataille de Czaslau, gagnée par le roi de Prusse, le 17 mai sur les Autrichiens, qui étaient commandés par le prince Charles de Lorraine.

Vingt jours après, le roi de Prusse fait sa paix avec la reine de Hongrie, qui lui cède la Silésie (à la réserve d'une petite partie) et aussi le comté de Glatz. Le traité préliminaire fut signé à Breslaw, le 11 juin, et le définitif à Berlin, le 28 juillet.

Déclaration de guerre du roi de France contre la reine de Hongrie, l'Angleterre et la Hollande, du 3 juillet.

Descente du chef d'escadre Martin, Anglais, dans le royaume de Naples, au mois d'août ; en conséquence, le roi des Deux-Siciles se déclare neutre dans la guerre d'Italie.

Le roi de Sardaigne ayant abandonné la France, fait ses conventions avec la reine de Hongrie, pour s'opposer de concert avec elle aux entreprises des Espagnols en Italie ; on lui promet une partie du Milanais, qu'il a eue en effet.

En conséquence, il déclare la guerre au roi d'Espagne, au sujet des duchés de Parme et de Plaisance ; il se rend maître de Modène, le 28 juin, et de la Mirandole, le 22 juillet.

Traité de paix entre la reine de Hongrie et l'électeur de Saxe, roi de Pologne, publié le 17 septembre.

Les Autrichiens, qui étaient rentrés en Bavière, sont forcés par le comte de Seckendorff, général de l'empereur, d'abandonner ce pays une seconde fois.

Les Russes remportent plusieurs avantages sur les Suédois ; ils leur prennent toute la Finlande.

Cette année, Thamas-Kouli-Kan viole le traité de paix fait entre la Perse et la Russie en 1732, et il entre sur les États de Russie, près la mer Caspienne, d'où il sort bientôt pour reprendre ses projets de guerre contre les Turcs.

Les Indiens Marattes, qui étaient sortis depuis plus d'un an de leurs montagnes, à l'orient de Goa, ravagent la côte de Coromandel, et menacent en vain Pondichéri et d'autres villes.

En décembre, les Espagnols rentrent en Savoie, d'où ils avaient été chassés trois mois auparavant, et s'en rendent maîtres de nouveau. Depuis J.-C.

Retraite du maréchal de Belle-Isle, qui sort de Prague avec l'armée française, la nuit du 16 au 17 décembre, et arrive à Egra le 26. Il avait laissé à Prague pour garnison 1800 hommes commandés par M. de Chevert.

Le 31 décembre, le prince de Sultzbach, Charles-Théodore, devient électeur palatin.

La garnison de Prague obtient une capitulation honorable, 1743.
et sort le 2 janvier, pour être conduite à Egra, aux dépens de la reine de Hongrie.

Le 29 janvier, André-Hercule de Fleuri, ancien évêque de Fréjus et précepteur du roi Louis XV, cardinal et principal ministre d'état en France, meurt à Issi, près Paris, âgé de quatre-vingt-neuf ans et sept jours.

Bataille de Campo-Santo en Italie, près le Panaro, livrée le 8 février, entre les Espagnols commandés par le comte de Gages, et les Autrichiens qui avaient pour général le comte de Traun.

L'amiral Matthews, qui était depuis deux ans avec une flotte anglaise dans la Méditerranée, commet diverses violences contre les Génois, sous prétexte qu'ils favorisaient les Espagnols.

Les Autrichiens s'emparent une troisième fois de la Bavière, principalement de Munich, au mois de juin; et en juillet de Braunau et de Straubingen, ayant pour général le prince Charles de Lorraine.

Le 13 juin, bataille de Dettingen sur le Mein, entre les Français commandés par le maréchal duc de Noailles, et les alliés (Autrichiens, Anglais, Hessois, Hollandais), sous les ordres du comte de Stairs, Anglais. Le roi d'Angleterre, Georges II, y était présent. L'action fut violente, sans qu'aucun pût s'attribuer l'avantage.

Le 4 juillet, les états de Suède, pour se conformer aux désirs de la Russie, élisent le prince Adolphe-Frédéric de Holstein, évêque de Lubeck, successeur au trône de Suède.

Le 23 août, traité d'Abo entre les Russes et les Suédois; ces derniers recouvrent une grande partie de la Finlande, qui leur avait été enlevée pendant la guerre; ils font décapiter deux de leurs généraux qui s'étaient laissé battre par les Russes.

Egra, la seule ville de Bohême qui restait à soumettre aux Autrichiens, est rendue, le 7 décembre, au comte de Collowrath, par le marquis d'Hérouville.

Cette année, Thamas-Kouli-Kan attaque les Turcs du côté de l'Arménie et d'Erzeroum : il assiége en vain Mosul, en octobre; enfin il attaque de nouveau Bagdad, qu'il ne peut

Depuis J.-C. prendre; des rébellions de ses sujets le rappellent ensuite dans la Perse.

1744. Combat naval livré le 22 février, dans la Méditerranée, à l'amiral Matthews, anglais, par les escadres combinées d'Espagne et de France : cette dernière était commandée par M. de Court. Quoique ce combat ne parût guère décisif, les projets des Anglais furent en conséquence dérangés, surtout par rapport à Naples.

La France déclare la guerre au roi d'Angleterre, le 4 mars, et à Marie-Thérèse, le 26 avril.

Le 25 avril, Nice s'étant rendue à don Philippe et aux Espagnols, aidés par les Français, Ville-Franche est prise par le prince de Conti.

Le 4 juin, la ville de Menin, et le 25, celle d'Ypres, se rendent au roi Louis XV, qui était venu se mettre à la tête de son armée de Flandre.

Prise du château Dauphin en Piémont, le 19 juillet : les troupes françaises, commandées par le prince de Conti, firent dans l'attaque des prodiges de valeur. Le 17 août, ces mêmes troupes, unies à celles de don Philippe, prirent le fort de Démont, magnifique forteresse qui défendait l'entrée du Piémont, et que les Français détruisirent entièrement au mois de novembre.

Le 29 juillet, les Autrichiens, commandés par le prince Charles, passent le Rhin et entrent en Alsace. Le roi Louis XV, suivi du maréchal de Noailles, y accourt de Flandre, avec un détachement de son armée, et tombe dangereusement malade à Metz, le 8 août; toute la France et en particulier Paris, témoignent une très-grande douleur à la nouvelle de la maladie du roi; c'est de cet intérêt qu'est venu à Louis XV le surnom de *bien-aimé*.

Ce prince est entièrement hors de danger le 19 août.

Le roi de Prusse fait alliance conjointement avec l'électeur palatin, et avec l'empereur Charles VII, et ses troupes rentrent en Bohême.

Le général autrichien, comte de Bathiani, est battu près de Prague à Beraun, le 5 septembre, par M. Hacke général-major de l'armée prussienne.

Le 16 septembre, la ville de Prague est prise par le roi de Prusse, qui s'empare ensuite de plusieurs autres villes de Bohême.

Le 30, combat de Coni, entre les Espagnols et les troupes du roi de Sardaigne, qui ont du dessous. Les Espagnols, auxquels étaient joints les Français, abandonnent ensuite le siége de Coni, à cause des neiges et de la saison, le 22 octobre.

Le comte de Saint-Germain reprend Munich en Bavière, le 14 octobre, et remet cette ville à l'empereur Charles VII, qui s'y rend le 22 novembre.

La garnison hollandaise qui était depuis un grand nombre d'années à Embden en Oost-Frise, en sort au commencement de novembre, en conséquence de la convention conclue avec le roi de Prusse, qui venait de se mettre en possession de la principauté d'Oost-Frise, dont la ligne des anciens possesseurs de la maison de Cretsiel avait cessé. Il y avait depuis long-temps une grande mésintelligence entre ces princes et leurs états provinciaux, qui y avaient attiré les Hollandais.

Fribourg, en Souabe, se rend, le 7 novembre, au roi Louis XV, qui était en personne à ce siége, commencé sous ses ordres par le maréchal de Coigni; les châteaux se rendent le 28. On fit ensuite sauter en l'air toutes les fortifications.

Le 27 novembre, le roi de Prusse retire ses troupes de Prague, dans l'intention de couvrir et défendre la Silésie, que les Autrichiens voulaient reconquérir.

Le 18 décembre, le dauphin épouse par procureur, à Madrid, la princesse Marie-Thérèse, infante d'Espagne, fille de Philippe V, du second lit; le 20, cette princesse part pour venir en France.

Thamas-Kouli-Kan reçoit un échec considérable de la part des Turcs, en assiégeant la ville de Kars.

Le 8 janvier, traité de Varsovie entre l'Autriche, l'Angleterre, les Provinces-Unies et la Saxe. L'électeur de Saxe, roi de Pologne, s'engage de donner à la reine de Hongrie trente mille hommes; ce que le roi de Prusse considère comme un acte d'hostilité contre lui. 1745.

Charles VII, empereur et duc de Bavière, meurt le 20 janvier, à Munich, âgé de quarante-huit ans. Son règne n'avait été qu'une guerre continuelle, qui l'avait obligé de demeurer la plus grande partie du temps à Francfort. Son fils Maximilien-Joseph lui succède dans l'électorat de Bavière.

Action de Pfaffenhoven entre M. de Ségur et le comte de Bathiani, le 16 mars; belle retraite des Français.

Le 15 avril, les Autrichiens, rentrés dans la Bavière, se rendent maîtres de Munich; le nouvel électeur fait, le 18, son accommodement avec la reine de Hongrie, et demeure neutre le reste de la guerre.

Bataille de Fontenoi, près Tournai, gagnée le 11 mai par le roi de France, en personne, ayant sous ses ordres le maréchal comte Maurice de Saxe; les alliés, Autrichiens, Anglais et Hollandais, commandés par le duc de Cumberland, perdent plus de quinze mille hommes.

Le roi de Prusse gagne, le 4 juin, la bataille de Friedberg à l'entrée de la Silésie, sur les Autrichiens commandés par le prince Charles de Lorraine.

Le 26 juin, en Amérique, les Anglais prennent aux Français Louisbourg et l'île Royale ou du Cap-Breton, à l'entrée du Canada.

Don Philippe et les Espagnols, avec une armée française

Depuis J.-C.

commandée par le maréchal de Maillebois, pénètrent en Italie par l'Etat de Gênes, qui se détermine à leur joindre ses troupes. D'un autre côté, l'armée combinée d'Espagne et de Naples, commandée par le duc de Modène, malgré les Autrichiens sous les ordres du comte de Schullembourg, joint celle de don Philippe.

Le 13 septembre, François-Étienne de Lorraine, grand-duc de Toscane, et ci-devant duc de Lorraine et de Bar, est élu empereur à Francfort, et couronné, le 4 octobre, sous le nom de FRANÇOIS Ier.

Le prince Édouard Stuart, fils aîné de Jacques III, étant débarqué en Écosse à la fin du mois d'août, et un grand nombre d'Écossais s'étant déclarés en sa faveur, il fait proclamer son père roi d'Écosse et d'Irlande, à Perth, le 19 septembre.

Combat du Tanaro en Piémont, le 27 septembre, où don Philippe remporte la victoire sur le roi de Sardaigne et les Autrichiens. Les Français et les Espagnols s'emparent ensuite de Casal, Asti, Valence, etc.

La côte de Gênes est bombardée par les Anglais, à cause du traité de cette république avec l'Espagne, la France et le roi des Deux-Siciles. Les Anglais soutiennent aussi les rebelles de Corse.

Bataille de Prandnitz en Bohême, gagnée le 30 septembre par le roi de Prusse sur les Autrichiens commandés par le prince Charles.

Le 2 octobre, en Écosse, le prince Édouard gagne la bataille de Preston-Pans sur le général Cope, anglais. Les Sauvages des îles Hébrides et Orcades viennent s'offrir à lui; il entre ensuite avec son armée en Angleterre, où il prend la ville de Carlisle, le 26 novembre, mais, à la fin de décembre, il est forcé par le duc de Cumberland de rentrer en Écosse.

Ath, en Hainaut, se rend le 8 novembre au roi de France, qui, pendant l'été, avait pris plusieurs villes dans les Pays-Bas.

Le 17 novembre, une escadre anglaise aide les rebelles de Corse à se rendre maîtres de la ville de la Bastie, d'où les troupes de la république de Gênes les obligent peu après de se retirer.

Le roi de Prusse, qui était entré en Saxe le 4 décembre, défait le prince Charles, ou plutôt les Saxons; il se rend maître le 18 de Dresde, abandonné par l'électeur, roi de Pologne, il y conclut le 25, avec ce prince et l'impératrice reine de Hongrie, un traité de paix, par lequel la Silésie lui est de nouveau assurée, conformément aux traités faits à Breslaw et Berlin en 1742; et il reconnaît le grand-duc de Toscane pour empereur.

Le 16 décembre, en Italie, le comte de Gages, général des Espagnols, se rend maître de Milan.

Le 28 janvier, le prince Édouard gagne en Écosse la bataille de Falkirk, et prend ensuite la ville d'Inverness.

Ce même mois, traité de paix entre les Turcs et Thamas-Kouli-Kan, avantageux aux premiers; il règle les limites des deux empires sur le pied de celui qui fut conclu sous le règne du sultan Amurat IV, en 1638.

Prise de Bruxelles, capitale des Pays-Bas autrichiens, le 20 février, par le maréchal comte de Saxe.

En Italie, Asti est repris par le roi de Sardaigne; Guastalla, Casal et Parme le sont par les Autrichiens, en mars et avril.

Le 27 avril, le prince Édouard perd en Écosse la bataille de Culloden, près d'Inverness; depuis ce temps, son parti étant affaibli, il se retire d'Écosse, vient en France, et retourne en Italie; plusieurs de ses partisans furent condamnés à mort à Londres.

Le 19 mai, Anvers se rend aux Français, et la citadelle capitule le 31.

Bataille de Plaisance, ou de San-Lazarro, livrée le 15 juin, et où les troupes autrichiennes défont celles d'Espagne et de France.

Le 9 juillet, Philippe V, roi d'Espagne, et petit-fils de France, meurt à Madrid, âgé de soixante-trois ans, la quarante-sixième année de son règne. Ferdinand VI, son fils du premier lit, lui succède.

Les Français continuent de faire des conquêtes en Flandre. Mons se rend au prince de Conti, le 10 juillet, aussi bien que Charleroi, le 2 août.

Le 22 juillet, madame la dauphine, Marie-Thérèse, infante d'Espagne, meurt à Versailles, âgée de 20 ans et quelques jours.

Combat du Tidon en Italie, gagné par les Espagnols et les Français sur les Autrichiens, le 10 août.

Le 6 septembre, les Autrichiens, commandés par le marquis de Botta, s'emparent de Gênes, et font payer de fortes contributions. Vers le même temps, le roi de Sardaigne se rend maître, sur les Génois, de Savone et de Final.

Le prince de Conti prend Namur, le 19 septembre : les châteaux se rendent le 30.

Dans les Indes-Orientales, M. de la Bourdonnaye, après avoir battu une escadre anglaise, prend, le 21 septembre, sur les Anglais, la ville de Madras.

Bataille de Raucoux, près de Liége, gagnée, le 11 octobre, par le maréchal de Saxe, sur les Autrichiens, Anglais, et Hollandais, commandés par le prince Charles.

Tremblement de terre effroyable au Pérou, le 28 octobre; Lima est très-endommagé; le Callao, son port, est submergé par le retour violent des vagues de la mer, et cinq mille personnes y périssent.

Depuis J.-C. Les Espagnols et Piémontais, commandés par le général Brown, passent le Var, et entrent en Provence, le 30 novembre. Les Anglais s'emparent des îles de Sainte-Marguerite et de Saint-Honorat.

Le prince Charles de Lorraine perd, le 15 décembre, la bataille de Kesseldorff, près de Dresde, qui fut gagnée par le prince d'Anhalt-Dessau, général du roi de Prusse.

Les Génois chassent les Autrichiens de leur ville, en décembre.

1747. Le 10 janvier, à Dresde, célébration du mariage du Dauphin, par procureur, avec la princesse Marie-Josèphe de Saxe, fille cadette d'Auguste II, roi de Pologne, née le 4 novembre 1731; cette princesse, étant partie aussitôt pour la France, reçoit la bénédiction nuptiale à Versailles, le 9 février.

A la fin de janvier, le maréchal de Belle-Isle oblige les Autrichiens de se retirer de la Provence.

Le roi Louis XV fait déclarer aux Hollandais, que, comme ils favorisent de toutes façons ses ennemis, et qu'il doit assurer ses conquêtes, il va faire entrer ses troupes dans leur pays. En conséquence, l'Ecluse et le Sas de Gand sont attaqués, et se rendent au comte de Lowendal, les 21 et 30 avril; Hulst et Axel, les 9 et 17 mai, à MM. de Broglie et de Contades, ce qui acheva la conquête de la Flandre hollandaise.

Le 25 avril, Guillaume-Charles-Henri Frison de Nassau-Dietz, prince titulaire d'Orange, est élu stathouder, dans la ville de ervère, en Zélande, ensuite dans plusieurs autres, et enfin, le 4 mai, par les états-généraux des Provinces-Unies. Il n'y avait point eu de stathouder-général depuis la mort du roi Guillaume, en 1702.

Le 14 mai, combat naval donné à la hauteur du cap Finistère, entre l'amiral Anson, anglais, et M. de la Jonquière, chef d'escadre de France, qui est victorieux.

Les 25 et 26 mai, les Français reprennent les îles de Sainte-Marguerite, etc.

Le 20 juin, Thamas-Kouli-Kan, ou Nadir-Schah, qui s'était fait roi de Perse en 1736, ayant indisposé, par ses cruautés, la plupart des seigneurs, est assassiné, à cinquante-neuf ans, près de Cotchan, par trois de ses officiers; son neveu Ali s'empare du trône et se fait proclamer roi, sous le nom d'Adel-Schah, c'est-à-dire roi juste; un des généraux de Thamas, nommé Ahmed, s'empare du Candahar, où il fonde un empire qui est devenu plus puissant et plus étendu que celui de la Perse.

La même année, mourut Mahomed-Schah, empereur de l'Indostan, après un règne de vingt-neuf ans, pendant lesquels son vaste empire, qui avait soixante millions d'habitans avait été démembré; le Décan, le Bengale et plusieurs autres belles provinces en avaient été retranchées; son fils Ahmeh-Schah lui succède; il perdit le reste de puissance qu'avait conservé sa famille, et n'eut plus que le titre d'empereur.

Bataille de Lawfeld, près de Tongres, au pays de Liége, où le roi en personne, ayant sous ses ordres le maréchal de Saxe, bat, le 2 juillet, les alliés, qui étoient commandés par le duc de Cumberland, et qui perdirent à cette journée environ dix mille hommes.

Le 19 juillet, les retranchémens d'Exilles, en Piémont, sont attaqués par les Français, commandés par le chevalier de Belle-Isle, qui y est tué.

Le 16 septembre, prise de la ville de Berg-op-Zoom, par le comte de Lowendal, après deux mois de travaux inouïs.

Le 22 novembre, les états-généraux des Provinces-Unies rendent le stathoudérat héréditaire, même dans les filles du prince de Nassau-Dietz-Orange.

Au mois de mars commence le congrès d'Aix-la-Chapelle, pour la paix. Les articles préliminaires ayant été arrêtés en mai et juin, les actes d'hostilité cessent dans les Pays-Bas. 1748.

Adel-Schah, roi de Perse, est défait, et pris dans une bataille que son frère Ibrahim, révolté contre lui, lui livre au mois de juin; Ibrahim fait crever les yeux à Adel, et s'empare du trône; mais lui-même, l'année suivante, il fut détrôné par Charokh, petit-fils de Thamas-Kouli-Kan, et fils de Schah-Hussein; dès ce moment, la Perse fut exposée, pendant un grand nombre d'années, aux troubles les plus affreux.

Le roi de Suède renouvelle les ordres de chevalerie des Séraphins, de l'Épée et de l'Étoile polaire.

Le 12 octobre, en Amérique, combat naval entre l'amiral Knowles, anglais, et l'amiral Reggio, espagnol, près de la Havane.

Les 16 et 17 octobre, les Anglais sont obligés, dans les Indes Orientales, de lever le siége de Pondichéri, qu'ils avaient entrepris, au mois d'août, sous la conduite de l'amiral Boscawen.

Le 17 octobre, le sénat de Gênes, pour donner des preuves de sa reconnaissance au duc de Richelieu, commandant des troupes françaises à Gênes, le déclare noble Génois, ainsi que le duc d'Agénois, son fils, et leurs descendans; leurs noms furent en conséquence inscrits dans le livre d'or; et de plus, il fut ordonné qu'on érigerait au duc de Richelieu une statue de marbre.

Le 18 octobre, le traité définitif de paix est signé à Aix-la-Chapelle, par les ministres de France, d'Angleterre et de Hollande; il devient général bientôt après; Louis XV rend toutes ses conquêtes; les duchés de Parme, de Plaisance et de Guastalla sont cédés par l'impératrice Marie-Thérèse à don Philippe, infant d'Espagne; le Pavesan et le comté d'Anghiera sont abandonnés au roi de Sardaigne.

Depuis J.-C. Bulle du pape Benoît XIV, du 23 décembre, qui octroie et affecte au roi de Portugal le titre de *Roi très-Fidèle*.

1749. Le 7 juin, le mont Vésuve commence à vomir des torrens de flammes, avec une prodigieuse quantité de pierres et de cendres; ce qui continue près de deux mois.

Au mois de juin, l'on découvre à Malte une conjuration, qui tendait à massacrer tous les chevaliers, et à livrer l'île aux Turcs.

En juillet, découverte d'une conspiration à Berne, en Suisse, où l'on se proposait d'égorger les magistrats, et de renverser le gouvernement de ce canton.

Le 3 août, les Français de Pondichéri remportent une grande victoire sur le prince d'Arcate. Le Souba, ou général du Grand-Mogol, au secours duquel ils étaient venus, leur donne de nouvelles terres, avec la ville de Masulipatan; ils commencent alors à devenir puissans dans l'Inde; dans le même temps, les Anglais commencent aussi à acquérir de l'influence dans ce pays.

Découverte de l'ancienne ville d'Héraclée, ou Herculanum, ensevelie depuis plus de seize cents ans; on y trouve beaucoup de beaux monumens et d'antiquités.

1750. Le 16 janvier, traité entre les cours d'Espagne et de Portugal, au sujet des limites de ce qu'on appelle les conquêtes, ou des possessions des deux couronnes dans l'Amérique méridionale.

Jean V, roi de Portugal, meurt, le 31 juillet, après huit années d'infirmités; don Joseph, son fils, lui succède.

En novembre, édit du roi Louis XV, portant création d'une noblesse militaire.

Le 30 novembre, mort du comte Maurice de Saxe, fils légitimé d'Auguste Ier, roi de Pologne, électeur de Saxe. Ce prince n'était âgé que de cinquante-quatre ans, et il mourut à Chambord, avec la réputation de l'un des plus grands capitaines de son temps. Son corps fut porté à Strasbourg, pour y être inhumé dans l'église neuve des luthériens, où on lui a élevé un magnifique mausolée.

Le 15 décembre, dans les Indes Orientales, les Français de Pondichéri, commandés par le sieur de la Touche, battent près de Ginzy, Nazersingue, usurpateur du royaume de Golconde et du Décan, qui est tué dans l'action, et ils rétablissent ensuite son neveu Muzafersingue, qui accorde plusieurs avantages aux Français et entre autres le droit de battre monnaie.

1751. Le 30 mars, Frédéric-Louis de Brunswick-Hanovre, prince de Galles, fils aîné de George II, roi d'Angleterre, meurt à Londres, et laisse trois fils, dont l'aîné, George-Guillaume-Frédéric, est monté sur le trône, en 1760, à la mort de son grand-père, sous le nom de George III.

Le 5 avril, Frédéric Ier, roi de Suède, et landgrave de

Hesse-Cassel, meurt à Stockholm, âgé de près de soixante-quinze ans. Son frère Guillaume lui succède dans la Hesse, et, en Suède, Adolphe-Frédéric de Holstein-Gottorp, qui avait été élu successeur au trône en 1743.

Naissance du duc de Bourgogne, fils aîné du dauphin, et de Marie-Josèphe de Saxe, la nuit du 13 au 14 septembre.

Le 22 octobre, le prince Guillaume-Charles Frison de Nassau-Dietz-Orange, sixième stathouder des Provinces-Unies, ou de Hollande (depuis 1747), meurt à La Haye, âgé de quarante ans; son fils Guillaume V, âgé de trois ans et demi, lui succède, sous la tutelle et régence de sa mère, Anne d'Angleterre, fille aînée du roi George II.

La Hollande renouvelle son traité de commerce avec la France, et fait un traité de paix avec l'empereur ou roi de Maroc.

Le 14 novembre, les Anglais admettent, par arrêt du parlement, le calendrier grégorien, ou ce qu'ils appellent le nouveau style. Les autres États protestans, qui ne l'avaient pas voulu recevoir en 1582, avaient la plupart précédé de quelques années les Anglais. Il ne restait que les Suédois, qui commencèrent à suivre le calendrier grégorien en 1752. La Russie et les Grecs seuls suivent aujourd'hui en Europe l'ancien calendrier dans l'usage ordinaire.

Teymuras, prince de Géorgie, entre en Perse, et y remporte divers avantages contre les prétendans à cette couronne.

Cette année, Louis XV établit l'École militaire en faveur de cinq cents gentilshommes, et en particulier de ceux dont les pères peu riches seraient morts au service, ou serviraient encore dans les armées françaises.

Grand incendie à Constantinople, qui consume trois mille 1752.
six cents maisons.

Le Khoraçan est séparé de la Perse, et donné à Charokh, petit-fils de Thamas-Kouli-Kan, qui y règne jusqu'en 1796.

En février, commencement de la révolte des Indiens du 1753.
Paraguai.

Pyramide élevée à Torneo, dans la Laponie suédoise, en mémoire des observations faites, en 1736, par MM. de l'Académie de Paris, pour déterminer la figure de la terre.

Naissance d'un second fils du dauphin, le 8 septembre; le roi lui donne le nom de duc d'Aquitaine.

Les Espagnols de Ceuta, en Afrique, remportent un avantage sur les Maures, qui sont obligés de lever le siége qu'ils faisaient de cette ville.

Le 22 février, le duc d'Aquitaine, second fils du dauphin, 1754.
meurt à Versailles, âgé de cinq mois et quatorze jours.

En avril, les Indiens du Paraguai attaquent la forteresse que les Portugais ont sur la rivière du Pardo; ils sont battus, et mis en fuite. Le général portugais est ensuite obligé de faire

Depuis J.-C. une trève avec eux, aussi bien que celui d'Espagne, du côté de la rivière de Plata.

Le 23 août, naissance du duc de Berry, alors second fils du dauphin; c'est le roi de France Louis XVI.

Affreux tremblement de terre à Constantinople et au Caire; cette dernière ville est plus qu'à moitié ruinée, et elle éprouve ensuite un grand incendie.

Le prince héréditaire de Hesse-Cassel, Frédéric, embrasse la religion catholique, et est déclaré inhabile à la succession; il fait une déclaration au landgrave son père et aux états, où, entre autres choses, il promet que ses enfans seront élevés dans la religion luthérienne.

Mahmoud, ou Mahomet V, empereur des Turcs, meurt le 13 décembre, âgé de cinquante-huit ans, après en avoir régné quatorze; Othman, ou Osman II, fils de Mustapha II, lui succède.

Cette année, les Anglais et les Français s'étant brouillés pour quelques pays incultes, en Amérique, commencent à s'attaquer sur mer et dans leurs colonies.

1755. Établissement d'une université à Moskow; son ouverture a lieu le 7 mai. On commence à faire paraître, à Saint-Pétersbourg, deux journaux, l'un en langue russe, l'autre en français.

En Amérique, au nord de la Virginie, les Français sont attaqués par les Anglais, sans déclaration de guerre : ils battent, sur l'Ohio, le général Braddock, anglais, qui est tué dans l'action, le 9 juillet. Les Anglais remportent ensuite divers avantages sur les Français établis au Canada.

L'amiral Boscawen, anglais, prend, dans le même temps, sur les côtes de ce pays, deux vaisseaux français; ce qui est suivi d'un grand nombre de pirateries de la part de la nation anglaise.

Le 1er novembre, horrible tremblement de terre à Lisbonne : il renverse la plus grande partie de cette ville, coûte la vie à quinze mille personnes, et s'étend sur une grande partie du Portugal.

Le 2 décembre, incendie affreux au Caire, causé par la jalousie d'une des femmes du beglierbey ou gouverneur.

La régence de Tunis est en guerre avec celle d'Alger; la régence de Tripoli se joint aux Tunisiens.

Achmet, nouveau souverain des Afghans, entre en Perse avec cent mille hommes, et y fait de grandes conquêtes.

Cette année et la suivante, les Indiens d'Amérique, voisins du Rio-Negro et du grand Para des Portugais, s'opposent de diverses manières au réglement des limites entre les Portugais et les Espagnols.

Les rebelles de l'île de Corse reprennent de nouvelles forces, étant commandés par le célèbre Pascal Paoli, ancien officier napolitain.

La France, à la prière des Génois, fait passer des troupes dans cette île. Les rebelles venaient de faire proposer au roi de Prusse de se soumettre à lui, et de le regarder comme leur souverain, ce que ce prince avait refusé.

Le 16 janvier, le roi de Prusse conclut, à Londres, un traité d'alliance offensive et défensive avec l'Angleterre.

Le 10 février, les rebelles du Paraguai sont battus par les troupes combinées d'Espagne et de Portugal, qui continuent ensuite à remporter sur eux divers avantages.

Le 2 mai, traité d'alliance signé à Versailles entre Louis XV et l'impératrice reine de Hongrie et de Bohême.

Déclaration de guerre de l'Angleterre contre la France, du 17 mai. Louis XV y oppose, le 9 juin, sa contre-déclaration, où il se plaint des déprédations que les Anglais ont exercées depuis deux ans, sans déclaration de guerre, sur les vaisseaux et les colonies de France.

Combat naval dans la Méditerranée, aux environs de Port-Mahon, entre l'escadre de France, commandée par de la Galissonnière, et l'escadre anglaise, commandée par l'amiral Bing, qui est battue, le 20 mai, sans pouvoir secourir Port-Mahon.

Le 28 juin, les Français, commandés par le duc de Richelieu, prennent, après environ deux mois de siége, Port-Mahon, que l'on regardait comme une place imprenable. Les Anglais la possédaient avec l'île Minorque depuis 1713, ou plutôt 1708.

Belle conduite du marquis de Vaudreuil, gouverneur du Canada, au sujet des projets des Anglais. Le marquis de Montcalm attaque les forts de Choueguen, ou Oswego, qu'ils avaient bâti sur le lac Ontario, et il s'en rend maître le 14 août; ce que les Anglais regardèrent comme une perte considérable, tant pour leur commerce, que relativement aux entreprises qu'ils projetaient contre les Français.

Le 29 août, irruption subite du roi de Prusse en Saxe; il se rend maître de Leipsick, et ensuite des autres villes; les années suivantes, il épuise ce pays d'hommes et d'argent.

L'électeur de Saxe, roi de Pologne, sort de Dresde avec les princes Xavier et Charles, ses fils, et se rend à son camp de Pirna, où il est assiégé par le roi de Prusse. L'électrice reine, étant restée à Dresde avec le prince royal, les jeunes princes et les princesses, eut toutes sortes de mauvais traitemens à essuyer de la part du roi de Prusse, qui se rendit maître de Dresde, le 10 septembre.

Le 7 septembre, lettres patentes du roi Louis XV, pour les grandes cartes de la France, levées géométriquement sous la direction de M. Cassini de Thuri; elles doivent être au nombre de cent soixante-treize feuilles de grand-aigle, sur une échelle d'une ligne pour cent toises.

Bataille à Lowositz, village de Bohême, près de Leitmeritz, livrée le 1er octobre, entre le roi de Prusse et le maréchal

Depuis J.-C. comte de Brown, général des Autrichiens ; les deux partis s'attribuent la victoire.

L'armée saxonne, qui avait quitté le camp de Pirna, n'ayant pu entrer en Bohême pour se joindre au maréchal de Brown, est obligée, le 15 octobre, de capituler, et de se rendre au roi de Prusse. Le roi Auguste se retire en Pologne.

Le baron de Neuhoff, prétendu roi de Corse, meurt au mois de décembre, dans la plus grande misère, en prison à Londres, où il était, depuis deux ans, pour dettes.

Les Algériens, joints à ceux de Tripoli, attaquent la ville de Tunis, la prennent, et y exercent de grandes cruautés. Le bey s'était sauvé à Malte, avec ses trésors. Celui qui lui avait succédé, fut tué avec son fils.

Cette année Surajah Dowlah, nabab du Bengale, chasse les Anglais de Calcutta. Le colonel Clive reprend cette ville l'année suivante, et jette les fondemens du vaste empire Britannique dans les Indes.

Cette année, l'Empire, la France, la Russie et la Suède, sont réunis à l'Autriche et à l'électeur de Saxe, contre la Prusse.

1757. Le 5 janvier, un misérable assassin, Robert-François Damien, porte à Louis XV un coup de couteau. La blessure est guérie en peu de jours.

Le 14 mars, l'amiral Bing est fusillé en Angleterre, pour n'avoir pas réussi à faire lever le siége de Port-Mahon.

Le 24, la garnison française de Chandernagor, en Bengale, est forcée de capituler par une escadre anglaise.

Le 21 avril, les Prussiens pénètrent en Bohême, et défont un corps d'Autrichiens près de Reichenberg, vers les sources de la Neisse.

Le 6 mai, le roi de Prusse gagne, en Bohême, à Ziscaberg, près de Prague, une bataille sur les Autrichiens, commandés par le maréchal comte de Brown, sous les ordres du prince Charles de Lorraine.

Dans le même temps, plusieurs vaisseaux russes bloquent les ports de Prusse, et leur armée s'avance, par terre, vers la Pologne, sous la conduite du général Apraxin.

Le 18 juin, les Autrichiens, commandés par le maréchal comte de Daun, remportent une grande victoire sur le roi de Prusse, qui les avait attaqués près de Chotzemitz, en Bohême.

A cette occasion, l'impératrice-reine institue l'ordre militaire des chevaliers de Marie-Thérèse.

Le roi de Prusse est obligé de lever le siége de Prague, qui durait depuis quarante-deux jours. On le force ensuite d'évacuer la Bohême, et de se retirer en Saxe, où il continue d'exiger des contributions exorbitantes.

Le 3 juillet, un détachement français se rend maître d'Embden, dans l'Oost-Frise.

Le 5, les Russes prennent Memel, à l'entrée du royaume de Prusse. Depuis J.-C.

Le 26 juillet, le maréchal d'Estrées remporte, près de Hastembeck et de Hameln, au pays de Hanovre, une victoire complète sur le duc de Cumberland, qui commandait les Hanovriens, Anglais et Hessois.

Le marquis de Montcalm, avec un corps de dix mille Canadiens et Sauvages, assiége le fort George ou de Guillaume-Henri, et commence à le battre le 3 août. Les Anglais se rendent le 9. Le fort est ensuite rasé ; il avait été bâti depuis peu.

Le 6 août, affreux tremblement de terre en Sicile ; plus de la moitié de la ville de Syracuse est renversée.

Le 9 août, les Français se rendent maîtres de la ville de Hanovre, et ensuite de Brunswick, de Wolfembuttel, de Zell, etc.

En septembre, les Suédois se rendent maîtres d'une partie de la Poméranie prussienne.

Le 10 du même mois, capitulation de Closterseven, conclue entre le maréchal de Richelieu et le duc de Cumberland, pour une suspension d'armes. Cette capitulation, très-avantageuse aux Français, est rompue peu après par les Hanovriens, commandés par le prince Ferdinand de Brunswick.

Le 9 octobre, naissance du comte d'Artois, cinquième fils du dauphin.

Le 16, le général Haddick, avec un corps d'Autrichiens, pénètre dans le Brandebourg et entre dans Berlin, qu'il met à contribution.

Le 29 octobre, mort du sultan Osman II, empereur des Turcs, qui régnait depuis trois ans. Mustapha III, fils du sultan Achmet III, est mis en sa place.

Le 5 novembre, bataille de Rosbach, en Saxe, entre l'armée du prince de Soubise, et celle du roi de Prusse, qui remporte une victoire complète. Le duc de Richelieu se rapproche du prince de Soubise, pour renforcer son armée.

Le 22, les Autrichiens, commandés par le prince Charles, défont les Prussiens près de Breslaw, qui se rend, en conséquence, le 25.

Maley Abdallah, roi de Maroc, meurt, après s'être rendu redoutable par ses cruautés. Sidy Mahomet, son fils et successeur, fait bientôt connaître qu'il est d'un caractère plus humain, quoique guerrier.

Le 5 décembre, bataille de Lissa, ou Leuthen, près de Breslaw, entre le roi de Prusse et le prince Charles, qui est battu.

La ville de Breslaw est obligée de se rendre aux Prussiens, qui reprennent ensuite une bonne partie de la Silésie, dont les Autrichiens s'étaient rendus maîtres.

Cette année, Joseph Ier, roi de Portugal, ôte aux jésuites

Depuis J.-C. les fonctions de confesseurs de la cour; il leur ferme l'entrée de son palais, et leur fait même interdire la confession partout le royaume.

1758. Le 22 janvier, les Russes prennent possession de Kœnigsberg, capitale du royaume de Prusse.

Le duc de Deux-Ponts embrasse la religion catholique romaine, et le déclare à ses sujets protestans, en leur laissant la liberté de conscience.

Le 4 mai, mort du pape Benoît XIV, Prosper Lambertini, âgé de quatre-vingt-trois ans, un mois et deux jours. Il avait été élevé sur le siége de Saint-Pierre, le 17 août 1740.

En mai, le roi de Prusse fait irruption en Moravie, et assiége Olmutz.

Au même temps, une escadre anglaise prend, en Afrique, sur les Français, le fort Louis du Sénégal, et assiége l'île de Gorée.

Le 2 juin, les Français prennent sur les Anglais, dans les Indes Orientales, le fort Saint-David, à Goudelour, près de Pondichéri.

Le 5, les Anglais débarquent en Bretagne, à Cancale, près de Saint-Malo; mais, cinq ou six jours après, apprenant la marche des troupes de Brest, etc., ils font une retraite précipitée.

Le 12, mort de Guillaume-Auguste, frère du roi de Prusse, dit le prince royal. Il laisse, de Louise-Amélie de Brunswick-Wolfembuttel, son épouse, trois fils, dont l'aîné, Frédéric-Guillaume, né le 25 septembre 1744, a succédé à son oncle.

Le 23 juin, les Hanovriens ayant passé le Rhin au pays de Clèves, gagnent, à Crevelt, une bataille sur l'armée française, commandée par le comte de Clermont.

Le 2 juillet, le roi de Prusse est forcé, en Moravie, par le maréchal comte de Daun, de lever le siége d'Olmutz, et il est poursuivi dans sa retraite; il perd plus de quinze mille hommes.

Le 6, élection du cardinal Charles Rezzonico, vénitien, pour pape; il prend le nom de Clément XIII.

Le 8, au Canada, le marquis de Montcalm bat les Anglais près du lac Champlain, ou du Saint-Sacrement, et leur fait perdre quatre mille hommes.

Le 23, le duc de Broglie attaque les ennemis à Sundershausen, près de Cassel, et remporte sur eux la victoire.

Le 26 juillet, Louisbourg, dans l'île Royale, ou du Cap-Breton, en Amérique, est forcée de se rendre aux Anglais.

Le 7 août, les Anglais font une descente près de Cherbourg, en Normandie, et se rendent maîtres de cette ville; ils sont obligés de se rembarquer la nuit du 15 au 16.

Le 21 août, arrêté du conseil aulique, qui déclare la peine du ban de l'Empire encourue par le roi de Prusse.

Le 25 et le 26 août, les Russes, commandés par le comte

Fermer, battent, à deux reprises, les Prussiens, près de Zorndorf, au nord de la ville de Custrin, qui fut presque réduite en cendres par les Russes. Depuis J.-C.

Le 27, meurt, à Madrid, Marie-Madeleine-Josèphe-Barbe de Bragance, fille de Jean V, roi de Portugal, reine d'Espagne et épouse du roi Ferdinand VI. La tendresse de ce prince pour elle le fit aussitôt tomber dans une mélancolie qui le mena, au bout d'un an, au tombeau.

Le 4 septembre, les Anglais font une seconde descente en Bretagne, à Saint-Brieux, près Saint-Malo. Le 11, ils sont forcés à Saint-Cast, par le duc d'Aiguillon, de se rembarquer, et ils perdent quatre mille hommes.

Le 10 octobre, l'armée du prince de Soubise bat celle des Hessois et Hanovriens, commandée par le prince d'Isembourg à Lutternberg, près de Cassel, et à l'entrée du pays de Hanovre.

Le 14, le maréchal comte de Daun remporte une grande victoire sur le roi de Prusse, à Hoch-Kirchen, en Lusace, près la ville de Bautzen.

Le 10 novembre, le comte de Daun s'étant approché de Dresde, le gouverneur pour le roi de Prusse fait mettre, d'une manière cruelle, le feu aux faubourgs : le comte de Daun, pour ne pas exposer cette ville à de nouvelles horreurs, ni la famille royale et électorale à quelque accident fâcheux, se retire, le 20, en Bohême, pour y prendre ses quartiers d'hiver.

Le 3 décembre, Joseph, roi de Portugal, est attaqué par des assassins, qui le blessent grièvement à l'épaule. Plusieurs personnes sont arrêtées à cette occasion.

Le 28, les Anglais prennent aux Français l'île de Gorée, sur la côte d'Afrique.

Le 2 janvier, le maréchal de Soubise, pour mettre ses quartiers en sûreté, et protéger en même temps le cercle électoral, fait entrer des troupes françaises dans la ville de Francfort. 1759.

Le 3, ordonnance du pape, qui fait défense aux ecclésiastiques d'assister aux représentations qui se font sur les théâtres publics.

Le 8 janvier, le prince Charles-Christian-Joseph de Saxe, troisième fils du roi de Pologne, reçoit de son père l'investiture des duchés de Courlande et de Sémigalle.

Le 13, on exécute à Lisbonne dix des conjurés de l'attentat du 3 décembre, du nombre desquels étaient le duc d'Aveyro, le marquis de Tavora et sa femme, etc.

Les Prussiens, qui étaient entrés l'année précédente dans le duché de Mecklembourg, quoiqu'il gardât la neutralité, le traitent en pays ennemi. Le duc et la duchesse se retirent à Hambourg.

Aux Indes Orientales, les Français lèvent, le 18 février,

Depuis J.-C.

le siége de la ville de Madras, qu'ils faisaient depuis plus d'un mois; et, d'un autre côté, les Anglais prennent la ville de Surate, le 2 mars.

Le 13 avril, le duc de Broglie remporte une victoire à Berghem, près de Francfort, sur les Hessois et Hanovriens, commandés par le prince Ferdinand de Brunswick.

En Amérique, les Anglais prennent sur les Français l'île de la Guadeloupe.

Le roi Louis XV institue, au mois de juin, un ordre de chevalerie, sous le nom du *Mérite militaire*, en faveur des officiers étrangers qui font profession de la religion protestante.

Dans ce même mois de juin, Jacques Sheile, fermier en Irlande, meurt âgé de cent trente-six ans.

Depuis le 3 jusqu'au 6 juillet, une flotte anglaise jette quantité de bombes sur le Hâvre, où l'on bâtissait de grands bateaux plats pour faire une descente en Angleterre; ces bombes ne firent pas grand dommage.

Déclaration du roi Louis XV pour une poste intérieure dans la ville de Paris et environs; elle ne commence que le 9 juin de l'année suivante.

Les Russes, commandés par le comte Soltikow, ayant poursuivi les Prussiens, qui étaient en Pologne, remportent sur eux une grande victoire près de Zulichau, le 24 juillet.

Le 1er août, à Todenhausen près de Minden en Westphalie, il y a une action assez considérable entre l'armée des alliés, commandée par le prince Ferdinand de Brunswick, et celle de France sous les ordres du maréchal de Contades, qui a du désavantage, et qui se retire ensuite vers Cassel.

Le 10, mort de Ferdinand VI, roi d'Espagne, après treize ans de règne. La reine douairière, veuve de Philippe V prend en mains le gouvernement jusqu'à l'arrivée de don Carlos, son fils, roi des Deux-Siciles, qui est proclamé roi sous le nom de Charles III.

Le 12, les Russes, auxquels s'était joint un corps d'Autrichiens, remportent une victoire sur le roi de Prusse près de Cunersdorf, au voisinage de Francfort-sur-l'Oder.

Le 3 septembre, édit du roi de Portugal au sujet des jésuites, qu'il fait sortir de ses États.

Le 5, le duc de Deux-Ponts prend Dresde sur les Prussiens.

Le 10, aux Indes Orientales, combat naval près de la côte de Coromandel, entre l'amiral Pocock, anglais, et une escadre française, venue de l'Ile-de-France, et commandée par M. Daché, qui va ensuite débarquer des troupes et des munitions à Pondichéri.

Le même jour, en Allemagne, les Hanovriens et Hessois prennent Marpurg sur les Français.

Le 18 septembre, Quebec se rend aux Anglais, après avoir

été battu soixante-quatre jours, et à la suite de la bataille de St.-Charles, où le général anglais Wolff avait été tué. Depuis J.-C.

Les Prussiens, ayant repris Torgaw et Leipsick, sont battus le 21 près de Meissen, par l'armée de l'Empire, sous les ordres du duc de Deux-Ponts.

Le 1er octobre, combat au Paraguai entre les troupes espagnoles et portugaises combinées, et les Indiens révoltés de la province du St.-Sacrement, qui sont vaincus.

Le 5, l'incapacité du prince royal des Deux-Siciles ayant été décidée, le prince Ferdinand, troisième fils de don Carlos, est proclamé roi de Naples et de Sicile, et on établit un conseil de régence, ce prince n'ayant pas encore huit ans.

Le 20 novembre, le comte de Daun remporte une grande victoire sur les Prussiens, à Maxen en Saxe, au midi de Dresde; quatorze mille Prussiens se rendent prisonniers de guerre.

Le même jour, à la hauteur de Belle-Isle, combat naval entre l'amiral Hawke, anglais, et M. de Conflans, commandant d'une flotte française, venue de Brest. Ce dernier est défait.

Cette année, Mohamed Hassan, qui, depuis environ dix ans, jouissait presque en Perse du pouvoir souverain, est tué dans un combat. Kérim, autre usurpateur, s'empare du gouvernement, en laissant le titre de roi à Ismaël, qu'on disait petit-fils de Schah-Hussein.

Dans le nord de l'Europe, le froid est très-considérable, et plus violent qu'en 1740. Le détroit du Sund est gelé entièrement, ainsi que la Vistule. 1760.

Le 24 mars, traité entre le roi de France et le roi de Sardaigne, au sujet des limites de leurs États, depuis le Rhône à la sortie des terres de Genève, jusqu'à l'embouchure du Var. Ce traité n'est ratifié par le roi Louis XV, que le 10 juillet.

Le 23 juin, bataille de Landshut, village de Silésie dans le duché de Schweidnitz, entre les Autrichiens, commandés par le général Laudon, et les Prussiens, sous les ordres du général Fouquet. Ces derniers sont vaincus, et leur chef est fait prisonnier, avec neuf mille hommes. Un mois après, Glatz se rend aux Autrichiens.

Le 6 juillet, mariage de la princesse de Brésil, fille aînée du roi de Portugal, et héritière du trône, avec don Pèdre, oncle de cette princesse.

Le 10, action de Corbach, près de Waldeck dans la Vétéravie, entre une partie de l'armée française du maréchal de Broglie, et une partie de celle du prince de Brunswick; les Français y ont l'avantage.

Le roi de Prusse assiége la ville de Dresde inutilement, et se retire ensuite avec grande perte en Silésie.

Le 15 août, bataille entre le général Laudon et les Prus-

Depuis J.-C. siens, commandés par le prince Henri, frère du roi de Prusse, à Lignitz en Silésie. Ces derniers ont l'avantage.

Le 8 septembre, les Anglais se rendent maîtres de Montréal, dans le Canada, et achèvent par là la conquête de cette vaste contrée, qu'ils ont conservée dès lors.

Le 9 octobre, un corps d'Autrichiens et de Russes se rend maître de Berlin, dont la garnison est faite prisonnière de guerre.

Le 16, bataille de Rhinberg, près de la ville de Wesel, entre les Français, commandés par le marquis de Castries, et les Hanovriens, etc., sous les ordres du prince de Brunswick, qui est forcé de se retirer avec une perte considérable; il repasse ensuite le Rhin, après avoir levé le siége de Wesel.

Le 25, George II, roi d'Angleterre et électeur d'Hanovre, meurt âgé de soixante-dix-sept ans, après en avoir régné trente-trois. George-Guillaume-Frédéric, son petit-fils, âgé de vingt-deux ans, lui succède sous le nom de George III.

Le 3 novembre, bataille des plus sanglantes à Torgau, ou Suptitz en Saxe, où le maréchal comte de Daun remporte la victoire sur le roi de Prusse.

1761. Le 15 janvier, la ville de Pondichéri, que les Anglais bloquaient par mer depuis neuf mois, et depuis deux par terre, se rend à eux, faute de subsistances. Alors finit la puissance des Français dans les Indes; elle avait commencé douze ans auparavant.

Le 21, bataille de Grunberg, où les Français remportent un avantage considérable sur le prince de Brunswick, qui est obligé en conséquence, le 28 mars, de lever le siége de Cassel.

Le 22 mars, meurt à Versailles le duc de Bourgogne, âgé de neuf ans, six mois et neuf jours. Ce prince était l'aîné des enfans du dauphin; il donnait de grandes espérances à la France.

Le 5 juin, la planète de Vénus passe sur le soleil; les astronomes observent avec soin ce passage dans diverses parties de la terre, afin d'en conclure d'une manière exacte la distance du soleil et des planètes.

Le 6 juin, les Anglais prennent aux Français la Dominique, l'une des petites îles Antilles.

Le 15 août, traité d'amitié et d'union, sous la dénomination de *Pacte de Famille*, conclu entre le roi de France et le roi d'Espagne.

La nuit du 30 septembre au 1er octobre, les Autrichiens, commandés par le baron de Laudon, attaquent la ville de Schweidnitz en Silésie, et la prennent d'assaut.

Le 16 décembre, les Russes se rendent maîtres de la ville de Colberg, en Poméranie.

Cette année, Ismaël, roi titulaire de Perse, car il ne jouissait effectivement d'aucun pouvoir, est emprisonné, et Kérim usurpe complétement le pouvoir souverain : son administration fut heureuse ; elle dura dix-huit ans.

Le roi de Ceylan se soulève contre les Hollandais, établis dans cette île, et leur cause beaucoup de dommages.

Le 2 janvier, déclaration de guerre du roi d'Angleterre contre le roi d'Espagne. 1762.

Le 5, meurt à Saint-Pétersbourg l'impératrice de Russie Élisabeth Pétrowna, fille de Pierre-le-Grand. Le duc de Holstein-Gottorp, son neveu, lui succède sous le nom de Pierre III. Ce prince, après avoir déclaré d'abord aux cours de France et d'Autriche, qu'il tiendra les engagemens de sa tante, fait néanmoins, le 5 mai, sa paix avec le roi de Prusse. Il rappelle les exilés, entre autres le fameux Biren, ci-devant duc de Courlande.

En février, les Anglais enlèvent aux Français l'île de la Martinique.

En avril, armistice entre les Suédois et les Prussiens, qui font ensuite leur paix à Hambourg, le 22 mai.

Les Espagnols, avec quelques troupes françaises, étant entrés dans le Portugal, qui voulait conserver son ancienne union avec les Anglais, s'emparent de Miranda, Chavanés, Bragance, etc.

Le 9 juillet, arrive une révolution subite en Russie. Pierre III est détrôné, et l'impératrice sa femme, de la maison allemande d'Anhalt-Zerbst, est reconnue souveraine de Russie, sous le nom de Catherine II. Le prince, son mari, meurt huit jours après, d'un accident hémorrhoïdal auquel il était sujet, selon la déclaration que fait à ce sujet l'impératrice sa femme, ou plutôt empoisonné et étranglé par le comte Orloff, favori de l'impératrice, et quelques autres conjurés.

Le 6 août, arrêt du parlement de Paris, qui fait défense aux jésuites de porter l'habit de la société, et de vivre sous l'obéissance au général et aux constitutions, etc., leur enjoint de vider les maisons de cette société, etc. Les autres parlemens de France donnent ensuite de pareils arrêts.

Le 30 août, les Français, commandés par le prince de Condé, avec les maréchaux d'Estrées et de Soubise, remportent une victoire sur les alliés, à Johannisberg, près de Friedberg, au nord de Francfort.

Le 31, en Amérique, les Anglais se rendent maîtres de la Havane, dans l'île de Cuba, sur les Espagnols.

Le 9 octobre, la ville de Schweidnitz, en Silésie, se rend au roi de Prusse, qui l'assiégeait depuis deux mois et demi.

Le 1er novembre, les alliés s'emparent de Cassel.

Le 3, les articles préliminaires de la paix sont signés à Fontainebleau, par le duc de Praslin pour le roi de France, par le marquis de Grimaldi pour le roi d'Espagne, et par le duc de Bedfort pour le roi d'Angleterre. Ces articles, au nombre

Depuis J.-C. de vingt-six, sont bientôt ratifiés ; et, en conséquence, le 15 novembre, il y a une convention arrêtée en Allemagne entre l'armée française et l'armée anglaise, pour cesser toute hostilité.

Cette année, Ahmed, roi du Candahar, prend et pille la ville de Delhi, capitale de l'Indostan.

1763. Le 22 janvier, Ernest-Jean de Biren est remis par la Russie en possession du duché de Courlande, qu'il avait perdu avec sa liberté en 1741. Le duc Charles de Saxe est obligé, quelque temps après, de se retirer du pays, quoique le roi de Pologne, seigneur suzerain du fief de Courlande, s'opposât à la prise de possession du comte de Biren, avec une partie des seigneurs de ce duché.

Le 10 février, le traité définitif de paix est signé à Paris, par les ministres plénipotentiaires qui avaient signé les préliminaires ; l'ambassadeur de Portugal, don Mello de Castro, fait un acte d'accession au nom de son prince. Les anciens traités sont confirmés, et les Espagnols se retirent de Portugal, en rendant les villes prises, et cédant aux Anglais la Floride ; les Français cèdent aux mêmes le Canada et la Louisiane orientale, leur rendent l'île Minorque, et abandonnent leurs conquêtes aux pays de Hanovre, etc. Les Anglais, de leur côté, rendent aux Espagnols la Havane et l'île Cuba ; aux Français, Belle-Isle, la Martinique, la Guadeloupe, Marie-Galande, la Désirade, l'île Gorée ; et ce qu'ils avaient pris aux Indes : de plus, ils cèdent à la France les îles de Saint-Pierre et Miquelon, pour la pêche de la Morue.

Le 15 février, traité de paix signé à Hubertsbourg, maison de plaisance de l'électeur de Saxe, entre l'impératrice, reine de Hongrie et de Bohême, et le roi de Prusse : les choses sont remises sur le même pied où elles étaient avant la guerre, par rapport à la Silésie, et le comté de Glatz est rendu à la Prusse.

Le même jour, autre traité à Hubertsbourg, entre le roi de Prusse et l'électeur de Saxe, roi de Pologne, à qui les États héréditaires de Saxe sont rendus.

Le 18 juillet, action entre les rebelles de Corse et les Génois, qui attaquent en vain leurs retranchemens à Furiani.

Le 5 octobre, Frédéric-Auguste II, roi de Pologne, et électeur de Saxe, meurt à Dresde.

Le même jour, en Asie, Adams, commandant les Anglais dans le Bengale, remporte une victoire sur le nabab Cossin Ali-Kan, et fait proclamer à sa place nabab des provinces de Bengale, Bahar et Orixa, Jaffier-Ali-Kan.

Cette année, les Hollandais courent le plus grand risque de se voir enlever leurs établissemens de l'île de Ceylan, par le roi de Candi, qu'ils tenaient au centre de cette île.

1764. Le 27 mars, l'archiduc Joseph, fils aîné de l'empereur, est élu roi des Romains, et couronné le 3 avril.

Rétablissement de l'ancien ordre de Saint-Étienne de Hongrie.

En Russie, le clergé qui jouissait de domaines très-considérables, les remet à l'impératrice; en conséquence, sa majesté impériale assigne sur le gouvernement des pensions pour les évêques et les autres ecclésiastiques. Les épargnes provenant de ce plan d'économie, sont destinées à l'entretien des soldats invalides, et à d'autres objets d'utilité publique.

Le 16 août, le prince Iwan (de Brunswick Bévern), qui avait été exclu du trône de Russie, en 1741, est tué dans la forteresse de Schlusselbourg, assiégée par des rebelles, qui voulaient le mettre à leur tête.

Le 6 septembre, Stanislas Poniatowski, protégé par la Russie, est élu roi de Pologne, après plusieurs diètes tumultueuses: il est couronné le 25 novembre, sous le nom de Stanislas-Auguste.

En novembre, édit du roi Louis XV, envoyé à tous les parlemens, qui supprime la société des jésuites dans toute l'étendue du royaume, et cependant permet à tous ceux qui la composaient d'y vivre en particulier, en se conformant aux lois.

Le 18 juillet, l'infant don Philippe, duc de Parme, etc., meurt à Alexandrie-de-la-Paille: son jeune fils, Ferdinand-Marie lui succède. 1765.

Le 18 août, meurt à Inspruck, François-Étienne de Lorraine, empereur et grand-duc de Toscane.

Joseph II, son fils, déjà roi des Romains, devient empereur. L'impératrice-reine le fait co-régent de ses États héréditaires, et se démet en sa faveur de la grande-maîtrise de l'ordre de Saint-Étienne de Hongrie.

Le second archiduc, Pierre-Léopold, est grand-duc de Toscane, par le testament de son père.

Les Anglais, sous la conduite de lord Clive, se rendent maîtres du Bengale, pays qui renfermait dix millions d'habitans.

MM. de la Chalotais, père et fils, et trois autres conseillers du parlement de Bretagne, sont arrêtés dans la nuit du 11 novembre, et mis en jugement comme ayant excité des mouvemens séditieux en Bretagne; ils furent exilés l'année suivante.

Cette année commencent les troubles des colonies anglaises de l'Amérique, qui refusent de se soumettre à de nouvelles impositions, et de fournir leur quote-part pour la liquidation de la dette publique d'Angleterre.

Le 20 décembre, meurt, à Fontainebleau, Louis, dauphin, fils du roi Louis XV, âgé de trente-six ans et quatre mois; son corps est porté dans la cathédrale de Sens.

Depuis J.-C. Le roi de France envoie des troupes en Corse, pour aider les Génois à soumettre les rebelles, qui avaient pour général Pascal Paoli.

Le 31 décembre, le fils aîné du duc de Biren vient à Varsovie, et le nouveau roi de Pologne lui donne l'investiture des duchés de Courlande et de Semigalle, qu'il reçoit en son nom et en celui de son père.

1766. Le 2 janvier, meurt à Rome, Jacques Stuart, fils de Jacques II, roi d'Angleterre; il y demeurait depuis près de cinquante ans, et était âgé de soixante-dix-sept ans et six mois.

Le 23 février, Stanislas Leczinski, roi de Pologne (titulaire), duc de Lorraine et de Bar, meurt à Lunéville, âgé de quatre-vingt-huit ans et près de six mois.

Le 8 mars, Guillaume V, de Nassau, prince d'Orange (titulaire), stathouder des Provinces-Unies, etc., est installé dans ses dignités, par les états-généraux.

Le 5 juillet, mort d'Élisabeth Farnèse, reine douairière d'Espagne, âgée de soixante-quatorze ans; elle gouvernait en quelque sorte ce royaume depuis plusieurs années.

Le lord Clive continue à remporter des avantages considérables sur les Indiens.

Les Hollandais forcent le roi de Candi de leur abandonner la souveraineté de l'île de Ceylan, et de souscrire aux conditions qu'ils lui prescrivent.

1767. Le 13 mars, Marie-Josèphe de Saxe, dauphine, meurt à Versailles, victime de l'amour conjugal; son corps est porté à Sens, auprès de celui du dauphin.

Le 2 avril, décret du roi d'Espagne, qui éteint dans ses royaumes l'ordre des jésuites, confisque leurs biens, et les fait tous transporter en Italie.

Le 22 avril, traité provisionnel de Copenhague, entre la Russie et le Danemarck; l'impératrice renonce, au nom de son fils, à la portion ducale du Sleswig, occupée par le roi de Danemarck, et du duché de Holstein-Gottorp, en échange des comtés d'Oldembourg et de Delmenhorst. Ce traité ne devint définitif qu'en 1773, à la majorité du grand-duc de Russie.

Violences des Russes en Pologne, où plusieurs membres illustres de la diète sont enlevés et transportés en Russie.

Commencement des guerres des Anglais contre Hyder-Aly, souverain du Mysore.

1768. En janvier, bref du pape Clément XIII, contre l'infant don Philippe, duc de Parme, au sujet des immunités ecclésiastiques. Cette affaire a de grandes suites, les cours de France, d'Espagne et de Naples s'y étant intéressées.

Le 24 février, traité de paix et d'alliance signé à Varsovie, entre la Russie et la Pologne; les dissidens, c'est-à-dire les

Grecs, luthériens et calvinistes, sont admis en Pologne aux mêmes priviléges que les catholiques.

Le 15 mai, les Génois cèdent l'île de Corse à la France, qui l'a toujours possédée dès lors.

Le 27 mai, la maison de Holstein reconnaît, par le traité de Gottorp, l'indépendance de la ville de Hambourg.

Le 24 juin, mort de la reine de France, Marie-Charlotte-Sophie-Félicité Leczinski, âgée de soixante-cinq ans.

Le 29 juin, mort d'Hélène de Courtenai, veuve du marquis de Baufremont, et la dernière de l'ancienne maison royale de Courtenai, issue du roi Louis-le-Gros.

Le 21 octobre, Christian VII, roi de Danemarck, arrive à Paris, dans le cours des voyages qu'il faisait pour s'instruire, sous le nom de comte de Travendalh; il partit de Paris le 9 décembre, pour retourner dans ses États.

Cette année, les troubles continuent en Pologne; les catholiques y forment diverses confédérations, dont les troupes sont battues par les Russes, unis au parti de la cour et de la diète.

Les Turcs, mécontens de ce qui se passait en Pologne, déclarent la guerre à la Russie. Ils remportent des avantages considérables sur les Monténégrins attachés au parti de Stéphano, qui se donne pour le feu Pierre III, empereur de Russie.

Les jésuites sont expulsés des États de Naples, aussi bien que de Malte et de Parme.

Le 15 décembre, Adolphe-Frédéric, roi de Suède, abdique la couronne, à cause des dégoûts que lui fait éprouver le sénat de son royaume. Le 19, vaincu par les sollicitations de ses sujets, il remonte sur le trône.

Le 3 février, mort du pape Clément XIII. Élection de Clément XIV, Laurent Ganganelli, le 19 mai. 1769.

Le 3 juin, nouveau passage de Vénus sur le soleil; des astronomes européens se rendent, pour l'observer, à Otaïti, aux Philippines, en Laponie, etc.; il n'y aura pas de passage semblable avant l'année 1874.

Le 13 juin, Pascal Paoli, chef des rebelles de Corse, abandonne cette île; ce qui contribue à son entière soumission à la France qui eut lieu cette année.

Le 15 août, Napoléon Bonaparte naît à Ajaccio. Apparition, dans le même mois, d'une comète dont la queue a 90 degrés d'étendue dans le ciel.

Le 18 août, plus de deux mille personnes périssent à Brescia par l'effet de l'explosion d'un magasin à poudre.

Cette année, les Russes prennent Azof et Choczim, après avoir défait deux corps d'armée turcs; ils s'emparent de la Moldavie et de la Valachie. Une flotte partie de Pétersbourg, entre dans la Méditerranée.

Le roi de Maroc s'empare, après un long siége, de Ma-

Depuis J.-C. zagan, sur les Portugais, qui sont peu touchés de cette perte, parce que l'entretien de cette place leur occasionait des dépenses considérables, sans leur être de grande utilité.

Hyder-Aly, souverain du Mysore, s'avance jusqu'à sept milles de Madras, et dicte la paix au gouvernement anglais.

Une horrible famine désole les Indes Orientales; elle enlève huit cent mille Indiens à Calcutta et dans le Bengale.

1770. Le 8 avril, extinction de la compagnie des Indes de France, et liberté du commerce maritime.

Le 11 avril, madame Louise de France se retire aux Carmélites de Saint-Denis, et y fait sa profession religieuse l'année suivante

Le 12 avril, jeudi-saint, le nouveau pape ne publie point la bulle *In cœna Domini* (qui ne l'a point été depuis). Il termine ensuite les différends de la cour de Rome avec celle de Portugal.

Le 16 mai, le dauphin, depuis Louis XVI, épouse la princesse Marie-Antoinette-Josèphe-Jeanne, archiduchesse d'Autriche, née à Vienne, le 2 novembre 1755.

Les Turcs avaient commencé la campagne contre les Russes d'une manière brillante, ayant remporté sur eux deux avantages considérables, et repris la Moldavie et la Valachie; mais, le 7 juillet, le comte Alexis Orloff détruit la flotte ottomane dans le port de Tchesmé au nord de Scio, après l'avoir battue le 5. Le 18 du même mois, le général russe Romanzow bat un corps considérable de troupes ottomanes; et, le 1er août, il met en déroute l'armée du grand-visir, composée d'environ cent cinquante mille hommes; ce qui est suivi de la prise de plusieurs places voisines du Danube, telles que Ismaïl et Bender.

Aly-Bey, gouverneur de l'Égypte, se révolte contre les Turcs, et s'empare de l'Égypte.

Le 24 décembre, le duc de Choiseul, ministre des affaires étrangères en France, est exilé dans sa terre de Chanteloup par Louis XV; il avait joui pendant douze ans, d'un très-grand crédit.

1771. Le 12 février, Adolphe-Frédéric, roi de Suède, meurt à Stockholm, âgé de soixante ans neuf mois. Son fils aîné, Gustave III, lui succède; il était alors à Paris, dans un cours de voyages.

Le 13 avril, édit de Louis XV pour casser l'ancien parlement de Paris, en créer un nouveau, et casser la cour des aides dont il était mécontent; ces changemens ont subsisté jusqu'à la mort de Louis XV. L'amour de ce prince pour la comtesse du Barry le fait mépriser de ses sujets.

Le 14 mai, le comte de Provence, frère du dauphin de France, épouse la princesse Marie-Joséphine-Louise de Savoie.

En Turquie, les Russes remportent divers avantages

les troupes ottomanes, et s'emparent de la Crimée ou Petite-Tartarie; mais leur flotte qui tient les Dardanelles bloquées, échoue dans ses entreprises sur les îles de l'Archipel; à l'exception d'Imbros.

Le 3 novembre, le roi de Pologne est enlevé de Varsovie et blessé : l'un de ses ravisseurs se repent, et le remet en liberté.

Dans l'Amérique septentrionale, plusieurs peuples sauvages de la presqu'île de Californie, qui infestaient les colonies espagnoles, sont soumis.

En avril, jugement rendu en Danemarck, qui prononce le divorce de la reine Caroline-Mathilde d'Angleterre avec le roi; cette princesse se retire dans les États d'Hanovre, et meurt à Zell en 1775. Le comte de Struensée, ministre du roi, accusé de liaisons coupables avec la reine; et le baron de Brandt, grand-maître de la garde-robe du roi, sont condamnés à mort et exécutés. 1772.

Le 5 août, la Russie, la Prusse et l'Autriche, par un traité signé à Pétersbourg, font un premier partage d'une moitié environ de la Pologne; la Prusse polonaise avec une partie de la Grande-Pologne est adjugée au roi de Prusse; les royaumes de Gallicie et de Ludomirie à l'Autriche; la Livonie polonaise avec une partie de la Lithuanie à la Russie; les Polonais affaiblis par leurs guerres civiles, sont obligés de se soumettre à ce partage.

Le 19 août, révolution en Suède, par laquelle l'autorité rentre dans les mains du roi, et la forme du gouvernement observée depuis Gustave-Adolphe jusqu'à Charles XI, est rétablie, l'anarchie détruite, etc.

Aly-Bey, défait en Égypte par Aboudaab, se retire en Palestine.

Le 28 décembre, Ernest-Jean de Biren, duc de Courlande, et de Sémigalle, meurt à Mittaw, âgé de 82 ans; son fils Pierre de Biren, à qui depuis trois ans il avait remis les rênes du gouvernement, continue à administrer le duché.

Le 22 février, meurt à Turin, Charles-Émanuel III, roi de Sardaigne : son fils aîné lui succède sous le nom de Victor-Amédée III. 1773.

Le 30 avril, Aly-Bey est battu en Palestine, et meurt peu de jours après.

Le grand-duc de Russie cède définitivement, le 1er juin, le duché de Holstein-Gottorp au Danemarck, en échange des comtés d'Oldembourg et de Delmenhorst, qu'il donne à l'évêque prince de Lubeck, chef de la branche cadette de sa maison; l'empereur Joseph II, érigea l'année suivante ces comtés en duché, sous le nom de duché de Holstein-Gottorp.

Le 21 juillet, le pape Clément XIV supprime l'ordre des Jésuites.

Les Turcs, après avoir perdu la Moldavie, sont obligés d'é-

Depuis J.-C. vacher la Valachie; mais ils remportent quelques avantages sur mer près de Patras, le 26 octobre, et aux environs de Varna, le 12 novembre.

1774. Le 21 janvier, le sultan Mustapha III, meurt; son frère Abdoul Achmet lui succède à l'âge de 49 ans.

Le défaut de maïs dans les Indes Orientales, produit par de mauvaises récoltes, fait périr de famine trois millions d'individus.

Le 10 mai, Louis XV meurt à Versailles, après un règne de cinquante-neuf ans, sept mois et dix jours : il était âgé de soixante-quatre ans, trois mois, moins cinq jours.

Louis XVI, son petit-fils, lui succède, et signale le commencement de son règne par des actes de bonté; il appelle au ministère MM. de Maurepas et de Vergennes.

Le 21 juillet, traité de paix entre la Russie et les Turcs à Koutschouc-Kaynardgi : en conséquence la Crimée est indépendante, la navigation de la mer Noire est libre aux Russes, qui restent maîtres des villes de Keretsch et de Jenikalé, et qui rendent aux Turcs la Bessarabie, la Moldavie, la Valachie, les îles de l'Archipel dont ils s'étaient emparés, et plusieurs places de Mingrélie, à condition que ce peuple ne sera plus assujetti au tribut de filles et de jeunes garçons pour le sérail, etc.

Le 5 septembre, un congrès de représentans de toutes les colonies anglaises de l'Amérique s'ouvre à Philadelphie; il arrête de ne point se soumettre aux actes du parlement anglais faits sans la participation des colonies; alors le gouvernement anglais se résout à soumettre par la force les Anglo-Américains.

Le 22 septembre, mort du pape Clément XIV (Laurent Ganganelli), âgé de près de soixante-neuf ans : il avait occupé le Saint-Siége cinq ans, quatre mois et trois jours. Il eut, le 15 février de l'année suivante, pour successeur Jean-Ange Braschi, qui prit le nom de Pie VI.

En octobre, le roi de Maroc assiége Ceuta; et en décembre, Melillé. Ce prince mahométan avait déclaré que sa religion ne lui permettait de laisser aucun chrétien sur les côtes de ses États.

Le 12 novembre, Louis XVI vient à Paris tenir un lit de justice, et rétablir les anciens magistrats du parlement; il supprime les nouveaux conseils supérieurs, et rétablit le grand conseil. Les parlemens de province sont ensuite remis comme ils étaient.

Le 14 décembre, Louis XVI vient poser la première pierre du nouveau bâtiment de l'École de chirurgie de Paris.

1775. Le 15 mars, la Russie, la Prusse et l'Autriche, par un acte passé à Varsovie, se rendent garantes de la constitution polonaise.

Le 16 mars, le roi ou empereur de Maroc ayant échoué au

siége de Melille, demande la paix aux Espagnols qui ne la lui accordent que quelque temps après. Depuis J.-C.

Au mois d'avril, les hostilités commencent en Amérique, entre les Anglais et les Anglo-Américains; ceux-ci confient le commandement de leurs troupes à George Washington, riche planteur de la Virginie.

Le 7 mai, la Porte-Ottomane abandonne à l'Autriche la Bukowine, comme étant un ancien domaine de la Transylvanie. Ghikas, prince de la Moldavie, qui voulait s'opposer à cette cession, est mis à mort par ordre de la Porte.

Le 11 juin, sacre de Louis XVI à Reims.

Le 27 août, Charles Emanuel, prince de Piémont, épouse Clotilde, sœur de Louis XVI; il n'en a point eu d'enfans.

Dans le même mois l'impératrice de Russie, Catherine, fait détruire les demeures des Cosaques Zaporogues, et disperse toute cette nation.

Le 18 novembre, elle publie une nouvelle constitution des gouvernemens de ses États.

Les Anglais acquièrent cette année dans l'Indostan la province de Benarès, dont le revenu net était par année de 240,000 livres sterling.

Le 24 juillet, les représentans des Etats-Unis d'Amérique 1776 déclarent l'indépendance de leur pays dans un congrès général, et confirment ainsi leur révolte contre le gouvernement anglais; ils rédigent ensuite, le 4 octobre, un acte de confédération perpétuelle.

Le 25 décembre, le général Washington surprend un corps de Hessois au service de l'Angleterre près de Trenton sur la Delaware; ce fut là le premier succès remporté par les Anglo-Américains sur les Anglais.

Le 24 février, Joseph Ier, roi de Portugal, meurt dans sa 1777. soixante-troisième année; sa fille Marie lui succède à quarante-trois ans, conjointement avec don Pedre son oncle et son mari.

Le 28 mai, la France renouvelle à Soleure, ses anciens traités d'alliance avec les treize cantons suisses.

Le 3 juin, la France conclut avec l'Espagne un traité de limites, pour l'île de Saint-Domingue.

Le 20 septembre, les Anglais reprennent Philadelphie qui leur avait été enlevée par les révoltés américains; peu de jours après, ces derniers essuient des échecs à Brandiwine et à Germantown.

Le 1er octobre, l'Espagne et le Portugal concluent à Saint-Ildephonse un traité préliminaire de paix et de limites.

Le 16 octobre, le général anglais Burgoyne se rend prisonnier avec son corps d'armée au général anglo-américain Gates, par une capitulation signée à Saratoga. Cette affaire décida les Français à reconnaître la république des Etats-Unis, et à s'allier avec elle.

Depuis J.-C. Le 30 décembre, Maximilien-Joseph, dernier électeur de Bavière de la branche cadette de Wittelsbach, meurt; Charles-Théodore, électeur palatin, chef de la branche aînée de Wittelsbach, lui succède; mais plusieurs souverains, et en particulier l'Autriche, font valoir des droits sur une partie de cette succession, et allument une nouvelle guerre en Allemagne, qui dura près d'un an; la Prusse prit le parti du nouvel électeur de Bavière.

1778. Le 6 février, la France signe à Paris un traité d'alliance et de commerce avec les États-Unis d'Amérique; dès lors la guerre eut lieu entre la France et l'Angleterre; elle dura cinq ans.

Le 1er mars, l'Espagne et le Portugal signent le traité de Pardo, interprétatif de celui de St.-Ildephonse, conclu cinq mois auparavant.

Dans les premiers jours de juillet, une armée prussienne pénètre en Bohême; mais elle fut obligée de se retirer vers la fin d'octobre, sans qu'il y eût eu d'action générale. Dans le même temps, l'Autriche occupait plusieurs districts de la Bavière.

Le 9 juillet, nouveau traité de confédération et d'union perpétuelle des États-Unis d'Amérique; il ne fut définitivement ratifié qu'en 1781.

Le 27 juillet, combat naval d'Ouessant entre les Anglais et les Français; la victoire reste indécise.

Le 19 décembre, la reine de France qui n'avait point encore d'enfans depuis huit ans et demi de mariage, accouche d'une fille, Marie-Thérèse-Charlotte. (Elle a survécu à toute sa maison et vit encore.)

1779. Le 25 janvier, clôture de la diète de Suède, qui siégeait depuis trois mois, et qui avait établi en Suède le libre exercice de toutes les religions.

Le 13 mars, Kérim, souverain de la Perse, meurt à Schiras, à l'âge de soixante-quatorze ans, après un règne glorieux. Plusieurs rivaux se disputent le trône; mais enfin, Aboul-Fetah-Kan, fils de Kérim, est proclamé chef de l'empire.

Le 21 mars, après quelques hostilités qui duraient depuis un an, la Porte-Ottomane reconnaît de nouveau, dans une convention avec les Russes, signée à Constantinople, l'indépendance de la Crimée.

Le 12 avril, les Espagnols signent à Aranjuez une convention avec la France, par laquelle ils s'engagent à prendre part à la guerre d'Amérique contre les Anglais; ce qui eut effectivement lieu dans le mois de juin; les Espagnols assiégent par terre Gibraltar; ce siége dura près de 4 ans.

Le 13 mai, paix de Teschen, dans la Silésie autrichienne, conclue par la médiation de la France et de la Russie, entre l'Autriche et la Prusse; l'Autriche rend à l'électeur palatin tout ce qu'elle avait occupé en Bavière, et conserve seulement les districts situés entre le Danube, l'Inn et la Salza.

Depuis J.-C.

Dans le mois de juillet, le grand lama, ou grand-prêtre des Tartares, se rend du Thibet à la Chine pour y voir l'empereur Kien-Long, qui l'avait fait demander.

Le 8 août, terrible éruption du Vésuve, qui réduit en cendres la ville d'Ottojano, et couvre de pierres et de matières sulfureuses la plaine fertile de Cacisbella.

1780. La Russie, pour empêcher les Anglais de visiter et de saisir les bâtimens marchands neutres, forme, à la fin de février, le projet d'une neutralité armée, à laquelle accédèrent bientôt, la Suède, le Danemarck, la Prusse, l'Autriche, le Portugal, et le roi des Deux-Siciles; cette neutralité a été en partie renouvelée en 1800.

Le 29 novembre, mort de l'impératrice Marie-Thérèse, âgée de 63 ans, fille, femme et mère d'empereurs.

Le 20 décembre, l'Angleterre déclare la guerre à la Hollande, parce qu'elle favorisait ses ennemis; alors la France, l'Espagne, les États-Unis et la Hollande se trouvèrent ligués contre l'Angleterre.

1781. Le 13 mars, Herschell, astronome anglais, découvre la planète qui porta d'abord son nom.

Le 2 juin, M. de Bouillé enlève aux Anglais l'île de Tabago.

Le 8 juin, incendie de l'Opéra au Palais-Royal à Paris; il y périt vingt et une personnes.

Le 5 septembre, combat naval en Amérique, vers le golfe de Chesapeak, entre les Anglais et les Français; ceux-ci sont vainqueurs, et empêchent la flotte anglaise de porter du secours à lord Cornwallis, général anglais commandant sur le continent américain.

Le 18 octobre, le général anglais lord Cornwallis, après s'être emparé des deux Carolines et d'une partie de la Virginie, est enveloppé par les troupes franco-américaines dans York-Town, et obligé de se rendre prisonnier de guerre avec toute son armée; cet événement décide du sort de l'Amérique; il occasionne un changement dans le ministère anglais, et amène la paix.

Le 26 novembre, l'île de St.-Eustache est reprise par M. de Bouillé sur les Anglais, qui venaient de l'enlever aux Hollandais.

1782. Les Hollandais évacuent les places de la barrière qu'ils occupaient depuis 1715, et dont l'empereur Joseph II avait fait démolir les fortifications.

Le 4 février, prise du fort St.-Philippe-Mahon, par M. de Crillon, que le roi d'Espagne crée à cette occasion duc de Mahon. Le même jour, prise de St.-Christophe sur les Anglais, par M. de Bouillé.

Au mois de mars, le pape Pie VI fait un voyage à Vienne.

Le 12 avril, combat naval entre l'amiral Rodney et l'amiral de Grasse; ce dernier est vaincu, et fait prisonnier avec le vaisseau amiral la *Ville de Paris*, de 110 canons, et quatre

Depuis J.-C. autres vaisseaux de ligne; ce combat se livra entre les îles Dominique et Saintes.

Au mois de juillet, 10,000 hommes de troupes françaises, piémontaises et suisses entrent dans la ville de Genève, pour y rétablir la tranquillité, qui était troublée par des dissensions civiles.

Le 13 septembre, les batteries flottantes des Espagnols dirigées contre Gibraltar, sont détruites par les boulets rouges lancés par le commandant anglais; les Espagnols et les Français échouent ainsi au siége de Gibraltar, pour lequel ils avaient fait des dépenses considérables.

Le 14 septembre, l'Espagne et la Porte concluent un traité de paix et de commerce.

Le 24 septembre, l'Angleterre reconnaît l'indépendance des États-Unis d'Amérique.

Le 30 novembre, préliminaires de paix signés à Paris, entre les commissaires anglais et américains.

Hyder-Aly, souverain du Mysore, l'ennemi le plus formidable des Anglais dans les Indes, meurt le 9 décembre; son fils Tippoo-Saïb lui succède.

1783. Le 20 janvier, préliminaires de paix signés à Paris, entre la France, l'Espagne et l'Angleterre.

Le 5 février, un tremblement de terre cause d'affreux désastres dans la Calabre, et détruit la ville de Messine.

Le 5 juin, première expérience des globes aérostatiques de Montgolfier à Annonai.

Le 21 juin, la Russie signe avec la Porte, à Constantinople, un traité de commerce, qui lui ouvre tous les ports et toutes les mers des Turcs.

Le 28 juin, le kan de Crimée, Sahin-Guerai, se démet de sa souveraineté en faveur de la Russie, qui entre en possession de la Crimée, de l'île de Taman et du Kuban.

Le 3 septembre, traité de paix définitif signé à Paris et à Versailles, entre l'Angleterre d'un côté, l'Espagne, la France et les États-Unis de l'autre; l'indépendance de ces derniers est reconnue; du reste, il n'est pas fait de changemens importans à l'état des puissances avant la guerre; le port de Dunkerque est rendu libre; la France acquiert les îles de Ste.-Lucie et de Tabago; l'Espagne se fait céder la Floride et l'île de Minorque.

1784. Le 8 janvier, les Turcs, par un traité signé à Constantinople, renoncent à la Crimée, à l'île de Taman, et à une partie du Kuban, qu'ils cèdent à la Russie; d'un autre côté, la forteresse d'Oczakow et son territoire, sur lesquels les Tartares de la Crimée avaient formé des prétentions, leur sont abandonnés.

Tippoo-Saïb, fils d'Hyder-Aly, et son successeur dans la souveraineté du Mysore, signe au mois de mars, à Magnalore, un traité de paix avec les Anglais.

Au mois d'avril, il se tient des conférences à Bruxelles, au sujet des différends qui s'étaient élevés entre la Hollande et l'empereur Joseph II, relativement à la navigation de l'Escaut et aux limites de la Flandre; ces conférences n'aboutissent à aucun traité, et la guerre se déclare entre l'empereur et la Hollande. La France prend le parti de cette dernière puissance.

Le 20 mai, la paix définitive entre l'Angleterre et la Hollande est conclue à Paris; les Hollandais cèdent Négapatnam aux Anglais, et leur assurent la libre navigation dans les mers de l'Inde.

Le 1er juillet, la France fait une convention de commerce avec la Suède; l'île de St.-Barthélemi, l'une des Caraïbes, aux Indes occidentales, est cédée à cette dernière puissance.

Le 15 janvier, par un traité signé à Munich, l'électeur palatin consent à échanger avec l'Autriche son électorat de Bavière contre les Pays-Bas; ce traité n'eut point d'effet, à cause de l'opposition qu'y mirent plusieurs princes d'Allemagne. 1785.

Le 13 février, Aly Murad-kan, souverain de la Perse, meurt après un règne de cinq ans qui avait été rempli de troubles; les troubles continuent et s'augmentent après sa mort. Djaffar-kan et Mehemet-kan se disputent le trône.

Le 27 avril, mort héroïque de Léopold, duc de Brunswick, à l'âge de trente-trois ans; il est englouti dans les eaux de l'Oder, en voulant secourir des malheureux entraînés par le débordement de ce fleuve.

Le 23 juillet, les électeurs de Saxe, de Brandebourg et de Brunswick-Lunebourg, auxquels se joignirent ensuite plusieurs autres princes d'Allemagne, signent à Berlin un traité d'association, connu sous le nom de confédération germanique, afin de s'opposer à l'échange projeté de la Bavière contre les Pays-Bas.

Le 1er août, les deux vaisseaux français, l'*Astrolabe* et *la Boussole*, montés par un grand nombre de savans, sous le commandement de M. de la Peyrouse, partent du port de Brest pour le tour du monde et pour faire des découvertes dans l'Océan; ces vaisseaux ont été jusqu'au Kamtschatka et à Botany-bay; mais dès lors on n'en a plus eu de nouvelles; il paroît qu'ils ont péri.

Au mois de septembre, une émeute du peuple, à la Haye, sert de signal à des troubles dans toute la Hollande; le commandement de la Haye est enlevé au stathouder, qui se retire dans la Gueldre.

Le 8 novembre, l'Autriche et la Hollande signent à Fontainebleau, par l'entremise de la France, un traité de paix qui maintient la fermeture de l'Escaut, en accordant à l'empereur dix millions de florins de Hollande pour ses prétentions. Deux jours après, la France signe un traité d'alliance avec la Hollande.

1786. Le 4 mai, passage de Mercure sur le Soleil. Ce passage bien observé dans plusieurs endroits, a fait connaître la véritable théorie de l'orbite de cette planète.

Le 25 mai, don Pèdre, roi du Portugal, meurt; vers ce temps l'esprit de la reine Marie s'affaiblit complètement, et le prince du Brésil, son fils, gouverne le royaume.

Le 11 juin, madame de la Motte-Valois est fouettée et marquée pour avoir, au nom de la reine de France, acheté et gardé un collier de diamans d'un très-haut prix; le cardinal de Rohan, impliqué dans cette affaire, est acquitté.

Le 21 juin, Louis XVI part de Paris pour visiter le port de Cherbourg et en presser les travaux.

Le 17 août, mort de Frédéric II, roi de Prusse, surnommé le-Grand-Frédéric, dans sa soixante-quinzième année, et la quarante-septième de son règne; il laisse à son neveu, Frédéric-Guillaume II, des Etats doubles de ceux dont il avait hérité lui-même, trois fois plus de sujets et un trésor quadruple.

Cette année la France fait avec l'Angleterre un traité de commerce très-désavantageux.

1787. Le 1er janvier, l'empereur Joseph II publie un édit qui introduisoit un nouvel ordre d'administration dans les Pays-Bas; ce fut là l'origine des troubles de ces provinces.

Le 11 janvier, la France et la Russie signent à Pétersbourg un traité de commerce.

Le 22 février, commencent à Versailles les séances d'une assemblée des notables de France, convoquée pour remédier aux maux publics; elle se sépare le 25 mai, sans avoir rien fait d'important.

Le 20 avril, M. de Calonne, contrôleur-général des finances en France, prend la fuite, et abandonne sa place; Louis XVI le remplace par l'archevêque de Toulouse, M. de Loménie-Brienne.

Le 29 mai, la division entre le parti stathoudérien et le parti patriote éclate dans Amsterdam par une émeute violente, dans laquelle il y eut beaucoup de morts et de blessés; dans le même temps, l'insurrection des provinces belgiques contre l'empereur Joseph II continue.

Le 19 juin, mort de la seconde fille de Louis XVI, âgée de 11 mois, dix jours.

Le 28 juin, la princesse d'Orange, épouse du stathouder, qui se rendoit à la Haye, est arrêtée par des troupes hollandaises et ne peut continuer sa route. Le roi de Prusse demande satisfaction de cet outrage fait à sa sœur.

Le 15 août, le parlement de Paris est exilé à Troyes, en Champagne, pour avoir protesté contre l'enregistrement d'un impôt nouveau; il est rappelé le 20 septembre suivant.

Le 18 août, la guerre éclate entre la Porte et la Russie; la Porte fait emprisonner l'ambassadeur russe à Constantinople.

Le 17 septembre, un congrès général des Etats-Unis d'Amérique arrête à Philadelphie un nouveau plan de constitution fédérale, pour resserrer davantage les nœuds de l'union ; en conséquence le pouvoir du congrès et celui du président des Etats-Unis sont augmentés.

Dans le même mois, vingt mille Prussiens pénètrent en Hollande ; ils s'en emparent dans l'espace d'un mois, et y rétablissent le stathoudérat héréditaire.

Le 19 novembre, Louis XVI, tient un lit de justice pour la création d'un emprunt de quatre cent vingt millions. Le duc d'Orléans et deux conseillers du parlement qui s'opposent à cet emprunt, sont exilés, mais bientôt après rappelés.

Le 29 janvier, Louis XVI fait enregistrer au parlement 1788.
de Paris, en faveur des protestans de France, un édit par lequel la validité de leurs actes de naissance, de mariage et de décès, est reconnue.

Le 31 janvier, mort de Charles-Edouard, dit le Prétendant, petit-fils de Jacques II, roi d'Angleterre.

Le 9 février, l'Autriche, comme étant alliée de la Russie, déclare la guerre à la Porte ; la campagne de cette année fut malheureuse pour elle ; elle perdit cinquante-huit mille hommes dans les combats ou par des maladies. Les Turcs ravagèrent la Hongrie.

Le 15 avril, l'Angleterre, la Prusse, et les Provinces-Unies signent des traités d'alliance défensive ; la Hollande cesse par là d'être unie à la France.

Le 5 mai, MM. Despréménil et Monsabert, conseillers au parlement de Paris, sont arrêtés.

Le 8, Louis XVI, tient à Versailles un lit de justice, dans lequel il fait enregistrer de nouveaux édits qui diminuaient l'autorité du parlement, et ordonnaient l'établissement d'une cour plénière.

Le 23 juin, Gustave III, ayant renouvelé d'anciennes alliances avec la Turquie, part de Stockholm pour attaquer la Russie du côte de la Finlande.

Le 17 juillet, combat naval près de l'île de Hogiand, entre une flotte russe et une flotte suédoise ; la victoire demeure indécise : chaque flotte perd un de ses vaisseaux.

Le 8 août, Louis XVI révoque par un édit l'établissement de la cour plénière, et annonce la convocation des états-généraux pour le 1er mai de l'année suivante.

Le 25 août, l'archevêque de Sens, M. de Brienne, donne sa démission du ministère ; M. Necker lui succède.

Le 26 août, mouvemens à Paris, précurseurs d'une révolution ; l'archevêque de Sens est brûlé en effigie par la populace.

Les Russes s'emparent de Choczim sur les Turcs, dans le mois de septembre.

Dans le même temps, les Danois, comme alliés de la

Depuis J.-C. Russie, déclarent la guerre à la Suède, et envoient dans ce pays une armée qui y fait quelques conquêtes.

Le 8 octobre, commence à Versailles une deuxième assemblée des notables de France; elle fut congédiée le 12 décembre, sans avoir rien fait d'important.

Le 9, armistice entre les Danois et les Suédois; le 1er mai de l'année suivante, le Danemarck embrassa une parfaite neutralité, avec l'aveu de la Russie.

Le 14 décembre, Charles III, roi d'Espagne, meurt à soixante-douze ans, après en avoir régné vingt-cinq à Naples, et 29 en Espagne; son fils, Charles IV, lui succède.

Le 17, le prince Potemkim s'empare d'Oczakow; toute la garnison turque et un grand nombre des habitans sont passés au fil de l'épée.

Le 27 décembre, Louis XVI arrête, dans son conseil privé, que le tiers-état aura autant de représentans aux états-généraux que la noblesse et le clergé réunis.

Le froid devient très-rigoureux en Europe, dans les derniers jours de l'année.

1789. Au commencement de l'année, il s'établit des clubs à Paris et dans plusieurs provinces en France. On commence à faire usage des qualifications d'*aristocrates* et de *démocrates*.

Le 22 janvier, Djaffar-kan, qui disputait la souveraineté de la Perse à Méhémet-kan, est mis à mort par des seigneurs conjurés contre lui, à Schiras. Son fils, Lutf-Aly, s'empare de Schiras, et dispute encore pendant quatre ans le trône à Mehemet.

Le 7 avril, mort subite d'Abdoul-Achmet, sultan des Turcs; son neveu, Sélim III, lui succède.

Le 27, le pouvoir royal reçoit une nouvelle extension en Suède, par l'*acte de réunion et de sûreté*, que le roi Gustave III fait passer à la diète de Stockholm.

Le 28 avril, *commencement de la révolution française;* une troupe de la populace de Paris pille et dévaste la maison Réveillon, dans le faubourg St.-Antoine.

Le 5 mai, les états-généraux de France s'ouvrent à Versailles.

Le 4 juin, le dauphin de France, âgé de sept ans, meurt au château de Meudon; son frère, le duc de Normandie, est déclaré dauphin.

Le 17 juin, le tiers-état des états-généraux de France se constitue en *assemblée nationale*.

Le 20 juin, Louis XVI fait fermer la salle de l'assemblée nationale à Versailles; les députés du tiers-état se rendent au jeu de paume, où ils jurent de ne se séparer qu'après avoir donné une constitution à la France.

Le 23 juin, séance royale des états-généraux de France. Le roi casse les arrêtés du tiers-état, qui n'en persiste pas moins dans son opposition, et qui déclare inviolables les députés de la nation.

Le 27 juin, à la demande du roi, les députés de la noblesse et du clergé aux états-généraux se réunissent au tiers-état.

Le 11 juillet, M. Necker part secrètement de Paris, par ordre du roi.

Le 14, grande révolution à Paris; le peuple s'empare de la Bastille, qu'il détruit ensuite, et dont il égorge le gouverneur, M. de Launai; plusieurs princes et seigneurs de la cour quittent la France. M. Necker est rappelé au ministère.

Le 17 juillet, Louis XVI se rend à Paris, reçoit la cocarde aux trois couleurs des mains du maire de cette capitale, et se montre au peuple avec ce signe.

Le 21 juillet, le général russe Suwarow, réuni au prince de Cobourg, bat les Turcs à Fokszany, en Moldavie.

Le 22, le peuple de Paris massacre MM. Foulon et Berthier; dans le même temps toute la France est dans un état de grande agitation; on brûle et pille un grand nombre de châteaux.

Le 4 août, tous les priviléges en France sont abolis par l'assemblée nationale.

Le 22 septembre, le général Suwarow et le prince de Cobourg défont complètement les Turcs à Martinestie, sur les bords du Rimnicz; les forts de Bender et d'Ismaïl, et toute la Moldavie tombent ensuite au pouvoir des Russes.

Le 5 octobre, grande émeute à Paris; le peuple et surtout une grande quantité de femmes se portent en foule à Versailles, qui est investi; plusieurs gardes-du-corps sont massacrés.

Le 6, Louis XVI et la famille royale sont amenés en triomphe à Paris par les insurgés.

Le 8 octobre, le maréchal autrichien Laudon, s'empare de Belgrade sur les Turcs.

Le 19, première séance de l'assemblée nationale à Paris. Peu après la France est divisée en départemens, en districts, en cantons et en municipalités; les noms des départemens sont tirés, la plupart, de ceux des rivières principales, et des montagnes.

Le 24 octobre, un corps d'insurgés belges s'empare de Turnhout dans le Brabant. L'insurrection devient générale dans les provinces belgiques; les Autrichiens se retirent à Luxembourg; les états du Brabant proclament leur indépendance à Bruxelles, le 26 décembre.

Le 2 novembre, l'assemblée nationale de France met tous les biens du clergé à la disposition de la nation.

Le 9 novembre, elle est installée au Manége, à Paris.

Le 30, l'île de Corse est déclarée faire partie de la France.

Le 17 décembre, l'assemblée nationale ordonne pour la première fois une création de papier-monnoie, nommé *assignats*.

Cette année, la guerre commence entre les Anglais et Tip-

Depuis J.-C. poo-Saïb, souverain du Mysore : ces premiers s'allient avec les Marattes et le soubab du Décan.

1790. Le 11 janvier, les députés de toutes les provinces belgiques signent à Bruxelles un acte de confédération ; peu après la désunion se met entre les insurgés.

Le 31 janvier, le roi de Prusse s'allie avec la Porte contre l'Autriche et la Russie.

Le 13 février, l'assemblée nationale de France supprime les vœux monastiques.

Le 20 février, l'empereur Joseph II meurt sans enfans, dans la vingt-cinquième année de son règne; son frère, Léopold II, grand-duc de Toscane, lui succède dans le gouvernement des États de la maison d'Autriche; il fut élu empereur le 30 septembre.

Le 26 février, la France est divisée en 83 départemens.

Le 29 mars, le roi de Prusse s'allie avec le roi et la république de Pologne.

Le 11 avril, Sidi-Mahomet, roi de Maroc, meurt à quatre-vingt-un ans, après en avoir régné 33; il était avare et cruel; son fils, Muley Ismaël, lui succède à 38 ans.

Le 22 mai, l'assemblée nationale de France décrète que le droit de guerre et de paix appartient à la nation, et non au roi.

Le 3 juin et jours suivans, bataille navale de Cronstadt, entre les Russes et les Suédois; ces derniers, qui menaçaient Pétersbourg, sont repoussés.

Le 19 juin, l'assemblée nationale supprime tous les titres, les ordres, les livrées, les armoiries, et toute espèce de distinction.

Le 3 juillet, la flotte suédoise, commandée par Gustave III, éprouve un échec considérable dans le golfe de Wibourg; mais le 9 et le 10 du même mois, le roi de Suède se venge amplement à Swenkasund, où il défait complètement la flotte russe, qui pert un grand nombre de vaisseaux et plus de quatorze mille hommes; cet événement servit à accélérer la paix qui fut signée à Werelae, le 14 août; les Suédois et les Russes se rendirent réciproquement leurs conquêtes.

Le 14 juillet, Louis XVI se rend au Champ-de-Mars à Paris, et y célèbre, en mémoire de la prise de la Bastille, et en présence d'un concours immense de peuple, la fête de la Fédération.

Le 27, l'Autriche signe avec la Prusse une convention à Reichembach, par laquelle elle s'engage à faire la paix avec la Porte, sur la base du *statu quo* avant la guerre.

Le 31 août, guerre civile à Nanci. Trait héroïque de Desilles.

Le 4 septembre, M. Necker se démet du ministère des finances en France, et se retire en Suisse. — Le 7, suppression du parlement.

Le 2 décembre, la ville de Bruxelles ouvre ses portes aux troupes autrichiennes; alors finissent les troubles des Pays-Bas : l'empereur Léopold accorde une amnistie générale, et promet de respecter les priviléges des Belges.

Voyage du capitaine français Étienne Marchand, autour du monde, pendant cette année et les deux suivantes, sur le vaisseau *le Solide*, de Marseille.

Le 28 février, quatre cents jeunes gens de la coûr de France, accusés d'avoir voulu chasser la garde nationale des Tuileries, sont désarmés par ordre du roi; on leur donne le nom de *chevaliers du poignard*. Les émigrations continuent en France. 1791.

Le 2 avril, mort de Mirabeau, soutien du parti d'Orléans; l'assemblée nationale de France arrête de porter son deuil pendant huit jours.

Le 18 avril, Louis XVI est arrêté par la garde nationale et par le peuple de Paris, au moment où il voulait se rendre à St.-Cloud; dès lors, on le surveille très-étroitement dans son palais des Tuileries.

Le 3 mai, révolution en Pologne; les Polonais proclament une nouvelle constitution, dont la base principale est l'hérédité de la couronne, auparavant élective.

Le 10 juin, massacre à Avignon par les brigands de Jourdan, surnommé *Coupe-tête*, occasionés par la division des partisans du pape et de ceux de la révolution française.

La nuit du 20 au 21 juin, Louis XVI quitte les Tuileries avec la reine, sa sœur la princesse Élisabeth, et ses enfans, pour se soustraire aux persécutions qu'il éprouvait en France; il prend la route de la Lorraine. MONSIEUR, comte de Provence, son frère, s'enfuit aussi, et prend la route des Pays-Bas.

Le 22 juin, Louis XVI est arrêté à Varennes; il est ramené en triomphe à Paris par les gardes nationales; on le surveille plus étroitement que jamais; ses pouvoirs sont suspendus, jusqu'à ce qu'il ait sanctionné la constitution : le roi de Suède, qui s'était rendu aux eaux de Spa, pour contribuer de-là à la délivrance de Louis XVI, qui était attendu à l'abbaye d'Orval, retourne alors dans ses États.

Le 4 août, paix de Szistowa en Bulgarie, entre l'Autriche et la Porte; cette première restitue Belgrade et toutes les conquêtes qu'elle avait faites pendant la guerre.

Le 14 septembre, Avignon et le comtat Venaissin sont réunis à la France. Louis XVI se rend le même jour dans le sein de l'assemblée nationale pour y signer la nouvelle constitution.

Le 30 septembre, l'assemblée nationale de France, appelée aussi assemblée constituante, termine ses séances.

Le 1er octobre, l'assemblée législative commence à siéger à Paris. La coalition se forme contre la France pour rétablir

Depuis J.-C. Louis XVI dans sa pleine autorité, ou pour se partager ses États.

Le 19, la Russie et la Suède signent à Stockholm un traité d'alliance défensive.

Le 1er novembre, il se fait une nouvelle émission d'assignats en France; la somme en circulation est portée à 1400 millions.

1792. Le 1er janvier, l'assemblée législative de France met en accusation les deux frères du roi, le prince de Condé, et MM. de Calonne, Mirabeau jeune et la Queuille.

Le 9 janvier, paix de Jassi, entre la Russie et la Porte; celle-ci cède aux Russes Oczakow et le pays entre le Bog et le Dniester, qui est établi pour limite des deux empires. Les habitans de la Moldavie et de la Valachie acquièrent divers priviléges.

Le 20 janvier, établissement du *maximum* en France; ce qui donna occasion au peuple de Paris de piller les boutiques des épiciers, sous prétexte d'accaparement.

Le 12 février, Louis XVI consent à ce que les biens des émigrés soient séquestrés, et les prêtres réfractaires déportés.

Le 24 février, Tippoo-Saïb, assiégé dans Seringapatnam, sa capitale, par les Anglais et les Marattes, fait avec eux un traité de paix, et leur cède la moitié de ses États.

Le 1er mars, l'empereur d'Allemagne, Léopold II, meurt; son fils, François II, lui succède dans ses États héréditaires; le 7 juillet il est élu empereur.

Le 16 mars, assassinat de Gustave III, roi de Suède, qui meurt le 29 mars suivant; son fils, encore mineur, lui succède, sous le nom de Gustave IV, et son frère, le duc de Sudermanie, est déclaré régent; son assassin Anckarstroëm subit le dernier supplice.

Le 20 mars on commence à faire usage de la guillotine en France.

Vers le même temps, Muley Ismaël, empereur de Maroc, que sa cruauté rendait odieux, est massacré dans une sédition par ses sujets et ses frères.

Le 20 avril, la France déclare la guerre à François II, roi de Hongrie et de Bohême.

Le 28, les hostilités commencent près de Lille; les Français sont repoussés; ils massacrent leur général, Théobald Dillon; le lendemain le général François Biron éprouve un nouvel échec, et rentre en désordre à Valenciennes.

Le 14 mai, les partisans de la Russie, en Pologne, signent, à Targowitz, une confédération contre la nouvelle constitution polonaise; une armée russe entre en Pologne pour les soutenir; elle force, le 24 août, le roi Stanislas à accéder à la confédération de Targowitz.

Le 20 juin, la populace des faubourgs de Paris s'attroupe et pénètre dans le château des Tuileries; elle place un bonnet rouge sur la tête de Louis XVI, qu'elle insulte de diverses manières.

Le 12 juillet, l'assemblée législative déclare la patrie en danger, sur l'annonce officielle de l'approche d'une armée prussienne de 62,000 hommes. Le 14, fédération du camp de Jalès, pour organiser une contre-révolution.

Le 10 août, les Marseillais et la populace des faubourgs de Paris marchent contre les Tuileries; ils sont repoussés une première fois par la garde suisse; à une seconde tentative, ils forcent l'entrée, et font un horrible massacre des Suisses et des autres défenseurs du château, qui périssent avec gloire, au nombre de 5,500 victimes de leur dévouement. Louis XVI se rend avec sa famille dans la salle des séances de l'assemblée législative, qui le déclare suspendu de ses fonctions; dès lors le gouvernement républicain est établi en France; le peuple abat les statues des rois, et se livre à une foule d'excès.

Les ambassadeurs des puissances étrangères quittent Paris.

Le 12 août, Louis XVI et sa famille sont mis sous la garde de la commune de Paris, qui les fait renfermer, le 13, au Temple.

Le roi de Prusse, ligué avec l'Autriche contre la France, s'empare de Longwy le 23 août, et de Verdun le 2 septembre; Beaurepaire, commandant de cette dernière place, se tue au moment où le conseil de guerre arrête de se rendre.

Le 2 septembre, et jours suivans, jusqu'au 6, les jacobins de Paris massacrent, dans les prisons et dans les rues, quatre ou cinq mille individus, dont plusieurs prêtres ou nobles, sous prétexte qu'ils étaient ennemis de la révolution; la tête de la princesse de Lamballe, amie de la reine, est promenée autour du Temple: les mêmes horreurs se renouvellent à Lyon, à Reims et à Meaux; l'assemblée législative tombe complètement sous le joug de la commune de Paris. Alors commencent les deux années de la révolutiou française les plus fécondes en calamités et en crimes; la France entière fut couverte d'échafauds, où le sang innocent coula en abondance.

Le 14, l'armée française, poursuivie par les Prussiens, se retire aux environs de Châlons-sur-Marne.

Le 16, pillage et massacre à Orléans.

Le 19, fuite du général de Lafayette.

Le 20, le général Kellermann remporte à Valmy une victoire sur les Prussiens, qui se retirent ensuite hors du territoire français.

Le 21, la Convention nationale succède à l'assemblée législative en France, et proclame la république.

Le 22, commencement de l'ère de la république française; le général Montesquiou entre en Savoie, dont il s'empare en peu de jours, et qui dès lors est restée unie à la France; dans

Depuis J.-C. le même mois le général Anselme prend Nice, qui a été aussi réunie à la France.

Vers le même temps, les Anglais envoient une ambassade solennelle à la Chine, sous la conduite de lord Macartney; l'empereur chinois, redoutant les Européens, renvoya cette ambassade dès qu'elle lui eut été présentée; elle revint en Europe en 1794.

Le 21 octobre, le général français Custines s'empare de Mayence; dans le même mois, il fait plusieurs autres conquêtes des deux côtés du Rhin.

Le 6 novembre, bataille de Jemmapes, gagnée par le général Dumouriez; elle vaut toute la Belgique aux Français; les Autrichiens se retirent peu à peu derrière la Roër.

Le 13, bataille d'Anderlecht, gagnée par les Français, qui s'emparent de Bruxelles. Le 18, Furnes, Bruges, Ypres et Anvers ouvrent leurs portes aux Français, ainsi que Namur, Tirlemont et Liége.

Le 8 décembre, la Convention décrète que Louis XVI sera jugé par elle-même.

Le 11, le roi paraît à la barre de la Convention; on lui lit son acte d'accusation; il demande des conseils.

Le 16, il y reparaît de nouveau, avec Malesherbes, Tronchet et M. Desèze, ses défenseurs.

1793. Le 7 janvier, clôture de la discussion sur le procès de Louis XVI.

Le 18 janvier, Louis XVI est condamné à mort dans la Convention nationale par 361 voix sur 721, mais 26 voix de plus votent la mort conditionnelle; le 21, il est exécuté sur la place de la Révolution, et montre une fermeté et une piété exemplaires dans ses derniers momens; il était âgé de 38 ans et demi, et en avait régné plus de 18.

Le 24 janvier, une armée prussienne entre en Pologne.

Le 1er février, la Convention nationale de France déclare la guerre au roi de la Grande-Bretagne, et au stathouder des Provinces-Unies; peu de temps après, elle ordonne une levée de 300 mille hommes en France. Cette mesure donne naissance à la guerre de la Vendée.

Le 6 février, Dumouriez attaque la Hollande.

Le 1er mars, le général autrichien, prince de Saxe-Cobourg, prend l'offensive contre les Français dans les Pays-Bas; il remporte sur eux divers avantages, et repasse la Meuse.

Le 7 mars, la France déclare la guerre à l'Espagne; alors l'Autriche, la Prusse, l'Empire, l'Angleterre, la Hollande, l'Espagne, le Portugal, les Deux-Siciles, l'État ecclésiastique et le roi de Sardaigne, se réunissent contre la république française.

Le 18 mars, bataille de Nerwinde dans les Pays-Bas, gagnée par le prince de Cobourg ; les Français perdent la Belgique. Depuis J.-C.

Le 23 mars, la Convention nationale de France, réunit à la France le pays de Porentrui, ou évêché de Bâle, sous le nom de département du Mont-Terrible.

Le 25 mars et le 9 avril, la Russie et la Prusse déclarent à la diète de Grodno, leur intention de faire un nouveau démembrement de la Pologne.

Le 28, installation du tribunal révolutionnaire.

Le 2 avril, le général Dumouriez fait arrêter trois commissaires français envoyés contre lui; le lendemain, il passe chez les Autrichiens.

Le 12 mai, les Espagnols entrent sur le territoire français près de Bayonne; ils remportent divers avantages.

Le 25 mai, le camp des Français à Famars, est enlevé par les Autrichiens.

Dans ce mois, l'amiral français Villaret-Joyeuse perd six vaisseaux dans un combat acharné contre l'amiral anglais Howe.

Le 31 mai et le 2 juin, plusieurs membres de la Convention nationale, connus sous les noms de girondins et de fédéralistes, sont proscrits. Alors s'affermit l'empire des jacobins et le terrorisme en France; plusieurs départemens se révoltent contre la Convention nationale.

Vers le mois de juin, Lutf-Aly, compétiteur de Mehemet au trône de Perse, est arrêté par trahison, et livré à Mehemet, qui lui fait arracher les yeux, et qui, quelque temps après, le fait périr avec plusieurs de ses parens. Mehemet se trouve maître absolu de l'empire.

Le 24 juin, la Convention nationale présente une nouvelle constitution au peuple français.

Le 13 juillet, par un traité signé à Grodno, les Polonais cèdent à la Russie une partie de la Lithuanie.

Le même jour, Charlotte Corday assassine Marat, l'un des chefs des jacobins, pendant qu'il était au bain. Elle est arrêtée et guillotinée le 17.

Le 23, la garnison de Mayence capitule, et passe dans la Vendée.

Le 8 août, commencement du siége de Lyon, qui dure soixante-dix jours.

Le 16 août, la Convention nationale de France ordonne une levée en masse du peuple pour la défense de la liberté.

Le 27 du même mois, Lyon se révolte pour la seconde fois.

Le 27 août, les Anglais entrent dans la ville de Toulon, qui leur est livrée par les habitans.

Le 5 septembre, emprunt forcé d'un milliard.

Le 8 septembre, bataille de Hondskoote, près de Dun-

Depuis J.-C. kerque; le général Houchard bat le duc d'York, qui perd 4000 hommes.

Le 25 septembre, par un traité signé à Grodno, les Polonais cèdent à la Prusse une partie de la Grande-Pologne, avec les villes de Dantzick et Thorn.

Le 6 octobre, la Convention nationale de France décrète une nouvelle ère, appelée ère républicaine, qui compte depuis le 22 septembre 1792, époque de la fondation de la république. Cette ère a cessé d'être en usage au 1er janvier 1806.

Le 9, les troupes républicaines françaises, après une longue résistance, s'emparent de la ville de Lyon, qui s'était révoltée contre la Convention. Six mille Lyonnais sont massacrés à cette occasion par les jacobins, alors tout puissans.

Le 10, la Convention nationale de France arrête que le gouvernement sera révolutionnaire jusqu'à la paix.

Le 14, les Autrichiens et les Prussiens s'emparent des lignes de Weissembourg et de Lauterbourg, sur les Français.

Le 16, Marie-Antoinette d'Autriche, veuve de Louis XVI, est condamnée à mort, et exécutée.

Le 17, bataille de Watignies, gagnée par le général français Jourdan, sur le prince de Cobourg.

Le 6 novembre, le duc d'Orléans, appelé, depuis la révolution, *Citoyen Égalité*, est mis à mort sur l'échafaud révolutionnaire.

Le 7, la Convention nationale arrête *de substituer un culte raisonnable au culte catholique.*

Le 11, Bailly, premier maire de Paris, subit la peine de mort.

Le 13, bataille du Mans, perdue par les Vendéens.

Le 19, Dugommier reprend la ville de Toulon, qui est abandonnée par les Anglais, qui mettent le feu à l'arsenal, au port et à tous les magasins. Six mille familles les suivent, et disparaissent dans la mer, foudroyées par le feu des batteries. C'est à ce siége que Napoléon Bonaparte commença à faire connaître ses talens militaires.

Le 27, reprise des lignes de Weissembourg et de Lauterbourg, par le général Hoche.

Cette année et les suivantes, Vancouver, célèbre navigateur, autrefois compagnon de Cook, visite et décrit avec soin huit cents lieues des côtes occidentales de l'Amérique, vers le nord.

1794. Le 4 février, la Convention abolit l'esclavage dans les colonies françaises.

Le 24 mars, les Polonais s'insurgent contre les Russes; ils confèrent une espèce de dictature au général Kosciusko, celui-ci défait un corps russe près de Raslavice.

Le même jour, Hébert, Ronsin, Anacharsis Cloots, Vincent, et plusieurs autres membres du parti des cordeliers à Paris, sont mis à mort.

Le 5 avril, Danton, Lacroix, Chabot, Camille Desmoulins, Hérault de Séchelles, et les autres chefs du parti des cordeliers à Paris, sont exécutés ; le régime de la terreur s'affermit de plus en plus en France ; alors, pendant trois mois, eurent lieu à Paris les massacres journaliers connus sous le nom de charretées; ils avaient aussi lieu à Avignon, à Arras, etc.

Le 17 avril, les insurgés polonais battent les Russes à Varsovie, et s'emparent de cette ville.

Le 10 mai, madame Élisabeth, sœur de Louis XVI, est condamnée à mort par le tribunal révolutionnaire de Paris.

Le 7 juin, fête de l'Être-Suprême, célébrée par Robespierre.

Le 8 juin, les Prussiens battent le général Kosciusko; ils s'emparent ensuite de Cracovie, et mettent le siége devant Varsovie, d'où ils se retirent au bout de deux mois.

Le 26 juin, bataille de Fleurus, gagnée par le général Jourdan sur les Autrichiens ; elle vaut aux Français une seconde conquête de la Belgique, qui fut achevée en moins d'un mois. Dans le même temps, les Français, sous la conduite du général Dugommier, remportent de grands avantages en Espagne.

Le 27 juillet, chute de Robespierre et de sa faction. Fin du régime de la terreur en France.

Le 31 août, explosion de la poudrière de Grenelle, qui fait périr à Paris quinze cents individus des deux sexes.

Le 4 octobre, bataille de Macejowitz entre les Russes, commandés par le général Fersen, et les Polonais ; ces derniers sont tous tués ou faits prisonniers. Le général Kosciusko est au nombre des prisonniers.

Le 4 novembre, les Français s'emparent de la place forte de Maestricht.

Le même jour, les Russes prennent d'assaut le faubourg de Varsovie, nommé Prague : Varsovie capitule, et se rend au général Suwarow, qui y entre le 9 ; alors l'insurrection de la Pologne fut anéantie.

Le 19 novembre, la Grande-Bretagne et les États-Unis d'Amérique signent un traité de commerce et de navigation.

Le 24 décembre, suppression du *maximum* sur les denrées.

Le 3 janvier, la Russie et l'Autriche signent, à Pétersbourg, un dernier partage de la Pologne, en réservant une part à la Prusse. 1795.

Pendant les mois de janvier et de février, les Français,

Depuis J.-C.

sous la conduite du général Pichegru, font la conquête des Provinces-Unies, après avoir battu plusieurs fois les Autrichiens, les Hollandais, les Anglais et les Hessois réunis.

Le 9 février, traité de paix signé à Paris entre la république française et le grand-duc de Toscane.

Le 28 mars, les états de Courlande et de Sémigalle se soumettent à la Russie, et cessent alors d'avoir des ducs ou souverains particuliers.

Le 1er avril, mouvemens insurrectionnels des sections de Paris contre la Convention.

Le 3 avril, traité de paix signé à Bâle, entre la république française et le roi de Prusse; les Français abandonnent les États prussiens qu'ils avaient envahis sur la droite du Rhin, et gardent ceux situés à la gauche de ce fleuve.

Au mois de mai, s'opère le dernier partage de la Pologne entre la Russie, l'Autriche et la Prusse.

Le 16 mai, traité de paix conclu à Paris entre la république française et la république batave, formée depuis la conquête de la Hollande par le général Pichegru; le stathoudérat est aboli; les Hollandais cèdent à la France la Flandre hollandaise, Maestricht, Venloo et leurs dépendances; le port de Flessingue est déclaré commun; la navigation du Rhin, de la Meuse, de l'Escaut et de toutes leurs branches est rendue libre aux deux nations; enfin les deux républiques font une alliance offensive et défensive perpétuelle contre l'Angleterre.

Le 17 mai, traité de Bâle entre la république française et le roi de Prusse, pour assurer la neutralité d'une partie de l'Empire, désignée par une ligne de démarcation; la ligue des protestans acquiert de l'influence en Allemagne. Vers ce temps, MONSIEUR, comte de Provence, quitte le nord de l'Allemagne, et se retire à Vérone.

Le 20 mai, insurrection des jacobins à Paris, pour rétablir la constitution de 1793; le représentant du peuple, Feraud, est assassiné dans la salle de la Convention; les insurgés, après avoir été vainqueurs pendant quelques heures, sont repoussés, et obligés de poser les armes.

Le 25, Collot-d'Herbois, Barère, Billaud-Varennes et Verdier sont décrétés d'accusation par la Convention nationale de France.

Le 5 juin, mort de Louis XVII, à deux heures du matin, dans la prison du Temple. Il avait été fort maltraité par son geôlier, Simon, cordonnier.

Le 10, MONSIEUR est proclamé roi de France et de Navarre, sous le nom de Louis XVIII, à Vérone et dans la Vendée.

Le 30 juin, la Convention de France arrête d'échanger la fille de Louis XVI contre les représentans du peuple, les ambassadeurs et les ministres français détenus en Autriche. Depuis J.-C.

Le 21 juillet, défaite des émigrés français à la bataille de Quiberon : le représentant du peuple Tallien en fait guillotiner plus de trois cent cinquante qui s'étaient rendus prisonniers, parmi lesquels Charles de Sombreuil, fils du gouverneur des invalides.

Le 22, traité de paix conclu à Bâle entre la république française et le roi d'Espagne; la France abandonne toutes ses conquêtes ; l'Espagne lui cède la partie de Saint-Domingue qui lui appartenait.

Le 22 août, la Convention de France décrète une nouvelle constitution.

Le 28, traité de paix conclu à Bâle entre la république française et le landgrave de Hesse-Cassel.

Le 1er octobre, la Belgique, le pays de Liége, et tous les autres pays conquis à la gauche du Rhin, sont réunis à la France par la Convention, et divisés en neuf départemens.

Le 2, MONSIEUR, comte d'Artois, débarque à l'Ile-Dieu.

Le 5 octobre (13 vendémiaire an 4), plusieurs sections de Paris, ameutées contre la Convention nationale, sont défaites par les troupes de la Convention, dirigées par Bonaparte, sous les ordres de Barras, général de l'armée de l'intérieur.

Au mois d'octobre, Mehemet, souverain de Perse, s'empare de Tiflis, capitale de la Géorgie, qu'il pille, et dont il massacre ou fait esclaves les habitans. Les Russes, alliés d'Héraclius, prince de Géorgie, se préparent à la guerre contre Mehemet.

Le 24 octobre, la Prusse et l'Autriche signent à Pétersbourg une convention, concernant les limites de leurs acquisitions respectives en Pologne; alors le démembrement de la Pologne fut complètement achevé.

Le 26 octobre, la Convention de France termine ses séances après avoir siégé pendant plus de trois ans; deux jours après s'ouvre le nouveau corps législatif, divisé en deux conseils, l'un des *Anciens*, l'autre des *Cinq-Cents;* la constitution de l'an 3 est mise en vigueur; elle a subsisté pendant plus de quatre ans.

Le 4 novembre, le directoire exécutif de France, composé de cinq membres, est installé.

Le 23 novembre, le général français Schérer, défait à Loano le général autrichien Devins, qui perd huit mille hommes, et est chassé de l'État de Gênes.

Le 25 novembre, Stanislas Poniatowski, dernier roi de Pologne, résigne sa couronne à Grodno, d'après l'ordre de l'impératrice de Russie.

Le 30, MONSIEUR, comte d'Artois, retourne en Angleterre.

Le 27 décembre, Marie-Thérèse-Charlotte, fille de Louis XVI, aujourd'hui MADAME, duchesse d'Angoulême, est

Depuis J.-C. échangée à Bâle contre les députés français détenus en Autriche; elle est conduite à Vienne.

1796. Le 4 janvier, le général français Schérer bat les armées autrichienne et sarde, en Italie.

Le 29, armistice conclu sur les bords du Rhin entre les Français et les Impériaux.

Le 23 février, Bonaparte, âgé de vingt-six ans, est nommé au commandement de l'armée française d'Italie.

Le général Schérer, qui commandait l'armée d'Italie, vient prendre le commandement de la place de Paris.

Dans le même mois, Kien-Long, empereur de la Chine, âgé de quatre-vingt-sept ans et demi, abdique l'empire, après un règne florissant de plus de soixante ans; il nomme pour son successeur son dix-septième fils, nommé Ka-King.

Le 18 mars, le corps législatif de France crée un nouveau papier-monnaie, nommé *mandats territoriaux*, pour être échangé contre les assignats, dont l'émission montait alors à plusieurs milliards.

Le 20, le directoire de France réclame auprès de la Convention batave l'exécution des traités d'alliance conclus avec la Hollande.

Le 22 mars, le général Charette, commandant des Vendéens, après plusieurs défaites, est arrêté par le général Travot; il est fusillé à Nantes le 29; Stofflet, autre général des Vendéens et des Chouans, est aussi exécuté; le général Hoche apaise complètement les troubles de la Vendée, qui duraient depuis plus de trois ans.

Le 11 avril, bataille de Montenotte, première victoire du général Bonaparte, en Italie; les Autrichiens et les Piémontais sont coupés, et perdent quatre mille hommes.

Le 14, victoire de Bonaparte à Millesimo; les Français s'avancent dans le Montferrat; le général autrichien Provera se rend prisonnier avec un corps de grenadiers.

Le 15, combat de Dego; le général autrichien Beaulieu est mis en fuite, et se retire à Tortone.

Le 17, les Français s'emparent du camp retranché des Piémontais à Ceva sur le Tanaro.

Le 22, bataille de Mondovi, gagnée par le général Bonaparte sur les Piémontais; il s'avance sur Turin.

Le 28, les armées française et piémontaise concluent un armistice qui, le 15 mai, est converti en un traité de paix, signé à Paris; le roi de Sardaigne est forcé de renoncer à la coalition contre la France; il cède à la France, par un traité du 18 mai, la Savoie et les comtés de Nice, de Tende et de Breuil; il remet aux troupes françaises ses principales forteresses, et ne garde guère que Turin.

Le 7 mai, les Français passent le Pô; le 8, ils entrent à Plaisance; le 9, ils signent un armistice avec le duc de Parme.

Louis XVIII, qui est à Vérone, est invité, par les Vénitiens, à abandonner le territoire de leur république. Ce prince se réfugie dans l'armée de Condé, puis se retire dans le château de Blankembourg, en Allemagne. Depuis J.-C.

Les pères et mères d'émigrés sont admis au partage des biens séquestrés sur eux.

Le 10, passage du pont de Lodi, sur l'Adda, et victoire importante du général Bonaparte; le général Beaulieu et les Autrichiens se retirent à Mantoue et dans les États de Venise; tout le Milanais tombe au pouvoir des Français; la plupart des États d'Italie achètent la paix, du gouvernement français.

Le 11, le directoire de France dénonce la conspiration de Babeuf, tendante à rétablir l'anarchie et la constitution de 1793.

Le 24, insurrection à Milan, à Pavie et à Lodi; les soldats français sont assassinés par les paysans. Bonaparte rétablit l'ordre, punit les mutins, et établit le gouvernement républicain.

Le 1er juin, rupture de l'armistice entre les Français et les Autrichiens, sur le Rhin.

Le 4, commencement du siége de Mantoue.

Le 20, armistice entre la France, le pape, le roi des Deux-Siciles et le duc de Modène, sous la médiation de l'Espagne.

Le 24 juin, le général français Moreau passe le Rhin près de Strasbourg, et s'empare du fort de Kehl; il remporte la victoires à Renchen, le 29.

Le 1er juillet, le général Jourdan passe le Rhin, près de Coblentz, et s'avance aussi dans l'intérieur de l'Allemagne.

Les 5 et 9 juillet, victoires du général Moreau à Rastadt et à Ettlingen.

Le 3 août, bataille de Lonado en Italie, où les Autrichiens sont défaits.

Le 5, bataille de Castiglione, gagnée par Bonaparte, aidé du général Augereau, sur le général Wurmser; les Autrichiens y perdent près de vingt mille hommes, tués, blessés ou prisonniers; ils se retirent dans le Tyrol.

Le même jour, traité de Berlin entre la république française et le roi de Prusse, touchant une nouvelle ligne de démarcation.

Le 7, traité de paix de Paris entre la république française et le duc de Wurtemberg; celui-ci cède la principauté de Montbéliard, les seigneuries d'Héricourt et de Passavant, le comté de Horbourg, et les seigneuries de Riquewyr et d'Ostheim.

Le 10, bataille de Neresheim en Souabe, gagnée par le général Moreau; l'archiduc Charles est obligé de repasser le Danube et le Lech.

Depuis J.-C.

Le 15, les Anglais s'emparent du Cap de Bonne-Espérance et de l'escadre batave, commandée par le contre-amiral Lucas, et composée de neuf vaisseaux de ligne.

Le 19, traité d'alliance offensive et défensive, conclu à Saint-Ildephonse, entre la France et l'Espagne.

Le 22, traité de paix signé à Paris, entre la France et le margrave de Bade; celui-ci cède les seigneuries de Rodemachern et de Hesperingen, le comté de Sponheim, la seigneurie de Grevenstein, et les bailliages de Beinheim et de Roth.

Le même jour, l'archiduc Charles bat le général Bernadotte à Neumarck; le lendemain il défait à Teming, près d'Amberg, l'armée du général Jourdan, qu'il force à la retraite.

Le 24 août, le général Moreau passe le Lech, bat les Autrichiens à Friedberg, et s'avance en Bavière.

Le 3 septembre, bataille de Wurtzbourg, gagnée, par l'archiduc Charles, sur le général Jourdan. Le général français est destitué, et remplacé par Beurnonville.

Le 4, bataille de Roveredo, gagnée, par le général Bonaparte, sur les Autrichiens, qui perdent sept mille hommes; les Français s'emparent du Trentin.

Le 8, le général Wurmser est battu à Bassano par l'armée d'Italie; le 15, il est encore battu à Saint-George, mais le même jour il parvient à entrer dans Mantoue avec les débris de son armée.

Le 9, Augereau se rend à Padoue, et s'empare des bagages de l'armée autrichienne.

Le 10, retraite de l'armée de Rhin-et-Moselle, par le général Moreau.

Le 11, attaque du camp de Grenelle, près Paris, par une réunion de révolutionnaires qui veulent rétablir la constitution de 1793. Les chefs de la révolte sont punis.

Le 20, bataille d'Altenkirchen; le général français, Marceau, y est blessé à mort; l'armée du général Moreau est forcée de rétrograder, à cause de la défaite de l'armée de Jourdan.

En septembre, Méhémet, souverain de la Perse, s'empare du Khoraçan, qui avait été séparé de la Perse en 1752, et qui était gouverné par Charokh, petit-fils de Thamas-Kouli-Kan, le même qui avait été roi de Perse en 1749; ce malheureux prince mourut peu de temps après, à soixante-trois ans, des mauvais traitemens que lui fit éprouver Méhémet.

Le 2 octobre, bataille de Biberach, gagnée par Moreau pendant sa retraite.

Le 5, l'Espagne déclare la guerre à l'Angleterre.

Le 10, traité de paix, signé à Paris, entre la France et le roi de Naples.

Le 16, mort de Victor-Amédée III, roi de Sardaigne ; son fils, Charles-Emmanuel IV, lui succède.

Le 26, l'armée du général Moreau repasse le Rhin à Huningue, après la retraite la plus honorable.

Le même jour, Babeuf et ses complices sont punis de mort.

Le 29, l'archiduc Charles donne l'ordre de bombarder le fort de Kehl; il fait ensuite faire un siége régulier.

Pendant le mois d'octobre, les Anglais évacuent l'île de Corse, qu'ils avaient occupée pendant la guerre; les Français y rentrent.

Le 5 novembre, traité de paix signé à Paris, entre la France et le duc de Parme, qui s'engage à rester neutre.

Le 15, bataille d'Arcole, gagnée par le général Bonaparte, sur le général autrichien Alvinzi. Le général Augereau se couvre d'une gloire immortelle, par une action aussi héroïque que celle d'Horatius Coclès.

Le 17, Catherine II, impératrice de Russie, meurt d'apoplexie; elle était dans sa soixante-huitième année, et dans la trente-cinquième année de son règne ; son fils, Paul Ier, âgé de quarante-deux ans, lui succède ; il fut couronné à Moskow, le 16 avril de l'année suivante.

Le 16 décembre, une flotte française, portant vingt mille hommes de débarquement, sort de Brest pour faire une descente en Irlande; peu de jours après, elle est dispersée par des tempêtes, et elle rentre à Brest, après avoir essuyé une assez grande perte ; dans le même temps, des négociations de paix entamées à Paris, entre la France et l'Angleterre sont rompues, et lord Malmesbury, plénipotentiaire anglais, reçoit, le 19 décembre, l'ordre de quitter Paris et le territoire français.

Cette année les Russes s'emparent des villes de Derbent, Bakou, Chamaki et autres dans la Perse.

Le 9 janvier, le fort de Kehl se rend à l'archiduc Charles, 1797. après cinquante-un jours de tranchée ouverte.

Les 14, 15 et 16 janvier, bataille de Rivoli, gagnée par le général Bonaparte, sur le général Alvinzi ; les Autrichiens y perdent vingt-cinq mille hommes, et sont obligés de renoncer à l'Italie ; Bonaparte pénètre ensuite dans le cercle de l'Autriche.

La cour de Rome forme une ligue avec celle de Naples, au mépris de l'armistice du 20 juin 1796.

Le 26 janvier, la Russie, l'Autriche et la Prusse signent à Pétersbourg une dernière convention sur la Pologne, et assurent au roi démissionnaire un traitement annuel de deux cent mille ducats.

Le 2 février, la ville de Mantoue se rend par capitulation aux Français ; les Autrichiens sont entièrement chassés de l'Italie.

Le 8, le directoire exécutif de France dénonce une cons-

Depuis J.-C.

piration royaliste, tramée par Brottier, Dunand et la Villeheurnoy.

Le 9, prise d'Ancône par le général Victor. Le 14 février, combat naval près du cap Saint-Vincent, entre les Anglais et les Espagnols : ces derniers sont battus et perdent quatre gros vaisseaux. L'amiral Jervis reçoit à cette occasion le nom de lord Saint-Vincent.

Le 19, le pape Pie VI, après avoir été plusieurs fois défait par le général Bonaparte, conclut avec la France, à Tolentino, un traité de paix par lequel il cède Avignon et le comtat, le Bolonais, le Ferrarois et la Romagne ; il remet aussi un grand nombre de statues et de tableaux des plus grands maîtres ; il paie en outre une forte contribution.

Le général Bonaparte, maître de toute l'Italie, engage Milan à s'organiser aussi en république.

Le 10 mars, manifeste de Louis XVIII pour éclairer les Français sur le gouvernement qu'il désire établir en France.

Le 16 mars, bataille du Tagliamento, gagnée par Bonaparte, sur l'archiduc Charles ; les Autrichiens sont forcés d'abandonner les États vénitiens ; ils sont poursuivis dans le Tyrol, la Styrie et la Carinthie ; les Français s'emparent de Gradisca le 19, de Gortz et Brixen le 21, de Botzen et Trieste le 23, de Clagenfurt le 29. Déroute complète du prince Charles. Des propositions de paix lui sont faites ; il les élude.

Le 5 avril, l'empereur de Russie, Paul Ier, établit un nouvel ordre de succession au trône dans ses États.

Le même jour, la France et le roi de Sardaigne concluent à Turin un traité d'alliance offensive et défensive.

Le 7, publication d'un armistice entre l'armée de Bonaparte et celle du prince Charles.

Le 15, Cadix est bloqué par l'amiral Nelson.

Le 17, insurrection des provinces vénitiennes, contre les Français ; le même jour l'armée française du général Hoche passe le Rhin à Neuwied ; elle remporte plusieurs avantages, dans les jours suivans, sur les Autrichiens.

Le 18, préliminaires de paix, signés près de Léoben, à trente lieues de Vienne, entre le général Bonaparte et les ministres de l'empereur.

Le 20, l'armée française du général Moreau passe le Rhin, près de Strasbourg ; elle bat plusieurs fois les Autrichiens et s'avance en Allemagne ; mais, au bout de quelques jours, la nouvelle des préliminaires de Léoben arrête sa marche, ainsi que celle de l'armée du général Hoche.

Dans le même temps, il s'élève une insurrection dangereuse sur la flotte anglaise à Spithead ; elle est étouffée quelque temps après.

Le 30 avril, émeute populaire à Gênes, où douze mille ouvriers, ayant à leur tête Philippe Doria, demandent l'abolition du gouvernement patricial, et le rétablissement de la démocratie.

Le 1er mai, manifeste de Bonaparte contre les Vénitiens. Le 11, le grand-conseil de Venise abdique, et remet son autorité à trente sénateurs qui rétablissent l'ancienne forme démocratique du gouvernement.

Le 14 mai, Méhémet, souverain de la Perse, est assassiné par un de ses officiers, tandis qu'il marchait contre les Russes; son neveu Fetah-Ali-Kan lui succéda l'année suivante, après avoir triomphé de trois compétiteurs qui lui disputaient le trône.

Le 21, les troupes françaises occupent la ville de Venise, ainsi que ses provinces de terre ferme; la constitution de ce pays est changée, et la démocratie y est rétablie.

Le 22, révolution à Gênes contre le sénat. Un gouvernement démocratique est établi, le 14 juin, dans ce pays, qui prend le nom de *république ligurienne*.

Le 6 juillet, ouverture de conférences, à Lille, pour la paix de la France avec l'Angleterre, entre les plénipotentiaires français et lord Malmesbury; ces conférences furent rompues le 17 septembre.

Le 9 juillet, fédération de Milan; proclamation de la république cisalpine, formée de la Lombardie autrichienne, du Bergamasque, du Bressan, du Cremasque et autres parties de l'État de Venise, de Mantoue et du Mantouan, du Modénois, de Massa et Carrara, du Bolonois, du Ferrarois et de la Romagne; ces trois dernières provinces ne furent réunies que le 27 juillet à la république cisalpine, qui ne fut définitivement formée qu'après le traité de Campo-Formio.

Le 25, les sociétés particulières s'occupant de questions politiques, sont provisoirement défendues en France.

Le 27, le Bolonais, le Ferrarais et la Romagne sont réunis à la république cisalpine.

Le 10 août, traité de paix entre la France et le Portugal, signé à Paris, et non ratifié par la reine de Portugal.

La république ligurienne publie une constitution semblable à celle de France.

Le 4 septembre (18 fructidor an 5), révolution à Paris en faveur du directoire et contre plusieurs membres du corps législatif accusés d'être partisans de la royauté : le directeur Carnot s'enfuit, le directeur Barthélemi est arrêté et condamné à la déportation avec plusieurs journalistes et membres des conseils. Le 8 et le 9, Merlin de Douai et François de Neufchâteau, sont élus membres du directoire en remplacement de Barthélemi et de Carnot.

Le 11 octobre, combat naval près des côtes de Hollande, entre les flottes anglaise et hollandaise, commandées par les amiraux Duncan et de Winter; ce dernier est fait prison-

Depuis J.-C. nier; neuf vaisseaux de ligne hollandais et une frégate tombent au pouvoir des Anglais.

Le 12, les Bourbons qui sont encore en France sont déportés en Espagne.

Le 17 octobre, traité de paix de Campo-Formio, entre la France et l'Autriche ; celle-ci cède à la France la Belgique, et à la république cisalpine la Lombardie autrichienne; la république de Venise prend fin, et ses Etats sont partagés ; Corfou, Zante, Céphalonie, Saint-Maure, Cérigo, et îles dépendantes avec l'Albanie sont cédés à la France ; l'Istrie et la Dalmatie, les îles de l'Adriatique, la ville de Venise avec les Etats de terre ferme jusqu'à l'Adige, au Tartaro et au Pô, sont abandonnés à l'empereur; le reste des Etats de terre ferme est donné à la république cisalpine, qui est reconnue par l'empereur; le Brisgaw est cédé par l'Autriche, en indemnité, au duc de Modène.

Le 26 octobre, la Valteline, Chiavenne et Bormio sont réunis à la république cisalpine, par arrêté du général Bonaparte. Le directoire ordonne le rassemblement d'une armée sur les côtes de l'Océan, sous le nom d'armée d'Angleterre, et en donne le commandement au général Bonaparte.

Le 3 novembre, ratification à Paris et à Vienne, du traité de Campo-Formio.

Le 16 novembre, Frédéric-Guillaume II, roi de Prusse, meurt à cinquante-trois ans, après en avoir régné plus de onze; son fils, Frédéric-Guillaume III, né le 3 août 1770, lui succède.

Le 22, ouverture du corps législatif de la république cisalpine, à Milan.

Le 9 décembre, ouverture du congrès de Rastadt, pour la paix de l'Empire avec la France.

Les Français font d'immenses préparatifs pour tenter une invasion en Angleterre.

Le 23, mort de Frédéric-Eugène, duc de Wurtemberg; son fils, Frédéric-Guillaume-Charles, âgé de quarante-trois ans, lui succède ; il a été créé électeur en 1803, et roi en 1806.

Le même jour, Passwan-Oglou, pacha turc rebelle, s'empare de Belgrade, d'où il est chassé peu de temps après.

Le 28, Le général français Duphot est massacré dans une émeute à Rome ; la légation française sort de cette ville, et la guerre renaît à cette occasion.

Le 29, capitulation de la ville de Mayence; les troupes françaises en prennent possession le lendemain, ainsi que du fort de Cassel.

Les Anglais établissent une colonie sur la côte orientale de la Nouvelle-Hollande, appelée *Nouvelle-Galle méridionale*.

Le 7 janvier, emprunt national pour opérer une descente

1798. en Angleterre.

Le 22, révolution à la Haye; plusieurs députés et autres

membres du gouvernement Batave, connus sous le nom de *modérés*, sont arrêtés et destitués de leurs fonctions.

Le 24, révolution dans le pays de Vaud, en Suisse; les Vaudois secouent le joug de Berne et plantent l'arbre de la liberté à Lausanne; ils forment la république *Lémanique;* dans le même temps, une armée française entre en Suisse et marche contre Berne, dont le sénat venait de déclarer la guerre à la France.

Le 28, traité de réunion de la république de Mulhausen à la France, signé à Mulhausen.

Le 10 février, une armée française, commandée par Berthier, arrive à Rome et occupe le château Saint-Ange.

Le 12, Stanislas Poniatowski, ci-devant roi de Pologne, meurt à Pétersbourg, à 66 ans.

Le 15 février, révolution à Rome; le peuple abolit le gouvernement sacerdotal, et établit une *république romaine*, dirigée par cinq consuls. Le pape se retire en Toscane, et fixe sa résidence dans la chartreuse de Pise.

Le 21, traité d'alliance et de commerce entre la république française et la république cisalpine.

Progrès des armées françaises en Suisse.

Le 5 mars, les Français se rendent maîtres de la ville de Berne, après une sanglante bataille, suivie d'une capitulation.

Le 14, le directoire exécutif défend les réunions connues sous le nom de *Cercles constitutionnels.*

Le 11 avril, établissement de la république helvétique sur le modèle de celle de France.

Le 13 avril, mouvemens à Vienne contre la légation française, qui avait arboré un drapeau tricolore sur son hôtel; l'ambassadeur français Bernadotte quitte Vienne.

Le 15, des troupes françaises entrent dans la ville de Genève, qui est réunie à la France par un traité signé à Genève le 26.

Le 1er mai, proclamation d'une nouvelle constitution de la république batave.

Le 19, une flotte française, portant une armée de débarquement, commandée par le général Bonaparte, sort du port de Toulon.

Le 20, quatorze mille Anglais débarqués à Ostende sont défaits; deux mille sont faits prisonniers.

Le 30, ouverture des conférences de Selz, entre la France et l'Autriche, relativement à l'insulte faite à Vienne à l'ambassadeur français Bernadotte; elles furent terminées le 6 juillet.

Pendant le mois de mai, l'Irlande est tourmentée par une guerre civile, et les petits cantons Suisses sont attaqués par les troupes françaises, pour n'avoir pas voulu faire partie de la république helvétique.

Le 12 juin, les Français, sous la conduite du général

Depuis J.-C. Bonaparte, se rendent maîtres, par capitulation, de l'île de Malte.

Le même jour, dissolution du directoire batave, et arrestation de plusieurs membres du corps législatif de cette république.

Le 13, l'amiral Nelson entre dans la Méditerranée avec une flotte de treize vaisseaux.

Le 19, la flotte française quitte Malte et se dirige vers l'Égypte, pour venger les insultes faites aux marchands français établis au Caire, à Alexandrie et à Rosette, par les marchands anglais du Bengale.

Le 21, les insurgés Irlandais sont défaits, à Vinegar-Hill, par les troupes anglaises, qui, le lendemain, s'emparent de Wexford, principale retraite des insurgés.

Le 1er juillet, l'armée française du général Bonaparte débarque en Égypte, et le lendemain, elle s'empare d'Alexandrie.

Le 6, les conférences de Selz sont terminées.

Le 21, bataille des Pyramides, gagnée par le général Bonaparte, en Égypte; deux jours après, les Français entrent dans la ville du Caire; dans les mois suivans, ils s'emparent de tout le reste de l'Égypte, dont ils chassent les Mamelouks.

Le 1er août, combat naval d'Aboukir; l'amiral français, Bruix, est tué, et son vaisseau amiral, l'*Orient*, de cent vingt canons est incendié; sur douze autres vaisseaux, dix tombent au pouvoir des Anglais, commandés par l'amiral Nelson.

Le 19, traité d'alliance offensive et défensive entre la France et la Suisse, signé à Paris.

Le 9 septembre, insurrection dans l'île de Malte contre les Français.

Le même jour, les habitans du canton d'Undervald, en Suisse, insurgés contre les Français, sont complètement défaits.

Le 12, la Porte déclare la guerre à la France, à cause de l'expédition d'Égypte.

Le 24, le corps législatif en France décrète une levée de deux cent mille conscrits.

Le 10 octobre, combat naval près des côtes d'Irlande, entre la flotte anglaise de l'amiral Warren et une flotte française, destinée pour l'Irlande, et commandée par le contre-amiral Bomparte; cette dernière est défaite, et perd le vaisseau *le Hoche*, de quatre-vingt-quatre canons, avec cinq frégates.

Le 17, l'empereur de Russie, Paul Ier, est élu grand-maître de l'ordre de Malte.

Le 21, insurrection au Caire contre les Français; ceux-ci font un châtiment exemplaire des séditieux.

Le 29, les Anglais prennent l'île de Minorque sans résistance.

Le 9 novembre, le roi de Sardaigne se retire du Piémont

avec toute sa famille, à la suite d'une convention conclue avec le général Joubert; il renonce à la souveraineté de ce pays.

Le 24, quinze mille Français sont attaqués sur le territoire romain par quatre-vingt mille hommes de troupes napolitaines.

Le 29, l'armée du roi de Naples occupe la ville de Rome.

Le 4 décembre, le général français Macdonald, bat, à Civita-Castellana, l'armée napolitaine; le roi de Naples se retire de Rome.

Le 6 décembre, la France déclare la guerre aux rois de Sardaigne et de Naples.

Le 9, les Napolitains sont battus à Calvi par les Français.

Le 15, le général Championnet attaque les troupes napolitaines; le général Mack, qui les commandait, est entièrement défait; les Français lui font onze mille prisonniers, et rentrent vainqueurs dans Rome.

Le 23, la Russie conclut à Constantinople un traité d'alliance avec la Porte; dans le même temps, elle envoie une armée contre la France.

Le froid devient très-rigoureux dans les derniers jours du mois; il surpasse, dans plusieurs pays de l'Europe, celui des hivers de 1709 et de 1740.

Cette année, les troubles excités en Turquie par Passwan-Oglou sont apaisés.

Le 3 janvier, Lucques ouvre ses portes aux Français. 1799.

Le 15, mouvemens à Naples; les lazzaroni se rendent maîtres de la ville; le général Mack passe du côté des Français, qui le reçoivent comme prisonnier de guerre.

Le 23, l'armée française, commandée par le général Championnet, entre dans Naples, après avoir mis en fuite les lazzaroni. Établissement de la république parthénopéenne à Naples.

Le 25, les Anglais bloquent le port de Naples.

Le 4 février, Bonaparte marche vers la Syrie, avec une partie de son armée; bientôt après, il gagne la bataille d'El-Arich, et s'empare de Gaza et de Jaffa.

Le 15, les armées françaises sont portées à quatre cent trente-sept mille hommes.

Le 16 février, Charles-Théodore, électeur Palatin et de Bavière, meurt dans sa soixante-quinzième année; le duc de Deux-Ponts, Maximilien-Joseph, lui succède; il a été créé roi de Bavière en 1806.

Le 28, l'Irlande est déclarée en état de rébellion contre le gouvernement anglais.

Au commencement de mars, mort de Kien-Long, ancien empereur de la Chine, âgé de quatre-vingt-dix ans et demi; il avait abdiqué en 1796.

Les Français recommencent les hostilités en Allemagne, sous les ordres du général Jourdan.

Depuis J.-C.

Le 3, le roi de Sardaigne, arrivé à Cagliari, proteste contre les événemens qui l'ont contraint de quitter ses États de terre ferme.

Le 7, Civita-Vecchia capitule, et se rend aux Français.

Le 12 mars, la France déclare la guerre à l'Autriche et à la Toscane. Les Français avaient passé le Rhin sur plusieurs points, s'étaient emparés de Manheim et de Coire, et avaient fait prisonnier le général autrichien Auffenberg, avec trois mille hommes.

Le 22, l'armée française, en Souabe, commandée par Jourdan, est défaite près de Stockach; elle se retire vers la Suisse.

Le même jour, la loi martiale est proclamée en Irlande.

Le 30 mars, le général autrichien Kray bat les Français sur l'Adige; il les bat encore, le 5 avril, près de Vérone; le général Schérer se retire derrière le Mincio.

Le 8 avril, rupture du congrès de Rastadt, par le ministère impérial; l'Angleterre, l'Autriche, une partie des États d'Allemagne, les rois de Naples et de Portugal, la Russie, la Turquie et les États barbaresques sont alors coalisés contre la France.

Le 16 avril, bataille dn Mont-Thabor, gagnée en Syrie par Bonaparte.

Le 20, l'armée française d'Italie demande le général Moreau pour la commander.

La république cisalpine, Gênes et Rome déclarent la guerre à l'Autriche.

Le 21, traité de réunion des Grisons à la république helvétique, signé à Coire.

Le 27, bataille de Cassano sur l'Adda; les Français sont battus par les alliés, commandés par le général russe Suwarow, qui le lendemain entre à Milan.

Le 28, les plénipotentiaires français, Bonnière, Roberjcot et Jean Debry sont assassinés à leur départ de Rastadt; les deux premiers meurent de leurs blessures.

Le 29, le gouvernement autrichien est rétabli à Milan.

Le 4 mai, les Anglais s'emparent de Seringapatuam, capitale du Mysore; Tippoo-Saïb est tué, et la puissance de sa famille dans les Indes est éteinte.

MADAME, fille de Louis XVI, va rejoindre son oncle, Louis XVIII, à Mittau.

Le 20 mai, Bonaparte lève le siége de Saint-Jean d'Acre, après soixante jours de tranchée ouverte.

Le 24, le général Masséna force les Autrichiens à repasser le Rhin, qu'ils avaient voulu traverser sur plusieurs points.

Le 4 juin, bataille de Zurich, soutenue pendant cinq jours par Masséna et Lecourbe, contre l'archiduc Charles. Les Autrichiens entrent à Zurich après un grand carnage; un tiers de la Suisse est en leur pouvoir.

Le 10, MADAME, fille de Louis XVI, épouse à Mittau le prince Louis-Antoine, duc d'Angoulême, petit-fils de France, fils aîné de MONSIEUR, comte d'Artois, avec lequel ce mariage avait été arrêté long-temps avant la révolution.

L'empereur d'Allemagne désavoue l'assassinat de Rastadt.

Le 16 juin, changement dans le directoire de Paris; le directeur Treilhard est destitué; deux jours après les directeurs Merlin et Larevellière-Lepeaux donnent leur démission. Les jacobins reprennent de l'influence en France.

Le 19 juin, le général Macdonald, après un combat de trois jours sur la Trebia, est défait par les Austro-Russes, et obligé de se retirer vers Gênes.

Le 20, la citadelle de Turin se rend par capitulation aux Austro-Russes.

Le 21, l'armée royaliste napolitaine, commandée par le cardinal Ruffo, rentre dans Naples.

Vers le commencement de juillet, les princes français se rapprochent des frontières de la France, où leur parti se relève. Louis XVIII publie une proclamation, dans laquelle il promet aux Français un gouvernement libéral.

Le 25 juillet, les Français défont les Turcs devant Aboukir en Égypte.

Le 28, la ville de Mantoue se rend par capitulation aux Austro-Russes, après un blocus de deux mois et un bombardement de quatre jours; alors les Français sont chassés de presque toute l'Italie.

Le 1er août, 1200 Turcs qui avaient échappé à la défaite d'Aboukir, et qui défendaient le fort de ce nom, capitulent et se rendent à l'armée du général Bonaparte.

Le 15, bataille de Novi, perdue par les Français contre les Austro-Russes; le général Joubert, commandant en chef l'armée française, est tué sur le champ de bataille. Moreau le remplace dans le commandement.

Le 22, Surinam se rend aux Anglais.

Le 23, Bonaparte s'embarque en Égypte pour revenir en France; il laisse au général Kléber le commandement de son armée.

Le 27 août, 20,000 Anglais débarquent en Hollande; des troupes russes se joignent à eux.

Le 29, le pape Pie VI meurt à Valence, où il avait été conduit par ordre du directoire de France; il était dans la quatre-vingt-deuxième année de son âge, et la vingt-cinquième de son pontificat.

Le 30, la flotte hollandaise du Texel se rend, sans combat, à la flotte anglaise.

Le 18 septembre, bataille de Manheim, entre l'armée française et celle de l'archiduc Charles; la première est battue et repasse le Rhin; les Autrichiens entrent dans Manheim.

Le 19, les Anglo-Russes, commandés par le duc d'York,

Depuis J.-C.

sont défaits à Berghen, dans la Nord-Hollande, par le général français Brune; ils perdent cinq mille hommes, tués, blessés ou prisonniers

Le 23, bataille de Zurich en Suisse, gagnée, par le général Masséna, sur les Austro-Russes; le général autrichien Hotze est tué. La division russe y est exterminée; les Austro-Russes se retirent avec précipitation vers le lac de Constance et le pays des Grisons.

Le 5 octobre, le général Souwarow, après avoir essuyé plusieurs échecs en Suisse, évacue ce pays, dont les Français redeviennent totalement maîtres. Les troupes russes sont ensuite rappelées en Russie, par l'empereur Paul Ier.

Le 6, les Anglo-Russes sont battus, à Castricum, par le général Brune; ils se retirent sur le Zyp.

Le 9, le général Bonaparte débarque à Fréjus; le 16, il arrive à Paris.

Le 15, la ville du Mans tombe au pouvoir des Chouans, avec tous ses magasins. Le département de la Mayenne est menacé. L'état-major des Vendéens, qui est à Craon, fait afficher la proclamation de Louis XVIII.

Le 18, les Anglo-Russes, commandés par le duc d'York, après plusieurs défaites, signent à Alkmaër une capitulation, par laquelle ils s'engagent à évacuer la Nord-Hollande, ce qu'ils exécutent effectivement.

Les 9 et 10 novembre (18 et 19 brumaire an 8), grande révolution en France; le corps législatif est transféré à Saint-Cloud, en vertu d'un décret du conseil des Anciens; le directoire exécutif et la constitution de l'an 3 sont détruits; une commission consulaire provisoire, composée de Bonaparte, Sieyes et Roger-Ducos est mise à la tête du gouvernement.

Le général Brune est regardé comme le sauveur de la Hollande.

Le 13 décembre, nouvelle constitution, dite de l'an 8, décrétée en France; Bonaparte est nommé premier consul; Cambacérès, second consul; et Lebrun, troisième consul. Le premier est chargé de la direction de la guerre, et des négociations avec les puissances étrangères; le second, de l'administration de la justice; et le troisième, des finances.

Le 14, mort de Washington, l'un des fondateurs de la république des États-Unis d'Amérique.

1800. Le 1er janvier, installation du nouveau corps législatif et du tribunat en France; ce dernier a été supprimé en 1807.

Le 7, dissolution du directoire helvétique; établissement d'une commission exécutive qui le remplace.

Le 18, paix signée à Mont-Faucon, avec tous les départemens insurgés à la gauche de la Loire.

Le 24, traité d'El-Arich, conclu entre le grand-visir, et

Sidney-Smith, d'une part, et le général Kleber, de l'autre, pour l'évacuation de l'Égypte; le cabinet de Londres ne l'approuve pas. Depuis J.-C.

Le 14 février, les royalistes des départemens du nord-ouest de la France se soumettent au gouvernement, et signent, à cet effet, des conditions de paix au quartier-général du général Brune; ainsi le calme renaît dans ce pays, qui, depuis près de dix ans, était tourmenté par la guerre civile.

Le 16, établissement en France des préfets et des conseils de préfecture pour l'administration des départemens.

Le 17, installation du gouvernement consulaire au palais des Tuileries, à Paris.

Le 1er mars, établissement de la banque de France.

Le 9, le prince Charles remet au général Kray le commandement de l'armée autrichienne.

Le 10, les Turcs sont défaits auprès d'El-Hanca, en Égypte, par le général Kléber.

Le 14, l'évêque d'Imola, Barnabas Chiaramonti, est élu pape dans le conclave tenu à Venise; il prend le nom de Pie VII.

Le 21, convention entre la Russie et la Porte, touchant les îles vénitiennes; formation de la république des Sept-Iles.

En avril, les Autrichiens font des progrès en Italie.

Le 20, l'empire de la constitution cesse d'être suspendu dans les départemens des Côtes-du-Nord, d'Ile-et-Villaine, du Morbihan et de la Loire-Inférieure.

Le 24, le premier consul organise la marine française.

Le 25 avril, l'armée du général Moreau traverse de nouveau le Rhin, et pénètre dans la Souabe.

Le 28, les Français reprennent le Caire sur les Turcs; Mourad-Bey, chef des Mamelucks, fait sa soumission à la France.

Le 3, le 5 et le 9 mai, victoire d'Engen, de Mœskirch et de Biberach, remportées par le général Moreau, sur les Autrichiens, qui se retirent vers Ulm.

Le 14, et jours suivans, une armée française, commandée par le premier consul Bonaparte, traverse le grand Saint-Bernard, et descend dans le Val d'Aost en Italie.

Le 2 juin, entrée de Bonaparte à Milan; le 4, il y proclame le rétablissement de la république cisalpine.

Le 4, les Anglais débarquent, dans la presqu'île de Quiberon, six mille hommes qui n'osent attaquer le fort Penthièvre.

Le 14, bataille décisive de Marengo, près d'Alexandrie, gagnée, par Bonaparte, sur le général autrichien Mélas. Mort du général français Desaix.

Le même jour, le général Kléber est assassiné en Égypte;

Depuis J.-C.

le général Menou lui succède dans le commandement de l'armée d'Égypte.

Le 16, armistice entre les Français et les Autrichiens en Italie; toutes les places fortes du Piémont et de la Lombardie, avec les villes de Gênes, Savonne et Urbin sont livrées aux Français; les Autrichiens se retirent au-delà de l'Oglio.

Le 28, combat de Neubourg, où le général Moreau bat les Autrichiens. Le brave Latour-d'Auvergne, décoré du titre de *premier grénadier de l'armée française*, y périt.

Le 2 juillet, George III, roi de la Grande-Bretagne, sanctionne l'union de l'Irlande avec l'Angleterre et l'Écosse; ces trois royaumes sont soumis à un seul et même parlement, et prennent le nom de *Royaume uni des Îles Britanniques*.

Le général Bonaparte laisse le commandement de l'armée d'Italie aux généraux Masséna et Brune, et revient à Paris.

Le 15, le général Moreau, après s'être avancé jusque dans l'intérieur de la Bavière, conclut à Munich un armistice avec les Autrichiens; une ligne de démarcation est établie entre les deux armées.

Le 28, préliminaires de paix, signés à Paris, entre la France et l'Autriche, non ratifiés par cette dernière puissance.

Vers le commencement du mois d'août, on découvre une conspiration qui tend à livrer le port de Brest aux Bourbons.

Le 7 août, il s'opère des changemens dans le gouvernement de la Suisse, à la suite d'une conférence entre le général français Dumas et le directoire helvétique.

Le 5 septembre, l'île de Malte tombe au pouvoir des Anglais, qui en faisaient le blocus depuis vingt-six mois.

Le 11, les Anglais s'emparent de l'île de Curaçao.

Le 20, convention de Hohenlinden, et armistice entre les Français et les Autrichiens; les forteresses d'Ingolstadt, d'Ulm et de Philipsbourg sont livrées aux Français; un congrès est indiqué à Lunéville.

Le 30, renouvellement du traité d'amitié et de commerce signé à Paris, entre la France et les États-Unis d'Amérique.

Pendant les mois d'août et de septembre, la fièvre jaune fait de grands ravages dans le midi de l'Espagne, et en particulier à Cadix.

Le 15 octobre, les Français prennent possession de Florence et de toute la Toscane.

Le 20, le capitaine Baudin est envoyé par le gouvernement français pour explorer la partie sud-ouest de la Nouvelle-Hollande.

Le 9 novembre, un ouragan affreux se fait sentir en Hollande, dans le nord de la France et de l'Allemagne, et sur les mers environnantes; il ravage environ une septième partie de l'Europe.

Le 28 novembre, rupture de l'armistice en Allemagne; les hostilités recommencent. Depuis J.-C.

Le 3 décembre, victoire de Hohenlinden, remportée par le général Moreau sur les Autrichiens, commandés par l'archiduc Jean.

Le 10, le général Moreau passe l'Inn, et s'avance dans l'intérieur de l'Autriche ; le 15, il occupe Salzbourg ; le 18, il bat de nouveau les Autrichiens sur la Traun ; il s'empare ensuite de Lintz, de Steyers, etc., et s'approche rapidement de Vienne.

Le 16, la Russie, la Suède, le Danemarck et la Prusse renouvellent contre l'Angleterre un traité de neutralité armée; il y en avait eu un conclu en 1780.

Le 18, le général Moreau bat de nouveau les Autrichiens sur la Traun.

Le 24 (3 nivôse an 9), à huit heures du soir, des assassins attentent à la vie de Bonaparte, premier consul, au moment où il se rendait à l'Opéra ; une machine infernale, placée sur sa route dans la rue Nicaise, fait une explosion terrible quelques momens après son passage ; elle tue ou blesse plusieurs personnes, mais n'atteint pas le premier consul, contre lequel elle était dirigée.

Le 25, nouvel armistice entre le général Moreau et l'armée autrichienne, signé à Steyers; les Autrichiens évacuent le Tyrol, et livrent les forteresses de Braunau et de Wurtzbourg aux Français.

Le même jour, et jours suivans, l'armée française d'Italie, commandée par le général Brune, force le passage du Mincio, et remporte divers avantages sur les Autrichiens, qui abandonnent leurs positions.

Cette année, la partie française de Saint-Domingue est réunie sous les ordres de Toussaint-Louverture.

Le 1er janvier, premier jour du dix-neuvième siècle, découverte d'une neuvième planète, nommée *Cérès*, par M. Piazzi, astronome de Palerme en Sicile. L'ouverture de ce siècle est célébrée en plusieurs pays, et entre autres à Berlin. 1801.

Le 7, paix signée entre la France et la Bavière. L'électeur paie à la France six millions de livres, à titre d'indemnité. Ce traité est ratifié le 14.

Le 16, les Français et les Autrichiens signent un armistice à Treviso en Italie ; plusieurs places fortes sont abandonnées à ces premiers.

Le 17, rétablissement de la compagnie française d'Afrique, supprimée depuis 1792.

Le 20, l'empereur de Russie, Paul Ier, fait notifier à Louis XVIII, à Mittau, qu'il ne peut plus lui conserver d'asile dans ses États. Ce prince part de Mittau, avec MADAME, duchesse d'Angoulême, et se rend à Memel en Prusse.

Depuis J. C.

Au commencement de février, le noir Toussaint-Louverture prend possession de la partie espagnole de Saint-Domingue, au nom de la république française.

Le 9, traité de paix signé à Lunéville, entre la France, l'empereur d'Allemagne et l'Empire : toute la rive gauche du Rhin, le comté de Falckenstein et le Fricktal sont cédés à la France ; les clauses principales du traité de Campo-Formio sont confirmées, et la Toscane est assurée au duc de Parme.

Le 10, les États de Georgie du prince George Heracliowitz sont réunis à l'empire de Russie.

Le 18, Louis XVIII passe, sous le nom de *comte de Lille*, de Memel à Kœnigsberg, où il habite le palais de l'ordre Teutonique. Vers le même temps, armistice conclu à Florence entre la France et les Deux-Siciles.

Le 25, la paix conclue à Lunéville est ratifiée de la part de l'empereur d'Allemagne. La Prusse ratifie ce même traité.

Le 27, l'Espagne déclare la guerre au Portugal, à cause de son alliance avec l'Angleterre.

Le 6 mars, Louis XVIII, sous le nom de *comte de Lille*, éprouve de nombreux accidens en se rendant de Kœnigsberg à Varsovie.

Le 8, une armée anglaise, forte de dix-sept mille cinq cents hommes, débarque à Aboukir en Égypte, sous le commandement du général Abercrombie.

Le 9, réunion des quatre départemens du Rhin à la république française.

L'armée du prince de Condé est licenciée.

Le 19, ratification du traité de Lunéville par le corps législatif de France.

Le 21, le général Abercrombie est tué dans une bataille qu'il gagne sur les Français, près d'Alexandrie.

Le même jour, traité entre la France et l'Espagne, touchant la cession du duché de Parme à la France ; la Toscane est assurée au prince de Parme, avec le titre de roi d'Étrurie.

La nuit du 23 au 24 mars, l'empereur de Russie, Paul Ier, est assassiné dans son palais par plusieurs conjurés ; son fils, Alexandre Ier, lui succède, et fait bientôt après sa paix avec les Anglais ; il fut couronné à Moskow, le 27 septembre.

Le 28, traité de paix, signé à Florence, entre la France et le roi des Deux-Siciles ; ce dernier s'engage à fermer ses ports aux Anglais ; il cède à la France Porto-Longone, l'île d'Elbe, l'État Degli-Presidi, et la principauté de Piombino.

Le 30, une commission est nommée par le gouvernement français pour s'occuper d'un code criminel.

Le 2 avril, les flottes anglaise et danoise se livrent un combat sanglant dans le Sund ; les Anglais ont l'avantage, et forcent les Danois à un armistice, qui est signé le 9 ; alors la neutralité armée des puissances du Nord fut dissoute : il y eut à ce sujet un traité d'accommodement, conclu le 16 juin entre la Russie et l'Angleterre.

Le 6 juin, les Portugais, après quelques échecs, signent un traité de paix avec les Espagnols réunis aux Français : ils cèdent Olivença, et le pays adjacent, à l'Espagne; la Guadiana est établie pour limite entre les deux États.

Le même jour, le traité entre la république française et les États-Unis, est ratifié à Paris.

Le 17, traité entre la Russie et l'Angleterre.

Le 27, la ville du Caire, en Égypte, se rend aux Anglo-Turcs ; les Français l'évacuent.

Le 15 juillet, concordat signé à Paris entre la France et le pape Pie VII.

Le 22, il règne une anarchie absolue dans la république des Sept-Iles.

Le 26, les Anglais s'emparent de l'île de Madère, sur les Portugais, qui dans ce moment étaient alliés des Français.

Le 2 août, Louis Ier, prince de Parme, est proclamé roi d'Étrurie.

Le 14, le pape Pie VII ratifie à Rome, dans une assemblée de cardinaux, le concordat signé à Paris.

Le 24, traité de paix et d'amitié, signé à Paris, entre la France et l'électeur Bavaro-Palatin; ce dernier renonce à ses anciennes possessions sur la rive gauche du Rhin.

Le 2 septembre, le général Menou rend la ville d'Alexandrie au général anglais Hutchinson ; les Français évacuent l'Égypte, qu'ils occupaient depuis plus de trois ans.

Le 10, convention entre la France et le pape Pie VII.

Le 29, paix de Madrid entre la France et le Portugal : les limites de la Guyane française sont déterminées par le cours de la rivière de Cara-Panatuba, jusqu'à son embouchure dans l'Amazone, et par une ligne tirée depuis la source de cette rivière jusqu'au Rio-Branco.

Le 1er octobre, traité de St.-Ildefonse entre la France et l'Espagne ; la Louisiane est rendue à la France.

Le même jour, préliminaires de paix, signés à Londres, entre la France et l'Angleterre.

Le 4, la paix est signée à Paris entre l'Espagne et la Russie.

Le 7, création en France d'un ministère des cultes.

Le 8, la paix est signée à Paris entre la France et la Russie.

Le 9, la France et la Porte signent des préliminaires de paix ; la France et la Russie garantissent la république des Sept-Iles.

Le 18, nouvelle constitution de la république Batave, modifiant celle du 1er mai 1798.

Le 22, soulèvement général de Saint-Domingue : plus de deux mille blancs sont renfermés au Cap-Français.

Le 28, nouvelle organisation de la constitution helvétique

Depuis J.-C. à Berne ; un nouveau sénat et un nouveau pouvoir exécutif sont formés.

Le 30, traité de commerce entre la Russie et l'Angleterre.

Le 13 novembre, organisation d'une garde pour les consuls de France.

Le 25 décembre, nouvelle constitution de la république de Lucques ; elle a un grand conseil de trois cents membres ; le pouvoir exécutif est confié à douze anciens et à un gonfalonier qui est changé tous les deux mois.

Le 27, la France renouvelle ses traités de paix avec la régence d'Alger.

Cette année, le 6 mars, le congrès des États-Unis tient sa première séance dans la nouvelle ville de Washington.

1802. Le 26 janvier, Bonaparte, premier consul de France, accepte, à Lyon, dans le sein de la consulta cisalpine, qu'il y avait convoquée, la présidence de la république *italienne*, auparavant cisalpine : cette république reçoit une nouvelle organisation.

Du 3 au 6 février, une armée française, sous le commandement du général Leclerc, débarque à St.-Domingue pour reconquérir cette île, occupée par les nègres.

Le 15, installation du nouveau gouvernement de la république italienne. L'Europe s'alarme de l'influence du premier consul de France sur cette république.

Le 23, traité de paix entre la France et la régence de Tunis.

Le 27 mars, traité de paix d'Amiens, entre la France, l'Espagne, la république Batave, et la Grande-Bretagne ; cette dernière rend ses conquêtes, à l'exception de l'île de la Trinité et des possessions hollandaises de l'île de Ceylan, qui lui sont cédées ; la république des Sept-Iles est reconnue : on convient de la restitution de l'île de Malte à l'ordre de Saint-Jean de Jérusalem.

Le 28, découverte à Brême d'une dixième planète, par le docteur Olbers, qui l'a appelée *Pallas*.

Le 29, le traité de paix d'Amiens est proclamé à Londres, et accueilli par le peuple avec enthousiasme.

Le 8 avril, loi relative à l'organisation des cultes en France ; le concordat fait l'année précédente avec le pape, est proclamé le 18. Grandes solennités à cette occasion dans l'église Notre-Dame à Paris.

Le 16, abolition de la liste des émigrés en France, par un décret du gouvernement.

Le 30, les troupes françaises évacuent le royaume de Naples.

Le 4 mai, insurrection des paysans du canton Léman, ou pays de Vaud en Suisse : ils veulent anéantir tous les titres de féodalité dans leur canton ; ils en brûlent un grand nombre.

Le 8, Toussaint-Louverture, après plusieurs défaites, est

obligé de se rendre aux troupes françaises de St.-Domingue.

Le même jour, le sénat-conservateur proroge, pour dix ans, le consulat de Bonaparte.

Le 12, nouvelle constitution helvétique : la Suisse est divisée en dix-huit cantons.

Le 19, loi portant création d'une légion d'honneur en France, pour récompenser les services civils et militaires.

Le 21, traité conclu à Paris, entre la France et la Prusse.

Le 4 juin, Charles Émanuel IV, roi de Sardaigne, abdique la couronne, en faveur de son frère, le duc d'Aoste, Victor Émanuel. Charles Émanuel se retire au monastère des Bénédictins de la ville de Subliaco.

Le 15, le pape choisit pour grand-maître de l'ordre de Malte le prince Ruspoli, russe de nation.

Le 25, traité de paix, signé à Paris, entre la France et la Porte-Ottomane ; la libre navigation de la mer Noire est assurée au pavillon français.

Le 26, la république Ligurienne reçoit une nouvelle organisation.

Le 2 juillet, réunion du Piémont à la France.

Le 20, traité de commerce entre la France et la Russie.

Le 2 août, le sénat proclame Napoléon Bonaparte premier consul à vie.

Le 4, la constitution de France est modifiée par un sénatus-consulte; le premier consul reçoit le droit de nommer son successeur.

Le 26, l'île d'Elbe est réunie à la France, par un sénatus-consulte.

Le 30, le Valais se donne une nouvelle constitution, et forme une république particulière.

Dans le même mois, la France cède le Fricktbal à la république helvétique ; elle retire aussi les troupes qu'elle avait en Suisse ; la guerre civile désole ce pays.

Le 11 septembre, le Piémont, divisé en six départemens, est réuni à la France par un sénatus-consulte.

Vers la fin de ce mois, il s'opère une contre-révolution dans presque toute la Suisse ; le gouvernement helvétique est obligé de quitter Berne et de se retirer à Lausanne.

Le 21 octobre, des troupes françaises rentrent dans la Suisse.

Le 29, l'Angleterre fait en secret des préparatifs de guerre.

Le 2 novembre, le général Leclerc, beau-frère du premier consul, meurt à Saint-Domingue. Les Français, fort diminués en nombre dans cette île par la guerre et les maladies, se trouvent alors dans une position critique.

Le 6, tous les cantons suisses sont désarmés par les troupes françaises.

Le 15, réunion de la consulta helvétique à Paris.

Depuis J.-C. Pendant cette année, de grands troubles éclatent en Orient, par suite de la révolte de Passwan-Oglou.

1803. Le 4 janvier, sénatus-consulte portant création de sénatoreries en France.

Le 12, organisation de l'administration de l'île d'Elbe et des îles voisines.

Le 2 février, organisation de l'administration des îles de France et de la Réunion.

Le 9 février, le pape Pie VII, sur le refus du prince Ruspoli d'accepter la grande maîtrise de l'ordre de Malte, élève à cette dignité Jean-Baptiste Tomasi, noble napolitain.

Le 19, une nouvelle constitution de la Suisse est établie par un acte de médiation du gouvernement français; et la république helvétique est divisée en dix-neuf cantons, qui ont chacun leur gouvernement particulier, mais qui, pour les affaires générales, ont à leur tête un landamman annuel.

Le 25, la députation de l'empire d'Allemagne donne son *ultimatum*, pour régler les indemnités des princes et Etats qui ont perdu leurs possessions sur la rive gauche du Rhin.

Le 26 mars, Bonaparte envoie proposer à Louis XVIII de renoncer, lui et les princes de sa maison, à la couronne de France, sous la réserve d'indemnités.

Le 28, Louis XVIII répond qu'il est déterminé à ne pas transiger sur ses droits.

Le 3 avril, Jean-Marie Hervagault, fils d'un tailleur de Saint-Lô, qui a pris le nom de *Louis-Charles de Bourbon, fils de Louis XVI*, est condamné à quatre ans d'emprisonnement par le tribunal criminel de Reims. Il meurt depuis à Bicêtre, en 1812.

Le 14 avril, le nègre Toussaint-Louverture, meurt dans le château de Joux, près de Besançon, où le gouvernement français l'avait fait renfermer.

Le 17, un récès de l'empire d'Allemagne opère de grands changemens dans ce pays; l'archichancelier de l'empire devient prince de Ratisbonne; le margrave de Bade, le duc de Wurtemberg, et le landgrave de Hesse-Cassel, sont élevés à la dignité électorale, etc.

Le 30, la France cède la Louisiane aux États-Unis d'Amérique, moyennant indemnités.

Le 16 mai, la guerre se rallume entre la France et l'Angleterre; le 22, le gouvernement français fait arrêter tous les Anglais qui se trouvent en France, et les fait renfermer comme prisonniers de guerre à Verdun.

Le 26, une armée française, sous la conduite du général Mortier, entre dans l'électorat d'Hanovre, dont elle fait la conquête en peu de temps.

Le 27, Louis Ier, roi d'Étrurie, meurt à l'âge de trente-un ans après une courte maladie; son fils, Charles-Louis, âgé de trois ans et demi, lui succède sous la tutelle de sa mère. Dans le mois de juin, le roi de Suède vend pour un million trois cent mille écus la ville de Wismar, au duc de Mecklenbourg-Schwerin.

Le gouvernement français fait construire des bateaux plats, et prohibe l'introduction des marchandises anglaises dans ses ports.

Le 23 juillet, conjuration contre le gouvernement anglais, en Irlande, et surtout à Dublin; le grand-juge Kilwarden est assassiné.

Dans ce temps, Abdul-Wechab, s'annonçant comme un nouveau prophète, joue un grand rôle en Arabie, où il se fait une foule de sectateurs, et où, vers la fin de mai de l'année suivante, il s'était emparé de la Mecque et de Médine.

Le 19 et le 20 septembre, les Anglais occupent les établissemens hollandais de Surinam, Demerari et Essequebo.

Le 23, le général anglais, Wellesley, bat les Marattes aux grandes Indes, et occupe ensuite les villes d'Agra et de Delhi.

Vers la fin de ce mois, la fièvre jaune exerce de nouveau des ravages dans le midi de l'Espagne, et en particulier à Malaga.

Le 30 novembre, convention de neutralité entre la France, l'Espagne et le Portugal.

Le même jour, les Français, sous les ordres du général Rochambeau, évacuent le Cap et l'île de Saint-Domingue. Les noirs, sous le commandement de Dessalines, étendent alors leurs conquêtes dans ce pays, où ils massacrent un grand nombre de blancs.

Le 16 décembre, convention signée à Lisbonne, par laquelle le Portugal s'oblige de payer à la France une somme de dix-sept millions.

Le 17 décembre, la compagnie anglaise des Indes Orientales se fait céder, dans l'Inde, la province de Cuttac et le port de Balusore, avec tout le territoire qui en dépend.

Le 26, le sénateur Lucien Bonaparte, divisé d'opinion avec son frère, s'éloigne de Paris, et passe à Florence.

Le 30, traité de paix et d'amitié entre la compagnie anglaise des Indes et le Rajah de Bérar, qui lui abandonne la forteresse de Broah, avec tous les autres ports importans, situés sur la côte de Suzurate.

Dans le cours de cette année, Pondichéri est pris par les Anglais aux Français.

Le 15 janvier, le corps législatif de France adopte un 1804.
nouveau code civil, qui a été appelé *Code Napoléon*.

Le 16, les Français occupent l'île de Gorée.

Au commencement de février, on découvre à Paris une conspiration tramée contre le premier consul de France; les généraux Moreau et Pichegru sont arrêtés, incarcérés, et mis en jugement à cette occasion, avec plusieurs autres

Depuis J.-C.

individus. Le général Moreau, par les sollicitations réitérées du gouvernement auprès de la cour criminelle, est déclaré coupable de s'être prêté aux ouvertures des conspirateurs, et de ne les avoir pas dénoncés.

Le 21 mars, le duc d'Enghien, arrêté quelques jours auparavant en Allemagne, est condamné à mort par une commission militaire, et fusillé à Vincennes, près de Paris, comme prévenu d'avoir pris part à une conspiration contre le gouvernement français. Cette atteinte portée au droit des gens, et les circonstances de la mort de ce prince infortuné, révoltent l'opinion publique contre son auteur.

Le 18 mai, le sénat de France déclare, par un sénatus-consulte, Napoléon Bonaparte empereur des Français, et lui défère la dignité impériale héréditaire; divers changemens sont faits à la constitution; établissement de sept grands dignitaires de l'empire, de colléges électoraux, d'une haute-cour impériale, etc.

Le 20, Bonaparte prend le nom de Napoléon Ier, et fait une proclamation comme empereur des Français.

Le 9 juin, George Cadoudal, et plusieurs autres prévenus de la conspiration contre la vie du premier consul, découverte en février, sont condamnés à mort; le 25, onze d'entre eux sont exécutés; d'autres, auxquels l'empereur fait grâce de la peine capitale, sont détenus dans divers forts en France, pour être ensuite déportés; le général Moreau, au sort de qui toute l'armée s'était vivement intéressée, quitte la France, et se rend aux États-Unis d'Amérique.

Le 13, le roi de Naples accorde aux Français le droit d'avoir des garnisons dans ses forteresses.

Vers le commencement de juillet, organisation du ministère français.

Le 4 août, François II, empereur d'Allemagne, se déclare empereur héréditaire d'Autriche.

Le 1er septembre, Louis XVIII passe en Suède, sous le nom de comte de Châtellerault.

M. Harding de Lilienthal, près Brême, découvre une nouvelle planète, à laquelle on donne le le nom de *Junon*.

Dans ce mois, la fièvre jaune fait de nouveaux ravages à Alicante et dans le midi de l'Espagne.

Le 8 octobre, le nègre Dessalines se fait couronner roi de Haïti (Saint-Domingue), sous le nom de Jacques Ier.

Le 25 novembre, le pape Pie VII arrive à Fontainebleau, pour le sacre de l'empereur Napoléon.

Le 2 décembre, sacre et couronnement de l'empereur Napoléon, à Paris. Cette cérémonie, dans laquelle le pape officie, se célèbre, avec la plus grande solennité, dans l'église de Notre-Dame, en présence des grands corps de l'État, et de beaucoup de députés de tous les départemens.

Le 12, l'Espagne déclare la guerre à la Grande-Bretagne. Depuis J.-C.

Le 19, le servage est aboli dans les duchés de Sleswig et de Holstein.

Pendant toute cette année, une nombreuse armée française avait été campée sur les côtes les plus rapprochées de l'Angleterre, menaçant sans cesse d'une descente les Anglais, qui avaient fait de grands préparatifs pour s'y opposer.

Le 2 janvier, Napoléon écrit au roi d'Angleterre, pour lui exprimer son vœu pour la paix. 1805.

Dans le mois de janvier, les Russes qui, pendant quelque temps, avaient eu des succès en Perse, sont obligés, à l'arrivée d'une armée de vingt mille Persans, de lever le siége d'Érivan, et de se retirer avec une perte de trois mille hommes.

Le 19 février, une flotte française, sortie du port de Rochefort, et commandée par le contre-amiral Missiessi, s'empare de la Dominique.

Le 28, les Français abandonnent l'île de la Dominique, après avoir emmené tous les navires qui se trouvaient au port; ils prennent et évacuent, bientôt après, plusieurs autres îles appartenant aux Anglais, où ils lèvent de fortes contributions, et ils portent du secours à la ville de Santo-Domingo, assiégée par les noirs.

Le 18 mars, la royauté d'Italie est déférée à Napoléon, qui l'accepte, dans une séance solennelle du sénat; dans le même temps, il donne la principauté de Piombino à sa sœur, la princesse Élisa, épouse du sénateur Bacciochi.

La Russie fait des préparatifs militaires sur les frontières de l'Autriche et de la Prusse.

Le 28, le nègre Dessalines est défait devant les murs de Santo-Domingo.

Le 10 avril, les anglais, après une longue guerre contre le chef des Marattes, Holkar, font, avec lui, un traité par lequel ils lui laissent sa forteresse de Bhurtpore, moyennant quelques cessions de sa part.

Le 11, l'Angleterre et la Russie signent, à Pétersbourg, un traité pour une troisième coalition continentale contre la France.

Le 16, le roi d'Espagne reconnaît Napoléon comme roi d'Italie.

Le 26, une nouvelle constitution de la république batave est proclamée à la Haye; le 29, le grand pensionnaire, Schimmelpenninck, prête serment et entre en fonctions.

Le 10 mai, Napoléon organise le gouvernement du royaume d'Italie.

Le 26, Napoléon est couronné roi d'Italie dans la cathédrale de Milan, par le cardinal Caprara, archevêque de

Depuis J.-C. cette ville. Le prince Eugène Beauharnais est nommé vice-roi.

Le 1er juin, publication du Code français en Italie.

Le 4, une députation du sénat et du peuple de Gênes demande à Napoléon la réunion de la république ligurienne à l'empire français.

Le même jour, le gouvernement de Lucques demande à Napoléon une nouvelle constitution et un souverain de sa famille.

Le 23, Napoléon érige Lucques en principauté, en faveur du prince et de la princesse de Piombino.

Le 17 juillet, combat d'Ambleteuse, entre la flottille française et plusieurs bâtimens anglais, qui sont forcés de prendre le large.

Le 21, les États de Parme et de Plaisance sont réunis à la France.

Le 22, combat naval près du Ferrol, entre une flotte anglaise, sous les ordres du commodore Calder, et une flotte gallo-espagnole; les Anglais prennent deux vaisseaux de ligne espagnols, mais ils sont contraints de se retirer et de cesser le combat.

Le 26, un violent tremblement de terre se fait sentir dans le royaume de Naples, et en particulier dans le comté de Molisa, où il détruit en grande partie la ville d'Isernia.

Le 30, l'Autriche se déclare pour l'Angleterre.

Le 9 août, l'empereur d'Autriche accède au traité de coalition contre la France, conclu le 11 avril, à Pétersbourg, entre la Russie et l'Angleterre.

Le 27, le camp de Boulogne est levé; les troupes françaises qui le composaient, et qui étaient destinées contre l'Angleterre, se dirigent sur l'Allemagne.

Le 8 septembre, une armée autrichienne pénètre en Bavière, pour forcer l'électeur à réunir ses troupes à celles de l'Autriche; elle s'empare de ce pays en peu de jours; l'électeur se retire à Wurtzbourg, et joint ensuite ses troupes à l'armée française.

Le 9, un sénatus-consulte ordonne la reprise du calendrier grégorien en France, à dater du premier janvier 1806.

Le 21, convention de neutralité entre la France et le roi des Deux-Siciles.

Le 24, l'empereur Napoléon part de Paris pour aller commander son armée en Allemagne.

Le 25, l'armée française traverse le Rhin.

Le 2 octobre, traité de Potsdam, signé entre la Prusse et la Russie, dont le but est de mettre des bornes à la puissance de la France.

Les hostilités commencent, en Allemagne, entre la France et l'Autriche.

Le 3, la Suède, par un traité fait avec l'Angleterre, s'engage de mettre sur pied douze mille hommes destinés à agir contre la France. Depuis J.-C.

Le 4, traité d'alliance entre l'empereur Napoléon et l'électeur de Wurtemberg.

Le 6 et le 7, les Français passent le Danube, et tournent l'armée autrichienne.

Le 8, combat de Wertingen, sur le Danube ; Murat fait prisonnier le général autrichien Auffenberg avec deux mille hommes.

Le même jour, la république ligurienne est réunie à l'empire français par un sénatus-consulte.

Le 9, combat de Gunzbourg, où les Autrichiens sont défaits.

Le 10, les Français entrent à Augsbourg; le 12, ils sont maîtres de Munich.

Le 14, un corps autrichien de six mille hommes se rend, à Memmingen, au maréchal Soult.

Le même jour et les deux suivans, combat d'Elchingen, de Langenau et d'Ulm ; les Autrichiens sont complètement défaits.

Le 17, le général Mack capitule dans Ulm, et se rend à Napoléon, avec une armée d'environ trente mille hommes; le même jour, les hostilités commencent en Italie, entre les Français, commandés par le maréchal Masséna, et l'archiduc Charles.

Le 19, le général autrichien Werneck capitule à Trochtelfingen, et se rend prisonnier, avec un corps de dix mille hommes, au général Murat.

Le 21, combat naval de Trafalgar, près de Cadix, entre les Anglais et une flotte gallo-espagnole de trente-trois vaisseaux de ligne, quatre frégates et deux bricks ; cette dernière est défaite, et perd dix-neuf vaisseaux; l'amiral français Villeneuve est fait prisonnier ; l'amiral espagnol Gravina est grièvement blessé ; les Anglais perdent l'amiral Nelson, qui est tué dans le combat, et à la mémoire duquel on rend ensuite, à Londres, les plus grands honneurs.

Le 27 et jours suivans, les Français passent l'Inn et entrent en Autriche; le 30, ils occupent Salzbourg et Braunau.

Le 30 et 31, l'armée française d'Italie, après avoir passé l'Adige, livre, près de Caldiero, un combat sanglant aux Autrichiens, qui se retirent ensuite vers la Carniole.

L'armée française, destinée à agir contre le Tyrol, rejoint la grande armée.

Le 2 novembre, les Français occupent Lintz, en Autriche; le même jour, le général autrichien Hillinger est fait prisonnier avec cinq mille hommes, près de Montebello, dans l'État de Venise.

Le 4, l'empereur Alexandre jure, sur le tombeau du Grand

Depuis J.-C. Frédéric, de combattre les Français, et se ligue avec le roi de Prusse.

Le 7, le maréchal Ney entre à Inspruck, et s'empare de la plus grande partie du Tyrol.

Le 11, combat de Diernstein, entre les Russes et le maréchal français Mortier.

Le 13, les Français occupent la ville de Vienne; le même jour, l'armée française d'Italie passe le Tagliamento.

Le 14, les Français occupent Presbourg, en Hongrie; le général autrichien Jellachich se rend, près de Feldkirch, avec quatre mille hommes, au maréchal Augereau.

Le 16, combat de Guntersdorf, où les Français font, sur les Russes, deux mille prisonniers. Le général français Marmont occupe Gratz, en Styrie.

Le 18, le prince Murat s'empare de Brunn, en Moravie.

Le 20, une escadre anglo-russe débarque à Naples une armée de douze mille hommes.

Le 24, combat de Bassano; un corps autrichien de six mille hommes se rend à l'armée française d'Italie.

Le 26, il se forme un camp de quinze mille hommes, sous les murs d'Anvers, commandé par le prince Louis Bonaparte.

Le 2 décembre, bataille d'Austerlitz, entre les Austro-Russes, commandés par les empereurs François II et Alexandre Ier, et les Français, commandés par Napoléon; les premiers sont entièrement défaits; on a donné à cette bataille le nom de bataille des trois Empereurs.

Le 6, armistice conclu, à Austerlitz, entre les empereurs Napoléon et François II.

Le 15, convention conclue, à Vienne, entre la France et la Prusse, touchant les pays d'Anspach, de Clèves, de Hanovre et de Neuchâtel.

Le 27, paix de Presbourg, entre la France et l'Autriche; cette dernière cède les anciens États de Venise avec la Dalmatie et l'Albanie vénitienne au royaume d'Italie; la principauté d'Eichstett, une partie du territoire de Passaw; le Tyrol et la ville d'Augsbourg sont abandonnés à l'électeur de Bavière, qui prend alors le titre de roi, ainsi que l'électeur de Wurtemberg; toutes les possessions autrichiennes dans la Souabe, le Brisgaw et l'Ortenaw, sont adjugées aux rois de Bavière et de Wurtemberg, et à l'électeur de Bade; l'Autriche obtient Salzbourg et Berchtolsgaden; la souveraineté de Wurtzbourg est promise à l'électeur de Salzbourg; l'indépendance des républiques batave et helvétique est reconnue, etc.

Pendant ce mois, les Serviens, qui depuis long-temps étaient révoltés contre la Porte-Ottomane, remportent, sous le commandement de Czerni-George, leur chef, divers avantages sur les Turcs dans les environs de Belgrade.

Révolte des nègres à la Trinité; ils veulent massacrer tous

les blancs : la conspiration est découverte, et les rebelles sont punis.

1806. Dès le mois de janvier, la France suit de nouveau l'ère vulgaire de l'Europe.

Le 8 janvier, les Anglais, sous les ordres du général Baird, s'emparent du cap de Bonne-Espérance.

Le 12, les troupes françaises évacuent la ville de Vienne, par suite du traité de Presbourg.

Le 14, mariage du prince Eugène, beau-fils de Napoléon, vice-roi d'Italie, avec la princesse Auguste de Bavière.

Le 17, le général Miollis prend possession de Venise, au nom de l'empereur.

Le 23, mort du célèbre ministre d'état anglais, William Pitt, âgé de quarante-sept ans; il se fait après sa mort un changement considérable dans le ministère anglais.

Vers la fin du mois, les Prussiens occupent l'électorat de Hanovre.

Le 6 février, combat naval, près de Saint-Domingue, entre une flotte anglaise, commandée par les amiraux Cochrane et Duckworth, et une flotte française, sous les ordres du vice-amiral Lasseignes; cette dernière perd trois vaisseaux de ligne, qui sont pris par les Anglais.

Le 8, une armée française entre dans le royaume de Naples.

Le 15, le prince Joseph Napoléon de France entre à Naples; le roi Ferdinand IV avait quitté cette ville, et s'était retiré en Sicile, dès le mois précédent.

Le 16, Napoléon adopte pour fils le prince Eugène, vice-roi d'Italie, et le déclare son héritier de la couronne d'Italie, à défaut d'enfans et descendans mâles légitimes et naturels.

Le 28, le roi de Prusse cède à la France la principauté de Neuchâtel et Valangin, que sa maison possédait depuis cent ans.

Le 1er mars, les Calabrois se soumettent aux Français.

Le 4 mars, les Russes occupent les *Bouches du Cattaro*, en Dalmatie, avant que les Autrichiens aient remis cette ville aux Français.

Le même jour, Napoléon annonce au sénat qu'il vient d'adopter la nièce de l'impératrice, Stéphanie de Beauharnais, et qu'elle épouse le prince électoral de Bade.

Le 10, un vaisseau de ligne et une frégate, commandés, par l'amiral français Linois, sont pris près de Madère, après un combat, par l'amiral anglais Warren.

Le 15, le prince Joachim Murat, grand-amiral de France, et beau-frère de Napoléon, est nommé, par ce dernier, duc de Clèves et de Berg; il fait son entrée à Dusseldorf le 25.

Le 30, statut constitutionnel de la famille impériale de France.

Depuis J.-C.

Le même jour, Joseph Napoléon, grand-électeur de France, est déclaré, par son frère, roi de Naples et de Sicile; l'empereur donne le duché de Guastalla à sa sœur, la princesse Pauline, et la principauté de Neuchâtel au maréchal Berthier; il érige plusieurs duchés en Italie; il reunit les pays de Massa, Carrare et Carfagnano à la principauté de Lucques, etc.

Le 8 avril, la Prusse prend définitivement possession de l'électorat de Hanovre, et fait prêter le serment de fidélité aux autorités civiles constituées de ce pays.

Le 9, mort du prince d'Orange, ancien stathouder de Hollande, en Angleterre. Le prince de Fulde, son fils unique, et héritier, se fait prêter hommage dans les principautés de Dillemembourg, Siegen et Hadamar, et prend le nom de Guillaume VII.

Le 20, le roi d'Angleterre, en sa qualité d'électeur de Hanovre, publie un manifeste contre le roi de Prusse.

Le 27, le roi de Suède publie aussi un manifeste contre la Prusse.

Le 24, Napoléon réunit la principauté de Guastalla au royaume d'Italie; sa sœur, la princesse Pauline, en conserve le titre.

Le 26, un corps de troupes françaises occupe Raguse.

Le 27, l'électeur, archichancelier d'Allemagne, nomme le cardinal Fesch, oncle de Napoléon, son coadjuteur et successeur.

Le 5 juin, Napoléon proclame roi de Hollande son frère, Louis Napoléon, connétable de France; il nomme aussi prince de Bénévent, son ministre des relations extérieures, Talleyrand, et prince de Ponte-Corvo, le maréchal d'empire Bernadotte.

Le 11, l'Angleterre déclare la guerre à la Prusse.

Le 24, les Anglais débarquent des troupes dans l'Amérique méridionale, près de Buenos-Ayres, dont ils s'emparent peu après sur les Espagnols.

Le 26, le roi de Suède dissout les états de la Poméranie suédoise, et introduit dans ce pays la constitution de Suède.

Le 12 juillet, traité d'alliance perpétuelle et de garantie réciproque, signé à Paris entre la France, les rois de Bavière et de Wurtemberg, les électeurs de Ratisbonne et de Bade, et plusieurs autres États d'Allemagne, désignés sous le nom *d'États confédérés du Rhin;* l'empereur des Français est déclaré protecteur de cette confédération, qui est notifiée à la diète de Ratisbonne, le 1er août; dès lors le corps germanique est dissout, l'empereur François II renonce, le 6 août, à son titre, et à ses priviléges comme empereur d'Allemagne.

Le 18, la place de Gaëte, dans le royaume de Naples, capitule, et se rend aux troupes françaises après trois mois de tranchée ouverte.

Le 20, traité de paix entre la France et la Russie, signé à Paris, et non ratifié par l'empereur Alexandre Ier.

Les Anglais, qui avaient débarqué six mille hommes en Calabre, le 1er juillet, sont obligés d'évacuer ce pays vers la fin du mois.

Le 6 août, l'empereur François II renonce à son titre d'*empereur d'Allemagne et des Romains*, et prend le titre de François Ier, empereur d'Autriche.

Le 12 août, les Espagnols, sous la conduite du capitaine Liniers, français de nation, reprennent Buenos-Ayres sur les Anglais.

Le 13, l'électeur de Bade, et le landgrave de Hesse-Darmstadt, prennent le titre de grands-ducs.

Le 30, publication d'un manifeste de l'empereur Alexandre sur sa rupture avec la France.

Le 2 septembre, le Rossberg, montagne de Suisse, entre Zug et Schwitz, s'écroule, et engloutit près de cinq cents individus.

Le 5, Jérôme Bonaparte est déclaré prince, par son frère Napoléon.

Le 9, le roi de Danemarck donne une déclaration pour la réunion du duché de Holstein, et de plusieurs autres terres, au royaume de Danemarck.

Le 25, quatrième coalition continentale contre la France.

Le 26, Napoléon part de Paris pour l'armée d'Allemagne, afin de s'opposer à la nouvelle coalition continentale prête à éclater contre la France.

Les 29 et 30, les Russes et les Monténégrins sont battus en Dalmatie par le général français Marmont.

Le 30, l'électeur de Wurtzbourg, frère de l'empereur François II, adhère à la confédération du Rhin, et prend le titre de grand-duc de Wurtzbourg.

Le 8 octobre, les hostilités commencent entre la France et la Prusse.

Le 9, combat de Schleitz; les Prussiens sont repoussés, avec une perte assez considérable.

Le 10, combat de Saalfeld; une partie de l'avant-garde prussienne est défaite par le maréchal Lannes, et perd seize cents hommes, tués ou prisonniers; le prince Louis de Prusse, neveu de Frédéric-le-Grand, est tué dans le combat.

Le 14, bataille de Jéna; Napoléon, qui commande en personne ses troupes, défait complètement l'armée prussienne, qui a vingt mille tués ou blessés, et trente à quarante mille prisonniers; elle perd trois cents pièces de canon, soixante drapeaux, ses magasins, ses bagages, et est en pleine déroute. Cette bataille décide, pour plusieurs années, du sort de la Prusse et de la Saxe.

Le 16, quatorze mille Prussiens, enfermés dans la ville d'Erfurt avec le prince d'Orange, le feld maréchal Moellen-

Depuis J.-C.

dorf, et plusieurs autres généraux, se rendent prisonniers au grand-duc de Berg.

Le 17, le prince de Ponte-Corvo attaque à Halle l'armée de réserve prussienne, commandée par le prince Eugène de Wurtemberg; il la met en déroute, et lui fait cinq mille prisonniers.

Le 23, les Français entrent à Berlin; ils continuent à poursuivre l'armée prussienne; le même jour, le fort de Spandau, à trois lieues de Berlin, capitule; les Français y trouvent une grande quantité de munitions, et y font douze cents prisonniers.

Le 26, combat de Zehdenick; un corps de six mille hommes de cavalerie prussienne est défait par le grand-duc de Berg, qui fait sept cents prisonniers.

Le 28, les Français prennent possession du duché de Brunswick au nom de l'empereur Napoléon.

Le même jour, combat de Prentzlow; le grand-duc de Berg, Murat, attaque un corps prussien de plus de seize mille hommes, qui fuyait depuis la bataille de Jéna, et qui cherchait à gagner Stettin; il le défait et l'oblige à mettre bas les armes.

Le 29, six mille Prussiens capitulent à Passewalk, entre les mains du général Milhaud. La ville de Stettin sur l'Oder se rend au général La Salle; sa garnison de six mille hommes est prisonnière.

Le 31, l'électeur de Hesse-Cassel est déclaré ennemi de la France; les Français prennent possession de ses Etats.

Le 6 novembre, combat de Lubeck, entre un corps d'armée prussien, commandé par le général Blucher, et les Français sous les ordres du grand-duc de Berg, du prince de Ponte-Corvo et du maréchal Soult; les Prussiens sont chassés de Lubeck avec une perte de quatre mille hommes.

Le 7, les restes du corps d'armée prussien du général Blucher capitulent à Rathnau ou Rattkow; douze mille hommes se rendent prisonniers de guerre.

Le 8, la ville forte de Magdebourg se rend au maréchal Ney; seize mille hommes, près de huit cents pièces de canon et des munitions de toute espèce tombent au pouvoir des Français.

Le 10, le duc de Brunswick meurt d'une blessure qu'il avait reçue à la bataille de Jéna, dans laquelle il commandait en chef l'armée prussienne.

Le 19, la forteresse de Czenstochau, dans la Prusse méridionale, se rend aux Français; celle de Hameln se rend le 20, celles de Nienbourg et de Plassenbourg, le 25.

Le 21, Napoléon déclare les îles Britanniques en état de blocus, et interdit toute espèce de commerce et de correspondance avec elles.

Le 26, l'empereur Napoléon déclare la guerre à l'Angleterre.

Le 27, les Français s'emparent du duché de Mecklenbourg, comme ayant fait cause commune avec les ennemis de la France.

Le 28, la Russie publie un manifeste contre la France; le grand-duc de Berg occupe Varsovie.

Le 29, les Russes, sous la conduite du général Michelson, s'emparent de Jassy, et déclarent la guerre à la Porte-Ottomane.

Le 2 décembre, la ville de Glogaw en Silésie se rend aux troupes wurtembergeoises.

Le 6, le maréchal Ney s'empare de Thorn.

Le 11, traité de paix conclu à Posen entre la France et la Saxe: l'électeur de Saxe accède à la confédération du Rhin et prend le titre de roi de Saxe.

Le roi de Hollande fonde dans ses Etats les ordres de l'Union et du Mérite, qu'il réunit ensuite en un seul.

Le 13, les Serviens, insurgés contre les Turcs, s'emparent de Belgrade; la forteresse se rend à eux le 24.

Le 15, les ducs de Saxe, de la branche Ernestine, par un traité conclu à Posen, sont admis dans la confédération du Rhin.

Le 26, batailles de Pultusk, de Golymin et de Soldau en Pologne; les Russes et les Prussiens sont battus et obligés de se retirer.

Traité d'amitié, de navigation et de commerce, signé entre l'Angleterre et les Etats-Unis d'Amérique. Dans le cours de cette année, Christophe est déclaré chef du gouvernement de Saint-Domingue par l'armée noire.

Le 5 janvier, la ville de Breslaw capitule, après un siége de près d'un mois. 1807.

Le 11, la ville de Brieg, en Silésie, capitule, et se rend aux troupes françaises.

Le 12, l'explosion d'un bâtiment chargé de poudre, dans un canal de la ville de Leyde, y cause un dommage considérable, et renverse une partie de la ville.

Le 25, bataille de Mohrungen en Prusse, gagnée par le prince de Ponte-Corvo, sur les Russes qui y perdent environ deux mille hommes.

Le 3 février, les Anglais prennent d'assaut la forteresse de Montevideo, sur la rivière de la Plata.

Les 3, 4 et 5, combats de Bergfried, Waterdoff et Deppen; les Russes sont repoussés; les Français leur font plusieurs milliers de prisonniers.

Vers le même temps, l'ancien général Paoli, chef des Corses, meurt à Londres.

Le 6, les Français défont les Russes au combat de Hoff; ils arrivent à Preussich-Eylau, le 7.

Depuis J.-C.

Le 8, bataille sanglante de Preussich-Eylau; les Russes y perdent vingt-quatre à trente mille hommes, dont la moitié prisonniers; ils sont repoussés très-loin de la Vistule.

Le 16, les Français prennent possession de la ville de Schweidnitz en Silésie.

Le même jour, combat d'Ostrolenka; les Russes sont repoussés de cette ville, avec une perte de plus de deux mille hommes.

Incorporation du duché de Holstein à la monarchie danoise.

Le 19, une escadre anglaise force le passage des Dardanelles et bloque Constantinople, afin d'obliger les Turcs à livrer leur flotte et à se déclarer contre la France.

Le 26, combat de Braunsberg, où les Russes perdent deux mille hommes faits prisonniers.

Le 2 mars, la flotte anglaise, sous les ordres de l'amiral Duckworth, qui bloquait Constantinople, se retire sans succès et repasse les Dardanelles.

Le 29, le docteur Olbers, de Brême, découvre une onzième planète, à laquelle il donne le nom de Vesta, et qui, ainsi que Pallas, Cerès et Junon, se trouve placée entre Mars et Jupiter, à peu près à la même distance du soleil que ces trois autres planètes.

Le 2 avril, Czerni-George, chef des Serviens, bat les Turcs à Nissa.

Vers cette époque, Napoléon forme le projet de s'emparer de l'Espagne, et commence par la désarmer, en exigeant d'elle des troupes pour passer en Italie et en Allemagne.

Le 13, mort de Marie-Thérèse, princesse de Sicile, impératrice d'Autriche.

Le 18, les Suédois, après avoir éprouvé divers échecs dans la Poméranie suédoise, signent un armistice avec les Français.

Le 15 mai, combat de Weischelmunde près de Dantzick; les Russes, voulant porter du secours à la ville de Dantzick, sont défaits et perdent trois mille hommes.

Le 20, la ville de Dantzick capitule; le général comte de Kalkreuth s'engage à la remettre le 27, aux troupes françaises commandées par le maréchal Lefebvre.

Le 28, Napoléon confère le titre de duc héréditaire de Dantzick au maréchal Lefebvre.

Le 29, il se fait une révolution à Constantinople; le sultan Selim III est forcé par les janissaires à donner sa démission, et est relégué dans l'intérieur du sérail; son neveu Mustapha IV, né le 7 septembre 1779, est élevé sur le trône; un grand nombre de ministres et de chefs, opposés à cette révolution, sont sacrifiés à la fureur populaire.

Le 1er juin, la ville et le fort de Neiss en Silésie, capitu-

Depuis J.-C.

lent; ils sont occupés le 16 par les troupes françaises, bavaroises, etc.

Le 5, les Russes sont défaits par les Français dans les combats de Spanden et de Lomitten; ils y perdent plus de deux mille hommes.

Le 6, combat de Deppen sur la Passarge; les Russes sont repoussés par le maréchal Ney et ont cinq mille tués ou blessés; les Français n'ont qu'environ six cents tués, blessés ou prisonniers.

Le 9, Napoléon chasse les Russes de leurs positions à Glottau et à Gusstadt, et leur fait un millier de prisonniers.

Le 10 et le 11, les Russes sont encore poursuivis; ils abandonnent Heilsberg et passent sur la rive droite de l'Alle, après une perte de plusieurs milliers des leurs.

Le 14, bataille de Friedland, sur l'Alle en Prusse; les Français, commandés par Napoléon, remportent la victoire; les Russes perdent trente mille hommes tués ou prisonniers; ils se retirent derrière le Niémen, et abandonnent Konigsberg aux Français.

Le 19, la forteresse de Glatz capitule; on convient qu'elle sera rendue aux Français, ou à leurs alliés, le 26 juillet, si auparavant elle n'est pas secourue.

Le 21, armistice de Tilsitt entre les Russes et les Français.

Le 25, entrevue des empereurs de France et de Russie sur un radeau au milieu du Niémen.

Le prince de la Paix acquiert beaucoup de considération en Espagne.

Vers la fin du mois, le duc de Mecklenbourg-Schwerin est réintégré dans la possession de ses États.

Le 7 juillet, paix de Tilsitt, entre la France et la Russie; elle est ratifiée le 9; la Prusse fait aussi à Tilsitt, le 9 juillet, avec la France, un traité de paix, dont les ratifications sont échangées le 12 à Konigsberg; par ces traités, la Prusse perd à peu près la moitié de ses États; la ville de Dantzick est rétablie dans son ancienne indépendance; la plus grande partie de la Pologne prussienne est abandonnée, sous le nom de duché de Varsovie, à l'électeur, devenu roi de Saxe; le prince Jérôme Napoléon, frère de Napoléon, est reconnu roi de Westphalie, etc.

Le même jour, après une tentative infructueuse sur Buenos-Ayres, les Anglais signent avec les Espagnols une convention, par laquelle ils s'engagent à évacuer toute l'Amérique méridionale.

Le 13, les hostilités recommencent entre la France et la Suède.

Le 14, les insurgés Serviens et les Turcs signent un armistice à Kopenitza.

Le 18, fondation du royaume de Westphalie, en faveur de Jérôme Bonaparte, frère de Napoléon.

Depuis J.-C.

Le 6 août, décret qui déclare en état de blocus tous les ports de l'Angleterre.

Le 14, le général français Marmont prend possession de la république de Raguse, qui est réunie au royaume d'Italie.

Le 16, le Danemarck déclare hautement la guerre à l'Angleterre.

Le 19, sénatus-consulte qui attribue au corps législatif de France les fonctions du tribunat, et qui supprime ce dernier; il fixe aussi à quarante ans l'âge nécessaire pour devenir membre du corps législatif.

Le 24, armistice signé au château de Slobosia, entre la Russie et la Turquie, par l'entremise de la France. Les Russes et les Turcs s'engagent également à évacuer la Valachie et la Moldavie, jusqu'à la conclusion d'un traité de paix.

Le 7 septembre, l'île de Rugen capitule; les Suédois s'engagent à l'évacuer, et à la rendre aux Français, ainsi que plusieurs petites îles voisines.

Le même jour, Napoléon rend un décret qui renferme les statuts fondamentaux du royaume de Westphalie.

Le même jour, la ville et la flotte danoise de Copenhague se rendent à une armée anglaise, qui, depuis vingt-un jours, avait débarqué dans la Sélande; six semaines après, les Anglais évacuent Copenhague, et emmènent avec eux la flotte danoise.

Le 15, une loi du corps législatif de France ordonne la fabrication des pièces de billon valant dix centimes; depuis très-long-temps, on ne fabriquait point de pièces de billon en France.

Le 22, le pacha du Caire bat les Anglais en Égypte, et les oblige à lui remettre Alexandrie, où il fait son entrée le 24.

Le 24, l'empereur Napoléon fomente la discorde parmi la famille royale d'Espagne, afin de parvenir plus sûrement à s'emparer du royaume.

Le 29, les ambassadeurs d'Espagne et de France ne pouvant déterminer le prince-régent de Portugal à exclure les Anglais de ses ports, quittent Lisbonne.

Le 1er octobre, les diocèses des États de Parme et de Plaisance sont réunis à l'Église gallicane par un décret de Napoléon.

Le 4, la famille royale de Portugal se dispose à partir pour le Brésil : à cette nouvelle le peuple se met en insurrection.

Le 26 octobre, l'empereur de Russie déclare qu'il suivra les principes de la neutralité armée, et qu'il rompt toute espèce de communications avec l'Angleterre, jusqu'à ce que cette puissance ait satisfait le Danemarck, renoncé à ses prétentions sur l'empire de la mer, et fait la paix avec la France.

Le 30, Charles IV, roi d'Espagne, annonce, par une

proclamation à ses sujets, qu'il vient de découvrir une conspiration tramée contre lui dans son propre palais, et, qu'en conséquence, il a fait arrêter le prince des Asturies, son fils, et plusieurs autres des conjurés; quelques jours après, il pardonne à son fils, et le remet en liberté. Le duc de l'Infantado, et quelques seigneurs espagnols, sont condamnés trois mois après, à cette occasion, à un exil de quelques années.

Le 10 novembre, la France et l'Autriche échangent, à Fontainebleau, les ratifications d'une convention conclue dans cette même ville, le 10 octobre, par laquelle le thalweg de Lisonzo est établi pour limite du royaume d'Italie et des provinces autrichiennes, et la France s'engage à faire évacuer par ses troupes la place forte de Braunau, avant le 10 décembre.

Le 11, la France et la Hollande signent à Paris un traité par lequel le ville de Flessingue et le pays environnant sont cédés à la France par la Hollande, qui acquiert en compensation la seigneurie de Jeverland, qui appartenait ci-devant à la Russie, et l'Oste-Frise.

Le même jour, le roi d'Angleterre, en conséquence du décret de Napoléon, qui déclare que les îles anglaises sont en état de blocus, ordonne que tous les ports et places de la France et de ses alliés, soient aussi considérés comme en état de blocus.

Le 29 novembre, le prince du Brésil, régent du Portugal, met à la voile pour le Brésil, avec la reine sa mère, toute sa famille, un grand nombre de seigneurs de sa cour et ses trésors; il arrive, en janvier suivant, à San-Salvador.

Le 30, le général Junot entre à Lisbonne avec l'armée française qu'il commande; il se rend, sans combat, maître du Portugal.

Le 10 décembre, Marie-Louise, reine-régente d'Étrurie, au nom de son fils mineur, Charles-Louis, infant d'Espagne, roi d'Étrurie, annonce à ses sujets qu'en vertu d'un traité conclu entre la France et l'Espagne, elle est destinée à gouverner de nouveaux États, et que l'Étrurie est cédée à Napoléon. Le lendemain, les Français prennent possession du royaume d'Étrurie.

Le même jour, M. Jefferson, président des États-Unis d'Amérique depuis huit ans, refuse, vu son âge, et pour se conformer à l'exemple donné par Washington, d'être continué dans cette magistrature.

Le 17, décret de Napoléon, qui déclare que tout vaisseau qui souffrira une visite des Anglais, ou leur paiera un impôt, ou se laissera emmener en Angleterre, sera considéré et traité comme ennemi.

Le 20, Napoléon confère le titre de prince de Venise au

Depuis J.-C. prince Eugène Napoléon, son fils adoptif; celui de princesse de Bologne à la princesse Joséphine, sa petite-fille, et celui de duc de Lodi au chancelier garde des sceaux du royaume d'Italie, Melzi.

Le 22, les îles danoises de Saint-Thomas et de Saint-Jean, aux Indes occidentales, se rendent aux Anglais.

Passwan-Oglou, pacha de Widdin, après avoir résisté long-temps aux troupes ottomanes, meurt le 5 février de cette année.

Le 24 décembre, la ville de Madère se rend par capitulation aux Anglais.

Le 25, l'île danoise de Sainte-Croix se rend aux Anglais.

1808. Le 6 janvier, l'empereur d'Autriche épouse en troisièmes noces la princesse Marie-Louise Béatrix, fille aînée du dernier archiduc Ferdinand de Milan.

Le 15, un ouragan cause les plus grands ravages sur les côtes de la Hollande et de la Belgique; la ville de Flessingue est inondée et considérablement endommagée.

Le 21, un sénatus-consulte réunit au territoire de l'empire français les villes de Kehl, Cassel, Wesel, Flessingue et leurs dépendances.

Le 29, le prince de la Paix détermine Charles IV à demander à Napoléon la main de Mlle de Beauharnais, pour le prince des Asturies.

Le 1er février, le général Junot prend possession à Lisbonne, de la charge de gouverneur général de Portugal, qui lui est conférée par Napoléon.

Le 2, un sénatus-consulte crée une huitième grande dignité de l'empire français, sous le titre de gouverneur général; le gouverneur général a le gouvernement général des départemens au-delà des Alpes; le prince Borghèse, beau-frère de Napoléon, est revêtu de cette dignité.

Le même jour, une tempête cause de grands ravages sur les côtes de la Manche; à Cherbourg, le fort Napoléon et la digue sont emportés par les flots; plus de quatre cents personnes périssent victimes de cette catastrophe.

Le même jour, la ville de Dantzick est en partie détruite par un terrible incendie.

Le 17, Napoléon ordonne que tous les Algériens soient arrêtés dans ses États, et que le séquestre soit mis sur leurs bâtimens et leurs marchandises; il déclare que ces mesures auront lieu tant que ses sujets Génois ou Italiens seront retenus dans les bagnes du dey d'Alger.

Le 1er mars, création en France de titres impériaux, tels que ceux de duc, comte, baron et chevalier.

Le 12, mort de Christian VII, roi de Danemarck.

Le 15 et jours suivans, le peuple se porte en foule au palais du prince de la Paix, à Madrid; le roi abdique la couronne en faveur du prince des Asturies.

Le 17, organisation de l'université impériale.

Le 23, le grand-duc de Berg (prince Murat) entre à Madrid.

Le 2 avril, départ de Napoléon pour Bordeaux.

Le 4, arrivée de l'empereur dans cette ville.

Le 15, l'empereur arrive à Baïonne.

Du 15 au 20 mai, cession à Napoléon, de la part du roi et des princes de la maison d'Espagne, de leurs droits à la couronne.

Le 20, le prince des Astruries arrive à Baïonne.

Le 30, le roi et la reine d'Espagne arrivent dans cette ville.

Le 18 mai, le prince des Asturies et son frère don Carlos arrivent à Valençay, où ils sont retenus prisonniers jusqu'en 1814.

Le 22, le roi, la reine d'Espagne et le prince de la Paix arrivent à Fontainebleau.

Le 24, réunion à l'empire français des duchés de Parme et de Plaisance.

Le 27, insurrection en Espagne.

Le 6 juin, Joseph Napoléon est proclamé roi d'Espagne et des Indes, par son frère.

Le 7, Joseph arrive à Baïonne.

Le 15, la junte espagnole tient sa première séance.

Le 5 juillet, un décret impérial défend la mendicité dans tout l'empire français.

Le 7, la junte espagnole tient sa dernière séance, dans laquelle la constitution est acceptée.

Le 9, le nouveau roi d'Espagne part de Baïonne pour se rendre dans ses États.

Le 19, le prince archichancelier de l'empire (Cambacérès), est nommé duc de Parme, et le prince architrésorier (Le Brun) duc de Plaisance.

Le 20, le nouveau roi fait son entrée à Madrid.

Le 28, révolution à Constantinople : le sultan Mustapha est déposé, Mahmoud est proclamé grand-seigneur; le sultan Sélim est égorgé.

Le 31, M. Beugnot, conseiller d'état, prend possession, au nom de l'empereur des Français, du grand-duché de Berg.

Le 1er août, nomination au trône de Naples et de Sicile du prince Joachim Napoléon (Murat), grand-duc de Berg.

Le 31, les généraux français et anglais s'accordent pour l'évacuation du Portugal par les troupes françaises.

Le 8 septembre, M. le comte de Champagny et S. A. S. le prince Guillaume de Prusse, signent un traité qui termine tous les différends qui existaient entre la France et la Prusse.

Le 22, Napoléon part pour les États de la confédération du Rhin.

Le 23, et jours suivans, le premier corps de la grande

Depuis J.-C. armée, commandé par le maréchal Victor, duc de Bellune, passe à Paris pour se rendre en Espagne.

Le 27, les empereurs de France et de Russie arrivent à Erfurt; réunion de plusieurs souverains d'Allemagne dans cette ville.

Le 1er octobre, dernier jour du passage des troupes à Paris, pour se rendre à l'armée d'Espagne.

Du 11 au 12, la coupole de l'église des Arméniens et des chrétiens grecs à Jérusalem, est consumée par les flammes.

Le 14, départ d'Erfurt de l'empereur Alexandre et de Napoléon, pour se rendre dans leurs États respectifs.

Le 18, ce dernier arrive à Saint-Cloud.

L'île de Caprée capitule, Murat s'en empare.

Le 26, tremblement de terre de Livourne.

Le 29, départ de Napoléon pour Baïonne.

Le 2 novembre, création d'un nouveau département, sous le nom de Tarn-et-Garonne.

Le 3, Napoléon arrive à Baïonne.

Le 8, l'armée française s'empare de Burgos.

Le 14, une nouvelle insurrection éclate à Constantinople : les janissaires mettent le feu aux casernes de Seimens; une partie de la ville est la proie des flammes; près de trois mille personnes y périssent.

Le 17, le corps législatif adopte le premier projet du code d'instruction criminelle, et le convertit en loi.

Le 2 décembre, célébration de l'arrivée des eaux du canal de l'Ourcq dans le bassin à Paris.

Le 4, la ville de Madrid capitule ; Napoléon y fait son entrée à la tête de ses troupes.

Abolition de l'inquisition en Espagne; réduction du nombre des couvens dans ce pays.

Le 6, reddition de la place de Roses aux troupes françaises.

Le 7, assassinat du dey d'Alger Achmet Pacha; Ali est élu à sa place.

1809. Le 1er janvier, Napoléon arrive à Astorga.

Le 22, il retourne à Madrid.

Le 10 février, la Porte Ottomane et la Grande-Bretagne font un traité de paix.

Le 24, les Français prennent Saragosse, après un siége des plus sanglans et des plus mémorables de l'histoire moderne.

Le 26, reddition de la place du Ferrol.

Le 2 mars, le gouvernement général des départemens de la Toscane est érigé en grand-duché par le sénat.

Le 6, Napoléon cède le grand-duché de Berg et de Clèves au fils du roi de Hollande. Il nomme sa sœur Élisa grande-duchesse de Toscane.

Le 8, création d'une école militaire de cavalerie à Saint-Germain-en-Laye.

Le 13, Gustave-Adolphe, roi de Suède, est arrêté.

Depuis J.-C.

Le prince Charles, duc de Sudermanie, se met à la tête du conseil du gouvernement.

Le 17, proclamation du duc de Sudermanie aux Suédois.

Le 18, bataille de Médelin, gagnée par les Français en Espagne.

Le 1er avril, l'archiduc Charles part pour l'armée.

Le 8, départ de l'empereur d'Autriche pour rejoindre son armée.

Le 9, lettre de l'archiduc Charles au général français en Bavière, par laquelle il le prévient qu'il marche en avant.

Le 11, le roi de Bavière part de Munich, avec sa famille, pour se retirer à Dillengen.

Le 13, Napoléon se rend à Strasbourg.

Le 18, proclamation du roi de Bavière au sujet de la guerre commencée par l'empereur d'Autriche.

Le 19, combat de Pfaffenhofen.

Le 20, bataille d'Abensberg.

Le 21, prise de Landshut par les Français.

Le 22, bataille d'Eckmühl.

Le 23, Napoléon gagne une bataille à Ratisbonne.

Le 25, le roi de Bavière rentre à Munich.

Le 26, les Autrichiens passent le Zermagna, commencent les hostilités, et sont repoussés.

Le 10 mai, la diète de Suède dépose le roi Gustave-Adolphe.

Le 12, Napoléon entre à Vienne pour la seconde fois à la tête de son armée.

Le 17, le prince vice-roi d'Italie prend d'assaut le fort de Marlborghetto.

Le 19, le duc de Dantzick s'empare du Tyrol.

Le 20, Napoléon fait établir un pont dans l'île d'Inder-Lobau.

Le 22, sanglante bataille d'Essling, où la perte des Français est considérable: Le maréchal Lannes et le général Saint-Hilaire y sont grièvement blessés. Capitulation de Laybach.

Le 31, mort du maréchal Lannes.

Le 5 juin, les états de Suède proclament le duc de Sudermanie, roi de Suède, sous le nom de Charles XIII.

Le 7, tous les ordres de Suède prêtent serment au roi.

Le 14, l'armée d'Italie, commandée par le vice-roi, gagne une bataille à Raab, qui capitule.

Le 18, victoire remportée par les Français sur les insurgés en Aragon.

Le 24, entrée des troupes italiennes dans la ville de Raab.

Les Anglais font une descente dans l'île d'Ischia; deux combats maritimes suivent cette entreprise.

Le 26, attaque de Gratz par les Autrichiens. Ils sont repoussés par le quatre-vingt-quatrième régiment.

Le 30, couronnement de Charles XIII, roi de Suède.

Le 7 juillet, Napoléon remporte une victoire à Dentish-

Depuis J.-C.

Wagram; l'ennemi perd dix drapeaux, quarante pièces de canon et deux mille prisonniers.

Le 12, suspension d'armes entre l'empereur des Français, et l'empereur d'Autriche.

Le 14, l'empereur nomme maréchaux de l'empire les généraux Oudinot et Macdonald.

Le prince Christian de Holstein Augustembourg, est élu pour successeur de Charles XIII, roi de Suède.

Le 28, entrée du duc de Dantzick dans le Tyrol avec deux mille cinq cents hommes; il y désarme les habitans.

Le 30, les Anglais jettent quinze à dix-huit mille hommes dans l'île de Walcheren. Le lieutenant-général hollandais Bruce évacue le fort de Haak.

Le 2 août, le lieutenant-général hollandais, commandant le fort de Batz, l'évacue sans coup férir.

Le 3, les Anglais commencent l'attaque de Flessingue.

Le 11, l'armée d'Espagne remporte une victoire à Dambroca.

Le 13, premières bombes jetées dans Flessingue par les Anglais, ainsi que des fusées incendiaires.

Le 14, la ville de Flessingue est incendiée; le général Monnet, commandant la place, fait hisser pavillon de secours dans l'après-midi.

Le 15, jour de l'anniversaire de la naissance de Napoléon, Flessingue capitule; la garnison est prisonnière de guerre, et envoyée comme telle en Angleterre.

Joseph Napoléon fait son entrée à Madrid, de retour de l'armée.

Création de l'ordre des Trois-Toisons-d'Or en France.

Le 16, le prince de Ponte-Corvo (Bernadotte) arrive à Anvers, et prend le commandement de l'armée.

Le 18, suppression de tous les ordres réguliers, monastiques, mendians, et même ceux non astreints à des vœux, qui existent en Espagne.

Entrée des Anglais dans Flessingue.

Le 20, l'ancienne noblesse en Espagne, et tous les anciens titres sont abolis.

Le 4 septembre, les Anglais abandonnent le fort de Batz, après avoir enlevé leurs canons et leurs affûts.

Le 17, la Russie et la Suède signent la paix.

Le 18, tous les ordres existant en Espagne, à l'exception de l'ordre royal d'Espagne et de l'ordre de la Toison d'Or, sont supprimés.

Le 20, Berlin éprouve un incendie considérable; l'église de Saint-Pierre est consumée.

Victoire remportée par les Russes sur les Turcs.

Le 25, les Russes se rendent maîtres de la forteresse d'Ismaïl.

Le 5 octobre, la ville de Tripoli rentre au pouvoir de la Sublime-Porte.

Depuis J.-C.

Le sénat français met à la disposition du gouvernement trente-six mille conscrits des classes de 1806, 1807, 1808, 1809 et 1810.

Le 15, ratification de la paix entre la France et l'Autriche.

Le 19, la peine de la potence est abolie en Espagne, elle est remplacée par la strangulation pour tout condamné à mort.

Le 22, Napoléon part de Munich pour se rendre à Paris.

Le 29, publication des articles de la paix de la France avec l'Autriche, à Paris.

Le 13 novembre, le roi de Saxe arrive à Paris.

Le 19, les troupes françaises remportent une victoire éclatante sur les insurgés, à Ocana en Espagne : toute l'artillerie et les bagages restent au pouvoir des armées du roi d'Espagne, ainsi que vingt mille prisonniers, dont huit cents officiers.

Le 28, combat d'Alba de Tormes, à l'avantage de l'armée française.

Le 30, Murat arrive à Paris.

Le 1er décembre, arrivée des rois de Hollande et de Wurtemberg à Paris.

Te Deum chanté en action de grâces de la paix, en présence des rois de Naples, de Hollande, de Westphalie, de Saxe et de Wurtemberg, du sénat et de tous les corps de l'État.

Le 10, la ville de Gironne capitule.

La Suède et le Danemarck signent la paix.

Le 16, le mariage contracté entre Napoléon et Joséphine Beauharnais est dissout par un sénatus-consulte ; elle conserve le titre d'impératrice-reine.

Le 22, le roi et la reine de Bavière arrivent à Paris.

Le 29, les Anglais évacuent Flessingue.

Le 6 janvier, la France et la Suède font un traité de paix. 1810.

Le 9, l'officialité de Paris déclare par une sentence la nullité, quant au lien spirituel, du mariage de Napoléon et de Joséphine.

Le 30, fixation de la dotation de la couronne de France, du domaine extraordinaire, du domaine privé de l'empereur, du douaire des impératrices, et des apanages des princes français.

Le 1er février, l'armée d'Espagne s'empare de Séville. Joseph Napoléon y fait son entrée. On y trouve trois cents bouches à feu, et quantité de munitions.

Le 4, commencement des opérations de l'armée devant Cadix.

Le 5, fixation du nombre des imprimeurs en France; ceux de Paris sont réduits à quatre-vingts. Le 7, les ambassadeurs de France et d'Autriche signent la convention du mariage entre Napoléon et Marie-Louise, archiduchesse d'Autriche.

Le 17, l'État de Rome est réuni à l'empire par un sénatus-consulte ; il forme deux départemens.

Le 20, le projet du code pénal est adopté par le corps législatif.

Depuis J.-C.

Le 23, combat à Wich, en Espagne ; les troupes françaises remportent la victoire.

Le 28, décret relatif aux ecclésiastiques et au concordat, sur les libertés de l'Église gallicane.

Le 1er mars, le prince Eugène Napoléon, prince de Venise, est nommé à la succession héréditaire du grand-duché de Francfort.

Le 5, le prince de Neufchâtel, ambassadeur de Napoléon pour demander la main de Marie-Louise, fait son entrée solennelle à Vienne.

Le 9, Marie-Louise signe la renonciation solennelle.

Le 11, célébration à Vienne du mariage de Napoléon avec l'archiduchesse.

Le 13, Marie-Louise part de Vienne pour se rendre en France.

Le 19, décret portant que les juges de la cour de cassation prendront le titre de conseillers, et les substituts du procureur-général près la cour, prendront le titre d'avocats-généraux.

Le 20, l'empereur part pour Compiègne.

Le 22, arrivée de Napoléon à Strasbourg.

Le 24, l'impératrice part de Strasbourg.

Défense en Suède sur l'introduction des marchandises anglaises.

Le 25, à l'occasion du mariage de l'empereur, les prisonniers pour dettes sont mis en liberté ; six mille filles sont dotées et épousent des militaires ; amnistie des déserteurs.

Le 28, l'impératrice arrive à Compiègne.

Le 30, départ de LL. MM. de Compiègne.

Le 1er avril, célébration du mariage civil à Saint-Cloud, par le prince archichancelier.

Le 2, entrée magnifique à Paris, de Napoléon et de Marie-Louise.

Mariage religieux et solennel, dans une chapelle pratiquée dans le Louvre, et richement décorée : le cardinal Fesch, grand-aumônier, donne la bénédiction nuptiale en présence de toute la famille impériale, des cardinaux, archevêques, évêques, des grands dignitaires de l'empire, et d'une députation de tous les corps de l'État.

Le 5, LL. MM. partent pour Compiègne.

L'arrestation à Londres de John Gales Jones, auteur d'un libelle contre M. Yorck, occasionne une émeute du peuple : sir François Burdett prend sa défense ; la chambre des communes signe le warant pour l'emprisonnement de sir Burdett ; il refuse d'obéir.

Le 6, le peuple se rassemble devant l'hôtel de sir Burdett, pour le défendre, et insulte la force armée. Le soir, sir Burdett, malgré la populace qui veut s'y opposer, est enfermé à la tour. Plusieurs personnes sont tuées et beaucoup d'autres blessées dans cette affaire.

M. Berthemy, gouverneur du château de Valencey, annonce au ministre de la police générale, l'arrestation et l'envoi à Paris de Kolli, envoyé d'Angleterre, pour enlever le prince des Asturies.

Le 8, le prince des Asturies informe le gouverneur de Valencey des démarches de Kolli.

Le 11, le roi d'Angleterre, promet cinq cents livres à celui qui dénoncerait un ou plusieurs coupables envers la force armée devant l'hôtel de sir Burdett.

Le 17, la noblesse de Suède approuve le système de la conscription militaire.

Le 21, un tiers du faubourg de Péra, à Constantinople, est consumé par les flammes.

Le 24, réunion de tous les pays situés sur la rive gauche du Rhin à la France; une partie forme le département des Bouches-du-Rhin, l'autre partie est réunie à d'autres départemens.

Prise du fort de Matagorda, en Espagne, par l'armée française.

Le 1er mai, Napoléon arrive à Anvers.

Le 4, l'empereur d'Autriche défend l'introduction du café dans ses États.

La bourgeoisie de Londres s'assemble pour prendre en considération l'emprisonnement de sir Burdett.

Le 5, formation d'une société maternelle, sous la protection de S. M. l'impératrice, pour le soulagement des mères indigentes.

Le 10, Napoléon va à Flessingue visiter le port et la ville.

Le 11, l'armée française s'empare du port d'Hostalrich en Espagne.

Le 13, les îles de Walcheren, Sud-Beveland, Nord-Beveland, Schouwen et Tholen, forment un département de France sous le nom des Bouches-de-l'Escaut.

Le 14, prise de Lérida en Espagne.

Le 15, le libre exercice extérieur du culte catholique est autorisé dans le département des Bouches-du-Rhin.

Le 28, S. A. le prince royal de Suède, né prince d'Augustembourg, appelé par la diète suédoise à hériter de la couronne, meurt.

Le 30, l'empereur et l'impératrice arrivent à Rouen.

Le 31, on tente d'assassiner le duc de Cumberland, fils du roi d'Angleterre.

Le 26 juin, mort de Montgolfier, inventeur des aérostats.

Le 27, mort de M. l'avoyer d'Affri, ancien landamman de la Suisse.

Le 3 juillet, Louis Napoléon abdique la couronne de Hollande.

Le 6, on fait un service solennel aux Invalides, à l'occa-

Depuis J.-C. sion des obsèques de feu M. le duc de Montebello, maréchal de l'empire; un grand cortége l'accompagne jusqu'à Sainte-Geneviève, où il est inhumé.

Le 9, la Hollande est réunie à la France. Amsterdam est nommée la troisième ville de l'empire français.

Le 10, les Français s'emparent de Ciudad-Rodrigo, en Espagne.

Le 2 août, massacre horrible de la noblesse, des femmes et des enfans, par ordre du gouverneur, à Quito.

Le 5, le nombre des journaux est réduit à un par chaque département, autre que celui de la Seine.

Un décret du même jour fixe la valeur des monnaies du Brabant, de Liége et de Maëstricht, de l'Empire, de Prusse et de Hollande.

Le 21, le maréchal Bernadotte, prince de Ponte-Corvo, est élu par la diète prince royal et héritier de la couronne de Suède.

Le 27, la ville d'Alméida, en Portugal, capitule; la garnison est prisonnière de guerre; les Français y trouvent des provisions considérables.

Le 7 septembre, victoires des Russes sur les Turcs. Incendie de la ville d'Ofen en Bavière. — Suppression des couvens en Bavière.

Le 13, décret qui réduit les pièces d'or et d'argent en francs.

Le 19, prise de la forteresse d'Achalkalaki, par les Russes sur les Turcs.

Le 11 octobre, inauguration de l'école de santé de la marine, à Anvers.

Le 12, prise par les Russes des forteresses de Rudschutk et Giurgewo sur les Turcs.

Le 14, l'abbé Mauri, cardinal, est nommé archevêque de Paris.

Le 17, conspiration à la Guadeloupe.

Victoire des Chinois sur une escadre de pirates des îles des Larrons, dans le golfe de Tonquin.

Le 1er novembre, entrée solennelle à Stockholm du prince royal héréditaire de Suède (le maréchal Bernadotte, prince de Ponte-Corvo).

Le 12, réunion de la république du Valais à l'empire français.

Le 17, déclaration de guerre de la Suède contre l'Angleterre.

Le 19, levée du blocus de la rivière de la Plata.

Le 10 décembre, décret pour la réunion de la Hollande à l'empire français.

1811. Le 20 janvier, prise d'Oporto par les Français.

Le 9 février, prise d'assaut du fort Pardaleras.

Prise de la forteresse circassienne Sudshukkala par les Russes sur les Turcs.

En mars, prise de la ville de Badajoz.

Déclaration de guerre en forme contre Buenos-Ayres et ses dépendances, par le vice-roi nommé par la régence, dom Clavier de Elio.

Le 20, naissance du prince Napoléon (François-Charles-Joseph), qui reçoit le titre de roi de Rome.

Le 30 avril, incendie terrible de la ville de Neumarktel en Illyrie.

Le 10 mai, incendie considérable de la ville de Kolotscha en Hongrie.

Le 23 mai, massacre des beys en Égypte.

Le 1er juin, prise d'assaut du fort d'Oliva par les Français sur les Espagnols.

Le 7 juin, tremblement de terre considérable au Cap.

Incendie terrible à Kœnigsberg ; plus de six millions de thalers ont été la proie des flammes.

Le 5, levée du siége de Badajoz par les Espagnols.

Le 10, incendie de la ville de Smyrne.

Le 12, inauguration du buste du célèbre Linné, à Hill en Scanie.

Le 12, décret royal pour mettre en vigueur dans le royaume de Naples, le système des poids et mesures établi dans l'empire français.

Le 20, émission de billets d'échange en Autriche.

Le 22, victoire de l'armée russe sur les Turcs, sur les hauteurs de Roustchout.

Le 26, installation de la cour impériale à Strasbourg.

Le 29, levée du siége de Tarragone. Le même jour, mort du célèbre opérateur T. G. Winslow, à Copenhague.

Le 1er juillet, installation de la cour impériale à Gènes.

Le 10, incendie à Archangel.

Le 12, incendie du faubourg de Péra à Constantinople.

Le 14, découverte de cinquante pièces de vieux canons, tant polonais que suédois, qui avaient été enterrés depuis 1657, dans les environs de Modlin, duché de Varsovie.

Révolution à Curaccas et à Porto-Cavallo.

Incendie de six cent soixante-deux maisons dans la ville de Portyckow, en Russie.

Le 28, incendie de tous les quartiers des Arméniens, etc., à Constantinople.

Le 29, incendie de cent vingt-une maisons à Saalfeld.

Le 1er août, incendie de trois cent quatorze sur trois cent soixante-huit maisons, à Peesnitz en Bohême.

Le 23, plantation de l'arbre de l'indépendance dans l'Amérique méridionale.

Le 25, installation de la cour impériale à Rome.

Le 30, ouverture de la diète à Presbourg en Hongrie.

Depuis J.-C. Bombardement de Monte-Video.

Le 18 septembre mort, dans, les États danois, du prince Guillaume-Chrétien de Brunswick-Wolfenbuttel.

Le 20, conspiration pour livrer Valencia.

Le 26, insurrection dans la ville de Tunis.

Le 3 octobre, mort du prince Albert, frère du prince régnant.

Le 4, tremblement de terre en Hongrie.

Le 7 octobre, incendies dans plusieurs districts du royaume de Wurtemberg.

Le 8, prise de Sambo.

Le 26, assemblée politique du cercle de Cracovie.

Le 18 novembre, mort de M. Koes, savant danois, dans son voyage de la Grèce.

Le 24, incendie du palais du roi, à Cassel.

1812. Le 4 janvier, lord Wellington assiége Ciudad-Rodrigo.

Le 9, Valence capitule avec le maréchal Suchet; 19,000 prisonniers et près de 400 pièces de canon sont le résultat de la prise de cette ville.

Le 16, Ferdinand IV, roi de Sicile, dépose les rênes du gouvernement entre les mains de son fils, qui les cède à lord Bentinck.

Le 1er février, les Anglais se rendent maîtres de Palerme.

Le 24, traité d'alliance entre la France et la Prusse contre la Russie.

Le 13 mars, formation de la garde nationale de France, et sa division en 1er, 2e et arrière-ban : tout annonce la guerre avec la Russie.

Le 14, traité d'alliance entre la France et l'Autriche : cette dernière puissance doit fournir 30,000 hommes de troupes auxiliaires. Les mêmes secours sont exigés de tous les souverains et princes d'Allemagne.

Le 8 avril, traité d'alliance offensive et défensive entre la Russie et la Suède, pour la cession de la Norwége à cette dernière puissance.

Le 10, 650,000 hommes se dirigent du midi et de l'occident de l'Europe vers la Russie.

Le 22, l'empereur Alexandre part de St.-Pétersbourg pour se mettre à la tête de ses troupes à Wilna : on fait les plus grands préparatifs en Russie pour repousser les Français. En Amérique, les provinces espagnoles se soulèvent contre la mère-patrie.

Le 1er mai, bombardement de Cadix par les Français.

Le 10, assassinat de Perceval, premier ministre d'Angleterre.

Le 16, réunion à Dresde des souverains confédérés.

Le 25, départ de Charles IV, roi d'Espagne, de Marseille pour se rendre à Rome, y fixer son séjour au palais Borghèse. Traité de paix entre la Russie et la Porte, qui cède partie de la Moldavie et de la Bessarabie.

Le 30, l'armée anglaise se montre formidable en Espagne, que les Français ont dégarnie de leurs meilleures troupes.

Le 2 juin, les Français commandent à Berlin.

Le 7, 3 flottes anglaises se rendent dans la Baltique.

Le 12, grande éruption du Vésuve.

Le 17, arrivée de Charles IV à Rome.

Le 18, les États-Unis déclarent la guerre à l'Angleterre.

Le 20, les Anglais assiégent Salamanque; le pape est transféré de Savone à Fontainebleau.

Le 23, les Français passent le Niémen.

Le 27, entrée de Napoléon dans Wilna.

Le 29, les corps de l'armée russe se retirent sans avoir été entamés, après avoir incendié leurs magasins.

Le 8 juillet, les corps russes sont séparés entre eux par un espace de 100 lieues : les Français ont conquis la Lithuanie.

Le 19, les Russes se retirent par Polotsk et Witepsk sur Smolensk et Moskow.

Le 20, traité de paix et d'alliance entre la Russie et l'Angleterre.

Le 22, combat de Mohilow, où le prince d'Ekmuhl est attaqué par le prince Bagration, qui taille en pièces 9 régimens de cavalerie de sa division.

Le 25, combat d'Ostrowno, où la cavalerie russe est culbutée et l'artillerie enlevée.

Le 29, le quartier-général de la grande armée est à Witepsk.

Le 10 septembre, Napoléon marche sur Smolensk. Prise d'Astorga en Espagne, par les Anglais. Proclamation du général russe Benrnigsen, qui prédit aux Français leurs désastres en se rendant à Moskow.

Le 13, l'arrière-garde des Russes est culbutée sur Kobryn.

Le 14, combat de Krasnoi, où les Russes perdent 5,000 hommes.

Le 16, combat de Polotsk, précurseur de la bataille de Smolensk : publication de la paix à Saint-Pétersbourg, entre la Russie et l'Angleterre.

Le 17, bataille de Smolensk, qui est attaquée de front par les Français, et incendiée par les Russes et abandonnée dans la nuit.

Le 19, combat de Valontina, à la suite duquel les Russes précipitent leur retraite sur Moskow.

Le 21, l'armée russe dans sa marche dévaste les routes, et détruit toutes les villes et villages, pour enlever toute ressource aux Français.

Le 1er septembre, sénatus-consulte qui ordonne la levée de 120,000 conscrits.

Le 2, en Espagne, le maréchal Soult se dirige vers Valence pour s'y réunir au maréchal Suchet.

Le 5, combat de Borodino, dont l'issue est douteuse.

Le 7, bataille de la Moskowa, où les Russes perdent 13,000

Depuis J.-C.

hommes et 9,000 blessés, 60 pièces de canon et 5,000 prisonniers.

Le 13, le général en chef Kutusow évacue Moskow.

Le 14, entrée des Français dans Moskow, où le feu est mis en 500 endroits à la fois par 6,000 hommes, d'après une résolution du sénat dirigeant de l'empire russe. Les Français y sont dépourvus de toute ressource.

Le 17, lord Wellington se dirige sur Burgos, qu'évacuent les Français.

Le 19, ce général est nommé par les cortès généralissime des armées d'Espagne.

Le 19, la garnison de Riga, qu'assiégent les Français, est renforcée de 30,000 hommes.

Le 20, les Français demeurent à Moskow aux trois quarts consumée, et menacent les points importans de l'empire russe.

Wellington échoue devant le château de Burgos, défendu par le général Dubreton.

Le 1er octobre, les Anglais reprennent Madrid.

Le 3, il y a déjà trois degrés de froid à Moskow, où les Français construisent des baraques.

Le 5, le roi de Naples entre à Kologha; le 9, il est à Nara; les cosaques rôdent autour de l'armée française.

Le 13, la première neige tombe à Moskow.

Le 15, les hôpitaux français sont évacués de Moskow sur Smolensk, et l'armée reçoit ordre de se préparer à la retraite, cette ville n'étant point une position militaire.

Le 18, l'armée est en marche, Napoléon fait proposer une suspension d'armes, qui est refusée.

Le 19, il sort de Moskow, après 35 jours de séjour.

Le 22, les Russes reprennent le fort impérial du Kremlin, auquel le maréchal Mortier a fait mettre le feu.

Le 23, conspiration de Mallet, qui est étouffée aussitôt que mise à exécution. Elle tendait à renverser le gouvernement de Bonaparte, à réduire la France à ses anciennes limites, et à réunir un congrès pour la paix générale. Les conspirateurs sont arrêtés et livrés à une commission militaire.

Le 24, combat de Malojaroslawetz, dont les résultats sont incertains; l'armée française continue sa marche rétrograde.

Le 29, les conspirateurs sont fusillés à Grenelle.

Le 1er novembre, rentrée des Français à Madrid, sous le commandement du roi Joseph.

Le 4, les Russes coupent, et les cosaques harcèlent dans leur marche les différens corps de l'armée française.

Le 7, le froid augmente, et des milliers de chevaux et d'hommes périssent dans les bivouacs.

Le 8, arrivée de Napoléon à Smolensk.

Le 14, le froid est de 15 degrés, les Russes enlèvent des

corps de troupes ; il faut marcher pour ne pas être obligé à une bataille ; le maréchal Ney fait sauter les remparts de Smolensk, qu'il évacue.

Le 16, le froid est à 18 degrés, et les désastres de l'armée sont à leur comble.

Le 19, les Français repassent le Borysthène.

Le 20, Les Russes les attendent avec quatre divisions à la Bérésina.

Le 27, passage de la Bérésina, où la division Partouneaux égarée, est enlevée.

Le 31, toutes les réserves qui sont en France et en Allemagne, partent pour soutenir notre armée défaite.

Le 5 décembre, Napoléon quitte l'armée, et part incognito pour la France.

Le 19, à son arrivée à Paris, l'opinion se soulève contre lui, et lui demande compte du sang qu'il a fait verser.

Le 31, les Prussiens font une convention avec les Russes. Les Espagnols se donnent une constitution populaire.

Le 2 janvier, les Autrichiens s'entendent avec les Russes. 1813.

Le 11, sénatus-consulte qui met à la disposition de Napoléon 350,000 hommes. Les Français prennent position à Marienwerder.

Le 25, en France, on fait des préparatifs pour rentrer en campagne.

Le 5 février, la régence est dévolue à Marie-Louise. Mort de Michel-Ange Cambiaso, dernier doge de Gênes.

Le 10, Madisson est réélu président des États-Unis.

Le 22, l'empereur Alexandre appelle les Allemands aux armes, et manifeste le vœu de rétablir les Bourbons sur le trône de leurs ancêtres.

Le 3 mars, traité d'alliance entre l'Angleterre et la Suède, qui entre dans la nouvelle coalition contre la France.

Le 10, les Français prennent position sur l'Elbe.

Le 16, la Prusse déclare la guerre à la France.

Le 2 avril, insurrection des Palermitains contre les Anglais. Nouveau sénatus-consulte qui ordonne la levée de 180,000 hommes, et celle des gardes-d'honneur.

Le 15, Napoléon part pour l'armée, qui est attaquée. Les Prussiens se lèvent en masse, et s'organisent sous les dénominations de *Landwehr* et de *Landsturm*.

Les 1er et 2 mai, bataille sanglante de Lutzen, où 25,000 alliés et 10,000 Français restent sur le champ de bataille, les premiers sont repoussés. L'Angleterre garantit à la Suède la réunion de la Norwége.

Le 8, Napoléon établit son quartier-général à Dresde.

Le 20, bataille de Bautzen, dont l'issue est douteuse.

Le 21, bataille de Wurtzen et de Hoch-Kirchen, à l'avantage des Français, qui forcent les alliés à se retirer.

Le 22, mort de Duroc, tué d'un boulet de canon. On

Depuis J.-C.

convient de part et d'autre de nommer des plénipotentiaires pour traiter de la paix.

Le 28, en Espagne, l'armée combinée fait des dispositions pour en chasser les Français.

Le 29, armistice en Allemagne, pendant les négociations.

Le 1er juin, l'empereur d'Autriche, qui a cessé d'être l'allié de la France, offre sa médiation pour la conclusion de la paix.

Commencement des hostilités entre les Danois et les Suédois.

Le 14, prorogation pour vingt années de la charte de la compagnie anglaise dans les Indes Orientales.

Le 30, convention pour la réunion d'un congrès à Prague, sous la médiation de l'Autriche, et pour la conclusion de la paix.

Le 10 juillet, traité d'alliance défensif entre le Danemarck et la France.

Le 11, l'armistice est prolongé jusqu'au 10 août.

Le 6 août, arrivée du général Moreau à Prague.

Le 10, dissolution du congrès de Prague; l'Autriche déclare la guerre à la France; les Prussiens et les Russes entrent en Bohême.

Le 12, les alliés détachent les princes d'Allemagne des intérêts de la France. On exigeait que Napoléon quittât le protectorat de la confédération rhénane, et on lui offrait les limites de l'ancienne France.

Le 17, reprise des hostilités.

Le 18, Tarragone est démantelé par les Français. L'armée alliée débouche de Bohême pour se porter sur Dresde par la rive gauche de l'Elbe.

Les cortès prononcent la peine de mort contre celui qui voudrait rétablir le gouvernement monarchique héréditaire.

Le 22, Napoléon quitte la Silésie.

Le 23, le maréchal Gouvion se retire sur Dresde.

Le 24, sénatus-consulte pour la levée de quatre-vingt-dix mille hommes pour l'Espagne.

Le 27, bataille de Dresde, où les alliés échouent dans leur attaque de cette ville, et après laquelle ils se retirent avec perte de vingt-cinq à trente mille hommes. Le général Moreau y est blessé à mort d'un boulet de canon qui traverse son cheval, et lui emporte une jambe.

Le 2 septembre, mort du général Moreau.

Le 5, en Silésie, les alliés sont forcés de passer la Neisse.

Le maréchal Ney, attaqué par Bulow, perd huit mille hommes; en Italie, le vice-roi soutient nos affaires.

Le 20, les Français abandonnent Valence, ville d'Espagne.

Le 7 octobre, les Espagnols menacent les frontières des Pyrénées.

Les Anglais sont devant Baïonne.

Le 2, Napoléon se porte sur Leipsick.

Sénatus-consulte pour la levée de deux cent quatre-vingt mille hommes de 1814 et 1815.

Le 16, bataille de Leipsick ou de Wachau, où les alliés perdent vingt-cinq mille hommes, et sont repoussés après sept attaques. Les Français manquent de munitions, et sont obligés à la retraite.

Le 18, passage du pont de la Pleiss, où les Français se précipitent en désordre; le pont est rompu, par un mal-entendu; douze mille hommes qui ne l'avaient point passé sont faits prisonniers, et soixante pièces de canon tombent au pouvoir des alliés.

Le 29, soixante-dix mille Bavarois, ou alliés, sont à Hanau, près Francfort, où ils attendent les Français pour leur barrer le passage.

Le 30, affaire de Hanau, où les Bavarois sont enfoncés après avoir perdu six mille prisonniers, et forcés à la retraite. L'armée française marche vers le Rhin; en Italie, le vice-roi se retire.

Le 9 novembre, les alliés annoncent qu'ils consentent que les Français rentrent dans leurs anciennes limites, qui sont le Rhin, les Alpes et les Pyrénées. Napoléon arrive à Saint-Cloud; on murmure à Paris contre lui.

Le 15, sénatus-consulte qui ordonne une nouvelle levée de trois cent mille hommes sur les anciennes classes.

Le 1er décembre, déclaration des alliés donnée à Francfort pour détacher les Français de la cause de Napoléon.

Le 11, traité de paix entre Napoléon et le roi Ferdinand VII. Les Autrichiens entrent en Suisse, dont ils avaient reconnu la neutralité du territoire.

Le 19, les habitans des Vosges, de l'Alsace et de la Franche-Comté courent aux armes.

Le 20, entrée des troupes alliées en France, au nombre de cent soixante mille hommes.

Le 25, éruption du Vésuve.

Le 28, sur les représentations faites à Napoléon par le corps-législatif, il est dissout. Les Bavarois assiégent Béfort et Huningue.

Le sénat joint ses instances à celles du corps-législatif pour engager Napoléon à conclure la paix.

Le 1er janvier, passage du Rhin par les Prussiens, à Remagen, près Cologne. 1814.

Le 3, levée en masse des départemens des Vosges, de la Haute-Saone, du Doubs, et du Mont-Blanc.

Le 4, le roi de Naples, Joachim, traite avec les Autrichiens, et se joint à la coalition, sous la condition que la couronne de Naples lui est assurée à lui et à ses successeurs.

Le 14, traité à Kiel, entre le Danemarck, et les alliés de l'autre, par lequel les Anglais restituent à cette couronne toutes les colonies qui lui avaient été enlevées.

Depuis J.-C.

Le 17, toute la ligne des places fortes du Nord est mise en état de défense.

Le 25; départ de Napoléon pour l'armée; il confie la régence à Marie-Louise, et son fils à la garde nationale de Paris. Départ du souverain Pontife de Fontainebleau pour Rome.

Le 29, combat à Brienne, où les Prussiens sont repoussés.

Le 30, bataille de la Rothière, où les alliés enlèvent aux Français soixante-neuf pièces de canon, et leur tuent deux à trois mille hommes; eux-mêmes en perdent six mille.

Le 31, les environs de Brienne sont ravagés par les troupes des deux armées.

Le 2 février, proclamation du duc d'Angoulême, adressée aux Français, à son arrivée à Saint-Jean-de-Lūz.

Le 8, entrée des alliés à Troyes. En Italie, le vice-roi se défend avec beaucoup de succès.

Le 10, bataille de Champaubert, où les Français enlèvent aux Russes quarante-quatre pièces de canon et 100 caissons; douze de leurs régimens y sont détruits.

Le 11, bataille de Montmirail, où les alliés perdent trois mille hommes, et sont repoussés.

Le 12, les armées anglaise et portugaise sont tenues en échec sur les Pyrénées.

Le même jour, le général Sacken perd à Château-Thierry trente pièces de canon, et cinq mille des siens sont faits prisonniers.

Le 14, bataille de Vauchamp, où les Prussiens sont repoussés.

Le 15, lettre de S. M. Louis XVIII à l'empereur Alexandre, par laquelle il lui recommande les quinze mille Français qui sont prisonniers dans ses Etats.

Le 16, entrée à Paris de quantité de prisonniers des alliés.

Le 17, victoire de Nangis, où les Russes sont enfoncés, perdentsix mille prisonniers, dix mille fusils, seize pièces de canon, et quatre caissons.

Le 18, bataille de Montereau, où les alliés perdent huit mille hommes. Les alliés sont obligés d'évacuer une partie de la Champagne, et c'est après ces succès, que Napoléon s'écrie qu'il est plus près de Vienne qu'ils ne sont de Paris.

Le 21, arrivée à Vesoul, de Monsieur, comte d'Artois, frère de Louis XVIII. Congrès à Châtillon, pour traiter de la paix, dont les cosaques interceptent les courriers.

Le 27, proclamation de Monsieur aux Français.

Le 1er mars, traité de Chaumont entre les quatre grandes puissances, pour forcer la France à la paix, et rendre l'Europe à son ancienne indépendance.

Le 3, de toutes parts on se plaint en France des excès commis par les troupes alliées.

Le 6, bataille de Craonne, où Napoléon force Blucher

dans sa position, mais où ils perdent de part et d'autre cinq à six mille hommes, sans aucun résultat.

Le 8, l'armée anglaise entre par surprise dans Berg-op-Zoom, mais elle en est repoussée avec perte de 3,500 hommes.

Le 10, seconde attaque de Napoléon sur Laon, d'où il est repoussé avec perte.

Le 12, Bordeaux reconnaît Louis XVIII. Les alliés manœuvrent sur Paris.

Le 21, pillage d'Epernay pendant 48 heures, par l'armée des alliés.

Napoléon est coupé de ses communications avec Paris, par la réunion des corps de Blucher et du prince de Schwartzenberg.

Le 24, rentrée de Ferdinand VII en Espagne.

Le 25, combat de la Fère-Champenoise, où le duc de Raguse perd six à sept mille prisonniers, cent pièces de canon, et cinq à six mille tués ou blessés. Le découragement des troupes, après cette affaire imprudente, est à son comble. Les ressorts du gouvernement sont détruits, et Paris semble livré au premier occupant.

Le 27, Marie-Louise quitte Paris avec son fils.

Le 28, Napoléon se décide à revenir sur Paris.

Le 30, bataille de Paris, où les alliés perdent douze mille hommes, et les Parisiens cinq mille, et qui se termine par la capitulation proposée par le corps municipal de cette ville.

Le 31, mort du prince de Conti à Barcelonne, en Espagne.

Dès le matin, des groupes de royalistes fidèles parcourent les rues de Paris pour rassembler leurs partisans. Entrée des souverains alliés aux cris de *vive le Roi! vive Louis XVIII!* qu'ils encouragent. Déclaration des souverains, portant qu'ils ne traiteront plus avec Napoléon Bonaparte, qu'ils respecteront l'intégrité de la France telle qu'elle a existée sous ses souverains légitimes; qu'ils reconnaîtront la constitution que la nation française se donnera, et ordonnent la formation d'un gouvernement provisoire. Pendant ce temps, Napoléon qui était venu jusqu'à Villejuif, rétrograde avec son armée jusqu'à Fontainebleau, où se porte l'armée alliée.

Le 1er avril, le sénat est convoqué par le prince de Bénévent, par l'ordre des souverains alliés. Un gouvernement provisoire est établi. Ouverture du congrès des souverains à Paris.

Le 2, la déchéance de Napoléon est déclarée par le sénat, pour avoir violé plusieurs articles de la constitution.

Le 3, le corps législatif de France adhère à l'acte du sénat. On couvre d'un voile la statue de Bonaparte qui surmonte la colonne de la place Vendôme.

Le 4, on proclame dans Paris l'acte de déchéance, aux cris de *vive Louis XVIII!*

A Fontainebleau, Bonaparte harangue ses soldats, et veut

Depuis J.-C.

marcher sur Paris; mais les maréchaux s'y refusent, et le maréchal Ney lui présente l'acte de déchéance. Il se décide à abdiquer en faveur de son fils; mais on lui assigne l'île d'Elbe, et six millions de revenus. Il se résigne, et se tait. Le 6, nouvelle constitution décrétée par le sénat qui appelle Louis XVIII au trône, et conserve les principes de la révolution.

Le 8, on proclame dans Paris la constitution du sénat. Tous les maréchaux adhèrent aux changemens ordonnés par le sénat, et abandonnent Bonaparte, à Fontainebleau, avec six mille hommes, de cent mille qu'il avait, quelques jours auparavant.

Le 10, combat sanglant de Toulouse, où malgré leur supériorité numérique, les Anglais sont battus.

Traité de Paris entre Napoléon et les souverains alliés, par lequel il renonce à l'empire, et accepte l'île d'Elbe en toute souveraineté.

Le 12, arrivée à Paris, de Monsieur, frère du roi. Le même jour, départ de Louis XVIII du château d'Hartwel dans le Buckinghamshire.

Le 14, Monsieur est déclaré lieutenant-général du royaume.

Le 17, les cortès d'Espagne proposent à Ferdinand VII d'accepter la constitution de 1812, avant de se rendre à Madrid; il s'y refuse.

Le 23, convention pour la suspension des hostilités.

Le 24, arrivée de Louis XVIII à Calais.

Le 28, Bonaparte s'embarque pour l'île d'Elbe.

Le 1er mai, Louis XVIII est reconnu à Compiègne, roi de France, par la députation des grands corps de l'État.

Le 3, arrivée de Louis XVIII à Paris, où il est reçu avec enthousiasme, ainsi que son auguste famille. Arrivée de Bonaparte à l'île d'Elbe.

Le 4, Ferdinand VII déclare nulle la constitution des cortès.

Le 9, proclamation de Louis XVIII sur son avénement au trône.

Le 12, arrivée à Gênes de Victor-Emanuel IV, roi de Sardaigne. Il entre à Turin, le 20.

Le 13, les Autrichiens s'emparent de la Lombardie et des Etats vénitiens.

Le 14, entrée de Ferdinand à Madrid; il déclare nulle la constitution de 1812, faite sans son consentement. La guerre continue avec acharnement, et avec des succès variés, dans les colonies espagnoles d'Amérique. Monte-Video est enlevé au roi d'Espagne.

Le 24, le pape rentre à Rome.

Le 30, traité de paix signé à Paris entre la France et les alliés, par lequel la France rentre, à très-peu de chose près, dans ses anciennes limites. Un *article additionnel* porte l'abolition de la traite des Noirs.

Le 1er juin, publication de la paix à Paris ; mort de Joséphine Tascher, première épouse de Bonaparte.

Le 4, Louis XVIII octroie une charte constitutionnelle à la France. Il nomme cent cinquante-quatre pairs à vie.

Le 14, traité de paix entre le Danemarck et l'Angleterre, qui acquiert l'île d'Héligoland.

Le 30, congrès à Gand pour traiter de la paix entre l'Angleterre et les Etats-Unis d'Amérique.

Le 11 juillet, maintien de l'indépendance des villes anséatiques ; Francfort est déclarée ville libre.

Le 20, traité entre la France et l'Espagne.

Le 23, passage de la flotte d'Anvers entre la France et l'Angleterre.

Le 13 août, convention entre l'Angleterre et la Hollande, qui règle les possessions d'outre-mer des deux pays.

Le 13, la Suède renonce à la Guadeloupe, moyennant trente-quatre millions payés par l'Angleterre.

Révolution en Chine, à la suite de laquelle une guerre furieuse amène la destruction d'un million d'hommes dans la seule ville de Pekin.

Le 14, entrée des Suédois à Christiania.

Le 23, abdication du roi de Saxe, qui semble prévoir le partage de ses États.

Le 28, Genève se donne une constitution.

Le 29, rupture de négociations entamées à Gand, entre la Grande-Bretagne, et les Etats-Unis.

Le 31, elles sont reprises deux jours après.

Le 2 septembre, les troupes saxonnes redemandent leur roi.

Le 3, réunion des deux départemens de la Corse en un seul.

Le 12, l'intégrité du territoire helvétique est reconnue.

Le 18, départ du roi de Prusse et de l'empereur de Russie pour le congrès de Vienne, qui doit régler les intérêts de l'Europe ; ils y sont suivis de beaucoup d'autres princes souverains.

Le 29, Pie VII nomme Lucien Bonaparte, frère de Napoléon, prince de *Canino*.

Le 2 octobre, on proclame à Mexico l'indépendance du pays.

Le 3, Marseille est déclaré port franc.

Le 12, le congrès de Vienne se constitue, et se divise en congrès européen, et en congrès ou comité allemand.

Le 18, ouverture du congrès général.

Le 19, l'Autriche, la France et la Bavière demandent le rétablissement du roi de Saxe.

Le 22, les bases du congrès de Vienne sont d'agrandir les

Depuis J.-C.

États voisins de la France, pour assurer la tranquillité de l'Allemagne.

Le 28, on propose au congrès d'ériger les Pays-Bas en royaume.

Le 1er novembre, commencent les conférences des envoyés des grandes puissances.

Le 16, le congrès désapprouve la sévérité que déploie Ferdinand VII en Espagne.

Le 18, Charles XIII, roi de Suède, est proclamé roi de Norwège, à Christiania.

Czerni-George, chef des Serviens, devient prince et général russe.

Le 26, Gênes est incorporée au Piémont.

Le 28, Ferdinand VII fait brûler dans un auto-da-fé les archives des cortès, pour effacer jusqu'au souvenir de ces assemblées.

Le 2 décembre, conclusion de la confédération germanique.

Le 3, les biens des émigrés non vendus leur sont rendus par une loi.

Le 4, les dettes de Louis XVIII seront acquittées par le trésor.

Le 9, le grand-duc de Bade donne à ses sujets une constitution libérale.

Le 11, la place de Mayence est déclarée forteresse de la confédération germanique.

Le 17, le congrès est prorogé jusqu'au 15 février 1815.

Le 18, séquestre mis en France sur les biens de la famille de Bonaparte.

Le 14, traité de paix entre la Grande-Bretagne et les États-Unis d'Amérique.

Les Anglais s'emparent de la Nouvelle-Orléans.

1815. Le 6 janvier, la correspondance entre le roi de Naples et l'île d'Elbe devient très-active.

Le 7, découverte d'une conspiration formée à Milan, contre le gouvernement autrichien, en faveur de Bonaparte.

Le 14, convention entre Charles IV et Ferdinand VII, qui lui accorde trois millions de réaux par an.

La Suisse sera indépendante, et composée de vingt-deux cantons.

Le 21, exhumation des cendres de Louis XVI et de son épouse, du cimetière de la Madeleine à Paris, et translation de ces mêmes cendres dans l'ancien tombeau des rois de France, à Saint-Denis.

Le 22, Bonaparte se refuse à divorcer avec l'archiduchesse Marie-Louise.

Le 31, les Autrichiens paraissent vouloir s'emparer de Turin, et Murat, de Rome.

Le 7 février, il est décidé qu'une grande partie de la Pologne restera à la Russie, et que le roi de Saxe devra renoncer à une partie de ses Etats en faveur de la Prusse.

Le 8, le congrès abolit la traite des noirs.

Le 23, les trois maisons de Bourbon protestent contre l'occupation du trône de Naples par le roi Joachim.

Le 26, Bonaparte, après avoir établi une junte dans l'île d'Elbe, part de Porto-Ferrajo avec trois bâtimens, et neuf cents hommes de troupes.

Le 27, il traverse la croisière française sans en être reconnu.

Le 28, un vaisseau français de 74 ne l'aperçoit pas.

Le 1er mars, Bonaparte débarque à trois heures après midi dans le golfe de Juan, près Cannes, département du Var.

Quinze hommes, qu'il fait débarquer à Antibes, sont faits prisonniers. A cinq heures, toute l'expédition est débarquée. Proclamation à l'armée et aux Français; il suit la route de Grenoble; ses bâtimens sont saisis.

Le 2, le système de sévérité se soutient à Madrid; on y craint une explosion.

Le 5, nouvelle, à Paris, du débarquement de Bonaparte.

Le 6, départ de Monsieur pour Lyon. Bonaparte est déclaré traître et rebelle; il est enjoint à tous les Français de courir sus, et de l'arrêter. Bonaparte rencontre, près de Grenoble, l'avant-garde d'une division de six mille hommes, qui a reçu la défense de communiquer, et qui recule de trois lieues.

Le 7, tous les ambassadeurs des puissances, en résidence à Paris, se rendent auprès de Louis XVIII. Rencontre, le même jour, de Bonaparte avec les troupes de Grenoble, à la tête de sa garde; il s'en fait connaître; tous crient : *vive l'empereur!* Les portes de la ville sont enfoncées; il y entre à dix heures du soir, au milieu de l'armée et du peuple.

Le 8, Monsieur arrive à Lyon, et y est reçu avec enthousiasme. Bonaparte y est attendu le même jour. Les princes en sortent. Le roi de Naples, apprenant que les alliés ne veulent plus le reconnaître pour roi légitime, se met à la tête de son armée.

Le 10, Bonaparte arrivé aux portes de Lyon, se porte au galop sur cette ville, à la tête des troupes qui devaient lui en défendre l'entrée. Un soldat, à qui Monsieur veut faire crier *vive le roi*, répond par le cri de *vive l'empereur*. Monsieur retourne à Paris, accompagné d'un seul gendarme.

Le 13, Bonaparte part de Lyon, et se dirige sur Paris. Première proclamation des souverains alliés contre Bonaparte, qu'ils regardent comme perturbateur du repos du monde.

Le 15, Bonaparte est à Autun. Le 16, le maréchal Ney se joint à lui.

Le 18, nouvelle proclamation des alliés contre Bonaparte.

Le 19, départ de Louis XVIII de Paris.

Depuis J.-C.

Le 20, Bonaparte arrive au palais des Tuileries à la tête des troupes destinées à s'opposer à son passage.

Le 21, le roi de Naples arrive à Ancône. Le pape quitte Rome.

Le 23, les Anglais s'emparent de l'île d'Elbe.

Les Bourbons sont proscrits par un décret de Bonaparte.

Le 26, traité entre le roi de Sardaigne, l'Autriche, l'Angleterre, la Russie, la Prusse et la France, au sujet de leurs cessions de territoire.

Le 27, les royalistes de Bordeaux veulent désarmer la garnison, qui refuse de crier *vive le roi!*

Le 28, le roi de Naples est à Ancône avec six mille hommes.

Le 29, les Autrichiens occupent Turin.

Le 30, Louis XVIII se rend d'Ostende à Gand. Bonaparte réorganise l'armée, et en passe tous les corps en revue.

Le 1er avril, le général Clausel attaque Bordeaux; S. A. R. Madame, duchesse d'Angoulême, fait tirer sur lui. Le drapeau tricolore est arboré sur le Château-Trompette.

Le 2, le duc d'Orléans passe en Angleterre. Seconde déclaration des puissances contre Bonaparte et ses adhérens.

Le 4, partout les Italiens grossissent l'armée du roi de Naples.

Le 6, le roi de Naples attaque les Autrichiens, et les bat; il leur fait huit cents prisonniers. Il entre à Florence.

Le 7, les troupes de ligne qui accompagnaient le duc d'Angoulême, qui voulait tenir sur la Drôme, l'abandonnent.

Le 9, ce prince met bas les armes, et signe une convention à la Palme avec le général Gilly. Parme est au pouvoir du roi de Naples, qui a battu les Autrichiens. La Suisse se déclare neutre.

Le 10, les Espagnols ne veulent point se mêler des affaires de la France. L'empereur de Russie prend le titre de *roi de Pologne*.

Le 11, Bonaparte consent que le duc d'Angoulême soit embarqué à Cette. Déclaration de guerre des alliés contre Bonaparte, personnellement, et non contre la France.

Le 13, les Napolitains commencent à être repoussés par les Autrichiens.

Le 15, proclamation de Louis XVIII aux Français.

Le 16, le roi de Prusse prend possession du Bas et Moyen-Rhin, sous le titre de grand-duché du Bas-Rhin.

Le 17, le roi de Naples est en pleine retraite sur Ancône.

Le 19, en Angleterre, le peuple forme un parti, qui veut la paix avec la France.

Le 20, Pétion est réélu président d'Haïti pour quatre années.

Le 21, le roi de Naples est défait sur le Ronco, et demande un armistice.

Le 22, une révolution éclate à Naples; on y crie : *mort à Joachim!* et *vive Ferdinand IV !*

Le 23, les souverains alliés rejettent les propositions de paix de Bonaparte.

Le 26, la Champagne, la Bourgogne et les Vosges courent aux armes. De toutes parts, les troupes des alliés marchent vers la France.

Le 30, manifeste de l'Angleterre contre la France.

Le 1er mai, on commence à travailler aux fortifications de Paris.

Le 2, trente négocians de Paris s'offrent pour faire la garde de Louis XVIII à Gand.

Le 3, le roi Joachim fait huit mille prisonniers aux Autrichiens, près de Tolentino, et leur prend vingt-huit pièces de canon.

Le 4, traité entre la Russie et l'Autriche relatif à leurs cessions de territoire; seconde bataille de Tolentino, dont le résultat est douteux.

Le 10, le dey d'Alger est décapité.

Le 11, une escadre anglaise entre dans la baie de Naples, et menace la ville d'un bombardement; la reine Caroline lui remet ses vaisseaux et ses arsenaux, ainsi qu'au roi des Deux-Siciles.

Le 13, le roi Joachim, poursuivi depuis la bataille de Tolentino, perd la moitié de son armée.

Le 16, les Autrichiens demandent le passage de la Suisse à la diète, qui la refuse.

Le 17, une insurrection royaliste éclate dans les Deux-Sèvres, sous la conduite de la Roche-Jacquelein.

Le 19, les Napolitains se débandent. Le roi Joachim arrive à Naples avec quatre cavaliers seulement; il se présente à son épouse en protestant qu'il n'a pas pu mourir; il sort de Naples avec un faux passeport.

Le 20, l'assemblée du *champ de Mai*, convoquée à Paris par Bonaparte, commence à s'y réunir. Le roi de Naples s'embarque sur une barque de l'île d'Ischia qui le conduit à Cannes; son épouse capitule.

Le 24, on organise les fédérés de Paris en bataillons.

Le 25, création de l'armée de la Loire. Établissement d'une constitution en Pologne.

Le 26, affaire d'Asenay, où les royalistes de la Vendée laissent douze cents morts ou blessés.

Le 29, la clôture du congrès de Vienne est signée par tous les plénipotentiaires.

Le 1er juin, *assemblée du champ de Mai;* l'acceptation de l'acte additionnel aux constitutions de l'empire y est prononcée.

Le 2, Mina entre à Madrid avec trente mille hommes, qui

Depuis J.-C.

demandent une constitution. Ferdinand VII quitte cette capitale.

Le 3, mort de la Roche-Jacquelein, chef des royalistes dans la Vendée, dans une affaire contre le général Travot.

Le 5, la Suisse entre dans la coalition; tout annonce l'imminence des hostilités.

Le 13, l'armée française est en plein mouvement sur la frontière du nord.

Le 14, proclamation de Bonaparte à ses soldats.

Le 15, commencement des hostilités. Les Français s'emparent de la position de Fleurus.

Le 16, batailles de Ligny et Beaumont, où les alliés, en déroute, perdent quinze mille hommes, et les Français trois mille.

Le 18, bataille de Waterloo : les commencemens de cette journée sont tout à l'avantage des Français; mais des imprudences sont commises, des mal-entendus ont lieu, la trahison, dit-on, vient s'y joindre; on crie : *tout est perdu! la garde est repoussée! sauve qui peut!* le désordre est bientôt à son comble; l'ennemi en profite, et fond avec sa cavalerie. L'armée n'est bientôt plus qu'une masse confuse, les parcs de réserve, les bagages, tout ce qui est sur le champ de bataille tombe au pouvoir de l'ennemi; en vain la garde impériale fait d'héroïques efforts, elle ne peut que mourir.

Le 20, Bonaparte rentre à Paris, à neuf heures du soir.

Le 21, Louis XVIII envoie l'ordre, aux royalistes de la Vendée, d'arrêter l'effusion du sang français.

Bonaparte, mécontent des chambres, abdique, pour la seconde fois, et proclame son fils, Napoléon II, empereur des Français.

Le 23, rentrée du roi en France, qui se rend à Cateau-Cambrésis.

Napoléon II est reconnu par les chambres, par le fait seul de l'abdication.

Le 24, Cambrai est pris d'assaut par les Anglais.

Le 25, la garnison de cette ville capitule.

Le 26, Louis XVIII y rentre; il y fait une proclamation aux Français. Pacification de la Vendée.

Le 27, le général Grouchy se retire près Paris avec une armée de quatre-vingt mille hommes.

Le 28, cette ville est mise en état de siége; le prince d'Eckmühl y commande. Les troupes refusent de se battre parce qu'il n'y a plus d'empereur.

Le 29, Bonaparte part pour Cherbourg, où il doit s'embarquer avec des passe-ports pour les États-Unis. Il prend ensuite la route de Rochefort.

Le 30, pendant que les Prussiens occupent les Français

dans la plaine Saint-Denis ; ils passent la Seine au Pec près Saint-Germain.

Le 1er juillet, les Français cherchent à négocier un armistice avec Wellington, qui élude la proposition.

Le 3, convention pour la cessation des hostilités ; l'armée française doit se porter au-delà de la Loire.

Le 5, Montmartre, Saint-Chaumont et Belleville sont remis aux alliés.

Le 7, les troupes alliées entrent dans Paris.

Le 8, entrée de Louis XVIII dans cette capitale. Le général Dessoles fait fermer les deux Chambres.

Le 9, Bonaparte passe à l'île d'Aix.

Le 13, le roi modifie la Charte constitutionnelle dans quelques-unes de ses dispositions. La ville de Paris est frappée de cent millions de contributions, que le roi fait réduire à huit.

Le 14, l'armée de la Loire se soumet à Louis XVIII. Bonaparte, surveillé du côté de la terre, se livre à la croisière anglaise ; il écrit au prince régent, que, comme Thémistocle, il vient s'asseoir aux foyers du peuple britannique.

Le 15, il se rend à bord du *Bellérophon*, où il est constitué prisonnier.

Le 16, la France est frappée de cent millions de contributions de guerre.

Le 17, le *Bellérophon* fait voile pour l'Angleterre.

La désertion consume l'armée de la Loire ; elle est réduite.

Le 25, le *Bellérophon* arrive à Torbay, de là il se rend à Plymouth. Il est décidé que Bonaparte sera conduit à Sainte-Hélène.

Le 31, sa protestation contre cette résolution ; il invoque en vain *l'habeas corpus*.

Le 2 août, convention des alliés qui déclare Bonaparte leur prisonnier, et confie au gouvernement britannique la garde de sa personne.

Le 4, licenciement de l'armée française ; les soldats devront rentrer dans leurs foyers.

Le 7, Bonaparte part de la Manche pour sa dernière demeure ; on lui laisse trois mille pièces d'or de vingt francs.

Le 19, le colonel Labedoyère est fusillé dans la plaine de Grenelle ; le maréchal Ney arrive à Paris, où il est conduit prisonnier.

Le 27, les Espagnols pénètrent en France, pour avoir part aux indemnités exigées de la France par les alliés.

Le 28, Huningue capitule, ses fortifications sont détruites.

Le 1er septembre, formation de la garde royale, portée à vingt-six mille hommes.

Le 15, Murat qui s'est retiré en Corse, y conspire. Marie-Louise renonce au titre de *majesté*, elle prend le titre de

Depuis J.-C.

duchesse de Parme, et son fils, celui de *prince héréditaire*.

Le 20, trois cent mille hommes de troupes alliées quittent la France, d'après les arrangemens qui se préparent.

Le 25, Hudson-Love est nommé gouverneur de l'île de Ste.-Hélène, par le roi d'Angleterre. Traité de la *Sainte-Alliance*, entre la Russie, l'Autriche et la Prusse qui, se considérant comme compatriotes, se prêteront un mutuel secours, se regardant comme les pères de famille de leurs sujets et armées, et se considérant comme membres d'une même nation chrétienne. Tous les princes qui voudront avouer les mêmes principes seront admis dans cette alliance.

Le 26, les troupes autrichiennes quittent Paris.

Le 28, l'Autriche envoie à Murat une frégate pour le transporter de Corse à Trieste, où elle lui offre un asile; mais il la refuse, et s'embarque, avec six bâtimens armés et deux cents hommes, pour la Calabre.

Le 7 octobre, ouverture des chambres en France; les princes y prêtent serment de fidélité.

Le 8, Murat débarque au Pizzo, avec cent cinquante hommes; il est saisi par les habitans, livré au gouvernement, et mis en jugement.

Le 13, Mina excite une insurrection dans la Navarre. Murat est fusillé, avec vingt-neuf des siens, par ordre du roi de Naples.

Le 14, le général Porlier, qui avait excité une révolte dans la Galice, est mis à mort avec ses complices.

Le 16, arrivée de Bonaparte à Sainte-Hélène.

Le 3 novembre, traité de partage des pays cédés par la France entre les alliés.

Le 20, traité signé à Paris entre le roi d'Angleterre, stipulant par les lords Castlereagh et Wellington, tant pour lui que pour l'Autriche, la Grande-Bretagne, la Russie et la Prusse d'une part, et la France de l'autre, stipulant par le duc de Richelieu, qui fixe la nouvelle frontière de France, exige d'elle sept cent millions de contributions, lui impose l'entretien, pendant trois ou cinq ans, d'un corps étranger de cent cinquante mille hommes, etc., etc.

Le 21, Lavalette est condamné à mort, pour avoir usurpé les fonctions de directeur-général des postes.

Le 6 décembre, le maréchal Ney est condamné, par la chambre des pairs, à être fusillé; il est exécuté le lendemain.

Le 13, congrès des provinces de l'Amérique espagnole indépendante, qui ont pris le nom de *Confédération de la Nouvelle-Grenade*.

Le 16, le prince régent de Portugal érige en royaume ses possessions du Brésil, et donne à ses États le titre de *Royaume uni de Portugal, du Brésil et des Algarves*.

Le 20, rétablissement des cours prévôtales. Évasion de Lavalette de la Conciergerie, favorisé par son épouse; il s'enfuit, avec sir Robert Wilson, anglais, à Bruxelles.

Le 29, la forteresse d'Alexandrie est réunie aux possessions autrichiennes, en Italie.

1816. Le 2 janvier, les troupes anglaises, qui occupaient encore les environs de Paris, se dirigent vers le nord; l'armée des alliés restée en France, est appelée l'*armée d'occupation*.

Le duc d'Otrante, envoyé près de la cour de Dresde, en qualité d'ambassadeur, est révoqué aussitôt son arrivée, avec défense de rester en France.

Le 3, le roi de Prusse, qui avait promis à son peuple une constitution représentative et libérale, ajourne l'effet de sa promesse, à cause de l'agitation qui règne dans les esprits.

Le 4, les Français compris dans l'ordonnance du 24 juillet, sont obligés de se retirer en Moldavie, en Silésie, ou en Russie, au-delà de Moskow.

Le 5, traité de commerce entre l'Angleterre et les États-Unis d'Amérique.

Le 6, nouvelle amnistie donnée par Louis XVIII. Le roi bannit de la France à perpétuité la famille de Napoléon et les régicides.

Le 9, Lavalette est exécuté à Paris, en effigie.

Le 11, Huningue est déclarée ville franche.

Le 15, l'établissement d'une constitution représentative en Prusse, y excite des troubles.

Le 17, sir Robert Wilson, sir Michel Bruce et sir Hutchinson sont arrêtés à Paris, pour avoir facilité l'évasion de Lavalette; l'ambassadeur d'Angleterre se plaint de cette arrestation.

Le 23, installation des cours prévôtales.

Le 27, le reste des troupes anglaises quitte Paris.

Le 28, le roi d'Espagne défend d'employer dans ses États les noms de *libéraux* et de *serviles*.

Le 2 février, tremblement de terre à Lisbonne, à l'île Madère et aux Açores.

Il se forme en Allemagne des associations secrètes.

Le 8, les fédérés bretons sont chassés de Rennes et du département, et sont placés dans des villes éloignées.

Le 10, des négociations s'ouvrent à Milan pour discuter les intérêts des cours de Bavière, de Wurtemberg et de Bade.

Le 13, rupture entre l'Espagne et les Etats-Unis d'Amérique.

Louis XVIII accède au traité de la Sainte-Alliance, conclu à Paris, le 26 septembre 1815, entre les empereurs d'Autriche, de Russie et de Prusse.

Le 15, conspiration dite des *patriotes de* 1816.

Le 27, l'archiduc Charles refuse la place de vice-roi du royaume lombardo-vénitien; l'archiduc Antoine accepte ce poste.

Depuis J.-C.

Le 20 mars, on exhume les restes du duc d'Enghien des fossés du château de Vincennes.

La reine de Portugal meurt à Rio-Janéiro ; son fils, Jean-Marie-Joseph-Louis, prince régent, âgé de quarante-neuf ans, prend le nom de Jean IV, et le titre de roi du Portugal, du Brésil et des Algarves.

Le 25, Louis XVIII fait part aux deux chambres du mariage du duc de Berri avec la princesse Marie-Caroline de Naples.

Le 26, nouvelle organisation de la Légion d'honneur, sous le titre d'*Ordre royal de la Légion d'honneur*.

Le 7 avril, mort de l'archiduchesse Marie-Louise de Milan, impératrice d'Autriche, à Vérone.

Le 15 avril, signature du contrat de mariage du duc de Berri avec la princesse Marie-Caroline de Naples.

Le comte Dupuis, pair de France, est nommé gouverneur-général des établissemens français dans l'Inde.

La reine d'Étrurie refuse la principauté de Lucques comme échange du duché de Parme ; le roi d'Espagne se joint à elle.

Le 24, on célèbre à Naples le mariage du duc de Berri, représenté par le comte de Blacas.

Le 13, les Anglais Wilson, Hutchinson et Bruce sont condamnés à trois mois de prison, et conduits à la Force.

Le 1er mai, Louis XVIII récompense les anciens Vendéens.

Le 2, mariage du prince Léopold de Saxe-Cobourg avec la princesse Charlotte, fille du prince régent d'Angleterre.

Arrestation à Paris d'un grand nombre de patriotes de 1816 ; on trouve chez eux des armes et des proclamations.

Le 4, émeute à Grenoble ; sept à huit mille hommes, commandés par des officiers à demi-solde, nommés Guillot et Didier, veulent s'emparer de la ville. Le général Donadieu en fait arrêter soixante-dix.

Le 5, l'ex-adjudant du génie Charles Monnier tente de surprendre la forteresse de Vincennes par une attaque nocturne.

Publication de la constitution des États de Saxe-Weimar.

Le 8, abolition du divorce,

Le 9, vingt-trois rebelles de Grenoble sont fusillés.

Le 10, le gouvernement anglais improuve la conduite de Wilson, de Bruce et de Hutchinson.

Le 11, la Suède accède au traité de la Sainte-Alliance.

Le 16, traité de paix, signé à Turin, entre la Confédération helvétique et le roi de Sardaigne.

Le 21, un orage dévaste les départemens de la Meuse, des Vosges et de la Haute-Marne.

Le 23, troubles dans plusieurs cantons de l'Angleterre.

Le 6 juin, on désarme à Caen plusieurs fédérés qui tenaient des conciliabules et proféraient des discours séditieux.

Le 9, Dawoud-Zadour, envoyé de Perse, est présenté à Louis XVIII.

Depuis J.-C.

Le 10, le grand-duc de Saxe-Weimar donne une constitution libérale à ses États.

Le 16, entrée de la duchesse de Berri à Paris.

Le 26, le roi de Prusse fait raser les fortifications de Cologne.

Quelques taches au soleil, dont s'entretiennent les astronomes, le froid et les pluies extraordinaires qui durent depuis plusieurs mois, et retardent les moissons, font craindre une disette et répandent l'alarme parmi le peuple.

Le 6 juillet, les nommés Pleignier, Tolleron et Carbonneau, chefs de l'association des patriotes de 1816, sont condamnés à la peine capitale, et exécutés quelques jours après.

Le 9, fondation d'une nouvelle Ulm, vis-à-vis l'ancienne, sur la rive droite du Danube.

Le 10, le roi de Sardaigne et le roi des Pays-Bas accèdent au traité de la Sainte-Alliance.

Le 12, révolte à Castres, au sujet des subsistances; sédition à Lyon, excitée par des officiers de partisans.

Le 15, le roi de Saxe accède au traité de la Sainte-Alliance, ainsi que ceux de Bavière et de Wurtemberg.

Le 17, Louis XVIII ordonne la correction, dans les Codes, des dénominations, expressions et formules de l'empire.

Le 29, l'archiduc Antoine est confirmé vice-roi d'Italie.

Le 1er août, le roi de Danemarck accède au traité de la Sainte-Alliance.

Le 3, l'empereur d'Autriche établit un nouveau royaume d'Illyrie, qu'il compose de la Carniole, de la Croatie, de l'Illyrie propre, et de plusieurs autres cantons voisins.

Le 7, l'empereur d'Autriche décide que l'ordre de Malte restera dans l'état où il se trouve, jusqu'à son extinction, sans recevoir de nouveaux chevaliers.

Le 10, on rétablit les statues des rois de France et leurs chiffres, à la place de ceux de Napoléon Bonaparte.

Le 21, le roi des Pays-Bas éloigne les exilés français de ses États.

Le 5 septembre, Louis XVIII rend une ordonnance qui fixe le gouvernement de la France, en consacrant pour toujours la Charte sur laquelle il repose. Il est décidé qu'aucun article de cette Charte ne sera révisé.

Le 9, assemblée séditieuse à Westminster; on y demande une réforme parlementaire.

Le 15, la Suisse accède au traité de la Sainte-Alliance.

Le 1er octobre, Louis XVIII et les princes accordent des dons aux départemens qui ont le plus souffert des orages et des inondations.

Le 29, célébration à Munich du mariage de l'empereur d'Autriche avec la princesse Charlotte de Bavière.

Le 30, mort du roi de Wurtemberg; le prince royal Guillaume, son fils, âgé de 35 ans, lui succède.

Depuis J.-C. Dans ce mois, des mouvemens séditieux se manifestent à Lyon.

Le 2 novembre, le grand-duc de Saxe-Weimar fait présenter, à la diète de Francfort, la constitution de ses États et l'engage à la prendre sous sa garantie ; la Bavière s'oppose à cette garantie.

Le 4, Louis XVIII se rend au corps législatif ; il y déclare qu'il maintiendra la Charte, et qu'il réprimera la malveillance et le zèle trop ardent.

Le 8, révolte à Toulouse, au sujet des grains.

La diète germanique déclare que la ville de Francfort, où elle siége, est un asile.

Le 10, mort du grand-duc de Mecklembourg-Strélitz.

Le 19, le gouvernement de France achète des blés, et en fait venir dans tous les ports.

Le 24, loi qui permet en France aux établissemens ecclésiastiques, avec l'autorisation du roi, de recevoir, par donation ou testament, même d'acquérir de leurs deniers, des biens immeubles et des rentes, pour les posséder à perpétuité.

Le 2 décembre, révolte à Londres.

Le 8, Ferdinand IV, roi de Sicile et de Naples, en vertu d'un décret du congrès de Vienne, réunit en un seul royaume tous les États de sa couronne, et prend le titre de roi des Deux-Siciles.

Le 21, Manos, ambassadeur de la Porte, se rend à la cour de France.

Le 23, le royaume de Naples est évacué par les troupes autrichiennes.

Cette année a lieu le naufrage de *la Méduse ;* cette frégate se perd le 2 juillet, sur le banc d'Argin, à vingt lieues du Cap Blanc, avec des circonstances affreuses.

Le Sénégal rentre, le 11 septembre, sous la domination du gouvernement français.

Pendant le cours de 1816, l'Asie est en proie à une guerre presque générale.

Chandernagor et les anciens établissemens français dans les Indes sont remis aux agens de Louis XVIII.

Une rupture éclate entre l'Espagne et le gouvernement des États-Unis.

1817. Au commencement de janvier, grande émigration en Suisse pour les États-Unis d'Amérique.

Le 6, le fils aîné du roi de Portugal prend le titre de prince royal du royaume-uni de Portugal, du Brésil et des Algarves, avec celui de duc de Bragance.

Le 8, Louis XVIII défend à ses sujets d'introduire des noirs de traite dans les colonies françaises.

Le 17, tremblement de terre en Savoie, dans la vallée de Chamouny ; il se renouvelle deux jours après.

Le 26, une armée espagnole, destinée pour l'Amérique méridionale, part sur des vaisseaux anglais qui l'y transportent.

Le même jour, sédition contre le prince régent d'Angleterre, au moment de sa sortie du parlement.

Le 31, le gouvernement anglais fait venir à Londres des troupes des provinces. Le prince régent parcourt les rues à cheval.

Le 5 février, loi d'élections en France, suivant laquelle tout Français, âgé de trente ans, et payant trois cents francs de contributions directes, est appelé à concourir à l'élection des députés de son département; il n'y a qu'un seul collége électoral par département; les présidens sont nommés par le roi.

Le 7, Odessa est déclaré port franc par l'empereur de Russie.

Le 10, les puissances alliées consentent à réduire d'un cinquième (ou de 30,000 hommes) l'armée d'occupation en France.

Le 12, loi sur la liberté individuelle en France, suivant laquelle tout individu arrêté en vertu d'ordre du président du conseil des ministres, doit être entendu dans les vingt-quatre heures par le procureur du roi, qui recevra ses réclamations, et les enverra au ministre de la justice pour en faire un rapport au conseil du roi.

Le 15, retour du duc d'Orléans d'Angleterre à Paris.

Le 18, installation en France des cours prévôtales.

Le 28, le parlement d'Angleterre défend les assemblées séditieuses, et étend à la personne du prince régent la protection accordée par la loi à la personne du roi.

Loi portant qu'en France les journaux et écrits périodiques ne pourront paraître qu'avec l'autorisation du roi.

Le 1er mars, l'*habeas corpus* est suspendu en Angleterre.

Le 7, Louis XVIII ordonne des réformes dans les dépenses de sa maison.

Le 8, l'archiduc Antoine, grand-maître de l'ordre Teutonique, est nommé vice-roi du royaume lombardo-vénitien.

Vers ce temps, les fleuves et les rivières de France se débordent par suite des pluies et de la neige.

Le 11, le cinquième des troupes alliées évacue la France.

Tremblement de terre en Suisse.

Le 16, la chambre des communes d'Angleterre adopte des mesures contre les assemblées séditieuses.

Le 18, tremblement de terre en Espagne.

Le 29, on découvre en Angleterre un complot, formé à Manchester, contre les personnes attachées au gouvernement. Les auteurs du complot sont arrêtés au moment de l'exécution.

Depuis J.-C.

Le 5 avril, le grand-duc de Mecklembourg adhère au traité de la Sainte-Alliance, ainsi que le grand-duc de Hesse-Fulde.

Le 10, le duc d'Orléans et sa famille se fixent en France.

Le 20, mort de l'infant Antonio, oncle du roi d'Espagne, l'un des prisonniers de Valençay.

Le 29, les ducs de Saxe-Gotha, de Saxe-Cobourg, de Saxe-Meimengen, et de Saxe-Hildburghausen accèdent au traité de la Sainte-Alliance, ainsi que le roi de Saxe.

Le 7 mai, traité entre la cour de Madrid et celle de Saint-Pétersbourg; cette dernière s'engage à fournir une flotte à l'Espagne pour transporter des troupes en Amérique.

La régence de Tunis déclare la guerre aux villes anséatiques.

Le 10, mort du fameux cardinal Maury.

Le 25, conspiration découverte dans le Portugal; Gamaz Pereira d'Andrada en est le chef. Le but des conjurés était d'assassiner le maréchal Beresford, tous les membres de la régence et tous les Anglais, et d'offrir la couronne au jeune duc de Cadaval, le plus proche parent du roi. Tous les principaux conspirateurs sont arrêtés.

Le 26, le roi de Wurtemberg donne un terme de huit jours aux États de son royaume, pour examiner le projet de constitution par lui présenté avec modification.

Le 30, révolte à Sens pour les subsistances; la garde nationale refuse de marcher pour arrêter les mécontens.

Le 1er juin, le prix du pain en France est au-dessus des moyens du peuple. Troubles dans plusieurs villes de France.

Le 5, le roi d'Espagne confirme la vente des biens du clergé, qui a eu lieu en vertu des décrets du roi Charles IV.

Les cours prévôtales condamnent à des peines très-sévères ceux qui excitent des séditions sur les marchés.

Le 7, traité par lequel le roi d'Espagne accède à l'acte du congrès de Vienne, et se trouve faire partie de la confédération européenne.

La garde nationale de Sens est licenciée par Louis XVIII, pour avoir refusé le service.

Le 8, conspiration à Lyon, tendant à renverser le gouvernement. Huit cents personnes dans les campagnes, et trois mille dans Lyon, sont au nombre des conspirateurs. Le complot est déjoué par le général Canuel.

Le 11, concordat signé entre le roi de France et le pape Pie VII. Ce concordat rétablit celui de François Ier.

Le 17, établissement d'une constitution représentative dans le royaume de Gallicie, de Lodomerie et de la Bukowine par l'empereur d'Autriche.

Le 27, un conseil de guerre, établi à Barcelonne, condamne à la peine de mort Lascy, Milans, et quelques autres, accusés d'avoir conspiré contre le gouvernement espagnol.

Le 28, les individus accusés de manœuvres tendantes à faire renchérir le blé, sont arrêtés et poursuivis de toutes parts.

Le 30, les affaires d'Espagne changent de face; les concessions faites à la nation par Ferdinand VII, apaisent les orages prêts à éclater dans ce royaume.

Les Français compris dans l'ordonnance du 24 juillet 1815, sont invités à quitter le territoire des Pays-Bas pour le 15 août.

Au commencement de juillet, divers mouvemens de révoltes ont encore lieu en France et dans les Pays-Bas, au sujet des subsistances.

Le 8, mariage de la princesse Charlotte de Prusse avec le grand-duc Nicolas de Russie : elle reçoit le titre de grande-duchesse Alexandra Federowna.

Le 12, le Rhin rompt les digues à Philipsbourg, et détruit l'espérance des récoltes.

Le 13, naissance de Louise-Isabelle d'Artois, MADEMOISELLE, fille du duc de Berri; elle ne vit que douze heures.

Le 16, ratification par Louis XVIII du concordat proposé par le pape Pie VII.

Le 21, la ville de Francfort accède au traité de la Sainte-Alliance.

Le 25, le gouvernement de Bavière supprime l'état d'asservissement des paysans dans ses nouvelles provinces sur le Mein.

Le 31, le prince Oscar, de Danemarck, est installé vice-roi de Norwège.

Au commencement du mois d'août, les Français compris dans l'ordonnance du 24 juillet 1815, sont invités à quitter le duché de Nassau.

Le 9, le prince Eugène Beauharnais fixe sa résidence et celle de sa famille au château d'Eichstadt.

Le 13, Louis XVIII accorde une amnistie à ceux qui sont condamnés et poursuivis correctionnellement pour les délits auxquels la rareté des subsistances a pu les entraîner depuis le 1er septembre 1816.

Le 15, aucun des Français compris dans l'ordonnance du 24 juillet 1815, ne peut séjourner en Suisse; ils doivent déclarer quel pays de l'Autriche, de la Prusse ou de la Russie ils préfèrent.

Le 23, la ville de Lubeck accède au traité de la Sainte-Alliance, sur l'invitation de l'empereur de Russie.

Le 24, ordonnance de Louis XVIII, sur la formation des majorats à instituer par les pairs de France. Nul ne peut être appelé à la chambre des pairs, les ecclésiastiques exceptés, s'il n'a, préalablement à sa nomination, obtenu l'autorisation de former un majorat, et s'il ne l'a institué. Les majorats de

Depuis J.-C.

pairs seront transmissibles au fils aîné du fondateur, de telle sorte que le majorat et la pairie soient toujours réunis sur la même tête.

Le 25, autre ordonnance sur la délivrance des titres de pairie, suivant laquelle il est dit que le fils d'un duc et pair portera de droit le titre de marquis ; celui d'un marquis et pair, le titre de vicomte ; celui d'un vicomte et pair le titre de baron ; et celui d'un baron et pair, le titre de chevalier.

Le roi des Deux-Siciles défend l'entrée de ses États à tous les individus compris dans l'ordonnance royale du 24 juillet 1815.

Le 28, traité conclu à Paris entre la France et le Portugal, par lequel le roi de Portugal remet à la France la Guyane française.

Le 3 septembre, révolte à Bressuire pour empêcher la libre circulation des grains ; les chefs en sont arrêtés.

Le 11, les projets de constitution en Prusse restent en suspens.

Le 21, la Russie invite toutes les puissances de l'Europe à conclure une convention générale pour détruire tous les pirates ou forbans que l'on pourra saisir, quelque soient leur origine, et le lieu où ils amèneront leurs pêches.

Le 25, l'Espagne adhère au traité de Vienne, relatif à la traite des nègres, pour avoir lieu à compter de 1820.

Le 30, les côtes d'Espagne et de Portugal sont infestées de pirates insurgés.

On arrête en France un insposteur nommé Mathurin Bruneau, fils d'un sabotier, qui veut se faire passer pour Charles de Navarre, fils de Louis XVI, c'est-à-dire Louis XVII.

Au commencement d'octobre, mésintelligence entre les cours de Portugal et d'Espagne ; tout prend un aspect militaire dans ce dernier royaume.

Le 15, mort du célèbre Kosciusko, à Soleure en Suisse.

Le 18, réunion à Wurtzbourg, dans le grand-duché de Saxe-Weimar, où les étudians de l'université d'Allemagne mêlent, à la fête de l'anniversaire de Luther, celle de la délivrance de l'Allemagne, et y brûlent, dans un *auto-da-fé*, plusieurs actes publics, entre autres le traité de la Sainte-Alliance.

Le 22, tous les États d'Allemagne demandent un gouvernement représentatif.

Le 26, les gouvernemens d'Espagne et de Portugal acceptent la médiation des cinq grandes puissances, formant la Sainte-Alliance.

Le 5 novembre, mort de la princesse Caroline-Charlotte-Auguste, fille unique du prince régent d'Angleterre, et de l'enfant dont elle est accouchée.

Le 15, le prince Eugène, duc de Leuchtenberg, reçoit le titre de prince d'Eichstadt ; sa maison est déclarée la première de la cour de Bavière, et a rang après les princes de la famille royale.

Concordat signé entre le pape et le roi de Bavière.

Le 1er décembre, les princes souverains de Hohenzollern, de Lichtenstein, Sigmaringen, Reuss, Schaunsbourg-Lippe, Lippe et Waldeck, sur l'invitation de la Russie, accèdent au traité de la Sainte-Alliance.

Le 12, le roi d'Espagne défend à ses sujets la traite des nègres sur la côte d'Afrique, au nord de la ligne, et celle sur la côte au sud de la ligne ne pourra se continuer que jusqu'au 30 mai 1820.

Le 30, les journaux et autres ouvrages périodiques qui traitent de matières et de nouvelles politiques, ne pourront, jusqu'à la fin de la session des chambres de 1818, paraître en France qu'avec l'autorisation du roi.

Pendant le cours de cette année, la régence de Tunis déclare la guerre aux villes anséatiques.

Hostilités interminables dans l'Amérique espagnole, entre les troupes royales et les indépendans.

Le 1er janvier, le Chili proclame son indépendance. 1818.

Le 27, l'Autriche fait présenter à la diète germanique le plan d'une constitution militaire pour la confédération.

Le 29, l'acte d'*habeas corpus* est remis en vigueur en Angleterre.

Le 31, la diète germanique s'occupe d'établir les principes d'après lesquels les constitutions doivent être organisées en Allemagne.

Le 5 février, mort de Charles XIII, roi de Suède. Avénement au trône de Suède du maréchal français Bernadotte, prince héréditaire du royaume. Il prend le nom de Charles XIV.

Le 26, Louis XVIII déclare au maire de Dijon, que le système de son gouvernement n'est pas celui de ses ministres, mais le sien ; qu'ils ne font que l'exécuter sous ses ordres et sous sa direction, et qu'il veut *union et oubli*.

Le 19, Mathurin Bruneau, qui se disait Louis XVII, est convaincu d'imposture, et condamné à cinq ans de prison.

Le 10 mars, loi rendue par les deux chambres législatives de France, touchant le recrutement de l'armée, qui fixe le complet de paix à deux cent quarante mille hommes.

Le 5 avril, autre loi portant abolition de la traite des noirs. Elle prohibe ce trafic, sous peine de confiscation du navire, ainsi que de la cargaison, et elle prononce l'interdiction du capitaine, s'il est français.

Conventions conclues, le 25 avril, entre la France et les puissances alliées, pour l'extinction des dettes à sa charge dans les pays étrangers.

Les dépenses publiques de la France sont évaluées dans

Depuis J.-C. le budget de l'année, à une somme de 1,098,362,693 francs.

Le 8 mai, mort du prince de Condé : le duc de Bourbon prend le titre de prince de Condé.

Le 22 juillet, l'empereur d'Autriche donne au prince François-Joseph-Charles, fils de l'archiduchesse Marie-Louise, le titre de duc de Reichstadt, avec rang après les princes de la famille impériale et les archiducs.

Vers la fin de ce mois, quelques particuliers, se disant royalistes par excellence, adressent aux souverains alliés une réclamation contre le départ de leurs troupes de France. Cette déclaration est connue sous le nom de *notes secrètes*.

Le 8 août, mouvement insurrectionnel en Norwège ; les paysans demandent la suppression de la diète, et la remise au roi du pouvoir absolu; le roi Charles XIV s'y oppose.

Le 14, affranchissement des paysans de la Livonie.

Le 25, restauration de la statue de Henri IV sur le Pont-Neuf, en présence de Louis XVIII.

Le 30, publication de la nouvelle constitution badoise.

Le 8 septembre, couronnement du roi de Suède, à Drontheim, comme roi de Norwège.

Le 28 septembre, ouverture du congrès d'Aix-la-Chapelle.

Convention conclue, le 9 octobre, entre la France et les puissances alliées, pour l'entière libération du territoire français, au 30 novembre suivant.

Reconnaissances géographiques faites dans l'intérieur de l'Afrique, par G. Mollien, voyageur français; découverte des sources du Sénégal et de la Gambie.

1819. Le 13 janvier, ordonnance du roi de France, qui établit une exposition périodique du produit des fabriques et des manufactures du royaume. Elle porte que les intervalles des expositions n'excèderont pas quatre années.

Le 5 mars, création de soixante-un nouveaux pairs de France.

Le droit d'aubaine est abrogé par une loi ; en conséquence, les étrangers ont la faculté de succéder, de disposer et de recevoir de la même manière que les Français eux-mêmes.

Le 23 mars, Kotzbue, auteur dramatique et publiciste allemand, est assassiné à Manheim, par un jeune fanatique nommé Sand, qui avait été membre d'une société secrète.

Le 20 septembre, par suite de cet événement, divers arrêtés de la diète de Francfort entravent la liberté de la presse en Allemagne, et y introduisent la censure ; établissement à Mayence d'une commission centrale, investie du droit de juger tout individu appartenant à la confédération du Rhin ; et prévenu de faire partie d'associations secrètes, et d'ourdir des complots politiques.

La fièvre jaune fait des ravages en Espagne. Elle avait été reconnue dans l'île de Léon, près de Cadix, et avait fait suspendre le départ d'une flotte destinée à combattre les insurgés d'Amérique. La contagion se déclare aussi à Cadix ; 48,000 individus en sont frappés ; environ quatre mille y succombent. L'action de la fièvre jaune est si violente, qu'elle fait périr un grand nombre d'animaux de toute espèce.

Le capitaine François Freycinet, commandant la corvette l'*Uranie*, arrive à Owhihée, la plus considérable des îles Sandwich, après deux ans de navigation. Le but principal de son voyage était la recherche de la figure du globe, et celle des élémens du magnétisme terrestre.

Le 1er janvier, révolution en Espagne : les troupes rassemblées dans l'île de Léon, pour passer en Amérique, donnent le signal. Établissement de la constitution représentative, décrétée à Cadix par les cortès du royaume, en 1812. Le roi Ferdinand VII accepte et jure ce pacte fondamental. 1820.

Le 29 janvier, mort de George III, roi d'Angleterre. Le prince-régent, son fils, lui succède, sous le nom de George IV.

Le 13 février, S. A. R. le duc de Berri, neveu de S. M. le roi de France, est assassiné à la sortie de l'Opéra, par Louis-Pierre Louvel, ouvrier sellier. L'assassin est arrêté sur-le-champ par un garçon limonadier, nommé Paulmier, et Desbiez, garde royal. Le prince meurt entre les bras du roi, à six heures du matin.

Modification à la loi sur les délits de la presse; les journaux sont momentanément soumis à la censure en France.

Nouvelle loi des élections; le double vote y est introduit. La chambre des députés se trouve composée de quatre cent trente membres.

Le 7 mars, convocation des cortès espagnols à Madrid. L'assemblée est composée de cent quarante-neuf membres ; elle supprime les majorats, abolit l'inquisition et les ordres monastiques, affecte leurs biens au paiement de la dette publique, etc.

Le 5 juin, la chambre des pairs se constitue en haute-cour de justice, pour le jugement de l'assassin du duc de Berri. Il y est constaté que le crime de Louvel est un crime isolé. Le coupable est condamné à la peine capitale, et exécuté le 7 juin, à six heures du soir.

Le 5 juillet, révolution à Naples ; le roi accepte la constitution espagnole des cortès, sauf les modifications locales qui seront déterminées par le parlement napolitain; convocation et réunion de ce parlement ; il est composé de quatre-vingt-cinq membres. Troubles en Sicile ; résistance

Depuis J.-C. de la ville de Palerme ; attaque et prise de cette ville par les troupes napolitaines.

Proclamation, en Portugal, de la constitution espagnole, junte de gouvernement provisoire établie à Lisbonne ; les cortès portugaises se réunissent, en septembre, au nombre de cent membres.

Le 19 août, conspiration militaire découverte en France, et étouffée aussitôt. On arrête un grand nombre de prévenus.

Le 29 septembre, naissance d'un fils posthume du duc de Berri : le roi lui donne le titre de duc de Bordeaux, et on le surnomme *Dieudonné*.

Octobre. Révolution dans la partie de l'île de Saint-Domingue, dite Haïti, gouvernée despotiquement par le nègre Christophe, sous le titre de Henri Ier. Ce chef militaire, abandonné de ses troupes, se donne la mort ; sa famille est privée du pouvoir : l'île d'Haïti, ou Saint-Domingue, se forme en république sous la présidence de Pierre Boyer, qui entre solennellement au Cap, le 22 octobre, à la tête d'une armée de vingt mille hommes. Boyer est installé dans ses fonctions de magistrat suprême de l'île, le 26 du même mois.

Caroline, épouse séparée de George IV, roi d'Angleterre, se rend à Londres pour y faire valoir ses droits comme reine. Elle devient l'objet d'une accusation d'adultère, et on lui intente un procès devant les pairs de la Grande-Bretagne. Ceux-ci admettent la seconde lecture d'un bill de condamnation ; mais, après des débats longs et scandaleux, le parlement ajourne cette affaire indéfiniment, et la princesse continue à prendre le titre de reine.

Retour d'une expédition anglaise au nord, sous les ordres du capitaine Parry, qui avait découvert douze îles, jusqu'alors inconnues.

Conférences diplomatiques à Troppau, relativement aux affaires intérieures du royaume de Naples.

1821. Congrès de Laybach. Les empereurs de Russie et d'Autriche, et les ministres et ambassadeurs des puissances formant la Sainte-Alliance, y arrivent successivement. Le roi de Naples y arrive le 8 janvier. On y continue les conférences entamées à Troppau. La France y est représentée par MM. de Caraman, de la Ferronaye et de Blacas.

Le 12 janvier, insurrection des étudians à Turin.

Un grand nombre de troupes autrichiennes, sous le commandement du baron Frimont, marchent vers le royaume de Naples : les Napolitains se préparent à se défendre.

Le 27 janvier, un baril de poudre éclate dans un petit escalier des Tuileries, voisin du cabinet du roi. Les auteurs de cet attentat sont inconnus.

Les 5 et 6 février, troubles à Madrid.

Les Autrichiens passent le Pô, et entrent dans le royaume de Naples au nombre de quarante mille.

Le congrès de Laybach se dissout, après avoir décidé de ne pas reconnaître la révolution de Naples, et de la comprimer par la force des armes. Le général napolitain Pépé va prendre le commandement de l'armée des Abruzzes.

Par une ordonnance royale du 22 février, une école des chartres est établie à Paris. Une autre ordonnance affecte tous les bâtimens de l'ancienne Sorbonne aux facultés de théologie, des sciences, etc.

La constitution du Portugal est proclamée, le 6 février, à Rio-Janeiro.

Dans les premiers jours de mars, une révolution éclate dans le Piémont; la garnison d'Alexandrie donne le signal. Le roi de Sardaigne, Victor-Émanuel, abdique en faveur de son frère, Charles-Félix.

Commencement des hostilités dans le royaume de Naples. Les Napolitains sont repoussés à Rieti. Bientôt les Autrichiens sont vainqueurs sur tous les points. La guerre est terminée avant le 20 mars. Les Autrichiens entrent, comme alliés, à Naples.

Le 23, ils mettent fin à la révolution : un gouvernement provisoire est établi ; les principaux chefs de la révolte sont punis, et le calme se rétablit, par suite de la présence des troupes autrichiennes.

Une ordonnance royale du 2 avril, supprime la faculté de droit de Grenoble, plusieurs étudians ayant pris part à des désordres qui avaient eu lieu dans la ville.

Insurrection dans la Moldavie et la Valachie. Les Grècs se soulèvent dans les États de la Porte Ottomane.

Premiers mouvemens des contre-révolutionnaires en Espagne ; formation des bandes dites *de la Foi*.

Le 1er mai, baptême de S. A. R. Mgr. le duc de Bordeaux, dans l'église de Notre-Dame, en présence de tous les grands dignitaires et de tous les corps de l'État. LL. AA. RR. MONSIEUR, comte d'Artois, et MADAME, duchesse d'Angoulême, tiennent sur les fonts le royal enfant, pour le roi des Deux-Siciles et la princesse héréditaire de Naples.

Le 5, Napoléon Bonaparte meurt dans l'île de Sainte-Hélène.

Le 9 mai, la chambre des pairs, constituée en haute-cour de justice, commence à s'occuper du procès relatif à la conspiration du 19 août 1820.

Le 15, ouverture du canal de Saint-Denis.

Le 3 juin, mort de S. A. S. Mme la duchesse douairière d'Orléans.

Le 16 juillet, fin du procès relatif à la conspiration du 19 août 1820.

Depuis J.-C. Le 19, couronnement du roi d'Angleterre George IV. La reine Caroline, sa femme, demande à être couronnée. Sa requête n'est pas accueillie; il lui est même interdit d'assister à la cérémonie.

Le roi de Portugal arrive de Rio-Janeiro à Lisbonne; il prête serment à la constitution des cortès.

Le 7 août, mort de Caroline, reine d'Angleterre.

Ordonnance royale du 26 septembre, qui prescrit la formation d'un cordon sanitaire français sur les frontières d'Espagne, à cause de la fièvre jaune, qui exerçait d'horribles ravages dans la Catalogne. Plusieurs médecins français, MM. Parizet, Bailly, Mazet, François, Audouard et Jouarry, et deux sœurs de Saint-Camille, vont porter des secours aux malheureux habitans de Barcelonne. Victime de son dévouement, le jeune Mazet succombe à la violence de la contagion, le 22 octobre.

Bulle du pape contre les sociétés secrètes.

Convention militaire, conclue entre le gouvernement de Naples et l'Autriche, portant que l'occupation de Naples et de la Sicile durera trois ans.

1822. La guerre civile éclate sur plusieurs points de l'Espagne.

Bruits d'une guerre prochaine entre la Russie et la Porte. Négociations interminables entre ces deux cours.

S. A. S. madame la duchesse de Bourbon meurt subitement le 10 janvier, étant à l'Église Sainte-Geneviève.

Le 5 février, Ali-Pacha, visir de Janina, après avoir long-temps résisté aux troupes de la Porte Ottomane, dont il avait depuis long-temps secoué le joug, se livre à ses ennemis, qui lui donnent la mort.

Le 24, le général Berton, à la tête d'une cinquantaine d'hommes armés, portant le drapeau et la cocarde tricolore, marche, pour la seconde fois, sur la ville de Saumur. Sa troupe se disperse à l'approche d'un détachement de troupes. Berton erre dans les départemens des Deux-Sèvres et de la Charente-Inférieure, et est arrêté quelque temps après.

Le 7 mars, nouvelle loi répressive des délits de la presse; le 13, autre loi sur la police des journaux.

Le 30 mars, l'École royale d'équitation de Saumur est dissoute.

Conspiration à La Rochelle; elle est découverte et déjouée.

Le roi de Sardaigne autorise le rétablissement des Jésuites dans ses États.

Ordonnance royale du 1er juin, qui rétablit le titre de grand-maître de l'Université en faveur de M. l'abbé Frayssinous, premier aumônier du Roi, qui est mis à la tête de l'instruction publique.

Le 4 juin, ouverture d'une session extraordinaire des chambres législatives de France, ayant pour but d'affranchir l'administration des finances des mesures provisoires. Dans son discours, le roi repousse l'idée d'une guerre prochaine entre la France et l'Espagne, et dit que la malveillance seule a pu trouver, dans le maintien du cordon sanitaire, un prétexte pour dénaturer ses intentions. Depuis J.-C.

De nouvelles troupes marchent vers les frontières d'Espagne, pour grossir le cordon sanitaire.

Traité de commerce entre la France et les États-Unis d'Amérique, conclu à Washington, le 24 juin, par M. Hyde de Neuville, ministre de France.

Les provinces du nord de l'Espagne continuent à être le théâtre de mouvemens insurrectionnels, suscités et protégés par les bandes dite *de la Foi;* ces bandes s'emparent des forts de la Seo d'Urgel.

Conspiration découverte à Colmar.

Le 7 juillet, grands troubles à Madrid. Plusieurs bataillons de la garde royale espagnole attaquent, sous le prétexte de rendre la liberté au roi, les miliciens et plusieurs régimens attachés aux principes de la constitution. Le sang coule dans les rues de Madrid; les gardes royaux sont repoussés de la ville avec perte. La garde du roi est désormais confiée aux troupes de ligne et aux milices. La tranquillité se rétablit à Madrid; les cortès déploient une énergique activité dans ces circonstances difficiles, et donnent par là une nouvelle force aux institutions constitutionnelles.

La cour royale de Poitiers est saisie du procès relatif à la conspiration du général Berton. Les débats sont longs, et se terminent par la condamnation à la peine capitale pour Berton, Saugé, Jaglin et Caffé. Le 6 octobre, les trois premiers sont exécutés. Caffé prévient l'horreur de l'exécution, en se donnant la mort avec un instrument tranchant.

Le 12 août, mort du marquis de Londonderry (lord Castlereagh), célèbre ministre anglais. Sa mort amène de grands changemens dans le système du gouvernement britannique. Il est remplacé par M. Canning, l'un de ses plus constans adversaires.

Le Brésil proclame son indépendance, sous les auspices du prince régent, fils du roi de Portugal. Cet Etat prend le titre d'empire constitutionnel.

Le 25 août, inauguration de la nouvelle statue équestre de Louis XIV sur la place des Victoires à Paris.

Congrès de Vérone; les souverains de Russie, d'Autriche et de Prusse s'y réunissent. Le vicomte de Montmorency, ministre des affaires étrangères à Paris, s'y rend pour représenter la France.

La cour d'assises de Paris s'occupe de la conspiration dite de La Rochelle, et condamne à la peine de mort, comme conspirateurs, les jeunes Borie, Pommier, Raoul et Goubin, dont le plus âgé n'a que vingt-sept ans. Ils sont exécutés le 21 septembre.

Depuis J.-C. Le cordon sanitaire français dans les Pyrénées est converti en armée d'observation.

Une régence, dite *régence d'Urgel*, se forme dans la Catalogne, sous les auspices de l'armée de la Foi.

Bulle du pape concernant la circonscription des diocèses du royaume de France.

Le 12 octobre, le prince royal de Portugal est proclamé empereur constitutionnel du Brésil, à Rio-Janeiro.

Le 2 novembre, le roi de Portugal prête de nouveau serment à la constitution des cortès à Lisbonne. La reine, son épouse, refuse le serment.

Le 20, ouverture des conférences du congrès de Vérone; on s'y occupe des affaires de l'Espagne et, de la conduite que doivent tenir à son égard les puissances de l'Europe.

Éruption du mont Vésuve, qui dure plusieurs jours.

Ordonnance royale du 21 novembre, portant suppression de la faculté de médecine de Paris, par suite des désordres qui avaient eu lieu à la séance de rentrée de cette faculté.

Le 30 du même mois, le vicomte de Montmorency, ministre des affaires étrangères, revient du congrès de Vérone, et annonce qu'il est terminé d'une manière hostile pour l'Espagne.

1823. Les bruits d'une guerre prochaine entre la France et l'Espagne acquièrent de jour en jour plus de consistance, et donnent l'alarme au commerce.

Les ambassadeurs des trois grandes puissances du nord quittent Madrid; celui de France revient à Paris.

L'école de médecine de Paris subit une nouvelle organisation. Plusieurs noms célèbres dans les sciences et dans l'enseignement ne figurent plus parmi les professeurs de cette école.

Organisation de l'armée des Pyrénées. S. A. R. le duc d'Angoulême en est nommé généralissime. Les ministres demandent aux chambres un crédit supplémentaire de cent millions, pour subvenir aux frais de la guerre, si elle a lieu. Vifs débats à la chambre des députés. L'opposition se prononce avec énergie en faveur de la paix; ses efforts sont inutiles. Tous ces débats donnent lieu à un incident remarquable dans les fastes des gouvernemens représentatifs. M. Manuel, député du côté gauche et l'un des orateurs de la chambre, est accusé, par le côté droit, de faire l'apologie du régicide, dans un discours où il se proposait de réfuter les principaux argumens d'un ministre en faveur de la guerre. Le côté gauche et le centre gauche protestent contre cette accusation. M. de la Bourdonnaye, membre de l'extrême droite, propose d'exclure M. Manuel de la chambre; cette proposition est adoptée par le côté droit et une grande partie du centre droit; M. de la Bourdonnaye fait lui-même le rapport sur sa proposition. M. Manuel est défendu par ses collègues du côté gauche; la majorité l'emporte, et M. Manuel est déclaré exclu de la chambre pour toute la session. Le lendemain de cette séance, M. Manuel se présente à la chambre, on lui intime l'ordre de se retirer; il s'y refuse; on ordonne à la garde nationale, puis aux vétérans, de faire sortir M. Manuel; aucun des soldats n'ose porter la main sur la personne du député; la gendarmerie arrive et exécute l'ordre du président, d'après la décision prise par la majorité de la chambre. Dès ce moment, les députés du côté gauche, et une partie du centre gauche n'assistent plus aux séances de la chambre.

Le 12 mars, la guerre est plus imminente que jamais; elle n'est pourtant pas encore déclarée.

Départ du duc d'Angoulême pour l'armée d'Espagne. Quelques jours après, M. le duc de Bellune, ministre de la guerre, part précipitamment pour l'armée, avec le titre de major-général.

Le 14 mars, mort du général français, Dumouriez en Angleterre.

SUITE CHRONOLOGIQUE

DES EMPEREURS, ROIS ET AUTRES SOUVERAINS,

DEPUIS L'ÈRE CHRÉTIENNE JUSQU'A L'AN 1823.

DYNASTIES DE LA CHINE.

On croit que les fondateurs de la monarchie chinoise furent Yao et Chun, qui, lors de la confusion des langues dans les plaines de Sennaar, amenèrent une colonie dans la Chine. Dès lors vingt-deux dynasties ou familles ont possédé cet empire jusqu'à nos jours.

1° Les Hia, dès 2207 ou 2198, avant J.-C.
2° Les Cham ou Chang, dès 1767 ou 1766, avant J.-C.
3° Les Tcheou, dès 1122 ou 1110, avant J.-C.
4° Les Tsin, dès 258 ou 246, avant J.-C.
5° Les Han, dès 207 ou 203, avant J.-C.
6° Les Heou Han ou Han postérieurs, dès l'an 221, depuis J.-C.
7° Les Tçin, dès l'an 265.
8° Les Song, dès l'an 420.
9° Les Tsi, dès l'an 479.
10° Les Leang, dès l'an 502.
11° Les Tchin, dès l'an 557.
12° Les Soui, dès l'an 589.
13° Les Tam ou Tang, dès l'an 619.
14° Les Heou Leang ou Leang postérieurs, dès l'an 907.
15° Les Heou Tang ou Tang postérieurs, dès l'an 923.
16° Les Heou Tçin, dès l'an 937.
17° Les Heou Han, dès l'an 947.
18° Les Heou Tcheou, dès l'an 951.
19° Les Sum ou Song, dès l'an 960.
20° Les Mogols ou Yuen, dès l'an 1280.
21° Les Mim ou Ming, dès l'an 1368.
22° Les Tsim ou Tsing, dès l'an 1643 ou 1649.

1649. Chun-tchi, sa famille était maîtresse de l'empire dès 1643.

1661. Kam-hi ou Kang-hi, fils.

1722. Yum-tchim ou Yong-tching, fils.
1735. Kien-long; il abdique en 1796, après un règne de plus de 60 ans, et meurt en 1799.
1796. Kia-king, fils.

C'est encore un prince de la même dynastie qui règne aujourd'hui.

EMPIRE DE L'INDOSTAN.

MAHMOUD est le premier conquérant mahométan qui forma des établissemens permanens dans l'Indostan, vers l'an 1000; il mourut en 1028; l'empire qu'il avait formé, fut divisé dans le douzième siècle; en 1205, Cuttub fonda dans l'Indostan, la dynastie des Patans ou Afghans, qui subsista plus de deux siècles jusqu'en 1413; le trône fut ensuite occupé par un séid ou descendant du prophète Mahomet, nommé Chizer, dont la postérité régna jusqu'en 1450. Alors un Afghan, nommé Belloli, s'empara de la couronne; Baber, descendant de Tamerlan et de Gengiskan, en dépouilla sa famille en 1525. C'est à Baber que commencent les empereurs mogols de l'Indostan.

1525. Baber.
1530. Humaioun.
1555. Akbar; il fit de vastes conquêtes et en particulier dans le Décan.
1605. Gehangbir.
1628. Schah-Gehan.
1658. Aureng-Zeb ou Allumgir Ier; il achève presqu'entièrement la conquête du Décan. Ses États, à sa mort, avaient à peu près en tous sens un diamètre de 500 lieues.
1707. Bahader-Schah; il résidait à Lahore.
1712. Jehaunder-Schah; il règne neuf mois.
1712. Feroksere; les seids lui crèvent les yeux au bout de cinq ans.
1717. Ruffieh-al-Dirjat, et son frère Ruffieh-al-Dowlat; ils furent tous les deux déposés et mis à mort par les seids.
1718. Mahomed-Schah. Sous son règne, le vaste empire de l'Indostan fut démembré; le Décan, le Bengale et plusieurs autres belles provinces en furent retranchées.
1747. Ahmeh-Schah.
1753. Allumgir II.
1760. Schah-Aulum; il a conservé le titre d'empereur, sans jouir presque d'aucune autorité.

En 1803, les Anglais s'emparent d'Agra et de Delhi, capitales de l'Indostan.

ROIS PARTHES OU ARSACIDES.

Suite de ceux mentionnés dans le tome premier.

Avant J.-C.

37. PHRAÂTE IV, cinquante ans.

Depuis J.-C.

13. Phraatace, *peu de mois.*
14. Orodès II, *quelques mois.*
15. Vonone Ier.
18. Artaban III.
35. Tiridate.
36. Artaban, *rétabli.*
41. Cinname, *peu de jours.*
41. Artaban, *rétabli.*
43. Vardane, *déposé.*
43. Gotarze.
43. Vardane, *rétabli.*
47. Gotarze, *rétabli.*
50. Vonone II, *peu de mois.*
50. Vologèse. } quarante ans.
50. Artaban IV. }
90. Pacorus, dix-huit ans.
108. Cosroès, vingt-six ans.
116. Partamaspate, un an.
117. Cosroès, *rétabli.*
134. Vologèse II, trente-un ans.
165. Vologèse III, quarante-neuf ans.
214. Artaban V, dernier des Arsacides. Il est détrôné en 226. Voyez la continuation à la table suivante des rois de Perse.

ROIS DE PERSE SASSANIDES.

226. ARTAXARE, Artaxercès ou Ardschir, roi des Perses et des Parthes, douze ans.
238. Sapor Ier, trente-trois ans.
271. Hormisdas Ier, ou Hormodz, un an.
273. Vararane Ier, ou Bahram, trois ans et trois mois.
276. Vararane II, dix-sept ans.
293. Vararane III, quatre mois.
294. Narsès, huit ans.
302. Hormisdas II, ou Mysdatès, sept ans et neuf mois.
310. Sapor II, soixante-dix ans.
380. Artaxercès ou Ardschir II, quatre ans.
383. Sapor III, cinq ans.

388. Vararane IV, douze ans.
408. Jesdégirde ou Isdegerde I, vingt ans.
420. Vararane V, ou Bahram-Ghour, vingt ans.
440. Jesdégirde II, dix-huit ans.
458. Perosès ou Phirouz, trente ans.
488. Balascès, trois ans.
491. Cabade, quarante-un ans.
532. Cosroès-le-Grand, quarante-sept ans.
579. Hormisdas III, douze ans.
590. Cosroès II, trente-huit ans.
628. Siroès, huit mois.
629. Adeser, sept mois, et interrègne.
629. Sarbazas, deux mois.
630. Borane ou Tourandokht, reine, seize mois et interrègne.
632. Jesdégirde III, dernier roi.
637. Les Sarrasins ou Arabes s'emparent de la Perse.

MOGOLS GENGISKANIDES DE PERSE.

1176. Gengiskan, appelé aussi Themoudgin.
1229. Oktaï-Kan.
1241. Tourakina-Khatoun, régente.
1246. Gaiouk.
1249. Ogoulganmisch, régente.
1251. Mangou-Kan.
1259. Houlagou-Kan.
1265. Abaka-Kan.
1282. Nicoudar, dit Ahmed-Kan.
1284. Argoun-Kan.
1290. Kandgiatou-Kan.
1294. Baidou-Kan.
1295. Casan-Kan, dit Mohammed.
1304. Aldgiaptou, dit Khodabendeh.
1317. Abousaïd: il mourut en 1335; dès lors, pendant environ trente ans, l'empire de Perse fut dans un état de troubles et de confusion, jusqu'au moment où Tamerlan en devint maître.

ROIS MODERNES DE PERSE.

Tamerlan, ou Timur-Beg, occupe la Perse, vers l'an 1363; ses descendans en sont chassés.

1468. Usum-Hassan, chef des Turcomans du Mouton-blanc.
1478. Iacoub.
1485. Julaver.

1488. Baisancor.
1490. Rostain.
1497. Ahmed, *usurpateur*, six mois.
1497. Alvand.

SOPHIS.

1501. Ismael.
1523. Thamas.
1575. Ismaël II.
1577. Mohamed-Khodabendeh.
1585. Hamzeh.
1585. Ismaël III.
1586. Abbas-le-Grand.
1628. Saïn-Mirza.
1642. Abbas II.
1666. Soliman, ou Suléiman.
1694. Schah-Hussein.
1722. Mahmud, *usurpateur*.
1725. Ashraf, ou Echeref, *usurpateur*.
1730. Thamas II, *déposé*.
1732. Abbas III, *déposé*.
1735. Thamas Kouli-Kan, *usurpateur*.
1747. Adel-Schah.
1748. Ibrahim.
1749. Charokh.
1750. *Interrègne et grands troubles dans la Perse; plusieurs rivaux se disputent le trône.*
1751. Ismaël IV.
1761. Kerim, *usurpateur*. Il fixe sa résidence à Schiras.
1779. Aboul-Fetah-Kan, *déposé*.
1780. Sadek, *usurpateur*.
1781. Ali-Murad-Kan.
1785. Méhemet-Kan.
1797. *Interrègne*.
1798. Fetah-Ali-Kan.

EMPEREURS ROMAINS.

Avant J.-C.
31. AUGUSTE, *quarante-quatre ans, depuis la bataille d'Actium, ou trente-six ans depuis son premier consulat.*

Depuis J.-C.
14. Tibère, vingt-deux ans, six mois, vingt-trois jours.
37. Caligula, trois ans, dix mois, huit jours.
41. Claude, treize ans, huit mois, dix-neuf jours.
53. Néron, treize ans, sept mois, vingt-huit jours.
68. Galba, sept mois.

Depuis J.-C.

69. Othon, trois mois.
69. Vitellius, huit mois, cinq jours.
69. Vespasien, neuf ans, onze mois, vingt-quatre jours.
79. Titus, deux ans, deux mois, vingt jours.
81. Domitien, quinze ans, cinq jours.
96. Nerva, seize mois, huit jours.
98. Trajan, dix-neuf ans, six mois, quinze jours.
117. Adrien, vingt ans, onze mois.
138. Antonin-Pie, ou *le pieux*, vingt-deux ans, sept mois, vingt-six jours.
161. Marc-Aurèle, dix-neuf ans, dix jours.
161. Lucius Verus, neuf ans.
180. Commode, douzeans, neuf mois, quatorze jours.
193. Pertinax, deux mois, vingt-huit jours.
193. Didius Julianus, deux mois, cinq jours.
193. Pescennius Niger, un an et plus.
193. Clodius Albinus, quatre ans.
193. Septime Sevère, dix-sept ans, huit mois, trois jours.
211. Antonin Caracalla, six ans, deux mois, quatre jours.
P. Septimius Geta, un an.
217. M. Opilius Severus Macrin, un an, un mois, vingt-sept jours.
218. M. Aurel. Antoninus Héliogabale, trois ans, neuf mois, quatre jours.
222. Alexandre Sévère, treize ans, neuf jours.
235. C. Julius Verus Maximin, trois ans.
237. M. Antonius Gordien, l'ancien.
M. Antonius Gordien, le jeune. } deux mois.
237. Puppien Maxime et Balbin, un an.
238. Gordien III, cinq ans, huit mois.
244. Philippe, père.
Philippe, fils. } cinq ans.
249. Dèce, deux ans.
251. Trebonianus Gallus.

Volusianus, *fils de Gallus.*

252. Hostilien.
253. C. Julius Æmilianus ou Émilien, trois mois.

Licinius Valérien, père, sept ans.

Licinius Egnatius Gallien, *fils de Valérien*, quinze ans (1).

---

(1) Les trente tyrans qui vécurent sous Gallien, Claude et Aurélien, sont les suivans, regardés comme les principaux; plusieurs auteurs n'y joignent pas Odenat, prince de Palmyre, parce que Gallien l'avait lui-même créé auguste en 264.

Dans la Pannonie et la Mésie, *Ingenuus* et *Rœgillien*; dans la Syrie, *Cyriades*, puis *Macrin* avec ses deux fils *Macrin* et *Quietus*, ensuite *Balista*, général de Macrin; puis *Odenat*, sa femme *Zénobie*, avec leurs trois fils *Hérennien*, *Timolas* et *Valbalathe*, et enfin *Meonius*, cousin et meurtrier d'Odenat; dans la Thessalie, *Pison*; dans

Depuis J.-C.

264. Caïus Valérien, *fils de Licinius Valérien.*
268. M. Aurelius Claude, deux ans.
270. Quintillus, *frère de Claude*, dix-sept jours.
Domitius Aurélien, quatre ans, neuf mois.
275. *Interrègne* de huit mois.
275. Tacite, sept mois.
276. Florien, trois mois.
276. Probus, six ans, quatre mois.
Saturninus, Proculus, Bonosus, tyrans.
282. M. Aurelius Carus, deux ans.
284. M. Aurelius Carin, } *fils de Carus*, un an.
284. Numérien, }
284. Dioclétien, vingt ans, cinq mois, treize jours.
286. Maximien Hercule, dix-neuf ans.
Salvius Amandus, Pomponius Ælianus, Carausius, Allectus, Elpidius Achilleus, tyrans.
305. Constance Chlore, quinze mois.
Maximien Galère, six ans.
Flav. Val. Sevère II, deux ans.
C. Galerius Valerius Maximin, *surnommé* Daïa, huit ans.
306. Constantin-le-Grand, trente ans, neuf mois, vingt-huit jours.
M. Aurelius Maxence, six ans.
308. Licinius, quinze ans.
337. { Constantin-le-Jeune, trois ans.
Constance, vingt-quatre ans, cinq mois, douze jours.
Constant, treize ans. }
Magnence, Népotien, Vétranion et Silvain, tyrans.
361. Julien-l'Apostat, un an, sept mois, vingt-trois jours.
363. Jovien, sept mois, vingt jours.
364. Valentinien Ier, *en Occident*, onze ans, huit mois vingt-un jours.
Valens, *en Orient*, quatorze ans, cinq mois, vingt jours.
Procope, tyran.
367. Gratien, *en Occident*, quinze ans, huit mois.
375. Valentinien II, *en Occident*, seize ans, six mois, vingt-un jours.
379. Theodose-le-Grand, *en Orient*; en 394, il devient aussi empereur d'Occident.
383. *Maxime*, tyran de la Bretagne, des Gaules et de l'Espagne, cinq ans.

---

l'Achaïe, *Valens*; dans l'Égypte, *Émilien* et *Firmius*; sur les confins de la Scythie, *Saturninus*; dans l'Isaurie, *Trébellien*; à Carthage, *Celsus*; à Milan, *Aureolus*; dans les Gaules, *Posthume* père et fils, *Victorin*, père et fils, et *Victoria*, mère de Victorin le père, *Lælianus*, *Lollien*, *Marius*, et les deux *Tetricus*.

Depuis J.-C.

392. *Eugène*, tyran dans les Gaules, deux ans.
395. Sous les fils de Théodose, l'empire fut définitivement divisé en deux. Voyez la suite des empereurs, aux tables des empires d'Orient et d'Occident.

EMPIRE D'ORIENT.

Depuis sa séparation définitive d'avec l'Empire d'Occident.

395. Arcadius, quatorze ans.
408. Théodose-le-Jeune, quarante-deux ans, trois mois.
450. Marcien, six ans, six mois.
457. Léon Ier, dix-sept ans.
474. Léon-le-Jeune, dix mois.
474. Zénon, dix-sept ans, trois mois.
Basilisque, *Marcien*, *Leontius* et *Illus*, tyrans.
491. Anastase, vingt-sept ans, trois mois, trois jours.
518. Justin Ier, neuf ans, un mois.
527. Justinien Ier, trente-huit ans, trois mois, quatorze jours.
565. Justin II, douze ans, onze mois, neuf jours.
578. Tibère II, trois ans, dix mois, huit jours.
582. Maurice, vingt ans, trois mois, vingt-deux jours.
602. Phocas, huit ans.
610. Heraclius, trente ans.
641. Constantin III, trois mois, onze jours.
641. Heracleonas, sept mois.
641. Constant II, vingt-sept ans.
668. Constantin IV, *Pogonat*, dix-sept ans.
Mezzizius, tyran.
685. Justinien II, dix ans.
695. Léonce, trois ans.
697. Absimare Tibère, sept ans.
705. Justinien II, *rétabli*, six ans.
711. Philippique Bardane.
713. Anastase II, deux ans, sept mois.
715. Théodose III, un an, six mois, vingt-un jours.
716. Léon III, l'Isaurien, vingt-cinq ans, deux mois.
741. Constantin V, Copronyme, trente-quatre ans, huit jours.
775. Léon IV, cinq ans, deux mois, vingt-cinq jours.
780. Constantin VI, et Irène, dix ans.
790. Constantin, *seul*, six ans, dix mois.
797. Irène, *seule*, cinq ans, deux mois, seize jours.
802. Nicéphore, neuf ans.
811. Staurace.
811. Michel Curopalate, un an, neuf mois, neuf jours.
813. Léon V, l'Arménien, sept ans.

820. Michel-le-Bègue, huit ans, neuf mois, neuf jours.
829. Théophile, douze ans, trois mois.
842. Michel III, vingt-cinq ans, huit mois, vingt-quatre jours.
867. Basile, le Macédonien, dix-huit ans, cinq mois, six jours.
886. Léon-le-Philosophe, vingt-cinq ans, deux mois.
911. Constantin VII, quatre ans, un mois.
915. Constantin VII, avec Romain, Christophe, Étienne et Constantin VIII, augustes.
945. Constantin VII *seul*, quatorze ans.
959. Romain II, trois ans, quatre mois, cinq jours.
963. Nicéphore Phocas, six ans, quatre mois.
969. Jean Zimiscès, six ans, un mois.
976. Basile et Constantin IX, cinquante-deux ans, dix mois.
1028. Romain Argyre, cinq ans, quatre mois.
1034. Michel IV, sept ans, huit mois.
1041. Michel Calaphate, quatre mois, cinq jours.
1042. Constantin Monomaque, douze ans, cinq mois, dix-neuf jours.
1054. Théodora, dix-neuf mois.
1056. Michel VI, onze mois, dix-huit jours.
1057. Isaac Comnène, deux ans, trois mois.
1059. Constantin Ducas, sept ans, cinq mois.
1067. Michel VII, Parapinace, six mois.
1068. Romain Diogène, trois ans, huit mois.
1071. Michel VII, *de nouveau*, six ans, six mois.
1078. Nicéphore, Botoniate, trois ans, six mois.
1081. Alexis Comnène, trente-sept ans, quatre mois.
1118. Jean Comnène, vingt-quatre ans, huit mois.
1143. Manuel Comnène, trente-six ans, cinq mois, vingt-trois jours.
1180. Alexis Comnène, trois ans.
1183. Andronic Comnène, deux ans.
1185. Isaac l'Ange, neuf ans, sept mois.
1195. Alexis l'Ange, huit ans, trois mois.
1203. Isaac l'Ange, *rappelé*, deux mois.
Alexis IV, son fils.
1204. Nicolas Canabé.
Alexis Murzufle, deux mois.

EMPEREURS FRANÇAIS.

1204. Baudouin, 1 an, 4 mois.
1206. Henri, 10 ans, 9 mois.
1216. Pierre, 4 ans 6 mois.
1220. Robert, 8 ans.
1228. Baudouin II, et Jean de Brienne, 33 ans.

EMPEREURS A NICÉE.

1204. Théodore Lascaris, 18 ans.
1222. Jean Ducas Vatace, 33 ans.
1255. Théod. Lascaris, 4 ans.
1259. Jean Lascaris, 4 mois.

1260. Michel Paléologue, vingt-trois ans.
1282. Andronic II, Paléologue, quarante-six ans.
1328. Andronic III, Paléologue, treize ans.
1341. Jean Paléologue, cinquante ans.
1341. Jean Cantacuzène, *usurpateur*, quatorze ans.
Matthieu Cantacuzène, *usurpateur*.
Andronic Paléologue, *usurpateur*.
1391. Manuel II, Paléologue, trente-quatre ans.
Jean Paléologue, fils d'Andronic, associé à l'empire.
1425. Jean VI, Paléologue, *fils de Manuel*, 23 ans.
1448. Constantin XII, Paléologue, cinq ans, sept mois.
1453. Fin de l'empire d'Orient; les Turcs s'emparent de Constantinople.

CALIFES DES SARRASINS.

622. MAHOMET.
632. Aboubeker.
634. Omar.
644. Othman.
656. Moavia, en Égypte, 24 ans. / Ali, en Arabie, 5 ans.
661. Hasan, 6 mois.
661. Moavia, *seul*.
680. Yésid Ier.
683. Moavia II, 6 semaines.
684. Merwan Ier.
685. Abdelmalek.
705. Walid Ier.
715. Soliman.
717. Omar II.
720. Yésid II.
724. Herscham.
743. Walid II.
744. Yésid III.
744. Ibrahim II.
774. Merwan.
750. Aboul-Abbas.
754. Abougiafar-Almansor.
775. Mahadi.
784. Musa.
786. Haroun.
809. Amin.
813. Mamoun.
833. Mostassem.
842. Watek-Billah.
847. Motawakkel.
861. Motasser.
862. Mostain.
866. Motaz.
869. Mothadi.
870. Motamed.
892. Motadhed.
902. Moktafi.
908. Moctader.
932. Caher.
934. Radhi.
940. Mottaki.
944. Mostakfi.
956. Mothi.
974. Tai.
991. Cader.
1031. Caiem.
1075. Moctadi.
1094. Mostadher.
1118. Mostarched.
1134. Rasched.
1136. Moctafi.
1160. Mostandged.
1170. Mosthadi.
1180. Nasser.
1225. Daher.
1226. Mostanser.
1243. Mostasem, *dernier califo à Bagdad*, 15 ans.
1258. Houlagou, petit-fils de Gengis-Kan, s'empare de Bagdad; et fait mourir Mostasem.

SULTANS OU EMPEREURS OTTOMANS.

1299. Othman.
1326. Orchan.
1360. Amurat.
1389. Bajazet.
1402. Soliman.
1410. Mousa.
1413. Mahomet.
1421. Amurat II.
1451. Mahomet II.
1453. *Mahomet prend Constantinople, dont il fait la capitale de son empire.*
1481. Bajazet II.
1512. Sélim Ier.
1520. Soliman II.
1566. Sélim II.
1574. Amurat III.
1595. Mahomet III.
1603. Achmet Ier.
1617. Mustapha, *déposé.*
1618. Osman.
1622. Mustapha, *rétabli.*
1623. Amurat IV.
1640. Ibrahim.
1649. Mahomet IV.
1687. Soliman III.
1691. Achmet II.
1695. Mustapha II.
1703. Achmet III.
1730. Mahmoud.
1754. Osman II.
1757. Mustapha III.
1774. Abdoul-Achmet.
1789. Sélim III.
1807. Mustapha IV.
1808. Mahmud, neveu de Sélim III, *aujourd'hui régnant.*

GRANDS-MAITRES DE L'ORDRE DE SAINT-JEAN DE JÉRUSALEM,

Souverains à Rhodes, et ensuite à Malte.

1099. Le B. Gérard.
1120. Raymond du Pui.
1160. Auger de Balben.
1161. Gerbert d'Assaly.
1169. Castus.
1170. Joubert.
1177. Roger de Moulins.
1187. Garnier.
1191. Ermengard Daps.
1191. Godefroi de Duisson.
1202. Alphonse.
1204. Geof. le Rath.
1208. Guérin de Montaigu.
1230. Bertrand de Texis.
1231. Guerin.
1236. Bertrand de Comps.
1241. Pierre de Villebride.
1244. Guil. de Châteauneuf.
1259. Hugues de Revel.
1278. Nicolas Lorgue.
1289. Jean de Villiers.
1297. Odon de Pins.
1300. Guil. de Villaret.
1307. Foulque de Villaret.
1310. *Établissement à Rhodes, en souveraineté.*
1319. Hélion de Villeneuve.
1346. Dieudonné de Gozon.
1354. Pierre de Cornillan.
1355. Roger de Pins.
1365. Raimond Bérenger.
1374. Robert de Juillac.

1376. J. Ferd. de Heredia.
1396. Philibert de Naillac.
1421. Antoine Fluvian.
1437. Jean de Lastic.
1454. Jacques de Milli.
1461. Pierre Raym. Zacosta.
1467. J. Baptiste des Ursins.
1476. Pierre d'Aubusson.
1503. Émeri d'Amboise.
1512. Gui de Blanchefort.
1513. Fabrice Carretto.
1521. Philippe de Villiers de l'Isle-Adam.
1522. *Les chevaliers perdent l'île de Rhodes.*
1530. *Ils s'établissent à Malte.*
1534. Pierrin du Pont.
1535. Didier de St.-Jaille.
1536. Jean d'Omèdes.
1553. Claude de la Sangle.
1557. De la Valette-Parisot.
1568. Pierre del Monte.
1572. Jean de la Cassière.
1582. Hug. de Loubenx de Verdale.
1596. Martin Garzez.
1601. Alof. de Vignacourt.
1622. Aloisio Mendez Vasconcellos.
1623. Antoine de Paule.
1636. Paul Lascaris.
1657. Martin de Redin.
1660. Annet de Clermont.
1660. Raphaël Cotoner.
1663. Nicolas Cotoner.
1680. Gregorio Caraffa.
1690. Adrien de Vignacourt.
1697. Raym. Perellos.
1720. M. Ant. Zondodari.
1722. Ant. Manoel de Vilhena.
1736. Raimond Despuig.
1741. Em. Pinto de Fonseca.
1773. Fr. Ximenès de Texada.
1775. Em. de Rohan de Polduc.
1798. Paul Ier, empereur de Russie, élu.
1800. Hompesch se démet en 1802.
1802. Ruspoli, nommé par le pape.
1803. Jean-Baptiste Tommasi, nommé par le pape.
1805. Carraccioli de St.-Elme, confirmé par le pape.

GRANDS-MAITRES DE L'ORDRE DU TEMPLE.

1118. Hugues de Pains.
1136. Robert-le-Bourguignon.
1147. Évrard des Barres.
1149. Bernard de Tramelai.
1153. Bertrand de Blanquefort.
1168. Philippe de Naplouse.
1171. Odon de St.-Amand.
1179. Arnaud de Toroge.
1184. Terric.
1188. Gérard de Riderfort.
1191. Robert de Sablé.
1196. Gilbert Horal.
1201. Philippe du Plessiez.
1217. Guillaume de Chartres.
1219 Pierre de Montaigu.
1233. Armand de Périgord.
1247. Guillaume de Ponnac.
1250. Renaud de Vichiers.
1256. Thomas Béraut.
1273. Guillaume ou Guichard de Beaujeu.
1291. Lemoine Gaudini.
1298. Jacques de Molay.
1312. *L'ordre du Temple est supprimé.*
1314. Jacques de Molay est brûlé vif à Paris.

ROIS DE JÉRUSALEM.

1099. GODEFROY DE BOUILLON.
1100. Baudouin Ier.
1118. Baudouin II.
1131. Foulques.
1144. Baudouin III.
1162. Amauri.
1173. Baudouin IV.
1185. Baudouin V.
1192. Conrad et Isabelle.
1192. Henri.
1197. Amauri.
1210. Jean de Brienne, treize ans.

ROIS DE CHYPRE.

1192. Gui.
1194. Amauri.
1215. Hugues.
1219. Henri Ier.
1253. Hugues II.
1267. Hugues III.
1284. Jean.
1285. Henri II.
1324. Hugues IV.
1361. Pierre.
1369. Pétrin.
1382. Jacques.
1398. Janus.
1432. Jean II.
1458. Charlotte.
1464. Jacques II.
1473. Jacques III.
1475. Catherine Cornaro.
1489. Catherine Cornaro, *cède son royaume aux Vénitiens.*
1571. Les Turcs prennent l'île de Chypre.

EMPIRE D'OCCIDENT,

Depuis sa séparation définitive d'avec celui d'Orient.

395. HONORIUS, vingt-huit ans, sept mois.
Constantin, Constant, Jovin, Sébastien, Maxime, Héraclianus, Attale et *Jean*, tyrans.
425. Valentinien III, trente ans, cinq mois.
455. Pétronius Maxime, trois mois, cinq jours.
455. Avitus, quatorze mois.
456. *Interrègne* de dix mois.
457. Majorien, quatre ans.
461. Sévère III, trois ans, neuf mois.
465. *Interrègne.*

467. Anthemius.
472. Olybrius.
472. *Interrègne.*
473. Glycerius.
474. Julius Nepos.
475. Romulus Augustule.
476. *Fin de l'empire d'Occident; Odoacre, roi des Hérules, s'empare du pouvoir des empereurs en Italie.*

ROIS D'ITALIE.

HÉRULES, OSTROGOTHS ET LOMBARDS,

Successeurs des empereurs d'Occident.

HÉRULES.

496. ODOACRE.

OSTROGOTHS.

493. Théodoric.
526. Athalaric.
534. Théodat.
536. Vitigès.
540. Théodebalde.
541. Éraric, cinq mois.
541. Totila *ou* Baduilla.
552. Teias, peu de mois; *il est le dernier roi d'Italie de la nation des Ostrogoths.*
553. L'eunuque Narsès, général au service de l'empereur Justinien, gouverne 15 ans.

LOMBARDS.

568. Alboin.
573. Cleph, un an, six mois.
Interrègne.
584. Autharis.
591. Agilulfe.
615. Adaloald
626. Arioald.
636. Rotharis.
631. Rodoald.
653. Aripert Ier.
661. Pertharite et Gondebert.
662. Grimoald.
671. Pertharite, *rétabli.*
686. Cunibert.
700. Luitpert.
701. Ragimbert, *usurpateur.*
701. Aripert II.
712. Ansprand.
712. Luitprand.
744. Hildebrand, 7 mois.
744. Ratchis.
749. Astolphe.
756. Didier.
774. Fin du royaume des Lombards en Italie.

EXARQUES DE RAVENNE,

ET

DUCS DE SPOLETTE, DE BÉNÉVENT ET DU FRIOUL.

Les rois hérules, ostrogoths et lombards ne furent pas les seuls souverains d'Italie après la chûte de l'empire romain d'Occident; il y eut encore des exarques à Ravenne, et des ducs à Spolette, à Bénévent et dans le Frioul; les exarques relevaient des empereurs d'Orient; les ducs de Spolette, de Bénévent et du Frioul étaient indépendans.

Charlemagne, après avoir vaincu les Lombards, forma un nouveau royaume d'Italie qui fut sujet à beaucoup de troubles, et dont la plupart des empereurs romano-germaniques ont été les maîtres; nous joignons ici les tables de ces divers souverains.

EXARQUES DE RAVENNE.

568. Longin, Ier *exarque.*
584. Smaragde.
590. Romain.
597. Callinique.
602. Smaragde, *rétabli.*
611. Jean Lémigius.
616. Éleuthère.
619. Isaac.
638. Platon.
647. Théodore Calliopas.
649. Olympius.
652. Théod. Calliopas, *rétabli.*
665. Grégoire.
678. Théodore II.
687. Jean Platyn.
702. Théophylacte.
710. Jean Rizocope.
711. Eutychius.
713. Scholastique.
727. Paul.
728. Eutychius, *rétabli.*
752. *Les Lombards mettent fin à l'exarchat de Ravenne dont ils s'emparent.*

DUCS DE SPOLETTE.

570. Faroald.
599. Ariulfe.
602. Théodelap.
650. Atton.
665. Thrasimond Ier.
703. Faroald II.
724. Thrasimond II.
740. Hildéric.
741. Ansprand.
746. Loup.
757. Alboin.
759. Gisulfe.
763. Théodice.
773. Hildebrand.
789. Winigise.
822. Suppon Ier.
824. Adalhard.
Mauringue.
Bérenger.
838. Gui Ier.
866. Lambert Ier.
871. Suppon II.
876. Lambert Ier, *rétabli.*
879 ou 880. Gui II.
883. Gui III, *empereur.*
891. Lambert II, *empereur.*
898. Agiltrude.

. . . .

Albéric, *père du pape Jean XI.*
926. Théodebald Ier.
985. Anschaire.
940. Sarlion.

945. Hubert.
946. Boniface et Théodebald II.
959. Thrasimond III.
967. Pandulfe, *tête de fer, prince de Bénévent.*
982. Thrasimond IV.
989. Hugues Ier, le Grand, *duc et marquis de Toscane.*
1001. Boniface II, *le Jeune.*
1012. Jean.
Hugues II.

Les ducs de Spolette, marquis de Camerino, sont dès lors très-imparfaitement connus : ils n'étaient plus que des gouverneurs amovibles au gré des empereurs, rois d'Italie.

DUCS

ET

PRINCES DE BÉNÉVENT.

571. Zotton.
591. Arigise.
641. Aion.
642. Radoald Ier.
647. Grimoald.
667. Romoald Ier.
683. Grimoald II.
686. Gisulfe Ier.
703. Romoald II.
729. Gisulfe II.
731. Andlas.
733. Grégoire.
740. Godescalc.
741. Gisulfe II, *rétabli.*
747 ou 750. Luitprand.
758. Arigise II.
774. *Arigise prend le titre de prince.*
787. Grimoald III.
806. Grimoald IV.
827. Sico.
833. Sicard.
840. Radelgise Ier.
851. Radelgaire.
853. Adelgise.
878. Gaiderise.
881. Radelgise II, *chassé.*
884. Aion II.
890. Urse.
894. Gui.
896. Radelgise II, *rétabli.*
900. Aténulfe Ier.
910. Landulfe et Aténulfe II.
943. Landulfe II.
961. Pandulfe Ier, et Landulfe III.
981. Landulfe IV.
981. Pandulfe II.
1014. Landulfe V.
1033. Pandulfe III et Landulfe IV.
1053. Léon IX, *pape, auquel l'empereur Henri II avait donné ce duché.*
1054. Pandulfe et Landulfe, *rétablis.*
1077. *Fin des princes lombards de Bénévent.*
1806. *L'empereur* Napoléon, *nomme prince de Bénévent son ministre des relations extérieures,* Talleyrand-Périgord.

DUCS DE FRIOUL.

568. Grasulfe, *neveu d'Alboin, roi des Lombards.*
590. Gisulfe.
611. Grasulfe II.
621. Tason et Caccon.
635. Grasulfe II, *pour la seconde fois.*
651. Agon.
663. Loup.
666. Vectaris.
678. Laudaris.
Rodoald.
694 ou 695. Ferdulfe.
706. Corvol.
706. Pemmon.
737. Ratchis, *roi des Lombards en 744.*
745. Astolfe, *roi des Lombards en 749.*

749. Anselme; *il abdique.*
751. Pierre.
Rodgause.
776. Markaire; *il était français, et eut aussi le titre de marquis de Trévise.*
Hunrok Ier.
799. Cadaloak.
819. Balderic, *dépouillé* en 828.
846. Éberhard.
868 ou 869. Hunrok II.
874. Bérenger, *roi d'Italie en* 888.

Après la mort de ce prince, en 924, *on ne voit plus de ducs de Frioul, les patriarches d'Aquilée les remplacèrent.*

ROIS D'ITALIE,

Depuis la fin de la domination des Lombards en Italie.

774. CHARLEMAGNE.
781. Pépin.
812. Bernard.
818. Louis-le-Débonnaire, *empereur.*
820. Lothaire, *et les trois empereurs suivans.*
855. Louis II.
875. Charles-le-Chauve.
879. Charles-le-Gros.
888. Gui, duc de Spolette.
888. Bérenger.
894. Lambert, 5 ans.
900. Louis III, *empereur,* 5 ans.
905. Bérenger, *seul.*
922. Rodolphe, roi de Bourgogne, 4 ans.
924. *Bérenger, tué.* Interrègne.
926. Hugues, comte d'Arles, 20 ans.
945. Lothaire, *seul,* 5 ans.
950. Bérenger et Adalbert.
951. Othon Ier, *empereur.*
973. Othon II, *empereur.*
983. Othon III, *empereur.*
1001. Ardouin, 14 ans.
1002. Henri, *empereur en même temps.*
1024. Conrad, *empereur.*
1039. Henri II, *empereur.*
1056. Henri, *empereur.*
1093. Conrad, *tyran.*
1106. Henri, *empereur,* 18 ans, 9 mois, et les autres empereurs jusqu'à 1190. Henri VI, qui est le dernier.

PAPES.

Suivant l'Art de vérifier les dates; troisième édition, Paris, in-folio, 1783.

2. SAINT PIERRE vient à Rome, et y commence son pontificat.
66. St. Lin.
78. St. Anaclet, le même que St. Clet.
91. St. Clément Ier.
100. St. Évariste.

109. St. Alexandre.
119. St. Sixte Ier.
127. St. Télesphore.
139. St. Hygin.
142. St. Pie Ier.
157. St. Anicet.
168. St. Soter.
177. St. Eleuthère.
193. St. Victor.
202. St. Zéphirin.
219. St. Calliste *ou* Calixte.
223. St. Urbain.
230. St. Pontien.
235. St. Antère.
236. St. Fabien.
251. St. Corneille.
252. St. Luce.
253. St. Etienne.
257. St. Sixte II.
259. St. Denis.
269. St. Félix Ier.
275. St. Eutichien.
283. St. Caius.
296. St. Marcellin.
308. St. Marcel.
310. St. Eusèbe.
311. St. Miltiade *ou* Melchiade.
314. St. Silvestre.
336. St. Marc.
337. St. Jule.
352. St. Libère.
355—358. Félix II, pendant l'exil de Libère.
366. St. Damase.
384. St. Sirice.
398. St. Anastase.
402. St. Innocent Ier.
417. St. Zozime.
418. St. Boniface.
422. St. Célestin.
432. St. Sixte III.
440. St. Léon-le-Grand.
461. St. Hilaire.
468. St. Simplice.
483. St. Félix II.
492. St. Gelase.
496. St. Anastase II.
498. Symmaque.
514. Hormisdas.
523. St. Jean Ier.
526. Félix III.
530. Boniface II.
533. Jean II.
535. Agapit *ou* Agapet.
536. Silvère.
537. Vigile.
555. Pélage Ier.
560. Jean III.
574. Benoît Bonose.
578. Pélage II.
590. St. Grégoire-le-Grand.
604. Sabinien.
606 *ou* 607. Boniface III.
607 *ou* 608. Boniface IV.
614 *ou* 615. Deusdedit.
617 *ou* 618. Boniface V.
625. Honorius *ou* Honoré.
640. Severin.
640. Jean IV.
642. Théodore.
649. St. Martin.
654. St. Eugène Ier.
657. Vitalien.
672. Adéodat.
676. Donus *ou* Domnus.
678 *ou* 679. Agathon.
682. St. Léon II.
684. Benoît II.
685 *ou* 686. Jean V.
686. Conon.
687. Sergius Ier.
701. Jean VI.
705. Jean VII.
708. Sisinnius.
708. Constantin.
715. Grégoire II.
731. Grégoire III.
741. Zacharie.
752. *Etienne*, élu mais non sacré.
752. Etienne II.
757. Paul Ier.
768. Etienne III.
772. Adrien Ier.
795. Léon III.
816. Etienne IV.
817. Pascal Ier.
824. Eugène II.

827. Valentin.
827. Grégoire IV.
844. Sergius II.
847. Léon IV (1).
855. Benoît III.
858. Nicolas Ier.
867. Adrien II.
872. Jean VIII.
882. Marin *ou* Martin II.
884. Adrien III.
885. Etienne V.
891. Formose.
896. Boniface VI.
896. Etienne VI.
897. Romain.
898. Théodore II.
898. Jean IX.
900. Benoît IV.
903. Léon V.
903. Christophe, *antipape, suivant l'abbé Lenglet.*
904. Sergius III.
911. Anastase III.
913 *ou* 914. Landon.
914. Jean X.
928. Léon VI.
929. Etienne VII.
931. Jean XI.
936. Léon VII.
939. Etienne VIII.
942. Martin III.
946. Agapit ou Agapet II.
956. Jean XII.
963. Léon VIII.
964. Benoît V.
965. Jean XIII.
972. Benoît VI.
Donus II.
974 *ou* 975. Benoît VII.
983. Jean XIV.
Jean XV, on ne le compte que pour le nombre.
985. Jean XVI.
996. Grégoire V et *Jean XVII*, antipape.
999. Silvestre II.
1003. Jean XVII.
1003. Jean XVIII.
1009. Sergius IV.
1012. Benoît VIII.
1024. Jean XIX.
1033. Benoît IX.
1044. Grégoire VI.
1046. Clément II.
1048. Damase II.
1048. St. Léon IX.
1055. Victor II.
1057. Etienne IX.
1058. *Benoît X*, antipape.
1058. Nicolas II.
1061. Alexandre II.
1073. Grégoire VII.
1086. Victor III.
1088. Urbain II.
1099. Pascal II.
1118. Gélase II.
1119. Calliste II.
1124. Honorius II.
1130. Innocent II.
1143. Célestin II.
1144. Lucius II.
1145. Eugène III.
1153. Anastase IV.
1154. Adrien IV.
1159. Alexandre III.
1181. Lucius III.
1185. Urbain III.
1187. Grégoire VIII.
1187. Clément III.
1191. Céléstin III.
1198. Innocent III.
1216. Honorius III.
1227. Grégoire IX.
1241. *Célestin IV*, non sacré.
1243. Innocent IV.
1254. Alexandre IV.
1261. Urbain IV.

(1) C'est entre les papes Léon IV et Benoît III que plusieurs auteurs, même catholiques, ont placé la fable de la papesse Jeanne.

1265. Clément IV.
1271. Grégoire X.
1276. Innocent V.
1276. *Adrien V*, non sacré.
1276. Jean XXI, en comptant l'antipape, Jean il est le vingt-unième.
1277. Nicolas III.
1281. Martin IV.
1285. Honorius IV.
1288. Nicolas IV
1294. Célestin V.
1294. Boniface VIII.
1303. Benoît XI.
1305. Clément V.
1316. Jean XXII.
1334. Benoît XII.
1342. Clément VI.
1352. Innocent VI.
1362. Urbain V.
1370. Grégoire XI.
1378. Urbain VI, à Rome.
1378. Clément VII, à Avignon.
1389. Boniface IX, à Rome.
1394. Benoît XIII, à Avignon, et ensuite en Catalogne; il mourut en 1424.
1404. Innocent VII, à Rome.
1406. Grégoire XII, à Rome; mort en 1417; déposé en 1409.
1409. Alexandre V.
1410. Jean XXIII, déposé en 1415.
1417. Martin V.
1424. *Clément VIII*, antipape.
1431. Eugène IV.
1447. Nicolas V.
1455. Calliste III.
1458. Pie II.
1464. Paul II.
1471. Sixte IV.
1484. Innocent VIII.
1492. Alexandre VI.
1503. Pie III.
1503. Jules II.
1513. Léon X.
1522. Adrien VI.
1523. Clément VII.
1534. Paul III.
1550. Jules III.
1555. Marcel II.
1555. Paul IV.
1559. Pie IV.
1566. Pie V.
1572. Grégoire XIII.
1585. Sixte V.
1590. Urbain VII.
1590. Grégoire XIV.
1591. Innocent IX.
1592. Clément VIII.
1605. Léon XI.
1605. Paul V.
1621. Grégoire XV.
1623. Urbain VIII.
1644. Innocent X.
1655. Alexandre VII.
1667. Clément IX.
1670. Clément X.
1676. Innocent XI.
1689. Alexandre VIII.
1691. Innocent XII.
1700. Clément XI.
1721. Benoît XIII.
1724. Clément XII.
1740. Benoît XIV.
1758. Clément XIII.
1769. Clément XIV.
1775. Pie VI.
1800. Pie VII, souverain-pontife actuel.

PAPES,

Suivant l'abbé Lenglet.

JÉSUS-CHRIST, pontife éternel, selon l'ordre de Melchisédech.

53. *St. Pierre* siége à Jérusalem, puis à Antioche, puis en l'an 41 à Rome; il y a gouverné vingt-cinq ans, deux mois, sept jours. Martyr le 29 juin 66.

66. *St. Lin.*

67. *Clément*

77. *St. Clet*, le 16 février.

83. *St. Anaclet*, le 7 septembre.

96. *St. Evariste*, le 13 juillet.

108. *St. Alexandre*, le 3 décembre.

117. *Sixte* Ier, le 7 juin.

127. *Télesphore*, le 5 avril.

138. *Hygin*, le 6 janvier.

142. *Pie* Ier, le 9 avril.

150. *Anicet*, le 13 juillet.

162. *Soter*, le 1er janvier.

171. *Eleuthère*, le 3 mai.

185. *Victor* Ier, le 18 juillet.

197. *Paphirin*, le 25 septembre.

217. *Calixte* Ier, le 2 août.

222. *Urbain* Ier, le 13 octobre.

230. *Pontien*, le 29 août.

235. *Anthère*, le 22 novembre.

236. *Fabien*, le 4 janvier.

250. *St. Corneille*, le 2 juin.

251. Novatien, premier antipape.

252. *Luce* Ier, le 18 octobre.

254. *Etienne*, le 10 avril.

257. *Sixte II*, coadjuteur dès 255.

259. *Denis*, le 19 septembre.

269. *Félix* Ier, le 3 janvier.

274. *Eutichien*, le 3 janvier.

283. *Caius*, le 16 décembre

295. *Marcellinus*, le 22 décembre.

304. *Marcellus* Ier, le 21 mai.

310. *Eusèbe*, le 2 avril.

310. *Melchiade*, coadjuteur le 4 juin, succède le 17 août.

314. *Sylvestre*, le 31 janvier.

336. *Marc*, le 18 janvier.

337. *Jules* Ier, le 6 février.

352. *Liberius*, le 24 mai.

356. *Félix II*, antipape.

358. Liberius abdique le 29 août.

358. Félix II, le 29 août.

359. Liberius, de rechef.

366. Damase, le 1er octobre.

366. Ursicin, troisième antipape.

385. Siricius, le 1er janvier.

399. Anastase, le 9 octobre.

401. Innocent Ier, le 24 nov.

417. Zozime, le 9 mars.

418. Boniface Ier, le 30 déc.

428. Eulalius, antipape.

422. Célestin Ier.

432. Sixte III, le 10 août.

440. St. Léon-le-Grand, le 1er septembre.

461. Hilaire, le 21 novembre.

468. Simplicius, le 24 février.

483. Félix III, le 6 mars.

492. Gélase, le 1er mars.

496. Anastase II, le 24 nov.

498. Symmaque, le 22 nov.

498. Laurent, antipape.

514. Hormisdas, le 26 nov.

523. Jean Ier, le 13 août.

526. Félix IV, le 24 juillet.

530. Boniface II, le 28 septemb.

533. Jean II, le 23 janvier.

535. Agapet, le 5 juin.

536. Sylvère, le 30 mai.

537. Vigile, sixième antipape.
538. Vigile, au mois de juin.
555. Pélage Ier, le 18 avril.
560. Jean III, le 1er août.
574. Benoît Ier, le 27 mai.
578. Pélage II, le 27 novemb.
590. St. Grégoire-le-Grand, le 3 septembre.
604. Sabinien, le 30 août.
607. Boniface III, le 19 janvier.
608. Boniface IV, le 25 août.
615. Deusdedit, le 19 octobre.
618. Boniface V, le 24 décemb.
625. Honoré Ier, 27 octobre.
640. Severin, 28 mai.
640. Jean IV, le 24 décembre.
642. Théodore, le 24 novemb.
649. Martin Ier, le 5 juillet.
654. Eugène Ier, du vivant de Martin.
657. Vitalien, le 30 juillet.
672. Adéodat, 11 avril.
676. Donus, 2 novembre.
679. Agathon, 26 juin.
682. Léon II, 17 août.
684. Benoît II, 26 juin.
685. Jean V, 23 juillet.
Pierre et Théodore, antipapes.
686. Conon, 21 octobre.
687. Sergius, le 15 décembre.
Théodore et Paschal, antipapes.
701. Jean VI, le 3 octobre.
705. Jean VII, le 5 mars.
708. Sisinnius, le 19 janvier.
708. Constantin, le 25 mars.
715. Grégoire II, le 19 mai.
731. Grégoire III, le 18 mars.
741. Zacharie, le 3 décembre.
752. *Etienne II*, non sacré.
752. Etienne II ou III, le 26 mars.
757. Paul, le 28 mai.
Théophilacte, Constantin et Philippe, antipapes.
768. Etienne III *ou* IV, le 5 août.
772. Adrien Ier, le 9 février.
795. Léon III, le 26 décembre.
816. Etienne IV *ou* V, le 22 juin.
817. Paschal Ier, le 25 janvier.
824. Eugène II, le 5 juin.
824. Zizimus, antipape.
827. Valentin, le 1er septemb.
828. Grégoire IV, le 5 janvier.
844. Sergius II, le 27 janvier.
847. Léon IV, le 12 avril (1).
855. Benoît III, le 1er septemb.
858. Nicolas Ier, le 25 mars.
867. Adrien II, le 14 décembre.
872. Jean VIII, le 14 décembre.
882. Marin *ou* Martin II, le 23 décembre.
884. Adrien III, le 1er mars.
885. Etienne V *ou* VI, le 25 juillet.
885. Anastase, antipape.
891. Formose, le 19 septembre.
Sergius, antipape.
896. Boniface VI, le 11 avril.
896. Etienne VI *ou* VII, le 2 mai.
897. Romain, antipape, le 17 septembre.
898. Théodore II, le 12 février.
898. Jean IX, le 12 mars.
900. Benoît IV, le 6 avril.
904. Léon V, le 28 octobre.
904. Christophe, antipape.
905. Sergius III, le 9 juin.
913. Anastase III, le 4 octobre.
914. Lando, le 4 décembre.
915. Jean X, le 30 avril.
928. Léon VI, le 6 juillet.
929. Etienne VII *ou* VIII, le 1er février.
931. Jean XI, le 20 mars.
936. Léon VII, le 14 février.
939. Etienne VIII *ou* IX, 1er septembre.
943. Marin *ou* Martin III, le 22 janvier.
946. Agapet II, le 9 août.

(1) La fable de la papesse Jeanne se place ici.

956. Jean XII, le 23 mars.
964. Benoît V, le 19 mai.
964. Léon VIII, le 24 juin.
965. Benoît V, derechef, en mai.
965. Jean XIII, le 1er octobre.
972. Benoît VI, le 22 septemb.
974. Boniface VII, antipape, 1er mars.
974. Donus, Domnus *ou* Domnio, le 5 avril.
975. Benoît VII, le 19 décemb.
984. Jean XIV, le 19 octobre.
985. Boniface, antipape de rechef.
985. Jean, non sacré.
986. Jean XV *ou* XVI, le 25 avril.
996. Grégoire V, le 17 mai.
999. Jean, antipape.
999. Sylvestre II, le 19 février.
1003. Jean XVII, le 6 juin.
1004. Jean XVIII, le 19 mars.
1009. Sergius IV, le 11 octobre.
1012. Benoît VIII, le 20 juillet.
1012. Léon *ou* Grégoire, antipape.
1024. Jean XIX *ou* XX, le 19 juillet.
1033. Benoît IX, à 10 ans, 9 décembre.
1044. Sylvestre et Jean, antipapes.
1045. Grégoire VI, le 28 avril.
1046. Clément II, 25 décembre.
1047. Benoît IX, de rechef, le 8 novembre.
1048. Damase II, le 17 juillet.
1049. Léon IX, le 11 février.
1055. Victor II, le 13 avril.
1057. Etienne IX *ou* X, 2 août.
1058. Benoît, antipape.
1058. Nicolas II, le 30 septemb.
1060. Alexandre II, le 30 sept.
1061. Cadalous, dit Henri II, antipape.
1073. Grégoire VII, le 22 avril.
1080. Guibert *ou* Clément, antipape.
1086. Victor III, le 24 mai.
1088. Urbain II, le 12 mars.
1099. Paschal II, le 24 août.
Albert et Théodoric, antipapes après Guibert.
1118. Gelase II, le 25 janvier.
1118. Maurice Burdin, dit Grégoire, antipape.
1119. Calixte II, le 1er février.
1124. Honoré II, le 21 décemb.
Calixte, antipape.
1130. Innocent II, le 17 février.
Pierre Léon *ou* Anaclet et Victor, antipapes.
1143. Célestin II, le 25 sept.
1144. Luce II, le 12 mars.
1145. Eugène III, le 27 février.
1153. Anastase IV, le 9 juillet.
1154. Adrien IV, le 4 décembre.
1159. Alexandre III, le 7 sept.
Victor, Paschal, Calixte et Innocent, antipapes.
1118. Luce III, le 29 août.
1185. Urbain III, le 25 novemb.
1187. Grégoire VIII, le 10 octob.
1187. Clément III, le 19 déc.
1191. Célestin III, le 28 mars.
1198. Innocent III, le 8 janvier.
1216. Honoré III, le 11 juillet.
1227. Grégoire IX, le 20 mars.
1241. Célestin IV, le 20 sept.
1243. Innocent IV, le 24 juin.
1254. Alexandre IV, 25 déc.
1261. Urbain IV, le 29 août.
1265. Clément IV, le 5 février.
1271. Grégoire X, le 1er sept.
1276. Innocent V, le 20 janvier.
1276. Adrien V, le 4 juillet.
1276. Vicedominius, 5 septembre, non compté.
1276. Jean XXI, le 13 septemb.
1277. Nicolas III, le 25 novemb.
1281 Martin IV, le 22 février.
1285. Honoré IV, le 2 avril.
1288. Nicolas IV, le 22 février.
1294. Célestin V, le 7 juillet.
1294. Boniface VIII, 24 déc.
1303. Benoît XI, le 21 octobre.

Les papes suivans, jusqu'à Grégoire XI, siégent à Avignon.

1305. Clément V, le 21 juillet.
1316. Jean XXII, le 7 août.
1328. Pierre de Corbario, antipape.
1334. Benoît XII, le 20 décemb.
1342. Clément VI, le 9 mai.
1352. Innocent VI, le 1er déc.
1362. Urbain V, le 27 septemb.
1370. Grégoire XI, le 30 déc.
1378. Urbain VI, le 18 avril, à Rome.
1378. Clément VII, le 20 septembre, à Avignon.
1389. Boniface IX, le 2 novembre, à Rome.
1394. Benoît XIII, le 28 septembre, à Avignon,
1404. Innocent VII, le 17 octobre, à Rome.
1406. Grégoire XII, le 30 novembre, à Rome.
1409. Alexandre V, le 26 juin.
1410. Jean XXIII.
1417. Martin V, le 11 novembre.
1424. Clément VIII, non reconnu.
1431. Eugène IV, le 3 mars.
1439. Félix V, le 17 novembre; abdiqua en 1449.
1447. Nicolas V, le 6 mars.
1455. Calixte III, le 8 avril.
1458. Pie II, le 19 août.
1464. Paul II, le 31 août.
1471. Sixte IV, le 9 août.
1484. Innocent VIII, le 24 août.
1492. Alexandre VI, le 11 août.
1503. Pie III, le 23 septembre.
1503. Jules II, le 1er novembre.
1513. Léon X, le 15 mars.
1522. Adrien VI, le 9 janvier.
1523. Clément VII, le 29 nov.
1534. Paul III, le 13 octobre.
1550. Jules III, le 8 février.
1555. Marcel II, le 9 avril.
1555. Paul IV, le 23 mai.
1559. Pie IV, le 25 décembre.
1566. Pie V, le 7 janvier.
1572. Grégoire XIII, le 13 mai.
1585. Sixte V, le 12 avril.
1590. Urbain VII, le 15 sept.
1590. Grégoire XIV, le 5 déc.
1591. Innocent IX, le 30 octob.
1592. Clément VIII, le 30 janv.
1605. Léon XI, le 1er avril.
1605. Paul V, le 16 mai.
1621. Grégoire XV, le 9 février.
1623. Urbain VIII, le 6 août.
1644. Innocent X, le 14 sept.
1655. Alexandre VII, le 7 avril.
1667. Clément IX, le 20 juin
1670. Clément X, le 29 avril.
1676. Innocent XI, le 21 sept.
1689. Alexandre VIII, le 6 oct.
1691. Innocent XII, le 12 juillet.
1700. Clément XI, le 29 novemb.
1721. Innocent XIII, le 8 mai.
1724. Benoît XIII, le 29 mai.
1730. Clément XII, le 12 juillet.
1740. Benoît XIV, le 17 août.
1758. Clément XIII, le 6 juillet.
1769. Clément XIV, le 19 mai.
1775. Pie VI, le 15 février.
1800. Pie VII, le 13 mars.

COMTES,

PUIS DUCS DE POUILLE ET DE CALABRE, ET ROIS DE NAPLES ET DES DEUX-SICILES.

NAPLES, après la chute de l'empire romain d'Occident, demeura au pouvoir des empereurs d'Orient. Le duché auquel elle donna son nom ne put être soumis, ni par les Lombards, ni par les empereurs français, ni par les empereurs d'Allemagne; il eut ses ducs particuliers, qui d'abord furent nommés par les exarques de Ravenne ou les empereurs grecs, et qui, peu après l'extinction de l'exarchat, furent nommés par le peuple de Naples; au commencement du onzième siècle, les Normands vinrent dans la Pouille; ils y firent des conquêtes rapides, et, en 1043, Guillaume, Bras-de-Fer, fils de Tancrède de Hauteville, fut créé comte de la Pouille par ses compatriotes.

1043. Guillaume, Bras-de-Fer.
1046. Drogon, frère.
1051. Humphred, ou Hamphroi, frère.
1057. Robert Guiscard, frère, duc de Pouille et de Calabre.
1085. Roger, fils.
1111. Guillaume II, fils.
1127. Roger II, cousin, comte de Sicile, et roi de Sicile en 1129.
1154. Guillaume, le Mauvais, fils.
1166. Guillaume II, le Bon, fils.
1189. Tancrède, cousin.
1194. Guillaume III, fils.
1194. Constance, fille de Roger II, et l'empereur Henri VI, son mari.
1197. Frédéric, fils; il fut empereur.
1250. Conrad Ier, fils; il fut empereur.
1254. Conrad II, dit Conradin, fils.
1258. Mainfroi, oncle.
1266. Charles Ier, comte d'Anjou, frère de Saint Louis.
1285. Charles II, le Boiteux, fils, roi de Naples.
1309. Robert, dit le Sage et le Bon, fils.
1343. Jeanne, petite-fille d'André de Hongrie, et Louis de Tarente.
1382. Charles III, de Duras, arrière-petit-fils de Charles le Boiteux.
1386. Ladislas, fils.
1414. Jeanne II, sœur, et Jacques de Bourbon (1).

(1) Ces trois derniers rois eurent pour compétiteurs, en 1382, Louis Ier d'Anjou; en 1385, Louis II d'Anjou, fils de Louis Ier, et en 1417, Louis III d'Anjou, fils de Louis II.

1435. Alphonse Ier, dit le Sage, roi d'Aragon et de Sicile; il eut pour compétiteur René d'Anjou, dit le Bon, frère de Louis III d'Anjou.
1458. Ferdinand Ier, fils naturel d'Alphonse; il eut pour compétiteur Jean d'Anjou, fils de René d'Anjou, et ensuite Charles du Maine qui transmit ses droits à Louis XI, roi de France.
1494. Alphonse II, fils.
1495. Ferdinand II, fils.
1496. Frédéric III, oncle.
1501. Ferdinand, le Catholique, roi d'Aragon et de Sicile.
1516. Charles-Quint, empereur, petit-fils.
1554. Philippe II, roi d'Espagne, fils.
1598. Philippe III, roi d'Espagne, fils.
1621. Philippe IV, roi d'Espagne, fils.
1665. Charles II, roi d'Espagne, fils.
1700. Philippe V, de Bourbon, roi d'Espagne.
1708. Charles d'Autriche, depuis empereur.
1734. Don Carlos, fils de Philippe V, depuis roi d'Espagne.
1759. Ferdinand IV, son fils.
1806. Joseph-Napoléon, frère de l'empereur Napoléon.
1808. Joachim (Murat).
1815. Ferdinand IV, qui n'avait pas quitté la Sicile pendant la domination de Joseph et de Joachim, rentre dans Naples; c'est le roi aujourd'hui régnant.

COMTES,

PUIS ROIS DE SICILE.

La Sicile était depuis près de deux siècles et demi au pouvoir des Sarrasins qui l'avaient conquise sur les Grecs, lorsque Roger, frère de Robert Guiscard, duc de Pouille et de Calabre, acheva de s'en emparer par la prise de Palerme, en 1072; il en fut nommé comte par son frère Robert.

1072. Roger Ier, comte de Sicile.
1101. Roger II, fils; il devient duc de Pouille et de Calabre, en 1127; il obtient, en 1129, de l'antipape Anaclet, le titre de roi de Sicile.
1154. Guillaume, le Mauvais, fils.
1166. Guillaume II, le Bon, fils.
1189. Tancrède, cousin.
1194. Guillaume III, fils.
1194. Constance, fille de Roger II, et l'empereur Henri VI, son mari.
1197. Frédéric, fils; il fut empereur.

1250. Conrad Ier, fils; il fut empereur.
1254. Conrad II, dit Conradin, fils.
1258. Mainfroi, oncle.
1266. Charles Ier, comte d'Anjou, frère de Saint Louis.
1282. Pierre, roi d'Aragon, gendre de Mainfroi.
1285. Jacques, fils.
1296. Frédéric II, frère.
1337. Pierre II, fils.
1342. Louis, fils.
1355. Frédéric III, dit le Simple, frère.
1377. Marie, fille, et Martin, dit le Jeune.
1402. Martin-le-Jeune, seul.
1409. Martin II, dit le Vieux, roi d'Aragon, père.
1412. Ferdinand de Castille, roi d'Aragon, le Juste.
1416. Alphonse-le-Magnanime, fils, roi de Naples, en 1435.
1458. Jean, roi d'Aragon et de Navarre, frère.
1479. Ferdinand-le-Catholique, fils, roi d'Espagne, et roi de Naples, en 1501.
1516. Charles-Quint, empereur, roi d'Espagne et de Naples, petit-fils.
1554. Philippe II, roi d'Espagne et de Naples, fils.
1598. Philippe III, roi d'Espagne et de Naples, fils.
1621. Philippe IV, roi d'Espagne et de Naples, fils.
1665. Charles II, roi d'Espagne et de Naples, fils.
1700. Philippe V, roi d'Espagne et de Naples.
1713. Victor-Amédée, duc de Savoie.
1720. Charles VI, empereur, et roi de Naples.
1735. Don Carlos, roi de Naples.
1759. Ferdinand IV, roi de Naples; le trône de Naples lui avait été enlevé en 1806. Il y est rentré en 1815, et a pris le nom de Ferdinand Ier, roi des Deux-Siciles.

MARQUIS,

DUCS, GOUVERNEURS ET GRANDS-DUCS DE TOSCANE, ET ROIS D'ÉTRURIE.

La Toscane, ou Étrurie, après avoir appartenu aux Hérules, aux Ostrogoths et aux Lombards, fut soumise par Charlemagne, qui y établit des comtes pour la gouverner, lesquels eurent ensuite les titres de marquis et de ducs.

828, au plus tard, Boniface Ier, premier marquis de Toscane.
847, au plus tard, Adalbert Ier, duc et marquis.
890. Adalbert II, le Riche.
917. Gui.
927. Lambert.
931. Boson.
936. Hubert ou Humbert.

961, au plus tard, Hugues-le-Grand.
1002, environ, Adalbert III.
1014. Raginaire ou Reinier.
1027. Boniface III, le Pieux.
1052. Frédéric, dit aussi Boniface.
1055. Béatrix et Godefroi-le-Barbu.
1076. Mathilde, appelée la grande-comtesse, et Welfe, son époux.
1115. Après la mort de Mathilde, la Toscane n'eut que des gouverneurs pendant dix-huit ans.
1133. Henri-le-Superbe, duc de Bavière.
1139. Ulderic, comte de Lenzbourg.
1153. Welfe ou Guelphe d'Este.
1195. Philippe, cinquième fils de l'empereur Frédéric Ier, et lui-même empereur, en 1197.

Au commencement du treizième siècle, Florence et la Toscane secouèrent le joug de leurs marquis, et se constituèrent en république; dès lors ce pays fut agité par des troubles sans nombre; la famille des Médicis acquit de l'influence dans le gouvernement dès la fin du quatorzième siècle; Cosme, dit l'ancien, mort en 1464, à 75 ans, combla de bienfaits ses compatriotes, et eut le surnom de père de la patrie; son fils, Pierre, et ses petits-fils, Laurent et Julien, succédèrent à son crédit; ce dernier fut assassiné en 1478, par les Pazzi et Salviati, conjurés contre sa famille; Laurent vécut jusqu'en 1492; Pierre II, son fils, fut exilé de Florence, et mourut dans le royaume de Naples en 1505.

En 1512, les Médicis furent rétablis à Florence.
En 1531, Alexandre de Médicis, gendre de l'empereur Charles-Quint, fut mis à la tête du gouvernement de Florence, et l'année suivante il fut proclamé duc et prince absolu de cet Etat.
1537. Cosme, *duc ; il a le titre de grand-duc* en 1569.
1574. François-Marie.
1587. Ferdinand.
1609. Cosme II.
1621. Ferdinand II.
1670. Cosme III.
1723. Jean Gaston, *dernier grand-duc de la famille des Médicis.*
1737. François de Lorraine, *depuis empereur.*
1766. Pierre-Léopold-Joseph, *fils du précédent, empereur* en 1790.
1790. Ferdinand-Joseph.

ROIS D'ÉTRURIE.

1801. Louis Ier, *infant d'Espagne, auparavant prince de Parme,* arrière-petit-fils de Philippe V, roi d'Espagne.
1803. Charles-Louis II.
1807. *La Toscane est cédée à la France.*
1809. Élisa Bacciochi, grande-duchesse.
1814. Ferdinand III, grand-duc.

DUCS DE MODÈNE.

Ils descendent de la famille d'*Este*, qui a possédé Modène, Ferrare, etc., depuis le treizième siècle. Modène fut érigé en duché, l'an 1452, et Ferrare fut réuni aux États du pape, en 1597, à la mort d'Alphonse II, qui fut le dernier de la première race.

1597. César d'Este, *réduit aux duchés de Modène et de Reggio.*
1628. Alphonse III; *il se fait religieux.*
1629. François Ier.
1658. Alphonse IV.
1662. François II.
1694. Renaud; *il acquiert, en 1711, le duché de la Mirandole.*
1737. François Marie.
1780. Hercule Renaud.
1797. Le Modénais est réuni à la république Cisalpine; il a depuis fait partie du royaume d'Italie.
1814. Marie Béatrix, veuve de l'archiduc Ferdinand.
1815. François IV.

DUCS DE PARME ET DE PLAISANCE.

Après diverses révolutions, Parme et Plaisance étant venus au pouvoir des papes, Paul III les céda à titre de duchés à la maison Farnèse, dont il était issu.

1545. Pierrre-Louis Farnèse.
1547. Octave.
1586. Alexandre.
1592. Rainuce.
1622. Odoard.
1646. Rainuce II.
1694. François.
1727. Antoine.
1731. Charles *ou* don Carlos *de Bourbon Espagne.*
1735. Charles VI, empereur.
1740. Marie-Thérèse d'Autriche.
1748. Philippe de *Bourbon Espagne.*

1765. Ferdinand fils.
1801. Les Français s'emparent des États de Parme et de Plaisance.
1814. L'archiduchesse Marie-Louise, duchesse de Parme, de Plaisance et de Guastalla.

CAPITAINES,

PUIS MARQUIS ET DUCS DE MANTOUE.

Mantoue, ville très-ancienne et capitale du Mantouan, qui a environ soixante-six lieues de circuit, profita des guerres des empereurs et des papes pour se mettre en liberté, dans le 12e siècle; mais bientôt elle tomba au pouvoir de diverses familles nobles, dont la principale est celle des Bonacolsi, dont la puissance finit en 1328, après avoir duré un demi-siècle; alors la seigneurie de Mantoue passa dans la maison de Gonzague, où elle s'est conservée près de quatre cents ans.

1328. Louis Ier de Gonzague, capitaine de Mantoue.
1360. Gui de Gonzague.
1369. Louis II.
1382. François Ier.
1407. Jean-François, premier marquis de Mantoue, en 1433.
1444. Louis III, dit le Turc.
1478. Frédéric Ier.
1484. Jean-François II.
1519. Frédéric II, premier duc de Mantoue, en 1530.
1540. François II.
1550. Guillaume.
1587. Vincent Ier.
1612. François III.
1612. Ferdinand.
1626. Vincent II.
1627. Charles Ier.
1637. Charles III.
1665. Charles IV.
1708. Après le mort du duc Charles IV, l'empereur Joseph Ier s'empare du Mantouan, qu'il transmet à ses successeurs.
1797. Le Mantouan est réuni à la république Cisalpine. Ensuite il a fait partie du royaume d'Italie, et plus tard du royaume Lombardo-Vénitien.

SEIGNEURS ET DUCS DE MILAN.

Milan, après avoir successivement appartenu aux Lombards et aux empereurs d'Occident, conquit peu à peu sa liberté dans le douzième siècle; mais bientôt elle trouva des maîtres dans son sein: trois familles, les Torriani ou della Torre, les Visconti et les Sforce la dominèrent successivement. Le premiers n'ayant jamais eu qu'une autorité chancelante, nous ne parlerons que des deux dernières familles.

1263. Othon Visconti, archevêque de Milan; il fut en lutte continuelle contre les seigneurs de la Torre, dont il finit par triompher.
1295. Matthieu Visconti, dit le Grand, seigneur de Milan.
1322. Galéas Visconti.
1328. Azzo Visconti.
1339. Luchen Visconti.
1349. Jean Visconti.
1354. Matthieu II, Bernabo et Galéas II.
1378. Jean Galéas, premier duc de Milan, en 1395.
1402. Jean-Marie Visconti.
1412. Philippe-Marie Visconti.
1447. François Sforce, gendre de Philippe-Marie Visconti, proclamé duc en 1450.
1466. Galéas-Marie Sforce.
1476. Jean-Galéas-Marie Sforce.
1494. Ludovic-Marie Sforce ou le More.
1500. Louis, roi de France.
1512. Maximilien Sforce.
1515. François Ier, roi de France.
1521. François-Marie Sforce.

Charles-Quint, après la mort de François-Marie Sforce, en 1535, s'empara du Milanais, qui a été possédé par lui et les rois d'Espagne, ses successeurs, jusqu'en 1706, où l'empereur Joseph s'en rendit maître; dès lors, jusqu'en 1796, les empereurs d'Allemagne ont été maîtres du Milanais, qui depuis a successivement fait partie de la république Cisalpine, de la république Italienne et du royaume d'Italie, dont Milan était la capitale.

1815. Réuni au royaume Lombardo-Vénitien.

DOGES DE VENISE.

La suite des doges ne commence que vers la fin du septième siècle.

697. Paul Anafesto.
717. M. Tegalliano.
726. Orso Ipato.
737. *Maîtres de la Milice pendant cinq ans.*
742. Théodat Orso Ipato.
755. Galla.
756. D. Monegario.
764. M. Galbaio.
787. Jean Galbaio.
804. Obelerio Antenorio.
811. A. Particiaco.
827. G. Particiaco.
829. J. Particiaco.
837. P. Tradonico.
864. O. Particiaco.
881. J. Particiaco.
887. Pierre Candiano et Jean Particiaco, *pour la seconde fois.*
888. Pierre Tribuno.
912. Orso Particiaco.

932. Pierre Candiano II.
939. P. Badoaro.
942. P. Candiano III.
959. P. Candiano IV.
976. P. Orseolo.
978. Vital Candiano.
979. Tribuno Memmo.
991. O. Orseolo II.
1009. Ot. Orseolo.
1026. P. Barbolano.
1032. D. Orseolo.
1034. D. Flanbanico.
1043. D. Contareno *ou* Contarini.
1071. D. Silvio.
1084. Vital Falier.
1096. V. Micheli.
1102. Or. Falier.
1117. D. Micheli.
1130. P. Polani.
1148. D. Morosini.
1156. V. Micheli II.
1173. Seb. Ziani.
1179. Or. Malipiero *ou* Matropietro.
1192. H. Dandolo.
1205. P. Ziani.
1229. Jacques Tiopelo.
1249. M. Morosini.
1252. Ren. Zeno.
1268. Lau. Tiepolo.
1275. J. Contarini.
1279. J. Dandolo.
1290. P. Gradenigo.
1311. M. Georgio.
1312. J. Soranzo.
1328. F. Dandolo.
1339. B. Gradenigo.
1343. A. Dandolo.
1354. M. Falier.
1355. J. Gradenigo.
1356. J. Delfino.
1361. Lau. Celsi.
1365. M. Cornaro.
1367. A. Contarini.
1382. M. Morosini.
1382. A. Venieri.
1400. M. Steno.
1414. T. Mocenigo.
1423. F. Foscari.
1457. P. Malipiero.
1462. Ch. Moro.
1471. N. Trono.
1473. N. Marcel.
1474. P. Mocenigo.
1476. A. Vandramino.
1478. J. Moncenigo.
1485. M. Barbarigo.
1486. A. Barbarigo.
1501. L. Loredano.
1521. A. Grimani.
1523. A. Gritti.
1539. P. Lando.
1545. F. Donato.
1553. M. A. Trevisani.
1554. F. Venieri.
1556. L. Priuli.
1559. J. Priuli.
1567. P. Loredano.
1570. J. Mocenigo.
1577. S. Venieri.
1578. N. Da Ponte.
1585. P. Cicogna.
1595. M. Grimani.
1606. L. Donato.
1612. M. A. Memmo.
1615. J. Bembo.
1618. N. Donato.
1618. A. Priuli.
1623. T. Contarini.
1624. J. Cornaro.
1630. N. Contarini.
1631. F. Erizzo.
1646. F. Molino.
1655. C. Contarini.
1656. F. Cornaro.
1656. B. Falier *ou* Valieri.
1658. J. Pezäri.
1659. D. Contarini
1675. N. Sagredo.
1676. L. Contarini.
1684. M. A. Giustiniani.
1688. F. Morosini.
1694. S. Valieri.
1700. L. Mocenigo.
1709. J. Cornaro.
1722. S. Mocenigo.
1709. J. Cornaro.

1722. S. Mocenigo.
1732. C. Ruzzini.
1735. L. Pisani.
1741. P. Grimani.
1752. F. Loredano.
1762. M. Foscarini.
1763. Ab. Mocenigo.
1779. Paul Renieri.
1789. Louis Marini.
1797. Venise est prise par les Français, et cédée à l'Autriche.
1805. L'État de Venise est réuni au royaume d'Italie.
1814. Réuni au royaume Lombardo-Vénitien.

DOGES ET SOUVERAINS DE GÊNES.

GÊNES eut un gouvernement républicain, au moins dès le onzième siècle; le commerce la rendit ensuite très-florissante; elle fut gouvernée successivement par des consuls, des podestats, des capitaines; enfin, en 1339, elle commença à avoir des doges.

1339. Simon Boccanegra, premier doge.
1344. Jean de Murta.
1350. Jean de Valenti.
1353. Les Génois se donnent à Jean de Visconti, archevêque et seigneur de Milan.
1356. Les Génois secouent le joug des Visconti, et rétablissent le dogat.
Simon Boccanegra, doge pour la seconde fois.
1363. Gabriel Adorno.
1371. Dominique Frégose.
1378. Nicolas Guarco.
1383. Léonard Montaldo.
1384. Antoine Adorno.
1390. Jacques Frégose.
1393. Antoine Montaldo.
1394. Nicolas Zoaglio; Antoine Guarco et Adorno, de nouveau.
1392. François Giustitiano.
1393. Antoine Montaldo; de nouveau.
1396. Les Génois se donnent à la France.
1409. Les Génois secouent le joug de la France.
Théodore, marquis de Montferrat, est nommé capitaine-général.
1413. George Adorno, doge.
1415. Barnabé de Goano.
1415. Thomas Frégose.
1415. Les Génois se soumettent au duc de Milan.
1435. Les Génois chassent les Milanais, et élisent pour doge Isnard Guarco, et ensuite Thomas Frégose.
1443. Raphaël Adorno.
1447. Barnabé Adorno, et ensuite Jean Frégose.
1448. Louis Frégose.
1450. Pierre Frégose.
1458. Les Génois se soumettent à Charles VII, roi de France.
1460. Les Français sont chassés.
Prosper Adorno, Spinetsa Frégose et Louis Frégose sont successivement doges.
1463. Paul Frégose, doge et archevêque.
1464. Les Génois sont soumis par le duc de Milan.
1478. Les Génois reconquèrent leur liberté.
Baptiste Frégose, doge.
1483. Paul Frégose, de nouveau.
1487. Les ducs de Milan rede-

viennent souverains de Gênes, et ensuite Louis XII, en 1499.

1506. Les Génois révoltés contre la France, élisent pour doge, Paul de Novi; ils sont soumis.

1512. Nouvelle révolte des Génois; Jean Frégose est proclamé doge.

1513. Octavien Frégose.

1515. François Ier, roi de France. redevient maître de Gênes.

1527. Les troupes impériales s'emparent de Gênes, Antoine Adorno est élu doge.

1528. Les Français redeviennent maîtres de Gênes.

1528. Les Français sont chassés de l'État de Gênes, et les Génois adoptent une nouvelle constitution, qui a duré jusqu'en 1797; pendant tout ce temps, ils ont changé de doges tous les deux ans.

1797. La constitution change; l'État de Gênes prend le nom de république Ligurienne.

1805. L'État de Gênes est réuni à l'empire Français.

1814. L'état de Gênes est réuni à la Sardaigne, sous le titre de duché.

COMTES

DE MAURIENNE ET DE SAVOIE, PUIS DUCS DE SAVOIE ET ROIS DE SARDAIGNE.

1014. Berold, comte de Maurienne. *On croit qu'il était de l'ancienne maison de Saxe.*
1047. Humbert *aux blanches mains.*
1048. Amé *ou* Amédée Ier.
1072. Humbert II.
1108. Amédée II *ou* III, *premier comte de Savoie.*
1148. Humbert III, *le saint.*
1188. Thomas.
1233. Amédée IV.
1253. Boniface.
1263. Pierre.
1268. Philippe.
1285. Amédée V.
1323. Édouard.
1329. Aimon.
1343. Amédée VI.
1383. Amédée VII.

DUCS.

1391. Amédée VIII. *Il fut créé duc en 1417.*
1451. Louis.
1465. Amédée IX.

1472. Philibert.
1482. Charles.
1489. Charles II.
1496. Philippe.
1497. Philibert II.
1504. Charles III.
1553. Émanuel Philibert.
1580. Charles Émanuel.
1630. Victor Amédée Ier.
1637. François Hyacinthe.
1638. Charles Émanuel II.
1675. Victor Amédée II.
1720. *Victor Amédée II devient roi de Sardaigne.*
1730. Charles Émanuel III.
1773. Victor Amédée III. *Il perd la Savoie et Nice en* 1792.
1796. Charles Émanuel IV. *Il se démet de la souveraineté du Piémont en* 1798.
1802. Victor Emanuel. La même année, le Piémont est réuni à la France.
1821. Victor Émanuel abdique en faveur de son frère Charles Félix:

PRINCES,

GRANDS-DUCS, CZARS, ET EMPEREURS DE RUSSIE.

861. **Rurik.**
879. Igor.
945. Svetoslaw, *d'abord sous la régence de sa mère Olega, qui se fit baptiser à Constantinople.*
973. Iaropolk.
980. Vladimir, *premier prince chrétien, et apôtre de sa nation.*
1015. Sviatopolk.
1019. Iasoslaw, *grand-duc ; ses frères ayant eu des apanages.*
1055. Isiaslaw.
1078. Vsevolod.
1093. Sviatopolk II, *Kief était alors, et depuis Igor, la capitale de la Russie.*
1113. Vladimir II.
1125. Mstislaw.
1132. Iaropolk II.
1140. Viatscheslaw.
1140. Vsevolod II.
1147. Igor II.
1147. Isiaslaw II.
1149. Iouri Ier, *ou* George.

1150. Isiaslaw, *rétabli.*
1154. Rostislaw II.
1154. Isiaslaw III.
1154. Iouri *ou* George, *rétabli.*
1157. André Ier, *demeurant à Volodimer, comme les suivans.*
1170. *Interrègne.*
1175. Mikhail *ou* Michel Ier.
1177. Vsevolod III.
1212. Iouri *ou* George II.
1217. Constantin.
1218. Iouri II, *rétabli.*
1237. Iaroslaw II, *soumis aux Tartares comme ses successeurs, pendant plus d'un siècle et demi.*
1247. Sviatoslaw.
1251. Alexandre Ier Newski; *l'Église russe l'a mis au nombre des saints.*
1262. Iaroslaw III.
1272. Vasili *ou* Basile.
1276. Dmitri *ou* Demetrius.
1294. André II.
1304. Mikhail *ou* Michel II.
1320. Iouri *ou* George III.
1323. Dmitri II.
1324. Alexandre II.
1328. Iwan *ou* Jean.
1341. Siméon *ou* Semen.
1353. Iwan II.
1359. Dmitri III.
1362. Dmitri IV.
1389. Vasili *ou* Basile II.
1425. Vasili Vasiliewitz.
1462. Iwan III, Vasiliewitz; *il secoue complètement le joug des Tartares.*
1505. Vasili *ou* Basile IV.
1533. Iwan IV, Vasiliewitz; *il prend, en 1545, le titre de tzar* ou *czar.*
1584. Fedor Ivanowitz.
Fin de l'ancienne famille.
1598. Boris Godounow.
1605. Le faux Dmitri.
1606. Vasili Chouiski, *élu et détrôné.*
1610. Vladislas de Pologne, *élu et rejeté.*
1613. Michel Romanzow, *élu.*
1645. Alexis Mikhailowitz.
1676. Fedor Alexiewitz.
1682. Iwan V et Pierre Ier Alexiewitz.
1696. Pierre Ier le Grand, *seul.*
1725. Catherine Ire, *veuve de Pierre-le-Grand*
1727. Pierre II, *petit-fils de Pierre Ier.*

1730. Anne Ivanowna.
1740. Iwan VI.
1751. Élisabeth Petrowna,
1762. Pierre III, *six mois ; déposé.*
1762. Catherine II, *sa femme.*
1796. Paul Ier.
1801. Alexandre Ier, actuellement régnant.

DUCS ET ROIS DE POLOGNE.

L'histoire de la Pologne ne commence à être sûre que vers le milieu du neuvième siècle. En conséquence, la liste que nous donnons de ses rois, est incertaine jusqu'à cette époque.

Vers 550. Leck Ier.
700. Grack *ou* Cracus.
Leck II.
740. Venda, *reine.*
XII Palatins gouvernent.
760. Premislas *ou* Lesko Ier.
Interrègne.
804. Lesko II.
810. Lesko III.
815. Popiel Ier.
823. Popiel II.
Interrègne.
842. Piast.
861. Ziemovit.
892. Lesko IV.
913. Ziemomislas.
964. Micislas Ier ; *il se fait chrétien en* 966.
999. Boleslas Ier.
1025. Micislas II.
1037. *Interrègne.*
1041. Casimir.
1058. Boleslas II.
1081. Uladislas.
1102. Boleslas III.
1138. Uladislas II.
1146. Boleslas IV.
1173. Micislas III, *déposé.*
1177. Casimir II.
1194. Lesko V.
1200. Micislas III, *rétabli.*
1200. Lesko, *rétabli.*
1202. Uladislas III.
1206. Lesko, *pour la troisième fois.*
1227. Boleslas V.
1279. Lesko VI.

1289. *Interrègne.*

ROIS.

1295. Prémislas II.
1296. Uladislas IV, *chassé.*
1300. Venceslas III, *de Bohême.*
1304. Uladislas IV, *rétabli.*
1333. Casimir III, le Grand.

Fin des Piast.

1370. Louis, *roi de Hongrie.*
1382. *Interrègne.*
1386. Uladislas V Jagellon, *duc de Lithuanie*, et Hedwige.
1434. Uladislas VI.
1445. Casimir IV.
1492. Jean Albert.
1501. Alexandre.
1506. Sigismond Ier.
1548. Sigismond II Auguste.
1572. *Interrègne.*
1574. Henri d'Anjou, cinq mois.
1576. Etienne Battori, *prince de Transylvanie.*
1587. Sigismond III, *roi de Suède.*
1632. Uladislas VII.
1648. Jean Casimir.
1669. Michel Ier.
1674. Jean Sobieski.
1697. Frédéric Auguste Ier.
1704. Stanislas Ier.
1709. Frédéric Auguste, *rétabli.*
1733. Stanislas, *élu de nouveau; il abdique.*
1733. Frédéric Auguste II.
1764. Stanislas Auguste; *il se démet en 1795; et la Pologne est partagée entre la Russie, l'Autriche et la Prusse.*
1807. *Le duché de Varsovie, formant un cinquième de l'ancienne Pologne, est cédé par le roi de Prusse à Frédéric Auguste III, roi de Saxe.*
1814. La Pologne est de nouveau érigée en royaume; Alexandre Ier, empereur de Russie, prend le titre de roi de cet Etat.

DUCS DE COURLANDE.

1561. Gothard Ketler, *grand-maître de Livonie, premier duc.*
1587. Frédéric.
1641. Guillaume.
1643. Jacques.

1683. Frédéric Casimir.
1698. Fréderic Guillaume.
1711. *Anne de Russie, sa veuve, gouverne.*
1737. Ernest Jean de Biren, *dépossédé.*
1741. Ferdinand de Brunswick, *élu. Le duché est administré au nom du roi de Pologne.*
1759. Charles de Saxe.
1763. Ernest Jean de Biren, *rétabli.*
1769. Pierre, *fils du précédent, par la démission de son père.*
1795. Les États de Courlande et de Semigalle se soumettent à la Russie.

ROIS DE SUÈDE.

Il y a beaucoup d'incertitude sur l'histoire de Suède jusqu'au milieu du douzième siècle; cependant nous donnons, d'après l'abbé Lenglet, la liste des rois de ce pays depuis l'année 481.

481. Swartmannus.
509. Tordo II.
510. Rodolphus.
527. Arinus.
548. Attila.
564. Tordus.
582. Algotus II.
606. Godstagus.
630. Arthus.
649. Hakon II.
670. Charles IV.
676. Charles V.
685. Birger.
700. Eric.
717. Tordo III.
764. Biorne III.
Alaric.
813. Biorne IV.
814. Bratemunder.
827. Siwast.
842. Heroth.
856. Charles VI.
883. Ingelde Ier.
891. Olaüs Ier.
900. Ingelde II.
907. Eric VI.
926. Eric VII.
940. Eric VIII.
980. Olaüs II.

1018. Amund II.
1037. Amund III.
1037. Hakon II.
1054. Stenchil.
1059. Ingelde III; *il se fait chrétien.*
1064. Helsten.
1080. Philippe.
1110. Ingelde IV.
1129. Ragnalde.
1129. Magnus.
Suercher.
1141. Eric *le Saint.*
1162. Charles VII.
1168. Canut Ericson.
1192. Suercher II.
1210. Eric X.
1220. Jean.
1223. Eric XI, *le Bègue.*
1250. Valdemar.
1279. Magnus II.
1290. Birger II.
1320. Magnus III.
1365. Albert.
1388. Marguérite, *reine de Danemarck.*
1396. Eric XII *ou* XIII, et Marguérite.
1412. Eric, *seul.*
1439. Christophe, *roi de Danemarck.*
1448. Charles VIII, Canutson.
1470. *Interrègne.*
1497. Jean, *de Danemarck.*
1501. *Interrègne.*
1520. Christiern II.
1523. Gustave Wasa, *Suédois.*
1560. Eric XIV.
1568. Jean III.
1592. Sigismond.
1604. Charles IX.
1611. Gustave Adolphe, le Grand.
1632. Christine.
1654. *Christine abdique.*
1654. Charles Gustave.
1660. Charles XI.
1697. Charles XII.
1718. Ulrique Éléonore et Fréderic.
1741. Frédéric, *seul.*
1751. Adolphe Frédéric.
1771. Gustave III.
1792. Gustave IV, Adolphe.
1809. Charles XIII.

1818. Charles XIV (Jean-Baptiste-Jules Bernadotte), actuellement régnant.

ROIS DE DANEMARCK.

714. GORMOND.
764. Sigefrid.
865. Getticus.
809. Olaüs III.
810. Hemmingus.
812. Siward et Ringo.
817. Harald V, et Klarek.
843. Siward III.
846. Eric Ier.
847. Eric II.
863. Canut Ier.
873. Frotho.
889. Gormond II.
897. Harald VI.
919. Gormond III.
935. Harald VII.
985. Suénon.
1015. Canut II, le Grand.
1036. Canut III.
1042. Magnus.
1047. Suénon II.
1074. Harald VIII.
1080. S. Canut.
1086. Olaüs IV.
1095. Eric III.
1103. *Interrègne.*
1105. Nicolas.
1135. Eric IV.
1137. Eric V.
1149. Suénon III. } en même temps.
1149. Canut V. }
1157. Valdemar Ier, le Grand.
1182. Canut VI, *le pieux.*
1202. Valdemar II, *le victorieux.*
1241. Eric VI.
1250. Abel.
1252. Christophe.
1259. Eric VII.
1286. Eric VIII.
1320. Christophe II.
1334. *Interrègne.*
1340 Valdemar III.

1375. Marguerite, *reine de Danemarck et de Norwège.*
1375. Olaüs, *avec sa mère Marguerite; il meurt en* 1387.
1397. Eric IX et Marguerite.
1412. Eric IX, *seul.*

La Norwège a dès lors toujours été unie au Danemarck.

1439. Christophe III.
1448. Christiern Ier.
1481. Jean.
1513. Christiern II.
1523. Frédéric Ier.
1533. *Interrègne.*
1534. Christiern III.
1559. Fréderic II.
1588. Christiern IV.
1648. Frédéric III.
1670. Christiern V.
1699. Frédéric IV.
1730. Christiern VI.
1746. Frédéric V.
1766. Christiern VII, mort en 1808.
1808. Frédéric VI, né le 28 janvier 1768; aujourd'hui régnant.

ROIS DE NORWÈGE.

900. HARALD, *premier roi.*
931. Eric.
936. Haquin, *dit* Adelstan, *tué en* 963.

. . . .

978. Haquin II.
995. Olaüs Ier.
1000. Suénon Ier.
1011. Olaüs II, *le Saint.*
1031. Suénon II, *fils de Canut le Grand.*
1039. Magnus.
1055. Harald II.
1070. Magnus II.
1110. Magnus III.
1138. Harald III.
1148. Magnus III, *de nouveau.*
1158. Ingo.
1176. *Interrègne.*
1180. Magnus IV.
1232. Haquin III, *tyran.*
1263. Olaüs III.
1280. Eric II.

1300. Haquin IV.
1315. Magnus V.
1326. Haquin V.
1328. Magnus VI.
1359. Olaüs IV.
1375. Haquin VI.
1388. Marguerite, *reine de Suède et de Danemarck.*
1412. Eric III; *la Norwège a dès lors été unie au Danemarck.*

EMPEREURS

D'OCCIDENT ET D'ALLEMAGNE.

Depuis le rétablissement de l'Empire d'Occident par Charlemagne.

800. CHARLEMAGNE.
814. Louis Ier, *le Débonnaire.*
840. Lothaire Ier.
855. Louis II.
875. Charles, *le Chauve.*
877. *Interrègne.*
881. Charles, *le Gros.*
888. Arnoul.
891. *Gui et Lambert, usurpateurs.*
899. Louis III, *dit l'Aveugle, usurpateur.*
899. Louis IV, douze ans.
912. Conrad Ier.
915. Bérenger, *roi d'Italie, usurpateur.*
918. Henri, *l'Oiseleur.*
936. Othon, *le Grand.*
973. Othon II.
983. Othon III.
1002. Henri II.
1024. Conrad II.
1039. Henri III.
1056. Henri IV.
1106. Henri V.
1125. Lothaire II.
1138. Conrad III.
1152. Frédéric I, *Barbe-rousse.*
1190. Henri VI.
1197. Philippe.
1208. Othon IV.
1212. Frédéric II.
1250. Conrad IV, quatre ans.
1250. Guillaume, six ans.
1257. *Troubles et interrègne.*

1273. Rodolphe *de Hapsbourg.*
1292. Adolphe *de Nassau.*
1298. Albert Ier, *d'Autriche.*
1308. Henri VII.
1313. *Interrègne de quatorze mois.*
1314. Frédéric; *il n'est pas compté.*
1314. Louis V.
1347. Charles IV.
1378. Venceslas, *déposé.*
1400. Robert.
1410. Sigismond, *de Luxembourg.*
1438. Albert II, d'*Autriche.*
1440. Frédéric III.
1493. Maximilien Ier.
1519. Charles-Quint.
1556. Ferdinand Ier.
1564. Maximilien II.
1576. Rodolphe II.
1612. Mathias.
1619. Ferdinand II.
1637. Ferdinand III.
1658. Léopold Ier.
1705. Joseph Ier.
1711. Charles VI.
1742. Charles VII, *de Bavière.*
1745. François Ier, *de Lorraine.*
1765. Joseph II.
1790. Léopold II.
1792. François II.
1806. *L'ancienne confédération germanique est détruite, et François II renonce à son titre d'empereur d'Occident et d'Allemagne; il se contente de celui d'empereur d'Autriche, qu'il avait pris en* 1804.

PRINCES ET ROIS DE HONGRIE.

Les Huns sont connus par les historiens chinois, comme étant très-puissans dans le nord de l'Asie et la Grande-Tartarie, deux siècles avant l'ère chrétienne; ayant été défaits par les Chinois en l'an 93 *de J.-C., ils se réfugièrent près du Volga, et trois cents ans après ils se jetèrent sur l'Europe.*

CHEFS OU ROIS DES HUNS.

376. Balamir.
400. Uldès.
412. Caraton.
Roilas.

Rouas.
433. Attila.
L'empire d'Attila fut renversé par la mésintelligence de ses enfans : on ignore ses successeurs.
527. *Les Lombards s'emparent de la Pannonie* ou *Hongrie.*
561. *Les Abares* ou *Avares, espèce de Huns* ou *Tartares, chassés de la Grande-Tartarie d'Asie, s'établissent en Pannonie, d'où ils ravagent les terres des Grecs et des Francs.*
799. *Charlemagne détruit les Abares.*
889. *Une troisième espèce de Huns, appelés Madgiares et Hongrois, vient s'établir dans la Pannonie, qui a été depuis nommée Hongrie.*
Arpad, *leur premier chef.*
Zoltan.
920. Toxum, *père de Géisa.*
Géisa Ier, premier prince chrétien.
997. St. Étienne, *premier roi.*
1038. Pierre.
1041. Aba.
1044. Pierre, *rétabli.*
1047. André Ier.
1061. Béla Ier.
1064. Salomon.
1075. Géisa II.
1077. Ladislas.
1095. Coloman.
1114. Étienne II, *le Foudre.*
1131. Béla II.
1141. Géisa III.
1161. Étienne III.
1174. Béla III.
1195. Émeric.
1204. Ladislas II.
1204. André II.
1235. Béla IV.
1270. Étienne IV.
1272. Ladislas III.
1290. André III.
1301. Venceslas, *roi de Bohême.*
1305. Othon, *de Bavière.*
1310. Charobert.
1342. Louis Ier, le Grand.
1382. Marie, *seule.*
1387. Marie et Sigismond, *empereur.*
1392. Sigismond, *seul.*
1438. Albert *d'Autriche.*
1440. Ladislas IV.

1445. *Jean Corvin Huniade, régent.*
1453. Ladislas V, *de Bohême.*
1458. Mathias Corvin.
1490. Ladislas VI.
1516. Louis II.
1526. Jean de Zapolski, *trois mois.*
1527. Ferdinand, *frère de Charles-Quint.*
1563. Maximilien, *empereur.*
1572. Rodolphe, *empereur.*
1608. Mathias, *empereur.*
1618. Ferdinand II, *empereur.*
1625. Ferdinand III, *empereur.*
1647. Ferdinand IV.
1655. Léopold, *empereur.*
1687. Joseph, *empereur.*
1712. Charles VI, *empereur.*
1741. Marie Thérèse, *femme de François Ier, empereur.*
1780. Joseph II, *empereur.*
1790. Léopold II, *empereur.*
1792. François II, *empereur d'Autriche, aujourd'hui régnant.*

PRINCES DE TRANSYLVANIE.

1540. JEAN Sigismond Zapolski.
1571. Étienne Battori.
1576. Christophe Battori.
1581. Sigismond Battori.
1602. L'empereur Rodolphe.
1605. Étienne Botskai.
1607. Sigismond Racoczi.
1608. Gabriel Battori.
1613. Bethlem Gabor.
1631. George Racoczi.
1648. George Racoczi
1660. Kemeni Janos.
1662. Michel Abaffi.
1690. Michel Abaffi II.

Cet Etat a été réuni à la Hongrie.

DUCS ET ROIS DE BOHÊME.

La Bohême fut occupée au sixième ou septième siècle par les Slaves, originaires des environs de la mer Noire, qui en chassèrent les Marcomans; ils y formèrent plusieurs petits États, qui se réunirent peu à peu en un seul, auquel on donna le nom de duché. *On ne sait rien d'exact sur les ducs de Bohême jusqu'à* Borzivoi, *qui vivait à la fin du neuvième siècle.*

325. Czechus.
352. *Interrègne.*
365. Cracus Ier.
418. Cracus II.
480. Lybissa et Prémislas.

. . . .

598. Mnatha.
651. Vogen.
689. Wnislas.
715. Cizezomislas.
757. Neklam.
809. Hostivit *ou* Milchost.
891. Borzivoi; *il se fait chrétien en* 894.
902. Spitignée Ier.
907. Vratislas Ier.
916. Venceslas.
936. Boleslas Ier.
967. Boleslas II, *le Débonnaire.*
999. Boleslas III.
1002. Jaromir.
1012. Udalric.
1037. Bretislas.
1055. Spitignée II.
1061. Vratislas II; *il fut créé roi, en* 1686, *par l'empereur Henri IV; mais ce titre lui fut personnel, et ne passa pas à ses successeurs.*
1092. Conrad Ier, *duc.*
1093. Bretislas II.
1100. Borzivoi II.
1107. Suatopluc.
1109. Wladislas III.
1125. Sobieslas Ier.
1140. Wladislas IV; *il reçut le titre de roi en* 1158.
1174. Sobieslas II.
1178. Frédéric.
1190. Conrad II.
1191. Venceslas II.
1193. Henri Bretislas, *évêque de Prague.*
1196. Wadislas V.

ROIS.

1197. Premislas *ou* Ottocar Ier.
1230. Venceslas III.
1253. Premislas *ou* Ottocar II.
1278. Venceslas IV.
1305. Venceslas V.

1306. Henri, *de Carinthie.*
1310. Jean, *de Luxembourg.*
1346. Charles IV, *empereur.*
1378. Venceslas VI, *empereur.*
1419. Sigismond, *empereur.*
1437. Albert, *d'Autriche.*
1440. Ladislas, *le Posthume.*
1458. George Podiebrad.
1471. Ladislas II.
1516. Louis.
1526. Ferdinand Ier, *empereur, de la maison d'Autriche, comme les suivans.*
1564. Maximilien II, *empereur.*
1575. Rodolphe, *empereur.*
1611. Mathias, *empereur.*
1617. Ferdinand II, *empereur.*
1618. *Frédéric, électeur palatin, est élu roi; il est chassé en* 1620.
1637. Ferdinand III, *empereur.*
1646. Ferdinand IV; *il meurt en* 1654.
1656. Léopold, *empereur.*
1705. Joseph, *empereur.*
1711. Charles VI, *empereur.*
1740. Marie Thérèse, *d'Autriche.*
1780. Joseph II, *empereur.*
1790. Léopold, *empereur.*
1792. François II, *empereur d'Autriche, aujourd'hui régnant.*

MARGRAVES,

PUIS ÉLECTEURS DE BRANDEBOURG ET ROIS DE PRUSSE.

La Marche de Brandebourg faisait partie de l'ancienne Saxe; l'empereur Henri Ier en donna le gouvernement à des margraves, qui étaient d'abord amovibles, mais qui peu à peu se rendirent héréditaires.

Sigefroi, gendre de l'empereur Henri.
937. Geron, comte de Stade.
965. Théodoric *ou* Thierri.
983. Lothaire, comte de Walbeck.
1003. Werner.
1010. Bernard Ier.
1018. Bernard II.
1046. Guillaume.
1057. Udon Ier, comte de Stade.
1082. Henri Ier, *le Long.*

1087. Udon II, comte de Stade.
1106. Rodolphe Ier.
1115. Henri II.
1128. Udon III.
1130. Conrad de Prosecke.
1134. Albert, *l'Ours.*
1170. Othon Ier.
1184. Othon II.
1206. Albert II.
1221. Jean Ier et Othon III, *le Pieux.*
1266. Jean II, Othon IV, Conrad II et Jean III.
1268. Othon V, *le Long.*
1282. Othon VI.
1298. Herman, *le Long.*
1308. Jean, *l'Illustre.*
1309. Voldemar.
1319. Henri, *le Jeune.*
1323. Louis de Bavière.
1352. Louis II, *le Romain.*
1365. Othon VII, *le Fainéant.*
1373. Venceslas de Luxembourg, *empereur.*
1378. Sigismond de Luxembourg, *empereur.*
1388. Josse, *le Barbu.*
1411. Sigismond, *de nouveau.*
1415. Frédéric de Nuremberg, tige de la maison actuellement régnante.
1440. Frédéric II, *Dent de fer.*
1470. Albert III.
1476. Jean, dit Cicéron.
1499. Joachim Ier.
1571. Jean George.
Joachim Frédéric.
1608. Sigismond; il devient duc de Prusse, après la mort de son beau-père Albert Frédéric.

Voyez la continuation à l'article suivant des ducs et rois de Prusse.

DUCS ET ROIS DE PRUSSE.

1525. Albert, *de Brandebourg.*
1568. Albert Frédéric.
1618. Jean Sigismond, *électeur de Brandebourg.*
1619. George Guillaume.
1640. Frédéric Guillaume, le Grand; *il est reconnu duc indépendant en 1657 et 1663.*
1688. Fédéric Ier; *il a le titre de roi en 1701.*
1713. Frédéric Guillaume Ier.

1740. Frédéric II, le Grand.
1786. Frédéric Guillaume II.
1797. Frédéric Guillaume III, aujourd'hui régnant.

DUCS,

PUIS ÉLECTEURS ET ROIS DE SAXE.

La Saxe fut soumise par Charlemagne, après une guerre de trente ans; ses successeurs y envoyèrent des ducs pour la gouverner; Ludolphe, descendant de Wittikind, le plus célèbre chef des Saxons qui combattirent Charlemagne, fut le premier qui transmit le duché de Saxe à ses descendans; il mourut en 864.

864. Brunon et Othon, *fils de Ludolphe.*
880. Othon, *seul.*
912. Henri Ier, *l'Oiseleur; il fut nommé empereur en 918.*
939. Othon II; *il fut empereur.*
960 ou 961. Herman Billing.
973. Bennon *ou* Bernard Ier.
1010. Bernard II.
1062. Ordulphe.
1073. Magnus.
1106. Lothaire *de Supplinbourg; il fut nommé empereur en 1125.*
1136. Henri, *le Superbe, duc de Bavière.*
1139. Henri, *le Lion.*
1180. Bernard III, *d'Ascanie.*
1212. Albert Ier.
1260. Albert II.
1308. Rodolphe Ier.
1356. Rodolphe II.
1370. Venceslas.
1388. Rodolphe III.
1418. Albert III.
1423. Frédéric, *le Belliqueux, landgrave de Thuringe, et marquis de Misnie.*
1428. Frédéric II.
1464. Ernest.
1486. Frédéric III, *le Sage.*
1525. Jean, *le Constant.*
1532. Jean Frédéric, *le Magnanime.*
1548. Maurice.
1553. Auguste, *le Pieux.*
1586 Christian Ier.
1591. Christian II.
1611. Jean George Ier.

1656. Jean George II.
1680. Jean George III.
1691. Jean George IV.
1694. Frédéric Auguste Ier, *roi de Pologne.*
1733. Frédéric Auguste II, *roi de Pologne.*
1763. Frédéric Christian.
1763. Frédéric Auguste III; *il est devenu roi de Saxe et duc de Varsovie en* 1807.

DUCS,

PUIS ÉLECTEURS ET ROIS DE BAVIÈRE.

La Bavière eut, dès le sixième siècle, des ducs qui relevoient des rois d'Austrasie; Tassillon, le dernier d'entre eux, fut dépouillé de ses États par Charlemagne, contre lequel il s'était révolté; dans le neuvième siècle, la Bavière recommença à avoir des ducs, qui d'abord relevèrent des empereurs d'Allemagne, et qui ensuite se rendirent indépendans.

895. Léopold.
907. Arnoul, *le Mauvais.*
937. Éberhard.
939. Berthold.
942. Henri Ier, *le Querelleur.*
955. Henri II.
995. Henri, dit *le Boiteux et le Saint; il fut nommé empereur en* 1002.
1004. Henri IV.
1025. Henri V.
1047. Conrad Ier.
1052. Henri VI.
1054. Conrad II.
1056. Agnès, *veuve de l'empereur Henri III.*
1069. Othon II.
1071. Welfe *ou* Guelfe Ier.
1100 ou 1102. Welfe II.
1120. Henri VII, *le Noir.*
1126. Henri VIII, *le Superbe.*
1138. Léopold, *d'Autriche.*
1142. Henri IX, *d'Autriche.*
1154. Henri X, *le Lion.*
1180. Othon, *de Wittelsbach.*
1183. Louis Ier.
1231. Othon II, *l'Illustre.*
1253. Louis II, *le Sévère.*
1294. Louis III; *il fut nommé empereur en* 1314.
1347. Étienne, *l'Agrafé.*
1375. Jean, *le Pacifique.*
1397. Ernest.

1438. Albert, *le Pieux.*
1460. Jean et Sigismond.
1465. Albert II.
1508. Guillaume, *le Constant.*
1550. Albert III, *le Magnanime.*
1579. Guillaume II, *le Religieux.*
1576. Maximilien, *premier électeur en* 1623.
1651. Ferdinand Marie.
1679. Maximilien Émanuel.
1726. Charles Albert; *il fut nommé empereur en* 1742.
1745. Maximilien Joseph.
1778. Charles Théodore, *électeur palatin.*
1799. Maximilien Joseph; *il a été créé roi en* 1806.

COMTES,

PUIS DUCS, ÉLECTEURS ET ROIS DE WURTEMBERG OU WIRTEMBERG.

Le royaume de Wurtemberg tire son nom d'un ancien château de ce nom, en Souabe, où les comtes de Wurtemberg ont demeuré jusqu'en 1320, qu'ils s'établirent à Stuttgard. On ne commence qu'au treizième siècle à avoir des documens exacts sur les comtes de Wurtemberg.

1250 environ. Ulric Ier.
1265. Ulric II et Éberhard Ier.
1325. Ulric III.
1344. Éberhard II et Ulric IV.
1392. Éberhard III.
1417. Éberhard IV, *le Jeune.*
1419. Louis Ier et Ulric V.
1450. Louis II.
1457. Éberhard V, *le Barbu, premier duc de Wurtemberg.*
1496. Éberhard VI, *le Jeune.*
1498. Ulric VI.
1550. Christophe, *le Pacifique.*
1568. Louis III.
1593. Frédéric.
1608. Jean Frédéric.
1628. Éberhard VII.
1674. Guillaume Louis.
1677. Louis *ou* Éberhard Louis.
1733. Charles Alexandre.
1737. Charles *ou* Charles Eugène.
1795. Frédéric Eugène.
1797. Frédéric Guillaume Charles; *il est devenu électeur en* 1803, *et roi en* 1806.

ARCHEVÊQUES ET ÉLECTEURS DE MAYENCE.

745. SAINT BONIFACE.
755. Saint Lul.
787. Riculfe.
813 *ou* 814. Atulfe.
825 *ou* 826. Otgaire.
847. Raban Maur.
856. Charles.
863. Luitbert.
889. Souzo *ou* Sunderholde.
891. Hatton Ier, *ou* Otton.
912. Heriger.
927. Hildebert.
937 *ou* 938. Frédéric.
954. Guillaume.
968. Hatton II.
969 *ou* 970. Robert.
975. Willigise.
1011. Erkembaud *ou* Archambaud.
1021. Aribon.
1031. Bardon.
1051. Léopold *ou* Luitpold.
1059. Sigefroi.
1084. Wésilon.
1088. Ruthard *ou* Rothard.
1109. Albert Ier.
1138. Albert II.
1141. Marculfe.
1142. Henri Ier.
1153. Arnoul, *de Selchoven.*
1160. Conrad.
1166. Chrétien Ier.
1183. Conrad, *pour la seconde fois.*
1200. Sigefroi II.
1231. Sigefroi III.
1249. Chrétien II.
1251. Gérard Ier.
1259. Wernher.
1286. Henri II.
1288. Gérard II.
1306. Pierre.
1321. Mathias, *de Bucheck.*
1328. Henri III.
1354. Gerlac, *de Nassau.*
1371. Jean Ier, *de Luxembourg.*
1374. Louis, *de Misnie.*
1382. Adolphe, *de Nassau.*
1390. Conrad II.
1397. Jean II, *de Nassau.*
1419. Conrad III.
1434. Thierri, *d'Erpach.*
1459. Diethère *ou* Thierri II, *d'Isembourg.*
1461. Adolphe II.
1475. Diethère, *pour la seconde fois.*
1482. Albert, *de Saxe.*
1484. Berthold, *de Henneberg.*
1504. Jacques, *de Liebenstein.*
1508. Uriel.
1514. Albert, *de Brandebourg.*
1545. Sébastien.
1555. Daniel, *de Hambourg.*
1582. Wolffgang.
1601. Jean Adam.
1604. Jean Suicard.
1626. George Frédéric.
1629. Anselme Casimir.
1647. Jean Philippe.
1673. Lothaire Frédéric.
1675. Damien Hartard.
1679. Charles Henri.
1679. Anselme François.
1695. Lothaire François.
1729. François Louis, *de Newbourg.*
1732. Philippe Charles.
1743. Jean Frédéric Charles.
1763. Émeric Joseph.
1774. Frédéric Charles Joseph, *dernier électeur.*

ARCHEVÊQUES ET ÉLECTEURS DE COLOGNE.

Cologne, ville importante dans les Gaules sous les Romains, devint ensuite la capitale du royaume des Francs ripuaires, que Clovis réunit à ses vastes États; en 870, Charles-le-Chauve la céda à Louis-le-Germanique, et dès lors elle a fait partie de l'empire d'Allemagne jusqu'à sa réunion à la France en 1767. Elle a eu des évêques dès que le christianisme y fut établi, mais on n'en connaît la suite que depuis le quatrième siècle.

313 environ. Saint Materne.
Euphratas.
365 environ. Saint Severin.
403 environ. Saint Ébrégisile.
Aquilin, Solin, Simonée et Domitien.
Careterne.
580 environ. Ébrégisile II.
Remedius.
623. Saint Cunibert.
663. Bocalde.
673 environ. Étienne.
Aldewin et Guison.
Annon Ier et Pharamond.
Rainfroi.
Agilolfe.
750 environ. Hildegaire.
753. Berthelin.
763. Riculfe.
785 environ. Hildebolde.
819. Hadebalde.
842. Hilduin.
850. Gonthier.
873. Willibert.
890. Herman.
925. Wicfred.
953. Brunon.
965. Folmar.
969. Géron.
976. Warin.
985. Évergère.
999. Héribert.
1021. Pellegrin.
1036. Herman II.
1056. Annon.
1076. Hildolfe.
1079. Sigevin.
1089. Herman III.
1099. Frédéric Ier.
1131. Brunon II, *de Berg.*
1137. Hugues, *de Sponheim.*
1138. Arnold Ier.
1151. Arnold II, *de Weda.*
1156. Frédéric II, *de Berg.*
1159. Renaud, *de Dassel.*
1167. Philippe, *de Heinsberg.*
1191. Brunon III, *de Berg.*
1193. Adolphe Ier, *d'Altena.*
1205. Brunon IV.
1208. Thierri, *de Heinsberg.*
1216. Engilberg, *de Berg.*
1225. Henri, *de Molenarck.*
1238. Conrad Ier, *d'Hockstad.*
1261. Engilbert II, *de Walkenbourg.*
1275. Sigefroi, *de Westerbourg.*
1297. Wicbold, *de Holte.*
1304. Henri II, *de Virnembourg.*
1332. Walram, *de Juliers.*
1349. Guillaume, *de Genep.*
1363. Adolphe II, *de la Marck.*
1364. Engilbert, *de la Marck.*
1367. Conon, *de Saerwerden.*
1370. Frédéric III, *de Saerwerden.*
1414. Thierri II, *de Meurs.*
1464. Robert, *comte palatin.*
1480. Herman IV, *de Hesse.*
1508. Philippe II, *d'Oberstein.*
1515. Herman V, *de Weda.*
1547. Adolphe III, *de Schauenbourg.*
1556. Antoine.
1558. Jean-Gebhard.
1562. Frédéric IV.
1567. Salentin.
1577. Gebbard II.

1583. Ernest, *de Bavière.*
1612. Ferdinand, *de Bavière.*
1650. Maximilien Henri, *de Bavière.*
1688. Joseph Clément, *de Bavière.*
1723. Clément Auguste, *de Bavière.*
1761. Maximilien Frédéric.
1784. Maximilien François, *d'Autriche, dernier électeur.*

ARCHEVÊQUES ET ÉLECTEURS DE TRÈVES.

Trèves, métropole des Gaules dans le quatrième siècle, a eu dès lors des évêques, qui sont connus par des monumens authentiques.

313 environ. Agricius.
Saint Maximin.
348. Saint Paulin.
358. Bonose.
Saint Britton.
384. Félix.
398. Maurice.
407. Léonce.
Autur.
446. Saint Sévère.
455. Saint Cyrille.
458. Jamblique.
Évemère, Marus, Volusien, Milet, Modeste, Maximien, Fibicius *ou* Félix, Rustique, Aprunculé.
527. Saint Nicet.
566. Saint Magneric, Gunderic, Sebaudus et Severin.
622. Saint Modoalde.
640. Saint Numérien.
666. Hidulfe.
671. Basin.
695. Luitwin.
713. Milon.
753. Wiomade.
791. Richbold.
804. Wason.
809. Amalaire Fortunat.
814. Hetti *ou* Hatton.
847. Theutgaud.
869 *ou* 870. Bertulfe.
883. Ratbod.
915. Roger.
929 *ou* 930. Robert.
956. Henri Ier.
965. Thierri.
975. Egbert, *de Hollande.*
994. Ludolfe.
1008. Mégingaud.
1016. Poppon.
1047. Éberhard.
1066. Conon Ier.
1067. Udon *ou* Eudes.
1079. Engilbert.
1101. Brunon.
1124. Godefroi.
1127. Meginhère.
1131. Alberon.
1152. Hillin.
1169. Arnoul Ier.
1189. Jean Ier.
1212. Thierri II.
1242. Arnoul II.
1260. Henri, *de Fisting.*
1286. Boémond Ier, *de Warnesberg.*
1300. Dyther, *de Nassau.*
1307. Baudouin Ier, *de Luxembourg.*
1354. Boémond II, *d'Étendorf.*
1362. Conon II, *de Falkenstein.*
1388. Wernier, *de Falkenstein.*
1418. Otton, *de Ziegenhain.*
1430. Raban, *de Helmstadt.*
1439. Jacques II, *de Sirck.*
1456. Jean II, *de Bade.*
1503. Jacques III, *de Bade.*
1511. Richard, *de Greiffenclau.*
1531. Jean II, *de Metzenhausen.*

1540. Jean Louis, *de Hagen.*
1547. Jean IV, *d'Isembourg.*
1556. Jean V, *de la Pierre.*
1567. Jacques III, *d'Eltz.*
1581. Jean VI, *de Schoenenberg.*
1599. Lothaire, *de Metternich.*
1623. Philippe Christophe, *de Soteren.*
1652. Charles Garpar, *de la Pierre.*
1676. Jean Hugues, *d'Orsbeck.*
1711. Charles, *de Lorraine.*
1716. François Louis, *de Neubourg.*
1729. François - George, *de Schoenborn.*
1756. Jean Philippe, *de Walderdorff.*
1768. Clément Wenceslas, *de Saxe, dernier électeur.*

DUCS DE LORRAINE.

La Lorraine, après avoir long-temps appartenu aux rois de France, fut démembrée de la France sous les fils de Louis-*le-Débonnaire*; en 855, elle fit partie du royaume de Lorraine, cédé à Lothaire, second fils de l'empereur Lothaire, qui lui donna son nom; elle commença en 959 à avoir des ducs particuliers; le premier fut Frédéric, neveu de l'empereur Othon et beau-frère de Hugues-Capet.

959. Frédéric.
984. Thierri.
1026. Frédéric II.
1033. Gothelon.
1043. Gothelon II.
1046. Albert, *d'Alsace.*

HÉRÉDITAIRES.

1048. Gérard, *d'Alsace.*
1070. Thierri, *le Vaillant.*
1115. Simon.
1138. Matthieu Ier.
1176. Simon II.
1205. Ferri Ier, *de Bitche.*
1206. Ferri II.
1213. Thibaut.
1220. Matthieu II.
1251. Ferri III.
1304. Thibaut II.
1312. Ferri IV.
1328. Raoul.
1346. Jean Ier.
1391. Charles Ier.
1431. René, *d'Anjou*, et Isabelle.
1453. Jean II.
1470. Nicolas.
1473. René II et Yolande.

1508. Antoine, *le Bon.*
1544. François Ier.
1545. Charles II, *le Grand.*
1608. Henri.
1624. François II.
1624. Charles III et Nicole.
1675. Charles IV.
1690. Léopold Ier.
1729. François II; *il échange la Lorraine avec la Toscane.*
1737. Stanislas, *de Pologne.*
1766. *A la mort de Stanislas, la Lorraine est réunie à la France.*

COMTES,

DUCS ET PRINCES DE NEUCHATEL, EN SUISSE.

Lors du démembrement du second royaume de Bourgogne, la principauté de Neuchâtel commença à avoir des seigneurs particuliers.

1034. Ulric Ier.
1070. Raoul Ier.
1099. Raoul II.
1162. Ulric II.
1173. Raoul III.
1196. Berthold; *il prit le titre de comte de Neuchâtel.*
1233 au plutôt. Raoul IV.
1272. Amédée.
1285. Raoul V *ou* Rollin.
1342. Louis.
1383. Isabelle.
1395. Conrad, *comte de Fribourg.*
1421. Jean.
1457. Rodolphe *ou* Raoul VI; *marquis de Hachberg.*
1487. Philippe.
1503. Jeanne, *femme de Louis de Longueville; les Suisses s'emparèrent en* 1512 *du comté de Neuchâtel, qu'ils ne rendirent à Jeanne qu'en* 1526.
1543. François, *duc de Longueville, petit-fils de Jeanne.*
1551. Léonor.
1573. Henri Ier.
1595. Henri II.
1663. Jean-Louis-Charles.
1668. Charles-Pâris.
1672. Jean-Louis-Charles, *de nouveau.*
1694. Marie d'Orléans, *de Longueville, duchesse de Nemours.*

1707. *Les rois de Prusse deviennent souverains de Neuchâtel après la mort de Marie.*

1806. *Le roi de Prusse cède la souveraineté de Neuchâtel à l'empereur* Napoléon, *qui la transmet au maréchal d'empire, Alexandre Berthier, mort le 1er juin* 1815.

ROIS DE FRANCE.

Première Race.

418. PHARAMOND; *on doute s'il a existé.*
428. Clodion.
448. Mérovée.
456. Childéric.
457. *Le comte* Égidius *est fait chef de la nation.*
465. Childéric, *rétabli.*
481. Clovis Ier, ou *le Grand.*

511. } fils de Clovis :
- Thierri Ier, *à Metz jusqu'en* 534.
- Clodomir, *à Orléans jusqu'en* 524.
- Childebert, *à Paris jusqu'en* 558.
- Clotaire, *à Soissons jusqu'en* 561.

534. Théodebert, *fils de Thierri, à Metz jusqu'en* 548.
548. Théodebald, *fils de Théodebert, à Metz jusqu'en* 555.

561. } fils de Clotaire :
- Caribert, *à Paris jusqu'en* 567.
- Gontran, *à Orléans jusqu'en* 593.
- Sigebert, *à Metz jusqu'en* 575.
- Chilpéric, *à Soissons jusqu'en* 584.

575. Childebert II, *fils de Sigebert, à Metz ou dans l'Austrasie jusqu'en* 596.
584. Clotaire II, *fils de Chilpéric, à Soissons, seul roi de France de* 613 *à* 628.
596. Thierri II, *fils de Childebert II, à Orléans jusqu'en* 613.
596. Théodebert II, *fils de Childebert II, à Metz jusqu'en* 612.
628. Dagobert, *fils de Clotaire II, jusqu'en* 638.
628. Caribert II, *fils de Clotaire II, dans l'Aquitaine jusqu'en* 631.
638. Sigebert II, *fils de Dagobert, dans l'Austrasie jusqu'en* 656.
638. Clovis II, *fils de Dagobert, dans la Neustrie et la Bourgogne, jusqu'en* 656.
656. Clotaire III, *fils de Clovis II, dans la Neustrie et la Bourgogne, jusqu'en* 670.
660. Childéric II, *fils de Clovis II, dans l'Austrasie jusqu'en* 673.

670. Thierri III, *fils de Clovis II, dans la Neustrie et la Bourgogne, jusqu'en 691.*

674. Dagobert II, *fils de Sigebert II, en Austrasie jusqu'en 679.*

680. Martin et Pepin, *ducs d'Austrasie; ce dernier jusqu'en 714.*

691. Clovis III, *fils de Thierri III; roi de Neustrie et de Bourgogne, jusqu'en 695.*

595. Childebert III, *fils de Thierri III, roi de Neustrie et de Bourgogne, jusqu'en 711.*

711. Dagobert III, *fils de Childebert III, roi de Neustrie et de Bourgogne, jusqu'en 715.*

714. Charles Martel, *fils de Pepin, duc d'Austrasie jusqu'en 741.*

715. Chilpéric II, *fils de Childéric II, roi de Neustrie jusqu'en 720.*

717. Clotaire IV, *en Austrasie, jusqu'en 714.*

720. Thierri IV, dit *de Chelles, fils de Dagobert III, roi de Neustrie, Bourgogne et Austrasie jusqu'en 737.*

741. Carloman et Pepin, *fils de Charles Martel; duc de France.*

742. Childéric III, *fils de Chilpéric II, dernier roi de la première race.*

Seconde Race.

752. Pepin.
768. Charlemagne.
814. Louis *le Débonnaire.*
840. Charles *le Chauve.*
877. Louis II, *le Bègue.*
879. Louis III, trois ans, trois mois.
879. Carloman.
884. Charles *le Gros.*
888. Eudes, *élu.*
896. Charles *le Simple; il meurt en 929.*
922. Robert, *usurpateur.*
923. Raoul, *usurpateur.*
936. Louis IV, *d'Outremer.*
954. Lothaire.
986. Louis V, *le Fainéant.*

Troisième Race.

987. Hugues-Capet.
996. Robert.
1031. Henri Ier.
1060. Philippe Ier.
1108. Louis VI, *le Gros.*

1137. Louis VII, *le Jeune.*
1180. Philippe *Auguste.*
1223. Louis VIII.
1226. Louis IX ou *Saint Louis.*
1270. Philippe III, *le Hardi.*
1285. Philippe IV, *le Bel.*
1314. Louis X, *le Hutin.*
1316. *Interrègne de cinq mois dix jours.*
1316. Jean Ier, quatre jours.
1316. Philippe V, *le Long.*
1322. Charles IV, *le Bel.*
1328. Philippe VI, *de Valois* (1).
1350. Jean II.
1364. Charles V, *le Sage.*
1380. Charles VI, *le Bien-Aimé.*
1422. Charles VII, *le Victorieux.*
1461. Louis XI.
1483. Charles VIII.
1498. Louis XII, *le Père du peuple* (2).
1515. François Ier (3).
1547. Henri II.
1559. François II.
1560. Charles IX.
1574. Henri III, *roi de Pologne.*
1589. Henri IV, *le Grand* (4).
1610. Louis XIII, *le Juste.*
1643. Louis XIV, *le Grand.*
1715. Louis XV.
1774. Louis XVI. *Il est décapité en* 1793.
Louis XVII, meurt dans la captivité en 1795.
Louis XVIII, actuellement régnant.

---

(1) Philippe de Valois était fils de Charles, comte de Valois, troisième fils de Philippe-le-Hardi.

(2) Louis XII descendait de Charles V, par son père Charles d'Orléans, lequel était fils de Louis d'Orléans, frère de Charles VI, assassiné en 1407.

(3) François Ier descendait, comme Louis XII, de Charles V, et de Louis d'Orléans, assassiné en 1407. Louis d'Orléans avait eu pour troisième fils, Jean, père de Charles, comte d'Angoulême, lequel donna la naissance à François Ier.

(4) Henri IV descendait de Robert, sixième fils de Saint Louis, ainsi qu'on le voit par la table suivante :

Saint Louis, roi de France.
Robert, comte de Clermont, sixième fils.
Louis, duc de Bourbon, fils aîné.
Jacques Ier, comte de la Marche, second fils.
Jean, comte de la Marche, fils aîné.
Louis, comte de Vendôme, second fils.
Jean, comte de Vendôme, fils aîné.
François, comte de Vendôme, fils aîné.
Charles, créé duc de Vendôme, fils aîné.
Antoine, duc de Vendôme, et roi de Navarre, fils aîné.
Henri IV, roi de France et de Navarre, fils aîné.

Gouvernemens pendant la révolution.

ASSEMBLÉES { Constituante, le 5 mai 1789.
Législative, le 1er octobre 1791.

Convention, le 21 septembre 1792.
Directoire exécutif, le 4 novembre 1795.
Consuls, 25 décembre 1799.
Napoléon, empereur, 18 mai 1804.
Restauration, 14 avril 1814.

ROIS DE BOURGOGNE.

Premier Royaume des Bourguignons.

413. GONDICAIRE.
436. Gondioc *ou* Gonderic.
467 *ou* environ Chilpéric.
491 *ou* environ Gondebeau.
516. Sigismond.
523. Gondemar *ou* Godomar.
534. *Les Francs, sous les fils de Clovis, s'emparent du royaume de Bourgogne, dont la capitale avait été Genève, et quelquefois Vienne ou Lyon.*

ROIS FRANCS DE LA BOURGOGNE.

561. Gontran, fils de Clotaire Ier.
593. Childebert.
596. Thierri.
613. *Le royaume de Bourgogne devient une province de la monarchie française.*
843. *Il est démembré par le partage fait à Verdun entre les fils de Louis-le-Débonnaire.*
855. Charles, *fils de Lothaire, et petit-fils de Louis-le-Débonnaire, devient roi de Provence et de la Bourgogne transjurane.*
888. Rodolphe, *fils de Conrad, comte d'Auxerre, s'empare de la Bourgogne tranjurane, dont il est reconnu roi. Ses successeurs sont :*
911 *ou* 912. Rodolphe II, *qui, en 933 devient aussi maître de la Provence, et prend le titre de roi d'Arles.*
937. Conrad, *le Pacifique.*
993. Rodolphe, *le Fainéant.*
1033. Conrad, *empereur d'Allemagne. Sous lui et sous ses successeurs, il se forme plusieurs souverainetés héréditaires dans le royaume d'Arles, qui ne devint, pour les successeurs de Conrad, que l'objet d'un vain titre.*

DUCS DE BOURGOGNE.

En 843, le duché de Bourgogne, situé au-delà de la Saône et du Rhône, cessa de faire partie du royaume de Bourgogne, et fut réuni à la France, dont il a toujours relevé dès lors.

877. Richard, *frère de Boson, roi de Provence, et beau-frère de Charles-le-Chauve, est fait duc bénéficiaire de Bourgogne.*
921. Raoul, *fils de Richard. Il devint roi de France en* 923.
923. Giselbert, *beau-frère de Raoul, duc et comte de Bourgogne.*
938. Hugues, *le Noir, duc et comte de Bourgogne.*
938. Hugues, *le Grand, fils de Robert, roi de France, duc de Bourgogne.*
956. Othon, *fils de Hugues-le-Grand.*
965. Henri, *le Grand, fils de Hugues-le-Grand, et frère de Hugues Capet, premier duc propriétaire.*
1002. Robert, *roi de France.*
1032. Robert, *le Vieux, fils de Robert, roi de France, chef des ducs de Bourgogne de la première race.*
1075. Hugues Ier.
1078. Eudes Ier, dit *Borel.*
1102. Hugues II, *le Pacifique.*
1142. Eudes II.
1162. Hugues III.
1193. Eudes III.
1218. Hugues IV.
1272. Robert II.
1305. Hugues V.
1315. Eudes IV. *Il devint, en* 1330, *comte de Bourgogne et d'Artois.*
1350. Philippe de Rouvre, *duc et comte de Bourgogne, et comte d'Artois.*
1361. *Le duché de Bourgogne est réuni à la monarchie de France.*

DUCS PROPRIÉTAIRES DE BOURGOGNE DE LA SECONDE RACE.

1363. Philippe-le-Hardi, *quatrième fils de Jean, roi de France. Il hérita, en* 1384, *des comtés de Bourgogne, de Flandre, d'Artois, de Nevers et de Rethel; ce qui rendit sa maison très-puissante.*
1404. Jean-sans-Peur.
1419. Philippe-le-Bon. *Il hérite du duché de Brabant en* 1429, *et de celui du Luxembourg en* 1451; *il acquiert le Hainaut et la Hollande en* 1433.

1467. Charles-le-Téméraire.

1477. *Après la mort de Charles, le duché de Bourgogne est réuni à la France, dont il n'a plus été séparé.*

COMTES DE PROVENCE.

La Provence, depuis la chute de l'empire romain d'Occident, a appartenu successivement aux Visigoths, aux Bourguignons, aux Ostrogoths et aux Francs; dans le neuvième siècle, elle fit partie du royaume d'Arles et de Bourgogne; au commencement du dixième siècle, elle eut des comtes particuliers, qui relevaient d'abord des rois de Bourgogne; mais qui peu à peu se rendirent indépendans.

926. Boson Ier, *premier comte bénéficiaire. Il était neveu de Boson, roi de Provence.*

948. Boson II.

968 au plus tard. Guillaume Ier.

992. Rotbold.

1008. Guillaume II, *premier comte propriétaire.*

1018. Geoffroi Ier, Bertrand Ier et Guillaume III.

Premiers comtes héréditaires.

1063. Bertrand II.

1090 *ou* 1093. Étiennette.

1100. Gerberge et Gilbert.

1112. Douce et Raimond Bérenger Ier.

1130. Bérenger Raimond.

1144. Raimond Bérenger II, dit *le Jeune.*

1166. Douce II, Alphonse Ier, Raimond Bérenger III, et Sanché.

1196. Alphonse II.

1209. Raimond Bérenger IV.

1245. Béatrix et Charles, *frère de Saint Louis. Ce dernier devint, en 1266, roi de Sicile.*

1285. Charles II, *le Boiteux, roi de Naples et de Sicile.*

1309. Robert, roi de Naples.

1343. Jeanne, *reine de Naples.*

1382. Louis Ier, *duc d'Anjou, fils de Jean, roi de France, adopté par Jeanne.*

1384. Louis II.

1417. Louis III.

1434. René, dit *le Bon, frère de Louis III, duc de Lorraine et de Bar, roi de Naples.*

1480. Charles III.

1481. Louis XI, *roi de France, s'empare, après la mort de Charles III, de la Provence, sur laquelle il avait des droits.*

1486. *La Provence est réunie à la France par Charles VIII.*

COMTES ET DAUPHINS

DE VIENNOIS ET DAUPHINÉ.

Le Dauphiné, après avoir successivement appartenu aux Bourguignons et aux Francs, et avoir fait partie des royaumes de Provence et de Bourgogne, passa peu à peu dans les mains des comtes d'Albon, dans le diocèse de Vienne.

1044. Guigues Ier, dit *le Vieux*, *comte d'Albon.*
1063. Guigues II, dit *le Gros. Il prit le titre de comte de Grenoble.*
1080. Guigues III.
Guigues IV, *premier dauphin.*
1142. Guigues V, *premier comte de Viennois.*
1162. Béatrix et Hugues, *ducs de Bourgogne.*
1228. André *ou* Guigues VI. *Il réunit l'Embrunois et le Gapençois au Dauphiné.*
Guigues IV.
1269. Jean Ier.
1281. Anne et Humbert II, *baron de la Tour du Pin.*
1307. Jean II.
1319. Guigues VIII.
1333. Humbert II, *dernier dauphin.*
1449. *Le Dauphiné est réuni à la France.*

ROIS,

COMTES ET DUCS DE BRETAGNE, EN FRANCE.

Les Bretons, chassés de leur île par les Anglo-Saxons, ont donné leur nom à la partie de l'Armorique où ils se réfugièrent; ils eurent des rois dès l'an 383 environ; Charlemagne et Louis-le-Débonnaire soumirent la Bretagne; ce dernier y établit un gouverneur ou duc, qui transmit la souveraineté de ce pays à ses successeurs.

824. Noménoé, *créé duc par Louis-le-Débonnaire.*
851. Érisopoé.
857. Salomon III.
874. Pasquitten et Gurvand.
877. Alain-le-Grand, et Judicaël II.
907. Gurmhaillon.
930. Juhel Bérenger, *comte de Rennes.*
937. Alain, Barbe Torte, *comte de Nantes.*
952. Drogon.
953. Hoel IV.
980. Guerech.

987. Conan, *le Tort, comte de Rennes.*
902. Geoffroi, *duc de Bretagne.*
1008. Alain III.
1040. Conan II.
1066. Hoël V.
1084. Alain Fergent.
1112. Conan III, *le Gros.*
1148. Eudes et Hoël VI.
1156. Conan IV, *le Petit.*
1171. Geoffroi II.
1196. Arthur Ier et Constance.
1213. Pierre Mauclerc, *arrière-petit-fils de Louis-le-Gros, roi de France, tige des derniers ducs de Bretagne.*
1237. Jean Ier, *le Roux.*
1286. Jean II.
1305. Arthur II.
1312. Jean III, *le Bon.*
1341. Charles, *de Blois*, et Jean, *de Montfort.*
1364. Jean IV, *le Vaillant.*
1399. Jean V, *le Bon et le Sage.*
1442. François Ier.
1450. Pierre II.
1457. Arthur III.
1458. François II.
1488. Anne, *femme de Charles VIII, et de Louis XII, rois de France.*
1532. *Le duché de Bretagne est réuni à la couronne de France.*

COMTES DE FLANDRE,

Devenus possesseurs de tous les Pays-Bas.

862. BAUDOUIN Ier, *Bras de fer.*
879. Baudouin II, *le Chauve.*
918. Arnoul Ier, dit *le Vieux et le Grand*, et Baudouin III, *le Jeune.*
965. Arnoul II, *le Jeune.*
989. Baudouin IV, *le Barbu.*
1036. Baudouin V, dit *de Lille, et le Débonnaire.*
1067. Baudouin VI, dit *de Mons et le Bon.*
1070. Arnoul III, *le Malheureux.*
1071. Robert Ier, *le Frison.*
1093. Robert II, *le Hiérosolymitain.*
1111. Baudouin VII, dit *à la Hache et Hapkin.*
1119. Charles Ier, *le Bon.*
1127. Guillaume Cliton, *le Normand.*
1128. Thierri, *d'Alsace.*

1168. Philippe, *d'Alsace.*
1191. Marguerite, *d'Alsace*, et Baudouin VIII.
1194. Baudouin IX, *de Constantinople.*
1206. Jeanne *avec* Ferrand, *puis avec* Thomas, *ses époux.*
1244. Marguerite II, dite *de Constantinople, et la Noire.*
1280. Gui, *de Dampierre.*
1305. Robert III, *de Béthune.*
1322. Louis Iᵉʳ, dit *de Nevers et de Créci.*
1346. Louis II, dit *le Mâle.*
1384. Marguerite et Philippe *le Hardi, duc de Bourgogne.*
1405. Jean, *Sans-Peur, duc de Bourgogne.*
1419. Philippe, *le Bon, premier souverain des Pays-Bas.*
1467. Charles, *le Téméraire.*
1477. Marie.
1482. Philippe IV, *le Beau.*
1506. Charles-Quint, *fils de Philippe le Beau : depuis lui, les Pays-Bas ont fait partie de la monarchie espagnole, jusqu'au traité d'Utrecht en 1713, qu'ils ont passé à la branche autrichienne d'Allemagne. — En 1794, ils ont été réunis à la France. La Hollande, dès la fin du 16ᵐᵉ siècle, a formé un État séparé.*

PROVINCES-UNIES.

Les provinces septentrionales des Pays-Bas secouèrent, en 1579, le joug de l'Espagne, en faisant entre elles une union qui leur fit donner le nom de *Provinces-Unies*, et elles se choisirent un chef sous le nom de *stathouder.*

1579. Guillaume Iᵉʳ, *prince d'Orange.*
1584. Maurice.
1625. Frédéric Henri.
1647. Guillaume II.
1650. *Il n'y a point de stathouder pendant 22 ans.*
1672. Guillaume III, *roi d'Angleterre.*
1702. *Guillaume III meurt, et il n'y a pas de stathouder pendant 45 ans.*
1747. Guillaume Charles Frison.
1751. Guillaume V.
1766. Guillaume V, *est installé à 18 ans.*
1795. *République Batave ; Guillaume V est dépouillé de ses États par les Français : il est mort en 1806.*
1806. Louis Napoléon, *roi de Hollande, qui a abdiqué en 1811.*
1815. Guillaume Frédéric, *roi des Pays-Bas, aujourd'hui régnant.*

ROIS D'ANGLETERRE.

Les Romains, après avoir été long-temps maîtres de l'île de Bretagne, renoncèrent à ce pays sous l'empereur Honorius, et l'abandonnèrent complètement en 426 ou 427.

En 449, les Saxons et les Angles, ou Anglais, ayant quitté le nord de l'Allemagne, vinrent dans la Grande-Bretagne, où ils établirent les sept royaumes, connus sous le nom d'*Heptarchie*.

1° L'an 450, le royaume de Kent, par Hengist, qui en fut le premier roi.
2° L'an 491, celui de Sussex, par Ella, premier roi.
3° L'an 519, celui de Wessex, par Cerdick, premier roi.
4° L'an 527, celui d'Essex, par Ercenwin, premier roi.
5° L'an 547, celui de Northumberland, par Idda, premier roi.
6° L'an 571, celui d'Estanglie, par Uffa, premier roi.
7° L'an 584, celui de Mercie, par Crida, premier roi.

Les rois de Wessex s'étant rendus maîtres des six autres royaumes, nous en donnerons ici la suite :

ROIS DE WESSEX,

Appelés rois d'Angleterre depuis Egbert.

519. Cerdick.
535. Chenrick.
560. Ceolin.
592. Ceolrick.
597. Ceolulf.
611. Cinigisil.
643. Cenowalck.
672. Saxburge, *reine.*
673. Census.
685. Cedwalla.
689. Ina.
727. *Ina se fait moine.*
727. Adelard.
741. Cudred.
754. Sigebert, *déposé.*
755. Cynulfe.
784. Brithrich.
800. Egbert; *il met fin à l'Heptarchie, en 827.*
837. Ethelwolf.
858. Ethelbald.
860. Ethelbert.
866. Etheldred.

871. A fred, *le Grand.*
900. Édouard Ier, *l'Ancien.*
924. Aldestan.
940. Edmond Ier.
946. Edred.
955. Edwy.
959. Edgar.
975. Édouard II, *le Martyr.*
978. Éthelred II.
1014. Suenon, *roi de Danemarck, usurpateur.*
1015. Éthelred, *rétabli*, et Canut, *usurpateur.*
1016. Edmond II, *sept mois.*
1017. Canut Ier, *roi de Danemarck.*
1036. Harald, *Danois.*
1040. Hardi Canut, *Danois.*
1042. St. Édouard II.
1066. Harald II, *usurpateur.*
1066. Guillaume Ier, *duc de Normandie, le Conquérant.*
1087. Guillaume II.
1100. Henri Ier.
1135. Étienne.
1154. Henri II.
1189. Richard Ier, *Cœur-de-Lion.*
1199. Jean, *Sans-Terre.*
1216. Henri III.
1272. Édouard Ier.
1307. Édouard II.
1327. Édouard III.
1377. Richard II.
1399. Henri IV.
1413. Henri V.
1422. Henri VI.
1461. Édouard IV.
1483. Édouard V, deux mois.
1483. Richard III.
1485. Henri VII.
1509. Henri VIII.
1547. Édouard VI.
1553. Marie.
1558. Élisabeth.
1603. Jacques Ier, *ou* Jacques VI, *roi d'Écosse.*
1625. Charles Ier.
1649. *République.*
1653. Olivier Cromwel, *usurpateur, sous le titre de protecteur.*
1658. Richard Cromwel, *protecteur.*
1659. *République.*
1660. Charles II.
1685. Jacques II.

1688. Guillaume III et Marie Stuart.
1702. Anne, *reine.*
1714. George Ier, *de Brunswick de Hanovre.*
1727. George II.
1760. George III.
1820. George IV, *actuellement régnant.*

ROIS D'ÉCOSSE.

Les premiers rois d'Écosse sont fort incertains ; nous les rapportons sur la foi des historiens de ce pays.

422. Fergus Ier.
440. Eugène Ier.
461. Dongard.
465. Constantin Ier.
482. Congale Ier.
501. Conran.
535. Eugène II.
568. Congale II.
572. Chinaule *ou* Cumatillus.
580. Aldan.
606. Clenet.
606. Eugène III.
620. Ferchard Ier.
632. Donald Ier.
647. Ferchard II.
668. Maldouin.
688. Eugène IV.
692. Eugène V.
699. Amberchelet.
700. Eugène VI.
717. Mordac.
730. Etsinius.
761. Eugène VII.
764. Fergus II.
767. Solvatius.
787. Achanis.
809. Congale III.
814. Dongal II.
820. Alpin.
823. Kenet II.
854. Donald V.
858. Constantin II.
874. Ethus Ier.
875. Grégoire.
893. Donald VI.

904. Constantin III.
943. Malcolm Ier.
958. Indulphe.
968. Duphus.
973. Cullenus.
978. Kenet III.
994. Constantin IV.
995. Crimus.
1003. Malcolm II.
1033. Duncan.
1040. Machabée, *tyran*.
1057. Malcolm III.
1093. Donald VII.
1094. Duncan II.
1095. Donald VII, *rétabli*.
1098. Edgar.
1107. Alexandre.
1124. David.
1153. Malcolm IV.
1165. Guillaume Ier.
1214. Alexandre II.
1249. Alexandre III.
1286. *Interrègne*.
1292. Jean Baliol *ou* Bailleul.
1306. Robert Ier, *Bruce*.
1329. David II et Édouard.
1371. Robert II, *Siuart*.
1390. Robert III.
1424. Jacques Ier.
1437. Jacques II.
1460. Jacques III.
1488. Jacques IV.
1513. Jacques V.
1542. Marie *Stuart* et Henri.
1567. Jacques VI.

Les successeurs de Jacques VI ont été en même temps rois d'Angleterre et d'Ecosse, jusqu'en 1707, que le royaume d'Ecosse a été réuni à l'Angleterre; ainsi l'Écosse de royaume est devenue province.

ROIS SUÈVES D'ESPAGNE.

409. Herméneric Ier.
441. Rechila.
448. Rechiaire.
457. Frontan, deux ans.
457. Maldras, trois ans.
460. Frumarius, trois ans.
463. Rémismond, quatre ans.
Les autres rois sont inconnus jusqu'à
550. Cariaric.
559. Théodomir.
569. Mir.
582. Eboric.
583. Andica, *usurpateur.*
585. *Le royaume des Suèves est réuni à celui des Visigoths.*

ROIS ALAINS D'ESPAGNE.

Les Alains entrèrent en Espagne avec les Suèves et les Vandales; ils occupèrent la Lusitanie.

Respendial.
415. Atace.
418. *Les Alains sont détruits par Wallia, roi des Wisigoths; alors il ne resta plus en Espagne que trois dominations; savoir, celle des Suèves, des Visigoths et des Vandales; mais ces derniers passèrent en Afrique, vers l'an 429.*

ROIS VANDALES

D'ESPAGNE ET D'AFRIQUE.

Les Vandales entrèrent en Espagne vers l'an 409, et envahirent l'Afrique en 429.

406. Gonderic.
428. Genséric.
477. Huneric.
484. Gunthamond.
496. Trasamond.
523. Hildéric.
530. Gilimer.

534. *Gilimer est défait et pris par Bélisaire, général de Justinien ; alors l'Afrique fut soumise aux empereurs d'Orient jusqu'au septième siècle, que les Sarrasins s'en emparèrent.*

ROIS GOTHS

OU

VISIGOTHS DE LA GAULE ET DE L'ESPAGNE.

369. ATHANARIC.
382. *Alaric* Ier.
410. Ataulphe.
515. Sigeric.
415. Wallia.
420. Théodoric Ier.
451. Thorismond.
453. Théodoric II.
466. Euric.
484. Alaric II.
507. Gesalic, *usurpateur*.
507. Amalaric.
531. Theudis.
548. Theudiscèle.
549. Agila.
554. Athanagilde.
567. Liuva Ier.
572. Leuvigilde.
586. Recarède Ier.
601. Liuva II.
603. Vitteric.
610. Gondemar.
612. Sisebut.
620. Recarède II.
621. Suintila.
631. Sisenand.
636. Chintila.
640. Tulca.
642. Chindasvinde.
649. Recesvinde.
672. Wamba.
680. Ervige.
687. Egica.
701. Vittiza ; *il est détrôné par Roderic* ou *Rodrigue en* 710.
710. Roderic.
712. *Les Sarrasins d'Afrique défont Roderic, et s'emparent ensuite de la plus grande partie de l'Espagne*

CALIFES D'ESPAGNE ou ROIS DE CORDOUE.

Le principal califat ou royaume des Sarrasins en Espagne, est celui de *Cordoue*, fondé en 756 par Abdelrahman ou Abdérame, prince de la dynastie des califes Ommiades; ce royaume a duré jusqu'en 1038; ensuite les Sarrasins érigèrent en sa place un grand nombre de petits Etats, ce qui nuisit beaucoup à leur puissance; cependant ils ne furent totalement chassés d'Espagne qu'en 1492.

ROIS DE LÉON ET DES ASTURIES.

718. Pélage, *dans les Asturies.*
737. Favila.
739. Alphonse Ier, *le Catholique.*
757. Froïla.
768. Aurèle.
774. Silo.
783. Mauregat, *usurpateur.*
788. Bermude Ier.
791. Alphonse II, *le Chaste.*
842. Ramire Ier.
850. Ordogno Ier.
866. Alphonse III, *le Grand.*
910. Garcie.
914. Ordogno II.
923. Froïla II.
924. Alphonse IV.
927. Ramire II.
950. Ordogno III.
955. Ordogno IV, *usurpateur.*
955. Sanche, *le Gros.*
967. Ramire III.
982. Bermude II.
999. Alphonse V.
1027. Bermude III; *il est tué dans une bataille contre les rois de Castille et de Navarre, en 1037.*

ROIS DE CASTILLE,

ET ENSUITE D'ESPAGNE.

1037. Ferdinand, *fils de Sanche le Grand, roi de Navarre.*
1065. Sanche II.
1072. Alphonse VI.
1109. Urraque et Alphonse VII.

1126. Alphonse VIII.
1157. Sanche III.
1158. Ferdinand II, *roi de Léon, comme régent.*
1158. Alphonse IX.
1214. Henri Ier.
1217. Ferdinand III; *sous lui Léon est réuni à la Castille.*
1252. Alphonse X, *le Sage.*
1284. Sanche IV.
1295. Ferdinand IV.
1312. Alphonse XI.
1350. Pierre, *le Cruel.*
1368. Henri II.
1379. Jean Ier.
1390. Henri III, *le Maladif.*
1406. Jean II.
1454. Henri IV, *l'Impuissant.*
1474. Isabelle et Ferdinand V, *le Catholique, roi d'Aragon, son mari; elle meurt en* 1504.
1504. Jeanne et Philippe.
1516. Charles Ier *ou* V, *empereur; il réunit les deux royaumes de Castille et d'Aragon, et devient ainsi roi de toute l'Espagne.*
1555. Philippe II.
1580. *Philippe II, s'empare du Portugal, possédé par les rois d'Espagne jusqu'en* 1640.
1598. Philippe III.
1621. Philippe IV.
1665. Charles II.
1700. Philippe V, *de Bourbon.*
1724. Louis Ier, par la démission de son père, sept mois et demi.
1724. Philippe V, *de nouveau.*
1746. Ferdinand VI.
1759. Charles III.
1788. Charles IV; *il résigne la couronne en* 1808, *à son fils, Ferdinand VII, aujourd'hui régnant.*

COMTES DE BARCELONNE ET DE CATALOGNE.

801. Bera.
820. Bernard.
843. Alderan.
858. Guifroi Ier.
872. Salomon.
880. Guifroi II.
911. Miron.
928. Sigefroi.
967. Borellus.

993. Raimond Ier.
1017. Bérenger.
1035. Raimond II.
1067. Raimond III.
1081. Raimond Bérenger IV.
1131. Raimond Bérenger V; *il meurt en 1162; ses États sont réunis au royaume d'Aragon dans la personne de son fils Alphonse II, dont la mère Dona Petronilla était reine d'Aragon.*

ROIS D'ARAGON.

1035. Ramire, fils cadet de Sanche le Grand, roi de Navarre.
1063. Sanche Ier.
1094. Pierre Ier.
1104. Alphonse Ier.
1134. Ramire.
1137. Petronilla et Raimond Bérenger.
1162. Raimond, *surnommé* Alphonse II.
1166. Pierre II.
1213. Jaimes *ou* Jacques; *le Victorieux, roi de Valence de Murcie*, etc.
1276. Pierre III.
1285. Alphonse III.
1291. Jaimes ou Jacques II.
1327. Alphonse IV.
1336. Pierre IV, *le Cérémonieux.*
1387. Jean Ier.
1395. Martin.
1410. *Interrègne.*
1412. Ferdinand, *le Juste.*
1416. Alphonse V, *le Sage.*
1458. Jean II, *roi de Navarre.*
1479. Ferdinand V, *le Catholique; il meurt en 1516, et alors les royaumes d'Aragon et de Castille sont réunis dans la personne de son petit-fils Charles-Quint.*

COMTES,

PUIS ROIS DE PORTUGAL.

Les rois de Portugal viennent d'un prince français de la maison des anciens ducs de Bourgogne.

1095. Henri, *comte de Portugal.*
1112. Alphonse; *il est créé roi en* 1139.

1185. Sanche Ier.
1211. Alphonse II.
1233. Sanche II.
1248. Alphonse III.
1279. Denis.
1325. Alphonse IV.
1357. Pierre.
1367. Ferdinand.
1383. *Interrègne.*
1385. Jean Ier.
1433. Edouard.
1438. Alphonse V.
1481. Jean II.
1495. Emanuel.
1521. Jean III.
1557. Sébastien.
1578. Henri, *cardinal.*
1580. *Le Portugal est pris par Philippe II.*
1640. Jean IV, *duc de Bragance.*
1656. Alphonse VI, *il est déposé en* 1667, *et meurt en* 1683.
1667. Pierre, *régent; il devient roi en* 1683
1706. Jean V.
1750. Joseph Ier.
1777. D. Pèdre et Marie.
1786. Marie, *seule.*
1807. Les Français et les Espagnols s'emparent du Portugal.
1816. Jean VI, actuellement régnant.

COMTES,

PUIS ROIS DE NAVARRE.

836. SANCHE Ier, *comte.*
853. Garcie, *comte.*
857. Garcie Ximénès, *premier roi.*
880. Fortun.
905. Sanche Ier, *le restaurateur.*
926. Garcie Ier.
970. Sanche II.
994. Garcie II.
1000. Sanche III, *le Grand.*
1035. Garcie III.
1054. Sanche IV.
1076. Sanche V, *fils de Ramire, déjà roi d'Aragon.*
1094. Pierre, *roi d'Aragon.*
1104. Alphonse, *d'Aragon.*
1134. Garcie IV.
1150. Sanche VI.

1194. Sanche VII.
1234. Thibaut Ier, *comte de Champagne.*
1253. Thibaut II.
1270. Henri.
1274. Jeanne Ire, *et en* 1284, *avec elle son mari* Philippe-le-Bel, roi de France.
1305. Louis-le-Hutin, roi de France.
1316. Jean, huit jours.
1316. Philippe-le-Long, roi de France.
1322. Charles-le-Bel, roi de France.
1328. Jeanne et Philippe d'*Evreux.*
1349. Charles, *le Mauvais.*
1387. Charles III.
1425. Jean, *fils de Ferdinand, roi d'Aragon.*
1479. Eléonore.
1479. François Phœbus, *de Foix.*
1483. Catherine et Jean d'Albret, son mari; *ils sont dépouillés de la haute Navarre en* 1512.
1516. Henri d'*Albret.*
1555. Jeanne d'*Albret* et Antoine *de Bourbon, son mari.*
1572. Henri *de Bourbon;* il devient roi de France en 1589; les rois de France ses successeurs héritent de la partie du royaume de Navarre qui est située au nord des Pyrénées; ce qui est au midi ayant été usurpé par les Espagnols en 1512, demeure uni au royaume d'Espagne.

ABRÉGÉ

DE L'HISTOIRE CHRONOLOGIQUE

DES INVENTIONS, DES DÉCOUVERTES,

ET

DES PROGRÈS DANS LES SCIENCES ET LES ARTS.

Avant J.-C.

CAÏN cultive la terre et bâtit des villes; Seth garde les trou- 3600.
peaux. L'historien Josèphe attribue aussi à Caïn l'invention
des poids et mesures, et même celle de la monnaie.

Huschenk, roi de Perse, invente les instrumens d'agriculture; il apprend aux Perses à fouiller les mines, à conduire
les eaux, et à se vêtir de fourrures.

Hénoch ou Edris, suivant les Orientaux, invente la plu- 3400.
me, l'aiguille, la couture, l'écriture et la géométrie; il connaissait, suivant eux, l'astronomie et l'arithmétique.

Les enfans de Lameth inventent les arts; savoir, Jabel 3100.
l'agriculture, Jubal la musique, et Tubalcaïn l'art de travailler les ouvrages d'airain et de fer : une de leurs filles ou
de leurs sœurs, Nœmah, invente l'art de filer et de faire la
toile; Jabel apprend aux hommes à se loger sous des tentes.

Les Chinois commencent à se faire des maisons; ils in- 3050.
ventent de petites cordelettes sur lesquelles ils font différens
nœuds qui, par leur nombre et leur distance, leur tiennent
lieu d'écriture.

Avec le genre humain, Noé, suivant les Hébreux, con- 3044.
serve les arts, tels que l'agriculture, l'art pastoral, celui de
se vêtir, et peut-être celui de se loger. Il enseigne à ses enfans à planter la vigne.

Les Druides, vers cette époque, prétendaient s'être ap- 3020.
pliqués à la géographie, à l'astronomie et à la magie, se pi-
quant de connaître la grandeur et la figure de la terre, les
mouvemens des planètes et leur influence; ils recherchaient
les propriétés et les usages des simples; mais ils mêlaient à
leurs études beaucoup de superstitions.

Les Telchines enseignaient, vers le même temps, la métallurgie et la navigation, qu'ils avaient apprises des Atlantes ou des Sidoniens, peuples primitifs, instruits dans ces
arts, et qui portaient sur les côtes de la Méditerranée les fr[illegible]
de leur industrie.

Les Atlantes, errans après la destruction de leur continent,

Avant J.-C. mais riches des monumens curieux des sciences et des arts qu'ils n'avaient cessé de cultiver, apprennent à divers peuples leurs opinions et leurs usages : c'est d'eux que les Égyptiens avaient appris l'art des embaumemens, et celui de construire des pyramides et des tombeaux. Les Atlantes prétendaient tenir leurs sciences du premier Atlas, et d'Uranus, l'un de ses fils, qui leur avait communiqué les inventions les plus utiles. C'était d'Uranus, qu'ils avaient appris à connoître les diverses saisons de l'année, et à prédire le retour de chacune d'elles, à l'aide de l'astronomie. Aussi, pour marque de leur reconnaissance, ils donnèrent son nom à la partie supérieure de l'univers, et lui décernèrent après sa mort les honneurs divins.

Les Atlantes naviguent le long des côtes de l'Europe, et vont jusqu'en Asie; ils y portent leurs arts, leur législation et leurs dieux.

2965. Ménès ou le second Mercure Égyptien, invente plusieurs arts; il substitue aux images symboliques les hiéroglyphes, dont l'invention, suivant les annales de l'Egypte, est attribuée au premier Mercure.

Les hiéroglyphes étaient des signes ou caractères dont les Égyptiens se servirent pour exprimer leurs pensées sans le secours de la parole. Les bois, les pierres, les plantes, les animaux, les procédés des arts, les parties du corps humain servirent à cette communication, et devinrent autant d'énigmes et de caractères pour expliquer surtout les choses sacrées; la méthode hiéroglyphique fut employée ou en mettant la partie pour le tout, ou en substituant une chose qui avait des qualités semblables à la place d'une autre; la première de ces manières s'appela *curiologique :* ainsi la lune était quelquefois représentée par un demi-cercle, et quelquefois par un cyno-céphale; la seconde manière appelée *tropique* produisit l'hiéroglyphe symbolique qui se raffina lui-même, et se compliqua de manière à n'être plus qu'un langage mystérieux dont la connaissance exclusive fut réservée aux prêtres.

Ménès est aussi celui à qui l'histoire attribue les inventions que la religion des Egyptiens attribuait au dieu Mercure ou à l'ancien Taut, comme celle d'avoir perfectionné l'art de mesurer et de diviser les terres, si utile pour les Egyptiens, après la retraite des eaux du Nil. Ménès avait écrit les premières origines de l'Egypte sur des briques; les prêtres de l'Egypte le firent regarder comme l'auteur de toutes leurs sciences et inventions; ils donnèrent son nom aux quarante-deux livres qu'ils composèrent sur ses découvertes; Sanconiathon a copié ce qu'il avait écrit.

2953. Fou-hi, premier roi de la Chine, trouve le fer, en faisant mettre le feu aux ronces qui couvraient la terre encore vierge, et inculte.

Avant J.-C.

Il dresse des tables astronomiques, et invente les lignes mystérieuses appelées *koua*, lignes sur lesquelles étaient disposés les chiffres de l'arithmétique, pour faciliter les calculs. Il invente les armes, la charrue, enseigne la chasse, la pêche, la manière d'élever les troupeaux et l'agriculture. Les traditions chinoises lui attribuent aussi l'invention de la musique, et de plusieurs instrumens à cordes. 2914.

Les Sidoniens se rendent célèbres dans l'art de la navigation. 2714.

Etablissement à la Chine d'un tribunal d'histoire; Tsang-kié, président de ce tribunal, invente les caractères et s'en sert pour mettre, par écrit, avec un pinceau, ses connaissances sur le pouls et les maladies. 2695.

Premier cycle des Chinois de soixante années, par lequel on compte encore aujourd'hui en Chine. Il fut inventé sous le règne de Hoang-ti. 2687.

Invention à la Chine des briques et de la charpente; Hoang-ti fait élever un observatoire pour rectifier le calendrier. 2611.

Hoang-ti invente la sphère, et son épouse la manière d'employer la soie; il reconnaît que douze mois lunaires n'équivalent pas à une année solaire, et qu'il faut intercaler sept lunes dans l'espace de dix-neuf années solaires pour rectifier l'année lunaire, et la régler dans les bornes de celle du soleil. 2602.

Invention des ponts et de la monnaie chez les Chinois.

Hoang-ti invente l'orgue, les cloches, les poids et mesures. 2601.

Découverte d'une mine de cuivre par Hoang-ti; il fait fondre des vases. 2600.

Invention de la boussole chez les Chinois.

Etablissement d'une Académie à la Chine, principalement pour l'astronomie et les mathématiques. 2512.

Les Chinois placent le commencement de l'année à la lune la plus proche du printemps dans une année où les planètes devaient se joindre. 2461.

Erection d'un obélisque en Egypte, par Ramessés; l'empereur Constance le fit depuis transporter à Rome; il avait occupé long-temps 20,000 hommes. 2455.

Etablissement d'écoles publiques à la Chine; invention de la musique vocale. 2656.

Les mathématiciens Hi et Ho présentent à l'empereur Yao une sphère armillaire. 2357.

Nitocris, reine d'Egypte, élève une des pyramides. 2290.

Chun établit chez les Chinois l'uniformité des poids et mesures. 2282.

Etablissement à la Chine de colléges et d'hôpitaux en faveur des vieillards infirmes; Héoutsie, frère d'Yao, enseigne aux Chinois les règles de l'agriculture. 2278.

Les Assyriens se livrent à l'astrologie. 2264.

2255. Chun, successeur d'Yao, fait une sphère céleste.

2252. La tour de Babel sert aux astronomes de Babylone à faire des observations qui marquent exactement le lieu et le cours du soleil.

2234. Ces astronomes se rassemblent, depuis que cette tour devint le temple de Bélus, dans les plaines de la Chaldée, aux environs de Babylone; leurs observations trouvées depuis par Callisthène, qui les envoya à Aristote, remontaient à cette époque, et contenaient les découvertes faites pendant 1903 ans en Egypte et à Babylone. On leur attribue la division de l'année, l'invention des cadrans, etc. Ils marquaient avec soin le lever et le coucher des astres.

2233. On fait remonter à cette époque l'érection des premières pyramides d'Egypte.

2200. Yu, fondateur de la première dynastie impériale de la Chine, fait fondre neuf grandes urnes sur lesquelles il fait graver la carte de chaque province de son empire.

2199. Invention à la Chine d'une boisson tirée du riz. Yu, empereur de la Chine, en fait exiler l'auteur.

2164. Le premier Zoroastre enseigne aux Indiens, aux Bactriens et aux Perses, les principes de l'astronomie.

2115. Les Chinois mentionnent une éclipse de soleil qui a été depuis vérifiée et reconnue véritable par tous nos astronomes.

Gjemschid, roi de Perse, réforme le calendrier et cultive l'astronomie.

2100. Féridoun, roi de Perse, invente la thériaque, antidote contre les poisons et la morsure des bêtes venimeuses.

Splendeur de Sémiramis, et gloire de la monarchie des Babyloniens, ou Assyriens; ses prodiges d'architecture et de sculpture, ses jardins et le temple de Bélus, monumens de tous les arts réunis, attestent le génie de cette grande souveraine.

2050. Les Tyrrhéniens, anciens habitans de la Toscane, se livrent à la navigation; la fable des nautonniers tyrrhéniens, changés par Bacchus en monstres marins (suivant Ovide) indique que ces peuples s'y sont appliqués dès les temps les plus anciens.

2040. Creusement du lac Mœris en Egypte, pour recevoir les eaux du Nil, quand son inondation était trop abondante; et pour lâcher ces mêmes eaux sur les terres lorsque le débordement n'était pas suffisant pour les fertiliser.

On fait aussi remonter à cette époque la construction du labyrinthe; il fut l'ouvrage des douze rois Egyptiens; ce monument était consacré au soleil.

2000. Siphoas substitue au symbole ou premier hiéroglyphe, qui était une figure de la chose, un nouvel hiéroglyphe plus expressif et plus commode; ou plutôt il passe de l'hiéroglyphe à l'écriture, qui est une expression de la voix : c'était un nouvel art qui avait un caractère particulier.

Ce prince, appelé aussi *fils de Vulcain*, à cause de son adresse, et réputé l'inventeur de l'alchimie chez les Égyptiens, établit des bibliothèques publiques, et enseigna l'histoire naturelle, le labourage, l'arpentage et l'architecture. Avant J.-C. 1996.

Sous son règne, les Égyptiens poussèrent plus loin que les Chaldéens les découvertes et les progrès des sciences : ils divisèrent les premiers l'année en douze mois, en consultant les phases de la lune; mais ensuite, en observant le soleil et son retour à certaines époques fixes, ils firent l'année de 360 jours, et enfin ils ajoutèrent les cinq jours complémentaires et quelques heures; ils divisèrent le zodiaque en 12 signes de 30 degrés; ils cherchèrent à connaître les aspects des planètes; ils calculèrent les éclipses. Pour reconnaître leurs terres après le débordement du Nil, ils cultivèrent surtout l'arithmétique, la géométrie, la physique expérimentale et l'architecture, dans lesquelles ils se distinguèrent; mais ils appliquaient leurs connaissances à des idées astrologiques et généthliales; la gamme de leur musique avait trois tons, et leur lyre trois cordes. Une preuve qu'on leur doit, comme l'ayant reçu des Atlantes, l'art d'embaumer les corps, bien antérieurement aux temps des patriarches hébreux, c'est que Jacob et Joseph furent embaumés pour être reportés dans la sépulture de leurs ancêtres. Ils avaient des médecins pour chaque partie du corps et pour chaque maladie. Les Égyptiens avaient écrit au-dessus de la porte de leur bibliothèque : *Trésor des remèdes de l'âme.*

On attribue aussi aux Egyptiens l'invention de la bière ; la meilleure bière des Anciens était connue sous le nom de *boisson pélusienne*, du nom de Péluse, ville près de l'embouchure du Nil.

Parmi les restes d'antiquités égyptiennes qui sont parvenus jusqu'à nous, la table isiaque est une des plus remarquables : elle est aujourd'hui à la Bibliothèque royale; mais elle a été diversement interprétée : les recherches faites en Egypte pendant l'expédition de l'armée française ont jeté un nouveau jour sur les monumens de ce pays célèbre, tels que le zodiaque nominal et primitif des anciens Egyptiens, le nilomètre de l'île Eléphantine, les vases murrhins, l'inscription de Rosette, et l'art de faire éclore les poulets, etc. Quant aux auteurs qui avaient écrit sur les institutions religieuses et philosophiques des Egyptiens, la plupart ont été anéantis dans l'incendie de la bibliothèque d'Alexandrie. Les seuls fragmens qui nous en restent, se trouvent dans Sanchoniathon et dans Manethon.

Les monumens de la Thébaïde remontent à cette époque : ces monumens sont des palais et des tombeaux long-temps enfouis, et aujourd'hui découverts; le palais des cataractes, dont l'emplacement est semé de colonnes, de 6000 statues brisées de 70 pieds de hauteur; les ruines de plusieurs tem-

Avant J.-C. ples, tels que celui appelé *Denderah*, dont les colonnes peuvent à peine être embrassées par huit hommes, et dont la grandeur est telle, que les Arabes ont placé une ville sur sa plate-forme; les grottes d'Osiut, percées au nombre de plus de mille dans un roc très-dur, ouvertes avec symétrie, et ornées de pilastres et de colonnes taillées dans la pierre même: quelques-unes de ces grottes peuvent contenir six cents cavaliers rangés en bataille: c'est de ces grottes que l'on a tiré des obélisques de 200 pieds de haut, d'une seule pierre.

Les autres monumens de l'Egypte sont les pyramides et les fosses des momies, où se sont trouvé des corps conservés, quoique embaumés depuis plus de 3000 ans. Le monument qu'on nomme *le Sphinx*, placé près d'une des pyramides, consiste en la tête et le buste d'une femme taillés dans le roc; il a 28 pieds de haut.

Mais le plus étonnant de ces monumens, dont on attribue l'achèvement à Siphoas, est le labyrinthe de la Haute-Egypte: cet édifice contenait trois mille appartemens, dont moitié était sous terre et moitié au-dessus; c'était une réunion de douze palais; il était bâti et couvert de marbre; il n'avait qu'une seule descente; mais au dedans se trouvaient une infinité de routes tortueuses : quelques voyageurs modernes pensent que c'était un panthéon.

1996. Les Zabiens de l'Arabie font de l'astrologie un système philosophique; ils inventent la science des talismans, des enchantemens et des évocations; ils pratiquent la divination par le vol et le chant des oiseaux.

1950. Les Dactyles de Crète enseignent à fondre le fer et le cuivre, et à les mettre en œuvre; ils enseignent la poésie et la musique : on dit qu'ils apprirent aux hommes à vivre en société, à gouverner les troupeaux, à apprivoiser les chevaux, à chasser, à danser, à faire des épées et des casques.

1900. Des écrivains, attribuent aux Ethiopiens voisins des Egyptiens, l'invention de l'astronomie et de l'astrologie, surtout les observations sur les phases de la lune. On prétend que ce sont eux qui ont les premiers observé que cet astre ne brille que d'une lumière de reflet.

Quelques Telchines, échappés au massacre de leurs ancêtres, ou les Curètes et Corybanthes leurs successeurs, apprennent aux Grecs la navigation.

Hypérion, l'un des princes titans, se rend célèbre par ses observations astronomiques.

1890. Pélasgus, premier roi d'Arcadie après les Titans, apprend à ses peuples à se faire des cabanes; il leur apprend aussi à se vêtir de peaux de sanglier, et à substituer aux feuilles d'arbres, aux herbes et aux racines, l'usage des fruits du hêtre et du chêne.

1880. Thémis, fille d'Uranus, qui régna en Thessalie sous son père ou sous son oncle, s'applique à l'astrologie, et devient très-habile dans l'art de prédire l'avenir. Avant J.-C.

Le Vulcain grec se rend célèbre dans l'art de forger les métaux. « Il fut, suivant Diodore de Sicile, le premier auteur » des ouvrages de fer, d'airain, d'or, d'argent, en un mot » de toutes les matières fusibles ; il enseigna tous les usages » que les ouvriers et les autres hommes peuvent faire du » feu. » C'est pour cela que tous ceux qui travaillent aux métaux, ou plutôt tous les hommes en général, donnent au feu le nom de Vulcain, et offrent à ce dieu des sacrifices. Tous ceux qui se rendaient célèbres dans l'art de forger les métaux, étaient réputés fils de Vulcain. On disait qu'il s'était retiré dans l'île de Lemnos, parce que cette île était célèbre par ses mines ; qu'il avait ses forges dans la Sicile, à cause du volcan qui s'y trouve. 1858.

Quelques auteurs ont trouvé de la ressemblance entre le Vulcain des Sidoniens, des Egyptiens et des Grecs, et le Tubalcaïn des Hébreux.

La découverte des arts utiles détermine les habitans de l'Attique à consacrer l'olivier à Minerve. 1855.

Invention des caractères qui donnent la couleur et le corps à la pensée, par les Sidoniens. Cette invention pourrait être bien plus ancienne ; car comment supposer chez les Anciens un commerce, sans moyens de se communiquer ? On regarde aussi les Sidoniens comme les inventeurs de l'arithmétique, si indispensable pour le commerce qu'ils portèrent chez les divers peuples des côtes de la Méditerranée. 1850.

D'autres attribuent à Siphoas, et d'autres enfin à Memnon-*l'Égyptien*, l'invention des caractères. Quelques-uns ont cru que Memnon était Aménophis, roi d'Egypte ; d'autres, que Memnon était Paménoph, l'un des successeurs de Sésostris. Les Grecs l'ont confondu avec Memnon, fils de l'Aurore. On a retrouvé de lui une statue colossale de laquelle on a dit qu'il sortait des sons mystérieux, semblables à ceux d'une corde de harpe ou de lyre, lorsque les premiers rayons du soleil levant venaient toucher ses lèvres. Pausanias lui-même rapporte que le colosse de Thèbes d'Egypte était une statue assise qui avait une voix.

Hermès ou le Mercure grec, après avoir voyagé en Egypte pour s'instruire des coutumes de ces anciens peuples, et pour y apprendre la théologie et la magie, alors fort en vogue, devient habile navigateur, enseigne l'art de tirer de l'arc, l'éloquence, le commerce, et même la filouterie, aux Grecs qui étaient glorieux de leur finesse : il fut regardé comme le grand augure des princes titans ; il passait pour avoir été l'inventeur de la lyre ou du luth, dont il céda depuis l'honneur à Apollon. Il passait aussi pour l'inventeur de la clepsydre, et était un grand médecin. 1846.

Les Grecs commencent à élever des temples à Apollon, 1845.

Avant J.-C. dieu des beaux arts; ce qui indique la naissance de la science dans la Grèce; ils croyaient tenir d'Apollon leurs premières connaissances dans les arts, et que c'était lui qui leur avait fait goûter les avantages de la civilisation : à la faveur de la musique, il leur insinuait les préceptes de la morale, et donnait à ceux qui venaient le consulter, des conseils toujours justifiés par le succès; il prédisait les différens aspects des planètes, le lever et le coucher de la lune, les éclipses de cet astre et celles du soleil : il n'en fallut pas davantage à des peuples simples et grossiers, pour leur faire croire que ce prince n'était pas un homme ordinaire. De là, l'origine de son culte, celle des neufs muses et des inventions qu'on leur attribue. Tout ceci peut donner la clef de la mythologie des Grecs.

C'est à partir de cette époque que vont éclore tous les phénomènes des sciences et des arts, que l'on doit à ce peuple, le plus ingénieux de la terre.

1831. Vers cette époque, selon Varron, on vit la planète de Vénus changer de diamètre, de couleur, de figure et de cours : on croit qu'il s'agit d'une comète.

1800. Les Héliades, fils d'Hélius, fils d'Hypérion, roi de Rhodes, se distinguent par leurs connaissances astronomiques, font une science de la navigation, et partagent l'année en saisons.

Aïdonnée ou Pluton, roi d'Epire, fait le premier travailler aux mines; ce qui fit dire que ses sujets habitaient le centre de la terre : mais auparavant Pluton, on attribuait aux Telchines des connaissances dans la métallurgie.

1794. Joseph ordonne aux médecins d'Egypte d'oindre son père; ce qui indique que déjà la médecine était pratiquée en Egypte, avec l'art des embaumemens. C'est le renseignement le plus antique et le moins contesté que l'on ait sur la médecine ou l'art de guérir les maladies.

1775. Phaéton, roi des Molosses, s'applique à l'astronomie, et prédit une grande sécheresse qui arriva de son temps.

1770. Pan invente la flûte à sept tuyaux, qu'on appela *la flûte de Pan*.

Polyen, dans son *Traité des Stratagêmes*, attribue à Pan l'invention de l'ordre à établir dans les batailles, des phalanges et de la division d'une armée en aile droite et en aile gauche; ce que les Grecs et les Latins appelaient *les cornes d'une armée;* et c'est pour cela, dit cet auteur, qu'on représentait Pan avec des cornes.

1766. On attribue au fondateur de la dynastie des Chang l'invention de l'art de préparer les peaux, et d'en ôter le poil avec des rouleaux de bois : c'est lui qui fixa le commencement de l'année chinoise à la lune du solstice d'hiver.

1760. Arcas, fils de Jupiter et de Calisto, fille de Lycaon, apprend aux Arcadiens, qui reçoivent leur nom de lui, à semer du blé, à faire du pain, à faire de la toile, etc. Calisto et Areas furent, suivant les Grecs, métamorphosés, la première, en la grande ourse, et le second, en la petite ourse, ou en l'arcture, étoile du Bootès, constellation placée près de la grande ourse, et qui paraît suivre le chariot; ce qui veut dire qu'à cette époque les Grecs découvrirent ces deux constellations, et en sentirent l'utilité pour la navigation.

Les enfans de Japet, l'un des Titans ou Atlantes, répandent les arts dans l'Occident. 1749.

Prométhée, philosophe et législateur des Grecs, fait, avec ses frères, luire pour eux les premiers rayons de la lumière des sciences et des arts; il tire le feu des cailloux et établit des forges; ce qui a fait dire qu'il avait dérobé le feu du ciel: il retire les Grecs de la barbarie, et leur apprend à modeler des statues avec de l'argile; ce qui a fait dire qu'il avait formé des hommes.

Epiméthée invente l'art de faire des vases de terre.

Atlas, célèbre dans l'astrologie, invente la sphère ou la géographie et l'astronomie; ce qui a fait dire qu'il portait le monde sur ses épaules: il découvre, par les phases de la lune, le principe de la lumière; il partage le temps, et règle le cours de l'année sur le cours du soleil; il enseigne la géométrie et les mathématiques.

Les Egyptiens, selon Pluche, grands amateurs de l'astronomie, pour en exprimer les difficultés, la symbolisaient par une figure humaine portant un globe ou une sphère sur le dos, qu'ils appelaient *Atlas*. C'est de là que les modernes ont appelé *Atlas* une réunion de cartes géographiques qui représentent chacune des différentes parties de la terre.

Hespérus invente les règles du jardinage.

C'est à peu près l'époque à laquelle les Grecs, réunis dans des villes, commencèrent à sentir les agrémens et les inconvéniens de la société, où les femmes, par leurs charmes, leur adresse et leur rivalité, mettent en une si grande agitation les passions des hommes. C'est ce dont les poètes nous ont donné une idée frappante, par l'ingénieuse fiction de Pandore.

Sésostris fait dresser une carte où il fait connaître aux Egyptiens les nations qu'il a soumises, et l'étendue de son empire: les embouchures du Danube et celles de l'Indus en faisaient les bornes; il érige, en plusieurs endroits des pays qu'il avait conquis, des colonnes qu'on voyait long-temps après lui; il embellit l'Egypte; il construit une grande muraille à travers les déserts, pour prévenir les courses des Syriens et des Arabes; il nivelle son royaume en creusant les endroits qui ne pouvaient recevoir le fleuve, et en élevant ceux qui étaient trop inondés; il coupe l'Egypte par beaucoup de canaux utiles au commerce; il construit dans chaque ville importante un temple magnifique. 1722.

Avant J.-C. Apis, suivant les Grecs, apprend aux Egyptiens l'usage de la médecine et la manière de planter la vigne.

1713. Les prêtres d'Egypte rendent célèbre leur dieu Sérapis, en mettant dans sa bouche, comme oracles, les résultats de leurs découvertes et de leurs connaissances dans la médecine. On cite de lui une foule de guérisons miraculeuses dans les maladies aiguës. Marc-Aurèle lui-même fut guéri, dit-on, par l'oracle de ce dieu, d'une maladie qui le conduisait au tombeau.

1710. Institution d'ordres militaires par Sésostris, pour récompenser le mérite de ses sujets.

1678. Callithea, fille de Pyrante, prêtresse de Junon à Argos, invente les chars et les attelages qui servirent d'abord dans les cérémonies religieuses pour leur donner plus de pompe, quand, dans la ville d'Argos, on conduisait solennellement les statues des dieux.

1663. Quelques-uns attribuent à Rampsès, fils de Sésostris, deux anciens obélisques, dont l'un fut transporté à Rome sous le règne de Constance : ces obélisques avaient cent coudées de haut et huit de diamètre ; ils avaient été consacrés dans le temple du soleil.

On attribuait aux Pharaons le commencement du canal qui fit communiquer le Nil au golfe arabique, lequel fut continué par Darius, et terminé par Ptolémée-Philadelphe.

1660. On regarde les brigands Cercyon et Cinnis comme les inventeurs de la lutte, ou combat de deux hommes de corps à corps, pour éprouver leurs forces : ce combat fit depuis partie des jeux isthmiques, rétablis par Thésée, et fut admis dans presque tous ceux qu'on célébrait en Grèce. Il y avait trois espèces de lutte : celle où l'on se battait de pied ferme, celle où l'on se roulait sur l'arène, et celle où l'on n'employait que l'extrémité des mains, sans se prendre au corps. Les lutteurs préludaient au combat par des frictions qui donnaient plus de souplesse au corps, par des onctions qui rendaient les membres plus glissans et plus difficiles à saisir, ou bien enfin en se roulant dans le sable.

1640. Tyr et Sidon sont renommés par leurs manufactures, par l'élégance des ouvrages en bois, fer, or, argent, airain et autres métaux, et par la blancheur et la finesse de leurs tissus de lin.

On croit que le verre a été inventé par les Tyriens.

On trouve encore des restes de magnificence commune à Tyr et à Sidon, entre autres une vaste citerne qui non-seulement servait à l'usage des habitans de Sidon, mais qui allait encore porter ses eaux dans Tyr, par des canaux placés sur la digue.

Tyr devient enfin la maîtresse de la mer et le centre du commerce de l'univers. Ses habitans, en traversant les mers et en visitant les nations lointaines, y portaient leurs con-

Avant J.-C.

naissances, leur industrie et leurs productions, et en rapportaient celles de tous les peuples alors connus.

Vers ce temps Sabus ou Sabinus apprend aux Sabins à cultiver la vigne; ce qui le fait mettre au rang des dieux au même titre que Bacchus, et donner son nom au peuple qu'il gouvernait.

Vers cette époque, on cultive en Egypte la médecine, la géométrie et les mathématiques; c'est à cette école que Moïse et Cécrops se forment : on joignait à l'étude de ces sciences celle de l'iatromathématique, des livres d'horoscope, et d'une infinité d'écrits sur l'astrologie, la magie et l'alchimie, qui ont été depuis commentés et augmentés par la secte des pythagoriciens d'Alexandrie, quand ils mêlèrent les dogmes de l'ancienne philosophie des Egyptiens avec ceux de Pythagore. 1625.

Les prêtres de l'Egypte gardèrent encore long-temps, dans les monumens publics, l'usage ancien de graver sur des briques et sur la pierre les principes des connaissances, en signes hiéroglyphiques, afin d'en faire un mystère au peuple, et d'avoir, par cela même plus d'empire sur les esprits. C'est cette réserve des docteurs égyptiens qui est cause que, quoiqu'on ait conservé de l'Egypte un grand nombre d'antiquités qui attestent l'habileté de ce peuple dans les arts, cependant les noms de ses artistes ne sont pas venus jusqu'à nous.

Quelques auteurs placent vers cette époque l'invention de l'écriture courante, et la découverte des chiffres par les Arabes. 1600.

Quant à l'écriture courante, il est possible qu'elle soit postérieure à l'invention des caractères.

Quant aux chiffres numériques, qu'on appelle communément *chiffres arabes*, le nom qu'on leur donne dérive de l'opinion généralement reçue, qu'ils ont été transportés de l'Orient dans l'Occident par la voie des Sarrasins ou Arabes; d'autres en ont attribué l'invention aux Grecs, aux Romains, aux Celtes, aux Scythes, aux Carthaginois ou aux Egyptiens : un plus grand nombre l'a attribuée aux Indiens; d'autres aux Chinois.

Coré, oncle ou parent de Moïse, devient savant dans la chimie, et acquiert de grandes richesses au moyen des secrets du grand-œuvre. 1597.

Moïse, pour faire le partage de la terre de Chanaan aux douze tribus d'Israël, dresse une carte géographique; il enseigne à ses peuples la plupart des arts des Egyptiens. Les médecins trouvent les premiers renseignemens sur leur science dans les deux livres de Moïse. 1595.

La magie des Egyptiens passe dans l'Etrurie. 1590.

Epoque à laquelle remonte la chronique d'Athènes, suivant les marbres de Paros. Cette chronique, connue aussi sous le titre de *marbres d'Arundel* ou d'*Oxford*, parce qu'elle fut 1582.

Avant J.-C. trouvée au commencement du 17e siècle dans l'île de Paros, l'une des Cyclades, et transportée en Angleterre par les soins du comte d'Arundel, Anglais de nation, dont le petit-fils l'a déposée dans la bibliothèque de l'université d'Oxford, est proprement la chronique d'Athènes, la plus savante ville de la Grèce, qui paraît l'avoir fait faire 264 ans avant l'ère vulgaire; elle est gravée sur le marbre en lettres capitales grecques; elle a servi à rectifier l'histoire de la Grèce, et à fixer quelques faits des temps héroïques : elle contient la chronologie des principaux événemens arrivés dans la Grèce, en commençant par Cécrops, et finissant à l'archontat de Diognète, c'est-à-dire, pendant 1318 ans : c'est le monument le plus certain que nous ayons de l'antiquité. Selden, Lydiat et Prideaux ont travaillé à suppléer à quelques endroits endommagés. *Voyez* pour cette chronique le premier volume des TABLETTES CHRONOLOGIQUES.

1552. Fondation de l'aréopage par Cécrops, ainsi nommé parce que la première cause qui y fut jugée fut celle de Mars (Arès), accusé par Neptune de la mort d'Hallirothius.

1523. Cœlius dit qu'Amphictyon est le premier qui ait appris aux hommes à boire le vin tempéré par l'eau.

1522. Angélo, de l'île de Rhodes, invente le fard ou le dérobe à sa mère Junon, pour le donner à Europe qui en devint d'une extrême blancheur.

1520. Gorgoris, roi des Cynètes, peuple d'Espagne, trouve le premier l'usage du miel.

1519. L'art de teindre en couleur de pourpre est attribué à Phénix, fils d'Agénor, roi de Sidon, qui trouva un petit vermisseau produisant cette couleur; c'est aussi à ce prince que quelques-uns attribuent l'invention des lettres et de l'écriture : c'est plutôt l'époque à laquelle Cadmus apporte les lettres de Phénicie en Grèce, et en compose l'alphabet ou les lettres grecques, desquelles sont venues les romaines, et les sclavones, qui sont en usage dans toute l'Europe occidentale. Cadmus établit des écoles dans la Grèce, enseigne le commerce, la navigation et le travail en cuivre : c'est de lui que le cadmée ou la calamine (minéral qu'on fait fondre avec le cuivre rouge pour en faire du jaune) tire son nom.

1513. Erichthonius, que des infirmités empêchaient de faire usage de ses jambes, invente les voitures : d'autres disent qu'il ajouta seulement des roues au traîneau inventé par Callithea; ce qui lui fit remporter le prix dans la célébration des athénées dont il fut l'instituteur : son adresse, autant que sa justice, fit dire qu'il avait été changé en constellation, sous le nom d'*Auriga* ou conducteur.

1510. Le premier vaisseau qui parut en Grèce y fut amené d'Egypte par Danaüs, conduisant avec lui ses cinquante filles : cependant Cécrops ne paraît pas être venu par terre d'Egypte en Grèce.

Avant J.-C.

Hiagnis de Phrygie, suivant les marbres de Paros, invente
à Célènes, la flûte, et est l'auteur de la première harmonie
phrygienne. 1506.

Les Phrygiens inventent la divination par le vol et le chant 1500.
des oiseaux.

On attribue aux Lydiens la fabrication des premières monnaies d'or et d'argent pour faciliter le commerce, l'invention des auberges, et celle des jeux de dés et de plusieurs instrumens.

L'agriculture est en honneur dans l'Etrurie. 1495.

Etablissement du culte des Grâces chez les Grecs. 1480.

Aristée, réputé fils d'Apollon et de la nymphe Cyrène, apprend aux Grecs à faire cailler le lait, à cultiver les oliviers et à faire des ruches à miel. C'est cette dernière circonstance qui a fourni à Virgile l'idée du bel épisode qui termine ses Géorgiques. Les Grecs reconnaissans donnèrent le nom d'Aristée à la constellation du verseau.

Les Grecs commencent à se livrer à la musique et à la 1458.
poésie; ils établissent des jeux et des combats afin de favoriser, par une glorieuse émulation, les progrès de ces deux arts divins.

On fait remonter jusqu'à cette époque l'établissement des jeux olympiques à Olympie dans la Grèce.

Quelques-uns placent vers cette époque l'invention du verre 1450.
par les Phéniciens.

Chiron, fils de Saturne et de Phillyre, centaure célèbre par sa profonde science, enseigne aux héros grecs la connaissance des simples et des étoiles, la musique, la médecine, la chirurgie, l'astronomie et les exercices du corps; il guérit les maladies par les seuls accords de la musique, et connaît les influences des astres : on lui attribue des préceptes en vers, et un traité de la maladie des chevaux. Il fixe le commencement du printemps à l'équinoxe, c'est-à-dire, au point où l'écliptique coupe l'équateur au 15e degré du bélier; il dresse le calendrier dont se servirent depuis les Argonautes.

Vers ce temps, Gordien, roi de la Grande-Phrygie, père de Midas, forme le nœud appelé depuis *nœud gordien*, si artistement fait et tellement entrelacé, qu'on ne pouvait venir à bout de le défaire. On prétendait que l'empire de l'univers devait appartenir à celui qui le délierait : depuis, Alexandre trancha la difficulté en le coupant avec son épée.

Bacchus apprend aux Grecs à planter la vigne; on lui at- 1440.
tribue aussi les premières représentations théâtrales, et la première école de musique. On le dit également l'inventeur de la charrue.

C'est à cette époque, suivant les marbres de Paros, que le fer fut trouvé au mont Ida par les Dactyles Celmi et Daumanée.

Les Crétois commencent sous Minos-l'Ancien à avoir des 1432.
flottes, et à se rendre célèbres dans la navigation.

Avant J.-C. L'agriculture est introduite dans la Sicile.

1430. Les Grecs commencent aussi à s'adonner à l'agriculture.
1423. De là, la fable de Cérès et de Triptolême. On attribue à ce dernier l'invention de l'art de faire du pain.

1420. Janus, sorti d'Athènes, apprend aux peuples d'Italie le labourage et la manière d'améliorer les terres: il y porte les arts de la Grèce; ce qui a fait dire que Saturne s'était allié à lui pour renouveler l'âge d'or en Italie.

1404. Invention des caractères rhuniques par Odin ou Othen, dont quelques-uns retardent l'existence jusqu'à ce temps, et qu'ils regardent comme ayant été dans le nord le père des magiciens.

1400. Les trompettes sont inventées par les Toscans.

1399. Linus invente l'art de filer les intestins des animaux, et en fait des cordes sonores, qu'il substitue sur la lyre au fil de lin dont elle était montée; il passe pour l'inventeur du vers lyrique.

1398. Les Thessaliens se rendent célèbres dans l'art de dompter les chevaux; ce qui a fait placer dans leur pays l'histoire des centaures et des Lapithes auxquels on attribue l'invention des mors.

Publication des poèmes sur l'enlèvement de Proserpine et sur les recherches de Cérès, sa mère, dont les marbres de Paros parlent, sans en indiquer les auteurs.

1395. Amphion, Thébain, se rend célèbre dans la musique.

Invention du mode de musique *lydien*, par Olympe, mysien, disciple de Marsyas.

1375. Persée favorise dans la Grèce les beaux-arts, et fait bâtir une académie sur le mont Hélicon.

Marsyas invente la flûte, ou plutôt il rassemble tous les sons qui se trouvaient auparavant partagés entre les divers tuyaux du chalumeau: c'est lui qui le premier mit en musique les hymnes consacrés aux dieux. On lui attribue aussi l'invention du chalumeau composé de la double flûte et de la ligature.

1373. Publication des poésies de Musée.

1360. Bellérophon est le premier qui ait enseigné aux Grecs l'art de mener un cheval avec le secours de la bride.

Les Grecs font de Pégase une constellation.

Orphée enseigne aux Grecs les beaux-arts, la poésie et la musique, qu'il avait cultivés dans son voyage en Égypte; il monte la lyre de sept cordes; il invente le vers hexamètre, et surpasse dans l'épopée ceux qui l'ont précédé. On prétend qu'Amphion ajouta trois cordes à la lyre d'Orphée.

1330. Picumnus, roi des Rutules, invente l'art de fumer les terres, et Pilumnus, son frère, celui de moudre le blé.

1330. Les Crétois font de grands progrès dans la navigation, sous le règne de Minos II.

Orphée, Musée et Mélampe cultivent la médecine, et se

donnent pour savoir écarter les maladies par l'entremise des dieux. Avant J.-C.

Institution du cycle caniculaire égyptien de 1461 années et de 365 jours, répondant à 1460 années juliennes de 365 jours un quart. 1322.

Persès, fils de Persée et d'Andromède, invente les flèches. 1320.

Vers ce temps, Thamyris se rend célèbre dans la musique; il avait la plus belle voix de son temps; il succéda à Musée. 1313.

Vers ce temps, Esculape, fils de Coronis, se rend célèbre dans la médecine : instruit à l'école de Chiron, il fait des progrès rapides dans la connaissance des simples et dans la composition des remèdes; il en invente lui-même un grand nombre de salutaires; il joint la chirurgie à la médecine, et passe pour l'inventeur de cette dernière science. 1310.

On dit qu'il inventa la soude et la manière de bander les plaies.

Tertullien attribue à la première Circé, sœur d'Eétès, roi de Colchide, l'institution des courses de chariot.

Dédale, arrière-petit-fils d'Erechtée, roi d'Athènes, perfectionne l'architecture et la sculpture des Grecs; il construisit le labyrinthe de Crète sur le modèle de celui d'Egypte, pour y enfermer le minotaure, dont il devait être la première victime; mais il fabriqua des ailes artificielles, qu'il attacha avec de la cire à ses épaules et à celles d'Icare, son fils, et se mit en liberté. Quelques-uns voient dans ses ailes, les voiles d'un vaisseau. 1301.

Depuis, Dédale se retira en Sicile ou en Egypte, et en Italie, avec son fils Icare; il fut l'inventeur de la cognée, du niveau, de la tarière, du vilebrequin, et substitua l'usage des voiles à celui des rames; mais rien ne le rendit plus célèbre que la perfection qu'il sut donner à la sculpture.

Première bibliothèque fondée en Égypte, suivant Diodore de Sicile, au-dessus de laquelle était écrit : *Remèdes de l'âme*. Elle fut placée dans le Sérapéon ou temple de Sérapis, et devint fameuse depuis par le nombre et le prix des livres qu'elle contenait. 1300.

A l'exemple des Égyptiens, les Grecs instituent plusieurs danses qu'ils réputent sacrées, et qu'ils exécutent dans les temples, dans les places publiques, dans les bois, aux funérailles, etc.

Les Égyptiens avaient la danse astronomique, qui représentait l'ordre, le cours des astres, et l'harmonie de leurs mouvemens.

Les Grecs eurent la danse des Curètes, qui s'exécutait au son du tambour et du cliquetis des armes; celle des Lapithes, inventée par Pirithoüs, qui s'exécutait au son de la flûte; celle de l'hymen ou nuptiale, etc.

Les Lacédémoniens avaient la danse de l'innocence, que les jeunes filles exécutaient devant l'autel de Diane (1).

Avant J.-C. Autolycus apprend à Hercule à conduire les chariots.

1292. L'expédition des Argonautes, à laquelle toute la Grèce contribue, a pour objet d'ouvrir un commerce dans la mer Noire; elle étend leurs relations dans toute la Méditerranée, jusqu'aux colonnes d'Hercule.

1290. Époque à laquelle Orphée donne son poëme sur les Argonautes. On attribue aussi à Orphée l'invention de la cythare comme celle de la lyre. Ayant eu la douleur de perdre Eurydice, son épouse, il alla consulter un ancien oracle qui prétendait avoir la puissance d'évoquer les morts; il crut revoir Eurydice; mais l'illusion ne dura qu'un instant: c'est ce qui donna lieu à la fable de sa descente aux enfers; et comme le pouvoir de sa musique était si grand, qu'il entraînait à sa suite un nombre considérable de disciples, les femmes de Thrace, outrées de se voir abandonnées, lui tendirent des embûches et le déchirèrent. Les malheurs d'Orphée ont été célébrés par Virgile dans le quatrième livre des *Géorgiques*. Les Grecs font de la lyre d'Orphée une constellation. Les poésies d'Orphée ne sont pas venues jusqu'à nous.

Les Grecs font de Chiron la constellation du sagittaire.

Acale ou Perdix, auquel d'autres donnent le nom de *Talus*, élève et neveu de Dédale, invente la roue dont se servent les potiers de terre. Ayant un jour rencontré une mâchoire de serpent avec des dents aiguës, il s'en servit pour couper un morceau de bois, et d'après cela, il a inventé la scie: on lui doit aussi l'invention du compas. On dit que, jaloux de son neveu, Dédale le fit mourir.

1283. Faunus, fils de Picus, apprend aux Latins les règles de l'agriculture.

1280. Les Grecs font d'Esculape la constellation du serpentaire.

1269. Évandre porte en Italie la connaissance des lettres et des arts utiles, que Cérès avait appris aux Grecs.

1250. Les Latins et les Campaniens commencent à se livrer à la poésie et aux arts. Les premières pièces de théâtre qui furent jouées à Rome tiraient leur nom d'*Attelanes*, de celui des nymphes que les Campaniens regardaient comme leurs muses.

Les Grecs instituent les agons, combats ou joûtes d'exercices du corps et de l'esprit; ces combats s'introduisirent depuis dans les jeux pythiens, néméens, isthmiens et olympiques. Les Romains, à l'exemple des Grecs, en établirent de semblables.

Vers ce temps les Étrusques se rendent célèbres dans les arts, par suite de leur commerce avec les Égyptiens et les Phéniciens; mais suivant d'autres, ces relations et cette célébrité étaient bien plus anciennes.

Chorabus invente dans la Grèce les ouvrages de poterie de terre cuite, ou plutôt y porte les connaissances qu'en avaient depuis long-temps les Étrusques.

Avant J.-C.

Les Grecs font, des gouttes de lait de Junon, échappées de la bouche d'Hercule, la voie lactée; du lion de Némée, la constellation du lion; du cancre envoyé par Junon pendant qu'il combattait l'hydre de Lerne, la constellation de l'écrevisse ou du cancer.

Les Grecs font de Castor et Pollux la constellation des gémeaux, et donnent leurs noms aux feux qui, dans les tempêtes, voltigent autour des vaisseaux. 1245.

D'anciens auteurs, et Pindare surtout, placent à cette époque la fondation du temple d'Éphèse, l'une des sept merveilles du monde, par les Amazones; mais il fallut plusieurs siècles pour parvenir à sa perfection. Pline rapporte que toute l'Asie concourut à le bâtir pendant deux cent vingt ans, et qu'il fallut deux autres siècles pour l'orner et l'embellir. 1243.

Cinyre, roi de Chypre, invente les tenailles, le marteau, l'enclume et le levier. 1240.

Palamède, un des disciples de Chiron, perfectionne les lettres grecques : les Grecs lui attribuaient l'invention des poids et mesures, l'art de ranger un bataillon, et celui de régler le cours de l'année par le cours du soleil, et des mois par le cours de la lune; le jeu des échecs (que d'autres attribuent à un ministre indien qui voulait ramener son prince de son inconduite), celui des dés, et quelques autres.

La saignée est pratiquée par Podalyre au siége de Troie. 1212.

Invention de la danse néoptolémique ou pyrrhique, ou danse d'un homme armé, que Pyrrhus fait exécuter autour du tombeau de Priam. 1207.

Éole, roi des îles Vulcanies, se livre à l'étude de l'astronomie, et, par l'inspection du flux et du reflux de la mer, prédit quel vent doit souffler, et donne des conseils aux voyageurs. C'est pourquoi les mythologues l'ont fait le dieu des vents. 1204.

Euphorbe, Phrygien, géomètre, trouve la description du triangle, et recherche le premier les propriétés de quelques figures géométriques. 1200.

Les Grecs peuplent le ciel d'une foule de héros, d'êtres ou de personnages pris dans leur histoire, en donnant leurs noms à des constellations ou réunions d'étoiles, comme nous l'avons déjà vu pour Chiron, pour Esculape, etc. Ils firent d'Icarius, ami de Bacchus, la constellation du bouvier; d'Érigone, sa fille, celle de la vierge; de Méra, chien d'Icarius, celle de la canicule; du delta grec, celle du triangle; de la toison d'or de Phrixus, celle du bélier; enfin, ils placèrent aussi dans le ciel le navire *Argo*, la couronne d'Ariane, le dragon gardien du jardin des Hespérides; Orion, fils de Neptune et d'Euriale, qui avait voulu faire violence à Opis, ou à Diane; le scorpion qui, par ordre de Diane, piqua Orion au talon; les poissons qui portent Vénus ou l'Amour;

Avant J.-C. les dauphins qui conduisent Amphitrite; Ganimède enlevé par Jupiter, etc.

Les Grecs, comme les Égyptiens, après avoir donné les noms de leurs dieux aux corps célestes, ou donné les noms des corps célestes à leurs dieux ou héros, trouvèrent aussi, dans les noms de ces mêmes corps, les dénominations qui leur étaient nécessaires pour la division du temps, c'est-à-dire pour celle de l'année, des mois, des semaines, des jours et des heures.

1195. Les Lydiens, depuis Minos II, acquièrent sur la Méditerranée une grande puissance.

1193. Une comète se montre aux environs des Pléyades, traverse la partie septentrionale du ciel, et va disparaître vers le cercle arctique.

1142. Ouen-ouang, prince de Tcheou, explique les Koua, ou lignes mystérieuses inventées par Fou-hi. Il en pousse le calcul plus loin que 64.

1136. Il rétablit l'astronomie chinoise, et fait élever une tour pour y faire des observations.

1115. Tcheou-kong travaille à expliquer les koua ou linéoles de de l'Y-king, et les pousse jusqu'à 384, suivant l'idée que Ouen-ouang, son père, en avait donnée, c'est-à-dire qu'il étend la manière de calculer et d'écrire des Chinois jusqu'à ce nombre.

1110. Tching-ouang, empereur de la Chine, fait présent d'une boussole à des ambassadeurs du roi de Yue-tchang-chi, pays situé au sud de la Cochinchine : c'était une petite boîte en forme de pavillon ou de dôme, dans laquelle était une main qui indiquait le sud.

1109. Un mathématicien chinois se sert d'un gnomon pour mesurer les hauteurs du soleil aux solstices et aux équinoxes : ce gnomon, de huit pieds de haut, donnait à midi, le jour du solstice d'été, l'ombre de 1 pied 5 pouces 8 lignes; au solstice d'hiver, l'ombre de 3 pieds 1 pouce 4 lignes, et aux deux équinoxes, celle de 7 pieds 3 pouces 6 lignes.

1103. On commence à se servir à la Chine, pour monnoie, de deniers dont la forme était ronde, ayant un trou carré dans le milieu, du poids de la vingt-quatrième partie d'une once: c'est la monnaie qui depuis a toujours eu cours à la Chine.

1078. Kang-vang, empereur de la Chine, fait faire des plantations de mûriers, encourage la culture des vers à soie, qui était depuis long-temps connue à la Chine, et établit des manufactures pour la fabrication des étoffes de soie.

1077. On attribue aux Ioniens l'invention des parfums, des couronnes de fleurs dans les festins, et l'art de confire les fruits.

1048. David joue de la harpe, et cultive la poésie: il est beaucoup parlé, dans les livres des Hébreux, de la musique de Saül et de David; ils attribuaient à Lamech l'invention du psaltérion.

et de la harpe; ils imaginèrent depuis la cymbale et le tambour, dont on forma un concert. Il est aussi parlé dans Daniel d'un instrument de musique appelé *symphonie*. Avant J.-C.

Les Grecs avaient imaginé quatre sortes de chants, qui paraissent former la musique la plus parfaite; ils les appelaient *les modérateurs des passions humaines*. Lamiras, poète et musicien de Thrace, antérieur à Homère, avait inventé le premier, qui était appelé le chant *dorien*; le second, appelé *phrygien*, avait la puissance d'exciter la fureur; le troisième, sous-phrygien, opposé au second, apaisait les fureurs que celui-ci avait excitées: Marsyas en était l'inventeur; le quatrième, appelé *lydien*, était triste et lamentable, et produisait la langueur et la mélancolie. On en connaissait aussi un cinquième, appelé *œolien*, mais bien postérieur, puisqu'il fut inventé par Demon, neveu de Démosthène; il inspirait la tendresse et l'amour.

Dans les préparatifs que David fit pour le temple de Jérusalem, on voit que ce prince était instruit de tous les arts des Phéniciens, avec lesquels il eut beaucoup de relations: c'est lui qui avait conçu le plan du temple qu'il laissa à Salomon; il encouragea, chez les Hébreux et les Orientaux, l'amour des beaux arts. 1042.

Quant aux cent cinquante psaumes de David, on ne peut assurer que ce prince en soit l'unique auteur: on a pensé qu'on devait en attribuer plusieurs à ceux dont le nom se trouve à la tête de quelques-uns; cependant Saint Augustin les attribue tous à David, et c'est le sentiment général.

Lors de la naissance d'Homère, les Grecs se livraient aux poésies cycliques, qui étaient un mélange de mythologie et d'histoire. C'est dans ces diverses poésies ou histoires isolées, qu'Homère a pris les matériaux de ses poëmes. 1031.

Construction du temple de Jérusalem sous le règne de Salomon; cet édifice offrit divers chefs-d'œuvre de sculpture, d'architecture, d'orfèvrerie et de fonte, qui attestaient les progrès des arts tant en Égypte qu'en Phénicie: il était couvert de lames d'or; les vases, les lampes, les chandeliers et les ustensiles destinés au service des autels, étaient de ce métal, et artistement travaillés. Ce temple qui, d'après la description qu'on en donne, était immense, fut achevé la huitième année du règne de Salomon, c'est-à-dire en sept ans et demi. 1015.

Salomon n'épargna point non plus l'or ni les bois précieux, pour rendre son palais digne de la majesté royale; il fit tirer des carrières du Liban des colonnes magnifiques.

On attribue à Salomon des traités sur toutes les plantes, sur tous les animaux de la terre, les oiseaux, les reptiles et les poissons; mais ces ouvrages ne sont point arrivés jusqu'à nous. On lui attribue aussi les Clavicules de Salomon, *de Lapide Philosophorum*, etc.

Avant J.-C. 1008. Les Phéniciens se chargent de conduire les flottes de Salomon à la côte de Sofala et à Tharsis en Éthiopie.

C'est aussi vers cette époque que quelques auteurs placent le voyage d'Hannon, carthaginois, qui dressa un périple des côtes qu'il avait parcourues.

Vers ce temps tous les peuples de la Méditerranée se communiquent, s'envoient des colonies, se livrent à la navigation, et entreprennent même des voyages de long cours : outre la connaissance de la grande ourse et de quelques autres constellations qui servaient à les diriger dans leurs voyages, ces anciens peuples avaient aussi, pour observer les astres, un instrument dont on attribue l'invention aux Chaldéens, ou plutôt aux Phéniciens ; et qu'on a appelé depuis *bâton de Jacob*, ou enfin *arbalète*; ils prenaient, avec cet instrument, la latitude ou la distance à l'équateur du lieu où était le navire.

1000. L'architecture se perfectionne en Grèce. Invention des colonnes dorique et ionique.

980. Les Chinois se rendent célèbres dans la conduite des chars.

975. Sésac ou Sésonchis, roi d'Égypte, fait élever une pyramide de brique assez médiocre, qu'il veut décorer d'une inscription magnifique.

944. Hésiode écrit sur l'agriculture, et apprend aux Grecs que l'on doit observer pour la culture les temps et les saisons.

940. Les Thraces se rendent célèbres dans la navigation pendant vingt ans.

930. Homère se retire à Smyrne, où il commence à rédiger ses poëmes immortels, l'*Iliade* et l'*Odyssée*. L'opinion la plus commune est que ce patriarche de la littérature grecque errait de ville en ville, récitant ses ouvrages, et trouvant par ce moyen celui de subsister.

916. Les Rhodiens se rendent célèbres dans le commerce maritime sur la Méditerranée pendant ving-trois ans.

906. Pamphilie, fille de Platis, habitant de l'île de Cos, enseigne aux Grecs l'art de façonner la soie.

894. On fait, pour la première fois, des monnaies d'or et d'argent à Argos, dans le Péloponèse. Phidon, tyran de cette ville ou royaume, les faisait frapper dans l'île d'Égine : on lui attribue aussi l'invention des poids et mesures chez les Grecs.

888. Les Carthaginois adoptent la langue des Phéniciens, mais ils y mêlent des mots de langues de plusieurs nations avec lesquelles le commerce les liaient.

885. Lycurgue, pour adoucir la rigueur de ses lois, donna aux Lacédémoniens le goût des poésies d'Homère.

840. Invention de la peinture monochrome ou à une seule couleur, par Cléophante de Corinthe. C'est ce qu'on a appelé depuis *Camaïeu*.

809. Invention de la plastique ou de la sculpture en terre molle,

Avant J.-C.

que l'on faisait cuire ensuite, par Dibutadès, potier en terre à Sicyone.

Il est parlé dans les livres des Hébreux, vers cette époque, de machines qu'Azarias faisait mettre dans les tours de Jérusalem pour tirer des flèches et jeter de grosses pierres. 806.

Les Corinthiens inventent les galères à trois rangs de rames (*trirèmes*). 786.

Une éclipse de soleil mentionnée par les Chinois, est depuis trouvée véritable, d'après une vérification exacte. 776.

La première olympiade vulgaire, où Corœbus remporte le prix du stade, devient la base de la chronologie grecque.

Iphitus, roi de l'Élide ou Olympie, ayant renouvelé les jeux olympiques qui avaient été depuis long-temps négligés, ces jeux devinrent les plus pompeux et les plus solennels de toute la Grèce; on les célébra tous les cinq ans, et ils servirent d'époque à la chronologie de ces peuples.

Les Athéniens, à l'imitation des Corinthiens, font faire des trirèmes, ou galères à trois rangs de rameurs. 762.

Romulus, peu instruit du mouvement du soleil, forme l'année de dix mois, qu'il dispose ainsi: *martius*, *aprilis*, *maius*, *junius*, *quintilis*, *sextilis*, *september*, *october*, *november* et *december*. 753.

Les habitans de Milet se rendent célèbres dans le commerce maritime. 749.

Nabonassar établit des annales publiques, après avoir supprimé les actes de ses prédécesseurs, et remet en honneur l'étude de l'astronomie à Babylone. Les anciens astronomes se servaient de l'ère de ce prince. 747.

Bularchus emploie, le premier parmi les Grecs, plusieurs couleurs dans l'art de la peinture. 740.

Achas, suivant les Hébreux, invente les horloges ou cadrans à Babylone. Cette assertion a été combattue par les savans. 739.

Première éclipse de lune dont il soit fait mention dans les livres des Grecs. 720.

C'est à cette époque que Confucius fait remonter son livre appelé *Tchun-tsieou*, ou *Annales du royaume de Lou*.

Zmilus et Rhobus construisent le labyrinthe de Lemnos, remarquable par 150 colonnes qui étaient si également ajustées dans leur pivot, que pendant que l'ouvrier les travaillait, un enfant suffisait pour les faire mouvoir; on en voyait encore des vestiges du temps de Pline. 718.

Invention de l'équerre et du niveau par Théodore de Samos, en bâtissant le temple de Junon, dans sa patrie: on s'était servi jusque là du compas et de la règle.

Numa-Pompilius ordonne la réforme du calendrier des Romains; il ajoute deux nouveaux mois à l'année romuléenne, et les nomme *januarius* et *februarius*; il fait com- 714.

Avant J.-C. mencer l'année par le premier de ces nouveaux mois, c'est-à-dire après le solstice d'hiver.

Numa crée le premier des communautés d'arts et métiers; il fait faire des boucliers d'or pour mettre dans le temple de Vesta.

680. Numa-Pompilius distribue l'année des Romains en mois solaires.

664. Psammeticus fait cultiver la vigne et fleurir le commerce en Égypte; il envoie des savans à la recherche des sources du Nil.

660. Les Japonais attribuent à Syn-mu, fondateur de leur empire, les mêmes découvertes dont les Chinois font honneur à Fo-hi et à Yu.

651. Aristée ou Battus, fondateur de Cyrène, découvre le sylphium de Lybie, dont le suc était très-estimé des Anciens, à cause de ses propriétés médicinales.

645. Therpandre ajoute trois cordes à l'ancienne lyre.

644. Les Grecs établissent des combats de poésie et de musique; Therpandre y est le premier vainqueur.

630. Arion, poète lyrique et habile joueur de luth, Grec, de l'île de Lesbos, invente le dithyrambe.

620. Les Étrusques ou Toscans se rendent célèbres par leurs ouvrages en terre cuite; la peinture en émail leur est connue, et était déjà portée loin du temps de Porsenna.

619. On observe pour la première fois la comète périodique qui reparut à la mort de Jules-César, et dont on croit que la période est de 575 ans.

Tarquin-l'Ancien fait travailler aux aqueducs de Rome, et bâtir dans cette ville des temples et des écoles pour les deux sexes; il attire les artistes d'Étrurie à Rome. La peinture surtout était célèbre en Toscane, d'où elle se répandit dans l'Italie.

Des Égyptiens, réunis à des Tyriens, par ordre de Nechao, font voile de la mer Rouge par le détroit de Babelmandel, suivent les bords orientaux de l'Afrique, et après avoir doublé le cap appelé depuis *cap de Bonne-Espérance*, en achèvent le tour, et reviennent par les colonnes d'Hercule et la Méditerranée au bout de trois ans.

616. Les livres sibyllins sont regardés à Rome comme des oracles médicaux.

610. Thalès de Milet, de retour de l'Égypte, où il était allé pour s'instruire, donne aux Grecs les premières notions de géométrie et d'astronomie. Les Grecs lui doivent la découverte de la propriété du triangle isocelle. Il songea à perfectionner le calendrier des Grecs, mais ne l'acheva pas; il imagina une période de deux ans, au bout de laquelle il intercala un mois, ce qui était loin d'être exact. Quelques-uns lui attribuent la connaissance de l'obliquité de l'écliptique, qui est la ligne que le soleil parcourt dans le cours de l'année; mais

Avant J.-C.

d'autres en font honneur à Anaximandre. Au surplus, Thalès tomba encore dans une infinité d'erreurs indiquées dans sa philosophie. Il fit aussi des observations sur le lever et le coucher des étoiles, et autres phénomènes.

Quelques auteurs placent à cette époque le voyage des Carthaginois au-delà des colonnes d'Hercule jusqu'au cap Blanc, lors duquel ils visitèrent les Hespérides et autres îles de la mer Atlantique : on prétend même qu'ils poussèrent leurs découvertes jusqu'en Amérique, mais que les chefs du gouvernement de Carthage, craignant les émigrations, cachèrent cette découverte à leurs concitoyens. 604.

Fondation de l'école ionique à Milet, pour la physique et les mathématiques, par Thalès. 601.

Gloire des Grecs et des Étrusques dans les arts, dont ils corrigent en même temps le mauvais style. 600.

Solon reconnaît que les lunaisons sont d'environ vingt-neuf jours et demi; il établit un mois de vingt-neuf jours qu'il appelle *cave*, et un mois de trente jours, qu'il appelle *mois plein*. 594.

Sapho se rend célèbre par ses poésies.

Éclipse de soleil prédite par Thalès de Milet : elle arrive au moment où Cyaxare, roi des Mèdes, et Haliathe ou Alyates, roi des Lydiens, sont prêts à se livrer bataille : cet événement les déconcerte, et les détermine à faire la paix. 585.

Anaximandre porte les mathématiques fort au-delà où Thalès les avait laissées, et compose le premier des élémens de géométrie. 575.

Ésope paraît vers ce temps. 572.

Premiers essais de la comédie par Suzarion, qui joue sur des tréteaux. 562.

On attribue à Phérécyde de Scyros une invention astronomique qui marque les solstices, les équinoxes, le lever et le coucher des étoiles. 560.

On emploie, pour la première fois, à Athènes, le marbre pour faire les statues.

Vers ce temps, les Marseillais, ayant perdu leur liberté, se livrent au commerce : les richesses les ayant mis à même de cultiver les sciences, ils établissent une académie : Marseille devient l'émule d'Athènes pour les arts, et de Rhodes pour la navigation. 550.

Pisistrate achève de mettre en ordre les poésies d'Homère, ouvrage qu'avait commencé Lycurgue. 545.

Fondation de l'école de Samos, où Pythagore enseigne l'arithmétique ou la science des nombres, la géométrie, la musique, l'astronomie, la théologie et la morale.

Ctésiphon invente une machine propre à transporter aisément les plus grandes colonnes. 544.

Temple de Diane à Éphèse. Ce temple, regardé comme l'une des sept merveilles du monde, fut plusieurs siècles à

Avant J.-C. parvenir à son dernier degré de perfection. Pline rapporte que l'Asie concourut à le bâtir pendant deux cent vingt ans, et qu'il fallut deux autres siècles pour l'orner et l'embellir. On en trouve la description dans les écrits de ce même historien.

544. *Temple d'Apollon à Delphes.* Ce temple, bâti par Agamède et Tryphonius, ayant été brûlé vers ce temps pour la troisième ou quatrième fois, les amphictyons le firent reconstruire avec les deniers et les dons que les peuples avaient destinés pour cet usage. Ce temple n'égalait pas par sa structure celui de Jupiter Olympien qui fut bâti depuis; mais il était encore plus riche par les immenses présens qu'on y envoyait de toutes parts.

540. Pythagore construit un monocorde, et détermine géométriquement la proportion des sons. C'est le premier système de musique.

Pythagore cultive l'arithmétique; il invente une table contenant la multiplication des nombres, depuis un jusqu'à dix, laquelle est connue sous le nom d'*Abaque* ou *table pythagorique*.

Pythagore cultive également la géométrie; il découvre le carré de l'hypothénuse.

536. Pythagore enseigne aux Grecs le système de l'univers, suivant lequel le soleil est immobile, la terre tourne, et les étoiles fixes sont des soleils : c'était celui des anciens Chaldéens, que depuis Copernic a démontré à l'Europe moderne.

Pythagore démontre la rondeur de la terre, l'existence des antipodes, la sphéricité des astres, la cause de la lumière de la lune, et celle de ses éclipses, enfin, les deux mouvemens de la terre sur elle-même et autour du soleil. Suivant lui, non-seulement les planètes, mais aussi les comètes, sont en mouvement autour du soleil; il observe le cours de Vénus et de Mercure, les deux planètes les plus proches du soleil; observations que les Égyptiens avaient déjà faites; il fait connaître Vénus, en montrant que c'est l'astre qui précède ou qui suit le lever ou le coucher du soleil, et qu'on appelle *l'étoile du matin* ou *du soir;* le premier, il avance que les astres forment entre eux un concert agréable aux habitans des cieux; il observe l'obliquité de l'écliptique.

Cléostrate de Ténédos, astronome, découvre le premier en Grèce les signes du zodiaque, observe les signes du bélier et du sagittaire, et réforme le calendrier des Grecs.

535. Harpale trouve que l'année est de trois cent soixante-sept jours et six heures.

534. Premiers essais de tragédie en Grèce, par Thespis, qui joue *Alceste*, monté sur un chariot.

Tarquin-le-Superbe attire à Rome les artistes d'Étrurie; il achève de faire construire les aqueducs romains commencés par Tarquin-l'Ancien, son aïeul, et les fait conduire jusqu'au Tibre.

Anacréon paraît vers ce temps. 532.

Invention des postes par Cyrus : elles ne furent établies en France que sous Louis XI. 530.

Fondation de la première bibliothèque publique à Athènes, par Pisistrate, qui y encourage les sciences. 526.

Callimaque de Corinthe invente le chapiteau corinthien, orné de feuilles d'acanthe. 522.

Anaximène, de Milet, successeur d'Anaximandre dans l'école Ionique, invente les *cadrans solaires*. 520.

Aristagoras, tyran de Milet, présente à Cléomène, roi de Sparte, une table d'airain, sur laquelle est décrit le tour de la terre, avec les fleuves et les mers, pour expliquer la situation des peuples; on y voit surtout la carte de tous les pays soumis à la monarchie persane. 515.

Scylax de Cariande en Carie, voyage en Asie, et publie un traité de géographie et un périple des lieux qu'il a parcourus. 510.

Les prêtres étrusques s'appliquent à l'astrologie. 509.

Les habitans de l'île d'Egine se rendent célèbres dans la navigation.

Porsenna fait élever un magnifique tombeau, connu sous le nom de *Labyrinthe d'Italie*. 508.

La première statue érigée à Rome l'est en l'honneur d'Horatius Coclès, pour célébrer la victoire qu'il avait remportée sur Porsenna. 506.

La république des Eduens, dans les Gaules, a trois académies, où les druides forment la jeune noblesse. 500.

Fondation de l'école éléatique, par Xénophane de Colophon, qui enseigne la logique, la métaphysique et la physique. 492.

Les guerres entre les Grecs et les rois de Perse font connaître les différens peuples de l'Asie, jusque là peu connus. 490.

Eschyle gagne le premier le prix de la tragédie en Grèce. 486.

Confucius rassemble les matériaux de l'histoire de la Chine; il écrit le *Tchun-tsieou*, ou *les Annales du royaume de Lou*, *le Chu-king*, ou *la Chronique des actions des Princes chinois*, depuis le règne de Siang-ouang jusqu'à son temps. Les autres ouvrages de Confucius sont ses *Commentaires sur les explications*, que Ouen-ouang et Tcheou-kong ont données aux koua de Fou-hi, et qui s'appellent *l'Y-king*; *le Chi-king*, ou *Recueil d'anciennes poésies*; *le Lun-yu*, ou *Recueil de Dialogues et d'Apophthegmes*; *le Hiao-king*, *le Kia-yu* et *le Ta-hio*, contenant *l'art de gouverner*. 483.

Phœax invente et fait faire, à Agrigente en Sicile, des égouts et des conduits souterrains, nommés depuis *phœaques*. 480.

Célèbre éruption volcanique du mont Etna.

Invention de l'art de la mémoire chez les Grecs, par le

Avant J.-C. deuxième Simonide. Ce fut lui qui ajouta un septième ton à la musique de Pythagore.

478. Anaxagore enseigne le premier publiquement la philosophie à Athènes, à l'âge de vingt ans.

470. Sophocle commence à faire représenter ses tragédies, et en remporte le prix.

Institution d'une école de philosophie morale dans la principauté de Sung, par Confucius.

469. Des pierres tombent du ciel dans le fleuve Ægos.

458. *Temple de Jupiter Olympien*. Ce temple et la statue de Jupiter, chef-d'œuvre de l'immortel Phidias, étaient le fruit des dépouilles que les Éléens avaient remportées sur les habitans de Pise et sur leurs alliés, lorsqu'ils prirent et saccagèrent leur ville. Ce temple eut pour architecte Libon, originaire du pays ; il était d'ordre dorique, environné de colonnes en dehors : on avait employé pour cet édifice des pierres d'une nature et d'une beauté singulières ; le pays même les fournissait : la hauteur du temple, depuis le rez-de-chaussée jusqu'à sa couverture, était de soixante-huit pieds ; la longueur était de deux cent trente, et la largeur de quatre-vingt-quinze : les tuiles de la couverture étaient de très-beau marbre tiré du mont Pantélique. L'antiquité n'eut rien de plus magnifique et de plus parfait que le trône et la statue de Jupiter Olympien.

456. Démocrite écrit sur l'attouchement du cercle et de la sphère, sur les lignes rationnelles et sur les solides.

453. Les Romains font graver, sur des tables de cuivre, les lois de Solon.

450. Agatharque applique la perspective aux décorations théâtrales.

Siècle brillant de la Grèce, illustré surtout par Périclès, Démosthènes, Aristide, Socrate, Sophocle, Pindare et Platon. Le goût des arts s'introduisit parmi tous les citoyens. Dans ce siècle et le précédent, l'esprit humain acquiert plus que dans la longue suite des siècles antérieurs. Voyez le *Voyage du jeune Anacharsis en Grèce*.

443. Euripide remporte, pour la première fois, le prix de la tragédie.

442. Hérodote rassemble les connaissances géographiques éparses chez plusieurs nations ; il lit aux Athéniens son histoire.

441. Les Carthaginois inventent une machine de guerre nommée *bélier*, parce qu'à l'extrémité de la poutre qui donnait contre la muraille qu'on voulait abattre, on avait figuré la tête d'un bélier. C'est à Artémon de Clasomènes que l'on attribue l'invention du bélier, et même celle de la tortue, qui était une espèce de galerie couverte, dont on se servait pour approcher, à couvert, de la muraille des places qu'on voulait ruiner, ou pour le comblement du fossé ; on appelait *tortues*

bélières celles qui servaient à couvrir les hommes qui faisaient agir le bélier. Avant J.-C.

Méton d'Athènes invente le cycle lunaire ou période de dix-neuf ans, qui ramène les nouvelles lunes aux mêmes jours du mois solaire; ce qui est appelé *nombre d'or* : il observe avec Euclide que le soleil, au commencement de l'été, entre dans le huitième degré du cancer; que par conséquent l'équinoxe du printemps n'est plus au quinzième degré du bélier; qu'enfin le soleil est avancé de sept degrés vers l'orient depuis l'expédition des Argonautes, et que le mouvement rétrograde des équinoxes est cause de ce changement dans les saisons. 440.

Euctémon, réuni à Méton, font usage d'un héliomètre, qui leur sert à mesurer le cours du soleil; ils observent aussi le lever et le coucher de quelques étoiles.

Les Carthaginois inventent les galères à quatre rangs de rameurs; ils tirent de l'Égypte le fin lin, le papyrus et le blé; des côtes de la mer Rouge, les épiceries, les aromates, l'or, les perles, les pierres précieuses; de Tyr et de Phénicie, la pourpre, l'écarlate, les riches étoffes et les tapisseries : ils les portent sur les côtes occidentales de l'Europe, et en rapportent aux Orientaux le fer, l'étain, le plomb et le cuivre; ils étendent leur commerce chez les Perses, les Garamantes et les Éthiopiens.

Parménide divise la terre en cinq zones, comme Thalès et Pythagore avaient divisé le ciel. 439.

Fondation de l'école d'Héraclite, qui y professe la logique, la métaphysique, la théologie et la morale.

Hippocrate, de l'île de Cos, descendant d'Esculape et d'Hercule par la famille des Asclépiades, crée l'anatomie et la médecine dogmatique, et la fait succéder à la médecine empyrique et analogique, ou fondée sur la seule expérience. 437.

Hippocrate, père de la médecine, pose quelques bases de la géographie moderne. 430.

Hippocrate trouve le moyen de doubler le cube par deux proportionnelles entre deux lignes données, en démontrant que le cube décrit sur la première proportionnelle, a même raison à celui qu'on désirerait sur la seconde, que la première ligne à la quatrième; en cherchant la quadrature du cercle, il découvre que deux lunulles formées par deux arcs de cercle, et décrites sur les côtés d'un triangle qui forment l'angle droit, sont égales à un triangle, de manière qu'il détermine l'aire de deux figures terminées par deux portions de cercle; c'est ce qu'on nomme la quadrature des lunules. 429.

Fondation de l'école de Socrate, qui se renferme dans la métaphysique, la théologie et la morale. 424.

On commence à Rome à soudoyer les troupes. 406.

Invention de la peinture sur cire et sur émail, par Arcésilaüs, de Paros. 401.

Avant J.-C. Beau temps de la peinture dans la Grèce : elle commence à rivaliser en Italie avec celle des Étrusques.

La retraite des dix mille Grecs sous Xénophon, fait mieux connaître à l'Europe quelques contrées de l'Asie.

400. C'est vers ce temps que l'on invente la machine de guerre appelée maison roulante, assez forte pour résister au choc des pierres et à l'effet des artifices, qui empêchaient les assiégeans d'approcher du mur : cette maison, couverte d'os d'ânes, était montée sur des roues : sous cet abri, les assiégeans faisaient mouvoir tranquillement leurs béliers.

Invention de la catapulte et de la baliste, autres machines de guerre. On commence à connaître l'art de la fortification.

Le tribunal des historiens de la Chine cesse d'être aussi exact dans ses rapports depuis Confucius, à cause des troubles de l'empire.

Thessale, Dracon et Polybe, médecins, successeurs d'Hippocrate, soutiennent l'école dogmatique avec les Asclépiades.

399. Fondation de l'école d'Aristippe, de Cyrène, qui enseigne la logique et la morale.

396. Fondation de l'école d'Euclide, de Mégare, qui, sans négliger les parties de la philosophie socratique, se livre particulièrement à l'étude des mathématiques.

Fondation de l'école de Phédon d'Elée, qui perfectionna la doctrine de Socrate.

390. Fondation de l'école de Platon, qui y professe presque toutes les sciences, les mathématiques, la géométrie, la dialectique, la métaphysique, la psycologie, la morale, la politique, la théologie et la physique.

388. Denys, tyran de Syracuse, envoie des chariots et des poëmes aux jeux olympiques.

384. Philolaüs, de Crotone, publie les découvertes de Pythagore ; il soutient que la terre tourne autour du soleil et sur elle-même ; que les planètes et les comètes même tournent autour de cet astre.

381. Archytas, de Tarente, mécanicien, fait une colombe artificielle qui imite le vol des colombes ordinaires ; il invente la poulie et la vis.

380. Fondation de l'école d'Antisthène, qui ne professe que la morale.

379. Fondation de l'école de Pyrrhon, qui n'enseigne qu'à douter.

373. Une grande comète paraît, suivant les marbres de Paros.

368. Eudoxe, de Gnide, trouve que la révolution annuelle du soleil est de trois cent soixante-cinq jours six heures, et détermine le cours des planètes ; on lui attribue l'invention de l'hypothèse des cercles sur lesquels on a fait mouvoir si long-temps les corps célestes, les uns concentriques, et les autres excentriques ; il perfectionne l'astronomie ; il cherche à perfectionner la théorie des courbes formées par la section

d'un cône, appelées *sections coniques*, et tente la solution
du problème de la duplication du cube par l'invention de
certaines courbes.

Cléarque, tyran d'Héraclée, fonde une bibliothèque pu- 364.
blique.

Ménechme, disciple d'Eudoxe, travaille à la théorie des 362.
sections coniques.

Pamphyle, d'Amphipolis, fait rendre en Grèce une loi 360.
qui ne permet qu'aux nobles de s'appliquer à la peinture.

Dinostrate invente une courbe qu'il appelle *quadratrice*, pour tâcher de diviser un angle en raison donnée, dont la propriété est que sa demi-largeur étant connue, on sait en même temps l'aire et la portion de l'autre courbe qui y répond.

Platon invente l'analyse.

Découverte d'une mine d'or par Philippe de Macédoine. 358.

Démosthènes commence ses harangues contre Philippe. 355.

Artémise, reine de Carie, fait élever à Mausole, son 353.
époux, un monument qui a passé pour une merveille; Scopas, de Paros, en est le sculpteur; les quatre plus habiles architectes de la Grèce y sont employés; il avait quatre cent onze pieds de circuit, et cent quarante de hauteur, en y comprenant une pyramide de même hauteur que l'édifice.

Fondation de l'école d'Aristote, qui professe toutes les 350.
sciences. Ses découvertes sur les animaux. Il détermine la figure et la grandeur de la terre, et fait une description de l'Europe, de l'Asie et de l'Afrique. Il examine les différentes manières de chanter; il appelle *symphonie* un concert formé par deux voix qui chantent le même air, ou jouent sur deux instrumens accordés à l'unisson; il donne le nom d'*antiphonie* au concert que font deux voix et deux instrumens exécutant le même air, et accordés à l'octave; on s'y sert d'un instrument appelé *magadés*, dans lequel les cordes sont accordées à l'octave, de manière qu'étant pincées ensemble, elles ne rendent qu'un seul son.

Olympe, musicien phrygien, fait remarquer aux Grecs que les six tons de Pythagore, et le septième ajouté par Simonide, ne remplissent pas toute l'étendue de la voix et des instrumens; il introduit les semi-tons dans la modulation.

C'est à Timothée, presque contemporain d'Olympe, qu'on doit le genre chromatique, qui est le genre diatonique altéré d'un semi-ton, soit quand il est élevé par des dièzes, soit quand il est baissé par des bémols; on le trouva si tendre, qu'on chassa Timothée d'Athènes, de peur qu'il ne corrompît les mœurs des citoyens.

Imilcon, Carthaginois, découvre les îles Castitérides, 340.
Albion ou la Grande-Bretagne.

On place à Rome, sur la tribune aux harangues, les proues 338.

Avant J.-C. des vaisseaux pris sur les Antiates ; de là le nom de *rostra* donné à cette tribune.

336. Voyage et navigation d'Hannon, Carthaginois, au cap Cerné ou île de Corne, depuis Madagascar, en Afrique, ou, selon d'autres, jusqu'au cap Blanc et jusqu'au cap des Trois-Pointes.

333. Pausias, de Sicyone, invente la peinture encaustique où l'on employait le feu.

332. Alexandre fait placer dans le temple de Jupiter-Ammon une carte d'or, où sont gravés les lieux de ses conquêtes.

On fait à cette époque des cartes où l'on voit tous les pays connus, et sur lesquelles sont marquées la grandeur et la situation approximatives de chaque lieu, mais sans les fixer.

Après la destruction de Tyr par Alexandre, le commerce des Tyriens est transporté à Alexandrie d'Égypte qu'Alexandre fait bâtir, et qui devient florissante sous les Ptolémées : le commerce de Carthage en est même diminué. Le phare d'Alexandrie est élevé.

331. Antiphile, d'Égypte, invente le grotesque en peinture.

330. Pythéas, par ordre de la république de Marseille, pénètre en Angleterre et en Danemarck ; il observe l'obliquité de l'écliptique avec l'équateur ; et s'avançant par l'Océan occidental jusque sous le cercle polaire arctique, il est frappé de l'inégalité des jours : il imagine la division des climats, désigne les différences des jours par espaces climatiques, et étend le commerce de Gadès ou Cadix, à Thulé (Islande ou île de Féro).

Apelles compose un vernis qui tient lieu aux anciens peintres de l'huile des modernes ; il invente le profil pour Antigone, l'un des généraux d'Alexandre, qui n'avait qu'un œil.

Calippe, astronome cygicénien, rectifie le cycle de Méton en le quadruplant, et forme ainsi un nouveau cycle de soixante-quinze ans, dont il retranche un jour, ce qu'on appelle *période calippique*.

328. Lisistrate invente la manière de faire des portraits, en faisant des moules de plâtre qu'il remplit ensuite de cire.

327. Alexandre pénètre jusqu'aux bords du fleuve Gibon dans la Scythie, et jusqu'au-delà du fleuve Indus, dans les Indes ; il fait lever, par les ingénieurs Diognètes et Beton, la carte des pays qu'il traverse ; et d'après les plans et les observations de Néarque et d'Onésicrite, dont les flottes visitent les côtes de la mer depuis l'Euphrate jusqu'à l'Indus, il fait faire le périple de la mer des Indes et du golfe Persique.

324. Aristoxène, de Tarente, disciple d'Aristote, musicien, divise le ton en neuf parties, dont quatre font le semi-ton mineur, et cinq le semi-ton majeur ; il donne le nom de *comma* à chaque division, afin de former un système dans lequel il comprenne tous les sons qui peuvent être agréables à l'oreille ; il fait un tétracorde, c'est-à-dire un instrument à

quatre cordes, avec lequel il trouve l'ordre des sons, les consonnances et les dissonnances de tons, suivant le jugement de l'oreille; il appelle *consonnance* la convenance de deux sons, dont l'un est grave et l'autre aigu, et qui se mêlent avec une certaine proportion; il entend par *dissonnance* l'intervalle de deux tons désagréables, ou un accord faux.

Théophraste donne une *Histoire des plantes*. 323.

Fondation de la bibliothèque d'Alexandrie par Ptolémée-Lagus, sous lequel se fait la découverte du papier appelé *papyrus*, fait d'une espèce de souchet ou jonc ainsi appelé. Il y avait en Égypte un papyrus plus ancien, qui était une écorce d'arbre. 322.

Ménandre donne sa première comédie.

Invention des tapisseries à Pergame en Asie. 321.

Erasistrate, disciple de Chrysippe, est le premier qui ose mettre le couteau dans les cadavres humains; il découvre les vaisseaux lactés le long du mésentère, les valvules du cœur, et observe le mouvement de la systole et de la diastole. 320.

Appius Claudius fait paver la voie Appienne, et conduire des eaux dans Rome par des aqueducs. 312.

Ère des Séleucides, appelée aussi *Era contractuum*, dont les Juifs se servaient; elle fut encore celle de plusieurs Orientaux.

Fondation de l'école de Zénon, qui professe la logique, la métaphysique, la théologie et la morale. 309.

Découvertes d'Hérophile, sur la structure de l'œil; il découvre l'usage des nerfs et des vésicules séminales. 307.

Le premier cadran qui paraît à Rome, est tracé par Papirius Cursor, dans le temple de Quirinus. 306.

La peinture commence à être en honneur à Rome. 304.

Philon, de Bysance, donne un *Traité sur les balistes et les catapultes*. 303.

Démétrius, roi d'Asie, fait le premier construire des vaisseaux d'une grandeur, d'une force et d'une magnificence inconnues en Europe jusqu'à lui. 301.

Érection du colosse de Rhodes, qui représentait Apollon, et passait pour une des merveilles du monde. Charès, de Lindes en est le sculpteur ou le fondeur. 300.

Hypsicle, disciple d'Euclide, enseigne la théorie des corps: Aristée, autre disciple d'Euclide, enseigne la théorie des sections coniques et des lieux solides ou lignes courbes.

Hérophyle découvre le moyen d'abattre les cataractes des yeux; il perfectionne l'anatomie et la botanique.

Dioclès invente la courbe appelée *cycloïde*, pour la solution du problème des deux moyennes proportionnelles, et divise la sphère par un plan en raison donnée.

Fondation de l'école d'Épicure, qui enseigne la dialectique la théologie, la morale et la physique. 298.

Avant J.-C.

290. L'invention des cadrans solaires est portée de la Grèce à Rome.

287. Ptolémée-Philadelphe fait achever le phare d'Alexandrie, rassemble une quantité prodigieuse de livres, et fait dresser dans son palais une bibliothèque où l'on compte jusqu'à sept cent mille volumes.

Sérapion, d'Alexandrie, rétablit et fait préférer la médecine empyrique ou celle fondée sur la seule expérience, à la médecine dogmatique d'Hippocrate.

285. Dénis, d'Alexandrie, commence l'ère astronomique au 15 juin : c'est lui qui a découvert que l'année solaire est de 365 jours 5 heures 49 minutes.

La médecine est séparée à Alexandrie de la chirurgie; on y fait les premiers travaux sur l'anatomie.

Fondation de l'école d'Alexandrie par Ptolémée-Philadelphe. Cette école donne naissance au premier système astronomique qui ait embrassé l'ensemble des mouvemens célestes.

280. Aristille et Timocrates, premiers observateurs de l'école d'Alexandrie, forment un catalogue des étoiles, en observant les principales étoiles du zodiaque; ce qui donna à Hipparque l'idée de la précession des équinoxes, et à Ptolémée celle de la théorie du mouvement de ces astres.

Naissance des lettres à Rome.

Ptolémée-Philadelphe encourage et fait fleurir le commerce et les arts en Égypte.

270. Aratus publie ses phénomènes astronomiques.

Fabius Pictor orne de ses peintures le temple de la Santé à Rome.

268. Les Romains commencent à frapper des espèces d'argent.

264. Aristarque, de Samos, travaille à déterminer la distance du soleil à la terre.

Il invente l'hémisphère du cadran, ou le cadran horizontal.

Composition de la chronologie des marbres de Paros ou d'Arundel, par ordre de Ptolémée, roi d'Égypte; suivant d'autres, elle fut faite par ordre de la ville d'Athènes, dont elle est la chronique.

263. Invention du parchemin, par Eumènes, roi de Pergame, qui voulant composer une bibliothèque égale à celle d'Alexandrie, et ne pouvant obtenir de papyrus, pour copier les bons livres, trouva le moyen de rendre la peau des bêtes propre à recevoir l'écriture. Cette peau ou parchemin fut d'abord appelée *papier de Pergame*.

Premier combat de gladiateurs, donné à Rome.

262. Les cadrans solaires passent de la Grèce en Sicile.

261. Bérose publie son histoire des Chaldéens.

260. Les Romains s'engagent pour la première fois dans un combat naval.

Nicomaque invente le nombre polygone, ou la somme de

Avant J.-C.

la progression arithmétique qui commence par un, et dont les unités peuvent être rangées en figures géométriques.

Une colonne rostrale est érigée à Rome en mémoire de la victoire navale de Duilius sur les Carthaginois.

Invention des clepsydres ou horloges d'eau chez les Egyp- 250.
tiens.

Apollonius, de Perge, donne aux trois sections coniques les noms de parabole, d'ellipse, et d'hyperbole; il compare l'icosaèdre et le dodécaèdre inscrits dans la même sphère; il donne avec Euclide des élémens de géométrie.

Eratosthène, successeur d'Aristarque, premier géographe 247.
grec, bibliothécaire à Alexandrie, observe l'obliquité de l'écliptique; et mesure la terre; il fixe la distance de la terre au soleil et à la lune, ainsi que sa circonférence; il trouve une méthode pour connaître les nombres premiers ou ceux qui n'ont point de commune mesure entre eux, laquelle consiste à donner l'exclusion aux nombres qui n'ont pas cette propriété; elle fut nommée *le crible d'Eratosthène* : il perfectionne l'analyse et résout le problème de la duplication du cube, par l'invention d'un instrument composé de plusieurs planchettes mobiles.

Eratosthène s'éleva, dit-on, aux plus hautes connaissances géographiques; il soupçonna l'aplatissement des pôles, ainsi que la possibilité de faire le tour de l'Afrique et d'aller aux Indes par l'ouest; mais comme son ouvrage est perdu, on ne connaît pas avec certitude ses opinions.

Commencement de la construction de la grande muraille 244.
entre la Chine et les Tartares.

Livius Andronicus fait le premier à Rome représenter des 239.
comédies et des tragédies régulières.

Ctésibius d'Alexandrie invente des orgues hydrauliques 234.
qu'on faisait jouer en comprimant l'air par le moyen de l'eau, et où le son est formé par l'air et par l'eau; il invente également une pompe composée de deux tuyaux et d'un piston qui par son mouvement fait monter l'eau dans un des tuyaux; il construit enfin une clepsydre formée avec de l'eau, et réglée avec des roues dentelées, ou une horloge à rouages.

Nævius fait représenter à Rome près de cent pièces de théâtre : on les appelait également *les pièces attelanes*.

Le colosse de Rhodes est renversé par un tremblement de 222.
terre, et reste abattu 894 ans, jusqu'en 672 de l'ère vulgaire.

Archimède étend les progrès de l'arithmétique, la méca- 220.
nique et toutes les sciences mathématiques connues de son temps. Pappus compte quarante machines inventées par Archimède, qui sont presque toutes restées inconnues. Il imagine plusieurs machines pour les siéges, et se sert du miroir ardent; il invente la vis sans fin et la vis inclinée; il invente la poulie mobile, et découvre la force des leviers; il met seul à flot un navire; il découvre l'équilibre des liquides, et s'en

Avant J.-C. sert pour découvrir l'alliage des métaux, en concluant qu'un corps plongé dans l'eau et plus léger que l'eau, y surnage; qu'il y demeure plongé, s'il est de même pesanteur spécifique, et qu'il tombe au fond s'il est plus pesant.

219. Archagate vient à Rome professer la chirurgie.

218. La seconde guerre punique, et surtout le passage des Alpes par Annibal, contribue à établir des relations plus étendues entre les Romains, les Gaules et l'Espagne.

216. Xénagoras, de la Grande-Grèce, contemporain d'Archimède, invente le premier un bâtiment à six rangs de rames.

215. Tsin-chi-Hoangti, empereur de la Chine, d'après les conseils de son ministre Li-ssé, ordonne de brûler tous les livres, même ceux de Confucius, à l'exception de ceux de médecine, des kouas, du labourage, et de sa dynastie.

213. L'étude des lettres est proscrite à la Chine, sous les peines les plus sévères; ce qui reste de livres est négligé, les lettrés sont persécutés; 460 qui s'étaient réfugiés dans des montagnes avec leurs livres, expirent au milieu des flammes; d'autres se précipitent dans les eaux.

212. La conquête de la Sicile fait naître à Rome l'amour des sciences.

210. Héron, d'Alexandrie, disciple de Ctesibius, fabrique des automates; il perfectionne le cric, inventé par Archimède, et fait un usage heureux de l'élasticité de l'air, sans connaître les propriétés de cet élément; il invente une fontaine qui agit par la compression de l'air; elle est composée de deux globes, d'un bassin, et de deux tuyaux; par l'un des deux tuyaux on met de l'eau dans un des globes, et par l'autre on remplit d'eau l'autre globe; cette eau chasse ainsi l'air qui est dans ce globe, et cet air passe dans le second globe et s'y comprime; en l'y comprimant, il presse l'eau qui y est contenue, et l'oblige à rejaillir, ce qui forme la fontaine ou la diabète.

206. Les Romains commencent à se servir d'espèces d'or; on voit ordinairement sur ces monnaies une victoire qui conduit un char à deux ou quatre chevaux; d'où leur venaient les noms de *bigati* ou de *quadrigati*.

201. Invention à la Chine du papier de soie, de l'encre et des pinceaux qui tiennent lieu de plumes.

200. Plaute se rend célèbre à Rome par ses comédies.

Invention de la mosaïque en verre et en métaux.

Aristophane, de Bysance, grammairien, introduit les accens dans les manuscrits grecs; il établit l'usage des points et des virgules, qui servent à distinguer les membres et les périodes des phrases.

196. Cossutius, architecte romain, met la dernière main au temple de Jupiter Olympien, élevé à Athènes par Pisistrate.

195. Kaoti, empereur de la Chine, fait faire un nouveau code de lois, un traité sur la tactique, un recueil de musique et un ouvrage sur les cérémonies et les usages.

Avant J.-C.

Invention des pompes qui font monter l'eau par l'action du poids de l'air, par Héron, dit *l'ancien*, d'Alexandrie. 190.

Scipion, en revenant de l'Asie, fait placer au capitole le tableau de la Victoire qu'il en rapporte. Les conquêtes de l'Asie apportent le luxe et l'amour des arts dans Rome, et changent le caractère austère des Romains. 186.

Q. Marcius adapte au climat de Rome les cadrans solaires apportés de Sicile.

Par suite des conquêtes de Paul Emile, les arts de la Grèce passent à Rome. 167.

Première bibliothèque publique établie à Rome, et composée avec les livres apportés de Macédoine.

Térence se rend célèbre à Rome par ses comédies. 162.

Plusieurs chevaliers romains se font honneur d'exercer la peinture. 160.

Fondation de la seconde académie, par Carnéades.

Aristarque, de Samothrace, précepteur des enfans de Ptolémée-Philométor, publie, en les critiquant, les ouvrages d'Homère. 159.

Trois philosophes grecs, savoir, Carnéades, Critolaüs et Diogène-le-Babylonien, se présentent à Rome : Caton les fait congédier, et fait rendre un décret contre les rhéteurs. 155.

Scipion-Nasica invente une horloge hydraulique qui sert pour la nuit comme pour le jour.

Il est fait mention à cette époque, dans les annales de la Chine, du jeu des échecs. 154.

Scipion-Emilien envoie Polybe reconnaître les côtes d'Afrique, d'Espagne et des Gaules; Polybe passe jusqu'au promontoire des Hespérides (Cap-Vert). 152.

Lors de la destruction de Carthage, périssent avec cette ville tous les trésors géographiques amassés par les navigateurs phéniciens. 146.

Hipparque, de Nicée en Bithynie, découvre que le soleil ne se lève plus au printemps dans les mêmes signes où il s'était levé autrefois du temps des Argonautes, ce qui lui indique que la précession des équinoxes ou le mouvement progressif des étoiles en longitude, se fait parallèlement à l'écliptique. Il fait les premières tables des mouvemens du soleil et de la lune ; il mesure la distance des corps célestes à la terre et la grandeur de l'univers. Il donne naissance à la trigonométrie sphérique, et calcule les éclipses pour six cents ans. Au milieu des opérations d'Hipparque, une étoile nouvelle paraît ; il conclut de ce phénomène que le ciel éprouve des changemens; il fait l'énumération des étoiles et en forme un catalogue ; il divise les étoiles en constellations ou en groupes, et les projette sur une sphère. Les travaux de cet astronome font faire de grands progrès à la science d'Uranie. 142.

Lo-hia-hong, mathématicien chinois, fait une sphère qui, par son mouvement, indique les heures et les quarts du 140.

Avant J.-C. temps, et Kia-kouei, du tribunal des mathématiques, en fait une de cuivre qui représente le cours du soleil dans le zodiaque.

138. Le papier est inventé par les Chinois; ils se servaient auparavant de feuilles d'écorce et de petites planches de bambou qui se conservaient aisément.

Invention de la broderie en or par Attalus III, roi de Pergame.

133. Les jeux floraux sont rendus annuels à Rome.

130. Rétablissement des lettres à la Chine par deux princes de la famille impériale. Les lettrés sont rappelés à la cour.

Les Grecs règlent leur année et distinguent les mois par des noms; ils établissent que l'année commune sera de douze mois, que l'année bissextile sera de treize mois et que les mois auront vingt-neuf et trente jours alternativement. *Voyez* le premier volume des *Tablettes*.

120. Fondation de la troisième académie par Philon, de Larisse.

Possidonius, d'Apamée, invente une sphère artificielle qui imite les mouvemens du système planétaire.

104. Le calendrier chinois est rétabli sur le modèle de celui des Hia.

102. Marius fait tracer un chemin à travers les Gaules, et M. Scaurus le fait achever depuis, afin d'en mieux subjuguer les habitans.

100. Erection du théâtre de Scaurus à Rome, où il y avait place pour soixante-dix-neuf mille hommes.

96. On commence au Japon à construire des navires.

92. Mithridate, roi de Pont, parvient à se prémunir contre tous les poisons, par l'usage fréquent d'un antidote auquel on donne son nom.

89. Il tombe du ciel en Chine, à la suite de trois coups de tonnerre, deux aérolithes ou pierres noires d'un volume assez gros.

88. Nicomèdes, ingénieur de Mithridate, découvre la courbe appelée *conchoïde*, dont il se sert pour résoudre le problème de la duplication du cube.

87. Plotius Gallus enseigne le premier la rhétorique latine à Rome.

70. Cicéron établit une académie près Pouzzol, où il assemble ses amis; les plus illustres Romains s'y rendent et y étudient la philosophie.

Sigge ou Odin fait connaître aux Scandinaves les charrues et la poésie, passe aussi pour l'inventeur des caractères runiques, et porte dans les contrées du nord de l'Europe des arts qui y étaient inconnus jusqu'alors.

66. Première rédaction du Digeste, par Alfenus Varus.

65. Erection du théâtre de Pompée à Rome, à son retour de la Grèce. Il était de pierre, pouvait contenir quarante mille personnes. Il était orné de tableaux, de statues de bronze et

de marbre, transportés de Corinthe, d'Athènes et de Syracuse, et il y avait dans son enceinte un temple magnifique dédié à Vénus la Victorieuse. Avant J.-C.

Lucullus introduit dans Rome le luxe pour les bâtimens, les meubles, les habits et les repas. 64.

Invention de la manière d'écrire en abrégé, au moyen de notes ou traits, par Cicéron, ou Tiron son affranchi et son secrétaire. Les notes appelées *tironiennes* ont donné lieu depuis à l'art appelé *tachygraphie*. 63.

Possidonius reconnaît les lois du flux et du reflux de la mer, et les rapports de ce phénomène avec les mouvemens du soleil et de la lune; il essaie de mesurer la circonférence de la terre. 60.

Posis, sculpteur à Rome, exécute en terre des fruits, des raisins et des poissons, dont l'imitation est parfaite.

Vers ce temps un architecte de Rome invente l'ordre toscan.

Presque dans le même temps parut un autre ordre plus riche que tous les ordres grecs : il est composé de l'ordre corinthien et de l'ordre ionique; on le nomme pour cette raison *ordre composite*.

Jules-César, le premier des Romains, se distingue par l'élévation de son palais et du grand cirque.

Les Bretons ne se servent encore que de cuivre et de fer pour monnaie. 57.

Diceneus enseigne aux Scythes, aux Goths et aux Thraces, l'astronomie, la morale et la physique. 53.

Erection du théâtre de C. S. Curion, à Rome. Il en contenait deux construits en bois, voisins l'un de l'autre, et si également suspendus chacun sur un pivot, qu'on pouvait les faire tourner, en réunir les extrémités, et former par ce moyen une enceinte pour des combats de gladiateurs. 52.

Vipsanius Agrippa fait lever des cartes de l'empire romain.

L'empereur de la Chine ordonne aux lettrés de revoir les King ou livres classiques. 51.

Découverte des mines de mercure à Almaden en Espagne. 50.

Cette année est, suivant J. Scaliger, l'époque de l'invention de l'indiction. 48.

La bibliothèque d'Alexandrie, composée de quatre cent mille volumes, est consumée; J. César en est la cause innocente : Antoine la rétablit avec la bibliothèque du roi de Pergame. 47.

Sosigène, par ordre de César, réduit le cours de l'année sur celui du soleil, et réforme le calendrier romain; il fixe l'année à 365 jours; et pour comprendre les six heures supplémentaires, il augmente la quatrième année d'un jour; ce qui forme l'année solaire ou comput Julien introduit par Jules-César. 45.

Jules-César donne ses *Commentaires*, qui étendent les

Avant J.-C. connaissances des peuples de la Gaule, de l'Espagne, de la Germanie et de la Grande-Bretagne.

44. Le sénat romain fait dresser une carte de tous les États soumis à la république.

Apparition de la comète périodique, dont on croit que la période est de 575 ans.

36. Théodose rassemble les découvertes faites sur la science des courbes, et établit des principes géométriques pour les calculs astronomiques.

31. Siècle d'Auguste, illustré par une foule de grands hommes : Cicéron, Virgile, Horace, Mécène, Ovide, Atticus, Tite-Live en font le principal ornement.

27. Auguste fait embellir Rome de plusieurs édifices publics, et rétablir ceux qui étaient tombés en ruines, en y conservant les noms des premiers fondateurs; il place une bibliothèque auprès du temple d'Apollon, sur le mont Palatin.

25. *Panthéon de Rome.* Cet édifice tient le premier rang parmi les monumens de l'ancienne Rome; il est nommé vulgairement *la Rotonde;* il subsiste encore aujourd'hui dans son entier : les chrétiens en ont fait l'église de tous les Saints, comme dans le temps du paganisme il était le temple de tous les Dieux : il fut bâti par les soins d'Agrippa, gendre d'Auguste.

23. Juba, roi de Mauritanie, expédie une flotte chargée d'explorer les îles Fortunées, et en rédige la relation qu'il dédie à Auguste.

22. Auguste fait bâtir son palais auquel on donne le nom de *la grande et superbe Maison d'Auguste;* elle surpasse par sa magnificence tous les bâtimens de Rome.

Il ordonne la mise en activité du calendrier romain, qui avait été réformé par Sosigène, et statue que l'on ne comptera point d'année bissextile pendant 12 ans.

20. Le Colisée, ouvrage d'Auguste, est encore le plus imposant des restes de la grandeur romaine, comme le Panthéon est celui dont l'exécution est la plus parfaite.

Auguste fait décorer le Panthéon, contribue à la découverte des latitudes, fait transporter d'Egypte à Rome les plus hauts gnomons qui servaient à mesurer l'ombre du soleil; il fait placer la description du monde au milieu de Rome. La navigation de l'Égypte aux Indes s'établit, et Rome va jouir des productions de l'Orient.

14. Établissement du cycle solaire ou période de 28 ans, qui commence par 1 et finit par 28.

12. Soixante nations gauloises élèvent à Auguste un temple magnifique près de Lyon, et instituent des jeux où l'on décerne tous les ans des prix aux poètes et aux orateurs : cet endroit s'appelle *Aïnaï.*

10. Geminus, mathématicien de Rhodes, distingue les lignes

en droites, en circulaires et en spirales cylindriques; il enseigne la génération de la conchoïde et de la cissoïde. Avant J.-C.

Drusus fait faire dans l'île des Bataves un canal qui porte son nom, et qui forme la jonction de l'ancien et du nouvel Yssel, et sert à faciliter le passage de l'île des Bataves dans le Zuyderzée; il fait élever une digue pour retenir le Rhin dans ses bords, et couvrir par là l'île des Bataves contre les inondations.

Auguste donne son nom au mois sextilis, et le monde savant le donne à son siècle. Vitruve dédie son grand ouvrage sur l'architecture à ce prince. 8.

Auguste introduit l'usage des codiciles. 7.

Établissement du cycle lunaire, ou période de dix-neuf années solaires, équivalente à dix-neuf années lunaires et sept mois intercalaires, ou nombre d'or. 6.

Themison, médecin, fonde la secte méthodique des médecins. 3.

Commencement du cycle pascal, ou période dionysienne. Si on multiplie le cycle solaire par le cycle lunaire, c'est-à-dire 19 par 28, il en résulte une période de 532 ans, appelée *Cycle pascal* par Denys-le-Petit. 1.

Depuis J.-C.

Ère vulgaire. Ce ne fut qu'en 526 que Denys-le-Petit commença le premier à compter les années depuis la naissance de Jésus-Christ, ce qui, néanmoins, ne fut généralement en usage qu'au neuvième siècle, et encore en Occident seulement. 1.

Denis, surnommé *Periégète* ou *le Voyageur*, est chargé par Auguste de faire, en étendant ses voyages et ses recherches, une description du monde alors connu. 2.

Les jours intercalaires sont ajoutés aux années bissextiles. 4.

Statilius Taurus fait construire à Rome, dans le Champ-de-Mars, le premier amphithéâtre de pierre.

Pomponius Mela donne une géographie en latin.

Auguste fait une loi pour réprimer le luxe. 12.

Des académies sont fondées à Autun, à Lyon, à Bordeaux, à Toulouse et à Narbonne par les Romains. 13.

Tibère protége les beaux-arts. C'est sous son règne qu'éclate le goût effréné des Romains pour les spectacles. 14.

Un ouvrier trouve le secret de rendre le verre malléable; Tibère lui fait trancher la tête, parce que ce secret devait faire perdre le prix aux métaux. 15.

Tibère interdit l'usage des habits de soie et la vaisselle d'or; il chasse les mathématiciens et les astrologues de Rome. 16.

Germanicus fonde une école dans l'île de Batavie, pour enseigner à la jeunesse batave les mœurs et la langue des Romains. 17.

Après la mort d'Auguste, les beaux-arts, et la peinture surtout, tombent en décadence. 18.

Germanicus, en pénétrant jusqu'à l'Elbe, navigue sur la 20.

Depuis J.-C. mer du Nord et étend les connaissances géographiques jusque sur les côtes de la mer Baltique.

29. Strabon, géographe grec, rassemble dans ses ouvrages des extraits des anciennes géographies perdues.

30. École méthodique de médecine qui réunit les connaissances des écoles dogmatique et empirique.

Pline assigne pour cause au flux et au reflux de la mer l'action du soleil et de la lune; il dit que les Anciens étendaient autour de leurs navires des toisons qui, humectées par les vapeurs de la mer, donnaient une liqueur douce à boire.

35. Isidore résout le problème de la duplication du cube, et invente un instrument pour décrire la parabole par un mouvement continu.

37. Caligula fait des essais pour tirer de l'or de l'orpiment; il fait bâtir un athénée à Lyon et y institue des prix d'éloquence grecque et latine.

42. Claude fait construire un port à l'embouchure du Tibre.

43. Les recherches faites contre les druides par les Romains pour anéantir leur culte, détruisent les monumens de l'histoire des Gaules, et les traditions que les druides avaient conservées sur le gouvernement, l'histoire et la religion.

44. Corbulon, gouverneur de la Germanie, fait faire un canal de vingt-trois mille pas de long, entre le Rhin et la Meuse, pour retenir ces fleuves dans leur lit.

50. La médecine se perfectionne à Alexandrie; Celse la fait fleurir à Rome.

Sénèque explique aux Romains le phénomène de l'arc-en-ciel, et les découvertes des Grecs sur les planètes et sur les comètes; il soutient que le flux et le reflux de la mer sont des effets de la lune sur la terre.

54. Jeux néroniens ou prix d'éloquence et de poésie, institués par Néron; lui-même y reçut la double couronne de poésie et d'éloquence.

55. L. Verus, gouverneur de la Haute-Germanie, veut joindre la Saône à la Moselle par un canal.

59. L'empereur de la Chine, Ming-ti, rétablit les académies pour les exercices et l'étude des King.

60. *Découverte de l'aimant.* Pline rapporte qu'un berger, en marchant sur un rocher, sentit les clous de ses souliers et le fer de sa houlette s'attacher contre une pierre, qu'il la prit, et reconnut que cette pierre attirait le fer : d'après ce fait, Pline constata la propriété de cette matière.

66. La gravure est portée à sa perfection en Italie par Zénodore; elle ne fait que décliner depuis.

On peut reporter à ce temps la peinture sur toile, puisqu'il est dit, dans l'histoire, que Néron voulut se faire peindre de 120 pieds de haut.

68. Athénée, médecin, établit le système des pneumatiques,

fondé sur le principe que les maladies sont causées par une altération de l'esprit. Depuis J.-C.

Vespasien fonde une nouvelle bibliothèque publique à Rome. 70.

Vespasien, et Titus son fils, font élever à Rome l'amphithéâtre, le temple de la Paix et l'arc de Titus, monumens d'architecture. 75.

On élève au soleil un colosse de 100 pieds de haut, près de Rome, dans la voie sacrée.

Les rabbins, chassés de la Palestine, érigent deux académies, l'une à Tibérias et l'autre à Lydda. 78.

Éruption du Vésuve qui engloutit les villes de Pompei et d'Herculanum : ces deux villes, décombrées depuis, ont fait connaître un grand nombre de monumens. 79.

Pline le Naturaliste rassemble beaucoup de détails géographiques dans son *Histoire naturelle*.

Tacite décrit les mœurs des Germains, et donne ses *Annales*.

Incendie de Rome, qui consume en partie le Panthéon, ainsi que les temples de Neptune, d'Isis et de Sérapis. 80.

Titus fait bâtir des thermes ou bains.

C. Pline l'Ancien ou le Naturaliste, périt en voulant reconnaître de trop près les causes des flammes du mont Vésuve.

L'empereur de la Chine fait faire une route pour communiquer de sa capitale au Tonquin, et faciliter le commerce. 83.

Agricola reconnaît que la Grande-Bretagne est une île, après en avoir fait le tour avec sa flotte. 85.

Kia-Kouei, mathématicien chinois, fait une machine de cuivre, sur laquelle on voit le mouvement du soleil dans le zodiaque. 89.

Domitien veut faire arracher une partie des vignes. 92.

Agrippa s'applique à la connaissance du mouvement des étoiles pour suivre le travail d'Hipparque, et observe, vers la fin de ce siècle, une occultation des Pleïades par la lune. 93.

Trajan fait jeter sur le Danube, entre la Servie et la Moldavie, un pont composé de 20 arches, hautes de 150 pieds, et larges de 160. 98.

Les Romains apprennent à connaître les moussons de la mer des Indes; ils pénètrent dans l'intérieur de l'Afrique, peut-être jusqu'au Niger.

Fondation de la bibliothèque Ulpienne par Trajan. 100.

Secte éclectique des médecins, fondée par Archigènes d'Apamée en Syrie. 101.

Ménélaüs compose un traité de trigonométrie. Il approfondit la théorie des lignes courbes.

Plutarque découvre que chaque plante est renfermée dans sa graine ou dans sa semence, quelque petite qu'elle soit, et démontre qu'elle n'a plus besoin que de développement.

Depuis J.-C.

105. Trajan fonde plusieurs bibliothèques publiques à Rome, ordonne l'érection de sa colonne, et d'un théâtre dans le Champ-de-Mars, agrandit le cirque, et fait jaillir des eaux dans tous les carrefours de Rome.

108. Apollodore de Damas construit le pont du Danube; élève la colonne trajane et son arc de triomphe; fait la place qui porte le nom de cet empereur, et trace un chemin large et commode depuis le Pont-Euxin jusqu'aux Gaules, à travers mille peuples barbares.

112. Pline-le-Jeune fait le panégyrique de Trajan.

115. Trajan veut joindre l'Euphrate au Tigre par un canal.

117. Adrien protége les sciences et les cultive, mais particulièrement la médecine et les mathématiques.

Sous ce prince, Apollodore continue d'embellir Rome; il répare le Panthéon endommagé par un incendie, le temple de Neptune et les bains d'Agrippa. Le pont et le mausolée d'Adrien mirent le comble à la gloire de cet habile architecte.

120. Adrien, en visitant les provinces de l'empire, fait construire plusieurs villes et élever plusieurs monumens.

Il fait construire à Nîmes le palais de Plotine, veuve de Trajan, les Arènes et le pont du Gard; il fait faire en Batavie des voies romaines, et un marché près du lieu où est La Haye; en Espagne, il fait rebâtir le temple d'Auguste.

121. Adrien fait construire un mur de trente lieues au nord de la Grande-Bretagne; ce mur fut depuis augmenté par Antonin.

124. Cet empereur enrichit l'académie ou le musée d'Alexandrie, formé sous les Ptolémées, où étaient entretenus les hommes de lettres.

126. Tchang-heng, astronome chinois, fait une sphère de cuivre qui représente les étoiles des deux pôles du monde, la route que tiennent le soleil, les constellations, les planètes, et qui les met en mouvement par le moyen de l'eau.

129. Une perle d'une valeur extraordinaire est offerte à Han-chun-ti, empereur de la Chine; ce prince la refuse, pour ne pas exciter le luxe dans son empire.

130. Adrien fait rétablir les édifices de la ville d'Athènes.

132. Il fait rebâtir le tombeau de Pompée à Péluse.

134. Ptolémée d'Égypte reconnaît que les étoiles avancent d'un degré par siècle, il en fait un catalogue; il fait faire de grands progrès à l'astronomie et à la géographie. Son système et ses ouvrages ont été suivis jusqu'au 16e siècle.

135. Adrien fait bâtir à Rome l'Athénée, propre aux exercices de la jeunesse; il embellit son palais d'Antium d'une bibliothèque magnifique, et fait construire le pont du Tibre.

138. Érection du môle d'Adrien, depuis appelé *Fort Saint-Ange*; outre ce môle, Antonin lui fit élever un temple superbe.

140. *Système astronomique de Ptolémée.* Il place la terre im-

Depuis J.-C.

mobile au centre de l'univers, et fait tourner les cieux autour de la terre d'orient en occident.

Ptolémée publie l'almageste, ou le recueil des observations et des problèmes des Anciens sur la géométrie et l'astronomie. 149.

Antonin fait achever le mur commencé en Bretagne par Adrien. 155.

Galien applique la philosophie des péripatéticiens à la médecine, et prétend l'expliquer au moyen des élémens, des qualités cardinales et des humeurs : cette école est une branche de l'école méthodique. 164.

Marc-Aurèle établit des relations directes avec les Chinois, pour le commerce de la soie, qui ne venait auparavant aux Romains que par l'intermédiaire des Perses. 166.

La sculpture commence à dégénérer, témoin la statue de l'Hercule-Commode. La sculpture et la peinture surtout déclinèrent long-temps avant l'architecture, qui continua d'être grande sous plusieurs empereurs romains du Bas-Empire, et jusqu'au règne de Constantin, où elle perdit insensiblement de sa majesté. 169.

Rétablissement du grand collége de Sylvain dans le bois de Vincennes, à l'imitation de celui de Rome. 170.

Pausanias travaille à l'histoire de la Grèce, et décrit son voyage dans cette ancienne patrie des beaux-arts. 173.

Le Capitole et les bibliothèques de Rome sont brûlés par le feu du ciel. 188.

Incendie à Rome, qui consume le palais de l'empereur, le temple de Vesta et la plus grande partie de la ville. 191.

L'empereur Sévère fait construire l'amphithéâtre du Colisée qui contenait 87 mille spectateurs ; il fait élever un arc de triomphe, et une basilique de plus de 110 toises de long : ces monumens prouvent encore le bon goût à Rome. 194.

Serenus fait voir que l'ellipse formée par la section du cône, est la même que celle qui provient de la section du cylindre ; il perfectionne la théorie des sections coniques dans un traité qu'il fait sur les sections des cylindres des cônes ; Perseus invente les lignes sphériques ou courbes qui se forment en coupant le solide engendré par la circonrotation d'un cercle autour d'une corde ou d'une tangente. Philon de Tyane perfectionne la théorie des lignes courbes, et imagine de nouvelles courbes formées par la révolution de certaines surfaces. 200.

Oppien écrit son poëme sur la chasse et sur la pêche. 204.

Sévère fait bâtir dans la Bretagne un nouveau mur de l'est à l'ouest, pour arrêter les incursions des Calédoniens. 207.

Caracalla fait construire à Rome par Cissonius un cirque grand et magnifique. 211.

On fait usage pour la première fois en Ecosse des monnaies d'or et d'argent.

Clément d'Alexandrie conserve beaucoup de fragmens des anciens auteurs dont les ouvrages sont perdus. 215.

218. Deux comètes paraissent cette année.

220. Un rabbin nommé Samuel érige une académie de Juifs à Nahardéa, ville située sur les bords de l'Euphrate.

222. Publication de deux périples connus sous le nom d'*Arrien*.

224. Hippolite de Porto propose un cycle de seize années juliennes pour corriger le calendrier, qui avançait de plus de trois jours; il devait surtout servir à trouver le jour de Pâques, et s'appelait cycle ou canon pascal.

225. Alexandre Sévère permet aux mathématiciens d'enseigner à Rome.

226. Construction à Rome des thermes Alexandrins.

234. Hermogénien compose son code.

237. Gordien fait construire des thermes ornés de cent colonnes; sous lui et sous Aurélien, l'architecture conserve encore quelque éclat.

248. Le théâtre de Pompée est réduit en cendres.

250. Vers ce temps, Fingal, père d'Ossian, roi de Morven, se rend célèbre dans le Nord par ses connaissances en médecine.

Justin abrége l'*Histoire Universelle* de Trogue Pompée.

260. Les ouvrages d'Hippocrate sont portés en Perse par deux médecins grecs attachés à la suite de la fille d'Aurélien, mariée à Sapor Ier.

Le superbe temple d'Éphèse est brûlé par les Goths.

269. Anatolius, d'Alexandrie, imagine un cycle de dix-neuf ans, dans le cours desquels il n'admet que deux bissextiles, pour réformer l'erreur du calendrier.

270. Longin écrit son *Traité du sublime*.

273. *Destruction de Palmyre*, ville située au milieu des déserts de Syrie; elle fut depuis rétablie par Dioclétien et Justinien; elle a été de nouveau renversée par les Mahométans. Ses ruines n'ont été retrouvées qu'en 1691, par des Anglais, et font encore l'admiration des voyageurs; Volney les a surtout rendues célèbres, après les avoir visitées lors de son voyage en Syrie.

274. La soie est apportée de l'Inde en Europe par des moines, qui établissent une manufacture pour la fabriquer.

275. L'empereur Probus emploie les soldats romains à des travaux utiles, à réparer des villes et des chemins, à dessécher des marais, et à élever des digues contre les inondations.

276. Probus fait planter la vigne dans les Gaules, sur les côteaux du Rhin et de la Moselle où Domitien l'avait fait arracher, ou plutôt en étend, en rend libre la culture, auparavant défendue et bornée; il donne la même permission aux Espagnols et aux Pannoniens.

278. L'académie des Juifs de Nahardéa, fondée par le rabbin Samuel, est ruinée.

284. Némésien écrit son poëme sur la chasse, et Calpurnius écrit ses églogues.

Carausius forme une marine en Angleterre, pour s'opposer aux entreprises des Francs et des Saxons. 286.

Le rabbin Charda érige une académie à Pundébita, ville de la Mésopotamie. 290.

Constance Chlore, gouverneur des Gaules, rétablit les écoles de la ville d'Autun, détruites par les Bagaudes, et qui jouissaient d'une grande célébrité. 294.

Dioclétien est obligé de rendre une ordonnance contre les alchimistes. 296.

Ossian, privé de son père Fingal et de son fils Oscar, aveugle et infirme, comme Homère et Milton, compose ses poëmes sur les exploits de son père et de son fils. 300.

Lactance conserve plusieurs fragmens des Anciens. 304.

Établissement de l'indiction ou manière de compter, renfermant un cycle ou révolution de 15 années, qu'on suppose avoir commencé 3 ou 48 années avant l'ère vulgaire : on l'attribue à Constantin. 312.

Constantin fait construire un port à Thessalonique. 322.

Le concile de Nicée adopte le cycle de Méton. 325.

Constantin abolit les spectacles de gladiateurs.

Cycle des chrétiens ou pascal : ce cycle établit une différence entre l'année judaïque et l'année chrétienne.

Constantin fait faire un pont sur le Danube. 328.

Fondation de Constantinople.

Dédicace de la ville de Constantinople, qu'on orne de toutes les dépouilles de l'empire romain. 330.

Lorsque Constantin abandonne Rome pour porter le siége de son empire à Byzance, l'architecture achève de décliner, ainsi qu'après le règne de son fils Constance. 331.

Constantin fonde une bibliothèque publique à Constantinople, et une à Antioche. 334.

Constantin réprime les magiciens. 337.

Les thermes de Dioclétien à Rome sont achevés sous Constance. 338.

Formation du calendrier des Juifs. Suivant eux, l'année de la création est la 959e de la période julienne, commençant au 7 octobre.

Les Romains commencent à se servir de selles à cheval; les Saliens, anciens peuples de la Franconie, en sont regardés comme les inventeurs. 340.

Constance fait bâtir des bains à Constantinople. 345.

Constance fait bâtir un port à Séleucie en Syrie. 346.

Julien rétablit le commerce avec la Grande-Bretagne par le Rhin. 358.

Constance fait transporter d'Égypte à Rome, sur un vaisseau, l'obélisque que Ramessès avait consacré au soleil, et le fait élever dans le grand cirque où Auguste avait fait transporter et élever un des deux obélisques de Sésostris. 359.

362. Julien écrit son *Misopogon* contre les habitans d'Antioche.

364. Valentinien et Valens font des lois contre les magiciens.

373. Érection de deux académies de Juifs à Naresch et à Machasia.

375. Théon, mathématicien égyptien, commente l'astronomie de Ptolémée.

380. Diophante enseigne aux peuples occidentaux l'algèbre qu'il avait apprise dans l'Orient chez les Arabes; il résout des questions où l'inconnue est un quarré, et est élevée à la seconde puissance.

383. Saint Augustin enseigne la rhétorique à Rome, et depuis à Milan.

389. Destruction du temple de Sérapis, à Alexandrie par Théodose; on trouva un grand nombre de chemins couverts, pratiqués sous terre, et une infinité de machines inventées pour opérer les prodiges que ces prêtres attribuaient à leur dieu.

390. Théodose fait dresser à Constantinople un obélisque.

Les Geou-gen se servent de crottes de chèvres au lieu de jetons, pour compter, et depuis de hoches faites sur le bois.

395. Le calcul des olympiades cesse entièrement d'être en usage.

Après la mort de Théodose, les sciences se soutiennent à Constantinople avec éclat, malgré la décadence de l'empire d'Occident.

Invention des caractères arméniens, géorgiens et albaniens.

398. Invention de l'aréomètre pour peser les fluides, due à Hypathia, fille du philosophe Théon d'Alexandrie; elle avait aussi composé plusieurs traités qui ne sont pas venus jusqu'à nous.

400. Némésius, évêque d'Émèse en Phénicie, entrevoit la circulation du sang et l'usage de la bile.

Époque à laquelle on fixe la composition de l'original des *Tabulæ pentingerianæ*, dont nous n'avons qu'une copie plus moderne.

Paulin de Campanie établit en Europe l'usage des cloches pour les églises : on a vu que l'invention des cloches est bien plus ancienne, et qu'elle était connue des Chinois bien longtemps avant l'ère vulgaire.

Ce fut vers cette époque que les Visigoths introduisirent dans l'Occident l'architecture gothique.

401. L'établissement des Barbares dans l'empire romain devient l'origine des langues modernes de l'Europe, telles que l'italienne, la franque ou française, l'espagnole, l'anglaise, etc.

403. Honorius abolit entièrement les spectacles de gladiateurs.

409. Rome assiégée par Alaric, chef des Goths, lui livre toutes ses richesses et ses monumens qui sont dévastés.

410. Zozime publie le premier en Europe un traité sur l'alchimie, ou l'art de faire de l'or et de l'argent avec diverses sub-

stances; cette science avait été connue des prêtres égyptiens et des cabalistes. Depuis J.-C.

Fréret a prouvé que le jeu des échecs, attribué par les Grecs à Palamède, n'avait été inventé qu'au commencement de ce siècle, par un bramine nommé *Sissa;* mais les Chinois, comme on l'a vu, le connaissaient plusieurs siècles auparavant.

Ataulphe, beau-frère et successeur d'Alaric, pille Rome une seconde fois. 413.

Les Goths en Italie causent la décadence des sciences et des arts; les habitans devenus serfs, ne s'adonnent plus qu'à l'agriculture et aux arts mécaniques; le clergé seul fournit les médecins, les jurisconsultes et les ministres. 414.

Les Ouei font élever une muraille de 200 lieues de longueur pour arrêter les courses des Geou-gen. 423.

Théodose rétablit les écoles publiques à Constantinople, et accorde plusieurs priviléges aux professeurs. 428.

Décadence de la médecine. 430.

Ouen-ti, empereur des Song, protége les sciences et fonde quatre colléges où il fait expliquer les maximes du chu-king; il charge Lei-tsé-tsong, savant illustre, de rédiger les règlemens qu'on y doit observer. 438.

Théodose fait bâtir des murailles autour de Constantinople et du côté de la mer.

Apparition d'une comète. 441.

L'empereur des Song fait corriger le calendrier chinois. 445.

Commencement de la première architecture gothique, apportée du Nord par les Barbares dans les États du midi de l'Europe. 450.

Genseric, roi des Vandales, livre Rome au pillage, et la rend presque déserte; il semblait que toutes les nations eussent conspiré contre cette superbe capitale des nations. 457.

L'empereur des Song rétablit l'ancien usage de labourer lui-même un champ; son épouse nourrit des vers à soie pour encourager les arts; les manufactures de soieries sont encouragées par les impératrices, comme l'agriculture l'est par les empereurs. 461.

Victor d'Aquitaine publie un cycle pascal qui commence à l'an 28 et finit en 559. 470.

La bibliothèque d'Alexandrie, consumée par un incendie sous Basiliscus, renfermait plus de cent vingt mille volumes, entre lesquels étaient les œuvres d'Homère, écrites en lettres d'or. 476.

Odoacre, roi des Hérules, livre Rome au pillage pour la troisième fois.

L'établissement des peuples du Nord dans l'empire d'Occident détruit l'amour des belles-lettres et des arts dans l'Europe occidentale jusqu'au règne de Charlemagne.

500. Agathodœmon compose les cartes de la *Géographie* de Ptolémée.

501. Les sciences se soutiennent dans l'empire d'Orient; mais tous les conciles de ce siècle se plaignent de l'ignorance qui régnait dans l'Occident, où les ecclésiastiques savaient à peine lire.

505. L'empereur de la Chine, Ou-ti, rétablit les lettres, fait réparer les colléges, et en élève de nouveaux; il rappelle à ses sujets l'étude des King, de l'histoire, de l'astronomie et des mathématiques.

513. La flotte de Vitelianus est brûlée devant Constantinople, par Proclus, avec un miroir ardent d'airain.

514. Anastase travaille à rétablir à Athènes les écoles de philosophie.

515. Les peuples barbares ayant brûlé dans l'Occident toutes les bibliothèques, Cassiodore, ministre de Théodoric, roi des Ostrogoths, et préfet du prétoire sous ses successeurs, se retire dans un couvent où il en forme une des débris de plusieurs autres, y compose un grand nombre d'ouvrages de philosophie et de théologie, y traduit de grec en latin les histoires de Socrate, de Sozomène et de Théodoret, et range les faits rapportés par ces trois historiens, selon l'ordre chronologique. Cette collection est connue sous le nom d'*Histoire tripartite*.

520. Boèce traduit en latin la musique de Pythagore, l'astronomie de Ptolémée, l'arithmétique de Nicomaque, la géométrie d'Euclide, la théologie de Platon, et presque tous les ouvrages d'Aristote et d'Archimède.

521. Justinien donne aux habitans de Constantinople le spectacle d'un combat de vingt lions, trente léopards et autres bêtes féroces.

526. Denys-le-Petit introduit l'usage de calculer le temps à partir de la naissance du Christ, qu'il appelle *ère chrétienne*: c'est ce que l'on appelle *cycle de Denys-le-Petit*. Cette ère ne devint commune et vulgaire en Occident que vers l'an 800.

530. Justinien envoie deux moines à Sérica ou dans la Sérique, nom qu'on donnait alors à une partie des Indes ou de la Chine, d'où ils rapportent des œufs de vers à soie qu'ils font éclore en Europe.

Temps des astrologues et des généthliaques en Occident.

531. Apparition d'une comète que l'on croit être la même que celle observée l'année de la mort de Jules-César, et dont la période est de 575 ans.

532. Justinien fait rétablir l'église de Sainte-Sophie, l'un des plus beaux monumens de son règne.

La réputation de Cosroès attire les savans à la cour de Perse; mais la cour voluptueuse de ce prince les en éloigne et les ramène en Grèce.

534. Fin de la nouvelle école philosophique d'Athènes.

Depuis J.-C.

Établissement de manufactures à Constantinople pour y façonner la soie ; les vers à soie apportés des Indes par deux moines, y sont élevés, et la soie y est fabriquée : des ouvriers sont employés à faire des étoffes de soie : cet art passa depuis en Italie et dans les États d'Occident. 536.

La monnaie des rois de France commence à avoir cours dans toute l'Europe. 537.

Totila, roi des Goths, non content de faire abattre les murailles de Rome et ce qui restait d'édifices, y fait mettre le feu : cette ville remplie de tant de monumens des arts, est la proie des flammes pendant treize jours : statues, peintures, mosaïques, sculptures, grâces, beautés, tout en disparaît. 544.

Bélisaire fait relever les murs de Rome que Totila, roi des Ostrogoths, avait fait abattre. 547.

Totila s'empare une seconde fois de Rome, la fortifie et l'embellit. 549.

Vers ce temps Moramère, arabe coraïschite, découvre chez les Indiens, ou invente les caractères arabes ou chiffres dont on se sert aujourd'hui en Europe. 550.

Grégoire de Tours est le premier qui parle de l'usage du verre de vitres d'église.

La langue latine ou romaine cesse d'être la langue parlée en France; la franque ou mélange de celles des Barbares la remplace.

Vers ce temps, les Visigoths en Espagne, les Francs dans les Gaules, les Vandales en Afrique, détruisent ce qui pouvait encore annoncer quelques restes de la grandeur des Romains.

Siao-ki, prince chinois, pénètre dans les royaumes du Si-yu, y fait planter un grand nombre de mûriers et travailler aux soieries; il y établit des forges pour l'étain et le fer, y fait faire quantité d'armes et de cuirasses, y rend le commerce florissant, et par là enrichit ces peuples. 552.

Jornandès, historien des Goths, donne des notions géographiques sur le Nord, jusque-là peu connu des peuples du midi de l'Europe.

Une bibliothèque de cent quarante mille volumes est brûlée dans la ville de Kiang-ling par l'empereur de la Chine Siao-yuen-ti. 554.

Le commerce de soie s'établit entre les Tartares et les Grecs de Constantinople. 567.

On cesse de parler la langue latine en Italie. 581.

Le prince des Soui réforme le calendrier de la Chine, qui est adopté par les Tou-kiuei. 585.

Grégoire-le-Grand remarque que les dernières lettres qui expriment les huit derniers tons de la musique, ne sont qu'une répétition ou une octave plus haute que les sept premiers; il conçoit par là que sept lettres suffisent pour rendre tous les tons, pourvu qu'on les réitère plus ou moins, tant en 590.

Depuis J.-C. haut qu'en bas, selon l'étendue des chants, des voix et des instrumens.

594. Ouen-ti, empereur des Soui, fait rétablir l'astronomie chinoise.

600. Fortunat parle aussi des verres de vitres d'église dans ses ouvrages.

601. Depuis le 7me siècle jusqu'au milieu du 13me, l'Occident de l'Europe est plongé dans l'ignorance.

Ouen-ti, fondateur de la dynastie des Soui, sans études, ennemi des livres et des gens de lettres s'ils n'avaient pas d'autres talens utiles au gouvernement, fait détruire dans la Chine tous les colléges, et ne laisse subsister que le seul collége impérial dans sa capitale.

605. L'or est porté au Japon par les Coréens.

Yang-ti, empereur de la Chine, protége les lettres et les arts, et compose une superbe bibliothèque.

606. Cet empereur fait faire des greniers publics pour subvenir aux besoins du peuple dans les temps de disette.

614. Le Panthéon de Rome est converti en une église.

Yang-ti fait construire une muraille immense au nord de ses États.

615. On commence en Bourgogne à se servir de cloches pour les églises; cet usage s'établit bientôt dans tout l'Occident.

Les Perses, sous le prétexte de venger le meurtre de l'empereur Maurice, tombent sur Alexandrie, et ruinent de fond en comble cette capitale que les Ptolémées avaient pris tant de plaisir à orner. Cette ville n'est plus aujourd'hui qu'un amas de ruines curieuses.

621. Lichimin, fondateur de la dynastie chinoise des Tang, fait venir à sa cour les lettrés, et fonde une académie qui subsiste encore : 8,000 écoliers y sont entretenus. Il fait construire un bâtiment immense, où il place une bibliothèque considérable, qu'il rend publique; il remet en honneur la musique et l'astronomie.

622. Mahomet décerne la peine de mort contre celui qui s'appliquera aux arts libéraux.

Ère des Mahométans, ou l'hégire, qui commence au mois de juillet de cette année, et à partir de laquelle les mahométans comptent leurs années solaires, composées de 12 mois lunaires, qui donnent 354 jours 8 heures 48 minutes.

625. Cosroès II, roi de Perse, appelle à sa cour les savans, et veut protéger les lettres.

628. Eloi, depuis canonisé, trésorier de Dagobert, se rend célèbre en France par ses ouvrages d'orfévrerie, et par son art à tailler les pierreries; il fait pour ce prince un siége ou trône d'or massif, dont la matière venait du commerce du Levant et des dépouilles de l'Italie.

Taï-tsong, empereur de la Chine, rétablit la musique des

Chinois, comme un moyen dont le gouvernement doit se servir pour diriger les esprits. Depuis J.-C.

Fondation d'une école ou université à Cambridge en Angleterre, par Sigebert, roi d'Essex. 630.

Mahomet réforme le calendrier des Arabes, en retranchant l'intercalation qui se faisait tous les trois ans d'un 13me mois aux douze mois lunaires : il rétablit l'année lunaire. 632.

Ère persane d'Isdegerde, dont les astronomes arabes se sont long-temps servis.

Incendie de la grande bibliothèque d'Alexandrie, par l'ordre d'Omar, calife et prince des Sarrasins. 640.

Les premiers mahométans ne cherchant qu'à établir leur religion naissante, parcourent comme un torrent l'Afrique et l'Asie, où ils achèvent de détruire tout ce qui était resté de monumens des arts ; ils passent ensuite en Espagne, dans la Sicile, et dans l'ancienne Grèce, et y détruisent tous les monumens des arts.

Amrou, gouverneur de l'Égypte, renouvelle l'entreprise de l'ancien canal destiné à joindre le Nil à la mer Rouge : ce canal, si utile à l'Égypte, si important pour le commerce de l'Europe et de l'Asie, est achevé en peu de mois.

Lichimin, fondateur des Tang, fait rectifier le calendrier chinois, qui errait de près des trois quarts de l'année sur le mouvement du soleil et de la lune.

Le commerce d'Alexandrie commence à déchoir, et son état de splendeur dégénère sous les Sarrasins. 647.

Les Huns, passés en Amérique, enseignent aux Mexicains la culture du maïs et du coton. 648.

Invention des foires en France, pour arrêter les vexations des seigneurs envers les commerçans. 650.

Invention des moulins à vent par les Arabes.

Des mathématiciens chinois font une sphère qui indique les mouvemens du soleil et de la lune dans chaque degré.

Clovis II, roi de France, fait ôter la couverture d'argent de l'église de Saint-Denis, pour en faire de la monnaie. 656.

On commence en Europe à se servir d'orgues dans les églises. 657.

Le moine Berralt fait connaître en Angleterre l'invention du verre de vitre. 664.

Les Sarrasins détruisent les monumens de Naples et de Sicile. 669.

Construction par les Sarrasins de la ville de Kaïrouan, en Afrique, laquelle devint considérable dans la suite, non-seulement par sa grandeur et ses richesses, mais encore par l'étude des sciences et des belles-lettres ; elle fut le siége royal et la capitale des États des califes Fatimites en Afrique, et ensuite celle des Zéréites. 670.

Invention du feu grégeois par Callinique, qui brûle la flotte des Sarrasins proche de Cyzique sur l'Hellespont.

Moawyah, sixième calife des Sarrasins, ayant pris Rhodes, 671.

Depuis J.-C.

en vend le colosse renversé à un juif, qui en eut la charge de 900 chameaux, portant chacun 8 quintaux, ou 720 mille livres pesant : ce colosse, que l'on regardait comme une des merveilles du monde, était une figure d'Apollon, qui avait 105 pieds de hauteur ; sous ses jambes, qui formaient l'entrée du port, passaient les plus grands vaisseaux.

680. Constantinople partage le commerce des Indes avec Alexandrie.

Un synode de Constantinople ordonne qu'au lieu de représenter Jésus-Christ sous la forme d'un agneau, on le représentera sous celle d'un homme attaché en croix, ce qui donne aux peintres et aux sculpteurs une direction pour la représentation d'un dieu souffrant.

695. Abdelmelek fait frapper la première monnaie parmi les Sarrasins et Arabes.

700. Bede fait remarquer que l'équinoxe anticipe de trois jours.

709. Ère tsélafée dont les Persans se sont servis jusqu'à l'établissement du calendrier arabe en Perse.

710. Les Arabes voyagent par le Casghar en Chine, connue alors dans l'Europe, sous le nom de *Cathay* ou *le pays des Serres*.

716. La bibliothèque de Constantinople est brûlée une seconde fois sous Léon-l'Isaurien.

720. Des Sarrasins, prisonniers de Charles Martel, enseignent aux Français l'art de fabriquer les tapis, appelés depuis *tapis de Turquie*.

Les Mexicains cultivent les arts : on trouva en Amérique, lors de la découverte de ce continent, quelques arts poussés jusqu'à la perfection, même des moulins à sucre et à scie.

Elsemagh, lieutenant du calife d'Orient, dresse la statistique de l'Espagne ; il embellit Cordoue, attire les savans à sa cour. Sa statistique renfermait la description des villes, des fleuves, des provinces, des ports de l'Espagne, des métaux, des marbres, des hâvres qu'on y trouve, et de tous les objets qui pouvaient intéresser les sciences et l'administration.

729. Abdoullah, gouverneur d'Afrique pour le calife d'Orient, fait fleurir les sciences à Cairouan.

730. Les études sont interrompues dans l'empire d'Orient, sous les empereurs iconoclastes.

739. L'empereur de la Chine honore Confucius du titre de *prince*, au lieu de celui de *sage* et de *maître*.

742. Carloman, en convoquant un concile dans ses États de Germanie, commence le premier à dater les actes publics de l'année de l'incarnation, ère qui depuis a été appelée *ère vulgaire*.

743. Le calife Valid défend aux chrétiens l'usage de la langue grecque ; ce qui donne lieu à quelques traductions d'auteurs grecs en arabe.

Depuis J.-C.

Un prêtre, nommé *Vigile*, est condamné comme hérétique, pour avoir soutenu qu'il y a des hommes sous nos pieds, ou des antipodes. Malgré les progrès des sciences et des arts, n'a-t-on pas vu, dans la première partie du 17me siècle, l'illustre Galilée emprisonné par le Saint-Office, pour avoir avancé que la terre tournait ? 748.

On commence dans l'Occident à compter, dans l'histoire et dans les actes publics, les années depuis la naissance de Jésus-Christ, ainsi que l'avait proposé long-temps auparavant Denys-le-Petit.

La famille d'Abbas donne aux Sarrasins des califes qui protègent les sciences. 749.

Des Scandinaves, pendant ce siècle et le suivant, visitent les côtes orientales de la mer Baltique, font le commerce et la guerre avec les Nowogorodiens, et pénètrent en Russie. 750.

Les arts fleurissent en Espagne et en Afrique comme à Bagdad, sous les califes d'Occident.

Invention des lettres de change par les Lombards ou les Florentins.

On commence à se servir d'un papier fait avec du coton broyé ou réduit en bouillie; on l'appelait *le papier bombycien*, et l'on s'en servait dans l'empire d'Orient.

Naissance de la chimie chez les Arabes; elle s'appela d'abord *polypharmacie*.

L'usage des cuirasses, des casques, ainsi que celui de l'arc et des flèches, s'introduit en France; il était presque inconnu sous Clovis et la première race des rois de France. C'est vers ce temps que commence la chevalerie. 752.

La livre pesant d'argent, c'est-à-dire les deux marcs, sont réglés en France à 22 sous: le marc a toujours été estimé une demi-livre. Il y avait en France quatre divers marcs en usage; celui de Troyes, dont on se servait dans les foires de Champagne, celui de Limoges, celui de la Rochelle, et celui de Tours, qui devint le plus commun, et dont on a fait la livre tournois. 753.

Le calife Abougiafar-Almanzor attire à sa cour un astrologue et deux médecins chrétiens; il étudie les mathématiques et la philosophie. Deux livres d'Homère sont traduits en syriaque. 754.

Abdérame Ier, roi de Cordoue, établit des écoles où l'on vient étudier l'astronomie, les mathématiques, la médecine et la grammaire; il fait commencer la grande mosquée qui excite encore aujourd'hui l'admiration des voyageurs. 755.

Le premier orgue qui ait paru en France est envoyé, en 757, par Constantin-Copronyme, à Pepin, qui était alors à Compiègne, et qui en fit don à l'église de cette ville. 759.

Paul Ier envoie à Pepin-le-Bref une horloge à rouages. 760.

Yezid, gouverneur d'Afrique pour le calife d'Orient, fait fleurir les sciences à Kairovan. 772.

Depuis J.-C.

780. Charlemagne établit dans les chapitres et les grands monastères, des écoles de grammaire, d'arithmétique, et de toutes les sciences alors connues.

786. Le calife Haroun-al-Raschild envoie à Charlemagne le premier éléphant que l'on croit avoir été vu en France, un pavillon ou tente de fin lin de diverses couleurs, d'une si grande élévation, qu'un javelot lancé par l'homme le plus vigoureux ne pouvait parvenir au sommet, et qui contenait autant d'appartemens qu'un vaste palais; un clepsydre ou horloge d'eau, un planisphère, et une horloge sonnante, qui fut regardée alors comme un prodige.

787. *Commencement de l'université de Paris.* Charlemagne établit dans son palais une école qui devient le modèle de plusieurs autres dans l'occident de l'Europe; il obtient le titre de *restaurateur des lettres;* il attire à sa cour les savans, et y fait venir d'Angleterre le fameux Alcuin. Les maîtres de cette école, qui se succèdent les uns aux autres, donnent naissance à l'université de Paris, mère de toutes les écoles d'Occident.

788. Charlemagne forme le projet de faire communiquer l'Océan au Pont-Euxin, en joignant le Rhin au Danube par un canal.

790. Les Arabes apportent en Europe les chiffres indiens, dont l'usage est substitué peu à peu à celui des chiffres romains.

791. Charlemagne, en ceignant son fils de son épée, institue la chevalerie.

Quelques historiens ont observé que le huitième siècle *est tout à la fois, et le dernier terme de la première décadence des lettres en France, et la première époque des efforts que l'on fit pour y relever leur ruine et les y faire refleurir.*

800. Vers ce temps, Charlemagne fonde une école ou une université à Pavie, et une à Bologne, à l'instar de celle de Paris.

Charlemagne donne aux vents de *sud, est, nord* et *ouest*, et aux mois, les noms qu'ils portent aujourd'hui; il s'efforce de rétablir les sciences dans l'Europe, qu'il n'y trouve pas disposée, n'étant alors occupée que de guerres.

Charlemagne fait, à l'exemple des Francs et des Germains, composer un recueil de chansons guerrières qui retracent les belles actions des premiers rois de France, et les hauts faits de leurs guerriers; il les fait chanter par ses soldats. Il établit la livre de compte composée de 20 sous, et qui est généralement adoptée depuis; il établit l'uniformité des poids et mesures. Le système féodal et l'intérêt des seigneurs dérangèrent depuis cet établissement. Charlemagne fait bâtir dans la ville d'Aix un magnifique palais, décoré de vastes portiques et d'immenses galeries; il fait élever auprès de ce palais une superbe chapelle qui donna à la ville d'Aix le nom d'*Aix-la-Chapelle*, et pour laquelle on mit à contribution toutes les richesses et toutes les ruines de l'Italie. Il fait construire dans cette même ville des bains vastes et spacieux, où cent personnes peuvent nager sans se rencontrer. Depuis J.-C.

Fondation de la bibliothèque d'York par Egbert.

Mohammed-Ben-Musa, Arabe, compose un traité de l'algèbre, dans lequel il donne la solution des problèmes du second degré, qu'on n'avait point encore résolus.

Alcuin relève les lettres en France; protégé par Charlemagne, il oblige les évêques à former d'habiles ecclésiastiques, et les moines à avoir des études réglées, à copier et à revoir les écrits des Anciens; il presse le rétablissement des études. 801.

Une chaire de langue grecque est établie dans la ville d'Osnabruck par Charlemagne. 803.

Charlemagne se crée une marine; il fait construire des vaisseaux qui restent toujours armés et équipés, et qui parcourent les mers depuis l'embouchure du Tibre jusqu'à l'extrémité de la Germanie; il établit à Boulogne son principal arsenal, et y relève l'ancien phare bâti par Caligula ou Jules-César, lequel avait été détruit par le temps. 807.

Le calife Amin-Almanzor, philosophe et astronome, excite les Arabes à cultiver les sciences, les arts et la philosophie; il appelle à sa cour ceux qui passaient pour être versés dans la littérature grecque, chrétiens, arabes, juifs et autres, sans distinction de religion. 809.

Les Arabes se livrent à la chimie, et disent tenir leurs principes des Égyptiens et des Chinois : les Arabes ou Sarrasins d'Afrique, appelés *Maures*, s'y distinguent le plus. La médecine commence aussi à être cultivée par les Arabes en Asie, en Afrique et en Espagne, en suivant les principes de Galien; ils se livrent également à l'astronomie et à la philosophie. 810.

Abdallah, ou Albafedh, ou Almamoun, depuis calife, envoie des députés à Constantinople pour y acheter des livres.

Charlemagne enjoint aux évêques de traduire leurs instructions en langue tudesque, qui était en usage chez les anciens Francs et les autres nations germaniques, ou en langue romaine rustique, qui était le langage des anciens Gaulois romains, afin d'être mieux compris du peuple; ce qui prouve qu'on ne parlait plus latin, ou que le latin corrompu avait déjà donné naissance à la langue française; elle s'appela d'abord *romance*, et était mêlée de franc ou tudesque, et de mauvais latin. 813.

Charlemagne règle le prix des étoffes, et distingue l'état et le rang des particuliers par leur habillement.

Le calife Almamoun traduit et commente quelques traités d'Aristote: ayant défait Michel-le-Bègue, il exige de lui une certaine quantité de livres rares et curieux; il les fait traduire par des juifs et des chrétiens d'Égypte et de Syrie.

La mort de Charlemagne, les irruptions des Normands, les guerres qui eurent lieu sous les enfans ou descendans de ce 814.

Depuis J.-C. prince, dérangent les études et introduisent de nouveau l'ignorance dans l'occident chrétien de l'Europe.

Almamoun fait mesurer un degré de la terre ou du méridien de Bagdad dans les plaines de la Mésopotamie, pour déterminer la grandeur du globe; il fait aussi des observations astronomiques qui portent son nom.

824. Les Maures établis en Espagne y portent leurs connaissances en chimie; c'est d'eux que nous vient l'invention des liqueurs spiritueuses et des essences tirées des végétaux, soit par le moyen du feu, soit par une simple expression. C'est d'eux que nous vient aussi l'invention de l'eau-de-vie, de l'esprit de vin, et de toutes les boissons fortes, qui sont des espèces de feux liquides.

Quelques-uns attribuent l'invention des horloges à roues à Pacificus, archidiacre de Vérone; le calife Haroun en avait cependant envoyé une à Charlemagne, comme nous l'avons vu plus haut.

Les Arabes étudient la médecine dans les livres d'Hippocrate, mais donnent dans une infinité de pratiques superstitieuses. On leur doit l'usage de la casse, de la rhubarbe et du tamarin.

822. Abdérame II, calife d'Occident ou d'Espagne, attire à Cordoue les arts et les sciences; il embellit cette capitale d'une nouvelle mosquée, et y fait élever un superbe aqueduc, où, dans des canaux de plomb, les eaux les plus abondantes viennent se répandre par toute la ville; il attire à sa cour les poètes et les philosophes; il y fait venir de l'Orient le fameux musicien Ali-Zeriab, qui, fixé par ses bienfaits en Espagne, y forme l'école célèbre dont les élèves ont fait depuis les délices de toute l'Asie.

826. Alkindi applique les mathématiques à la philosophie, et la philosophie à la médecine.

Benhonain, astronome arabe, traduit l'Almageste, et pousse ses observations fort loin.

828. Al-Fragan, astronome arabe, publie des élémens de géométrie.

830. Jean Mesué établit à Bagdad une école de philosophie.

832. L'empereur Théophile porte la haine contre les images, au point qu'il chasse tous les peintres de ses États.

835. Rumalde, architecte de Louis-le-Débonnaire, bâtit l'église cathédrale de Reims dans le goût gothique, ou plutôt dans le goût arabe: il était ecclésiastique. On ne trouvait alors des architectes et des médecins en Occident que parmi le clergé.

836. Les Flamands font le commerce de poissons avec les Écossais.

842. L'impératrice Théodora, mère de Michel III, fait refleurir à Constantinople les sciences et les arts, que les empereurs iconoclastes en avaient bannis.

845. Raban-Maur établit à Mayence une école fameuse, qui a

Depuis J.-C.

servi de type à l'université de cette ville ; il avait été disciple d'Alcuin et maître de Loup de Ferrières.

Le calife Vatek se livre à la poésie, et protége les lettres. 847.

Les Arabes font un commerce très-actif avec la Chine et les 850.
Indes. Ils commencent à cultiver les cannes à sucre, trouvent le secret de faire le sucre, et le répandent dans les Indes orientales.

Siuen-tsong, empereur de la Chine, fait faire par Oueï-yu 855.
une carte de tous les pays soumis à son empire, en y indiquant les coutumes et les productions de chacun. Cet ouvrage est appelé *Tchu-fen-yu*, c'est-à-dire *Ouvrage sur la différence des lieux.*

L'usage des lettres commence à s'établir chez les Esclavons.

Siuen-tsong, empereur de la Chine, punit des comédiens 857.
qui, dans leurs pièces, avaient fait des allusions aux affaires du gouvernement.

Œthevald rétablit les études en Angleterre. 858.

Honaïn traduit le grec en arabe, commente Euclide, explique l'Almageste de Ptolémée, publie les livres d'Éginète, et la Somme philosophique-aristotélique de Nicolas en syriaque, et fait connaître par extrait Hippocrate et Galien.

Le patriarche Photius contribue à renouveler les études à 869.
Constantinople ; il approfondit toutes les sciences, sans jamais avoir eu de maître ; il a conservé beaucoup de fragmens des anciens écrivains.

Alfred-le-Grand, roi d'Angleterre, fait fleurir dans son 871.
royaume les sciences et les arts : ignorant l'usage des clepsydres ou horloges hydrauliques, il mesure le temps avec des chandelles allumées ; et, pour empêcher le vent de les agiter, il fait débiter de la corne en feuilles minces et transparentes ; ce qui fut l'origine des lanternes : les Chinois s'en servaient long-temps auparavant.

Découverte des sources de Bath.

Les Vénitiens envoient des cloches à l'empereur Basile ; 872.
jusque là on ne s'en servait pas à Constantinople.

Alfred-le-Grand établit une marine en Angleterre ; il prête 875.
des vaisseaux et de l'argent à des hommes entreprenans et sages, qui vont jusqu'à Alexandrie, et de là, passant l'isthme de Suez, trafiquent dans la mer de Perse.

Alphonse, roi de Léon et des Asturies, donne à son fils des précepteurs mahométans.

Other, norwégien, par ordre d'Alfred-le-Grand, visite les 888.
côtes de la Norwége, de la Laponie et de la Biarmie, c'est-à-dire Archangel : son périple est le plus ancien ouvrage géographique du Nord.

Alfred, roi d'Angleterre, fait venir de France deux moines célèbres par leur science, Grimbald et Jean, pour relever l'étude des lettres dans ses États, totalement tombée depuis les incursions des Normands ; il établit diverses écoles, et veut

Depuis J.-C. contribuer de ses deniers, et par ses propres travaux, à l'instruction de ses sujets; il traduit l'histoire d'Orose et de Bède; il fait construire plusieurs bâtimens célèbres, des églises, des monastères, etc.

895. Fondation de l'université d'Oxford par Alfred, qui fait venir des livres de Rome, cultive la géométrie, la poésie et l'histoire.

898. Methodius invente les caractères esclavons (en partie grecs), et fait pour les Bulgares la traduction de la Bible en esclavon, dont les Russes se servent.

900. Rembart, de Hambourg, en écrivant la vie d'Anscharius, donne des notions géographiques sur le Nord.

903. Publication des tables astronomiques d'Abdourraman, soufi dans les Indes.

912. Mohammel-Ben-Geller, ou Albategnius, ou Albatègne, ou Al-Batani, savant astronome arabe, trouve le mouvement annuel des équinoxes, et perfectionne la théorie du soleil.

915. Fondation de l'université de Cambridge.

921. Manco-Capac enseigne aux Péruviens à pratiquer tous les arts nécessaires à la vie civile.

925. Henri-l'Oiseleur fait entourer de murailles la plupart des villes d'Allemagne.

931. Abdérame III, roi de Cordoue en Espagne, appelle à sa cour le luxe, la magnificence et la galanterie asiatique. Son règne est illustré par les progrès des sciences et des arts.

939. Invention de l'imprimerie chez les Chinois.

950. Les Scaldes de la Scandinavie, sortis de l'Irlande, suivant quelques-uns, se rendent célèbres à la cour des princes du Nord, même en Germanie, en France et en Italie; ils pourraient avoir eu des relations avec les Bardes écossais, et être leurs descendans.

Origine des romans en France; ce nom fut donné à ces sortes d'ouvrages, parce qu'ils étaient écrits en langue romance, alors la plus universellement entendue.

Les sciences mal récompensées par les califes de Bagdad, passent à Alep, où elles sont protégées par Aboul-Azan.

951. Tandis que les sciences et la philosophie sont en honneur dans l'Orient, les savans de l'Occident chrétien sont accusés de magie; la tyrannie féodale y rend le peuple stupide, et la science n'habite que les cloîtres.

Ibu-Innis, Arabe, calcule de nouvelles tables astronomiques, et fait un recueil d'observations.

954. L'inca Roca établit à Cusco des écoles, afin que les Amantas, ou philosophes du Pérou, y apprennent les sciences aux princes; ils les enseignaient toutes, et composaient des tragédies et des comédies.

955. C'est de la langue romance, mêlée de la franque et de la latine corrompue, que naît la langue française; les autres peuples de l'Europe se composent chacun une langue natio-

nale des langues latine et grecque, mêlées avec celles des peuples barbares qui s'étaient rendus maîtres de leur pays. Depuis J.-C.

Établissement des fabriques de draps et de toiles dans la Flandre, devenue le centre du commerce de l'Occident. 960.

Usage des chiffres arabes en France ; ils y sont apportés par les Sarrasins d'Espagne.

Giaber, chimiste arabe, renouvelle plusieurs expériences des Anciens, et en ajoute de nouvelles.

Geber, Gerbert ou Giaber, médecin, chimiste et astronome arabe ou maure d'Espagne, fait diverses découvertes curieuses sur la nature, la purification, la fusion et la malléabilité des métaux, sur la propriété des sels et de l'eau-forte : il passe pour l'inventeur de l'alambic et du bain-marie ; on prétend que c'est lui qui, le premier, travailla à la recherche d'un *remède universel*, c'est-à-dire *de la pierre philosophale*.

Léonce, de Bysance, donne des notions chronographiques. 969.

Dunstan redonne en Angleterre quelque élan à l'étude des lettres. 970.

Ibn-Innis observe deux éclipses de soleil. 977.

L'empereur Tai-tsong relève les descendans de Confucius, que les guerres avaient replacés au rang du peuple ; il crée l'un d'eux prince du troisième ordre. 978.

Fondation de l'académie de Cordoue par Almanzor. 980.

Hugues Capet, et Robert son fils, protégent l'architecture. 987.

Arsachel, Arabe, calcule des tables astronomiques, et s'attache à déterminer les élémens de la théorie du soleil ; il imagine une méthode plus sûre que celle dont Hipparque et Ptolémée faisaient usage ; il observe l'obliquité de l'écliptique, qu'il détermine à 23 degrés 34 minutes. 990.

Fondation d'une académie de Juifs à Pérutz-Sciabbar, où il y a neuf cents élèves de cette nation.

Aboul-Hussein-Essophi, Arabe, imagine un planisphère où le mouvement des planètes est rapporté aux étoiles fixes.

Rhasès ou Razi, surnom de Mohammed-Ben-Zacharia, fameux chimiste, astronome et médecin arabe, surnommé *le Faiseur d'expériences*, cultive la chimie ; il est le premier qui ait parlé dans ses ouvrages de la petite-vérole.

Gerbert, depuis pape, sous le nom de Sylvestre II, instruit chez les Maures d'Espagne, entreprend la première horloge, dont le mouvement est réglé par un balancier ; on s'en est servi jusqu'en 1650, où l'on commença à mettre un pendule au lieu d'un balancier. Ce même Gerbert fit un globe céleste, et fut accusé de magie à cause de ses connaissances en mathématiques. 992.

Les Mahométans, en s'introduisant dans le centre des Indes, par suite de leurs conquêtes, en rapportent des richesses immenses et précieuses, des colonnes d'or massif couvertes de 997.

Depuis J.-C. rubis et de pierres précieuses, des ameublemens magnifiques et des étoffes d'un prix inestimable.

998. Venise et Gênes s'enrichissent de l'ignorance et de la barbarie des nations septentrionales de l'Europe ; elles attirent leur argent, en leur fournissant toutes les denrées de l'Orient.

1001. C'est au commencement de ce siècle que l'on écrit en français, et que cette langue prend une forme.

C'est aussi vers ce temps qu'en France on prend l'habitude de porter une armure complète de fer ; les brassards, les cuissards font une partie de l'habillement ; quiconque était riche se rendait presque invulnérable à la guerre ; on se servait même de massues pour assommer ces chevaliers que les pointes ne pouvaient percer ; le plus grand commerce alors consistait en cuirasses, en boucliers, et en casques ornés de plumes. Les chevaux furent bardés de fer, et leurs têtes armées de chanfrein.

On rétablit les églises d'Occident sur de nouveaux plans d'architecture.

1006. Comète reconnue périodique et d'une révolution fixe ; elle a reparu depuis en 1080, 1155, 1230, 1305, 1380, 1456, 1531, 1607, 1682 et 1759 ; elle doit reparaître en 1834 ; sa période est de 76 ans.

1010. Vers ce temps Bouchard, évêque de Worms, après bien des recherches et des dépenses, ne peut rassembler que cent volumes d'auteurs ecclésiastiques, et cinquante d'auteurs profanes, tant les livres à cette époque étaient rares.

1013. Les arts font leurs premiers efforts pour renaître en Italie.

1016. Les premiers fondemens du dôme de la cathédrale de Pise sont jetés par Buschetto ou Bouchets, architecte et mathématicien. Les Pisans rapportent, de l'ancienne Grèce, des statues et autres monumens qui contribuent à leur former le goût, et amènent en Italie plusieurs architectes, sculpteurs et peintres grecs.

1020. Avicenne ou Abo-Ali-Abiusceni soutient, pour principe fondamental de la chimie, que, dans tous les corps simples et non composés, il se trouve quelque chose de sulfureux et d'inflammable, un principe phlogistique, lequel donne à ces corps la vie qui leur est propre, et qui les laisse éteints en les quittant, témoins les corps qu'on réduit en chaux ou en verre, et qui après leur réduction perdent leurs principales propriétés.

Les Italiens commencent à connaître la détrempe, la fresque et la mosaïque.

1021. Taher, calife fatimite d'Égypte, se rend célèbre par son amour pour la poésie, où il excelle.

1024. Invention des notes de musique par Guido ou Gui d'Arezzo, qui, aux six lettres de l'alphabet romain, substitue les syllabes *ut, re, mi, fa, sol, la*, qu'il trouve dans l'hymne de St. Jean.

Canut-le-Grand introduit dans le Nord l'usage de la monnaie. 1025.

Il se publie vers ce temps beaucoup de livres de médecine chez les Mahométans, qui accordent une grande considération à ceux qui professent cette science. 1040.

Construction du pont de la Saône, au milieu de la ville de Lyon, dirigée par Humbert, archevêque de cette ville et architecte. 1048.

Le calendrier des Perses est réformé par Omar-Cheyam, et reçoit une nouvelle forme par l'intercalation, qui consiste à faire huit années sextiles sur trente-trois ans. 1050.

Construction de l'église cathédrale de Séez en Normandie, par Azou, religieux et architecte célèbre.

L'université de Paris se forme en compagnie, donne des lois et se partage en provinces, en nations, etc. 1101.

On commence à introduire dans les langues modernes de l'Europe quelques termes grecs de la philosophie d'Aristote.

L'école de Salerne en Italie devient célèbre. Jean de Milan compose, vers ce temps, au nom des médecins du collége de Salerne, un livre de médecine en vers latins, connu sous le nom de *Schola Salernitana*.

Comète que l'on croit être la même que celle qui parut à la mort de Jules-César. 1106.

L'uniformité des poids et mesures est établie en Angleterre par Henri Ier. 1110.

Vers ce temps, on construit, pour l'empereur de la Chine, un palais superbe, orné de jardins magnifiques. On voit par là que l'origine des jardins chinois, dans le goût que nous appelons *anglais*, est déjà ancienne. 1114.

Richard de Burg fonde en Angleterre une bibliothèque célèbre. 1120.

Les troubadours ou poëtes provençaux, qui sont regardés comme les pères de la poésie française, se rendent célèbres vers ce temps, et contribuent à fixer la langue française.

Marco-Juliano bâtit l'hôpital-général de Venise. 1121.

Roger, roi de Sicile, fait venir de la Grèce en Calabre des ouvriers en soie, et y établit des manufactures pour la mettre en œuvre. Les Italiens se livrent à l'éducation des vers à soie. 1130.

Un concile défend aux moines et aux chanoines de se faire avocats et médecins; mais cette défense ne s'étend pas aux autres clercs. 1131.

Le gouvernement chinois, dans un besoin de l'État, invente des billets pour payer les frais d'une armée, et à la fin ces billets trop multipliés ayant été présentés à la caisse publique pour être acquittés, sont réduits au tiers de leur valeur.

Les Pandectes de Justinien sont retrouvées à Amalfi (royaume de Naples). Dans le pillage de cette ville, l'empereur Lothaire II ne voulut de tout le butin que l'ouvrage des 1133.

Depuis J.-C. Pandectes, que l'on conserve encore à Florence comme un monument précieux.

Fondation de l'école de Bologne, où les Français vont puiser la science des lois romaines, qu'ils viennent ensuite enseigner à Angers, à Orléans et à Paris, où les professeurs de droit canon joignent bientôt l'étude du droit civil.

1137. Le code de Justinien est publié en France, et devient notre droit écrit.

1140. Fondation ou augmentation de l'université de Cambridge en Angleterre.

1145. Suger fait rebâtir l'église Saint-Denis avec les chênes antiques de la forêt de la Puisaye, où s'était tenue, au centre des Gaules, l'assemblée générale des druides.

1147. Des Brémois étendent leurs établissemens commerciaux sur les côtes de la Livonie et de l'Estonie ; ils contribuent à compléter les connaissances géographiques sur les pays du nord de l'Europe jusque là peu connus.

1149. Le maître Vacarius, Anglais, fait, en faveur des pauvres écoliers en droit, un extrait en neuf livres des principaux passages du Code et du Digeste. Cet ouvrage passa depuis en France.

1150. Gloire de la république de Gênes dans le commerce.

Lucas, patriarche de Constantinople, défend aux prêtres l'exercice de la médecine.

Geoffroy, depuis abbé de Saint-Alban en Angleterre, fait représenter à ses élèves, avec appareil, des espèces de tragédies pieuses.

Abenzoar et Averroès se distinguent dans la médecine. Ce dernier introduit chez les Maures le goût de la littérature grecque.

Établissement des armoiries. Leur usage a commencé pendant les croisades, pour distinguer les guerriers qui, étant tout couverts de fer, n'étaient guère reconnaissables sans une marque extérieure : c'était par des cottes d'armes que les chevaliers se distinguaient, et les différentes fourrures de ces cottes d'armes, que les Français mettaient sur leurs cuirasses, formèrent les différentes couleurs qui de là passèrent dans leurs armes.

1158. Frédéric Barberousse accorde des priviléges aux étudians de l'école de Bologne.

1159. Léonius, chanoine régulier de Saint-Victor, invente les vers léonins qui riment à chaque hémistiche, c'est-à-dire dont le milieu s'accorde toujours pour le son avec la fin : d'autres en attribuent l'invention au pape Léon II, regardé comme l'inventeur de la rime dans les vers des langues modernes.

1163. Fondation d'une académie à Lunel, près de Montpellier, par des juifs, et que Salomon Jarchi fait fleurir.

1165. Invention de la manière de saler les harengs, par Guillaume Buckelz, Hollandais.

Depuis J.-C.

Maurice de Sully fait commencer la construction de la cathédrale de Paris, laquelle ne fut terminée qu'au bout de trois siècles.

Le pont de Londres est bâti en pierres, et a dix-neuf arches.

Les Chinois rétablissent l'étude de l'astronomie et des mathématiques, négligées à cause des temps de guerres. 1166.

Invention du papier en chiffons de toile par des Grecs réfugiés à Bâle, ou apportée par des Arabes en Europe. 1170.

Construction de l'église de Saint-Pierre de Chartres, par Hilduard, architecte et religieux.

Benjamin, de Tudela ou Tudèle, voyageur, écrit sur la géographie. 1173.

Sigebert, de Gemblours, marque les temps selon le cours du soleil et de la lune.

Athelard, moine anglais, fait un traité sur l'astrolabe.

L'ère vulgaire de l'Europe commence à s'établir en Espagne.

Édrisi, géographe arabe, écrit ses *Amusemens géographiques* comme commentaire, sur un globe d'argent, pesant 800 marcs, que Roger Ier, roi de Sicile, avait fait construire.

Bonanno et Guillaume, architectes d'Allemagne, bâtissent la fameuse tour de Pise, qui est de six brasses hors de son aplomb. 1174.

Un architecte grec bâtit à Venise l'église de Saint-Marc, dont le portique subsiste encore. 1178.

Fondation de l'université de Padoue; elle fut augmentée par l'empereur Frédéric II. 1179.

L'usage du verre pour les vitres est porté par les Français en Angleterre. 1180.

Philippe-Auguste a le premier des troupes réglées à sa solde, au lieu des milices des seigneurs.

Invention des lettres de change par les juifs répandus dans la Lombardie. 1181.

Guyot, de Provins, vieux poète français, qui se trouva à la cour de l'empereur Frédéric à Mayence, dit que les pilotes français faisaient usage d'une aiguille aimantée ou frottée à une pierre d'aimant, qu'ils nommaient *marinette*, et qui réglait les mariniers dans les temps nébuleux.

L'église cathédrale de Paris est achevée par les soins de Maurice de Sully. 1182.

Philippe-Auguste fait paver la ville de Paris. 1184.

Les Chinois remarquent une conjonction du soleil, de la lune et des cinq planètes, d'eux seuls connue, dans la même constellation. 1186.

La conjonction du soleil, de la lune et de toutes les planètes dans la balance, est remarquée en Europe au mois de septembre. 1186.

Richard Cœur-de-Lion se rend célèbre parmi les troubadours de ce temps. 1190.

1191. Cinquantième correction du calendrier chinois depuis l'empereur Hoang-ti, ce qui prouve le peu d'exactitude des calculs astronomiques dans la Chine.

1194. La langue samscrite s'altère après la prise de Bénarès par les Gaurides.

La langue des Saxons en Angleterre s'altère par suite de la conquête des Normands.

1196. Commencement de l'université de Montpellier par des disciples d'Averroès et d'Avicenne, et par des médecins juifs.

1200. Fondation de l'université de Salamanque en Espagne, par Alphonse IX, roi de Léon; elle y fut transportée de Palencia, où l'on vit la première université d'Espagne.

On découvre en Europe que l'aimant a toujours sa direction vers les pôles du monde, et l'on commence à faire usage de la boussole.

Les écoliers de l'université de Paris sont exemptés de la justice séculière.

On commence en Angleterre à faire des cheminées aux maisons.

Plusieurs astronomes cherchent à rectifier le travail de Ptolémée : Alpétragius trouvant ses hypothèses trop compliquées, imagine de faire mouvoir les planètes dans des spirales, afin d'expliquer leur mouvement propre et leur mouvement diurne.

Les architectes français, sentant combien était pesante et grossière l'architecture des Goths ou des Arabes, s'attachent vers ce temps à se distinguer par l'élégance et la délicatesse; ils croient par là corriger le goût gothique; mais au lieu de prendre un sage milieu entre le solide et le léger, ils donnent dans le petit et le mesquin.

On commence à se servir d'arbalètes dans les armées françaises; on s'y sert encore de la massue, de la fronde, de l'épée et de la flèche.

1201. Vers le commencement de ce siècle, de jeunes Suédois et Norwégiens se rendent aux universités d'Allemagne, de France et d'Italie.

1204. Les livres d'Aristote sont apportés de Constantinople à Paris, et traduits du grec en latin.

1209. Les écrits d'Aristote sur la physique sont prohibés à Paris.

1210. La lecture de tous les livres de ce philosophe est défendue à Paris.

1212. On permet à Paris d'expliquer dans les écoles la dialectique d'Aristote; mais on y défend d'y lire sa métaphysique et sa physique.

Frédéric II, empereur d'Allemagne, se livre à la poésie; de son temps la langue italienne n'était pas encore formée; on parlait toujours la langue romance, dégagée de la langue tudesque.

1213. Fondation d'une école célèbre à Aberdeen en Écosse.

1215. Établissement à Paris de l'école Saint-Germain l'Auxerrois, qui fut un des premiers colléges de cette ville. C'est de là que le quai de l'École a pris son nom. Depuis J.-C.

On commence à se servir d'arbalètes à la bataille de Bouvines.

Les Chinois se servent à la guerre de tours à double étage, du haut desquelles ils font jouer des machines appelées *pao*, qu'ils remplissent de sable, et dont chaque coup peut tuer plusieurs personnes. Les Tartares se servent de machines qui lancent des meules entières. 1219.

Les soldats des Kin sont revêtus de cuirasses de feutre mouillées, et même d'un masque de fer, pour se garantir des feux des Chinois.

Gengis-kan s'attache un philosophe appelé *Kiu-tchou-ki*, qui jouissait d'une grande réputation : ce sage lui apprend à rendre la guerre moins meurtrière, et civilise les Mongous lors de leur arrivée en Chine.

Établissement d'une faculté de médecine à Montpellier.

L'empereur Frédéric II fonde ou augmente l'université de Padoue, et fait traduire de l'arabe en latin les meilleurs ouvrages de philosophie et d'astronomie, et ceux de Ptolémée. 1221.

Érection de la cathédrale d'Amiens par Robert de Luzarches. 1222.

Fondation de l'université de Naples par Frédéric II. 1225.

Le calife Mostanser fait bâtir à Bagdad un collége magnifique, où il établit quatre professeurs, un pour chaque secte orthodoxe des musulmans. 1226.

Les matelots français tirent parti de l'aimant.

Yeliu-tchou-tsai guérit avec de la rhubarbe toute l'armée des Mongous, attaquée d'une épidémie.

Fondation de l'université de Toulouse par Louis IX, pour la théologie, le droit canon, les arts libéraux et la grammaire. 1228.

L'architecture et la sculpture font des progrès à Pise, à Bologne et à Florence par les soins d'Arnofle-Lapo, architecte. Il donne les dessins de l'église de Sainte-Marie-del-Fiore, qui est achevée par Bruneleschi. 1229.

L'université de Paris ne pouvant avoir justice de la mort de quelques écoliers tués par des soldats, cesse ses leçons publiques, et se retire en partie à Reims, en partie à Angers, et d'autres en Angleterre. Les dominicains obtiennent la permission d'enseigner.

Fondation de l'université de Salerne par Frédéric II. 1230.

La médecine est cultivée avec éclat par les Arabes ou Mahométans d'Afrique, et les Maures d'Espagne.

Louis IX rétablit la marine française.

Arnaud de Villeneuve fait servir la chimie à la médecine. 1231.

Grégoire IX défend la lecture des livres d'Aristote, avant qu'ils ne soient corrigés.

Les Chinois, suivant leurs propres annales, paraissent se 1232.

Depuis J.-C. servir pour la première fois de la poudre à canon et de boulets au siége de Caïfong, quoique, suivant eux, l'invention de la poudre ait été faite 1700 ans auparavant; ils se servirent aussi à ce siége célèbre, de machines appelées *pào*, qui jetaient du feu et qui étaient remplies de poudre.

1233. Albert-le-Grand se livre à la mécanique et à l'étude de la nature; il parvient à faire une tête automate qui parle, et découvre le moyen d'obtenir des fruits dans toutes les saisons.

L'université de Paris est rétablie et réformée.

1235. Le commerce de la soie et l'exploitation de ses mines d'or et d'argent enrichissent la ville de Grenade en Espagne.

1236. Les Mongous, policés par Yeliu-tchou-tsaï, font construire deux colléges, l'un dans la ville de Yen-king, et l'autre à Ping-yang.

1237. Fondation de l'université de Vienne en Autriche, par Frédéric II.

Les lettrés chinois faits prisonniers par les Mongous, sont élevés aux honneurs de la cour du grand-kan. Octaï établit des examens et des grades pour juger de leur mérite, et les employer convenablement.

1240. Fondation de l'université de Bourges par Louis IX, suivant quelques-uns.

La langue italienne, composée de la langue romance et du latin, commence à se former par les soins de Frédéric II, qui fonde dans ses royaumes de Naples et de Sicile des universités, et qui y fait fleurir les lettres.

1243. Fondation d'une école de médecine à Damas.

1246. Établissement du collége des Bernardins à Paris, par Étienne de Lexinton, abbé de Clairvaux : c'était le plus ancien de l'université de Paris.

Voyages de Marc-Paul, de Rubruquis et de Plan-Carpin ou Carpini en Tartarie. Ils donnent à leurs concitoyens l'idée des découvertes; ils rapportent de leurs voyages la connaissance de plusieurs inventions connues dès long-temps en Asie.

Marc-Paul de Venise rapporte de ses voyages la boussole.

1250. Fondation du collége de Sorbonne par Robert Sorbon, chapelain de Louis IX, qui lui donne le palais des Thermes de Julien.

Fondation de l'université de Salamanque, par Ferdinand Ier, roi de Castille.

Montreau, architecte de Louis IX, passe en Syrie avec ce prince, et à son retour bâtit la Sainte-Chapelle de Paris, le réfectoire de Saint-Germain-des-Prés et l'abbaye de Poissy, dans le goût des architectes arabes, bien différent du goût gothique.

Connaissance ou invention des moulins à vent en France.

Les Genevois vont aux Hespérides.

Nicolas Pisan ou de Pise perfectionne ou remet en honneur

la sculpture en Italie : élève des Grecs, appelé en Italie, il achève les bas-reliefs de l'église de Saint-Martin de Lucques, et surpasse le premier ses maîtres. Depuis J.-C.

Birger, comte du palais et régent de Suède, civilise les Suédois, et introduit les arts parmi eux.

Rucellaï, agronome et poète florentin, invente les feux crépusculaires, ou moyens de détruire les insectes dévastateurs.

Mongou-kan, grand kan des Tartares, protége les lettres dans ses États. 1252.

L'université de Paris exclut de son sein les frères prêcheurs qui refusent d'observer ses constitutions. 1253.

Rubruquis pénètre jusqu'à Caracorom, capitale des Mongous, et donne en Europe des notions justes sur la géographie et les États de l'Asie centrale.

Ascelin, envoyé du pape Célestin IV, va comme ambassadeur chez les Mogols ou Mongous.

Le pape veut forcer l'université de Paris à recevoir dans son sein les frères prêcheurs. 1255.

Les Vénitiens établissent un commerce très-suivi avec les Mameluks d'Égypte. 1257.

Achèvement de la cathédrale de Paris, par Chelles.

Albert-le-Grand enseigne les principes du froid et du chaud, du sec et de l'humide; il enseigne l'astrologie et l'influence des astres.

Louis IX, au retour de son premier voyage en Orient, emploie de fortes sommes à faire copier les livres de religion et les ouvrages des Pères. Il choisit un lieu dans le trésor de la Sainte-Chapelle, où il enferme tous ces exemplaires, avec permission aux curieux de les venir consulter, et d'en extraire les plus beaux endroits. 1258.

Roger Bacon découvre la direction de l'aimant vers le Nord. 1250.

Michel Paléologue, en rentrant dans Constantinople, rend à cette ville son premier lustre; il fonde de nouveaux colléges et augmente le revenu des professeurs; il examine lui-même les étudians, et les récompense à proportion de leurs succès.

Alphonse de Castille, le premier des princes en Europe encourage l'astronomie, fait faire des tables astronomiques qu'on a appelées *tables alphonsines*, et attire à sa cour des savans de tous les pays.

Les astronomes, rassemblés par ce prince, imaginent une nouvelle théorie du mouvement des étoiles : en imaginant que les étoiles ont un mouvement inégal en longitude, ils supposent une progression dans leur mouvement, tantôt accéléré, tantôt retardé, une augmentation et une diminution périodiques dans l'obliquité de l'écliptique. 1261.

Holagou, kan des Perses, fait construire un observatoire

Depuis J.-C. dont il confie la direction à Nassir-Eddyn du Khorassan, qui dresse des tables astronomiques.

1262. La république de Florence appelle des peintres grecs, et commence à relever en Italie l'honneur des beaux-arts.

Abaocen, Arabe ou Maure d'Espagne, critique les tables alphonsines, et prouve que les étoiles ont un mouvement égal.

1263. Les astronomes d'Alphonse publient des tables plus correctes.

1264. Comète qui a reparu depuis en 1556.

1265. Réforme de l'université de Paris par un légat du pape, qui y renouvelle la défense au sujet des livres d'Aristote.

Établissement d'une compagnie commerciale en Angleterre par la ville de Hambourg.

1266. Les Génois, par la prise de Caffa sur les Tartares, s'ouvrent une voie pour commercer avec l'Inde par la mer Caspienne.

1270. Introduction en France de l'usage de faire des actes notariés pour les affaires civiles.

Restauration de la peinture en Italie par Cimabué, de Florence. Cet homme de génie est célébré par le Dante et par Pétrarque.

Institution de l'ordre militaire et de chevalerie du Navire et du Croissant.

1271. Fondation du collége de chirurgie à Paris.

1272. Fondation de l'académie de Florence par Brunetto-Latini, qui ranime le goût des belles-lettres en Italie.

Le lettré chinois Hiu-heng donne le goût de la littérature aux Mongous, et se met à la tête du collége impérial.

1273. Mahomet II, roi de Grenade, ami des beaux-arts, attire à sa cour les poètes, les philosophes et les astronomes; l'architecture, sous lui, fait surtout de grands progrès; il fait bâtir le fameux palais d'Alhambra, où l'on voit encore la magnificence réunie aux recherches de la volupté, et le Généralif ou la maison d'Amor.

1274. Marie de Brabant, épouse de Philippe-le-Hardi, protége les sciences en France.

1275. Agostino et Agnolo Panesi, élèves de Nicolas Pisan, embellisent Bologne et Mantoue de leurs ouvrages de sculpture et d'architecture; ils font d'excellens élèves en orfévrerie et en ciselure.

1276. Magnus-Ladulas apprend aux Suédois à cultiver les arts.

1278. Roger Bacon, par ses découvertes, prépare l'invention des télescopes et celle de la poudre à canon; il donne un traité sur l'optique; il veut qu'on puisse voir les objets dans un miroir concave, quelque éloignés qu'ils soient; ce qui annonçait la découverte des lunettes et des télescopes; il propose de réformer le calendrier de l'Europe.

1280. Ce savant homme est inquiété comme magicien; il prévoit les progrès de la navigation, de la mécanique, de l'aérostatique, de la force des leviers; rien ne lui est inconnu. Depuis J.-C.

L'astronomie est réformée en Chine pour la soixante-dixième fois.

L'empereur Chi-tsou envoie un mathématicien, nommé *Touchi* pour découvrir les sources du Hoang-ho, et en dresser la carte; il les trouve dans le pays des Toufan.

L'institution des tournois succède en Europe à la chevalerie. 1285.

Fondation du collége de Navarre à Paris, par Jeanne, reine de Navarre.

L'empereur de la Chine, Houpilai, protége l'agriculture et les arts; il rétablit le collége impérial, et en forme un dans chaque ville du troisième ordre. 1287.

Fondation de l'université de Montpellier par le pape Nicolas IV, pour le droit, la médecine et les arts. 1289.

Fondation de l'université de Lisbonne ou de Coïmbre, par le pape Nicolas IV. 1290.

Arnaud de Villeneuve introduit le premier à Montpellier l'usage des liqueurs fortes et spiritueuses, dont il devait la connaissance aux Arabes ou Maures d'Espagne. 1292.

Par une lettre de Roger Bacon, de cette époque, on démontre que ce savant connaissait la composition de la poudre à canon. Dès le 12e siècle, la poudre avait été employée à des travaux de mines près Goslar. Il paraît que les Arabes la connoissaient avant les Européens, et qu'ils avaient reçu cette connaissance des Chinois, par la voie des Tartares, ou par suite de leurs conquêtes vers ces pays éloignés. 1294.

Alexandre de Spina, de Pise, invente les lunettes, suivant quelques-uns, et découvre la vertu des verres convexes et concaves : d'autres attribuent cette découverte à Roger Bacon. 1296.

Découverte d'une mine de cristal de roche dans la Chine; le gouvernement la fait exploiter. 1297.

On commence en Angleterre à faire des gobelets, des couverts d'argent et des couteaux à manche d'argent, à se servir de chandelles de suif au lieu d'éclats de bois; les apothicaires y vendent le vin comme un cordial. 1298.

Découverte ou connaissance de l'usage de la boussole en Europe. 1300.

Des Biscayens découvrent les Canaries.

Bruges devient le centre du commerce des Lombards et des villes anséatiques.

On trouve dans Fauchet l'extrait de cent vingt-sept poètes français, qui avaient écrit avant la fin du 13e siècle.

Le grand problème d'un passage aux Indes orientales commence à occuper les esprits parmi les Européens.

Flavio-Gioja se donne pour l'inventeur de la boussole, ou découvre la communication de l'aimant avec le fer.

Depuis J.-C. La langue italienne commence à prendre une forme; le Dante, Florentin, illustre la langue toscane par son poëme bizarre de l'*Enfer*.

1301. Un nommé *Pax* établit à Padoue la première manufacture de papier fait avec du linge pilé et bouilli.

1302. Fondation du collége de la Sapience à Rome.

Invention de la boussole en Europe.

1303. Fondation de l'université d'Avignon par Boniface VIII et le comte de Provence.

Fondation d'un collége à Paris par le cardinal Lemoine.

1304. On élève une statue équestre à Philippe-le-Bel dans l'église cathédrale de Paris.

1305. Naissance de Pétrarque.

Fondation de l'université de Pérouse en Italie, par Clément V.

Polo-temour, prince mongou, traduit en sa langue le livre de Confucius sur l'obéissance filiale; le grand-kan le fait graver sur des planches, et en tire un grand nombre d'exemplaires pour être distribués à tous ses sujets.

1310. Invention des cheminées en Europe.

Construction du pont Saint-Esprit en France.

1312. Altération des monnaies en France; le sou et le denier sont réduits aux deux tiers de leur valeur : la rareté des espèces avait été causée par les croisades.

1313. Le pape Clément V, à la sollicitation de Raymond Lulle, établit dans les universités de Paris, d'Oxford, de Bologne et de Salamanque, deux maîtres pour les langues hébraïque, arabique et chaldéenne.

Invention des lunettes par un Florentin nommé Salvino de Glarmati; d'autres l'attribuent à Alexandre Spina et à Roger Bacon.

Fondation de l'université d'Orléans pour le droit, par Philippe-le-Bel.

Le Ghiotto, élève de Cimabué, établit à Florence une école de dessin où se forment une infinité de bons élèves.

L'empereur de la Chine, Gin-tsong, rend au collége impérial de Pekin son premier lustre; il en confie le soin à Li-mong, et en augmente les professeurs; il fait traduire en mongou l'histoire de la dynastie des Song; il fixe l'habit que chaque profession de l'État doit porter à l'avenir.

1316. Nouvelle réforme du calendrier chinois, par l'astronome Kocheou-king.

1318. Gin-tsong, empereur de la Chine, fait graver ou imprimer un traité sur la manière de cultiver les mûriers et d'élever des vers à soie, afin d'en étendre et d'en perfectionner l'éducation.

Les grands de la Chine engagent ce prince à donner à son héritier des maîtres instruits, en lui représentant que son éducation est liée à la gloire de sa famille et à l'avantage de ses peuples. Depuis J.-C.

Monnaie d'or frappée pour la première fois dans l'Occident ou en Europe. 1320.

Fondation du collége de Florence. 1321.

Philippe-le-Long veut établir en France l'uniformité des poids, des mesures et des monnaies.

Fondation du collége de Ferrare par Albert, marquis d'Este.

Fondation du collége du Plessis à Paris, par Geoffroy du Plessis, notaire du pape. 1322.

Institution des jeux floraux à Toulouse; les troubadours s'y rendent célèbres. 1323.

L'empereur chinois Taï-ting établit une académie, où le prince héritier et les fils des grands doivent recevoir une éducation convenable à leur rang. 1324.

Construction d'une horloge sur les principes de la mécanique, par Richard-Valig-Fort, abbé de Saint-Alban en Angleterre. 1326.

Orcan, deuxième sultan des Turcs Ottomans, fonde une académie à Pruse avec une magnificence royale.

Jean Kemp, Flamand, porte le premier en Angleterre l'art de travailler les draps fins. 1327.

Un moine d'Oxford, nommé *Linna*, astronome, aidé de la boussole, pénètre dans l'Islande, et dresse des cartes des mers septentrionales.

Tout en protégeant les lamas de Foé, l'empereur de la Chine décerne à Confucius de nouveaux honneurs, afin de s'attacher les lettrés. 1329.

Commencement des succès de la littérature et des arts dans l'occident de l'Europe. 1330.

Fondation de l'université de Cahors. 1332.

Jean des Murs, de Paris, remarque que l'égalité des notes inventées par Gui d'Arezzo rend le chant trop uniforme; il imagine différentes figures de notes, et trouve le moyen de faire connaître tout d'un coup combien de temps doit précisément durer chaque son; il invente les notes qu'on distingue par les rondes, blanches, noires, croches, triples croches, etc. 1333.

André Pisan ou de Pise, élève du Ghiotto et adonné à l'étude de l'antique, forme des élèves, dont l'ardeur et le zèle avancent la perfection de l'art de la peinture.

Deux tisserands du Brabant s'établissent à York en Angleterre. 1336.

Première comète dont le cours ait été décrit avec une exactitude astronomique. 1337.

Invention des armes à feu et de la fonderie des canons en France. Il est fait, cette année, mention de la poudre à canon dans les registres de la chambre des comptes de Paris. 1338.

Fondation de l'université de Grenoble par le dauphin Humbert II. 1339.

1340. Jean Van-Eyck peint le premier à l'huile.

Fondation du collége d'Hérald en Angleterre.

Les beaux-arts se soutiennent dans l'Orient : le poëte Saadi, en Perse, donne ses poésies qui sont encore aujourd'hui dans la bouche des Persans, des Turcs et des Arabes.

1341. Pétrarque épure la langue italienne, et lui donne toute la douceur dont elle est susceptible ; il immortalise Laure et la fontaine de Vaucluse par ses chants ; il reçoit des honneurs au Capitole.

Les Maures se servent de canons au siége d'Algésiras pour la première fois. C'est donc à eux que l'on doit l'invention de l'artillerie et la fonte des premiers canons.

1344. Première monnaie frappée en Angleterre sous Edouard III.

Jacques de Dondis fait faire à Padoue une horloge où l'on voit le cours du soleil et des planètes.

L'Angleterre vend ses laines ; Bruges les met en œuvre ; les Flamands s'exercent aux manufactures ; les villes anséatiques se livrent au commerce, et l'Italie s'occupe des arts.

Les Anglais vont aux îles Madère.

1345. Edouard III, roi d'Angleterre, envoie en présent à Alphonse, roi de Castille, un petit troupeau des plus beaux moutons d'Angleterre : cette race multipliée jusqu'à nos jours, a produit les moutons mérinos dont les belles laines étaient une des principales richesses d'Espagne.

Les Vénitiens obtiennent du sultan d'Egypte l'entière liberté du commerce dans les ports de ses États et dans ceux de la Syrie : c'est alors que Venise devient la nation la plus commerçante et la plus riche de l'Europe.

Les Florentins mettent en circulation des billets de crédit qui se négocient, se transportent, haussent ou baissent, selon que les affaires de l'État vont bien ou mal.

1346. Fondation de l'université de Heidelberg par le comte palatin.

Fondation de l'université de Valladolid par Clément VI.

Les Anglais font jouer à la bataille de Créci quatre ou cinq pièces de canon qui épouvantent les Français, parce que c'était la première fois qu'ils en voyaient.

Invention de l'étamage des glaces.

Invention des bombes et des mortiers.

1348. Fondation de l'université de Prague par le roi de Bohême.

1349. Fondation de l'université de Perpignan par le roi d'Aragon.

1350. Invention de la poudre à canon en Europe, attribuée par les uns à Berthold-Schwartz, moine, né à Fribourg, dont le véritable nom était, dit-on, Constantin Anklitzen ; par d'autres, à Roger Bacon, et par quelques-uns enfin, comme on a vu, aux Chinois, aux Maures, aux voyageurs (*Voyez l'an* 1338).

Invention des lettres-de-change par des juifs florentins ou lombards. Depuis J.-C.

Établissement d'une académie de peinture à Florence, par les élèves d'André de Pise et du Ghiotto, qui fut la première depuis la renaissance des arts en Italie : les princes de la maison de Médicis s'en déclarent les protecteurs, et concourent par leurs largesses à relever les arts. Il sort bientôt de cette académie une foule de peintres, de sulpteurs et d'architectes dont les talens embellissent cette ville.

La seconde architecture gothique est employée en Italie.

Don Pèdre tente d'améliorer les laines d'Espagne ; informé du profit que les brebis de Barbarie donnent à leurs propriétaires, il en introduit dans ses États la race, connue sous le nom de *mérinos*. La Castille acquiert un genre de richesse qui auparavant lui était inconnu.

Fondation de l'université de Valence en Espagne, vers ce temps.

Jeanne de Naples se donne toute entière aux beaux-arts, qu'elle protége.

Férose III, empereur des Patans à Delhi, fait creuser des canaux, et perfectionne l'agriculture dans l'intérieur de l'Indostan. 1351.

Le roi Jean fait altérer la monnaie de France. 1355.

Le charbon de terre est employé pour la première fois à Londres. 1357.

Fondation de l'université de Cologne, ou son renouvellement. 1358.

Boccace fixe la langue toscane ; depuis lui, elle ne reçoit pas d'altération. 1359.

Invention des miroirs de cristal par les Vénitiens. 1360.

Les peintres, les sculpteurs et les architectes de l'école de Florence se répandent dans toutes les villes d'Italie, jusqu'à Rome même, où le bon goût avait encore à peine pénétré.

Fondation de la Bibliothèque du roi en France, par Charles V, qui la place dans une des tours du Louvre, appelée *la tour de la Librairie*, et la rend publique ; il y rassemble environ 900 volumes.

Édouard III interdit l'usage de la langue française dans tous les actes publics en Angleterre, où l'on s'en était servi jusqu'alors, et y substitue celui de la langue anglaise.

On donne à la Chine la tragédie de *l'Orphelin de Tchao*, que depuis Voltaire a imitée.

Fondation de l'université de Pavie par l'empereur Charles IV. 1361.

Le Pulci achève d'épurer la langue italienne ; le Boyardo lui succède, et l'Arioste les surpasse tous par la fécondité de son imagination.

Les Français négocient en Guinée.

1363. Les Chinois font une horloge dont deux statues battent les heures avec un tambour.

1364. Jacques Dondus ou de Dondis invente une espèce d'horloge historique.

Les navigateurs de Dieppe étendent leur commerce sur les côtes d'Afrique.

Fondation de l'université de Cracovie par Casimir III, roi de Pologne.

Charles V protége les lettres en France : c'est sous lui que les chants royaux, ballades, rondeaux et pastorales, prennent naissance.

1365. Fondation ou renouvellement de l'université de Vienne en Autriche, par l'archiduc Albert III.

Fondation de l'université de Genève par l'empereur Charles IV.

Fondation de l'université d'Orange en Provence, par Raimond V, qui en est prince.

Tamerlan orne Samarcande de palais, de places publiques, de fontaines et de jardins; il y attire les artisans, et y ranime le commerce et les beaux-arts.

1369 Les cardinaux de Saint-Marc et de Saint-Martin, légats du pape, lèvent en France les censures fulminées contre les ouvrages d'Aristote, qui sont traduits en français par Nicolas Oresme.

1370. Laurent Ghiberto, peintre, sculpteur et architecte, se distingue à Florence par la sculpture des belles portes de bronze du baptistaire de Saint-Jean de cette ville, dont Michel-Ange disait *qu'elles étaient dignes d'être les portes du Paradis.*

1374. Fondation de l'académie des *Filergiti* (amateurs du travail) à Forli.

Bruneleschi, architecte de Florence, achève la belle coupole de Sainte-Marie del Fiore à Florence, que ses prédécesseurs n'avaient pu terminer.

1377. Époque des chevaliers de la Table ronde en Angleterre.

1378. Tamerlan fait transporter à Keck toutes les richesses et tous les savans du Khoraçan.

Fondation de l'université d'Angers pour le droit, par Charles V, dit *le Sage.*

1379. Mahomet VIII, roi de Grenade, protége les beaux-arts, se livre à la poésie, et élève plusieurs monumens dans sa capitale.

1380. État florissant de l'université de Paris : ses professeurs et ses écoliers obtiennent de grands priviléges.

1385. Les Chinois remarquent de nouveau la conjonction des cinq planètes, seules connues d'eux, dans la même constellation.

Tamerlan se sert encore dans les siéges, du bélier, des balistes et des catapultes.

Tamerlan envoie à Samarcande les meilleurs artisans et les 1386.
plus habiles maîtres, qu'il trouve à Tauris ou Ecbatane.

Une compagnie de fabricans de toiles des Pays-Bas s'établit
à Londres.

Fondation de l'université de Sienne par le pape Pie II. 1387.

Les Chinois étendent leur commerce jusque dans le golfe
Persique et la mer Rouge.

Tamerlan se sert au siége de Teflis, pour incendier cette 1388.
ville, de pommes de pin remplies de matières combustibles,
telles que du soufre, de la poix et des étoupes, qu'il fait jeter
enflammées comme des grenades.

Confirmation de l'université de Cologne par Urbain VI.

L'université de Paris rejette de son sein les frères prêcheurs. 1389.

Galfrid Chaucer polit la langue anglaise.

Les Maures d'Espagne cultivent la romance, dont le goût 1390.
est resté aux Espagnols, et auquel se joint celui de la musique
et du chant.

Fabrique de papier de linge établie à Nuremberg.

Établissement de l'académie de Saint-Luc, à Paris, pour la 1391.
peinture.

Invention des cartes à jouer par un Français, pour amuser
le roi Charles VI pendant sa maladie.

Fondation du collége d'Erfurt, depuis université. 1392.

Agnès Sorel est la première femme en France qui porte des 1393.
diamans.

Bruneleschi réforme l'architecture gothique; il élève un 1396.
dôme sur l'église de Sainte-Marie del Fiore à Florence.

Construction de la salle de Westminster à Londres. 1399.

Plusieurs littérateurs grecs passent en Italie, et y vont, le
siècle suivant, faire briller la belle littérature, surtout à la
cour des Médicis. Emmanuel Chrysoloras, d'Athènes, est le
premier restaurateur des lettres en Italie.

Oderich de Portenau et Jean Mandeville parcourent une 1400.
partie de l'Asie.

Manuel Moschopule range les nombres dans un carré en
progression, et trouve que la somme des colonnes horizontale,
verticale et diagonale, est égale; ce qu'il appelle
carré magique.

Invention de la manière de tailler les diamans en les aigui- 1401.
sant l'un contre l'autre, par Louis de Berquen, de Bruges.

Fondation de l'école flamande de peinture, par Jean Van-Eyck,
dit *Jean de Bruges*.

Fondation de l'université de Wurtzbourg en Allemagne. 1403.

Nicolas Flamel, pour cacher la vraie source des richesses 1404.
qu'il avait mal acquises (quelques-uns disent en dépouillant
les juifs), feint d'avoir trouvé la pierre philosophale.

La sédition de Louvain force le commerce des villes des
Pays-Bas à se retirer en Hollande et en Angleterre.

Fondation de l'université de Turin, par Benoît XIII. 1405.

Depuis J.-C. Découverte des îles Canaries par Jean de Bethencourt, gentilhomme normand.

Les Gouanches, peuples des îles Canaries, ont des connaissances qui ressentent l'antiquité d'un peuple anciennement policé ; ce qui fait présumer qu'ils sont les descendans des Atlantes.

1407. Établissement de la banque de Saint-Georges à Gênes ; elle fut le modèle de toutes les banques publiques qui se sont formées depuis.

1408. Fondation de l'université de Leipsick, par Frédéric Ier, électeur de Saxe.

1409. Fondation de l'université d'Aix, par Louis III, comte de Provence, et le pape Alexandre V.

Tchan-fou, général chinois, dresse la carte du royaume de Tonquin, et l'envoie à l'empereur de la Chine.

1410. Invention de la gravure en creux, par Jean Delle-Carniole, Florentin. Cet art, connu des Anciens, s'était perdu.

On commence en France à s'exercer à la peinture, surtout à l'art de peindre sur le verre, appelé *peinture d'apprêt*, qui passa depuis à Rome. Charles VI accorde des priviléges à ceux qui s'y distinguent.

On recommence à cultiver la géométrie en France. Georges Purbach se distingue dans la trigonométrie. Jordanus Nemprarius examine les effets de l'équilibre.

Fondation de l'université d'Ingolstadt, par Louis, duc de Bavière.

1411. Fondation de l'université de Saint-André en Écosse, par l'archevêque de cette ville, et confirmée par le pape Jean XXII.

1412. Le café, appelé aussi *liqueur fortifiante*, est apporté de la Perse aux Arabes, qui commencent à cette époque, et, suivant d'autres, en 1450, à en faire usage.

1415. Invention de la peinture à l'huile, par Jean Van-Eyck, dit *Jean de Bruges*.

1418. Une flotte de pirates ravage et détruit les colonies norwégiennes du Groënland : ce pays reste inconnu pendant deux siècles.

1419. Fondation de l'université de Rostock dans le Mecklembourg.

1420. Le prince don Henri, Joseph et Roderic, portugais, imaginent de faire des cartes dont les méridiens soient en lignes droites et parallèles, et par ce moyen, les rumbs des vents formés par des lignes droites, coupent tous les méridiens sous un même angle.

Vers ce temps, fleurit en Catalogne l'université d'Ilerda, d'où sortit Alphonse Borgia, depuis pape, sous le nom de *Calixte III*.

Lucas, de Burgos, établit dans l'arithmétique les règle

de fausse position, simples et doubles, qu'il nomme *règles d'elcatain*. Depuis J.-C.

Les Portugais, excités par la libéralité de Henri, fils de Jean, leur roi, découvrent les îles de Madère et de Porto-Santo, où bientôt ils transplantent des ceps de vigne venus de Chypre, et des cannes à sucre tirées de Sicile, où les Arabes les avaient apportées, et d'où elles furent depuis transportées en Amérique.

Les frères Belin, précurseurs et maîtres du Georgion et du Titien, établissent l'école vénitienne de peinture, que depuis le Titien rend si célèbre. 1421.

Arétin réveille en Italie le goût de la langue grecque.

Léon Alberti, de Florence, donne un traité d'architecture.

Les Turcs font, pour la première fois, usage des canons au siége de Constantinople. 1423.

François Francia, Costa Ferrarois, le Dosse et André Manteigne, se distinguent dans la peinture à Ferrare, à Mantoue et à Bologne.

Fondation de l'université de Louvain, par Jean IV, duc de Brabant. 1425.

Fondation de l'université de Dôle en Franche-Comté, par Philippe-le-Bon, duc de Bourgogne; elle est depuis transférée à Besançon. 1426.

Léonard de Vinci fait creuser le canal qui porte à Milan l'eau de l'Adda, et rend cette rivière navigable.

L'empereur de la Chine, pour prévenir la renaissance des différends élevés entre les lettrés, les divise en lettrés du nord, du milieu et du sud. 1427.

Les Vénitiens, pour défendre Thessalonique et la Grèce, font faire une muraille de huit mille pas de long. 1428.

Invention de l'imprimerie avec des caractères de bois mobiles, par Laurentius Coster, de Harlem, suivant les Hollandais. 1430.

Fondation de l'Académie platonique de Florence, par Cosme de Médicis, qui y place une bibliothèque.

Fondation de l'université de Poitiers par Charles VII. 1431.

Érection de l'université de Caen, par les Anglais et le pape Eugène IV.

Gilianel double le cap Non, qui avait été long-temps le terme de la navigation des Européens, et qui est à 5 degrés du tropique. 1432.

Antoine de Messine porte en Italie l'art de peindre à l'huile, qu'il avait appris à Anvers. 1433.

Ulugh-Beg, prince tartare, fait bâtir à Samarcande, capitale de ses États, un collége et un observatoire, où il fait dresser un catalogue des étoiles et des tables astronomiques, les meilleures que l'on ait eues avant Tycho-Brahé, pour fixer un méridien, le cours du soleil et des planètes. 1434.

1435. L'architecture est restaurée en Italie par Bruneleschi de Florence.

1436. Quelques auteurs placent à cette époque l'invention des armes à feu en Europe.

1437. Publication des tables astronomiques d'Ulugh-Beg.

Invention de l'imprimerie, avec des planches gravées, par Jean Méntel, de Strasbourg, suivant quelques-uns; d'autres prétendent qu'il n'était qu'enlumineur de lettres, ou *chrysographus*, et qu'il ne fit que se distinguer dans la typographie, en publiant une Bible en 1466.

1440. On commence à jouer quelques farces, ou mauvaises comédies, en Italie.

Fondation de l'université de Barcelonne.

Le Pogge, Florentin, découvre nombre d'auteurs anciens, dont il donne des traductions latines.

Laurent Valla, de Plaisance, traduit Homère, Thucydide et Hérodote, en latin.

1441. L'idée de l'invention de l'imprimerie se répand en Europe.

1442. Les Portugais découvrent le cap Arguin, sur la côte occidentale d'Afrique.

1445. Fondation de l'université d'Avila en Espagne.

1446. Fondation de la bibliothèque du Vatican à Rome; elle est augmentée depuis par Nicolas V, qui encourage les talens.

1447. Les Portugais passent le tropique, et vont à près de quatre cents lieues par-delà, où ils découvrent le cap Verd et le Sénégal.

1449. Invention des bonnets et des chapeaux en France; ils remplacent les chaperons et les capuchons.

1450. Jacques Cœur établit le plus grand commerce qu'aucun particulier de l'Europe ait jamais embrassé; il a trois cents facteurs en Italie et dans le Levant; il prête 200 mille écus d'or au roi Charles VII, pour reprendre la Normandie: persécuté depuis, il se retire en Chypre pour y continuer son commerce.

Les Vénitiens tirent d'Alexandrie les denrées de l'Orient et du Midi, et s'enrichissent, par leur industrie, aux dépens de l'ignorance des autres peuples de l'Europe.

Vers cette année, Pierre Schoeffer, Jean Fust et Jean Guttemberg inventent et perfectionnent ensemble l'imprimerie en lettres sculptées sur le bois et sur le métal.

Commencement des Médicis; ils attirent en Italie les savans de Constantinople et des villes de l'ancienne Grèce.

Nicolo Zeni, Quirini de Venise, et autres Italiens, parcourent une partie de la mer du Nord.

Jean Muller ou Regio-Montanus commente l'Almageste de Ptolémée, et invente plusieurs instrumens astronomiques.

Maurolicus, géomètre, découvre que le cristallin est destiné dans l'œil à recevoir et à rassembler sur la rétine les rayons émanés des objets ; il indique en quoi consistent les vues longues et les vues courtes ; il aide les presbites par des verres convexes, et les myopes par des verres concaves. Depuis J.-C.

Fondation de l'académie *degli Intronati*, à Sienne. 1452.

Charles VII charge le cardinal d'Estouteville de corriger quelques abus qui s'étaient glissés dans l'université de Paris, et d'y réveiller l'amour des sciences ; il enjoint aux étudians de s'exercer sur la philosophie d'Aristote.

P. Schoeffer trouve la manière de jeter les caractères mobiles en moule.

Fondation ou confirmation de l'université de Caen en Normandie, par Charles VII.

Fondation de l'université de Valence en Dauphiné, à laquelle est réunie celle de Grenoble, par Louis, dauphin, depuis Louis XI, roi de France. 1453.

Fondation de l'université de Glascow en Ecosse, renouvelée en 1567 par le roi Jacques VI.

Prise de Constantinople par les Turcs, ou renaissance des lettres en Italie.

L'académie de Rome est florissante. 1454.

Otto-Guerik, allemand, invente la pompe à air. 1456.

Comète qu'Halley croit avoir reconnue en 1682.

Fondation de l'université de Greisswald en Poméranie, par le duc Vratislas, renouvelée en 1547, par le duc Philippe.

Maso, dit *Finiguerra*, orfévre florentin, trouve l'art de graver les estampes sur le cuivre, au burin et à l'eau-forte. 1458.

Fondation de l'université de Bâle en Suisse, par Æneas Sylvius, devenu pape sous le nom de *Pie II*. 1459.

Jean Muller ou Regio-Montanus, divise le rayon en un million de parties, et calcule de nouvelles tables pour tous les degrés et minutes du quart de cercle ; il introduit dans la géométrie l'usage de tangentes, et dans les mathématiques, l'arithmétique décimale. 1460.

Invention de la gravure au burin et à l'eau-forte sur le cuivre, pour les estampes, par André Mantègne, peintre italien, suivant quelques-uns.

Découverte des îles du cap Verd par les Portugais de Cada-Mosto.

Fondation de l'université de Fribourg en Brisgaw, par Albert, duc d'Autriche.

Fondation de l'université de Nantes par le pape Pie II, à la prière de François II, dernier duc de Bretagne.

L'imprimerie fait revivre les auteurs grecs, et surtout la science de la médecine, ce qui fait renaître dans l'Occident, et surtout en France, la doctrine d'Hippocrate.

Villon tire la poésie française du chaos. 1461.

Découverte des côtes de Guinée par Pedro de Cintra, Portugais, qui remarque que, passé le Sénégal, les hommes 1462.

Depuis J.-C. sont noirs, et en-deçà bruns et cendrés. C'est sur les côtes de Guinée que l'on a trouvé le poivre malaguette.

Établissement de la première imprimerie à Paris.

On publie à la Chine une géographie ancienne et moderne, contenant les grands hommes et les femmes illustres, depuis Fou-hi jusqu'aux Ming : cet ouvrage est dans la bibliothèque du roi, à Paris.

1463. Vers ce temps, Louis XI établit les postes en France.

Louis XI augmente la bibliothèque royale de Paris, en partie dévastée par les Anglais, et en établit deux autres, l'une à Blois, et l'autre à Angoulême.

Fondation ou renouvellement de l'université de Bourges, par le pape Paul II, à la réquisition de Louis XI et de Charles, duc de Berri, son frère.

1465. Vers ce temps, Anvers et Bruges sont l'entrepôt des nations septentrionales ; Gand est célèbre par ses étoffes de laine ; Arras, par ses belles tapisseries.

1467. Établissement d'une bibliothèque à Bude en Hongrie, par Matthias Corvin.

1468. Frédéric Corsellis imprime à Oxford avec des caractères de bois.

1470. Ulric Géring, Martin Crantz et Michel Friburger, tous trois imprimeurs à Mayence, viennent exercer leur art à Paris ; on leur donne une salle de la maison de Sorbonne. C'est aussi vers ce temps que s'établissent en France les manufactures de soieries.

Publication du premier almanach, par Martin de Ilkus, Polonais.

Vers ce temps fleurit en Espagne l'université de Valence, qui avait été fondée vers le 13e siècle.

Renouvellement de l'université de Cambridge, par le roi Édouard IV.

1471. Les Portugais passent la ligne équinoxiale.

Les Portugais découvrent les îles Açores ; ils y trouvent une statue représentant un homme à cheval, tenant la main gauche sur le cou du cheval, et montrant l'Occident de la main droite.

L'académie fondée à Rome par Pie II est détruite par son successeur, comme dangereuse.

Fondation de l'université de Pise, par Laurent de Médicis, surnommé *le Père des Lettres* et *le protecteur des Grecs exilés.*

Fondation de l'université de Padoue vers le même temps.

André Verrorchio, Italien, forme dans la peinture plusieurs élèves, du nombre desquels est le Perugin, qui devient le maître de Raphaël, et Léonard de Vinci, destiné à éclairer les arts.

1472. Donis, bénédictin allemand, change la fausse projection des cartes de Ptolémée.

Comète dont la parallaxe surpasse plus de vingt fois celle du soleil ; elle est observée par Regio-Montanus.

Les Portugais découvrent les îles de Saint-Thomas et d'Annobon.

Fondation de l'université de Bordeaux, par Louis XI. 1473.

Fondation de l'université de Trèves, renouvelée en 1558.

William-Caxton imprime en Angleterre avec des caractères 1474.
fondus.

Fondation de l'université de Saragosse en Aragon.

Regio-Montanus entreprend de réformer le calendrier de l'Europe, et meurt avant de réussir ; il donne néanmoins des éphémérides, où il indique le lieu des planètes.

Fondation de l'université de Tolède en Castille. 1475.

Dominique Guirlandaïo, que le pape Sixte IV occupe au Vatican, devient le maître de Michel-Ange Buonarotti.

Fondation de l'université de Tubingen en Souabe, par le 1477.
comte Évérard de Wurtemberg.

Fondation de l'université d'Upsal en Suède, par le pape Sixte IV et le roi Christiern Ier.

Lucas de Leyde, et Albert Durer, enrichissent les arts de leurs tableaux et de leurs gravures en Hollande et en Allemagne.

Rodolphe Agricola, de Groningue, est le premier Allemand qui voyage en Italie, et qui rapporte à sa patrie le bon goût pour les arts et les sciences.

Léonard de Vinci se fait admirer à Florence par ses grands 1480.
talens dans la peinture, la musique, la poésie, et dans plusieurs autres sciences.

Bernard Walther, en observant la planète de *Vénus*, découvre que cette planète est visible, quoiqu'il soit assuré qu'elle est encore sous l'horizon.

Établissement d'une fabrique de soieries à Tours.

Fondation de la bibliothèque de Vienne en Autriche, par l'empereur Maximilien.

Achucès-Pacha, après la prise d'Otrante, invente les bastions, afin de les substituer aux tours de villes.

Fondation de l'université de Mayence. 1482.

Découverte du fleuve Zaïre et des côtes du Congo, par 1484.
Jean Canus de Sousa, Portugais, qui aperçoit de nouvelles étoiles, et qui remarque que la direction de l'aiguille aimantée reste toujours la même vers le Nord.

Jean-Michel d'Angers fait des tragédies sous le titre de *Mystères*.

Les Portugais, sous le commandement de Barthélemi Diaz, 1486.
découvrent la pointe méridionale de l'Afrique, qu'ils nomment d'abord *Cap des Tourmentes* ou *des Tempêtes*.

Les Génois chargent des mines avec de la poudre, et ne 1487.
réussissent pas.

1489. Cartes terrestres et marines, portées en Angleterre par Barthélemi Colombus.

1490. La ville de Lyon fait frapper pour Charles VIII et pour Anne de Bretagne, la première monnaie de France qui ait eu un buste.

Le Titien déploie à Venise les richesses de la couleur, qu'il a puisées dans l'imitation de la nature; il devient le favori des souverains.

Quelques Européens commercent à Canton et à Ming-po, villes de la Chine, par la voie de l'isthme de Suez.

1491. Williams Grocyn donne des leçons publiques de grec à Oxford.

1492. Aérolithe tombée à Ensisheim, auprès de l'empereur Maximilien, au moment où il se préparait à combattre les Français.

Découverte de l'Amérique, par Christophe Colomb, génois, au service d'Espagne; il visite les Lucayes, Cuba et Hispaniola, depuis Saint-Domingue.

1493. Les lettres commencent à fleurir en Allemagne, et sont protégées par Maximilien Ier.

Colomb découvre les îles des Caraïbes, Porto-Rico et la Jamaïque.

Il est établi une ligne méridienne, appelée *ligne de marcation*, d'après laquelle tout ce qui est découvert à l'orient des îles Açores doit appartenir aux Portugais, et tout ce qui est à l'occident, aux Espagnols.

Le chevalier Martin Behaim, de Nuremberg, au service de Portugal, publie un globe, d'après les principes de Colomb, sans y marquer encore le nouveau continent.

Léonard de Vinci rétablit à Milan l'ancienne académie.

Fondation de deux sociétés littéraires en Allemagne, appelées, l'une *du Danube*, et l'autre *du Rhin*, par Conrad Celtès, de Franconie.

Apparition de la maladie vénérienne en France, en Italie et en Allemagne.

Petro de Covilham, Portugais, visite, par la voie de l'Égypte, les côtes du Malabar et du Zanguebar; il apprend à Soffala, par des Arabes, la possibilité de la navigation autour de l'Afrique.

1494. Fondation de l'université d'Aberdéen en Écosse, par Alexandre IV.

Lucas de Burgos publie les règles pour résoudre les problèmes des premier et deuxième degrés.

Première connaissance de l'algèbre en Europe.

1497. Vasco de Gama, en suivant les avis de Covilham, double le cap de Bonne-Espérance, et fait voile le premier pour les Indes orientales.

Découverte des mines de mercure d'Ydria dans la Carniole.

Depuis J.-C.

Améric Vespuce visite l'Amérique méridionale, en lève une première carte, et lui fait donner son nom, en en publiant depuis les premières relations.

Fondation de l'université de Copenhague.

Le premier vaisseau européen aborde dans les Indes orientales. Les Portugais, ayant à leur tête Vasco de Gama, arrivent à Calicut, capitale du Zamorin. 1498.

Christophe Colomb découvre l'embouchure de l'Orénoque et une partie de Terre-Ferme; il s'aperçoit qu'il a trouvé un nouveau continent.

Fondation du collége de l'université de Bourges, par Jeanne, fille de Louis XI et première femme de Louis XII.

Découverte de l'Amérique septentrionale par Cabot, pour Henri VIII, roi d'Angleterre, depuis Terre-Neuve jusqu'à la Virginie. 1499.

Jean-Baptiste Porta découvre la chambre obscure que s'Grawesande perfectionne depuis.

Fondation du collége de Saint-Ildefonse dans l'université d'Alcala, par Ximenès, archevêque de Tolède.

Alde Manuce, Italien, imprime le premier le grec, à Venise.

Alphonse Ojeda et Jean de la Cosa, avec Améric Vespuce, découvrent la Guyane.

Abraham Zachut compose un calendrier perpétuel. 1500.

Jean Werner confirme l'opinion du mouvement égal des étoiles.

Dominique Moria prétend que le pôle du monde approche de l'équateur.

Stevin détermine la pression de l'eau sur une surface horizontale, en démontrant qu'elle est comme le produit de la base par la hauteur; que la pression verticale est la quantité et le centre de l'équilibre de cette pression.

Invention de la courbe cycloïde, par Bovillas.

Pinson, officier de Colomb, passe la ligne, et découvre le Brésil et l'embouchure du fleuve des Amazones.

Découverte du Brésil par les Portugais, sous le commandement de Cabral.

Fondation de l'école vénitienne de peinture, par Georgion Barbarelli ou le Giorgion. 1501.

Bastides découvre la côte de Terre-Ferme, et Cortéréal en tentant le passage nord-ouest, découvre le Labrador.

L'ipécacuanha est apporté du Brésil à Lisbonne, et du Pérou en Espagne.

On substitue en France, aux fourrures précieuses, les étoffes d'or et d'argent, qui se fabriquent en Italie.

Fondation de l'université de Wittemberg, par Frédéric, électeur de Saxe. 1502.

Décadence du commerce de Venise et de Gênes.

Depuis J.-C. Les Portugais découvrent l'île Sainte-Hélène, et vont à Goa.

1503. Invention des mines de guerre en Europe, au château de l'Œuf, par les Génois ; d'autres l'attribuent à Pierre de Navarre, général espagnol, à la bataille de Cérignole. Les Chinois la connaissaient dès le 13me siècle.

Améric Vespuce, en publiant en Europe une relation très-vague sur la découverte du Nouveau-Monde, obtient l'honneur de donner son nom à l'Amérique.

Christophe Colomb découvre le golfe de Darien.

1504. Michel-Ange, grand sculpteur, grand peintre, architecte civil et militaire, se fait connaître à Florence par l'étendue de son vaste génie. Jules II l'appelle à Rome, et lui confie l'exécution de son tombeau à Saint-Pierre-aux-Liens, ainsi que les peintures de la chapelle Sixtine, où il déploie un talent supérieur; il le charge de la continuation de la superbe église de Saint-Pierre.

Invention de la peinture sur émail, en Italie ; les anciens Toscans l'avaient connue.

Jean Joconde construit le pont Notre-Dame de Paris.

Paulmier de Grenneville, prétend avoir découvert, dès cette époque, une terre australe, que l'on croit n'être que l'île de Madagascar.

1505. Premiers schellings frappés en Angleterre.

Fondation du collége du Christ à Cambridge, par la mère de Henri VII.

Les Portugais vont aux Indes orientales.

1506. Fondation de l'université de Francfort-sur-l'Oder, par Joachim, électeur de Brandebourg.

On commence à construire l'église de Saint-Pierre de Rome, à la place de celle bâtie sur le Vatican, par l'empereur Constantin ; le pape Jules II en pose la première pierre.

Les Portugais vont à Ceylan.

1508. Les Portugais font de Mosambique le centre de leur commerce.

Diaz de Solis, Espagnol, découvre les terres méridionales d'Yucatan.

1509. Henri VIII protége les manufactures de son royaume ; pour procurer à ses sujets les laines précieuses de la Castille, il obtient de Charles-Quint l'exportation de 3,000 bêtes blanches, et les propage dans les cantons dont la température et les pâturages paraissent favorables à ces animaux.

La science du jardinage est portée des Pays-Bas en Angleterre.

Les Portugais arrivent à Malacca.

Les Espagnols s'établissent à Saint-Domingue, à la Jamaïque et à Porto-Ricco.

1510. Raphaël est présenté par le Bramante son parent, à Jules II, pour employer ses talens ; il débute par son magnifique tableau de l'école d'Athènes, qui est suivi de celui sur la dispute du Saint-Sacrement, d'un troisième, où il représente Justinien donnant des lois à examiner aux docteurs, et d'un quatrième, où Grégoire IX donne ses décrétales.

Fondation de l'école romaine de peinture par Raphaël.

La cochenille est apportée d'Amérique en Europe, et fait oublier la graine d'écarlate, qui servait de temps immémorial aux belles teintures rouges; on en apporte également l'indigo, le cacao, la vanille, et des bois qui servent à l'ornement et dans la médecine.

Rétablissement de la médecine grecque; travaux des moines et des scolastiques en France sur cette science; nouvelle école hippocratique.

Les Portugais découvrent les îles Moluques, où croît le girofle, et étendent leur commerce à Siam, au Pégu, et aux contrées voisines. 1511.

Les Espagnols s'établissent à Cuba.

Ponce de Léon découvre la Floride. 1512.

Andrada est poussé vers les îles Maldives.

Les frères Appian publient la première mappemonde, sur laquelle se trouvent les nouvelles découvertes des Espagnols et des Portugais. 1513.

Balboa, Espagnol, pénètre à travers l'isthme de Panama; et voit, le premier, le grand Océan ou la mer du Sud.

Invention des carrosses en France; François Ier, roi de France, s'en sert. 1514.

Fondation de l'école allemande de peinture, par Albert Durer, de Nuremberg.

Les Espagnols découvrent l'Orénoque.

Les Portugais s'établissent sur toutes les côtes de l'île de Ceylan, qui produit la cannelle la plus précieuse, et les plus beaux rubis de l'Orient.

François Ier attire les arts en France, et en est justement appelé le père et le restaurateur. 1515.

Gilles Gobelin teint en écarlate, appelée depuis *écarlate des Gobelins*.

Diaz de Solis, Espagnol, découvre le Rio-Janéiro, et l'embouchure de la Plata.

Jam, tapissier de Bruges, exécute d'après les tapisseries de haute et basse lisses.

Les Portugais découvrent l'île de Célèbes.

Fondation du collége de *Corpus Christi*, d'Oxford, par l'évêque Winton 1516.

Fondation d'une société littéraire à Ingolstadt, par J. Aventin, Bavarois.

Les Portugais vont au Paraguai.

Le premier vaisseau européen aborde en Chine, conduit par Fernand Perez d'Andrada, Portugais. 1517.

Invention des pistolets et des fusils à ressorts.

Depuis J.-C. Fondation de l'université d'Alcala, et de celle de Siguença, en Espagne, par le cardinal de Ximenès.

Commencement de la traite des Nègres, sur les côtes d'Afrique, pour la culture des terres de l'Amérique.

Fondation d'un collége des trois langues savantes à Louvain, par Jérôme Busleiden, Flamand.

1518. Raphaël recule les bornes de son art, fixe les lois du bon goût, et fait remarquer dans ses ouvrages cette grâce, ce charme naturel, cette belle simplicité qui lui ont mérité le surnom de *Prince de la peinture*.

Le baron de Lévi, Français, découvre les côtes de la Floride, jusqu'à l'Acadie.

Grisalva découvre les côtes du Mexique.

1519. Premier voyage autour du monde par Magellan.

1520. Les Espagnols trouvent le tabac dans l'Yucatan; et le transportent de la Terre-Ferme dans les îles voisines; il passe depuis à Saint-Domingue et en Virginie.

Métier d'acier propre à faire des ouvrages tissus, inventé par un Français. Les premiers bas de soie sont portés en France par le roi François Ier.

Première trace de la gonorrhée en France, comme accident de la maladie vénérienne.

Jacques de Carpi unit les expériences anatomiques à celles de chimie, pour éclairer l'art de la médecine.

Fondation de l'école lombarde de peinture par le Corrège; ce grand peintre, sans le secours d'aucuns maîtres, devine le premier l'art de peindre les plafonds et les raccourcis: il attire tous les regards sur les peintures de la coupole de la cathédrale de Parme.

Magellan aperçoit les terres australes.

1521. François Ier charge André del Sarto d'aller acheter en Italie les plus beaux tableaux et les plus belles statues antiques: il appelle l'architecte Vignole en France, et lui commande de faire mouler les statues qu'il ne peut obtenir en original.

Magellan traverse le détroit qui porte son nom, navigue le premier sur le grand Océan, et découvre les îles Philippines et Mariannes.

Les nations maritimes, occupées de leurs projets coloniaux, ne cherchent qu'à découvrir des pays riches, et faciles à mettre en culture.

1522. Les Espagnols découvrent les Moluques, et y trouvent les Portugais.

1523. Le gymnase ou collége de Saragosse est érigé en université par Charles-Quint et le pape Adrien VI.

Jean Verrazani, Florentin, envoyé par François Ier, découvre le Canada.

On commence à imprimer à Paris en hébreu.

Les Hollandais découvrent Bornéo.

Le système de Ptolémée, démenti, disparaît; on commence

à publier des géographies et des cartes, composées d'après les principes des nouvelles découvertes. Depuis J.-C.

Verrazani découvre de nouveau des côtes américaines, depuis la Floride jusqu'à l'Acadie.

Les Espagnols découvrent des perles à la Marguerite.

Découverte de la table Isiaque au sac de Rome; cette table 1525.
est une antiquité égyptienne qui a été diversement interprétée, et qui, suivant quelques-uns, désigne les fêtes d'Isis et des autres divinités d'Égypte; elle est aujourd'hui au cabinet des antiques de la bibliothèque royale de Paris.

Pizarre découvre le Pérou.

Fondation de l'université de Marpurg, dans la Hesse, par 1526.
le landgrave.

La langue française prend un tour moins gothique; les écrits de Saint-Gelais et de Clément Marot ont du sel et de la naïveté.

Le quinquina, seul spécifique contre les fièvres intermittentes, est apporté du Pérou en Europe.

Copernic, né à Thorn en Prusse, publie le système du 1527.
monde de Pythagore et des anciens Chaldéens; il soupçonne les lois de l'attraction des planètes.

Les Espagnols vont aux Bermudes.

Jean Werner divise une sphère par un plan en raison 1528.
donnée.

Les Espagnols vont dans la Nouvelle-Guinée.

Jean Goujon donne en France au marbre ces grâces naturelles, et cette sensibilité qui lui méritent le nom *du Corrège de la sculpture;* il fait les cariatides du Louvre, la fontaine des Innocens, et l'architecture de l'hôtel Carnavalet.

Ribeyro publie une superbe mappemonde. 1529.

Le Trissin donne *Sophonisbe*, première tragédie italienne.

Guichardin ou Guicciardini, de Florence, écrit l'histoire d'Italie, depuis 1494, jusqu'en 1532.

Machiavel donne sa comédie de *la Mandragore*. 1530.

Fondation de chaires royales pour les langues savantes, et peu après du collége royal de France, par François Ier.

Jean de Verne, contemporain de Raphaël, joint l'art de la peinture à celui de la marqueterie.

Plaute est traduit en italien.

Paracelse décrie la médecine de Galien, fondée sur les principes d'Aristote, et la remplace par les secrets des alchimistes, auxquels succède bientôt le combat des acides et des alkalis dans le corps de l'homme.

Christine, reine de Suède, fonde à Stockholm une bibliothèque publique.

Établissement d'une imprimerie en Islande.

Établissement de l'imprimerie royale de France, par 1531.
François Ier.

Fondation de l'université de Séville en Espagne.

Depuis J.-C. Polydore de Caravage excelle dans les bas-reliefs et les ornemens antiques.

1532. Fondation du collége de Christ-Church à Oxford, par Henri VIII.

Comète, qui a reparu en 1607, 1682 et 1759, et dont la révolution est de 76 ans.

Sébastien Schott découvre la déclinaison de l'aimant, sous différens méridiens.

Crignon publie un traité sur cette déclinaison.

Fondation de l'université de Compostelle en Espagne.

1533. Fondation de l'université de Baeça en Espagne ; quelques auteurs la placent en 1538.

1534. Invention de la poésie macaronique, par Théophile Folengo, de Mantoue : c'est une espèce de poésie burlesque, qui consiste en un mélange de mots de différentes langues, avec des mots du langage vulgaire, latinisés et travestis en burlesque.

Cartier, de Saint-Malo, découvre le fleuve Saint-Laurent, parcourt le Canada, et examine le pays avec intelligence.

Michel-Ange, peint, par ordre de Paul III, le fameux tableau du *Jugement dernier*, le plus grand ouvrage à fresque qui existe ; il a la gloire de terminer l'église Saint-Pierre, de construire le palais Farnèse et le Capitole.

Les évêques commencent à porter de la soie.

Les Portugais découvrent les îles du Japon.

Les Espagnols découvrent la Californie.

1535. Polydore de Caravage enrichit la peinture de ses bas-reliefs et de ses ornemens antiques.

1536. Lopez de Vega donne de la réputation au théâtre espagnol.

Don Almagro, compagnon de Pizarre, pénètre dans le Chili.

Fondation de l'université d'Oviedo, en Espagne.

1537. Fondation de l'université de Grenade en Espagne, par Charles-Quint.

1538. Fondation de l'université de Strasbourg, par le sénat de cette ville.

Raphaël peint le tableau de la *Transfiguration*, qu'il ne peut achever, et que Jules Romain a terminé.

Gonzalez Pizarre découvre la mine de Porco que les Incas faisaient exploiter.

1539. François Ier abolit en France la coutume de faire en latin les actes publics ; ce qui excite à étudier et à perfectionner la langue française.

Établissement des loteries en France.

Commencement de l'usage du canon sur les vaisseaux européens.

Fondation de l'université de Copenhague, par Frédéric, roi de Danemarck.

Fondation de l'université de Macerata, dans la Marche d'Ancône, par le pape Paul III. Depuis J.-C.

François Ier, interdit l'usage des étoffes d'or et de soie. 1540.

Fondation de l'université de Tortose en Espagne.

Les Portugais, maîtres du commerce par l'Océan éthiopique, et par la mer Atlantique, forment des établissemens depuis les Moluques jusqu'au golfe Persique.

Fondation des académies des *Infiammati*, à Padoue, et des *Umidi* à Florence : cette dernière a été appelée depuis *Académie florentine*.

Les Espagnols apprennent l'existence d'un détroit nommé *d'Anian*, au nord-ouest de l'Amérique ; ils le cherchent au nord de la Californie, et pénètrent dans l'intérieur vers le 26e degré de latitude.

Fondation de l'université de Coïmbre en Portugal, par le roi Jean III. 1541.

Jean d'Udine, élève de Raphaël, excelle dans la peinture des grotesques, des animaux, des ornemens, des fleurs et des fruits.

Fondation de l'université d'Elbing, en Prusse, par le duc Albert Ier. 1542.

Côme II, duc de Florence, fonde une galerie de statues, de bronzes, de médailles, de tableaux précieux, et d'antiques, que ses successeurs ont augmentée depuis.

Jean IV, Basilowitz, czar de Russie, fait venir dans ses États des savans, des artistes, des architectes et des mécaniciens d'Allemagne. 1543.

Invention d'un métier d'acier propre à faire des ouvrages tissus, prétendue faite par un Anglais.

Fondation de l'université d'Onate, en Espagne, dans la Biscaye.

Fondation de l'académie de Vérone, par des amateurs de musique.

Fondation de l'académie des *Insensati* de Pérouse, suivant quelques-uns.

George Agricola, de Misnie, fait plusieurs découvertes sur les métaux et les fossiles, et apprend aux modernes à consulter la nature. 1544.

François Ier réunit la bibliothèque de Blois à celle qu'il avait fait former à Fontainebleau ; il jette les fondemens du Louvre.

Fondation de l'université de Kœnigsberg en Prusse, par le duc Albert.

Découverte des mines d'or du Potose, par un indien nommé *Hualpa*, qui, en poursuivant des chevreuils, aperçoit un lingot d'argent ; il confie son secret à son voisin, qui le découvre à Villaréal, Espagnol ; ce dernier court en instruire Carvajal, l'un des capitaines de Gonzalez Pizarre, qui reconnaît la mine, la fait exploiter, et y fonde une ville. 1545.

Depuis J.-C. Scipion Ferreus ou Florido, et Tartaléa, découvrent la solution des problèmes du troisième degré ; Cardan la perfectionne depuis.

1546. Fondation des *Assesi* de Reggio, par Corrado.

Fondation de l'université de Florence, par Côme II, grand-duc de Toscane.

Fondation du collége de Gandie pour les jésuites, par François de Borgia, duc de Gandie, qui entre l'année suivante dans leur société ; c'est le premier collége où les jésuites aient enseigné les humanités et la philosophie.

1547. Rétablissement de l'université de Glascow en Écosse, par Jacques VI.

Les orangers sont apportés de la Chine en Portugal, d'où ils se sont ensuite répandus dans toute l'Europe méridionale.

Fondation de l'université de Reims, par le cardinal de Lorraine.

1548. Fondation de l'université de Messine en Sicile, en faveur des jésuites.

Fondation de l'université d'Iéna, par l'électeur de Saxe.

Fondation de l'université de Dillingen en Souabe, par Othon de Truschsès, cardinal d'Augsbourg, suivant l'ordre de Jules III.

Fondation des universités de Gandie et d'Ossune en Espagne, par les ducs de ces villes.

1549. J.-B. Porta, Napolitain, invente, suivant quelques-uns, le télescope.

Commencement de l'académie des *Unanimi* à Salo, dans le Brescian, État de Venise.

Fondation de l'académie des *Innominati* de Parme, par le Tasse, etc.

1550. L'époque célèbre de la renaissance des sciences et des arts en Europe, date du 16me siècle ; les Médicis à Florence, Léon X à Rome, et François Ier en France, redonnent la vie aux beaux-arts.

On commence à distinguer les *j* et les *v* consonnes, des *i* et *u* voyelles.

Frédéric Commandin, médecin et géomètre, détermine les centres de gravité des solides.

Lambert-Lombart, appelé *le Raphaël de la Flandre*, à cause de son dessin, Michel Coxis et Jean de Calquer, élèves du Titien, soutiennent l'école flamande.

Érasme Reynold publie le système de Copernic, sous le nom de *Tables Pruténiques*.

Guillaume II, landgrave de Hesse, fait bâtir un observatoire, qu'il enrichit d'instrumens, et observe plus de 400 étoiles dont il forme un catalogue.

Sébastien Munster, Allemand, donne sa *Cosmographie*.

Gemma Frisius publie une mappemonde, où sont les nouvelles découvertes faites par Christophe Colomb.

Les jésuites établissent leur premier collége à Paris, rue Depuis J.-C.
de la Harpe.

Établissement d'une manufacture de soierie en Europe, par 1551.
des moines qui avaient voyagé en Tartarie.

Fondation de l'université de Mexico, par Charles-Quint.

Fondation du collége romain par le duc de Gandie; les jésuites y enseignent le latin, le grec, l'hébreu et toutes les sciences, jusqu'aux mathématiques.

Les Portugais étendent leur commerce au Japon.

Fondation du collége germanique à Rome, par les jésuites.

Akebar, empereur mogol, fait faire un grand chemin 1552.
bordé d'arbres dans l'espace de 150 lieues, depuis Agra jusqu'à Lahor.

Invention du monnayage au moulin et au balancier, par 1553.
Aubry Olivier.

Les Anglais, en cherchant un passage vers les Indes au nord-est, trouvent la mer Blanche, et établissent quelques relations de commerce avec les Russes par Archangel. Découverte du Spitzberg.

Les Anglais commencent à commercer en Afrique.

Les Espagnols découvrent le nouveau Mexique.

Le café ou liqueur fortifiante est apporté d'Arabie à Cons- 1554.
tantinople, suivant quelques-uns.

Établissement de l'académie de peinture à Rome.

Fondation de l'université d'Orihuela en Espagne. 1555.

Comète, qui a été reconnue être la même que celle de 1757, 1556.
par Machin.

Les Anglais parviennent aux côtes de la Nouvelle-Zemble et au détroit de Waigatz.

Urdaniette prétend avoir trouvé un passage par le nord de 1557.
l'Amérique.

Les Français vont au Brésil.

Jules Scaliger combine ou multiplie le cycle de Méthon, ou 1558.
cycle lunaire de 19 ans, le cycle solaire de 28 ans, et le cycle d'indiction de 15; leur produit est de 7980, ce qui forme la période julienne.

Renouvellement de l'université de Trèves.

Fondation de l'université de Saint-Domingue par Philippe II.

Les Portugais, après avoir laissé languir les colonies du 1559.
Brésil pendant près de 50 ans, y font des établissemens solides.

Jean Buteon, suivant quelques-uns, imagine de se servir de lettres pour exprimer les quantités inconnues.

Ticho-Brahé fait construire dans une île de la Baltique, un observatoire, et une petite ville habitée par plusieurs savans, qu'il nomme *Uranibourg* ou *Ville du Ciel*.

Maurolicus, de Messine, considère les courbes dans le cône 1560.
même où elles sont formées, et démontre les propriétés des tangentes et des assymptotes pour l'hyperbole.

Depuis J.-C. Le tabac est apporté en France, et naturalisé par Jean Nicot, ambassadeur de François II en Portugal ; ce qui le fit appeler d'abord *plante nicotianne*.

Fondation de l'université de Pise par Côme II de Médicis, grand-duc de Toscane.

Commencement de l'académie de Crémone, qui fut renouvelée en 1607, sous le nom des *Desuniti*.

Ortelius, Espagnol, publie des géographies exactes.

1561. La reine Élisabeth porte la première des bas de soie en Angleterre.

1562. Les Anglais vont en Guinée.

Heemskerke, Martin Devos et Jean Stradan soutiennent l'école flamande, jusqu'au moment où paraît Ottovenius, qui fut le maître de Rubens.

Commencement de l'académie des *Insensati*, fondée par le Tasse, Sannazar, etc.

1563. Fondation de l'université de Douai par Philippe II, roi d'Espagne, à l'imitation de celle de Louvain.

Découverte de la Sibérie par les Russes : on remarque qu'elle est la seule contrée qui produit naturellement les premiers alimens des hommes civilisés, tels que le froment, etc.

1564. Ouverture du collége de Clermont, à Paris, par les jésuites.

Commencement de la construction du palais des Tuileries, par Catherine de Médicis, qui fait abattre le palais des Tournelles où Henri II était mort.

L'année vulgaire est fixée au premier janvier, au lieu du premier de mars.

Aérolithe tombée entre Malines et Bruxelles.

Fondation de l'université de Besançon, par l'empereur Ferdinand Ier.

Invention de la gravure sur diamant, par Clément Birague, du Milanais.

1565. Découverte de mines de mercure en Amérique, appelées *Guanca-Velica*, à soixante lieues de Lima.

L'empereur mogol fait de Surate l'entrepôt des richesses de l'Inde, où se rendent les Mogols, les Indiens, les Persans, les Arabes, les Arméniens, les Juifs et les Européens.

Les Français renoncent au Nouveau-Monde.

1568. Daniel Barbaro, Scammozi, et surtout André Palladio, embellissent Venise de superbes palais.

1569. Commencement d'une académie à l'italienne à Paris, dans Saint-Victor, dont Ronsard est le chef.

Nangazaki, ville du Japon, devient le centre du commerce des Portugais dans cet empire.

1570. Amsterdam s'occupe de la pêche des harengs, et de la manière de les saler ; origine de leur prospérité.

Invention des épingles.

Fondation de l'université de Tarragone, par Philippe II.

A Venise, les Bassans et les Paluces imitent la couleur du
Titien.

Le Tasse donne son *Aminte*, et le Guarini, son *Pastor
fido*.

Ticho-Brahé découvre une nouvelle étoile dans la constel- 1572.
lation de Cassiopée.

Les cruautés du duc d'Albe, et les persécutions que les ré- 1573.
formés éprouvent en France, font passer en Angleterre d'habiles fabricans, qui y portent l'art des belles manufactures
de Flandre.

Fondation de l'université de Pont-à-Mousson, par le cardinal de Lorraine; elle a été transférée à Nanci, en 1770,
après la suppression des jésuites.

Fondation du collége des nobles à Milan, par Ch. Bor- 1574.
romée.

L'académie des *Filergiti* (ou amateurs du travail), établie
à Forli depuis environ 200 ans, prend une forme fixe; elle a
été renouvelée en 1652.

Les jésuites commencent à enseigner au collége de Clermont.

Les jésuites essaient de se faire agréger au corps de l'uni- 1575.
versité de Paris, qui les refuse.

Paul Véronèse et le Tintoret étonnent les Vénitiens par leurs
compositions hardies et majestueuses.

Le Dante trace une méridienne à Bologne, et y fait élever
le grand gnomon de l'église de Sainte-Pétrone.

Fondation de l'université de Leyde, par les États de Hol- 1576.
lande, pour n'être composée que de protestans.

Fondation de l'université d'Helmstadt, par Jules, duc de
Brunswick, d'où elle a tiré son nom d'*academia Julia*.

Frolisher retrouve le Groënland, l'appelle *West-Frise-
land*, et reconnaît qu'il fait partie de l'Amérique.

Comète dans la constellation du Vautour, observée par 1577.
Ticho-Brahé et par Hégécius.

Voyage de Drack autour du monde.

Jean Cousin imite en France Michel-Ange dans son tableau
du *Jugement dernier;* il peint sur verre avec distinction, et
est le sculpteur du tombeau de l'amiral Chabot.

On commence à construire le Pont-Neuf à Paris. 1578.

Fondation de l'académie de Saint-Luc à Rome, par J.
Mutian.

Fondation de l'université de Wilna en Lithuanie, par Grégoire XIII.

Drack explore les côtes de la Nouvelle-Albion, et croit avoir
vu le détroit d'Anian.

Fondation de l'université d'Altdorf, près de Nuremberg en 1579.
Franconie, renouvelée, en 1622, par l'empereur Ferdinand II.

Fondation de l'université d'Évora en Portugal, par le cardinal Henri.

Depuis J.-C. J.-A. Baïf tient à Paris une académie de musique, malgré l'opposition de l'université de Paris.

Iarmak-Timo-Feiew, cosaque, pénètre le premier en Sibérie.

Les Anglais s'établissent dans la Virginie.

1580. Première fabrique de basin ou étoffe croisée, établie à Lyon par des Milanais ou Piémontais, qui en étaient les inventeurs.

Mutian, de Bresse, soutient l'honneur de l'école lombarde.

Viète est le premier qui se sert des lettres de l'alphabet pour désigner les quantités connues, et trouve par ce moyen, et par sa méthode, que les lettres peuvent exprimer toutes sortes de nombres.

Ticho-Brahé détermine la distance des principales étoiles à l'équateur, et la situation des autres; il en forme un catalogue.

Le Brésil et les autres possessions portugaises augmentent les richesses des Espagnols.

1582. *Réforme du calendrier européen*, sous Grégoire XIII, par Vincent Laurier, Christophe Clavius et Ciaconius, dirigés par l'ouvrage posthume d'Aloïsius-Lilius ou Louis Lilio, astronome de Vérone, inventeur des cycles, des épactes. Il est arrêté que l'année 1582 aura dix jours de moins, afin que l'année suivante, 1583, le commencement du printemps se trouve le jour de l'équinoxe. Ce calendrier, reçu en Italie et en France, est également adopté l'année suivante dans la partie de l'Allemagne qui suit la religion catholique; mais les protestans d'Allemagne, la Suède, le Danemarck, l'Angleterre, gardèrent long-temps l'ancien calendrier ou l'année julienne, et le nouveau fut appelé *année grégorienne*. La Russie, qui se vante d'être civilisée, est la seule aujourd'hui qui refuse d'admettre une chose qu'il faudrait adopter quand elle viendrait des Turcs.

Fondation de l'académie de la Crusca à Florence.

On joue des comédies régulières en Italie.

1583. Le tabac est apporté de Virginie en Angleterre.

Matthieu Ricci, jésuite, porte à la Chine une montre à répétition, et une horloge que l'empereur fait placer dans une tour bâtie exprès.

1584. Les Anglais font des établissemens dans l'Amérique septentrionale.

Don Pedro Ponce, moine espagnol, trouve le premier une méthode pour apprendre aux sourds-muets à parler, et à comprendre le discours; il applique les principes de son art, non-seulement à la langue espagnole, mais aussi à la langue latine, et un de ses élèves les parle toutes deux; il n'écrit rien sur sa découverte.

1585. Confirmation des universités de Fermo en Italie, et de Valence en Espagne, par Sixte-Quint.

Sixte-Quint rétablit la fontaine Mazia, dont la source est

à vingt milles de Rome, et l'y fait conduire par un aqueduc ; il fait relever cinq obélisques par l'architecte Fontana ; il fait construire les deux dômes de Saint-Pierre sur les dessins laissés par Michel-Ange. Depuis J.-C.

J. Davis, Anglais, découvre le détroit qui porte son nom.

Fondation de l'université de Franeker en Frise, par les états de la province.

Fondation de l'université de Bamberg en Franconie.

Fondation de l'université de Gratz en Styrie, par l'archiduc d'Autriche.

Fondation de l'académie de Palerme, par le marquis de Piscara, pour les belles-lettres.

Les Anglais découvrent la Caroline.

Établissement de la banque de Venise. 1586.

Sixte-Quint relève à Rome un grand obélisque tombé, et le fait placer sur son piédestal devant la basilique de Saint-Pierre.

Fondation de l'université de Quito au Pérou, par Philippe II.

Shakespeare donne de la réputation au théâtre anglais.

La reine Élisabeth excite les Anglais au commerce maritime. 1587.

L'Arioste et le Tasse illustrent leur pays par leurs poèmes.

La petite-vérole est portée au Pérou. 1588.

Invention de la chorégraphie, ou de l'art d'écrire la danse, au moyen des notes de musique, par Thoinet-Orbeau, chanoine de Tongres.

Fondation du collége de Montalte à Rome, par Sixte-Quint.

Invention des bombes en Europe, par un homme de Venloo.

Sixte-Quint bâtit la bibliothèque vaticane, commencée par Nicolas V, et peut en être regardé comme le véritable fondateur ; il y joint une imprimerie destinée aux éditions de la bible et des conciles.

Raimond Ursus revendique le système de Ticho-Brahé, et suppose que la terre tourne autour de son axe en 24 heures. 1589.

Ticho-Brahé soutient que les comètes sont des planètes.

Premiers carrosses en Angleterre.

Fondation de l'université de Sigen, auparavant à Herborn, par Jean, comte de Nassau.

Fondation de l'université de Zamosk, en Pologne, par les soins de Jean Zamoski, chancelier de Pologne.

Explication des réfractions de la lumière de l'arc-en-ciel, par Antonio de Dominis. 1590.

Kepler démontre les forces centrifuges et les forces centripètes.

Commencement de l'académie des *Gelati* de Bologne.

Henri IV établit des pépinières de mûriers, pour encourager les fabriques de soie, que François Ier avait attirées en France.

Viète invente les formules analytiques pour trouver le rap-

Depuis J.-C. port des sinus des arcs multiples ou sous-multiples, et construit sur ce principe des tables trigonométriques.

Ticho-Brahé soumet au calcul les comètes et les réfractions astronomiques ; il fait trois découvertes sur le mouvement de la lune.

Décadence du commerce des Portugais dans les Indes Orientales.

Les Hollandais entrent en concurrence avec les villes anséatiques et quelques villes d'Italie, pour transporter les marchandises d'une nation à l'autre.

1592. Fondation de l'université de Paderborn par l'évêque de cette ville.

Fondation de l'université de Dublin en Irlande, par la reine Élisabeth.

1593. Satire ménippée, plaisanterie publiée en faveur de Henri IV, contre la Ligue, par P. Leroi, chanoine de Rouen.

Jean de Fuca, au service d'Espagne, prétend avoir trouvé le passage nord-ouest pour aller aux Indes.

1594. Gérard Mercator, géographe hollandais, combat les erreurs de Ptolémée, et invente la projection des cartes marines où réduites, perfectionnées depuis par l'anglais L. Whrigt.

1595. Henri IV fait transporter au collége de Clermont, de Paris, la bibliothèque de Fontainebleau.

Kepler, en imaginant de rapprocher le centre de l'orbite de Mars, de la moitié de l'excentricité qu'on lui donnait, représente son mouvement mieux qu'on ne l'avait fait jusque là.

Ticho-Brahé et Kepler font des tables astronomiques qu'ils appellent *Rodolphines*, à cause de l'empereur Rodolphe qui se livre à l'astronomie.

Renouvellement de l'université d'Upsal en Suède, par Charles IX.

Mendana, Espagnol, découvre les îles Marquises.

Baarentz et Hemrskerk, Hollandais, cherchent le passage nord-est, et hivernent dans la Nouvelle-Zemble.

Louis Carrache sert de guide à Augustin et à Annibal Carrache, qui marchent sur les traces de Raphaël, en peignant la superbe galerie du palais Farnèse, et devint le maître du Dominiquin, du Guide et de l'Albane.

1596. Comète sur laquelle Jean-Bernard Longue a fait un traité.

Un Molhac, nommé *Chadely*, est le premier Arabe qui adopte le café dans la vue de se délivrer d'un assoupissement continuel ; il s'aperçoit que cette boisson purifie le sang et égaie l'esprit.

W. Honghby trouve le Spitzberg ; Lindenow le visite depuis.

Établissement de la compagnie des Pays lointains par les Hollandais ; Houtman les conduit au cap de Bonne-Espérance.

1597. Premières montres apportées d'Allemagne en Angleterre.

Depuis cette époque jusqu'en 1612, les Anglais sont seuls en possession de la pêche de la baleine. Depuis J.-C.

On découvre auprès de Dijon le tombeau de Chyndonax, grand-druide, ou chef des druides dans les Gaules.

Les Hollandais profitent de la haine que les habitans de l'île de Java ont contre les Portugais pour s'y établir; ils passent aux Moluques, et y forment des comptoirs. 1598.

Édouard Wright, géomètre, construit, d'après un principe particulier, ou celui de Mercator, des cartes marines qu'il appelle *cartes réduites*. 1599.

Fondation de l'université de Parme par le duc Rainuce.

Réforme de l'université de Paris par ordre de Henri IV. 1600.

Longomontanus explique le système de Ticho-Brahé, admet la révolution diurne de la terre, et nie qu'elle en ait une annuelle.

Évrard, de Bois-le-Duc, donne un système de fortification.

On ajoute aux six syllabes, ou notes en musique, une septième, c'est-à-dire la note appelée le *si*, au moyen de laquelle on exprime avec facilité tous les degrés de l'octave.

Le chancelier Bacon devine l'attraction.

Commencement de l'académie des *Lyncei* à Rome, pour la physique.

Il se forme en Hollande différentes sociétés de commerce, qui passent aux Indes, et se nuisent par leur concurrence.

Kepler fait voir que c'est sur la rétine que se peignent les objets; il attribue le flux et le reflux de la mer à l'attraction du soleil et de la lune.

Jean Lippersheim, de Middelbourg, fabrique une lunette; suivant d'autres, c'est Metius ou Fontana.

Nonius invente une division, par le moyen de laquelle on a les sous-divisions des divisions principales; il détermine le jour du plus petit crépuscule; il découvre aussi la courbe que décrit un vaisseau, en suivant une route qui coupe tous les méridiens sous un même angle, c'est-à-dire la nature de la loxodromie.

Hauxbée trouve que l'eau se dilate soixante-trois fois plus que la poudre à canon, mais lentement.

Système astronomique de Tycho-Brahé, Danois. Ce système ressemble, à plusieurs égards, à celui de Copernic; mais dans celui de Tycho-Brahé, l'on suppose la terre immobile. 1601.

Formation de l'académie des *Ricovrati* de Padoue, pour la poésie.

Henri IV interdit le commerce d'Espagne à ses sujets.

La compagnie anglaise des Indes commerce à Achem et Java, malgré l'opposition des Portugais.

L'arithmétique décimale est inventée à Bruges. 1602.

Les États-généraux de Hollande unissent toutes leurs sociétés des Indes en une seule, sous le nom de *compagnie*

Depuis J.-C. *des Grandes-Indes*, et lui donnent des directeurs : cette compagnie bâtit un comptoir dans l'île de Java.

La bibliothèque bodléienne d'Oxford est rendue publique.

Gosnold, Anglais, arrive le premier dans la Nouvelle-Angleterre.

1603. Établissement de manufactures de soie, de tapisseries, de faïence, de verrerie, de cristal, etc., en France, par l'ordre de Henri IV.

Les Français essaient de s'établir à Madagascar, que vient de découvrir Gérard Leroi, Flamand.

Jean Bayer, d'Augsbourg, donne un nom aux étoiles, en indiquant chacune d'elles par une lettre grecque ou latine.

1604. Établissement des Français dans le Canada.

Le Pont-Neuf est fini. Commencement du canal de Briare.

Fondation de la manufacture des tapis de la Savonnerie de Chaillot, par Henri IV.

Les Hollandais enlèvent au Portugal une partie des Moluques, et y établissent leur compagnie des Indes orientales.

Formation des premières compagnies françaises des Indes, par Henri IV.

Bart-Crescentius, Portugais, s'attache à substituer un moyen à la machine des Anciens, pour mesurer le sillage des vaisseaux, devenue impraticable depuis l'invention des voiles, parce que le vaisseau ne faisant que rarement vent-arrière, les roues de cette machine ne recevaient plus l'impulsion de la route des vaisseaux, et ne pouvaient par conséquent marquer la vitesse, sans parler des oscillations perpétuelles du vaisseau, qui empêchaient presque toujours que cette roue ne tournât.

1605. Olivier de Serres soupçonne le sucre de betterave, qu'Achard, de Prusse, découvre depuis.

Lindenow, envoyé par le roi de Danemarck, visite les côtes occidentales du Groënland.

Juste-Byrge invente les logarithmes et le compas de proportion, que depuis le baron de Neper publie.

Henri IV fait faire en France de petites glaces dans le goût de celles de Venise ; il fait planter des mûriers, et recommande la culture des vers à soie.

Vers cette époque les Anglais fabriquent les plus beaux draps de l'Europe.

1606. Établissement à Paris de la machine hydraulique, appelée *la Samaritaine*, qui fournissait de l'eau au jardin des Tuileries ; elle était surmontée d'un carillon et d'une industrieuse horloge, dans laquelle, quand l'heure était prête à sonner, un certain nombre de clochettes jouait tantôt un air et tantôt un autre.

Vers ce temps, les Espagnols se distinguent par leur théâtre, qui sert de modèle à ceux d'Angleterre et de France, par l'agrément de leurs romans; mais l'inquisition y perpétue les erreurs scolastiques. Depuis J.-C.

A. Pluvinel établit le premier des écoles de manége en France; on allait auparavant apprendre cet art en Italie.

Les Hollandais vont à la Chine et au Japon.

Les Anglais s'établissent dans la Nouvelle-Angleterre.

Quiros découvre l'île Sagittaria, depuis Otaïti, et les Nouvelles-Hébrides.

Invention de l'opéra, par Rinuccini, de Florence. 1607.

Invention de la manière d'appliquer l'algèbre aux hautes sciences, par Harriot, Anglais, qu'on prétend que Descartes a copié.

Fondation de l'académie Florimontane à Annecy.

Fondation de l'université de Giessen au lieu de celle de Marpurg, par Louis, landgrave de Hesse.

Hudson, en cherchant le passage nord-est, voit la côte orientale du Groënland, et découvre en Amérique le détroit et la baie qui portent son nom.

Comète que Kepler et Longomontanus ont reconnu être la même que celle de 1532, et Halley, la même que celle de 1682.

Henri IV fait finir la galerie du Louvre, et y donne asile à des artistes en tout genre.

Établissement de la banque d'Amsterdam. 1608.

Fondation de l'université de Pampelune dans la Haute-Navarre, par Philippe III, roi d'Espagne.

Découverte de la circulation du sang, par Harvey, Anglais.

La place Dauphine, l'hôpital Saint-Louis, la place Royale et le quai de l'Arsenal, sont des monumens de Henri IV, ainsi que le canal de Briare qui joint la Seine et la Loire. 1609.

Invention du télescope par Jean ou Jacques Métius, Hollandais.

Galilée découvre, avec le secours de ce télescope, les satellites de Saturne, et les inégalités, sur la surface de la lune, qui lui paraissent de véritables montagnes; il mesure la hauteur de ces montagnes, et trouve qu'elles sont plus élevées qu'aucune de celles de la terre; il découvre que la voie lactée n'est qu'un amas confus d'étoiles.

Descartes commence à se faire connaître. 1610.

Galilée découvre trois satellites de Jupiter, et peu après un quatrième; il découvre dans Vénus des phases semblables à celles de la lune; il admet le mouvement de la terre, et professe hautement le système de Copernic.

Paul V embellit Rome, et rassemble les plus beaux ouvrages de sculpture et de peinture; il fait jaillir l'eau d'un vase antique tiré des thermes de Vespasien, et de la fontaine appelée *Aqua Paola*, ancien ouvrage d'Auguste.

Les jésuites civilisent le Paraguai.

Depuis J.-C.

La compagnie anglaise, qui avait jusqu'alors acheté des vaisseaux des villes anséatiques, en fait construire de 1000 tonneaux, qui se rendent à Moka et à Surate; ses généraux étendent la gloire des armes anglaises dans toute l'Asie.

1611. Invention des lunettes à deux verres convexes, par Kepler, mathématicien de Rostock.

Commencement de l'académie des *Umoristi*, à Rome, pour la poésie italienne, et surtout la comique.

Les jésuites établissent à Méaco, au Japon, une académie des sciences.

1612. Harriot introduit de petites lettres pour exprimer les quantités inconnues de l'algèbre, et en les joignant, forme les signes qui indiquent la multiplication.

Établissement d'une compagnie danoise pour les Grandes-Indes, par Christiern IV.

Commencement de l'académie des *Philoponi*, à Faenza, et des *Sospiti*, à Crémone. Cette dernière a été renouvelée en 1675.

Les Français s'établissent dans l'île de Maragnan au Brésil.

1613. Marie de Médicis fait commencer l'aqueduc d'Arcueil.

Publication de l'invention des logarithmes, par Napier ou Neper, Écossais.

Les jésuites Pantoja, Longobardi, Sébastien des Ursins et Diaz le jeune, présentent à l'empereur de la Chine divers traités sur l'astronomie et les autres sciences de l'Europe; ce qui donne aux Chinois une idée de ces sciences qu'ils n'avaient connues jusque là qu'imparfaitement; ils réforment le calendrier de la Chine.

Les Portugais sont chassés des Moluques par les Hollandais, qui y élèvent une forteresse.

Comète dont la parallaxe surpasse de beaucoup celle du soleil.

Théophile de Clérac donne le premier en France des ouvrages mêlés de prose et de vers.

1614. Érection dans Paris de la statue équestre de Henri IV, envoyée par Côme II, grand-duc de Toscane.

Achèvement de la galerie qui joint les Tuileries au vieux Louvre, et du canal de Briare, commencés sous Henri IV.

Le baron de Neper simplifie la doctrine des triangles sphériques.

Rheticus découvre l'utilité des sécantes pour le calcul des triangles, et fait des tables de sinus.

Lucas Valerius trouve le moyen de déterminer le centre de gravité de tous les corps formés par la révolution d'une section conique, c'est-à-dire de tous les conoïdes et sphéroïdes; il découvre une quadrature particulière de la parabole, et détermine les limites du cercle en lui inscrivant et circonscrivant des polygones.

Les Portugais de Macao veulent procurer de l'artillerie aux

Chinois pour repousser les Mantcheoux : les négocians chinois de Canton, jaloux, la font refuser. Depuis J.-C.

Fondation de l'université de Groningue par les États de la province.

Hugh Middleton conduit la nouvelle rivière de Ware à Londres.

Fondation de l'université de Lima dans le Pérou, par Philippe III, roi d'Espagne.

Établissement des Hollandais dans les nouveaux Pays-Bas.

Marie de Médicis fait bâtir le Luxembourg et planter le cours. 1615.

Galilée découvre les taches du soleil ; d'autres attribuent cette découverte au père Scheiner : Welser, d'Augsbourg, la publie, et se l'attribue à lui-même.

Kepler, mathématicien de Rostock, considère le cercle comme composé d'une infinité de triangles, ayant leur sommet au centre du cercle, leur base à la circonférence, et le cône comme un composé d'une infinité de pyramides, appuyées sur des triangles infiniment petits de sa base, et ayant leur sommet commun avec celui du cône : les cylindres, comme composés d'un nombre infini de prismes. Au lieu de former les conoïdes et les sphéroïdes, comme Archimède, par la révolution des sections coniques autour de leur axe, il les engendre par la circonvolution de ses sections autour d'une ligne prise en dedans ou en dehors de ces lignes.

Kepler succède en Allemagne à Tycho-Brahé : frappé de la simplicité du système de Copernic, il publie les véritables lois du mouvement des planètes, et les lois mathématiques du corps des astres.

Établissement en France de manufactures de soie.

Premier établissement permanent des Anglais en Virginie.

Bilot et Baffin découvrent en Amérique la baie de Baffin. 1616.

Lemaire découvre le détroit qui porte son nom, et double le cap Horn.

Invention des perruques pour remplacer les calottes.

Hertoge, Hollandais, découvre les côtes occidentales de la Nouvelle-Hollande.

Willebrod Snellius, mathématicien, forme le projet de connaître la grandeur du globe ; il imagine une méthode par laquelle il détermine en toises la grandeur du méridien. 1617

Le baron Neper, Écossais, publie une nouvelle arithmétique, à laquelle il donne le nom de *Rabdologie*, consistant à faire les calculs avec de petites baguettes en forme de pyramides rectangulaires, dont chaque face contient une partie de l'abaque ou table ordinaire de la multiplication.

Kepler perfectionne l'invention des lunettes ; il découvre que les objets ainsi vus, augmentent dans la raison de la distance du foyer objectif à la distance du verre oculaire ou appliqué à l'œil.

Les jésuites ouvrent le collége de Clermont, et commen- 1618.

Depuis J.-C. cent à y enseigner; ils obtiennent la permission d'enseigner dans tout le royaume de France.

Les Danois vont aux Indes orientales, et bâtissent Tranquebar sur la côte de Coromandel.

Établissement des Hollandais à Batavia.

1619. Restauration de la botanique en France par Pierre Richier.

La circulation du sang est démontrée par W. Harvey, Anglais; elle sert à poser les vrais fondemens de l'art de guérir.

Les Danois vont en Amérique.

Découverte de la précision des équinoxes, par le chevalier de Louville, produite par un mouvement de la terre, dont l'équateur, d'année en année, coupe l'écliptique en des points différens.

Les Anglais et les Hollandais unissent leur commerce dans les Indes orientales pour vingt ans. Les Hollandais fondent Batavia dans l'île de Java.

1620. Invention du papier velouté par François, de Rouen.

Commencement de la bibliothèque Ambroisienne à Milan, par ordre de l'archevêque, et sous la direction de Bernardin Ferrari.

Établissement en Angleterre de manufactures d'étoffes de soie écrue.

Juan Pablo-Bonnet, Espagnol, successeur de don Pedro Ponce, publie les principes de sa méthode pour apprendre aux sourds-muets à parler et à comprendre le discours, sous le titre de *Reducion de las letras, y arte para casenar a hablar los mudos*.

Kepler ajoute aux quarante-huit constellations indiquées par Ptolémée, vingt-six autres, qu'il compose des étoiles que ce dernier appelait informes, et auxquelles il donne des noms d'animaux, comme *le phénix*, *le paon*, *la grue*, *l'abeille*, etc.

Un astronome allemand veut substituer aux anciens noms donnés aux constellations, ceux des saints.

Schirlams, de Rheita, invente la lunette ou télescope à quatre verres.

Galilée mesure le mouvement des eaux courantes.

Établissement des Russes à Nertchinsko en Sibérie.

1621. Plantation de la Nouvelle-Angleterre par les puritains; ce qui est le commencement des colonies anglaises en Amérique.

Corneille Drebbel découvre le microscope et le thermomètre, suivant quelques-uns.

Grotius, enveloppé dans la disgrâce de Barneweldt, s'échappe de sa prison par l'adresse de sa femme, et se retire à Paris, où il compose son livre *du Droit de la guerre et de la paix*.

Formation de la compagnie hollandaise des Indes occidentales.

Baguette divinatoire. Cette baguette, célèbre vers ce

temps, et à laquelle on attribuait la propriété de découvrir les minières, les trésors cachés et les voleurs, a vu depuis ses effets révoqués en doute par les physiciens. Depuis J.-C.

Découverte des mines de diamant de Golconde, par Methold, Anglais. 1622.

Willebrod Snellius, de Leyde, découvre la loi de la réfraction.

La bibliothèque d'Heidelberg, capitale du Palatinat, est transportée à Rome après la conquête: l'empereur en fait don au pape Urbain VIII.

Van-Diemen visite la Nouvelle-Hollande.

Les Hollandais sont repoussés de Macao par les Portugais.

N. Sanctorius, médecin de Padoue, fait beaucoup d'expériences sur la nutrition et la transpiration.

Fondation de l'université de Saltzbourg en Bavière. 1623.

Urbain VIII fait construire le grand autel de Saint-Pierre, par Bernini.

Hariot, Anglais, découvre que toutes les équations composées d'ordres supérieurs, sont des produits des équations simples, et combien une équation, par induction, peut contenir de racines fausses et de racines véritables.

Ferdinand II, grand-duc de Toscane, fonde une académie pour la physique, la chimie, l'histoire naturelle, et dans laquelle toutes les sciences se cultivent.

Entreprise des Hollandais en Amérique, où ils font un immense butin, et enlèvent quelques parties du nord du Brésil aux Portugais.

Commencement de l'académie des *Caliginosi*, à Ancône, par Prosper Bonarelli. 1624.

Les Hollandais s'établissent dans l'île Formose, avec l'assurance que les marchands chinois auront la liberté d'y traiter avec eux.

Plantation de l'île des Barbades par les Anglais.

Benjamin Johnson soutient le théâtre anglais, après Shakespear, par ses comédies. 1625.

André Burœus, Suédois, donne des cartes géographiques des États du Nord.

Commencement de l'académie des *Fantastici*, à Rome, démembrés des *Umoristi*.

Les Anglais et les Français abordent le même jour dans l'île Saint-Christophe, l'une des Caraïbes ou Antilles; ils commencent à s'établir à Saint-Domingue.

Les Hollandais prennent le Brésil aux Espagnols.

Établissement du Jardin des Plantes par Louis XIII; sa surintendance est unie à la place de premier médecin. 1626.

Invention des baromètres par Toricelli.

Kepler substitue l'ellipse au cercle pour représenter l'orbite de Mars, et rend raison du mouvement de toutes les autres planètes.

Depuis J.-C.

Commencement de l'académie des *Erranti*, de Brescia en Italie.

Une compagnie d'aventuriers français s'établit dans les îles du Vent pour intercepter les bâtimens espagnols, et prend l'île Saint-Christophe pour son rendez-vous : c'est l'origine des flibustiers.

1627. Invention du thermomètre par Drebellius, ou Corneille Drebbel.

Les Hollandais vont au Japon et à la Chine.

Établissement des Suédois et des Finois dans la Delaware, depuis Pensylvanie.

Rubens fixe à jamais la réputation et la célébrité de l'école flamande, d'où sont sortis tant d'habiles peintres.

1628. Fondation de l'université de Guatimala en Amérique, dans la Nouvelle-Espagne, par Philippe IV.

Les Hollandais brûlent deux flottes espagnoles, dont l'une venait du Pérou au Mexique.

Fondation de l'école française de peinture, par Simon Vouët, qui restaure le bon goût en France.

1629. Galilée est le premier qui fasse usage de la lunette pour observer les astres.

L'Académie française commence à se former dans la maison de Valentin de Courart, de Paris, où elle tient ses séances jusqu'en 1633.

Les jésuites Longobardi, Térence, Adam Schall et Rho, sont chargés à la Chine de la réforme du calendrier chinois, dont les calculs ne s'accordaient point avec l'observation, et qu'on avait voulu en vain régulariser à plus de quatre-vingts reprises depuis la fondation de l'empire.

1630. Le Dominiquin, le Guide, Lanfranc et l'Albane, élèves du Carrache, se rendent célèbres dans la peinture.

Galilée démontre le mouvement de la terre autour du soleil, et découvre les satellites de Saturne; il donne sa théorie des mouvemens dans la chute des corps.

Philippe Lansberg, astronome des Pays-Bas, donne des tables qui indiquent les mouvemens célestes.

Kepler prédit le passage de *Mercure* et de *Vénus* sur le Soleil pour l'année 1631.

Les Espagnols chassent les Anglais et les Français de Saint-Christophe; ils se réfugient dans les îles voisines.

1631. Commencement de la *Gazette de France*, par Théophraste Renaudot, médecin.

Découverte des veines lactées, par G. Asellius.

Gassendi observe le passage de *Mercure* sur le Soleil, et détermine par ce moyen le diamètre apparent de cette planète.

1632. Galilée publie dans ses Dialogues les preuves du système de Copernic, qui le font persécuter, et qui sont l'occasion de sa fameuse abjuration.

Depuis J.-C.

Pendant les observations de Galilée, Descartes essaie le premier à soumettre aux lois de la mécanique les phénomènes du système du monde, et imagine son système des tourbillons, qui régnait encore en France lorsque Fontenelle composa le livre *des Mondes*.

Jean Toutin, de Châteaudun, applique les couleurs sur un fond émaillé d'une seule couleur; il communique son secret à d'autres ouvriers qui perfectionnent l'art de peindre sur émail.

Gilles Gobelin trouve le secret de teindre la belle écarlate.

Lafaille et Guldin déterminent les centres de gravité des différentes parties du cercle et de l'ellipse.

Fondation de l'université de Derpt en Livonie, par Gustave-Adolphe, roi de Suède, rétablie en 1731 par la princesse Anne, impératrice de Russie.

Les Anglais vont au Maryland, et s'y établissent. 1633.

L'Académie française tient ses premières séances.

Les premières bombes sont jetées au siége de la Rochelle ou à celui de la Motte, par un ingénieur nommé *Mathus*; mais sans être dirigées. 1634.

Le Jardin des Plantes à Paris commence à prospérer par les soins de Bouvard, premier médecin, et de Gui de la Brosse, médecin ordinaire.

Leibnitz publie ses règles pour le calcul de l'infini.

Toricelli perfectionne les microscopes et les verres de lunette; il fait les expériences du vif-argent.

Le premier méridien est fixé à l'île de Fer, l'une des Canaries, dans une assemblée de savans tenue à Paris.

Cavalerius découvre la subtile géométrie des invisibles, ou la manière de considérer les corps par les surfaces, qu'on a poussée depuis plus loin; il détermine les foyers des verres d'une égale sphéricité.

Les Hollandais s'établissent dans l'île Formose que les Japonais leur cèdent, et y bâtissent le fort de Zélande.

Etablissement de la banque de Rotterdam. 1635.

L'Académie française est établie à Paris, et protégée par Louis XIII, pour la perfection de la langue, de l'éloquence et de la poésie. (Voyez son *Histoire*, par Pélisson et d'Olivet.)

Les Français prennent la Guadeloupe, et s'établissent dans cette île, à la Martinique et à Caïenne.

Etablissement des Anglais à Rhode-Island.

Corneille donne en France la tragédie du *Cid*, et commence le siècle qu'on appelle celui de Louis XIV. 1636.

Galilée, Toricelli, Pascal et Boyle vont devenir les pères de la physique moderne.

Etablissement des postes régulières de Londres, pour l'Écosse, l'Irlande, etc.

Norwood trouve 70 milles à chaque degré du méridien.

Depuis J.-C. Fondation de l'université d'Utrecht par les états de la province.

Galilée découvre des taches dans le soleil, à l'aide du télescope.

Pierre de Fermat, de Toulouse, découvre les spirales et les paraboles des degrés supérieurs, et une manière nouvelle de déterminer les centres des conoïdes.

Descartes étend cette manière à la quadrature de toutes les paraboles, ainsi qu'à la détermination de leurs tangentes et de la grandeur de la figure des corps formés par leur circonvolution.

Roberval trouve une manière de mener une tangente, en formant les courbes par le mouvement composé de deux lignes, qui produisent la longueur et la largeur de la courbe.

Plantation du Maryland par lord Baltimore.

1637. Descartes applique (d'après la méthode d'Hariot, suivant les Anglais) l'algèbre à la géométrie, la géométrie et l'algèbre à la physique ou mécanique, et ces trois sciences à l'astronomie; il enseigne la bonne manière d'étudier les effets de la nature, et contribue à la perfection des sciences et des arts.

Le cardinal de Richelieu érige l'Académie française, et donne dans son palais des pièces de théâtre.

Invention du polémoscope par Hévélius.

Halley donne l'astronomie des comètes.

Descartes invente la presse hydraulique.

Les Hollandais achèvent de s'emparer du Brésil sur les Portugais.

On vend en Hollande 120 tulipes la somme de quatre-vingt-dix mille livres, et une seule de ces fleurs est vendue 5,200 livres.

1638. Descartes, pour exprimer la seconde puissance ou carré, écrit un 2 au-dessus de la lettre qui désigne la quantité élevée à cette puissance; pour le cube un 3, et un 4 pour la quatrième puissance.

Les Portugais sont chassés du Japon; les Hollandais seuls continuent d'y commercer.

Découverte du fleuve des Amazones par les Portugais.

La statue équestre de Louis XIII est élevée dans la Place Royale de Paris, aux frais du cardinal de Richelieu.

1639. Horoxès et Crabée observent la conjonction de Vénus avec le Soleil, et expliquent les irrégularités des mouvemens de la lune.

Le quinquina est apporté de Lima à Rome par des jésuites.

Les Anglais se fixent à Antigoa et à Sainte-Lucie, les Hollandais à Saint-Eustache, et les Suédois dans le New-Jersey.

1640. Naissance de la chimie philosophique à l'époque de la création de la philosophie expérimentale.

Les Hollandais s'emparent de Malacca.

Les Portugais se remettent en possession des côtes du Brésil. Depuis J.-C.

Etablissement de l'imprimerie royale du Louvre, d'où sont sortis, aux dépens de nos rois, beaucoup d'ouvrages portant au frontispice : *è typographiâ regiâ*. La direction en est donnée à Sébastien Cramoisi.

Un Français trouve le secret de rendre le verre malléable, et Richelieu le fait arrêter par le même motif que Tibère.

Les Français se fixent à Madagascar et dans la Guyane.

Le quinquina est apporté d'Amérique en Espagne.

Fondation de l'université d'Abo en Finlande, par Christine, reine de Suède.

Une première académie ou société de physique et de mathématiques, se tient à Paris chez le père Mersenne, minime, où se réunissent Descartes, Gassendi, de Roberval, Pascal père et fils, Fermat, Bachet, Desargues, etc. Hobbes, Oldembourg, Boyle, Anglais, Stenon, Danois, et autres étrangers, l'ayant fréquentée, en reportent le goût dans leur pays. A l'assemblée du père Mersenne, succédèrent celles de Montmor et de Thévenot. Ce ne fut qu'après ces assemblées particulières que furent formées la Société royale de Londres et l'Académie des sciences de Paris.

Balzac donne de l'harmonie à la langue française. 1641.

Fondation de la maison de santé de Charenton, par Sébastien Leblanc.

Les Français, aidés par Richelieu, vont aux Indes orientales.

Les Hollandais sont relégués par les Japonais dans une île artificielle, formée dans le port de Nangasaki.

Etablissement des jésuites espagnols entre les bords de l'Amazone et du Napo.

Abel Tasman découvre la Nouvelle-Zélande, quelques îles des Amis, et la terre de Diemen. 1642.

Gassendi trouve que la déclinaison de l'aimant varie.

Galilée trouve l'aire de la courbe appelée *roulette* ou *cycloïde* : Toricelli et Viviani déterminent l'aire et les tangentes de cette courbe.

Le règne de Louis XIII a vu construire les ponts au Change, Saint-Michel et Marie, les églises Saint-Louis, Saint-Eustache et de la Sorbonne, le quai Conti, le Jardin des Plantes, le Luxembourg, le Palais-Royal et le Cours-la-Reine.

Commencement du règne de Louis XIV, si célèbre par le progrès des sciences. Corneille donne ses chefs-d'œuvre ; le Poussin égale Raphaël d'Urbin dans quelques parties de la peinture ; la sculpture est perfectionnée par Girardon ; les Français se rendent recommandables par les grâces et la politesse de l'esprit : c'est l'aurore du bon goût.

Apparition du *Système des tourbillons de Descartes*. 1644.

Depuis J.-C. Les Russes découvrent le fleuve Amour dans la Sibérie orientale, et essaient de communiquer avec les Chinois.

Découverte de la communication du fleuve des Amazones avec l'Orénoque, par les Portugais.

1645. Anne d'Autriche commence le Val-de-Grâce dont François Monsard est l'architecte.

Un Portugais nommé *Jean Fernandès* de Viera, soulève les habitans de Fernambouc contre le gouvernement hollandais du Brésil.

1646. Le cardinal Mazarin protége les premiers succès de l'opéra en France; il fait représenter sur les théâtres du Palais-Royal et du Petit-Bourbon, des opéras italiens exécutés par des voix qu'il fait venir d'Italie.

Flamsteed détermine les lieux de 3 mille étoiles, et surtout ceux des étoiles du zodiaque.

Des Anglais, fuyant les troubles des guerres civiles, passent en Virginie, où ils prennent le nom de *planteurs*; ne trouvant pas de secours pour leurs travaux dans les naturels qui fuient devant eux, ces colons font venir des nègres.

1647. Malpighi donne son anatomie des plantes.

Pascal publie son traité sur la cycloïde.

Hevelius donne une description exacte des taches de la lune, et de ses différentes phases; il en dresse même le plan.

1648. La grande découverte de Harvey et la réformation de Helmont, changent la science de la médecine, et l'étendent.

Etablissement de l'Académie royale de peinture et de sculpture à Paris.

Fondation de l'université de Harderwich dans la Gueldre hollandaise, par les états de la province.

Les Hollandais se présentent à l'île Bornéo, et en obtiennent le commerce exclusif.

1649. Les colons anglais de Virginie se divisent d'opinions pour la république, pour Cromwel et pour la royauté; ils se réunissent contre les Sauvages, et conservent des relations avec leur mère-patrie.

Commencement de l'académie des *Argonauti* d'Ancône.

Des particuliers achètent la Guadeloupe, Marie-Galande, les Saints, et tous les effets de la compagnie française aux Antilles.

1650. Borelli applique la géométrie aux corps organisés.

Perfectionnement de l'art de fondre les statues, par Keller, de Zurich.

Les expériences des Galilée, des Torricelli et des Pascal, sur la pesanteur et des propriétés de l'air, donnent naissance à la physique expérimentale.

Robert Boyle et Vallemont veulent prouver que l'eau se change en terre; mais ce système est rejeté depuis qu'on a fait l'examen de la nature de l'eau.

Depuis J.-C.

Abraham Bosse, de Tours, donne à Paris les premières leçons de la perspective.

Fondation de l'académie des *Annelanti*, d'Ancone.

Cassini fait élever un gnomon ou style haut de 85 pieds, au sommet duquel il place horizontalement une plaque de bronze percée d'un trou circulaire d'un pouce de diamètre, qui donne tous les jours à midi l'image du soleil sur une méridienne : avec ce gnomon, il observe l'entrée du soleil dans l'équateur à l'équinoxe du printemps ; il détermine l'obliquité de l'écliptique à 23 degrés, 28 minutes, 30 secondes, il conçoit par là la distance des foyers de l'ellipse que la terre parcourt, les réfractions de la lumière, et l'inégalité des mouvemens de la terre et du soleil.

Les architectes, vers ce temps, reconnaissent que la noblesse et la simplicité qui faisaient le caractère des bâtimens des Romains, doivent constituer la perfection de l'architecture.

Il s'établit auprès du monastère de Port-Royal-des-Champs, une société de savans qui instruisent quelques jeunes gens choisis, du nombre desquels sont Racine, Pascal, etc.

Descartes dresse les statuts d'une académie à Stockholm.

Les Hollandais s'établissent au cap de Bonne-Espérance.

Des Anglais vont à Fernambouc dans le Brésil, demander aux Portugais des cannes à sucre, pour les planter dans leurs colonies et dans leurs îles.

Les Russes et les Chinois se rencontrent pour la première fois en Sibérie. 1651.

Les chevaliers de Malte acquièrent Saint-Christophe et quelques autres îles.

Comète observée par Cassini, dont la révolution est de 43 mois. 1652.

Un marchand nommé *Admard*, arrivant du Levant, introduit le café à Constantinople.

Le Poussin retrace en France, dans ses tableaux, les grands principes de Raphaël.

Ouverture publique de la bibliothèque de Saint-Victor. 1653.

Commencement de l'académie des *Infecundi*, à Rome.

Daniel de Volterra, peintre toscan, fait la descente de croix de la Trinité du Mont, l'un des trois premiers tableaux de Rome. Le Pontorme et d'autres peintres soutiennent la réputation de l'école florentine.

Fermat applique le calcul aux quantités différentielles pour trouver les tangentes.

Les Hollandais s'emparent du cap de Bonne-Espérance sur les Portugais.

Martini publie son *Atlas Sinicus*. 1654.

Invention de la machine pneumatique, par Otto de Guericke, consul de Magdebourg.

Depuis J.-C. L'astronomie européenne est substituée chez les Chinois à celle des mahométans, par le père Adam Schall, jésuite.

Les Russes envoient en Chine un ambassadeur qui est massacré en route par ses guides.

1655. Huyghens découvre l'anneau de Saturne et un de ses satellites, dont il fixe la révolution à près de seize jours.

On commence à faire usage du café en France.

Wallis donne l'arithmétique des infinis, ou l'art de trouver la somme d'une suite composée d'une infinité de termes, et l'applique à la progression des carrés et des cubes; et, par ces progressions, détermine l'aire des surfaces et la solidité de tous les corps, en cherchant les élémens qui les composent, lesquels élémens forment une progression dont la différence est infiniment petite.

Fondation à Florence d'une académie d'expériences, sous le nom *del Cimento*, par le cardinal Léopold de Medicis.

1656. Fondation de l'université de Duisbourg dans le pays de Clèves, par Frédéric-Guillaume, électeur de Brandebourg.

Fondation de l'académie des *Industriosi*, à Imola dans la Romagne.

Commencement des relations commerciales entre les Russes et les Chinois.

Les Hollandais enlèvent l'île de Ceylan aux Portugais.

Les quakers sont chassés de la Nouvelle-Angleterre par les Anglais.

1657. Quelques philosophes anglais s'assemblent pour chercher en paix des vérités, sous l'administration de Cromwel : c'est le commencement de la Société royale de Londres.

Les Portugais reprennent le Brésil aux Hollandais.

1658. Commencement de l'académie des *Vagabondi*, à Bastia en Corse, pour la poésie italienne, renouvelée en 1750 par le chevalier de Coursay, général français.

Un médecin d'Abbeville, nommé *du Sausoi*, guérit Louis XIV de la fièvre, avec du vin émétique.

Pascal détermine le centre de gravité de la cycloïde, celui de ses parties; la dimension des surfaces, des solides et des demi-solides, formés par la circonvolution de son axe et de sa base, et le centre de gravité de ces corps.

Les Portugais sont chassés des Indes par les Hollandais.

1659. Première manufacture de bas au métier, établie au château de Madrid dans le bois de Boulogne, par Jean Hindret.

La transfusion du sang est enseignée à Oxford en Angleterre.

Les Hollandais sont chassés de l'île Formose par un pirate chinois.

1660. Les Anglais se voient maîtres du commerce des sucres dans toute l'Europe, excepté dans la Méditerranée.

Neill et Van-Heurdet découvrent une méthode par laquelle ils réduisent dans le même temps, et sans se connaître, la rectification d'une ligne courbe à la quadrature d'une autre figure curviligne.

Les priviléges exclusifs font abandonner les colonies françaises.

Les colons français des Antilles se retirent à la côte septentrionale de Saint-Domingue, et prennent le nom de *Boucaniers*, s'occupant de faire la guerre aux bœufs sauvages de cette île.

Commencement de l'académie des *Incogniti*, à Venise, par Jean-François Loredano, sénateur.

Grimaldi trouve que l'inflexion de la lumière doit son origine à l'attraction des corps.

Vauban établit des règles pour les fortifications, avec des ouvrages à corne, à couronne, des demi-lunes, des tenailles et des caponières; il substitue aux bastions, les tours bastionnées, les parallèles, les places d'armes, les cavaliers de tranchée, les batteries en ricochets, etc.

Établissement de la Société royale de Londres par Charles II.

Charles XI, roi de Suède, fait fleurir les arts dans ses États.

Fondation d'une compagnie française pour le commerce de la Chine, à la tête de laquelle est mis Fermanel, négociant de Rouen.

Un Anglais nommé *Lock*, pour corriger la machine de Crescentius, découvre un moyen qui consiste en une espèce de nacelle garnie de plomb à son fond, pour qu'elle enfonce un peu dans l'eau où on la jette: elle est attachée à une ficelle menue, divisée en toises par des nœuds; elle est entortillée dans un tour, et on la laisse filer jusqu'à ce que la nacelle flotte librement, et qu'on puisse la regarder comme fixe: alors on commence à compter le nombre des nœuds écoulés pendant une demi-minute; et comme ces nœuds sont autant de toises, on juge par-là de la vîtesse du vaisseau.

Depuis, les pilotes de Dieppe inventent l'anneau astronomique gradué et percé, pour observer les astres sur mer, et le quart astronomique formant un quart de cercle, et garni d'une pinnule.

Louis XIV commence à faire bâtir des monumens, et excite par son exemple les particuliers à élever des édifices. 1661.

Jean Pecquet, de Dieppe, médecin, découvre le réservoir du chyle que l'on a appelé de son nom.

Il paraît une comète cette année.

Le cardinal Mazarin donne sa bibliothèque au collége de son nom.

Invention des carrosses ornés de glaces, et suspendus par des ressorts.

Grands priviléges accordés à la compagnie anglaise des Indes, par Charles II.

Depuis J.-C. Le pirate Tching-tching-cong établit les usages chinois dans l'île de Formose.

1662. Invention des pendules, par Jean Fromentel, Hollandais.

Invention des pompes à feu.

Cassini calcule de nouvelles tables astronomiques.

Les Hollandais s'emparent de Cochin.

Louis XIV donne dans la cour des Tuileries, un carousel qui y laisse son nom.

1663. Framini invente la machine de Marly.

Plantation de la Caroline.

Établissement de l'Académie royale des inscriptions et belles-lettres de Paris, ainsi que de celles de peinture et de sculpture.

Louis XIV fait distribuer diverses gratifications aux savans, par Colbert.

1664. La compagnie française des Indes s'établit dans le Visapour, à Mazulipatan et sur le Gange ; les Hollandais l'empêchent d'être reçue au Japon.

Pascal imagine de joindre les deux progressions arithmétique et géométrique, et forme un triangle qu'il appelle *triangle arithmétique*, dont la principale propriété est de donner la combinaison des nombres toute faite.

Louis XIV appelle de Rome le cavalier Bernini, célèbre par ses monumens d'architecture.

Invention du compas de proportion.

Riquet commence le canal du Languedoc pour la jonction des deux mers.

Comète observée par Weigelius.

Colbert rachète la Guadeloupe, la Martinique et la Grenade.

Commencement des Mémoires de la Société royale de Londres, appelées *les Transactions philosophiques*.

Surate, l'entrepôt de l'Inde, est saccagée par les Marattes.

Établissement de la compagnie française des Indes, par Colbert, qui en forme le plan, et lui accorde des priviléges pour 50 ans.

Tournefort donne sa méthode pour la classification des plantes d'après la fleur ou corolle.

Les Hollandais et les Anglais se disputent la côte de Guinée.

Newton, âgé de 21 ans, découvre des suites ou séries infinies, où une progression de quantités qui marchent par ordre, s'approchent continuellement de celle qu'on cherche, et lui font trouver la quadrature de toutes sortes de courbes, leur rectification, leur centre de gravité, les solides formés par leurs révolutions, et la surface de ces solides.

1665. Boyle trouve le secret de refroidir les liqueurs avec les sels. Ce secret était connu depuis long-temps en Perse et en Égypte. Boyle produit un froid considérable avec le sel ammoniac et l'huile de vitriol.

Établissement de l'université de Bourgogne. | Depuis J.-C.

Fondation de l'université de Kiel en Holstein.

Fondation de l'école française de peinture à Rome, par Louis XIV, jointe d'amitié à l'académie de Saint-Luc en 1676, pour douze élèves pensionnés, afin d'y aller étudier les chefs-d'œuvre. 1665.

Denis Salo, conseiller au parlement de Paris, donne naissance au *Journal des Savans*, modèle de tous les journaux littéraires qui ont paru depuis.

Louis XIV fait bâtir l'Observatoire de Paris, et élever la façade du Louvre.

Établissement des compagnies françaises des Indes occidentales. Les Hollandais et les Anglais entrent en guerre pour leur commerce des Indes occidentales. La France prend le parti des Hollandais.

Établissement en France de manufactures de laines, de toiles peintes, de glaces, de tapisseries et de points de France.

Les premiers cocotiers sont plantés dans la colonie de Saint-Domingue, par des Français qui s'y étaient établis en 1640, et par de nouveaux colons qu'on y fait passer.

Établissement de l'Académie royale des sciences à Paris, renouvelée et affermie en 1699. 1666.

Établissement de l'hôpital général de Paris.

Colbert fait placer la bibliothèque du roi dans sa maison, rue Vivienne, à Paris.

Les Français chassent les Anglais de Saint-Christophe.

Premier usage du thé en Angleterre.

Charles II fait élever un observatoire à Greenwich.

Établissement de la manufacture royale des Gobelins pour les beaux-arts, fameuse depuis par ses tapisseries et son académie de dessin.

Barrow, anglais, trouve une méthode de mener les tangentes, qui donne lieu au calcul des infiniment petits, et qui consiste dans l'analogie d'un triangle infiniment petit, formé par un arc de la courbe ou par la différence de deux ordonnées, c'est-à-dire de deux lignes parallèles au diamètre de la courbe, et par leur distance avec le triangle formé par l'ordonnée de la courbe, la tangente et la sous-tangente.

Commencement du canal de Languedoc par Riquet et Andréosi, pour la jonction des deux mers.

Cassini trace une méridienne à travers toute la France. 1667.

Newton découvre les lois de l'attraction des corps, en voyant tomber les feuilles d'un arbre vers la terre; il prouve que chaque planète gravite vers le soleil, centre de l'orbite qu'elles décrivent, et soumet ainsi la philosophie aux lois de la géométrie.

Invention du micromètre par Auzout.

Vauban construit la citadelle de Lille, suivant sa méthode nouvelle de rendre les fortifications rasantes.

Depuis J.-C.

Huyghens découvre que la force de la glace est égale à celle de la poudre à canon qui s'enflamme.

Gregory donne une théorie des phénomènes célestes, et les explique par les mouvemens des corps et par les causes physiques tant de ces mouvemens que des phénomènes.

Les Samsons donnent leurs cartes géographiques.

Formation des colonies anglaises dans l'Amérique septentrionale.

Établissement de la manufacture des Gobelins à Paris pour la haute-lisse, dont l'invention est due aux Sarrasins.

Louis XIV établit une académie de peinture à Rome.

Commencement de la société littéraire de Villefranche en Beaujolais, qui, en 1695, a été érigée en Académie royale des sciences et des beaux-arts, et confirmée en 1728.

L'académie *del Cimento* ou de physique, établie à Florence, publie ses Mémoires; elle finit avec la maison de Médicis, en 1737.

Boëce de Boot et Athanase Kirkher considèrent la nature des sels divers mêlés aux minéraux, comme la cause de la diversité de leurs formes cristallines.

1668. Comète qui fut jugée être la même que celle observée du temps d'Aristote, et dont la révolution paroit être de trente-quatre ans.

Louis XIV relève sa marine.

Newton donne sa méthode des fluxions, qui est la suite ou le développement de sa découverte sur la quadrature des courbes dont il est parlé ci-dessus.

Fondation de l'université de Luden par Charles XI, roi de Suède.

Le sucre est cultivé à la Jamaïque par quelques habitans de la Barbade, conduits par Thomas Moddison.

La France s'occupe du soin de faire fleurir ses colonies du Canada; mais elles languissent à côté de celles des Anglais.

1669. Invention de la balance arithmétique par Cassini.

Affranchissement du port de Marseille.

Établissement de l'académie royale d'Arles, par les soins du duc de Saint-Aignan, en faveur de vingt gentilshommes auxquels on en ajouta depuis dix autres.

Formation d'une compagnie française du Nord.

Confirmation de l'université de Kiel par le duc Albert.

Établissement de l'Académie royale de musique à Paris, ou confirmation de l'Opéra, dont l'administration est confiée au prévôt de Paris.

Dominique Cassini et Picart commencent à tracer une méridienne.

Le jésuite Ferdinand Verbiest démontre aux Chinois la fausseté de leur astronomie, en plaçant un gnomon pour indiquer le jour où l'ombre marquerait le lendemain midi.

Il est nommé président du tribunal des mathématiques par l'empereur Kang-Hi.

Les Turcs inventent les parallèles au siége de Candie. 1670.

Les géographes Cluver, Riccioli et autres, dissipent les préjugés de Ptolémée.

Commencemens de la compagnie anglaise de la baie d'Hudson.

Varenius devient le père de la géographie scientifique.

Saveri découvre le moyen de faire monter l'eau par l'action du feu, en plongeant une bouteille échappée dans l'eau par le goulot.

Formation de la compagnie anglaise de la baie d'Hudson.

La compagnie danoise de Tranquebar languit, malgré les efforts d'une nouvelle compagnie qui s'élève sur les débris de l'ancienne.

L'académie de physique d'Allemagne, connue sous le nom de *Société des curieux de la nature*, établie à Augsbourg, commence à publier ses Mémoires, sous le titre de *Miscellanea*.

Le jésuite Lana compose un appareil de quatre globes de cuivre très-minces et très-spacieux, dans lesquels il entreprend de faire le vide, et prétend, par leur légèreté, les rendre capables d'enlever un homme avec un bateau qui le portera.

L'empereur de la Chine Kang-Hi se fait instruire de l'astronomie et de la géométrie européennes, par le jésuite Ferdinand Verbiest, et y fait des progrès en peu de temps.

Établissement de l'Académie royale d'architecture à Paris, confirmée en 1717. 1671.

Commencement de l'hôtel royal des Invalides.

Cassini découvre les quatre autres satellites de *Saturne*, les mouvemens de rotation de *Jupiter*, de *Mars* et de *Vénus*, ainsi que la durée de ces mouvement, et fait voir l'usage de ces satellites pour déterminer les longitudes.

Martinet, officier français, met la baïonnette en usage dans les régimens, et invente de petits bateaux de cuivre pour le passage des fleuves.

Christophe Wren élève à Londres l'obélisque appelé *le Monument*, en mémoire de l'incendie de Londres.

L'Académie française obtient une salle dans le Louvre. 1672.

Des physiciens sont envoyés de France à Caïenne pour faire des observations.

Otto Guerick publie ses expériences sur le vide.

Richer trouve qu'en approchant de la ligne, il faut raccourcir le pendule : par son expérience à Cayenne, il indique l'aplatissement du globe.

Établissement de la compagnie anglaise d'Afrique.

Réunion des deux académies d'Ancône.

Commencement des l'académie des *Schetti*, à Parme.

Depuis J.-C. Les Français vont à Ceylan.

Les Anglais sont rejetés du Japon, à cause de l'alliance de leur roi avec une infante de Portugal.

Newton publie la géographie de Varenius, qui devient la base de toutes les géographies mathématiques.

1673. Le duc d'York invente l'art de faire entendre les ordres sur mer, par les mouvemens divers des pavillons et des flammes. Le chevalier de Tourville perfectionne depuis cette invention.

Sténon, Danois, établi en Italie, pense le premier que la cristallisation a des rapports avec la figure des molécules primitives des métaux.

Dissolution de la compagnie hollandaise des Indes occidentales; elle est rétablie la même année.

Découverte du Mississipi par les Français.

1674. Acquisition de Pondichéri par les Français.

La reine Christine, retirée à Rome, établit dans son palais une académie, qui donne depuis naissance à l'académie des Arcadiens.

Invention des montres à ressort spiral, par l'abbé d'Hautefeuille, Hooke ou Huyghens.

Le gouvernement français rachète de la compagnie des Indes occidentales, la possession de l'île de Saint-Domingue, et tous les Français ont la liberté de s'y fixer : les impôts les empêchent de prospérer.

1675. Newton découvre les principes des couleurs; il démontre qu'elles dépendent de l'épaisseur des corps, et qu'un rayon de lumière est composé de sept rayons colorés; il fait l'anatomie de la lumière.

Huyghens connaît le diamètre apparent d'un astre, en mesurant son image, qui paraît au foyer de l'objectif du télescope.

Claude Perrault donne les dessins de la façade du Louvre. Le chevalier Bernini, qu'on avait fait venir de Rome, en voyant cette façade, fait l'éloge de son rival.

Établissement de l'académie de Soissons, par les soins de Pélisson, sur le modèle de l'Académie française.

Fondation de l'académie royale de Turin, qui, renouvelée depuis, a donné des Mémoires.

Voyage de Tavernier dans l'empire ottoman et en Asie.

1676. Mercator donne ses institutions astronomiques, dans lesquelles il emploie le calcul décimal.

Halley détermine les distances respectives de 350 étoiles, et observe le passage de *Mercure* sur le disque du Soleil.

De Manse commence le canal de l'Ourcq depuis Mareuil et Lizy jusqu'à Paris, et le continue l'année suivante jusqu'à Paris.

Invention des pendules et montres à répétition, par Barlow, Anglais.

Invention de la porcelaine en Europe, par le baron de Boetticher, de Saxe.

Réunion de l'école française de peinture de Rome, à celle de Saint-Luc.

Newton imagine une formule d'approximation, qui consiste à supposer qu'on a la racine entière la plus approchée, ou qui ne diffère de la véritable que d'une unité. 1677.

Découverte des animaux spermatiques dans la liqueur séminale, par Hooke.

Fondation de l'université d'Insprück dans le Tyrol.

Les Français s'emparent de l'île de Tabago.

Apparition d'une comète. 1678.

Robert Boyle fonde, à Oxford, une chaire pour y démontrer les attributs de Dieu par les merveilles de la nature.

Jean Petitot, de Genève, porte la peinture en émail à sa perfection.

Découverte de la Louisiane par les Français. 1679.

Newton introduit dans les mathématiques, des lettres au lieu de chiffres, pour exprimer la puissance où une quantité est élevée.

Leibnitz trouve le moyen d'extraire les racines irrationnelles des équations.

Rolle, géomètre français, invente des règles pour trouver les racines rationnelles ; ou pour approcher de celles qui sont irrationnelles ; ce qui s'appelle *méthode des cascades*.

Louis XIV fait enseigner le droit civil à Paris, malgré la défense de plusieurs papes. C'est le commencement de l'école de droit.

Picard et de la Hire sont chargés de fixer les extrémités du royaume de France dans tous les sens. Picard reconnaît la nécessité d'une méridienne, et qu'il faut partager tout le royaume en triangles contigus qui aient leur sommet aux endroits les plus remarquables ; afin de renfermer dans ces triangles les cartes particulières levées géométriquement, et de les réunir avec autant de facilité que d'exactitude. Colbert adopte ce projet, et le fait exécuter en 1680.

Établissement des Espagnols aux îles Mariannes.

Apparition d'une comète qui alarme la terre : Halley croit que c'est la même qui parut à la mort de J.-César, et dont la période est de 575 ans ; il a remarqué qu'il avait paru quatre fois de suite une comète à l'intervalle de 575 ans, savoir, au mois de septembre, à la mort de J.-César ; l'an de l'ère vulgaire 531, sous le consulat de Lampadius et d'Oreste ; puis au mois de février 1106, et en dernier lieu, cette année 1680. 1680.

Huyghens applique le pendule aux horloges, et perfectionne les télescopes.

Établissement d'une chaire pour le droit français, à Paris.

Mariotte donne une théorie des jets d'eau.

Depuis J.-C. Huyghens découvre l'anneau de Saturne et son troisième satellite.

Le colonel anglais Dodrington, commence à cultiver le sucre dans l'île d'Antigoa.

Invention de la porcelaine façon de la Chine, par Tschirnhaus, Saxon.

Boyle perfectionne la machine pneumatique.

Cassini, Chazelles, Varin, Deshayes, Sadileau et Perrin, vont du côté du Midi; de la Hire, Pothenot et Lefebvre vont du côté du Nord, pour exécuter le projet d'une méridienne en France : d'après leur opération, on corrige les erreurs des mappemondes, et l'on remarque que les longitudes des lieux éloignés de la France sont trop grandes, et que cette erreur croît à proportion de leur éloignement.

Tavernier, Thévenot et Chardin font mieux connaître l'Orient par la description de leurs voyages.

Premier établissement des Français dans les Indes orientales, par la confirmation de l'acquisition de Pondichéri.

1681. Comète observée par Hevelius.

On commence à naviguer sur le canal de Languedoc, qui joint l'Océan à la Méditerranée.

Ludolphe donne son *Histoire d'Abyssinie.*

Louis XIV perfectionne les ports de Toulon et de Brest, et augmente la marine française.

1682. Cassini détermine, à l'aide d'un seul observateur, la parallaxe d'une planète, et imagine de représenter pour tous les habitans de la terre, les éclipses du soleil par la projection de l'ombre de la lune sur le disque de la terre; il découvre une atmosphère lumineuse qui environne le globe du soleil, et qu'on nomme *lumière zodiacale.*

Grimaldi donne des noms aux taches de la lune, et en fait une description exacte.

Comète que Halley a reconnue pour être celle de 1532 et de 1450, et qui a reparu en 1759. Sa révolution est de 76.

Construction de la machine de Marly.

Établissement de l'académie royale et littéraire de Nîmes, pour les belles-lettres, les antiquités et l'histoire.

La prohibition de la sortie des sucres bruts fait décheoir la culture française de Saint-Domingue.

Établissement des écoles de Brest et de Toulon pour l'instruction des gardes-marines, et des écoles militaires de Metz et de Tournai, pour l'instruction des cadets dans les sciences qui appartiennent à l'école militaire. Cette dernière a été tranférée depuis à la Fère. On en a établi de pareilles à Strasbourg, à Grenoble et à Perpignan.

Invention des galiotes à bombes, avec lesquelles on peut réduire en cendres les villes maritimes, par Bernard Renaud, Français.

Découverte d'une communication du Canada avec le golfe du Mexique par le Mississipi. Depuis J.-C.

La mort du grand Colbert suspend les travaux du canal de l'Ourcq, et de plusieurs autres établissemens publics. 1683.

La méridienne de Cassini est continuée vers le nord par la Hire.

Les actions des Indes sont vendues de 350 à 500 pour 100. 1684.

Érasme Bartholin, Danois, en décrivant le spath d'Irlande, donne occasion à la première détermination des angles des minéraux cristallisés, et de la forme géométrique de leur molécule primitive, par Huyghens et Newton.

Voyage de Tournefort en Turquie.

Mercator fait la même découverte que Newton, appelée *suite infinie*, et s'en sert pour carrer ou trouver l'aire de la parabole; il trouve les principes du calcul différentiel, qui a pour objet la différence des grandeurs infiniment petites, à l'égard d'autres grandeurs.

Découverte du calcul différentiel par Leibnitz, ou manière de trouver la différence infiniment petite d'une quantité finie, variable. Leibnitz dispute depuis à Newton la découverte des fluxions.

Pascal prouve que c'est la pesanteur de l'air qui produit l'élévation de l'eau dans les pompes, et la suspension du mercure dans le tube de Toricelli.

Couplet publie des cartes de la Chine.

Établissement de l'académie royale d'Angers, sur le modèle de l'Académie française. 1685.

Établissement d'une académie à Dublin, par Guillaume Molyneux, semblable à la Société royale de Londres.

La révocation de l'édit de Nantes fait passer de France en Angleterre des manufacturiers de toiles, de glaces, de cuivre, d'airain, d'acier, de papier, de chapeaux même, qui manquaient aux Anglais. 1686.

Établissement de Saint-Cyr.

La Hire découvre que le fer exposé au soleil s'alonge, et qu'exposé au froid il se raccourcit.

Wytsen voyage en Tartarie.

Les réfugiés français portent en Allemagne leur industrie, et y établissent des manufactures; ils emportent avec eux le secret du ferblanc et de l'acier.

Mabillon, bénédictin, apporte d'Italie en France plus de trois mille volumes tant imprimés que manuscrits, et les dépose à la bibliothèque du roi.

La Loubère découvre une courbe avec un compas, sur la surface d'un cylindre droit, qu'il appelle *cyclo-cylindrique*.

Pascal imagine le triangle arithmétique.

Érection de la statue pédestre de Louis XIV sur la place des Victoires, par le duc de la Feuillade.

De Beaune découvre un moyen de déterminer la nature des

Depuis J.-C. courbes par les propriétés de leurs tangentes, et la manière de décrire les sections coniques par un mouvement continu.

Les Anglais détruisent le commerce de Surate, pour augmenter celui qu'ils exercent dans les Indes.

Les Espagnols découvrent les îles Carolines ou Nouvelles Philippines.

Claude Bourdelin invente plusieurs opérations chimiques.

1687. Le château de Versailles est achevé.

Le Nostre porte l'art d'embellir les jardins au plus haut degré de perfection.

Weigel, de Genève, invente l'arithmétique tétractique, pour laquelle il ne se sert que des nombres 1, 2, 3, 0, avec lesquels il fait les mêmes opérations qu'avec dix chiffres, et dont l'art consiste à changer les nombres ordinaires en nombres tétractiques.

Système du monde par Newton. L'attraction des corps est démontrée par ce grand génie; il explique le système du monde par la supposition d'une force de gravitation proportionnelle aux masses, et en raison inverse du carré des distances, telle qu'on la démontre maintenant de mille manières.

Autorisation de la société des curieux de la nature d'Augsbourg, par l'empereur Léopold qui s'en déclare le protecteur.

Newton donne les élémens du calcul différentiel ou méthode des fluxions.

Les frères Bernoulli appliquent le calcul différentiel à la solution de toutes les questions géométriques.

1688. Invention des glaces coulées de Saint-Gobin.

Gonie publie une carte de l'Asie, où il démontre qu'il faut rapprocher de 25 à 30 degrés l'extrémité orientale de l'Asie.

1689. Halley perfectionne l'algèbre, dresse des tables astronomiques, donne une théorie des comètes, et trace une ligne où commence la déclinaison de l'aiguille.

L'agriculture est encouragée par les Anglais; des récompenses sont données par eux à l'exploitation des grains.

Fixation des limites des empires de Russie et de la Chine.

1690. Commencement de l'académie des Arcadiens de Rome, pour la langue italienne et la littérature; elle a bientôt des colonies dans les villes d'Italie. Crescimbeni a écrit son histoire.

Commencement de l'académie de physique et de mathématiques de Bologne, qui prit une nouvelle forme en 1712, par les soins du comte Marsigli, et fut depuis connue sous le titre d'*institut de Bologne.*

Pierre-Sylvain Regis démontre que la grandeur apparente d'un objet dépend uniquement de la grandeur de son image sur la rétine.

Newton donne ses *Principes mathématiques de la philosophie naturelle.*

Formation de la compagnie de la baie d'Hudson.

1691. Racine donne *Athalie*, le chef-d'œuvre de la scène tragique.

Établissement de la bibliothèque publique de l'ordre des avocats de Paris.

Découverte des ruines de Palmyre par des Anglais.

Jean-Conrad Amman, médecin à Harlem, approprie à la langue hollandaise les principes de la méthode de Juan-Pablo Bonnet, premier inventeur, et publie un traité sous le titre de *Surdus loquens, sive Dissertatio de Loquelâ.* 1692.

Premier usage des baïonnettes par les Français, à la bataille de Turin.

Invention des pendules à équation, par un Anglais.

Banque d'Angleterre établie par le roi Guillaume.

Tirage de la première loterie publique.

Newton rend raison des lois de Kepler, en faisant voir que la première vient d'un force centripète qui pousse les planètes vers le soleil, et que la seconde vient de ce que cette force est en raison du carré de distance.

Thomas Pereyra, Antoine Thomas et d'autres jésuites européens, réforment l'astronomie chinoise, traduisent en chinois et en tartare les traités d'Europe sur la géométrie, l'astronomie, l'arithmétique, la musique, la philosophie, la physique, et enseignent la fabrique des armes et la fonte des canons, ignorées en Chine.

Tout commerce est interdit aux Européens avec le Japon.

Le quinquina, connu alors sous le nom de *la pâte des pauvres*, est porté à la Chine par les jésuites qui guérissent l'empereur malgré les médecins chinois. 1693.

Invention du micromètre par Auzout, mathématicien.

Etablissement de la banque royale à Londres. 1694.

Découverte de la chaussée des géans, la plus remarquable des curiosités naturelles de l'Irlande : c'est un amas étonnant de colonnes basaltiques.

L'Académie française publie son Dictionnaire.

La société des jeux floraux de Toulouse est érigée en académie.

Fondation de l'université de Halle en Saxe, par l'électeur de Brandebourg, Frédéric, depuis roi de Prusse.

Renaldin propose de marquer sur le thermomètre les points où il s'arrête dans l'eau bouillante et dans la glace, et de diviser l'intervalle en un nombre déterminé de parties. Newton le réalise en 1701.

La société littéraire de Villefranche est érigée en académie royale des sciences et des beaux-arts. 1695.

La princesse Sophie-Charlotte de Hanovre, depuis reine de Prusse, introduit dans ce royaume l'esprit de société, la politesse, et l'amour des sciences et des arts.

Invention de la belle porcelaine de Saxe, par Walther de Tschirnhaus.

Commencement du *Mercure Français*, par Jean Donneau de Visé. 1697.

Depuis J.-C. 1698. Léopold, duc de Lorraine, fait fleurir les belles-lettres à Lunéville, et y établit une espèce d'université où la jeunesse allemande vient se former.

Comète observée par la Hire.

John Wallis apprend la langue anglaise à des sourds-muets de naissance.

Le czar Pierre-le-Grand visite les ports de la Hollande, s'enrôle dans le corps des charpentiers de vaisseaux à Sardam, travaille aux forges, aux corderies et aux usines, fait achever sous ses yeux un vaisseau de 60 canons, prend des leçons d'anatomie, de chirurgie, de mécanique et de philosophie; il passe ensuite en Angleterre, y recueille de nouvelles leçons sur toutes les sciences, et emmène avec lui des hommes habiles dans tous les arts, pour semer les élémens d'une entière civilisation dans ses États.

1699. Erection de la statue équestre de Louis XIV sur la place Vendôme ou des Conquêtes.

J. Vander-Heyden, Hollandais, invente les pompes à éteindre les incendies.

Renouvellement ou affermissement de l'Académie des sciences de Paris.

Le czar Pierre Ier introduit en Russie le calendrier Julien non réformé : auparavant les Russes commençaient l'année au premier septembre, et comptaient les années par celles du monde, suivant le calcul de Constantinople ou l'ère des Grecs, ainsi que l'usage des chiffres arabes.

Les protestans acceptent le calendrier réformé par Grégoire XIII, à la réserve de ceux d'Angleterre, de Suède et du Danemarck, qui s'en tiennent à l'ancien : c'est ce qui fait la différence de dix jours du vieux style au nouveau.

Dampierre découvre une terre australe.

1700. La comète observée en 1668 reparaît cette année, suivant Cassini.

Découverte du calcul intégral par Bernoulli, ou la manière inverse du calcul différentiel : il consiste à trouver la quantité finie dont une quantité infiniment petite, proposée, est la différentielle. Quelques-uns prétendent que ce soit Newton et Leibnitz qui en sont les inventeurs, aussi bien que du calcul différentiel.

Les Anglais inventent, pour observer les astres sur mer, un instrument appelé *quart anglais*.

Halley double le quart anglais, et invente l'octant pour examiner les astres en mer; de Fonchi, Français, y applique une lunette quelque temps après.

La boussole de mer est appelée *compas de variation*.

Hadley invente un compas de variation, qu'il nomme *compas azimuthal*, parce que c'est par les azimuths ou cercles verticaux ou perpendiculaires à l'horizon, qu'il connaît la déclinaison de l'aiguille.

Newton détermine la figure la plus propre à un prompt sillage des vaisseaux.

Cassini prolonge sa méridienne jusqu'à l'extrémité du Roussillon.

Tournefort va dans le Levant recueillir de nouvelles plantes pour le Jardin Royal.

Etablissement de l'académie de Lyon pour les sciences et belles-lettres, qui a été réunie en 1758 à une société royale, fondée en 1713, pour la physique, les mathématiques et les arts.

Etablissement de l'académie ou société royale des sciences de Berlin, par la princesse Sophie-Charlotte de Hanovre, épouse de l'électeur Frédéric III, devenu roi de Prusse, d'après les idées de Leibnitz qui en est nommé président.

Dampierre découvre la Nouvelle-Bretagne.

Le règne de Louis XIV a vu construire les places de Vendôme et des Victoires, les ponts Royal et de la Tournelle, les portes Saint-Martin et Saint-Denis, la colonnade du Louvre, l'hôtel des Invalides, l'Observatoire, les manufactures des glaces et des Gobelins, le jardin des Tuileries, les Champs-Élysées et les Boulevards, les quais des Théatins, Pelletier, des Tuileries et d'Orsai; les églises Saint-Roch, l'Assomption, la Salpêtrière, le Val-de-Grâce, l'hospice des Quinze-Vingts et le palais des Beaux-Arts.

Invention du télescope de réflexion par Newton; il marque sur le thermomètre les points où il s'arrête dans l'eau bouillante et dans la glace; il divise l'intervalle en plusieurs parties déterminées. 1701.

Cassini perfectionne la méridienne, en tirant une ligne des Pyrénées à Paris; il découvre que la terre est un corps oblong.

Halley construit une carte dans laquelle il marque les déclinaisons de l'aimant sur toutes les mers, depuis le 60me degré de latitude méridionale, jusqu'au 60me degré de latitude septentrionale; il perfectionne depuis cette carte, en changeant les lignes des déclinaisons en lignes courbes.

Guglielmini développe l'idée de Stenon sur les rapports de la cristallisation avec la figure des molécules primitives des métaux, en considérant toujours les sels comme la seule cause de la cristallisation.

Le baron de Krosigh érige un observatoire à Berlin, et envoie Kolbe au cap de Bonne-Espérance, pour faire des observations correspondantes.

Publication de l'*Histoire de Ceylan*.

Découverte du Kamtschatka par les Russes.

Comète vue à Rome, que Cassini prend pour celle observée par Aristote, et qui avait déjà reparu en 1668. Sa révolution est de 34 ans. 1702.

Depuis J.-C. Autre comète observée par Bianchini et Maraldi, qu'ils reconnaissent pour être la même que celle de 1664.

La Hire publie en France des tables astronomiques.

Vers ce temps, à l'exemple des Henckel et des Becker, Stahl rassemble les élémens positifs de la chimie opératoire.

Fondation de l'académie des *Aletofili*, de Vérone, par Joseph Gazola.

Fondation de l'université de Breslau en Silésie, par l'empereur Joseph; il y avait un collége illustre dès l'an 1505.

Les Français, du consentement du roi d'Espagne, commercent dans la mer du Sud, et envoient des colonies dans la Louisiane.

Les deux compagnies anglaises se réunissent pour le commerce des Indes.

Établissement des Anglais dans l'île de Pulo-Condor, près de la Cochinchine.

1703. Apparition d'une comète.

Découverte des polypes d'eau douce.

Homberg soutient que les acides ne sont pour rien dans la cristallisation des métaux, et que la cause de cette cristallisation est dans la base combinée avec les acides.

Établissement des académies des sciences de Berlin et de Vienne, par Leibnitz.

Formation d'une nouvelle compagnie anglaise des Indes.

Publication d'un abrégé chronologique des annales de la Chine, en 100 volumes, connu sous le nom de *Kammo*, extraits de 668 volumes, par ordre de l'empereur Kang-hi.

1704. Introduction en France des billets-monnaie.

Newton publie ses découvertes sur les couleurs; suivant lui, la lumière est un amas de rayons colorés; un rayon se divise en sept parties, et le mélange des couleurs primitives produit toutes les couleurs.

Don Juan Pereyra, juif portugais, vient à Paris enseigner à parler à des sourds-muets de naissance; il présente un de ses élèves à l'académie des sciences, et ensuite à Louis XIV.

Formation d'une nouvelle compagnie anglaise des Indes, après plusieurs plaintes faites par les marchands de Londres contre l'ancienne.

Les Anglais de la Caroline renversent l'établissement des Espagnols à Saint-Marc, et à l'embouchure de la rivière des Apalaches.

Commencement de l'académie des *Vigilanti*, de Mantoue, pour la littérature, la physique et les mathématiques, rendue fameuse par Vallisnieri, Saffi, Creveli, etc.

Le czar Pierre fait bâtir Saint-Pétersbourg, pour s'ouvrir la Baltique, et se rendre puissant en Allemagne; il travaille à faire joindre la mer Caspienne à la mer Baltique et au Pont-Euxin, par la communication du Don et du Volga; fait venir des troupeaux de Saxe avec leurs bergers, établit des manufactures de draps, de toiles, de papier; ouvre les mines de Sibérie, appelle et protége des artisans de toute espèce, établit des imprimeries, des écoles publiques et des hôpitaux dans ses États.

Niewentyt, Hollandais, trouve qu'un pouce d'eau produit 13,365 pouces de vapeurs. 1705.

Établissement de l'académie de Caen pour les belles-lettres.

Des ouvriers, creusant les fondemens d'une maison de campagne à Portici, pour le duc d'Elbeuf, rencontrent une voûte, sous laquelle ils trouvent des statues de bronze et de marbre: c'étaient les ruines d'Herculanum. 1706.

Établissement de la société royale de Montpellier; elle fait corps avec l'Académie des sciences de Paris, à laquelle elle envoie des Mémoires.

Découverte des îles Malouines et de Falkland par les Anglais.

Découverte des Nouvelles-Philippines par les Espagnols.

Introduction des billets de la caisse des emprunts en France.

Les François et les Espagnols réunis détruisent les plantations des Anglais dans l'île de la Providenee, et en enlèvent les nègres.

Publication de l'*Histoire de Cromwel*, par Raguenet. 1707.

L'empereur de la Chine fait lever la carte générale de ses États par les jésuites européens, Bouvet, Regis et Jartoux, tous trois mathématiciens.

Jean Keill, Écossais, donne le premier, à Oxford, des leçons de philosophie expérimentale. 1708.

Publication en Angleterre du voyage fait en 1640 par l'amiral de Fuente, à l'archipel de San-Lazaro.

Publication de l'*Histoire des Arabes*, par le comte de Boulainvilliers. 1709.

Quelques vaisseaux de Saint-Malo vont dans la mer du Sud.

Le Japon n'a plus de relation avec les Européens.

Christophe Wren rebâtit l'église de Saint-Paul de Londres. 1710.

Les Hollandais publient de bonnes cartes géographiques.

Fondation de l'université de Girone en Catalogne, par l'archiduc Charles, prétendant à la couronne d'Espagne.

Système de musique de Rameau. Rameau réforme la musique, et prend la nature pour maître.

Système physiologique des mécaniciens, par Herman Boerhaave.

Les Afghans détruisent le commerce de Bender-Abassi, ce qui en éloigne les Européens.

Commencement de la compagnie anglaise de la mer du Sud.

Leibnitz donne sa théorie du mouvement abstrait, et sa théorie du mouvement concret. 1711.

Depuis J.-C. Voyage en Perse et autres royaumes de l'Orient, par Jean Chardin.

1712. Anéantissement de la compagnie française des Indes.

Publication de l'*Histoire de Henri VII et de l'inquisition*, par Marsollier.

Fondation de l'institut de Bologne, ou académie des sciences et arts, par le comte Marsigli; elle ne commença ses séances qu'en 1714.

Malebranche donne une théorie des lois du mouvement, un essai sur le système général de l'univers, la durée des corps, leur ressort, la pesanteur, la lumière, sa propagation instantanée, sa réfraction, la génération du feu et les couleurs: imitateur de Descartes dans son système des tourbillons, il en invente d'autres, dans lesquels chacun des grands est distribué; ceux de Malebranche sont infiniment petits.

L'inoculation, pratiquée de tout temps en Circassie, est mise en usage à Constantinople.

1713. Leibnitz invente l'arithmétique binaire, dans laquelle il ne fait usage que de deux caractères, 1 et 0, avec lesquels il exprime tous les nombres.

Établissement de l'académie de Bordeaux pour les sciences et belles-lettres.

Le second roi de Prusse apprend à ses soldats à tirer six coups par minute; trois rangs tirant à la fois, et avançant ensuite rapidement, décident du sort des batailles.

Établissement de l'académie d'Angers, par Poquet de Livonière.

Pierre-le-Grand entreprend d'établir une marine à Saint-Pétersbourg; il a déjà quatre vaisseaux de ligne et sept frégates.

Voyage de la Loubère à Siam.

La colonie portugaise du Saint-Sacrement commerce avec Buenos-Ayres.

Les Anglais, à la paix d'Utrecht, gagnent le contrat d'*Assiento*, ou le commerce des nègres en Amérique, que les Portugais faisaient seuls avant cette paix.

Découverte de la mine d'Acuntaya dans le Pérou.

1714. Le parlement d'Angleterre promet 20 mille livres sterling à celui qui trouvera le secret des longitudes.

Un bourguemestre d'Amsterdam envoie à Louis XIV un cafier, qui depuis a fourni aux premières plantations faites dans les colonies françaises d'Amérique.

La bibliothèque royale de Paris est placée à l'hôtel de Nevers, rue de Richelieu, où elle est encore.

Frédéric-Guillaume Ier, deuxième roi de Prusse, favorise dans ses États le commerce, les manufactures, les arts, et les encourage par des récompenses.

Voyage de Paul Lucas au Levant, en Egypte et en Abyssinie.

Fondation de l'académie castillane de Madrid, pour la perfection de la langue espagnole. Depuis J.-C.

Les Français de Terre-Neuve pêchent la morue à l'île Royale ou au cap Breton.

La compagnie française des Indes fait renouveler son privilége pour dix ans.

Publication de l'*Histoire de Portugal*, par Quien de Neuville. 1715.

Il se forme à Berlin, chez Jacques Lenfant, Français réfugié, une société de gens de lettres appelée *des Anonymes*, à laquelle le journal intitulé *Bibliothèque Germanique* doit sa naissance.

Première aurore boréale dont on ait fait mention.

Les étrangers sont invités, par Philippe V, à venir établir en Espagne des manufactures de fil, de toile et de papier fin.

Guerre des musiques italienne et française. (*Voyez* le parallèle de ces deux musiques dans Savérien.)

Établissement en France de la banque générale de Law ou Lass, Écossais. 1716.

Pour relever le commerce des colonies françaises, les marchandises qui leur sont destinées, sont déchargées de toute imposition.

Système physiologique des animistes, par Georges-Ernest Stahl, de Franconie.

Voyage à la mer du Sud, par Frazier, de Chambéri.

Les *Lettres édifiantes*, ou *Relation des Jésuites missionnaires*, commencent à paraître; elles ont été continuées jusqu'en 1774. 1717.

Établissement de la compagnie française d'Occident, dont l'objet est la plantation et la culture des colonies françaises. Le roi lui donne la Louisiane, et la réunit à la banque de Lass.

Fondation de l'université de Cervera en Catalogne, par Philippe V, qui y réunit les autres universités de la province.

Commencement de l'académie des Anonymes à Lisbonne.

Plan pour les colonies du Mississipi, formé en France. Ce projet manqué ruine beaucoup de familles. 1718.

Voltaire commence sa carrière théâtrale par *Œdipe*.

Invention de la machine de Lombe pour la filature de la soie, contenant 26,586 roues, et établie à Derby; elle occupe un huitième de mille, une roue que l'eau fait tourner, la fait mouvoir; en vingt-quatre heures, elle fait 518,304,960 verges de fil de soie d'organsin, ou 247,726,080 aunes de France.

Commencement de l'académie de Milan, appelée *Société Palatine*.

Pierre-le-Grand met déjà en mer vingt-deux vaisseaux de guerre.

Depuis J.-C. Établissement de la nouvelle compagnie d'Ostende par la maison d'Autriche, pour le commerce des Indes orientales.

1719. L'université de Paris obtient une somme sur le produit des postes et messageries, dont ce corps est l'inventeur, à condition de donner ses leçons gratuitement.

Réunion des compagnies françaises d'Occident, d'Afrique, de la Chine et des Indes, en un même corps.

Invention de moulins à eau pour broyer le blanc et l'émail de la faïence, par Pierre Mazois.

Les billets de banque sont préférés à l'argent, dont la valeur numéraire avait été affaiblie à dessein.

Projet formé en Angleterre pour la mer du Sud, et manqué ou anéanti.

1720. L'inoculation est apportée de Constantinople en Angleterre, par l'épouse de milord Montague.

Struik, Hollandais, trouve que les courbes de déclinaison de l'aimant ne s'étendent pas seulement vers l'est, mais qu'elles descendent de même au sud.

Découverte d'Herculanum par un paysan : le prince d'Elbeuf, et depuis le roi de Naples, font travailler à ses décombres. Cette ville, ensevelie depuis 1600 ans sous les laves du Vésuve, fait revivre beaucoup de monumens de l'antiquité.

Jacques Cassini donne la grandeur et la figure de la terre.

Établissement de l'académie de Pau en Béarn, par Louis XV, pour les sciences et beaux-arts.

Fondation d'une société des sciences à Upsal en Suède, par l'archevêque Benzelius; elle a été depuis appelée *Société royale*.

Fondation de l'académie royale d'histoire de Portugal, par le roi Jean V.

Variation des actions de la compagnie des Indes, et discrédit des billets de banque en France. Rotterdam et Londres, qui avaient formé de pareilles compagnies de commerce, sont ruinées et bouleversées par leur discrédit.

Publication du *Dictionnaire historique et critique* de Pierre Bayle, du Carlat, au pays de Foix, dans lequel il discute le pour et le contre des opinions philosophiques.

Découverte des îles des Larrons ou Mariannes.

Clieux, enseigne de vaisseau, porte le cafier des Indes aux Antilles.

1721. Des débris du système de Lass, se forme une compagnie française des Indes à Pondichéri, qui devient la rivale de celles de Londres et d'Amsterdam.

On fait à Londres la première épreuve de l'insertion de la petite-vérole sur les criminels condamnés, qui échappent tous aux dangers de cette maladie.

Établissement à Paris d'une école, où des jeunes gens sont

instruits des langues orientales, pour servir de drogmans aux consuls de France dans les échelles du Levant.

Roggeween, Hollandais, reproduit le projet de son père pour la découverte des Terres australes.

Les Danois s'établissent dans le Groënland, et y pénètrent jusqu'au 78me degré de latitude.

Les caravanes des Russes, pour le commerce de la Chine, donnent lieu, par leurs excès, à le faire suspendre.

Le jésuite Jartoux réduit les cartes de toute la Chine à la moitié et au quart du point sur lequel elles avaient été dressées.

Le café est cultivé à Cayenne par les Français.

Fondation de l'université de Dijon par Louis XV. 1722.

Fondation de l'académie royale de Lisbonne, par le roi Jean V, formée des membres de l'académie *des Anonymes*, pour l'histoire de Portugal.

Fondation de l'école de peinture de Toulouse, par Antoine Rivalz; elle a été érigée en académie royale en 1750.

Commencement de l'académie *des Occultès*, à Setubal en Portugal, pour des problèmes.

L'empereur de le Chine, en renvoyant Mezzabarba comme légat du pape, le prie de lui envoyer d'Europe des gens de lettres, un bon médecin, les meilleures cartes géographiques, et les livres les plus estimés, surtout sur les mathématiques, et les découvertes faites sur les longitudes.

Roggeween découvre les îles de Pâques, de l'Aurore, de Vesper et du Labyrinthe; celles de la Récréation, de Baumann, de Roggeween, de Tienhowen et de Groningue.

Les mérinos d'Espagne sont introduits en Suède. 1723.

Comète qui n'est aperçue qu'avec le télescope; elle est observée par Bradley; elle était rétrograde.

Voltaire publie *la Henriade*.

Publication des *Révolutions romaines, de Portugal, de Suède, etc.*, par Vertot.

Commencement de l'académie de Beziers en Languedoc, pour les sciences et belles-lettres.

Pierre-le-Grand invite, par de grands sacrifices, les Anglais à commercer en Perse, par Archangel, par Pétersbourg, le Volga et la mer Caspienne, afin d'ouvrir une école à ses sujets pour apprendre leur négoce, comme ses soldats avaient appris la guerre à l'école des Suédois.

Découverte du bleu de Prusse, par Woodward. 1724.

Commencement de l'académie littéraire de Guimaraens en Portugal.

Fondation de l'académie des sciences de Saint-Pétersbourg, par Pierre-le-Grand. Catherine Ire, impératrice de Russie, en fait elle-même l'ouverture l'année suivante.

Bradley découvre qu'une étoile s'approche du midi, et 1725.

Depuis J.-C. qu'elle s'en éloigne ensuite ; ce qu'il appelle aberraton des étoiles fixes.

Des encouragemens sont offerts en Espagne, par Philippe V, aux étrangers qui y transplanteraient de nouvelles connaissances dans les arts et dans les sciences.

Romer et Bradley prouvent que la lumière vient du soleil en huit minutes.

Boerrhaave perfectionne la médecine, et est appelé l'*Esculape*, ou *l'Hippocrate des Modernes*.

Le capitaine Béering, Danois, est envoyé à l'extrémité des États de Russie, au nord de l'Asie, par Pierre-le-Grand, pour y faire des découvertes.

1726. Frézier dessine les déclinaisons de l'aimant du côté du pôle méridional, comme une espèce de spirale.

Commencement de l'académie étrusque de Cortone, pour les antiquités étrusques. On a plusieurs volumes de ses Mémoires.

Établissement de l'académie de Marseille pour les belles-lettres, l'histoire et la critique.

Apparition d'une aurore boréale, qui dure depuis sept heures du soir jusqu'à une heure après minuit. Ce phénomène est vu en Espagne, en Italie, et surtout en France, où elle permettait de lire les plus petits caractères.

Imprimerie établie à Constantinople, malgré les obstacles qu'y oppose le muphti.

L'empereur de la Chine, Yong-tching, pour exciter ses sujets à l'agriculture, rétablit l'ancien usage de labourer lui-même la terre.

1727. Mort de Newton, âgé de 85 ans, à Kinsington ; il est enterré à Westminster, au milieu des tombeaux des rois d'Angleterre.

Invention du violoncelle, par Buononcini, maître de la chapelle du roi de Portugal.

Béering et Tschiricow partent du Kamschatka, et s'élèvent jusqu'à 67 degrés 18 minutes.

Kempfer voyage au Japon.

1728. La bibliothèque publique de Copenhague, renfermant 120 mille manuscrits et les instrumens de physique et d'astronomie de Tycho-Brahé, est incendiée.

Commencement des travaux du canal de Picardie.

Publication de l'*Histoire d'Abyssinie*.

Béering découvre le détroit qui porte son nom, et qui sépare les deux continens.

Les Russes et les Chinois établissent entre eux des bases de commerce.

Découverte des mines de diamant du Brésil par les Portugais, qui font un des plus beaux revenus de leur roi.

1729. Farensheit produit un froid extraordinaire, en versant sur de la glace pilée de l'esprit de nitre.

Depuis J.-C.

Comète calculée par Delisle.

Commencement de la société littéraire de Montauban, érigée en académie de belles-lettres en 1744. Elle a publié ses recueils. 1730.

Histoire de Saint-Domingue, par Charlevoix.

Commencement de l'académie de Toulouse.

Les Suédois commencent à aller aux Indes occidentales, lorsque les établissemens danois commencent à languir.

Découverte d'une mine de succin en Saxe, près Pretsch. 1731.

Le cardinal de Fleury fonde dans Constantinople un collége français, dans lequel les élèves, formés à Paris dans les langues orientales, doivent s'occuper à traduire les ouvrages du pays et des autres régions orientales, et envoyer leurs traductions à la bibliothèque du roi à Paris. Dès l'année suivante, dix mille manuscrits y sont déposés.

Établissement d'une compagnie suédoise des Indes, pour négocier au-delà du cap de Bonne-Espérance.

L'établissement du jardin botanique de Paris est mis sous l'inspection de Charles Dufay, secrétaire de la maison du roi et prédécesseur de Buffon, qui y rassemble un grand nombre de plantes et d'arbustes exotiques, et y fait construire des serres chaudes nécessaires à leur développement et à leur conservation ; il établit un cabinet d'histoire naturelle, et un herbier des plus complets de l'Europe : des cours gratuits de chimie, de botanique et d'anatomie y sont institués.

Établissement de l'académie de la Rochelle pour les belles-lettres. 1732.

Projet formé de déterminer géométriquement la figure de la terre, en mesurant un degré du méridien sous l'équateur, et un autre sous le pôle. La Condamine, Bouguer, Godin et Jussieu, astronomes destinés à mesurer un degré du méridien sous l'équateur, partent pour la mer du Sud.

Publication de l'*Histoire des conquêtes des Portugais dans le Nouveau-Monde*, par Lafiteau.

Commencement des *Petites Affiches de Paris*, par Antoine Boudet, de Lyon.

Établissement de l'académie royale de chirurgie à Paris, par François de la Peyronie, chirurgien de Montpellier.

La compagnie danoise des Indes renaît à Tranquebar, aidée par de nouveaux priviléges.

Tous les Européens chassés de la Chine sont obligés de placer leurs comptoirs à Macao.

Établissement des Anglais en Géorgie, dans l'Amérique septentrionale.

Fondation de l'université de Goettingue en Hanovre, par Georges II, roi d'Angleterre et électeur d'Hanovre. 1734.

Thomas Germain porte à la perfection la ciselure et la sculpture dans les ouvrages d'orfévrerie. 1735.

Maupertuis, Camus, Clairault et le Monnier se rendent

Depuis J.-C. dans le Nord, pour aller, sous le cercle polaire en Laponie, mesurer un degré du méridien.

1736. Delisle et Cassini étendent les limites de la géographie.

Les académiciens français, envoyés sous l'équateur et au pôle, démontrent que la terre est aplatie vers ses pôles ; on élève depuis, sur les hauteurs de Quito et auprès de Tornéo, deux pyramides pour fournir aux siècles à venir un moyen sûr et facile de vérifier leur opération.

Établissement de l'académie de Dijon pour les sciences; il se forme dans cette ville, en 1752, une société littéraire : ces deux compagnies ont été réunies en 1761.

Depuis la chute du système de Law, la compagnie française des Indes devient une société de fermiers plutôt que de négocians ; elle ne songe qu'à abuser des droits que le gouvernement lui a cédés en Amérique, en Afrique et en Asie; néanmoins elle commence à refleurir.

Commencement de l'académie des *Colombarii* à Florence, pour l'érudition ou les antiquités, et l'histoire naturelle.

Voyage de l'Inde à la Mecque, par Abdoul-Rayns, favori de Thamas-Kouli-kan.

Strahlenberg, Allemand, au service de Russie, fait connaître l'Asie septentrionale.

1737. Comète calculée par Bradley et Méchain : ce dernier croit qu'elle est la même que celle de 1556, dont la période est de 180 ans.

Établissement d'une loterie royale pour l'extinction des capitaux de rentes constituées sur l'hôtel-de-ville de Paris.

Commencement de la société littéraire d'Arras.

Les Anglais détruisent le commerce de Panama et de Porto-Bello, l'entrepôt du commerce du Nouveau-Monde.

1738. Vaucanson donne son flûteur automate.

Commencement de la construction du pont de Westminster, fini en 1750.

Découverte d'une mine de succin dans l'Ukraine, près Kiow.

Shaw voyage en Barbarie et dans le Levant.

Les Français s'ouvrent un commerce dans le Mogol, jusque dans le Thibet.

1739. Pluche donne son *Spectacle de la Nature*.

Établissement d'une académie royale des sciences à Stockholm, par les soins de Linné et du comte de Hocken.

Commencement de l'académie *des Icneutici*, de Fermo, réunie depuis aux Arcadiens de Rome.

Buffon renouvelle, après vingt siècles, les miroirs ardens d'Archimède.

C'est cette même année que Buffon est nommé intendant des jardins du roi, pour y réunir toutes les richesses de l'histoire naturelle.

La Jamaïque s'enrichit avec les colonies espagnoles, par le commerce des esclaves, que ses vaisseaux y vont vendre.

Première exposition dans une des salles du Louvre, des ouvrages de peinture et de sculpture, composés chaque année par les plus célèbres artistes; elle dure depuis le 22 août jusqu'au 15 septembre. 1740.

Découverte de la reproduction des polypes après leur séparation, par Trembley.

Le fils de Cassini convient de la forme exacte de la terre, et reconnaît lui-même qu'elle est aplatie vers les pôles.

Warburton prétend que les constellations du zodiaque n'ont reçu les noms qu'elles portent, que pour exprimer la situation et l'effet de l'action du soleil qui les parcourt.

Commencement de l'école iatro-mathématique ou école chimiatrique.

Confirmation de l'académie de Dijon.

Établissement de l'académie royale de Toulouse, pour les sciences, inscriptions et belles-lettres. Elle avait commencé dès 1730, s'occupant de physique et d'astronomie.

Les Russes parcourent les côtes septentrionales de la Sibérie. Spangenberg, Danois au service de Russie, suit la chaîne des îles Kuriles jusqu'au Japon.

Les Anglais cherchent à anéantir le commerce des Espagnols en Amérique.

Découverte du platine dans l'Amérique espagnole.

Voyage de l'amiral Anson autour du monde.

Vaucanson donne son joueur de tambourin, qui exécute une vingtaine d'airs, menuets et contredanses; il donne également son canard qui boit, mange et digère. 1741.

Benoît XIV fait rétablir à Rome plusieurs monumens antiques, et fonde plusieurs académies.

Béering et Tschirikou, à la tête de vaisseaux russes, débarquent sur les côtes nord-ouest de l'Amérique, reconnaissent la péninsule d'Alaska, parcourent les îles Aleutiennes, et pénètrent jusqu'au cap Mendocino en Californie, en suivant les mers du Kamschatka.

L'amiral Anson double le premier le cap Hoorn, et découvre l'île déserte de Fernandez, où il sème des fruits et des légumes, qui bientôt couvrent l'île entière.

Comète observée par le Monnier et par Maupertuis, qui y a appliqué le système de Newton sur les comètes. 1742.

Franklin fonde une superbe bibliothèque dans la ville de Philadelphie; il y joint des instrumens de mathématiques et de physique, avec un cabinet d'histoire naturelle.

Les Français ont dans les Indes un commerce très-florissant, et leurs armes y sont partout victorieuses.

Invention du microscope solaire par Lieberkuhn. 1743.

Les Russes étendent leurs établissemens dans les mers du nord.

Depuis J.-C. L'amiral Anson traverse l'Océan Pacifique, et parcourt le globe avec deux vaisseaux de guerre.

1744. Comète calculée par le Monnier; elle était très-brillante.

C. C. Cassini donne la méridienne de l'observatoire de Paris.

La société littéraire de Montauban est érigée en académie des belles-lettres.

Établissement de l'académie de Rouen pour les sciences, belles-lettres et arts.

Commencement de l'académie de peinture et de sculpture de Toulouse.

Retour de l'amiral Anson de son voyage autour du monde: il revient des Philippines par les îles de la Sonde et par le cap de Bonne-Espérance, en Angleterre, après trois ans et demi d'absence, et avoir fait beaucoup de mal aux Espagnols.

Première époque des différends entre les Anglais et les Français dans les Indes.

1745. Publication de l'*Histoire de Sicile*, par de Burigny.

Le roi de Prusse, après la paix de Dresde, s'adonne à la poésie, à l'éloquence et à l'histoire.

Pococke voyage en Égypte.

Publication du recueil des cartes de l'empire russe, en vingt feuilles, dressées par les soins de l'académie de Saint-Pétersbourg; elles prouvent que la Sibérie au nord-ouest, n'est séparée de l'Amérique que par un détroit de peu de largeur.

Du Halde donne une description de la Chine.

1746. Découverte de la bouteille de Leyde, ou de la commotion électrique.

Établissement d'une compagnie de toiles anglaises à Londres.

Le jésuite Ferdinand Cousang parcourt le golfe de Californie, et en lève un périple utile à l'Espagne.

Le capitaine anglais Ellis parvient jusqu'au 57me degré et demi vers la baie d'Hudson.

1747. Découverte par Euler, des lunettes acromatiques avec lesquelles on corrige l'aberration des rayons qui défigurent les objets.

Invention de l'héliomètre ou astromètre, par Bouguer.

Bradley découvre que l'axe de la terre a une espèce de balancement ou de vibration dont le centre de la terre est le point fixe, de façon que cet axe s'incline plus ou moins sur le plan de l'écliptique.

Commencement de la société littéraire de Clermont-Ferrand, en Auvergne.

Fondation de l'université de Saint-Pétersbourg, par l'impératrice Élisabeth, sous la dépendance de l'académie.

Fondation de l'école ou académie de Sorow en Danemarck,

pour l'éducation des jeunes gens de qualité, par le baron de Holberg, qui la dote.

George Graham fait le premier des planétaires, et perfectionne les instrumens astronomiques.

Découverte du régule d'antimoine en Suède. 1748.

Passemant, de Paris, construit un télescope de réflexion.

Lenglet du Fresnoy donne son *Histoire et ses Tablettes* 1749.
chronologiques.

Buffon donne son *Histoire naturelle, générale et particulière*.

Commencement de la société littéraire d'Auxerre.

Formation de la pêcherie anglaise des harengs.

Adamson voyage au Sénégal.

Voyage de Poivre à la Cochinchine, d'où il rapporte le poivrier, le cannelier et plusieurs autres arbres qu'il naturalise à l'île de France.

La Caille et Lalande mesurent la parallaxe de la lune pour 1750.
connaître sa distance de la terre. La Caille donne des noms aux étoiles de l'hémisphère austral.

Buache donne sa *géographie physique*.

Danville crée la géographie ancienne.

Établissement de l'académie d'Amiens pour les sciences, belles-lettres et arts.

Établissement de la société royale de Nanci, par le roi Stanislas, pour les sciences et belles-lettres.

Découverte des gaz, de 1750 à 1776. Van-Helmont, Jean Rey, Bayle, Mayou, Hales ont préparé cette révolution : Venel, Black, Saluces, Brown-Rigg, Macbride, Jacquin, Smith, Cavendish, Priestley, Rouelle le cadet, Pringle, Bergman, Bewly, Chaulnes, Bayen, Scheelt, Berthollet et Guiton la provoquent depuis par leurs découvertes.

On imprime en Angleterre des toiles de fil, de coton, et de fil et coton.

Établissement d'une académie royale de peinture et de sculpture à Toulouse : c'était une société en 1744.

Établissement d'une compagnie prussienne des Indes orientales à Embden, capitale de l'Ost-Frise, par le roi de Prusse.

Publication de l'*Histoire des révolutions de Constantinople*, par de Burigny.

Le parlement d'Angleterre admet le calendrier grégorien 1751.
ou le nouveau style, en comptant le 3 septembre pour le 14; cette réformation devenue nécessaire, avait été proposée infructueusement depuis long-temps.

Établissement en France des ingénieurs des ponts et chaussées. L'art de la construction des chemins, perdu depuis les Romains, ressuscité par Colbert, a été porté de nos jours aussi loin qu'il puisse aller, et les plantations faites sur les routes ont ajouté l'agrément à l'utile.

Un chirurgien du Berry, nommé *Brassard*, découvre le

Depuis J.-C. secrèt de l'agaric de chêne, dont la propriété est d'arrêter, sans ligature, les hémorragies dans les amputations, et les suites provenant de la section d'une artère.

De la Condamine mesure les trois premiers degrés du méridien.

Fondation de l'école militaire de Paris en faveur de cinq cents gentilshommes, dont les pères peu riches sont morts au service ou servent encore; elle est d'abord placée à Vincennes, et, en 1756, dans un hôtel près de celui des Invalides.

Établissement de deux académies ou sociétés à Londres, l'une pour les antiquités, et l'autre pour les arts et métiers.

1752. Il se forme à Londres une société, dont le but est d'encourager les manufactures anglaises, sous le titre de *Société anti-gallicane;* elle propose des prix pour la fabrication des étoffes qui seraient le mieux imitées de l'étranger.

Le calendrier grégorien est introduit en Suède : la Russie et les Grecs seuls suivent aujourd'hui en Europe l'ancien calendrier dans l'usage ordinaire.

Renouvellement de l'académie royale de Nîmes.

Renouvellement de l'université de Reggio dans le Modenois, par le duc François-Marie, qui y fonde de nouvelles chaires de jurisprudence, de philosophie, de mathématiques et de physique.

Établissement de l'académie de Besançon, pour les sciences, belles-lettres et arts.

Établissement de l'académie de marine de Brest.

Formation d'une société littéraire à Dijon.

Fondation de l'académie des sciences de Harlem.

1753. Pyramide élevée à Tornéo dans la Laponie suédoise, en mémoire des observations faites, en 1736, par les académiciens de Paris, pour déterminer la figure de la terre.

Fondation du muséum britannique, par sir Hans Sloane, baronnet.

Institution de la société des arts et manufactures à Londres.

Commencement de l'académie de Châlons-sur-Marne pour les belles-lettres, sciences et arts.

Établissement d'une académie de peinture et de sculpture à Marseille.

Établissement d'une académie de belles-lettres à Stockholm.

Établissement d'une académie des beaux-arts à Copenhague.

Établissement d'une académie à Varsovie, pour les langues, l'histoire et la chronologie.

Établissement d'une académie des arts à Dublin.

Établissement d'une académie de littérature à Séville.

Établissement d'une académie d'histoire et de géographie à Valladolid.

Établissement d'une académie de peinture, sculpture et architecture à Madrid.

Kalm voyage dans l'Amérique septentrionale.

Boucher, par ses nymphes lascives, fait dégénérer en France l'art de la peinture. 1754.

Mairan explique ce que c'est que l'aurore boréale.

Formation d'une société littéraire militaire à Besançon.

Établissement d'une académie ou école des langues orientales à Vienne en Autriche, par François Ier, empereur d'Allemagne.

Fondation de l'université de Moscou par l'impératrice Élisabeth.

On commence à faire paraître deux journaux à Saint-Pétersbourg, l'un en langue russe, et l'autre en français.

Poivre, envoyé à Manille, en rapporte cinq plants enracinés de muscadier, et des noix muscades propres à la germination; il les remet à son retour au conseil supérieur de l'île de France.

Un académicien de Dijon explique, par l'impulsion d'un fluide ou de la lumière, les phénomènes que Newton explique par l'attraction. 1755.

Gallien, Français, propose de remplir un vaisseau d'un air spécifiquement plus léger que l'air atmosphérique, et d'en faire une ville flottante dans les airs.

L'inoculation est adoptée en France.

Venel, de Montpellier, invente l'art de faire des eaux minérales factices, qui ont les mêmes vertus que celles de la nature, par la filtration du gaz dégagé dans l'eau pure, tenant en dissolution des matières effervescentes. Black et Priestley y ajoutent depuis par leurs expériences sur l'acide carbonique, et sur la dissolution de ce nouvel acide aériforme dans l'eau.

Description géométrique de la terre, par C. F. Cassini.

Les académiciens Cassini, Camus et Montigny, sont chargés par le gouvernement français, de la confection d'une carte exacte, géométrique et détaillée de la France.

Formation d'une académie des sciences à Erfurt, en Thuringe.

Fondation d'une compagnie danoise pour le commerce des Barbaresques.

Norden, Danois, donne sa relation sur l'Égypte.

Création de la compagnie portugaise de Maragnan.

Helvétius, médecin français, invente les soupes économiques, appelées depuis *soupes à la Rumford*. 1756.

Établissement d'une académie de belles-lettres grecques et latines à Madrid.

Établissement d'une société de marine à Londres.

Publication de l'*Histoire générale des Huns et des Turcs*, par de Guignes.

Depuis J.-C. Albert Haller, médecin de Berne, dévoile, par ses expériences sur l'irritabilité et la sensibilité, la nature des forces qui président à la vie.

Louis XV fait lever les grandes cartes de la France, par Cassini de Thury.

1757. Publication de l'*Histoire du Bas-Empire*, par Lebeau.

L'identité du feu électrique et de l'éclair, est démontrée par Franklin, qui invente les conducteurs métalliques, pour mettre les bâtimens à l'abri de la foudre.

Hasselquist, Suédois, voyage en Palestine et en Syrie.

1758. Publication de l'*histoire de Louis IX*, par Mlle de Lussan.

Établissement à Londres d'une académie de peinture, et d'une école publique de dessin, d'après le modèle vivant, par les soins du chevalier Josué Reynolds.

1759. Louis XV établit une poste particulière pour la ville de Paris et ses environs, d'après le projet de Chamousset : c'est ce qu'on a appelé *la petite poste de Paris*.

Retour de la comète de 1682, connue sous le nom de *la comète d'Halley*, dont la révolution est de 76 ans; elle avait été annoncée par Clairaut.

Publication de l'*Histoire de Charles VII, et des Révolutions de Naples*, par Baudot de Jully.

Publication de l'Encyclopédie.

On permet en France la fabrication des toiles imprimées; vers ce temps, s'établit à Jouy, près Versailles, la manufacture d'Oberkampf.

Les Anglais détruisent le commerce de Surate, et s'emparent des comptoirs des Français qui s'y trouvent.

Création de la compagnie portugaise de Fernambouc.

1760. Invention de la peinture éludorique, et de la miniature à l'huile, par Vincent de Montpetit.

Les mérinos d'Espagne sont introduits en France, en Allemagne et en Autriche.

Publication de l'*Histoire de Gengis-Kan*, par le P. Goubil.

Construction du pont de Black-Friars, à Londres.

Établissement de la société royale de Metz, pour les sciences et les arts.

Publication de l'*Histoire du Paraguai*, par Charlevoix.

Comète découverte le 25 janvier, par Messier.

Établissement de l'académie électorale de Munich, pour les sciences, et pour l'histoire de Bavière; elle a commencé à publier ses Mémoires en 1763.

1761. Le 6 juin, le passage de Vénus, sur le disque du soleil, est observé avec beaucoup d'exactitude à l'observatoire de Paris. Pingré, le Gentil et Chappe, vont l'observer dans différens pays éloignés, et trouvent pour résultat la distance du soleil et des planètes à la lune.

Établissement de la société royale d'agriculture à Paris, et de pareilles sociétés en Bretagne, à Tours, à Orléans, à

Lyon, à Limoges, à Riom, à Soissons, etc. Quelques-unes ont publié des Mémoires utiles. Depuis J.-C.

Réunion de la société littéraire de Dijon à l'académie de la même ville.

Publication de l'*Histoire du Japon*, par Charlevoix.

Les Anglais s'emparent de Pondichéri, et des autres établissemens français de commerce dans les Indes.

Le jésuite Benoît présente à l'empereur de la Chine une mappemonde conforme aux dernières découvertes : ce prince en est si satisfait, qu'il le charge de tracer les deux globes terrestre et céleste, destinés à être placés à côté de son trône.

Titon du Tillet fait exécuter en bronze l'histoire du Parnasse français, qui est placée dans la bibliothèque du Roi. 1762.

Invention des lignes géométriques pour résoudre tous les problèmes de géométrie, par Tobie Mayer, astronome allemand, qui donne aussi des tables du mouvement du soleil et de la lune.

Établissement d'une école d'économie rurale vétérinaire à Lyon, par C. Bourgelat.

Suppression des jésuites en France, et dans presque tous les États de l'Europe.

Louis XV pose la première pierre de l'église Sainte-Geneviève, à laquelle la révolution avait donné le nom de Panthéon. 1763.

Érection de la statue équestre de Louis XV, sur la place qui en prit depuis le nom.

Publication de l'*Histoire de Guillaume-le-Conquérant*, par Prévost.

Les facultés de théologie et de médecine de Paris sont invitées, par le parlement, à donner leur avis sur la pratique de l'inoculation de la petite-vérole, sur les avantages et les inconvéniens qui peuvent résulter de cette méthode.

Voyage de Chandler, Anglais, dans l'Asie mineure.

Voyage à la Guyane, par Stedman.

Les Français augmentent leurs établissemens à Caïenne et à la Guïane.

Hamilton, Anglais, invente un instrument propre à mesurer le temps et à trouver la longitude. 1764.

Voyages dans l'Asie mineure et en Grèce, faits aux dépens de la société des *Dilettanti*, pendant cette année et les deux suivantes, par D. Richard Moudler, Anglais.

Byron fait le tour du monde.

La compagnie française des Indes, qui impute à l'administration de Versailles les malheurs qu'elle a éprouvés dans la dernière guerre, remet au gouvernement ses comptoirs, en lui rendant les actions et les billets d'emprunt dont il est propriétaire : redevenue libre, elle nomme des syndics et des directeurs, à la tête desquels Necker est placé.

Poissonnier, médecin, invente une machine distillatoire

Depuis J.-C. pour dessaler l'eau de la mer. Le gouvernement français ordonne que cette machine soit établie sur tous les vaisseaux.

1765. Charte donnée en Angleterre pour la formation d'une société d'artistes.

Progrès de l'agriculture en France, protégée par les économistes.

Les mérinos d'Espagne sont introduits en Saxe et en Prusse.

Il est défendu en France d'enterrer à l'avenir dans les cimetières existans dans l'enceinte des villes.

1766. Institution de l'école d'économie rurale vétérinaire d'Alfort, près Charenton, par C. Bourgelat.

Établissement d'une école gratuite de dessin à Paris.

Une tache ou macule trois fois plus grande que notre terre, aperçue à la surface du soleil, passe de sa superficie à son centre.

Le roi de Prusse fait distribuer des récompenses aux ouvriers en draps et en toiles de ses États, qui ont travaillé avec le plus de succès à l'amélioration des manufactures.

Voyage de Bougainville sur la frégate *la Boudeuse*, entrepris pour procurer à la géographie des connaissances plus étendues. Bougainville n'en revient qu'en 1769.

Les capitaines Wallis et Carteret, sont envoyés d'Angleterre dans l'hémisphère septentrional, pour faire des découvertes.

1767. Busching publie sa *Géographie*.

Établissement de la caisse d'escompte à Paris.

L'abbé de la Chapelle invente un cornet de liége, auquel il donne le nom de *scaphandre*, et au moyen duquel on peut se soutenir sur l'eau, non-seulement sans crainte d'enfoncer, mais en conservant dans ce fluide un parfait équilibre et l'usage de ses mains; il en fait une épreuve publique à Paris.

Wallis découvre les îles de la Pentecôte et de la reine Charlotte, et retrouve Sagittaria ou O-Taïti.

Carteret découvre la Nouvelle-Hanovre et le canal de Saint-George.

1768. Électricité de l'aurore boréale, découverte à Iéna, par Widebourg.

Aérolithe trouvée à Lucé en France, vérifiée par Fougeroux, Cadet et Lavoisier, qui attestent qu'elle n'est point tombée du ciel, mais que c'est un grès pyriteux.

Établissement d'une académie de peinture à Londres.

Les Russes d'Archangel forment des établissemens pour la chasse dans l'île de Spitzberg.

Pallas et Gmelin voyagent en Sibérie et dans la Russie méridionale.

Voyage en Sibérie par Chappe d'Auteroche.

Hœst, Danois, donne sa *Relation de Maroc*.

Depuis J.-C.

Premier voyage de Cook dans la mer du Sud, sur *l'Endeavour*, qui enrichit l'histoire naturelle et la botanique.

Découvertes des Français dans le sud-est de la Nouvelle-Guinée, par Fleurieu, pendant cette année et la suivante.

Bougainville aperçoit l'archipel des Navigateurs.

Louis XV ordonne la démolition des maisons du pont Marie, du quai des Miramiones, du pont Notre-Dame, du quai de Gèvres, du pont au Change, de la rue Saint-Louis et du pont Saint-Michel; il ordonne de construire des quais entre le pont de la Cité et le pont Notre-Dame, entre ce dernier et le pont au Change, entre le Petit-Pont et le pont Saint-Michel, et depuis le pont Royal jusqu'à l'esplanade des Invalides. 1769.

Suppression de la caisse d'escompte.

Invention de la gravure dans le goût du crayon, par Jean-Charles François, de Paris.

Nouveau passage de *Vénus* sur le disque du Soleil, le 3 juin. Des astronomes européens se rendent, pour l'observer, à O-Taïti, aux Philippines, en Laponie, etc. Il ne doit pas y avoir de semblable passage avant l'année 1874.

Translation de l'université de Pont-à-Mousson à Nanci, par Louis XV.

Torbern Bergmann, Suédois, élève de Charles-Guillaume Scheele, chimiste, démontre que les acides et la base des métaux doivent coopérer à produire les formes cristallines; il démontre aussi que les figures les plus diversifiées sous lesquelles se présente le spath calcaire, se laissent calculer comme un décroissement régulier de la figure primitive des métaux, qui est un rhomboïde.

Apparition, le 8 août, d'une comète dont la queue a 90 degrés d'étendue dans le ciel, appelée depuis par Messier *la comète de Napoléon.*

Voyage aux sources du Nil, en Nubie et en Abyssinie, par l'Anglais Bruce.

Publication de l'*Histoire de Venise*, par Laugier.

Établissement d'une société philosophique américaine à Philadelphie, pour les progrès des sciences utiles; elle est érigée depuis en corps politique.

Voyage à la baie d'Hudson par sir Hearne, Anglais.

Le capitaine Cook visite l'île d'O-Taïti, et découvre les îles de la Société.

Bougainville visite les Nouvelles-Hébrides.

Surville découvre la terre des Arsacides, et visite les côtes de la Nouvelle-Hollande.

On commence à substituer à Paris, des réverbères aux lanternes qui éclairaient auparavant cette capitale. 1770.

Comète observée par Lexel et Burkhardt.

Publication des découvertes de Buffon et de Daubenton en histoire naturelle.

Depuis J.-C.

1770. Publication de la *Géographie* de Guthrie.

Christiern VII, roi de Danemarck, voyage en France pour s'instruire, sous le nom de *comte de Travendalh.*

Doctrine pneumatique, ou *découverte des substances aériformes ou fluide élastique, appelé* gaz *par Lavoisier.* La chimie soumet à l'analyse les quatre élémens connus jusqu'alors; savoir : l'air, l'eau, le feu et la terre; elle leur enlève leur simplicité et leur unité. On trouve la nature de l'air, de l'eau, des acides, des oxides; les dissolutions métalliques des matières végétales et animales. Lavoisier commence la théorie des êtres, et l'achève. On décompose, on recompose l'air; on trouve dans les vapeurs et dans les gaz émanés de certaines substances, un air plus léger que l'air atmosphérique. Lavoisier opère une révolution dans les sciences physiques; il crée une nouvelle langue pour la chimie, et l'unit à la logique de Condillac. Fourcroy enseigne ses découvertes qui préparent les théories de la Place et de Patrin, sur la formation du globe et sur celle des volcans. Meunier, Monge, Berthollet, Fontana, Volta sont leurs coopérateurs, et depuis, Nicholson, Dandolo, Klaproth et Humboldt sont leurs continuateurs. Les corps simples ou indécomposés sont, suivant la nouvelle théorie : 1° la lumière répandue dans l'univers, qui s'écoule du soleil ou des étoiles fixes, et qui est mue par leur rotation; 2° le calorique qui est le principe de chaleur dans l'univers qu'il vivifie, en pénétrant et en dilatant tous les corps; 3° l'oxigène, principe long-temps inconnu, fondu dans le calorique sous la forme de gaz, existant dans l'air où nous le respirons, se dégageant des corps brûlés par le calorique et la lumière qui le fondent, un peu plus lourd que l'air, produisant une sorte de flamme, entretenant la chaleur des poumons, donnant la qualité acide aux corps auxquels il s'unit; c'est lui qui est la base de la doctrine pneumatique; 4° l'azote, existant dans l'atmosphère sous la forme de gaz, pouvant être séparé de l'air qui est plus léger que lui, éteignant la lumière, tuant les animaux; dilatable par le calorique, il arrête le mouvement musculaire; 5° l'hydrogène, gaz plus léger que l'air, occupant le haut de l'atmosphère où il forme les météores lumineux, odorant, fétide, inflammable, détonnant, principe des végétaux et des animaux, respirable et diminuant le mouvement vital; 6° le carbone, combustible existant dans le charbon, où il est combiné avec l'oxigène; il n'a ni couleur ni forme; il est noir, friable, absorbe la lumière et les gaz, a la chaleur rouge, et brûle; 7° le phosphore, connu depuis cent cinquante ans, s'obtient par l'art, se trouve dans les composés des trois règnes, brillant, cristallin; il brûle lentement; 8° le soufre qui est le principe de l'acide sulfurique; 9° le diamant, corps dur, combustible et même volatil; 10° les métaux. Les corps brûlés sont : 1° les oxides, sans saveur aigre, non métalliques et métalliques; 2° les acides ayant une saveur aigre, formant les divers sels; 3° les bases salifiables, telles que les terres et les alkalis; 4° les sels; 5° les métaux.

Poivre, intendant de l'île de Bourbon, fait cultiver dans son département et dans l'île de France, le girofle et la muscade qu'il y a transportés en 1754; il en fait même passer aux îles Séchelles et de Caïenne.

1771. Retour de *l'Endeavour*, vaisseau de l'amiral Cook, après son premier voyage autour du monde, et après avoir fait plusieurs découvertes dans la mer du Sud. Il était monté par le docteur Solander et le chevalier Banks. Cook reconnaît les îles de la Nouvelle-Zélande, ainsi qu'une grande partie de la côte de la Nouvelle-Hollande.

Buffon essaie, dans les *Époques de la nature*, de déduire l'origine du système planétaire du choc d'une comète sur le soleil, qui en aurait détaché quelques parties de la masse.

Le comte de Drum, officier hollandais au service de Russie, découvre dans l'île de Nio (Jos) l'une des Sporades, le tombeau d'Homère.

Louis XV essaie de rétablir l'agriculture dans l'île de Corse, en y envoyant une compagnie composée de quelques familles de Lorraine.

1772. Établissement de la société royale de Chambéri.

Incendie de l'Hôtel-Dieu de Paris.

Publication du voyage de Bougainville autour du monde, et d'un autre voyage autour du monde, de Banks et Solander, par Fréville.

Knight, Anglais, invente la manière de faire des aimans artificiels sans aimant, en plaçant une barre d'acier parallèlement à la déclinaison d'une aiguille aimantée.

Des savans danois visitent l'Arabie. Niebuhc publie les résultats de ce voyage.

Cook part avec le capitaine Fourneaux pour un second voyage qu'il fait autour du monde, lors duquel il détermine la non-existence du continent méridional, et ajoute plusieurs découvertes qu'il avait déjà faites dans la mer du Sud.

1773. Guyton-Morveau découvre les moyens de désinfecter l'air, de prévenir la contagion, et d'en arrêter les progrès par les fumigations d'acide muriatique oxigéné.

Le collége royal de Paris est réuni à l'Université; les pensions des professeurs sont augmentées.

Suppression des jésuites, par le pape Clément XIV.

La compagnie anglaise des Indes devient puissante.

Publication de l'*Histoire de Pologne*, par de Solignac.

Etablissement de l'université de Modène.

Bernardin de Saint-Pierre donne son *Voyage à l'île de France, à l'île de Bourbon et au cap de Bonne-Espérance.*

Depuis J.-C.

Voyage du comte Duprat dans l'Inde, pendant cette année et la suivante, qu'il fut gouverneur de Mahé.

Voyage en Guinée et dans les îles Caraïbes, par Iserr.

Bruce voyage en Abyssinie.

Le capitaine Philipps, envoyé pour reconnaître le pôle du Nord, parvient jusqu'au 18e degré, et court le risque d'être enfermé dans les glaces : son entreprise pour découvrir un passage dans cette partie, devient inutile.

Établissement des Anglais à la baie d'Hudson.

Le capitaine Cook découvre l'île d'Harvey, et va aux îles des Amis où il se sépare du capitaine Fourneaux.

1774. Le règne de Louis XV a vu construire le Panthéon et Saint-Sulpice, les Écoles militaires, de Médecine et de Droit, le Champ de Mars, 3,600 toises de boulevards, les premiers bâtimens du Jardin du Roi, le collége de France, l'hôtel des Monnaies, la place Louis XV, la Halle aux blés, le pont de Neuilli et son avenue, la fontaine de Grenelle, le Garde-Meuble, la manufacture de Sèvres et la Savonnerie, les voûtes du grand égoût, sur un développement de trois mille toises.

Louis XVI pose la première pierre de l'École de Chirurgie à Paris.

On coupe les arbres et les bosquets de Versailles, pour les replanter tels qu'on les voit aujourd'hui.

Établissement de l'académie des sciences de Mantoue.

Établissement d'un muséum à Rome, par le pape Clément XIV; il y rassemble beaucoup de précieux restes de l'antiquité.

Voyage de J. S. Stavorinus, Hollandais, cette année et les suivantes, au cap de Bonne-Espérance, à Batavia, à Amboine et à Surate.

Voyage de Bogle au Thibet, dont la relation a été traduite par Parraud.

Le capitaine Cook découvre les îles Pernicieuses et la Nouvelle-Calédonie.

Voyage aux Moluques et à la Nouvelle-Guinée, par le capitaine anglais Ferest, traduit par Demeunier.

1775. De Chezy prouve que pour établir un mouvement uniforme des eaux courantes dans un canal de dimensions données, les vitesses doivent être proportionnées à la racine carrée des pentes.

Système sexuel des plantes, développé par Linné, ou classement des plantes d'après les parties sexuelles, ou les pistils et les étamines.

Système physiognomonique de Lawater.

L'Espagne charge Ayala et la Bodega de reconnaître la côte nord-ouest de la Californie. Ayala découvre le cap del Engano, la baie de la Guadalupa et le port de los Remedios.

Voyage de Thunberg, Suédois, au Japon et à Ceylan, par

le cap de Bonne-Espérance et les îles de la Sonde, dont la relation a été traduite par Langlès. Depuis J.-C.

Le capitaine Cook découvre la Géorgie méridionale et des côtes couvertes de neige, voisines du pôle du Sud, qu'il appelle *Thulé méridionale* et *terre de Sandwich;* il revient en Angleterre où le capitaine Fourneaux était rentré un an auparavant sans faire de découvertes.

Ouverture du cabinet d'histoire naturelle de Madrid. 1776.

Invention de la roue astronomique, machine propre à observer les éclipses de lune, par Jacques Ferguson, Écossais.

Cavendish remarque combien l'air inflammable ou le gaz hydrogène est plus léger que l'air atmosphérique.

Création d'une école gratuite de dessin à Paris, par Bachelier.

Publication de l'*Histoire des Stuarts*, par Hume.

Établissement de l'école des sourds-muets à Paris, par l'abbé de l'Épée, qui emploie à leur égard le langage visible des signes méthodiques. Cet établissement a été perfectionné après lui par l'abbé Sicard. Il s'en établit depuis plusieurs en France et en Allemagne.

Rétablissement de la caisse d'escompte, par Turgot.

Le capitaine Grenier, chargé de faire des observations dans les mers des Indes, remet à Louis XVI les cartes qu'il a dressées de l'archipel situé au-delà de l'Ile-de-France, et dans lesquelles est tracée la nouvelle route à tenir pour aller de ces îles dans toutes les contrées de l'Asie.

L'Angleterre charge Cook de résoudre le problème encore subsistant du passage au nord-ouest d'un océan à l'autre.

Les capitaines Cook et Clerke font un troisième voyage pour chercher ce passage entre les continens de l'Asie et de l'Amérique; ils découvrent les îles du prince Édouard.

Le capitaine Borda, commandant *la Boussole* et *l'Espiègle*, va déterminer, par des observations astronomiques et avec le secours des montres marines, la position des îles du Cap-Vert et des côtes d'Afrique, depuis le cap Spartel jusqu'au-delà du Sénégal; et le capitaine la Bretonnière, montant *le Postillon* et *le Milan*, fait les sondes et les relèvemens des côtes de Flandre, de Picardie et de Normandie; vérifie le gissement respectif des points des côtes, et fait les observations géographiques nécessaires pour perfectionner la nouvelle édition du *Neptune français*.

Voyage à la Nouvelle-Guinée, par Sonnerat.

L'empereur Joseph II visite les ports et les arsenaux de France, et y suit tous les procédés des arts. 1777.

Érection du mausolée du maréchal de Saxe (ouvrage de Pigalle), dans l'église de Saint-Thomas de Strasbourg: son corps y est transféré avec pompe.

Depuis J.-C. Découverte de la volatilité du diamant, qui se dissipe en vapeur au feu du réverbère.

Établissement du Mont-de-Piété à Paris.

Création en France d'une loterie en rentes viagères et perpétuelles.

Suppression et rétablissement des communautés d'arts et métiers en France.

Publication de l'*Histoire générale de la Chine*, par l'abbé Grosier.

1778. Pie VI fait dessécher les marais Pontins.

Linné, Vallerius et Daubenton emploient à la détermination des espèces, des genres, des ordres et des classes de métaux, les caractères qui se tirent de la forme du tissu, de la transparence, des couleurs, et de certaines propriétés, comme celles d'étinceler par le choc du briquet, de faire effervescence avec l'acide nitrique, etc.

Disputes en France au sujet de la musique de Gluck et de Piccini.

Catherine II, en suivant les projets de Pierre-le-Grand, porte les flottes russes à 137 bâtimens, dont 40 vaisseaux de ligne et 50 frégates.

Système physiologique de Barthez, médecin.

Cook aborde à la Nouvelle-Albion, visite Nootka, et retrouve le cap, la baie et le port découverts par Ayala, en 1775. Il traverse le détroit de Béering, et détermine la position respective des deux continens, et les limites de l'océan navigable entre l'Asie et l'Amérique.

1779. Fondation du lycée de Paris, par Pilatre du Rosier.

Duchanoy réduit en système l'art de fabriquer les eaux minérales.

Dessèchement d'un marais de deux lieues de longueur, depuis la ville de Chaumont en Vexin jusqu'au village de Marquemont, par Boncerf et Courvoisier.

Publication de l'*Histoire universelle*, depuis le commencement du monde, par une société de savans anglais.

Établissement d'un musée à Calcutta dans les Indes, par les Anglais.

Publication en France des trois voyages du capitaine Cook, par Suard et Démeunier.

Blanchard, physicien français, promet de faire un bateau volant.

1780. Werner, naturaliste allemand, donne sa méthode de classification des substances minérales et des rochers, par leurs caractères extérieurs, par les caractères intérieurs ou chimiques, par leurs caractères physiques et empyriques, etc.

Le gouvernement français fonde, en faveur de l'école vétérinaire d'Alfort, près Charenton, une école gratuite des principes relatifs à la fidèle représentation des animaux, tant en peinture qu'en sculpture.

Invention du papier vélin, par Ambroise Didot, imprimeur de la collection *ad usum Delphini*. Depuis J.-C.

Le frère Jean Basseillac, connu sous le nom de *frère Côme*, trouve le moyen d'extraire la pierre ou calcul, par la voie du pubis, et invente le lithotome.

Invention des fourneaux économiques et portatifs, par Nivert.

Fondation en France d'une société philantropique, sous la protection de Louis XVI.

Établissement à Paris d'une école gratuite de boulangerie.

Voyage pittoresque dans l'Inde, pendant cette année et les trois suivantes, par l'anglais William Hodget.

Fondation d'une Académie des arts et des sciences, par les représentans de Massachussets, l'une des provinces de la Nouvelle-Angleterre, pour l'encouragement des recherches des antiquités de l'Amérique.

Découverte de la planète *Uranus*, par Herschell, astronome anglais; on lui donne aussi le nom *d'Herschell*, ou *Sidus-Georgius* : sa révolution est de 83 ans 127 jours. 1781.

Découverte de deux nouveaux satellites de *Saturne*, et vérification de son anneau.

Louis XVI ordonne que les malades de l'Hôtel-Dieu de Paris soient couchés chacun dans un lit séparé, et placés dans des salles divisées suivant les genres de maladies.

Découverte de la planète de *Cérès*, par Piazzi, de Palerme. Sa révolution est de 4 ans 7 mois 10 heures.

Margraf découvre le sucre de betterave qui avait été indiqué long-temps auparavant par l'agronome français Olivier de Serre.

La czarine envoie à la Chine quelques jeunes russes sous la conduite d'un archimandrite, pour apprendre la langue chinoise, les arts et les sciences en honneur dans cet empire.

Établissement de la banque de Saint-Charles en Espagne, sur le plan donné par Cabarrus, banquier français.

Le 28 juin, découverte d'une comète par Méchain.

Bailly donne son *Histoire de l'astronomie ancienne, moderne et indienne*.

Voyage dans l'intérieur de l'Afrique, depuis le cap de Bonne-Espérance, à travers la Cafrérie, les royaumes de Mataman, d'Angola, de Massi, de Monoémigi, de Muschako, etc., en continuant par le désert de Sahara et de la partie septentrionale de la Barbarie, jusqu'à Maroc, commencé en 1781, et achevé en 1797, par Charles François Damberger, allemand, au service de la compagnie hollandaise.

Publication des découvertes des Russes entre l'Asie et l'Amérique, avec l'histoire de la conquête de la Sibérie,

Depuis J.-C.

et du commerce des Russes et des Chinois, par l'anglais Coxe, dont l'ouvrage est traduit par Démeunier.

Voyage sur les côtes de l'Arabie-Heureuse, sur la mer Rouge, en Égypte, par Henri Rooke, major anglais.

1782. Établissement de la fonderie de Romilly près Rouen, par Lecamus de Limare.

Invention des planchers en fer, par Ango, architecte de Paris.

Découverte de la planète de *Pallas*, par Olbers, de Bremen : sa révolution est de 4 ans 7 mois 11 jours.

Montgolfier conçoit l'idée de renfermer sous des enveloppes très-légères, un nuage factice composé de vapeurs produites par la combustion de diverses substances animales et végétales : ses expériences démontrent que l'enveloppe du ballon s'élève par la seule raréfaction de l'air, au moyen de la chaleur.

Invention de la sténographie, par Samuel Taylor, Anglais.

Le comte de Carburi, connu pour avoir fait transporter à Saint-Pétersbourg la roche immense dont on a fait le piédestal de la statue de Pierre Ier, retiré dans l'île de Céphalonie, y établit dans ses possessions des plantations de sucre, de café et d'indigo; il fait venir des planteurs de la Martinique.

Les mérinos d'Espagne sont introduits en Angleterre, en Amérique et au cap de Bonne-Espérance.

Kerqueley donne sa relation de deux voyages dans les mers australes et dans les Indes.

Voyage dans l'Amérique septentrionale, par Robin, de Tonnerre.

Voyage aux Indes orientales et à la Chine, par Sonnerat.

1783. Le marquis de Jouffroy fait des expériences pour la découverte des bateaux à vapeur, et fait l'application de la pompe à feu à la navigation.

Bertholon démontre l'électricité des végétaux et celle du corps humain, dans l'état de santé et dans l'état de maladie.

Invention des ballons à Annonay, par les frères Montgolfier qui, en renfermant dans un globe de toile ou de soie, un fluide ou air inflammable moins lourd que l'air atmosphérique, et en y adaptant une nacelle légère, parviennent à naviguer dans les airs.

Premier ballon aérostatique lancé à Paris, par Montgolfier; on y adapte d'abord des chats, des moutons et d'autres animaux vivans.

Herschell remarque dans la lune une éruption volcanique et deux montagnes nouvellement formées par l'effet d'une explosion.

Pilatre du Rosier et le marquis d'Arlande s'élèvent les pre-

Depuis J.-C.

miers dans les airs, à la Muette, le 21 novembre, dans une galerie de bois et de toile, placée sous un aérostat, dont le diamètre est de 46 pieds, montent à 500 toises, et descendent dans la plaine de Mont-Rouge.

Charles reconnaît que le gaz échappé du fer, qu'il nomme *gaz inflammable*, est dix fois plus léger que l'air atmosphérique; et au moyen de la dissolution de la gomme élastique par les huiles, il enferme l'air inflammable dans une enveloppe de taffetas enduit de cette gomme.

Charles et Robert s'élèvent les seconds, au milieu du jardin des Tuileries, avec un aérostat de 40 pieds de diamètre, et dans un char élégant qui lui est adapté, en se servant du procédé de l'air inflammable. Charles s'élève à 1700 toises. Le ballon de Biot et Gay-Lussac s'élève à 3000 toises au-dessus de la mer.

La géographie politique est appelée *statistique*.

Création d'une école des mines à Paris par Louis XVI, sur le plan proposé par B. G. Sage, connue depuis sous le nom de *musée des mines*.

Publication de la *carte générale de la France*, par C. François Cassini, en 181 feuilles *in-folio*.

Il s'élève une nouvelle île près de l'Islande, au sud de Grimbourg.

Second voyage de le Vaillant, dans l'intérieur de l'Afrique, par le cap de Bonne-Espérance, pendant cette année et les deux suivantes.

Voyage de Desfontaines sur les côtes de Barbarie, pour observer les diverses parties de l'histoire naturelle.

Voyage de Volney en Syrie et en Égypte, pendant cette année et les deux suivantes.

Samuel Turner, Anglais, fait un voyage au Thibet et au Boutan, par ordre du gouverneur-général de l'Inde; sa relation a été traduite par Billecocq.

Le capitaine anglais Wilson découvre les îles Pelew.

La perfection des manufactures anglaises détermine les Français à n'employer que des étoffes anglaises: tout devient anglais en France, même les goûts et tous les tons; ce qui fait passer l'argent de France en Angleterre. 1783.

Faujas de Saint-Fond donne la description de toutes les substances produites ou rejetées par les feux souterrains, ainsi que la minéralogie des volcans.

Première ascension en ballon, faite en Angleterre par Lunardi.

Magnétisme animal inventé par Mesmer, médecin allemand, ou découverte d'un fluide universel qui régit les astres et les trois règnes de la nature. Mesmer prétend le démontrer avec l'aiguille aimantée et les découvertes alkaliques. Une commission chargée par le roi d'examiner cette découverte, décide que le magnétisme n'est rien, que ce

Depuis J.-C. fluide n'existe pas, et qu'on ne peut lui attribuer aucun des effets observés au baquet de Mesmer. Depuis, et malgré cette décision, le magnétisme se propage dans toute l'Europe.

Blanchard passe le Pas-de-Calais en ballon, et vient d'Angleterre en France.

Voyage au Sénégal pendant cette année et la suivante, par de la Jaille, ancien officier de marine française.

1785. Découverte d'une comète, le 7 janvier, par Messier et Méchain.

Publication de l'*Histoire d'Angleterre*, par l'abbé Millot.

Publication de l'*Histoire des révolutions de Constantinople et de la Sicile*, par Lévesque de Burigny.

Pilatre du Rosier, avec Romain, son compagnon, en combinant les deux procédés de la fumée et de l'air inflammable, entreprennent, le 15 juin, de passer de France en Angleterre dans un ballon; mais le feu y prend, et ils sont fracassés dans leur chute.

Le 30 septembre suivant, Arnold et son fils s'élèvent à Londres dans un aérostat avec parachute : le char ayant penché, le père est précipité; le fils se retient aux cordages, le char se redresse ; un nuage de fumée s'élève ; l'aérostat tombe dans la Tamise ; le jeune Arnold gagne les bords à la nage sans accident.

Découverte des mines de charbon du Mont-Cénis, par de la Chaise ; elles mettent depuis en activité des machines de toutes les espèces, des fourneaux, des pompes, et des machines à feu dirigées par Ramus. Le roi y fait établir une fonderie royale et une verrerie transportée de Saint-Cloud pour les cristaux de la reine, sous la direction de Lambert et Boyer.

Argand imagine les lampes à double courant d'air, appelées depuis *quinquets*, du nom de celui qui en avait donné la première idée.

Voyage dans le nord de la Russie asiatique, depuis 1785, jusqu'en 1794, par le commodore anglais Billurgs.

Voyage à la Troade pendant cette année et les suivantes, par Jean-Baptiste Lechevalier.

Voyage en Afrique par le chevalier de Boufflers, gouverneur du Sénégal.

Voyage de Goseyn-Porungéer au Tibet, dont la relation a été traduite par Billecocq.

Voyage en Afrique par Golberry.

James Hauna, Anglais, part de Canton pour Nootka-Sund, et découvre Fitz-Hug-Sund.

1786. Passage de *Mercure* sur le Soleil : ce passage, observé dans plusieurs endroits, fait connaître la véritable théorie de l'orbite de cette planète.

Le 18 juin, voyage aérostatique de Testu dans un ballon de 27 pieds de diamètre, fait avec du taffetas enduit d'un vernis imperméable à l'air.

Petite comète découverte et observée par Méchain, près l'épaule du verseau.

Construction du port de Cherbourg.

Établissement d'une caisse d'amortissement en Angleterre.

Institution des enfans aveugles, par Valentin Haüy, qui leur apprend la géographie et les autres sciences ; en suppléant à la vue l'action intelligente du toucher.

Création par Louis XVI de la ferme expérimentale de Rambouillet, pour l'introduction des mérinos en France.

L'importation en France des tissus anglais, retarde les progrès des manufactures françaises.

Découverte d'un papier fait avec des plantes et des végétaux ; par Léorier de Lisle.

Dionis du Séjour donne son *Traité du mouvement des corps célestes*.

Publication des voyages de Pierre Poivre dans les îles d'Asie.

Voyage de la Peyrouse autour du monde, avec le botaniste la Martinière, sur les frégates *la Boussole* et *l'Astrolabe*, pour reconnaître la mer du Sud et les côtes nord-ouest de l'Amérique septentrionale ; il arrive au mont Elie, s'avance jusqu'au 60e degré, revient au port de Monterey, et passe à Macao en Chine.

Voyage à la côte occidentale d'Afrique pendant cette année et la suivante, par L. de Grandpré, officier de marine en France.

Voyage dans l'Amérique septentrionale, par le marquis de Chastellux.

Lowrie et Guise, expédiés de Bombay, reconnaissent les îles de la reine Charlotte, que la Peyrouse découvre également.

1787. Sébastien Job est chargé par Louis XVI de reprendre l'ouverture du canal de l'Ourcq : ce projet est de nouveau abandonné.

La fabrique de Lyon a 15 mille métiers en activité.

Invention de cadrans solaires horizontaux, avec équations, et divisés de 5 minutes en 5 minutes, par Pellonier, ingénieur de Paris.

Comète découverte et observée par Méchain.

Herschell découvre de nouveaux volcans dans la lune.

Établissement de la compagnie de l'Ohio.

Cronsted, Bergmann de Bonn et Kirwan présentent la série des minéraux classés d'après leur analyse, ou décomposition chimique ; en sorte que les espèces sont détermi-

Depuis J.-C. nées par l'identité de leurs principes, et les genres se forment des espèces qui ont un principe commun.

Berthollet applique l'acide muriatique oxigéné au blanchîment des toiles.

Bertholon démontre l'électricité des météores.

Boulanger de Riveri indique la cause et les phénomènes de l'électricité.

Système du monde, fondé sur les forces du feu, par Jadélot. Après avoir combattu le système de Newton, il pose pour base que le feu est un agent destructeur et consommateur, qui aspire et exhale sans cesse ; que dès-lors c'est un principe constant d'impulsion et d'attraction ; d'où il conclut que partout où il se manifestera de l'attraction, de l'impulsion et du mouvement, le feu existera, *et vicè versâ.* Tel est le mobile de l'univers ; il donne une origine embrasée aux planètes, et les fait naître du soleil.

Lavoisier donne sa méthode de nomenclature chimique. Les chimistes adoptent cette nouvelle nomenclature méthodique, et substituent de nouveaux caractères aux hiéroglyphes anciens.

La Peyrouse passe de Macao aux îles Philippines, visite la côte de Tartarie et celle du Japon, reconnaît l'impossibilité de passer le détroit de Béering, et retrouve les îles des Navigateurs.

Dixon découvre le port Mulgrave, et Duncan les îles de la Princesse Royale.

Voyage de la Perse dans l'Inde pendant cette année et la suivante, par Will. Franklin.

Les Espagnols découvrent les îles des Ermites dans la mer des Indes.

Voyage au sommet du Mont-Blanc par de Saussure, qui parvient à 1995 toises au-dessus de la mer.

1788. Retour de la comète de 1661.

Publication du *Voyage du jeune Anacharsis en Grèce*, par J. J. Barthélemy.

Histoire naturelle des quadrupèdes ovipares et des serpens, par Lacépède, continuateur de Buffon.

Établissement d'une banque à Altona, sous la dénomination de *Banque d'espèces de Sleswick et du Holstein.*

L'abbé Mical forme deux têtes d'airain colossales, qui prononcent distinctement des phrases entières ; il les brise, sur le refus que la cour de France fait de les acheter.

Établissement du Magyar ou muséum en Hongrie.

Histoire des découvertes et des voyages dans le Nord, par Forster.

Formation d'une société anglaise de savans pour visiter l'intérieur de l'Afrique. Ledyard et Lucas, géographes, sont chargés de faire les recherches projetées ; le premier meurt en route, et le second n'exécute qu'une partie du plan ; il ne donne des relations que sur les royaumes du Faisan, de Bornou et de Cashna.

La Peyrouse arrive à Botany-Bay, et ne donne plus de ses nouvelles. Deux expéditions sont envoyées à sa recherche.

Méares, Anglais, part de la Chine pour aller reconnaître la côte au sud de Nootka.

Grey, Anglo-américain, arrive à Nootka.

D. Stephano-Joseph Martinet, Espagnol, visite la côte nord-ouest de l'Amérique, et y trouve plusieurs établissemens russes formés à la presqu'île d'Alaska.

Romé de Lisle publie un ouvrage sur les différentes formes cristallines des minéraux, et conseille de joindre les caractères physiques à ceux que fournit la chimie.

Major, de Bar-le-Duc, présente à l'Assemblée constituante une sphère mouvante représentant le véritable système du monde dans lequel le soleil est au centre; les planètes principales tournent autour de lui, et les planètes secondaires ou satellites tournent autour de leurs planètes principales : le soleil y est représenté par une lumière qui sert à faire voir comment les planètes sont éclairées dans les différens points de leurs orbites, et surtout à montrer les phases de la lune et des satellites.

Monge publie les *Annales de chimie*, avec Guiton-Morveau, Lavoisier et Berthollet.

Un prix est fondé en France en faveur des cultivateurs laborieux.

Publication de la *Galerie de Florence* par de Joubert, trésorier-général des états du Languedoc.

Jussieu donne sa méthode pour la classification des plantes par familles naturelles.

Méares, Anglais, reconnaît la côte au sud de Nootka.

Les Espagnols disputent aux Anglais et aux Russes le port de Nootka qu'ils appellent *puerto San-Laurenzo*.

Voyage autour du monde par l'anglais Dixon.

D. Ch. Clémencet, Clément et Durand donnent *l'Art de vérifier les Dates*, qui ne comprend que l'ère vulgaire. 1790.

Application de l'analyse à la géométrie, par Gaspard Monge.

Création en France d'un papier-monnaie sous le nom d'*assignats*. Le numéraire disparaît et entrave les échanges.

Etablissement de la banque des États-Unis d'Amérique ou banque nationale, établie par un acte du congrès.

L'Assemblée constituante de France ordonne la continuation de l'ouverture du canal de l'Ourcq. Ce projet reste encore sans exécution.

Découvertes sur l'électricité, le feu et la lumière, par Marat, médecin de Genève.

Invention des télégraphes par C. Chappe.

Montgolfier perfectionne l'invention de la conversion du

Depuis J.-C. 1790. plomb en céruse, par le moyen de l'acide du vinaigre, en le remplaçant par l'acide de la bière et d'autres substances.

Découverte des huit classes d'étoiles connues sous le nom de *nébuleuses*.

Yssouf, grand-visir de Sélim III, fait traduire l'*Encyclopédie* en langue turque.

Publication du *Voyage dans l'intérieur de l'Afrique par le cap de Bonne-Espérance*, par F. le Vaillant.

Le 18 mai, l'uniformité des poids et mesures en France est décrétée par l'Assemblée constituante ; elle charge l'académie des sciences de poser les bases sur lesquelles cette restauration pourrait se fonder. L'académie adopte le principe de faire dépendre les poids et mesures de la grandeur du méridien terrestre, et d'employer la division décimale, et la mesure de l'arc du méridien, sur la proposition de Méchain et de Delambre.

Le 19 juin, destruction du monument de la place des Victoires à Paris.

Le 14 août, suppression de l'administration de la compagnie française des Indes et de l'Ile-de-France.

Le 9 novembre, l'ingénieur Brullé ouvre un canal de navigation qui doit commencer à la Beuvrone près du pont de Souilly, et doit arriver entre la Villette et la Chapelle dans un canal de partage qui formera deux branches, dont l'une doit passer par les faubourgs Saint-Martin et du Temple, les fossés de la Bastille et de l'Arsenal, pour se rendre dans la Seine, et l'autre passera par Saint-Denis, la vallée de Montmorenci, pour se rendre dans la Seine à Conflans-Sainte-Honorine, et dans l'Oise près Pontoise.

Le 30 décembre, la propriété des découvertes utiles est assurée en France à leurs auteurs.

Voyage dans l'empire de Maroc et le royaume de Fez, par G. Lemprière, Anglais, pendant cette année et la suivante.

Voyage dans le pays des Hottentots et dans la Cafrérie, par l'anglais Patterson.

Voyage à Botany-Bay par le gouverneur Philipps, traduit par Millin.

Voyage autour du monde par le chevalier espagnol Malespina, dont la relation est cachée par la cour de Londres.

Voyages et découvertes faites à l'Océan Pacifique du Nord, et autour du monde, par l'anglais Vancouver, compagnon de Cook, pendant cette année et les cinq suivantes. La relation en est traduite en français par Démeunier et Morellet.

Dans ces voyages, la côte nord-ouest de l'Amérique a été soigneusement reconnue et exactement relevée.

Voyage autour du monde par le capitaine Etienne Marchand et Prosper Chanal, Français, pendant cette année et les deux suivantes, pour transporter à la Chine les pelleteries de la côte nord-ouest de l'Amérique.

Une société d'habitans de Londres forme le dessein d'introduire dans l'intérieur de l'Afrique les sciences et la civilisation.

Prony, ingénieur, donne une méthode pour construire les équations indéterminées, qui se rapportent aux sections coniques.

L'Assemblée constituante de France établit sur les cotons des droits d'entrée qui équivalent presque à une prohibition absolue.

L'Assemblée constituante supprime toutes les jurandes et les maîtrises, et laisse à chaque citoyen la faculté d'exercer son industrie et son génie.

Bailly donne sa *Théorie des satellites de Jupiter.*

Le 9 février, d'Entrecasteaux et du Petit-Thouars sont envoyés par l'Assemblée nationale de France à la recherche de la Peyrouse, et reviennent sans espoir de le retrouver, après avoir visité les îles de l'Amirauté, des Ermites, de la Nouvelle-Irlande, de Sandwich et autres de la mer du Sud, ainsi que les côtes de la Nouvelle-Calédonie et de la Nouvelle-Hollande. Ils font cette expédition pendant cette année et les trois suivantes, avec le naturaliste Labillardière qui donne la relation de leurs voyages.

Le 20 avril, le capitaine Marchand entre dans le grand Océan, après avoir doublé la Terre de Feu; il visite les îles Mendoça.

Le 17 mai, fabrication en France de monnaies en cuivre pour faciliter l'échange des assignats.

Le 20, la culture du tabac est autorisée en France.

Le 9 juin, publication des *Tables horaires*, calculées par Lalande.

Le 21, le capitaine Marchand trouve une île à laquelle il donne son nom, et une baie qu'il appelle *baie de Possession.*

Le 24, il reconnaît l'île Baux et plusieurs autres qu'il appelle *les îles de la Révolution.*

Le 2 juillet, publication des *Annales célestes du dix-septième siècle*, par Pingré.

Le 21, création de l'institut des aveugles-travailleurs en France.

Le 29, suppression de la compagnie d'Afrique.

Le 3 août, fabrication d'une menue monnaie avec le métal des cloches.

Le 7, le capitaine Marchand découvre sur la côte nord-ouest de l'Amérique, le cap del Engano, et descend à la baie Guadalupa.

Le 15, invention de cheminées économiques en terre cuite, par Borguis et Cotto.

Le 17, école d'artillerie établie à Châlons.

Le 26 septembre, un comité de savans se réunit au collége des Quatre-Nations pour la conservation des monumens, li-

Depuis J.-C. vres, manuscrits, tableaux, statues et médailles antiques, trouvés dans les maisons ecclésiastiques et religieuses supprimées en France.

Le 26, l'Assemblée nationale charge les facultés de droit d'enseigner aux étudians la constitution française.

Le 27, établissement du bureau de consultation à Paris, pour les arts et métiers.

Dans le courant de ce mois, le capitaine Marchand arrive aux îles Sandwich, à celle d'O-Whyée où est mort Cook, passe en Chine et revient en France.

Voyage dans l'empire ottoman, l'Égypte et la Perse, fait par ordre du gouvernement français pendant les six premières années de la république, par G. A. Olivier, docteur en médecine et naturaliste.

Voyage dans les parties sud de l'Amérique septentrionale, par Williams Bartram, dont la relation a été traduite par B. V. Benoist.

1792. Malesherbes convertit la pomme de terre en semouille, en gruau, etc.

Invention de la guillotine par Guillotin, médecin de Paris, afin d'épargner aux condamnés de trop longues souffrances.

La Convention nationale prohibe en France les productions des fabriques anglaises.

Etienne Marchand, accompagné de Prosper Chanal et de Roblet, donne la relation de son voyage autour du monde; C. P. Cleret-Fleurieu y joint des recherches sur les terres australes de Drake, et un examen du voyage de Roggeween.

Découverte de la strontiane, espèce de terre, par Klaproth, de Berlin.

Fondation du lycée des arts à Paris, par Charles Désaudray.

Le 7 mars, invention des moulins à feu servant à moudre du blé, par Darnal.

Le 11 août, les statues des rois de France sont abattues à Paris dans les places publiques.

Le 22 septembre, établissement d'un calendrier particulier pour la France, ou ère de la république française. Cette ère a cessé d'être en usage au 1er janvier 1806.

Ambassade ou voyage de lord Macartney à la Chine pendant cette année et les deux suivantes, dont la relation a été traduite de l'anglais d'Æneas Anderson, par Castera.

Voyage en Chine et en Tartarie, de J. C. Huttner, compagnon de lord Macartney.

Fidler, Anglais, s'avance dans la baie d'Hudson jusqu'à la chaîne des montagnes qui forment la suite des Andes ou Cordilières du Pérou.

Le capitaine Robert, Américain, visite les îles Mendoça. La relation de ce voyage se trouve dans celle de la Rochefoucault-Liancourt aux États-Unis d'Amérique.

Le règne de Louis XVI a vu terminer l'École de Médecine

et de Chirurgie, le Panthéon, le Palais de Justice, les Écoles de Droit, et construire les Comédies Française et Italienne, les nouveaux boulevards, le pont Louis XVI, l'église Saint-Philippe du Roule, plusieurs casernes; il a vu commencer l'église de la Madeleine, les barrières, et détruire les maisons du quai de Gèvres, des ponts Marie, Notre-Dame et au Change, et enfin les charniers des Innocens. C'est sous ce règne qu'ont été faits la façade et la partie neuve du Palais de Justice, les bâtimens du Mont-de-Piété, la restauration de la Fontaine des Innocens, les pompes à feu et leurs aqueducs, dont le développement est de huit mille toises.

Découverte de la zircone, espèce de terre qui s'obtient du zircone ou jargon, et de l'hyacinthe.

Publication de l'*Histoire de Charles-Quint*, par Robertson, traduite par Suard.

Publication de l'*Histoire d'Amérique*, par Robertson.

Établissement du conseil des mines, par B. C. Sage, Daubenton et Valmont de Bomare : les Pallas, de Saussure, Deluc, Werner et son école, Gensanne, Diétrich, Picot, Ramond, Dolomieu, Duhamel, Baillet du Belloy, Cordier, Rosière, Héricart de Thury et Gillet-Laumont, cultivent la géologie ou la connaissance de la position et de la distribution des minéraux dans le sein de la terre.

Le 10 juin, le Jardin des Plantes de Paris est érigé en Muséum d'Histoire Naturelle.

Le 25 juillet, la Convention ordonne de placer dans le Muséum français les monumens épars dans les maisons nationales.

Le 1er août, la Convention ordonne que les tombeaux des rois de France à Saint-Denis, et tous les monumens français élevés dans les temples, seront détruits.

Le 8, la Convention supprime l'Académie française, l'académie des sciences et celle des belles-lettres. Les jardins, cabinets, bibliothèques, muséum et autres monumens des sciences et des arts, attachés aux académies supprimées, sont mis sous la surveillance des autorités. La chute des académies entraîne celle des universités et des colléges : toute l'économie de l'ancienne instruction publique s'écroule.

Le 24, fabrication de la monnaie de bronze en France.

Voyages entrepris dans les gouvernemens méridionaux de l'empire de Russie, par le professeur Pallas, pendant cette année et la suivante : ils ont été publiés depuis.

Établissement de l'uniformité des mesures, en exécution des décrets de l'Assemblée constituante.

Le 5 octobre, la Convention décrète un nouveau calendrier, et fixe le commencement de l'année républicaine après l'équinoxe d'automne, correspondant cette année au 22 septembre. L'année est divisée en douze mois égaux de trente jours, après lesquels suivent cinq jours complémentaires pour com-

Depuis J.-C. pléter les 365 jours de l'année ordinaire. Les mois reçoivent de nouveaux noms, et les décades remplacent les semaines.

Le 9, les républicains français, en entrant dans Lyon, détruisent les monumens d'architecture.

Le même jour, les marchandises fabriquées en Angleterre, en Écosse et en Irlande, sont proscrites en France.

Le 16, David peint son tableau représentant Marat sur son lit de mort.

1794. Le 15 novembre, la Convention supprime les loteries.

Découverte de l'yttria, nouvelle espèce de terre, par Gadolin, chimiste suédois.

Le 15, établissement d'un cours gratuit à Paris, pour apprendre à fabriquer le salpêtre, la poudre et les canons.

Le 24 avril, des concours publics sont ouverts en France pour les ouvrages de peinture, sculpture et architecture.

Le 1er juin, établissement d'une école de Mars dans la plaine des Sablons.

Le 24, la Convention nationale ordonne la restauration des monumens du muséum.

Le 15 juillet, Robespierre veut proscrire tous les savans, tous les gens de lettres, tous les artistes et les érudits.

Le 20 août, incendie de la bibliothèque de Saint-Germain-des-Prés; quelques manuscrits sauvés sont réunis à la bibliothèque nationale.

Le 31, La Convention recommande aux citoyens la conservation des bibliothèques et autres monumens des sciences et des arts appartenant à la nation.

Le 28, fondation d'une école centrale des travaux publics à Paris.

Le 8 octobre, la Convention commence à accorder des encouragemens aux arts et aux gens de lettres.

Le 9, on essaie à Londres des télégraphes nocturnes; ils sont composés de figures de neuf pieds de hauteur, taillés dans une planche éclairée par derrière.

Le 10, établissement d'un conservatoire des arts et métiers à Paris.

Le 31, établissement des écoles normales pour apprendre aux professeurs l'art d'enseigner.

Le 8 novembre, le collége de France, après une longue interruption, reprend le cours de ses leçons.

Le 16, la Convention établit un jury des arts.

Le 17, établissement en France des écoles primaires.

Le 4 décembre, établissement des écoles de santé à Paris, à Montpellier et à Strasbourg.

Le 31, établissement d'écoles révolutionnaires de navigation et de canonnage maritime.

Le même jour, ouverture d'un lycée républicain. Laharpe y désavoue les principes de la philosophie de Voltaire, et les horreurs du régime de la terreur.

Établissement d'une banque à Copenhague sur le modèle de celle d'Altona.

Le 2 janvier, Armand Seguin invente une manière de tanner les cuirs, qui réduit à peu de jours une fabrication qui exigeait deux années. 1795.

Le 4, la Convention accorde des secours aux savans.

Le 5, organisation des établissemens fondés à Paris et à Bordeaux pour les sourds-muets.

Le 6, Berthollet fait geler de l'eau à 22 dégrés au-dessous de la congélation, et y enveloppe une quantité de mercure qui prend la consistance du métal et résiste au marteau.

Le même jour, Hassenfratz congèle le mercure par un froid artificiel de 31 degrés, le froid extérieur étant à 6 degrés au-dessous de zéro.

Le 26 février, suppression des colléges et établissement des écoles centrales, où il y aura des professeurs d'économie politique, de législation, d'agriculture, de commerce, arts et métiers, d'histoire naturelle et de belles-lettres.

Création de l'Institut de France pour remplacer les anciennes académies de Paris.

Le 6 juin, établissement de l'école de Liancourt.

Le 25, établissement à Paris d'un bureau des longitudes dans le local de l'Observatoire; il est chargé de rédiger la connaissance des temps, et de perfectionner les tables astronomiques et les méthodes des longitudes.

Le 28 juillet, organisation d'un établissement institué pour les aveugles-travailleurs.

Le 2 septembre, établissement à Paris d'un conservatoire de musique.

Le même jour, l'école centrale des travaux publics prend le nom d'*école polytechnique*.

Le 20, publication par John Churchman, de Philadelphie, d'un atlas magnétique, ou recueil de cartes de la déclinaison et de l'inclinaison de l'aiguille aimantée sur tout le globe, d'où il résulte un système de cette inclinaison et déclinaison, au moyen duquel on peut déterminer à la mer la longitude de tous les lieux.

Le 25 octobre, organisation de l'instruction publique, des écoles primaires, centrales et spéciales, et de l'institut.

Le 11 novembre, Bove, astronome de Berlin, aperçoit une comète entre la *lyre* et le bec du *cygne:* Bonald la découvre à l'observatoire de Paris vers la main d'*Hercule*.

Vancouver détermine la position des côtes occidentales de l'Amérique septentrionale.

Découvertes des réfractions astronomiques dans la zône torride, par Humboldt.

Découverte de la libration de la lune, par Lagrange.

Le major Michel Symes, Anglais, visite le royaume d'Ava ou l'empire des Birmans.

Depuis J.-C. Voyage à la Chine et au nord-ouest de l'Amérique, par le capitaine anglais John Méares. Sa relation a été traduite en français par Billecocq.

Voyage au Canada par Isaac Weld, pendant les années 1795, 1796 et 1797.

Voyage de la Rochefoucault-Liancourt dans les États-Unis d'Amérique jusqu'en 1797.

Vers la fin de cette année, le capitaine anglais Vancouver revient de ses voyages; il en publie la relation.

1796. Le 4 mars, établissement d'une bibliothèque auprès du Corps législatif.

Le 18, création des mandats territoriaux en France, pour être échangés contre les assignats dont l'émission monte à plusieurs milliards.

Le 4 avril, organisation de l'Institut national.

Le 8, établissement d'un cours d'astronomie-pratique dans le ci-devant collége des Quatre-Nations.

Le 9 mai, le duc de Parme remet vingt tableaux au choix du général Bonaparte, parmi lesquels se trouve le Saint-Jérôme.

Le 15, le duc de Modène remet également vingt tableaux au choix de ce général, entre autres la Sainte-Cécile, chef-d'œuvre de Raphaël.

Le 5 juin, le muséum d'histoire naturelle réunit plusieurs bâtimens destinés à son augmentation.

Le 19, les tableaux des villes de Bologne et de Ferrare sont envoyés en France.

Le 30, le pape livre au général Bonaparte une quantité de tableaux, de bustes, de vases, de statues, et 500 manuscrits précieux de la bibliothèque du Vatican.

Le 24 octobre, conversion des matières fécales en poudre végétative, inventée par Bridet.

Invention de la pasigraphie, ou élémens de l'art d'écrire et d'imprimer en une langue, de manière à être entendu en toute autre, sans traduction, par D. M. A. de Maimieux; elle est accueillie par l'abbé Sicard, qui la met en œuvre avec ses élèves.

Millin donne ses *Élémens d'histoire naturelle.*

Voyage au cap de Bonne-Espérance pendant cette année et en 1801, par Robert Percival, officier au service de l'Angleterre.

Voyage du Suédois Thunberg, publié par Delamark et Langlès.

Système du Monde, par Pierre-Simon de Laplace. Il explique les mouvemens des corps célestes tels qu'ils nous apparaissent en les observant de la terre, ce que l'expérience a fait connaître sur la figure de la terre par celle des degrés du méridien, et la manière dont on a reconnu, au moyen du pendule, que la pesanteur n'était pas la même dans les différentes parties de sa surface ; enfin les lois qui ont été observées dans les phénomènes des marées, dans l'équilibre de l'atmosphère et dans la manière dont la lumière s'y réfracte. Depuis J.-C.

Publication de la relation du voyage de la Peyrouse autour du monde, par Millet-Mureau. 1797.

L'armée française, en entrant à Mantoue, élève dans le village de Pietoti, autrefois Andès, où est né Virgile, un obélisque au milieu d'un bois de chênes, de myrtes et de lauriers, en l'honneur de l'auteur de *l'Énéide.*

Conversion du lycée des arts en une école spéciale de mécanique-pratique.

Invention d'un bélier hydraulique, dont l'effet est d'élever les eaux des rivières au moyen de leur pente naturelle, sans roues, ni pompes, ni autres machines proprement dites, par Montgolfier, neveu de l'inventeur des aérostats, et Argand frères.

Pie VI remet encore à Bonaparte un grand nombre de statues et de tableaux des plus grands maîtres.

Découverte de la glucine, espèce de terre, par Vauquelin.

Invention des formats stéréotypes par Firmin Didot, graveur, fondeur et imprimeur de Paris.

Le 8 octobre, le directoire fait ouvrir un canal d'arrosement dans le département des Hautes-Pyrénées, depuis l'emplacement du vieux canal appelé *Hautunion,* jusqu'à l'Adour.

Ecole spéciale des beaux-arts, de peinture, sculpture et architecture, ou réunion des académies royales en une seule école.

Publication des *Tables chronologiques de Blair,* par Chantreau.

Le 22 décembre, invention de formats solides, produits de matrices mobiles fondues par Herhan, mécanicien, imprimeur et fondeur à Paris.

Rouelle et Lehman distingue les terrains de première et de seconde formation.

Lagrange donne la solution des équations numériques, et la théorie des fonctions analytiques contenant les principes du calcul différenciel.

Voyage de Mungo-Park dans l'intérieur de l'Afrique.

Voyage de H. Tumberlake, dont la relation est traduite par Billecocq.

Publication du voyage aux parties sud de l'Amérique septentrionale, les Carolines et la Géorgie, par l'Anglais W. Bartram, traduit par Benoist.

Le 17 février, Robert Fulton, ingénieur de Paris, publie un nouveau système de canaux navigables sans écluses, au moyen de plans inclinés et de petits bateaux d'une forme nouvelle. 1798.

Le même jour, invention d'un procédé pour multiplier les

Depuis J.-C. 1798. planches de caractères mobiles en planches solides, sous le nom de *monotypage* ou *caractères frappés*, par Nicolas-Marie Gatteaux, graveur de Paris.

Vers ce temps, Lazare Spallanzani, italien, fait des découvertes importantes sur les fontaines, les ricochets, les reproductions animales, les animalcules infusoires et microscopiques, les moisissures, la circulation du sang, la digestion, la génération, la respiration, etc.

Robertson commence à faire voir à Paris les merveilles de la fantasmagorie, et opère sur l'imagination les plus grands effets par les sens, à l'aide des prestiges secrets qu'ont dû employer les anciennes pythonisses et les prêtres de Memphis dans les mystères de l'initiation.

Le 9 mars, invention d'une machine nommée *échappement*, propre à dispenser une force quelconque d'une manière égale et constante dans les machines servant à mesurer le temps, par Abraham-Louis Breguet, horloger de Paris.

Le 12 avril, invention d'une mécanique propre à la filature du lin et du chanvre, par William Robinson, Anglais.

Le 19 mai, le général Bonaparte embarque avec lui pour l'Égypte divers savans, littérateurs et artistes, pour y faire des découvertes et des recherches sur les monumens anciens de cette contrée.

Le 26, invention d'une nouvelle harpe par les frères Erard, de Paris.

Le 28 juillet, le général Bonaparte fonde au Caire un lycée avec l'espoir de faire germer sur les bords du Nil les sciences et les arts de l'Europe; bientôt après, il y forme un institut sur le modèle de celui de Paris, et y fait élever une bibliothèque et un laboratoire de chimie.

Le 9 septembre, établissement d'un muséum national des arts dans la ci-devant église de Saint-Pierre à Gand.

Le 12, établissement d'un télégraphe dans l'enceinte des Tuileries.

Le 13, invention de nouveaux réverbères, par Pierre-Stanislas Guiselain et Commart, de Strasbourg.

Le 17 novembre, invention de tableaux à l'huile, exécutés par un procédé mécanique, par Berminger, de Paris.

Vers ce temps, la doctrine des humeurs et des pléthores de toute espèce, à laquelle le traitement des maladies fut soumis pendant vingt siècles, fait place à celle de l'action du principe vital et de ses modifications; ou du moins on essaie de concilier les deux systèmes qui divisent le monde médical; savoir: la pathologie humorale et la pathologie nerveuse.

Comète découverte et observée par Charles Messier.

Lacépède, continuateur de Buffon, donne l'*Histoire des Poissons*, d'après le plan de Buffon, de Daubenton et de Gueneau de Montbelliard.

Le physicien bolonais Galvani, découvre le galvanisme, en travaillant sur des grenouilles. Depuis J.-C.

Arrivée à Paris de dix-huit bateaux chargés de monumens précieux venus d'Italie.

Découverte de la rotation de l'anneau de *Saturne*, par Pierre-Simon de Laplace.

En décembre, le général Bonaparte visite en Égypte le canal creusé entre le bras oriental du Nil et le golfe Arabique, avec Monge et Berthollet; il se rend aux fontaines de Moïse, passe la mer Rouge au gué, charge l'ingénieur Peyre de lever le plan de ce canal, tandis que le général Andréossi reconnaît les lacs de Natron et de Menzaleh, que Lefebvre et Malus examinent le canal de Moës, l'Amorey celui d'Alexandrie; que Nouet et Méchain déterminent la latitude d'Alexandrie et du Caire, que Denon voyage dans la Haute-Égypte, pour en dessiner les monumens, qu'Arnolet et Champy observent les minéraux des bords du golfe Arabique, que Delisle classe les plantes du Delta, et que Savigny fait une collection des insectes du désert.

Lowitz, chimiste de Saint-Pétersbourg, à l'instant où le thermomètre est à 70 degrés de congélation, mêle huit parties de muriate de chaux et six parties de neige non comprimée, et produit aussitôt un froid incalculable. Les physiciens Fourcroy et Vauquelin répètent cette expérience à Paris.

Aérolithe tombée aux environs de Bénarès, et analysée par Howard, qui étonne l'Europe par ses résultats.

Voyage de Madras à Colombo et à la baie de Da-Lagoa, sur la côte orientale de l'Afrique, par le capitaine anglais Guillaume White.

Publication de l'*Histoire des colonies européennes dans l'Amérique*, par Burke, Anglais.

Publication de l'histoire de l'Indostan, par le major Rennel, qui fait mieux connaître cette contrée à l'Europe.

Voyage à la Nouvelle-Galle du Sud, à Botany-Bay et au port Jakson, par l'anglais White.

Voyage à Colombo, dans l'île de Ceylan, et à la baie de Da-Lagoa, sur la côte orientale d'Afrique, par le major anglais Michel Symes, traduit par J. Castera.

En janvier, l'armée française, à Naples, continue les fouilles d'Herculanum, de Pompéia, de Stabia, de Baïa et de Sant'Agata (l'ancienne Capoue). 1799.

Le 8, Louis Robert, mécanicien à Essonne, invente une mécanique propre à faire, sans ouvriers, du papier d'une grandeur indéfinie.

En mars, invention du fantascope, ou perfectionnement de la lanterne magique, par Robert.

Publication de la *Géographie historique* de Guthrie, traduite par Noël.

Depuis J.-C. 1799. Le 26 avril, Robert Fulton, ingénieur à Paris, importe en France les tableaux circulaires appelés *panoramas*, qu'il se propose de peindre, d'établir et d'exposer.

Le 7 mai, passage de *Mercure* sur le Soleil, observé par Delambre, Bouvard, Burckhardt et Lalande.

Le 27, Amavet père et fils inventent des machines et un appareil propre à franchir, avec les plus lourds fardeaux, les terrains impraticables, tels que montagnes, marais, sables, etc.

Plusieurs objets d'arts et de sciences sont envoyés de Turin à Paris.

En juin, la collection de littérature orientale d'Hyder-Ali-Kan et de Tippo-Saïb, est envoyée des Indes à Londres.

Le 24, Garnerin s'élève dans les airs, et descend en parachute.

Découverte des ruines de Pœstum ou Posidonia, ancienne ville de la Grande-Grèce. Delagardette en publie les détails.

En août, invention des ponts en fer forgé.

Le 7, comète découverte et observée par Méchain.

Le 17, l'ingénieur Girard retrouve, dans l'île d'Éléphantine, le nilomètre dont parle Strabon.

En septembre, invention des scies sans fin, propres à débiter des bois de toutes grosseurs, par Albert, de Paris.

Le 29, invention du thermolampe, par Lebon, ingénieur français, ou manière d'extraire du bois ou de la houille, un gaz inflammable propre à éclairer et à chauffer.

Le 1er octobre, invention des lampes docimastiques ou fontaines de feu, par T. P. Bortin, propres à la soudure des métaux, à la manipulation du verre et aux essais minéralogiques.

En décembre, David enrichit l'école française de son tableau des *Sabines*.

Le 25, Méchain découvre une comète près de l'étoile stigma du serpentin.

Pendant ce mois, l'ingénieur Brullé commence le pont de la Seine, appelé d'abord *pont d'Austerlitz*, et actuellement *pont du Jardin du Roi*.

Publication des *Tables de logarithmes*, par de la Caille.

Pallas, de Saussure, Dolomieu et Deluc font voir que le granit et les roches analogues, forment le massif sur lequel sont amoncelés les autres terrains, les gneiss, les schistes, les marbres salins, etc. Ramond confirme cette loi générale, qui semble intervertie dans les Pyrénées. Les terrains secondaires, dont les couches sont souvent horizontales, contiennent des coquillages et des débris d'animaux et de végétaux ; ils indiquent de grandes révolutions. Deluc en Hollande et en Westphalie, Buch en Allemagne, en Suède et en

Laponie, Patrin en Sibérie, de Humbolt en Amérique, le démontrent par leurs recherches. Depuis J.-C.

Création de la ferme expérimentale de Perpignan, pour la propagation en France des mérinos d'Espagne : quelques années après, on fait sept autres établissemens du même genre. 1799.

Établissement de lycées dans les principales villes de France.

Invention par Chapial d'un nouveau procédé pour blanchir le coton et le lin par la vapeur de la soude. Un seul homme blanchit deux ou trois mille aunes de toile en un jour, avec trente livres de soude.

Doctrine de Brown, Écossais, sur la médecine. Il range toutes les maladies sous deux classes : l'une, qui comprend toutes celles qui doivent être traitées par la méthode affaiblissante, et l'autre, celles auxquelles devait s'appliquer la méthode excitante.

Doctrine des solides en médecine.

Établissement d'un institut en Égypte, par les Français, qui en tirent de nouvelles lumières. Dolomieu décrit le Megyas ou Nilomètre; le général Andréossy décrit les canaux; Regnault analyse l'eau du Nil; Berthollet examine l'air atmosphérique du Caire; Desgenettes décrit le Moristan, ou l'hôpital de cette capitale; Marcel extrait la géographie d'Abd-êv-Rachid-el-Bakorin sur l'Égypte; Noet donne des tables météorologiques; Costaz décrit les sables du désert; Lancret et Chabrol examinent le canal d'Alexandrie qui y apporte les eaux du Nil; Savaresi traite de l'ophthalmie d'Égypte.

On trouve le zodiaque de Dendéra, qui montre le solstice d'été dans le lion, ou 60 degrés plus loin que le point qu'il occupe actuellement dans le ciel; ce qui prouve qu'il a précédé notre âge de 4320 ans. Le général Desaix en découvre un à Henné, qui présente le solstice d'été dans la Vierge, et par conséquent 30 degrés plus au-delà vers l'orient, et qui prouve qu'il a précédé notre âge de 6480 ans.

Voyage aux régions équinoxiales du nouveau continent, fait cette année et les cinq suivantes, par de Humbolt et Bonpland.

En janvier, publication d'un cours d'instruction d'un sourd-muet de naissance, par R. A. Sicard, successeur de l'abbé de l'Épée. 1800.

Dans le même mois, établissement en France d'une fabrique d'eaux minérales, par Paul, en condensant, par des moyens mécaniques de son invention, les différens gaz dont il veut charger les eaux, et en les y incorporant à l'aide de la pression.

En mars, découverte de la vaccine, par le docteur Jenner, Anglais.

Depuis J.-C. 1800. Le 10, on reçoit à Paris du sucre de betterave envoyé de Berlin, par Achard. Nous avons vu que ce sucre avait été indiqué par Olivier de Serre, et découvert par Marggraf.

Le 21, établissement d'un prytanée français, divisé en quatre grands colléges.

En juillet, le général Bonaparte fait rétablir les bâtimens qui avaient décoré la place de Bélcour à Lyon, avant la révolution.

Vers ce temps, Delille publie *les Géorgiques françaises, le poëme de l'Imagination*, et plusieurs autres ouvrages, qui soutiennent l'honneur du Parnasse français.

Invention des poêles et fourneaux fumivores, par Jean-Charles Thilorier.

Publication du voyage fait en 1788, par le major J. Rennell, Anglais, dans les Indes, traduit en français par Boucheseiche.

Le 15 août, ouverture du canal de Trolhetta en Suède, pour communiquer de la mer Baltique à celle du Nord, tracé sous la direction de Nordwa pour se rendre de Stockholm à Gothembourg, sans passer par le Sund.

Le 20, le capitaine Baudin est chargé par le gouvernement français d'un voyage à la mer du Sud, pour explorer la partie sud-ouest de la Nouvelle-Hollande, et pour des recherches relatives aux sciences et aux arts. Il est accompagné d'un bâtiment anglais.

Le 24, invention d'une machine à vapeur propre à monter le charbon des mines, par J.-C. Perrier.

Le même jour, invention d'un mécanisme ou jeu de pompe, servant à élever l'huile d'une lampe que l'auteur, B.-G. Garcel, horloger, nomme *lycnomena*.

En novembre, un comité médical pour l'inoculation de la vaccine, est établi en France.

Le 4, pour faciliter l'établissement du système décimal des poids et mesures, on ordonne que les dénominations nouvelles peuvent, dans les actes publics comme dans les usages habituels, être remplacées par les anciennes.

Le 6, invention d'un bras supplémentaire, dont la mécanique est telle qu'on a la facilité d'écrire et même de tailler sa plume, par Bernard, membre du lycée des arts.

Le 16, invention d'un papier fabriqué avec de la paille, par le marquis de Salisbury.

De la Marck publie son système des animaux sans vertèbres.

Invention des boîtes à feu, remplaçant les cylindres et les fourneaux, et propres à chauffer les baignoires, par Thilorier.

Une colonne est élevée à Daubenton, dans le Jardin des Plantes.

Depuis J.-C. 1800.

Lenoir, conservateur du musée des monumens français, y fait transporter les tombeaux de Descartes, de la Fontaine, d'Héloïse et d'Abailard, etc., qu'il recueille dans toutes les parties de la France.

Établissement de la banque de France.

Méchain mesure la méridienne.

Invention des fourneaux économiques ou à la Rumford.

Arthur Young donne son *Cultivateur Anglais*, ouvrage qui, en économie rurale, est ce que celui de Smith est en économie politique.

La *Vénus* de Florence est envoyée à Paris, pour être réunie au muséum français.

Perkins, médecin de Plainfeld, dans l'Amérique septentrionale, prétend avoir trouvé un remède efficace contre la goutte, le rhumatisme et autres maladies, dans le simple attouchement des parties souffrantes, pratiqué au moyen de deux aiguilles de métal, arrondies en haut, pointues vers le bas, d'un quart de pouce de diamètre à leur partie supérieure, et de quatre pouces de largeur; l'une est jaune, et l'autre a un lustre blanc bleuâtre. Ces aiguilles ont passé d'Amérique en Europe, et ont fait fortune dans le Nord, et surtout en Danemarck; elles ont aussi acquis quelque célébrité en Angleterre. Cette jonglerie porte le nom de son auteur.

Système des connaissances chimiques, et de leur application aux phénomènes de la nature et de l'art, par A.-F. Fourcroy. Après avoir établi les différences caractéristiques qui distiguent la chimie de la physique, de l'histoire naturelle, de la médecine et de la pharmacie, cet auteur divise cette science en chimie générale, philosophique, météorologique, minérale, végétale, animale, médicinale, économique ou manufacturière, et domestique; il développe la doctrine pneumatique, adoptée par les chimistes français, traite de la nature chimique des corps, des opinions anciennes et nouvelles, des composés, ou des élémens primitifs des corps, de leur analyse, de leur séparation par les procédés chimiques, de leur combinaison, de l'attraction d'agrégation ou de composition, des phénomènes de la nature et de l'art, et de la classification chimique des corps adoptée par lui; il indique les corps divisés ou les élémens qui sont les premières productions de la nature et les termes des décompositions, montre leur propriété combustible et les genres des corps simples, qui sont la lumière, le calorique, l'oxigène, l'azote, l'air, l'hydrogène, le carbone, le phosphore, le soufre, le diamant et les métaux; il décrit leur ordre naturel, leur propriété chimique, leur combustion, leur oxidation, leur acidification, les phénomènes de flamme, de chaleur, de mouvemens qui accompagnent leur

Depuis J.-C. 1800.

combustion, les degrés de température où elle a lieu, et les résultats variés qu'elle donne; il y traite enfin des corps brûlés, oxides ou acides, de leurs produits, les divise en oxides permanens, ou intermédiaires entre l'état de combustion et celui d'acides, examine l'oxide d'hydrogène ou l'eau, l'oxide métallique et non métallique subordonné à l'eau par moins de permanence dans sa combinaison, ou par moins d'attraction entre ses radicaux et l'oxigène; indique l'altération qu'il éprouve par la lumière, le calorique, l'hydrogène, le carbone, le phosphore, le soufre, les métaux, et l'eau elle-même; divise les oxides passagers, compliqués ou à radicaux linaires; classifie les acides en carbonique, phosphorique et phosphoreux, sulfurique et sulfureux, nitrique et nitreux, métallique, muriatique, oxigéné, fluorique, boracique; traite des bases salifiables, terres et alkalis; donne leur définition, leur classification; définit la silice, l'alumine, la zircone, la glucine, l'yttria, la chaux, les alkalis en général, la baryte, la potasse, la soude, la strontiane, l'ammoniaque, ou alkali volatil, et donne enfin l'histoire des pierres comme combinaisons naturelles des terres entre elles, et de quelques terres avec la potasse.

Dolomieu, Spallanzani, Desmarets, de Humbolt, Hubert, Bory de Saint-Vincent, Faujas, Fortis d'Aubuisson, étudient les volcans. Deluc et Dolomieu démontrent que les dernières révolutions du continent ne sont pas anciennes. Mayou, Willis, Crawford, Ingenhous, Sennebier, de Saussure, Spallanzani, Vauquelin, Crell, Braconner, démontrent que les végétaux composés de carbone, d'hydrogène et d'oxigène, se nourrissent d'eau et d'acide carbonique, et que le composé végétal est la base de celui des animaux.

Williams Vincet, Anglais, donne le voyage de Néarque des bouches de l'Indus jusqu'à l'Euphrate, que le gouvernement français charge Billecocq de traduire; il donne aussi le périple de la mer Rouge, avec l'exposé de la navigation des Anciens, depuis Suez jusqu'à la côte de Zanguebar.

Après la conquête du Mysore, lord Wellesley, vice-roi des Indes, charge lord Buchanan d'approfondir les ressources de l'Inde. Hastings, Jones et Wilkins deviennent depuis les plus savans orientalistes anglais au Bengale.

Voyage autour du monde, par Pagès.

Voyage autour du monde, par l'anglais John Turnbull, pendant cette année et les quatre suivantes; dont la relation a été traduite en français par Lallemand.

Voyage dans l'intérieur de l'Afrique, par Mungo-Park.

Voyage des corvettes *le Naturaliste*, *le Géographe*, et de la goëlette *la Caznarina*, aux Terres australes, ayant pour objet de compléter la reconnaissance des côtes de la

Nouvelle-Hollande, qui ne sont pas connues, par Peron, le Sœur, de Moulins et Louis Freycinet.

1801. Au commencement de cette année, le résultat des expériences faites pour le blanchîment du linge ordinaire à la vapeur, par Chaptal, est qu'il ne faut que la moitié de la dépense ordinaire; que trois jours suffisent pour terminer l'opération; que le linge n'est ni altéré par la liqueur, ni déchiré, ni usé par le frottement, puisqu'il ne passe qu'une fois par les mains, et qu'on n'a pas besoin de le battre; enfin, que la liqueur alkaline qu'on emploie, pénétrant par l'extrême chaleur de l'appareil dans le tissu du linge, toutes les matières étrangères qui s'y sont attachées, et même les miasmes infects qui s'y sont introduits, sont détruits et dénaturés; ce qu'on ne peut obtenir des lessives ordinaires.

Synington, Anglais, essaie un bâtiment à vapeur sur le golfe de la Clyde, pour la navigation intérieure.

Formation à Paris d'une société d'encouragement, dont le but est de favoriser l'industrie dans toutes ses parties.

Publication d'une nouvelle méthode minéralogique, par l'abbé Haüy, suivant laquelle il établit, comme principe universel, que les figures les plus diversifiées des métaux sont un décroissement régulier de la figure primitive, qui est un rhomboïde; que les substances qui sont chimiquement les mêmes, doivent prendre aussi la même figure géométrique, et qu'en mesurant les angles d'un minéral cristallisé, et en déterminant la figure géométrique de la molécule primitive, qui en est pour ainsi dire le noyau, on doit pouvoir déterminer quelles sont les substances qui appartiennent à la même espèce; il en démontre l'application à toutes les substances minérales, et fait voir comment la chimie bien étudiée s'accorde avec la cristallographie, et construit un édifice complet là où on ne voyait que des matériaux épars.

Guiton-Morveau publie et développe sa découverte sur les appareils désinfectans, ou les moyens de désinfecter l'air, de prévenir la contagion, et d'en arrêter les progrès par les fumigations d'acide muriatique.

Publication des recherches sur le galvanisme et la vitalité, par Sue.

Borda, de Dax, donne des tables trigonométriques décimales.

Publication de l'*Histoire de France depuis la révolution*, par Toulongeon.

Publication d'une *Histoire universelle* en style lapidaire.

Invention des réverbères à miroirs paraboliques, par Bordier.

Invention d'une pompe, qui tire trois tonneaux d'eau en une minute, par Bidot, Français.

Depuis J.-C. 1801. Invention de filtres pour la clarification et la purification des eaux, par Smith, Cuchet et Montfort, de Paris.

Fourcroy découvre le sucre d'amidon : Kirckhoff, Russe, s'attribue depuis cette découverte.

Le 17 janvier, rétablissement de la compagnie française d'Afrique, supprimée en 1792, et établissement d'une nouvelle compagnie pour la pêche du corail sur les côtes de la même partie du monde.

Le 20, Chaptal, nommé ministre de l'intérieur en France, présente au gouvernement un plan d'instruction publique; il propose l'organisation des écoles primaires, secondaires, et des lycées.

Le 4 février, le premier consul de France confère avec Lagrange, Laplace, Monge, Berthollet et Prony, à la Malmaison, pour l'établissement du canal souterrain, dit *de Saint-Quentin*, commencé vingt-cinq ans auparavant, pour unir l'Escaut à la Somme, ouvrir une communication de la France avec la Belgique, et joindre l'Yonne à la Saône par le canal de Bourgogne; ce qui doit compléter la navigation intérieure du nord au midi de la république française.

Le 6, établissement d'un hospice général de vaccination gratuite, par le préfet de Paris.

Le 13, établissement de deux écoles-pratiques pour l'exploitation des mines et le traitement des substances minérales; l'une est placée sur les mines de plomb de Pesay, près de Moulins, et l'autre aux forges de Geislautern, près de Sarrebruck.

Le 4 mars, le gouvernement français ordonne l'exposition publique et annuelle des produits de l'industrie française.

Le 15, le gouvernement français ordonne la continuation de la construction de trois ponts à Paris, appelés depuis *ponts d'Austerlitz*, *de la Cité*, et *des Arts*.

Dans ce mois, la vaccine est adoptée et introduite en Espagne.

En mai, elle est admise en Autriche.

Le 29, le ministre de l'intérieur attache à l'institution des sourds-muets une école de mosaïque.

Dans ce mois, les quatre chevaux antiques, que l'on croit des ouvrages de Lysippe (350 ans avant l'ère vulgaire), et qui ornèrent successivement les arcs de triomphe de Néron, de Trajan, de Constantin, et l'église Saint-Marc de Venise, sont transportés à Paris, et placés d'abord aux Invalides, ensuite au jardin de l'Infante, et enfin sur l'arc de triomphe du Carrousel.

Le 1er juillet, ouverture en Hongrie d'un canal navigable qui joint le Danube à la Theiss, par ordre de l'empereur d'Allemagne.

Le 11, découverte d'une comète à la patte de la grande

ourse, par trois astronomes à la fois, Messier, Méchain et Bouvard.

Le 25, invention de procédés relatifs à la fabrication de l'acide muriatique oxigéné, et à son emploi dans le blanchiment des toiles, par Dollfus et Jœgerschimd, fabricans à Mulhausen.

Le même jour, invention de procédés relatifs à la fabrication de l'acide sulfurique, par E. Chamberlain, de Honfleur.

Le 31, invention d'une liqueur qui rend les étoffes impénétrables à l'eau, par Lussen et Brinck, de Crevelt.

Dans ce mois, découverte d'un vernis qui surpasse en durée et en transparence le vernis anglais, par François Monge et Louis Kreutzer, de Strasbourg.

Autre découverte d'une presse hydraulique, dans laquelle, en combinant l'action de l'eau, le poids de l'air et la force de l'homme, on produit, à l'aide d'un levier de 15 pouces, une pression égale à 4,608 livres; par Bramah, de Londres.

Le 22 septembre, le système décimal des poids et mesures est mis à exécution dans Paris, avec défense de se servir des anciens.

Le 3 octobre, réunion des planètes de *Saturne*, *Jupiter*, *Vénus* et la *Lune*, dans la constellation du Lion près de Régulus.

Le 5, la vaccine est admise en Russie.

En novembre, Besc emploie dans les manufactures de coton, l'acide pyroligneux que l'on retire de la combustion du bois; il s'en sert pour donner aux toiles une teinte noire, foncée et brillante.

Le 7, Volta, de Pavie, prouve l'identité du galvanisme avec l'électricité.

Dans ce mois, le premier consul de France fait retirer le diamant connu sous le nom de *régent*, qui avait été mis en gage pendant la révolution, et le fait placer sur la garde de son épée.

Le 24, la vaccine fait des progrès en Hongrie.

Dans ce mois, des compagnons du général Menou rapportent en France les collections des membres de l'institut d'Égypte.

Le docteur Gall annonce en Allemagne ses découvertes sur le cerveau; il y reçoit des défenses de continuer ses leçons, jusqu'à ce que sa doctrine soit examinée.

Invention de la navette volante, par les frères Bauwen, de Passy: le gouvernement français en favorise l'établissement, en y appelant des ouvriers de toutes les manufactures de France.

Dans le courant de cette année, établissement d'une université à Calcutta, par le marquis de Wellesley, gouverneur-général de l'Inde; on y enseigne la langue ancienne des Perses et celle des Indous.

Depuis J.-C. 1801. Publication d'un voyage fait dans la Haute-Pensylvanie, et dans l'état de New-York, par un membre adoptif de la nation Onéida, traduit de l'anglais en français.

Publication de la relation de l'ambassade anglaise, envoyée dans le royaume d'Ava, traduite du major Sgméa.

Voyage à la partie orientale de la Terre-Ferme dans l'Amérique méridionale, fait pendant cette année, et les trois suivantes, par F. Depons, ex-agent du gouvernement français à Caraccas.

Voyage dans les deux Louisianes, et chez les nations sauvages du Missouri, par les États-Unis, l'Ohio et les provinces qui le bordent, pendant cette année, et les deux suivantes, par Perrin-Dulac.

Voyage en Russie, en Tartarie et en Turquie, par le docteur anglais Clarke.

Voyage en Afrique, par Grandpré, Français.

Voyage dans le Levant, par Brown, Anglais.

Voyage du lieutenant anglais Grant, à la Nouvelle-Galles et à la Nouvelle-Hollande.

Voyage de G. A. Olivier dans l'Empire Ottoman, l'Égypte, la Perse, la Barbarie, depuis 1801 jusqu'en 1807.

Voyage dans les quatre principales îles des mers d'Afrique, fait par ordre du gouvernement français, pendant les années 9 et 10 (1801 et 1802), par le capitaine Baudin.

1802. Le corps législatif de France ordonne la reprise des travaux du canal de l'Ourcq, qui se sont exécutés depuis sous la direction des ingénieurs des ponts et chaussées.

Création de l'hospice de la Maternité pour l'instruction des sages-femmes.

Berthollet donne ses recherches sur les lois de l'affinité des substances des corps, et commente les découvertes de Bergmann, chimiste suédois.

Borda, de Dax, indique l'usage du cercle de réflexion.

Le gouvernement français fait disposer le palais du Louvre, pour recevoir les monumens des arts arrivés des pays conquis.

Le gouvernement réveille l'industrie française en proposant des prix pour le perfectionnement des machines à ouvrer.

Création de l'école spéciale, royale, militaire, de Fontainebleau.

Nouvelles tables de Mars, calculées d'après la théorie de Laplace, et les observations les plus récentes, par le baron de Lindenau, directeur de l'observatoire de Seeberg, près Gotha.

Le premier consul de France enrichit l'Europe de ce que l'Égypte recèle de monumens précieux pour les sciences et les arts.

Publication de l'*Histoire naturelle des insectes*, d'après Réaumur, Geoffroy, Geer, Roesel, Linné et Fabricius, par de Tigny.

Publication d'un *Tableau comparatif de l'histoire*, par Prévost d'Iray.

Le Blavet, rivière de Bretagne, est rendu navigable depuis Pontivy jusqu'à Hennebon.

Bertrand, de Genève, indique le renouvellement périodique du continent.

Fondation d'une société philharmonique à Saint-Pétersbourg.

Les monumens pieux recueillis au dépôt des Petits-Augustins ou muséum français, et au musée de Versailles, sont rendus en partie aux églises.

Invention du ploscope, par Thilorier : c'est une application des nouveaux principes chimiques sur l'air et le feu, aux besoins ordinaires de la vie : il a le mérite de chauffer et d'éclairer.

Invention de la lithographie, ou de l'art de tracer sur la pierre, avec une encre ou un crayon composé, des dessins qui se contr'épreuvent, sans rien perdre de leur netteté ni de leur vigueur; par Aloys Sennefelder, choriste du théâtre de Munich.

Le 12 janvier, invention de procédés relatifs à la fabrication de tableaux en faïence et terre vernissée, propres aux inscriptions des rues et au numérotage des maisons, par le moyen de la contre-estampille.

Le 2 février, la vaccine commence à s'introduire en Amérique.

Coulomb, physicien français, détermine la loi d'affaiblissement des forces électriques et magnétiques, sous le rapport de la distance, qu'avaient en vain cherchée Hauksbée, Taylor, Dufay et Muschembroek.

Le 3 mars, l'Institut national est chargé de former tous les cinq ans un tableau général de l'état, ainsi que des progrès des sciences, lettres et arts, et de le présenter au gouvernement.

Le 28, découverte d'une dixième planète, par le docteur Olbers, qui lui donne le nom de *Pallas :* sa révolution est de 4 ans 5 mois ; son diamètre est de 95 milles, et celui de *Cérès* est de 162 milles.

Le 1er avril, l'uniformité des poids et mesures s'établit en Russie.

Le 5, le muséum des arts s'enrichit chaque jour de nouvelles statues.

Le 20, on fait à Vienne des expériences pour décomposer l'eau par l'influence de l'aimant.

Le 30, réorganisation de l'instruction publique en France, des écoles primaires, secondaires et lycées; des écoles spéciales, militaires, de droit, de médecine, d'histoire naturelle, de physique, de chimie, de mécanique, de mathématiques transcendantes, de géographie, d'histoire, d'éco-

Depuis J.-C. 1802. nomie publique, de dessin, de langues vivantes, de musique et de composition.

Dans ce mois, nouveau procédé de stéréotypie en caractères mobiles, inventé par Herhan.

Les fondateurs du lycée républicain donnent à leur établissement le nom d'*athénée*.

Invention d'un balancier propre à frapper la monnaie, au moyen d'un mouvement uniforme de rotation ; par Berte aîné, de Toulouse.

Le 1er mai, réformation des écoles centrales.

Le 2, fondation d'un prix annuel d'astronomie, par Lalande.

Le 3, l'institut de jurisprudence prend le nom d'*académie de législation*.

Le 19, institution en France de la légion d'honneur, pour récompenser les services civils et militaires.

Le même jour, ouverture d'un canal de dérivation de la rivière d'Ourcq, pour être amenée à Paris, à un bassin près de la Villette, et d'un canal de navigation qui partira de la Seine au-dessous des bastions de l'Arsenal, pour se rendre dans les bassins de partage de la Villette, et continuer par Saint-Denis, la vallée de Montmorenci, jusqu'à Pontoise. Ce projet avait été formé par Manse et Riquet dès l'année 1676.

Le même jour, le gouvernement français achète des terrains destinés à l'embellissement des jardins du palais de Luxembourg.

Dans le même temps, des digues construites au nord de l'île de Cadzand, enlèvent à la mer des terrains considérables appelés *Polders, Watringues* ou *marais desséchés du département de l'Escaut*.

Le 22, une commission est chargée de publier un ouvrage sur les découvertes faites en Égypte.

Dans ce mois, établissement d'une galerie de médailles, de tableaux, de statues, et d'une bibliothèque dans le palais du Luxembourg.

En juin, il arrive en France de nouveaux monumens de Naples et d'Italie.

Vers ce temps, la machine de Marly est réparée ; ses roues sont réduites à six.

Le 16, J. Desblanc, horloger de Trévoux, invente la manière de remonter les bateaux par le moyen d'une pompe à feu.

Le 15 juillet, invention du piano-harmonica, par T. Schmidt, de Paris.

Le 19 août, création d'un institut à Milan.

Le 28, découverte d'une comète, par Méchain, dans la constellation du serpentaire.

Le 1er septembre, invention d'une machine hydraulique, nommée *moulin sans roue*.

Le 3 octobre, établissement d'une école d'artillerie et du génie à Metz.

Le 4, arrivée à Marseille de la Vénus de Médicis, et de quelques manuscrits trouvés à Herculanum.

Le 9, le pape défend l'enlèvement des monumens des arts de ses Etats.

Le 18, le gouvernement français admet les étrangers aux droits de citoyen, après un an de domicile en France, pour services rendus à la république, pour de grands talens, pour importation d'inventions utiles, ou formation de grands établissemens en France.

Le 22, invention de procédés propres à fondre, graver et imprimer la musique et le plain-chant en caractères mobiles, par Olivier, de Paris.

Le 4 novembre, établissement d'un musée à Munich.

Le 20, Garnerin invente une machine appelée *parachute*.

Vers ce temps, découverte faite en Angleterre d'une méthode pour déterminer les longitudes en mer, par le moyen d'un petit globe magnétique flottant dans un bassin de mercure.

En décembre, invention d'une impression sur verre, porcelaine, poterie, tôle et bois vernissés, par Potter, père et fils, de Paris.

Le 1er de ce mois, institut d'inoculation en Prusse.

Publication de l'*Histoire de l'indépendance des États-Unis d'Amérique*, par Charles Botta, traduite de l'italien, par de Savelinger.

Publication de l'*Histoire d'Angleterre*, par Bertrand de Molleville.

Sur la fin de l'année, des troupeaux de races étrangères améliorent les laines de France; l'éducation des chevaux a ses primes; les fabriques se multiplient, et rivalisent avec les fabriques étrangères.

Publication du *Voyage fait dans la Haute et Basse Égypte*, pendant les campagnes du général Bonaparte, par Denon.

Publication d'un *Voyage d'Égypte et de Nubie*, par Norden, traduit en français par Langlès.

Publication d'un *Voyage dans la Troade*, par J.-B. Lechevalier.

Publication d'un *Voyage de découvertes*, par Vancouver.

Publication d'un *Voyage au Sénégal*, par J.-B. Durand.

Publication d'un voyage fait en Russie, depuis 1785, jusqu'en 1799, par le commodore Billings, traduit par J. Castera.

Voyage à Madagascar, à Maroc et aux Indes orientales, par Alexis Rochon.

Voyage du Bengale à Saint-Pétersbourg, à travers les provinces septentrionales de l'Inde, par G. Forster.

Depuis J.-C. 1802. Voyage dans l'Indostan, à Ceylan, sur les côtes de la mer Rouge, en Abyssinie et en Égypte, pendant cette année et les quatre suivantes, par le vicomte George Valentia, dont la relation a été depuis traduite par P. F. Henry.

Voyage dans l'Amérique septentrionale, par l'anglais Mackensie.

Voyage fait pendant cette année et les quatre suivantes, dans l'intérieur de la Louisiane, de la Floride occidentale, et dans les îles de la Martinique et de Saint-Domingue, par Robin, de Tonnerre.

Voyage autour du monde, par de Krusenstern, officier russe, en tournant la pointe méridionale de l'Amérique par la mer du Sud, vers les côtes nord-ouest de l'Amérique et les îles Aleutiennes, la Chine, les îles Kuriles et le cap de Bonne-Espérance.

1803. Isarn, médecin, donne l'explication du nouveau langage des chimistes, pour tous ceux qui, sans s'occuper de la science, veulent profiter de ses découvertes.

Publication de l'*Histoire de la guerre de trente ans*, de Schiller, traduite par Chamfeu.

Werner établit, sur des principes opposés à ceux d'Haüy, une méthode adoptée par un grand nombre de minéralogistes.

Berthollet donne sa chimie statistique.

Pasygraphie, ou écriture universelle en douze caractères simples, indépendans de toutes langues existantes, inventée par Demaimieux.

Ameilhon, de Paris, explique l'inscription grecque du monument trouvé à Rosette.

Publication de la *Géographie* de Pinkerton, traduite par C. A. Walckenaer, ou description historique, civile, politique et naturelle des empires et de leurs colonies.

Le 12 janvier, établissement de l'université de Dorpat en Russie.

Le 23, l'institut national de France, jusqu'alors divisé en trois classes, l'est en quatre, y compris celle des beaux-arts.

Le 24 février, établissement d'une école d'arts et métiers à Compiègne.

Au commencement de mars, ouverture d'un canal entre Charleroi et Bruxelles.

Le 10, l'importation des sucres raffinés est prohibée en France.

Le pape fait détourner le cours du Tibre, pour retirer les anciens monumens qui sont dans son lit.

Le professeur Aldini découvre que l'eau peut, de même que le feu, dans l'électricité, servir de conducteur au fluide galvanique à de très-grandes distances.

Le 14, établissement de chambres d'agriculture à Saint-

Domingue, à la Martinique, à la Guadeloupe, à Cayenne et aux îles de France et de la Réunion.

Le 15, le premier consul de France, sur le plan de l'ingénieur Cachin, ordonne la construction du port de Cherbourg, à cinquante pieds de profondeur au-dessous des hautes marées, pour y recevoir les plus gros vaisseaux de guerre.

Le 21, invention de procédés propres à clarifier, purifier, imprégner ou saturer, composer ou décomposer des fluides ou des corps qui peuvent être rendus fluides par le feu; par Mathilde Toue, de Paris.

Le 14 avril, organisation de la Banque de France.

Le 26, pierres tombées à l'Aigle (Orne), décrites par Leblond, antiquaire, et analysées par Biot, qui ne laisse plus de doutes sur l'existence des aérolythes ou pierres atmosphériques.

Dans ce mois, les travaux relatifs aux canaux de Saint-Quentin, du Midi, de Carcassonne, de Toulouse, de Bourgogne, du Rhin au Rhône, de l'Escaut et de la Meuse, de la Meuse au Rhin, se reprennent et se continuent.

Le 4 mai, ouverture d'un canal de navigation entre les villes de Charleroi et de Bruxelles.

Le 30, nouvelle construction de pompes à feu, dans lesquelles un seul robinet ou soupape tournante est substitué aux quatre soupapes et aux boîtes à vapeur, jusqu'alors en usage, par J.-A. Dubochet.

Le 31, Méchain et Lechevalier se rendent de Paris aux îles Baléares, pour mesurer la méridienne.

En juin, les travaux pour ouvrir les routes à travers le Mont-Cenis, le Simplon et le Mont-Genèvre, se continuent.

Le 18, établissement d'écoles de médecine à Turin et à Mayence.

Le 21, règlement pour les lycées, qui les organise militairement en compagnies, et qui ordonne que le signal de tous les exercices sera donné au son du tambour.

Dans ce mois, on découvre en Angleterre un nouveau métal, auquel on donne le nom de *palladium* ou de *nouvel argent*: ce métal est très-malléable, ne s'altère ni à l'air ni au feu; il prend un poli très-beau, et forme, avec l'acide nitrique, une dissolution de couleur rouge: sa pesanteur est inférieure à celle de l'argent.

Le 26 juillet, départ pour un voyage autour du monde, des vaisseaux russes, *le Nadeshda* et *la Newa*, montés par le capitaine Krusenstern, et par plusieurs savans.

Le 9 août, invention d'un bateau armé de deux roues, ayant des volans ou rames plates, qu'une petite pompe à feu fait mouvoir contre le courant de la Seine à Paris, par Maguin de Rouen.

Le 20, le professeur Pelt invente une machine de nata-

Depuis J.-C. 1803. tion, avec laquelle il traverse le Sund, depuis Elseneur jusqu'à Helsinbourg, en fumant et en mangeant.

Le 1er septembre, de la propriété qu'a le cristal d'Islande de donner une double réfraction à deux images; Rochon tire un moyen de mesurer les distances, en adaptant un prisme de ce cristal à une lunette.

Dans ce mois, le pape Pie VII fait déblayer les antiques monumens de Rome, tels que le Colysée, les arcs de Titus et de Septime-Sévère; Canova a la direction de ces travaux.

Dans ce mois, invention d'un bâteau de secours pour sauver les naufragés, par l'anglais Greathead. Sa construction, et une forte garniture de liége, le rendent insubmersible, même lorsqu'il est rempli d'eau.

Le 8 octobre, nouvelle organisation du collége de St.-Cyr, sous le nom de *Prytanée français.*

Dans ce mois, l'uniformité des poids et mesures est établie dans la république italienne, conformément au système décimal.

En décembre, on fait des expériences qui prouvent que la vaccine est un préservatif contre la peste.

Le 20, arrivée de la Pallas de Velletri au musée du Louvre.

Dans ce mois, ouverture du canal entre Rhinsberg et Venloo, pour la jonction de la Meuse au Rhin, par les fosses Eugéniennes.

Pendant cette année, construction des canaux d'Arles, d'Aigues-Mortes, de la Saône et de l'Yonne, et de celui qui doit unir le Rhône au Rhin; commencemens du canal qui doit joindre l'Escaut, la Meuse et le Rhin, pour ouvrir l'Allemagne au commerce de la France; on joint la Rance à la Vilaine, pour unir la Manche à l'Océan; on répare les digues de la Belgique; Anvers reçoit un port militaire, un arsenal, et des vaisseaux de guerre sur les chantiers; la digue de Cherbourg sort des eaux.

Publication de l'*Histoire du Danemarck et de la Suisse*, par Mallet.

Publication d'un voyage en Afrique, par Frédéric Hornemann.

Publication du tableau du climat et du sol des États-Unis de l'Amérique, par Volney.

Voyage d'Aly-bey-el-Abassy, en Afrique et en Asie, pendant cette année et les trois suivantes.

Voyage au Canada, publié par Weld, Anglais.

Les sociétés anglaises de Calcutta et d'Afrique, découvrent les bords du Gange et du Niger.

Plaiders découvre le détroit de Basse, entre la Nouvelle-Hollande et la terre de Van-Diémen.

Berthollet indique l'art de la teinture, par l'acide muriatique oxigené.

Malte-Brun et Mentelle donnent leur *Géographie univer-*

selle, mathématique, philosophique et politique, avec un atlas. Depuis J.-C 1804.

Isarn, médecin, donne son *Manuel de galvanisme*.

Murdoch, Anglais, perfectionne l'invention du thermo-lampe, et l'emploie à éclairer une grande filature.

Fulton, Anglais, construit à Paris le premier panorama, semblable à ceux qu'il a vûs à Londres.

La sténographie est adaptée à la langue française, par T.-P. Bertin.

Le 1er janvier, établissement d'un conservatoire de musique à Saint-Pétersbourg.

Le 15, invention d'une roue à double force, applicable au treuil, à la grue, et à toutes les machines mues par des hommes.

Dans ce mois, invention des voitures, dites *vélocifères*.

Le 4 février, ouverture d'une route entre Grenoble et Briançon.

Le 9, ouverture d'une route entre Maëstricht et Tongres.

Dans le même mois, découverte dans le cobalt d'un bleu propre à remplacer l'outre-mer dans la peinture.

Le 6 mars, J.-L. Pons, de Marseille, découvre une comète.

Le 2 avril, établissement de chambres consultatives de manufactures, fabriques, arts et métiers, dans diverses villes de France.

Le même jour, invention d'un polyèdre à lampe, ou miroir concave à glace plane, par J. C. Duval, de Paris.

Le 3, création d'une société pour l'extinction de la petite-vérole en France, par la propagation de la vaccine.

Le 18, ouverture à Rome d'un nouveau collége, régi par les pères de la compagnie de la Foi de Jésus.

Le 4 juin, invention de procédés propres à élever les fluides, même le gaz, et notamment l'huile dans les lampes à courant d'air, par Lange, de Paris.

Le 25, le lion de Saint-Marc, amené de Venise à Paris, est élevé sur un piédestal-fontaine sur la place des Invalides.

Le 27, on inocule la vaccine à Mexico.

Le 6 août, retour d'Humboldt et Bonpland de leur voyage en Amérique.

Le 11 septembre, institution en France de grands prix donnés de dix ans en dix ans, pour l'encouragement des sciences.

Le 15, découverte d'une onzième planète, appelée *Junon*, par Harding, de Lilienthal, près Bremen. Sa révolution est de 5 ans 3 mois.

Le 21, organisation des écoles de droit à Paris, à Dijon, à Turin, à Grenoble, à Aix, à Toulouse, à Poitiers, à Rennes, à Caen, à Bruxelles, à Coblentz et à Strasbourg.

Le 24, Cotte, de Pouzols près Lodève, invente un pro-

Depuis J.-C. cédé, à l'aide duquel il remonte le courant des rivières et des fleuves, sans le secours d'aucun moteur animal.

1804. En octobre, ouverture de la route du Mont-Cenis.

Publication d'un voyage par l'Italie, en Égypte, au Mont-Liban et en Palestine, par l'abbé de Binos.

Publication de Mémoires pour servir à l'histoire des expéditions en Égypte et en Syrie, par J. Miot.

Publication d'un voyage dans les Hébrides ou îles occidentales de l'Écosse, par le docteur Johnson.

Publication des voyages d'Acerbi au Cap-Nord, traduits par Joseph Lavallée.

Publication d'un voyage fait dans les quatre principales îles des mers d'Afrique, par ordre du gouvernement français, pendant les années 9 et 10 (1801 et 1802), avec l'histoire de la traversée du capitaine Baudin, jusqu'au port Louis de l'île Maurice; par J.-B.-C. Bory de Saint-Vincent.

Publication d'un voyage en Morée, à Constantinople, en Albanie, et dans plusieurs parties de l'empire Ottoman européen, par le docteur Poucqueville.

Voyage autour de la Baltique, par J. Carr.

Voyage dans l'intérieur de l'Afrique, par Ledyard et Lucas.

Voyage dans la partie méridionale de l'Afrique et en Chine, par John Barrow, dont la relation a été traduite depuis par Walckenaer.

Voyage à l'ouest des monts Alleghanis, dans les États de l'Ohio, du Centucki et du Tenessée, et retour à Charles-Town, par les Hautes-Carolines, contenant des détails sur l'état actuel de l'agriculture de ces nouvelles contrées, par André Michaux.

Retour des Corvettes *le Naturaliste*, *le Géographe*, et de la goëlette *la Caznarina*, du voyage qu'elles ont fait aux Terres australes, sous les ordres de Peron, et de Louis Freycinet, qui ont visité les côtes orientale, septentrionale, ouest, sud-ouest, méridionale, et nord-ouest de la Nouvelle-Hollande.

1805. La vaccine est portée à la Chine par le docteur Pierson, médecin anglais.

L'ingénieur militaire Dubuat, remarque une inexactitude dans le rapport des vitesses des eaux d'un canal avec la racine carrée des pentes, lorsque les vitesses sont plus petites; l'ingénieur Girard trouve que la force accélératrice, due à la pesanteur terrestre, peut être contrebalancée par des forces retardatrices et variables avec la vitesse du courant, qu'il fait dériver, 1° de l'adhérence des molécules fluides entre elles; 2° de l'aspérité des parois du canal.

Publication d'un *Précis de la révolution française*, par Lacretelle le jeune.

Publication de l'*Histoire de la guerre de 7 ans*, pendant

les années 1756, et suivantes, entre le roi de Prusse et l'impératrice Marie-Thérèse, par l'anglais de Lloyd, et traduite par Roux Fazillac.

L'anglais Haiter, en déroulant les manuscrits trouvés à Herculanum, découvre un Épicure complet, un Philodème, un Phèdre, un Démétrius de Phalère, un auteur grec nommé *Kolotos*; il espère trouver un Ménandre, un Ennius et un Polybe.

Legendre, géomètre, donne une méthode pour déterminer les orbites des comètes.

Publication des antiquités d'Herculanum, gravées par Piroli.

Il s'établit en France des courses de chevaux, dans lesquelles il se distribue divers prix.

La navigation de la Saône est améliorée, de manière que les bateaux peuvent y naviguer toute l'année, à charge pleine.

Connaissance plus développée du cerveau de l'homme, par Gall, médecin allemand : il en veut tirer une science qu'on appelle *cranologie*, ou l'art de juger des dispositions de l'homme par les bosses de la tête ; il prétend, en touchant la tête de ceux qui le consultent, deviner leur penchant, leurs habitudes, leurs qualités, leurs défauts, leurs vices, leurs talens, sur certains indices que lui fournit la conformation des crânes.

En janvier, invention d'une nouvelle cheminée, par Curandeau. Cette cheminée économise les cinq huitièmes de combustibles, et conserve dans l'intérieur des appartemens les neuf dixièmes de la chaleur que le vice de construction de la plupart de nos cheminées entraîne dans leurs tuyaux.

Le 15 mars, translation de l'Institut au pavillon des Quatre-Nations.

Le 22, la propriété des ouvrages posthumes est conservée aux héritiers des auteurs.

Le 1er mai, invention d'une composition d'un goudron minéral, par Montassier et Reine, de Paris.

Le même jour, une communication directe est ouverte d'Alexandrie à Turin, et à Savone.

Le 17, réorganisation du collége des Irlandais, Écossais et Anglais, de Paris.

Le 1er juin, le canal de Pavie à Milan est rendu navigable.

Le même jour, établissement à Trèves d'une école des arts et métiers, pour les départemens du Rhin.

Le 7, institution de l'ordre de la Couronne de fer dans le royaume d'Italie, pour récompenser les services civils et militaires.

Fondation à Paris de l'académie celtique.

Dans ce mois, un canal de navigation est ouvert de Niort à la Rochelle.

L'institut ligurien prend le nom d'*académie de Gênes*.

Depuis J.-C. 1805. Le 7 juillet, établissement de deux écoles militaires à Pavie et à Bologne.

Le 21, établissement d'une école de mosaïque à Paris.

Le 5 août, établissement de dix écoles militaires dans l'empire russe.

Le 30, l'école de Saint-Cyr est organisée en prytanée militaire.

Le 9 septembre, un sénatus-consulte rétablit en France l'usage du calendrier grégorien, pour le 1er janvier 1806.

Dans ce mois, la route du Mont-Cenis est achevée.

Le 2 octobre, comète découverte par Bouvard.

Dans ce mois, publication de l'*Histoire de France*, par Anquetil.

En décembre, Sécard, manufacturier de poterie, dite *caillou de Rouen*, à Tours, transforme le verre en porcelaine, à l'exemple de Réaumur.

Le 27, les deux vaisseaux russes *la Nadesha* et *la Newa*, après avoir doublé le cap Hoorn, atteignent l'île Owaiga, l'une des Sandwick, se séparent et se réunissent dans le port de Canton.

Publication d'un voyage en Chine et en Tartarie, par Holmes, traduit de l'anglais.

Publication, par Jansen, des voyages par le cap de Bonne-Espérance, dans l'archipel des Moluques, de 1768 à 1771, et de 1778 à 1788; fait par Stavorinus, chef d'escadre de la république batave.

Navigation de la Mer Noire, par d'Antoine.

1806. *Système astronomique d'Aquila.* Il remet le soleil en mouvement, et prétend avoir découvert l'orbite de la terre et le point central de l'orbite du soleil, leur situation et leur forme, la section du zodiaque par le plan de l'équateur et le mouvement concordant de ces deux globes.

L'art des schématismes, ou le mnémonisme, ou la méthode d'une mémoire artificielle, est renouvelé du grec de Simonide, de Métrodore, de Carnéade, de Raimond Lulle, de Jordanus Brunnus, de l'allemand de Winkelmann, et de l'anglais de Marius d'Assigni, par Feinègle.

Biot donne ses Essais de géométrie analytique, appliquée aux courbes et aux surfaces.

Calandrelli, astronome romain, trouve que la parallaxe de la *Lyre* est de cinq secondes, et qu'elle est à un million de millions de lieues de la terre.

Fondation d'un musée, dit *Alexandrin*, à Saint-Pétersbourg.

On élève sur la place Vendôme, à Paris, une colonne d'airain modelée sur la colonne Trajane, et fondue avec une partie des canons pris sur les Autrichiens et les Russes à Austerlitz.

Creusement d'un canal de Furnes à Dunkerque.

On reconstruit la coupole de la halle au blé de Paris.

On découvre du platine dans l'Andalousie.

Le 24 janvier, invention d'un appareil de blanchîment de toiles par le moyen du gaz acide muriatique oxigéné, par C. M. Boulanger, de Troyes.

Le 31, invention de nouveaux moulins à feu pour moudre le blé, par Menault, de Paris.

Invention de la pulsation de la navette des tisserans, au moyen d'une corde, par Vignerôn, qui économise moitié du temps, et perfectionne le travail pour la fabrication des toiles et des draps.

En février, publication de nouvelles tables astronomiques, par les membres du bureau des longitudes.

Le 5 mars, établissement d'un conservatoire de musique, d'un pensionnat pour l'enseignement spécial du chant, et d'une école spéciale de déclamation dramatique.

Le 26, commencement de la construction d'un pont à Paris, vis-à-vis l'École Militaire, d'abord appelé *pont d'Iéna*, et ensuite *pont des Invalides*.

Dans ce mois, érection de l'arc de triomphe du Carrousel.

Le 2 mai, il est érigé dans Paris quinze nouvelles fontaines, qui doivent être alimentées par les pompes à vapeur et les établissemens hydrauliques existans; savoir: celles du Marché des Jacobins, du Château-d'Eau, de la place des Trois-Maries, du Pont-au-Change, du Regard-Saint-Jean, de Popincourt, du Gros-Caillou, du Palais des Arts, des Incurables, d'Assas, de Saint-Sulpice, du lycée de Caumartin, de la rue Mouffetard et du Jardin des Plantes.

Le 10, ouverture du canal de navigation entre l'Escaut et le Rhin, appelé *le grand canal du Nord*.

Le même jour, formation en France d'une université impériale, chargée exclusivement de l'enseignement et de l'éducation publique dans tout l'empire.

Le 12, ouverture d'une route de Rouanne au Rhône.

Le 25, exposition de tous les produits de l'industrie française, pour être ensuite déposés au conservatoire des arts et métiers.

Dans ce mois, on commence à réparer le Louvre.

Le 22 juin, l'Académie des jeux floraux est rétablie à Toulouse.

Le 4 août, les vaisseaux russes *la Nadesha* et *la Newa*, en sortant de Canton, passent devant les îles de la Sonde, et reviennent enfin au port de Cronstadt en Russie.

Le 20, établissement d'une université à Dusseldorf, capitale du grand-duché de Berg.

Henri Didot, deuxième fils de Pierre-François Didot, in-

Depuis J.-C. vente un nouveau moule à refouloir, au moyen duquel il fond les lettres de deux-points et les grosses de fonte.

1806. Le 2 septembre, Biot et Arago vont en Espagne continuer la méridienne de Delambre et de Méchain, jusqu'aux îles Baléares, afin qu'elle ait le 45ᵉ degré dans le milieu de l'axe total, et que la grandeur de la terre soit plus parfaitement connue.

Le 5, translation de l'école des arts et métiers de Compiègne à Châlons-sur-Marne.

Le 23 novembre, les Français enlèvent de Berlin les statues et les tableaux pour le muséum de Paris.

Le 15 décembre, *invention du pyreotophore*, par les frères Niepce, de Châlons-sur-Saône. C'est la découverte d'un nouveau principe moteur dans la nature, par la réfraction de l'air dilaté par le feu.

Voyage en Norwège et en Laponie, pendant cette année et les deux suivantes, par Léopold et de Buch, dont la relation a été traduite en français par M. Eyriès.

1807. Les savans de Paris distinguent les découvertes utiles à la médecine, faites par le docteur Gall, de ce qu'il y a de charlatanisme dans son système.

Découverte d'une comète, par Bessel, Français.

Fabrication en France de pièces de billon, valant dix centimes, et portant la lettre N, initiale du nom du souverain.

De Puységur ressuscite le magnétisme animal, et n'excite que les plaisanteries des savans.

Chaptal applique la chimie aux arts ; et, sans entrer dans les détails mécaniques qui constituent la pratique d'un ouvrier, il éclaire les chefs d'ateliers et les artistes intelligens sur la nature des matières qu'ils emploient, sur les causes des phénomènes qui se passent sous leurs yeux, et sur les moyens d'appliquer cette double connaissance au perfectionnement des arts.

Établissement d'une société géologique à Londres.

Les chevaux de Venise sont attelés au quadrige élevé sur l'arc de triomphe de la place du Carrousel à Paris.

Publication annuelle des archives des découvertes et des inventions nouvelles faites dans les sciences, les arts et les manufactures, tant en France que dans les pays étrangers.

Publication de l'*Histoire de la révolution française*, par Fantin-Desodoards.

Publication de l'*Histoire de la rivalité de la France et de l'Angleterre*, par Gaillard.

Publication de l'*Histoire de la décadence de l'empire romain* jusqu'à nos jours, par Gibbon.

Publication des recherches asiatiques, ou des mémoires de la société établie au Bengale, pour la perfection des arts, des sciences et de la littérature.

Publication du *Tableau des révolutions de l'Europe*, depuis le bouleversement de l'empire romain jusqu'à nos jours, par Koch.

Publication de l'*Histoire de Pologne*, par Rhulière.

Invention du pan-harmonicon, par Maelzel.

En février, il arrive à Paris divers objets d'arts du palais de l'électeur de Hesse-Cassel; tels que des statues et des tableaux de l'école allemande.

Le 19 mars, établissement d'une académie royale d'histoire et d'antiquités à Naples.

Le 29, découverte d'une nouvelle planète appelée *Vesta*, par le docteur Olbers, de Brémen.

Le 12 avril, trois bateaux, chargés de statues et autres objets d'arts, arrivent de la Prusse en France.

Le 2, institution d'une école de sculpture à Carrare, par la princesse de Lucques.

Le 19 juin, invention de montres à répétition, dont la sonnerie est sans rouages, par Aloïs-Ferdinand Bérolla, de Besançon.

Au mois de juillet, on commence à abattre les maisons élevées sur les deux côtés du pont Saint-Michel à Paris.

Dans ce même mois, établissement d'une chaire de langue arabe, à Marseille.

En août, l'université de Leipsick donne aux étoiles de la ceinture et du glaive d'Orion, le nom d'*étoiles* ou de *constellation de Napoléon*.

Dans ce même mois, établissement d'un canal destiné à joindre l'Escaut au Rhin, le Rhin à la Meuse, et la Meuse à l'Escaut. Le grand canal du Nord doit se jeter dans l'Escaut à Anvers, dans la Meuse à Venloo, et dans le Rhin à Grimmlenhausen près de Neuss. Il doit avoir deux embranchemens, l'un sur Maëstricht, et l'autre par la petite Nèthe, pour alimenter le commerce de Malines, Louvain, Bruxelles, etc.

Établissement d'une école spéciale de géographie et d'histoire au collége de France, pour l'encouragement des lettres.

Dans le mois de septembre, invention de la chambre claire, par le docteur anglais Wollaston : aux deux miroirs de la chambre obscure, il substitue des instrumens à réflexion et un prisme irrégulier. Son effet est de faire tomber sur le papier l'image de l'objet que l'on veut rendre.

En octobre, une comète de la grandeur de Saturne est aperçue à Naples.

Le 18 novembre, l'empereur Napoléon fait acheter toutes les statues qui sont dans la Villa-Borghèse à Rome.

Le 1er décembre, l'arc de triomphe du Carrousel est découvert.

Le 27, l'empereur Napoléon ordonne l'ouverture d'un

Depuis J.-C. 1807. canal de jonction du Pô à la Méditerranée, partant de la Bormida à Carcera, et embouchant dans le port de Savone, ainsi que quatre routes : la première de Carcera à Ceva ; la seconde de Savone à Alexandrie ; la troisième de Briançon à Pignerol ; et la quatrième de Gênes à Acqui : il ordonne la culture du plateau du Mont-Cenis, et sa division en trois hameaux.

Dans cette année, R. Fulton, de New-York, inventeur des panoramas, exécute en grand des bateaux à vapeur ; il les met en état d'être employés d'une manière avantageuse : depuis cette époque, ils se multiplient en Angleterre, et la France les adopte.

Publication des tableaux d'histoire universelle ancienne et moderne, par D***, avocat, auteur de l'*Histoire des Naufrages*.

Publication d'un voyage à la Cochinchine par les îles de Madère, de Ténériffe et du Cap-Vert, fait par John Barow, dont la relation a été traduite par Malte-Brun.

Voyages d'Aly-Bey-el-Abassy en Afrique et en Asie, pendant les années 1803 et 1807.

Voyage aux Indes orientales et en Afrique, pour l'observation des longitudes en mer, par Alexis Rochon.

Voyage autour du monde par de Krusenstern.

Voyage autour du monde et dans l'Océan-Pacifique, par le capitaine anglais Broughton, dont la relation a été traduite par Eyriès. Les découvertes de ce voyageur complètent les connaissances sur l'archipel de Jesso, qui lie les îles du Japon au Kamtschatka et à la Tartarie chinoise.

Apparition d'une comète dans la constellation de la *Lyre*. Dans le courant de l'année, Pons en découvre une autre près du col de la *Giraffe*.

1808. Douette-Richardeau, de Langres, prouve que la coupe du bois entre deux terres, est favorable à la végétation. Cette mesure est pratiquée en France par l'agence forestière.

Étienne Jondot donne son *Tableau historique des nations*, ou le rapprochement des principaux événemens arrivés à la même époque sur toute la surface de la terre.

Lagrange donne la solution des équations numériques de tous les degrés.

Renouvellement de l'Institut de France, destiné à recueillir et à récompenser toutes les découvertes, et à favoriser les progrès des sciences et des arts.

R. R. Livington, Anglo-Américain, trouve le moyen de faire naviguer un bâtiment contre le courant, en adaptant deux roues qu'une pompe à feu fait mouvoir.

Dawis, de Londres, parvient à décomposer la potasse et la soude ou alkalis, par l'action de la pile galvanique de Volta ;

Thénard et Gay-Lussac y parviennent, en traitant ces alkalis avec du charbon et du fer. Depuis J.-C. 1808.

Chaptal publie les principes chimiques sur l'art du teinturier-dégraisseur.

Devaux invente en Angleterre une nouvelle machine propre à déterminer la longitude et la latitude en mer, ainsi qu'à mesurer l'espace parcouru par un vaisseau.

Découverte du sirop de raisin destiné à remplacer le sucre, par Proust.

La galerie des tableaux des sculptures de la Villa-Borghèse, est transportée de Rome à Paris.

Braconnot, de Nanci, découvre de la potasse dans plusieurs plantes. Suivant lui, l'acide malique et l'acide oxalique existent naturalisés dans les végétaux.

Leschenault publie la partie botanique du voyage de Pérou aux Terres australes.

La cranologie du docteur Gall est développée par Verdier, médecin, et condamnée, comme étant sans conséquence utile, par les commissaires chargés, par l'Institut, de l'examiner dans tous ses détails.

Publication des *Tables astronomiques du Soleil et des satellites de Jupiter*, par Delambre.

Publication de l'*Histoire des Indous*, par Solving.

Publication de la *pasigraphie* ou *écriture universelle*, par Riem; il n'y emploie pour tout signe que des chiffres arabes, et deux lignes, l'une debout, et l'autre couchée.

Publication de l'*Histoire de la Vendée et des Chouans*, par Alphonse de Beauchamp.

Le 7 janvier, carbonisation du bois avec distillation d'acide pyro-ligneux et de goudron, par Bordier, de Nemours.

Le 9, établissement de l'ordre de St.-Léopold, par l'empereur d'Autriche, pour la récompense des savans et artistes.

Le 10, invention de la manière d'appliquer mécaniquement les couleurs sur la porcelaine, par Stone, Coquerel et Legros d'Anisy, de Paris.

Le 6 février, l'empereur Napoléon se fait rendre compte de l'état des sciences par les classes de l'Institut.

Le 26, les frères Roumieu, de Paris, inventent la manière de transformer le lin, le chanvre et les étoupes, en coton, soie et bourre de soie.

Au mois de mars, Curandeau prouve que les métaux de la potassse et de la soude ne sont pas des oxides métalliques, mais bien une combinaison d'alkalis avec de l'hydrogène et du carbone, dont il démontre la présence en décomposant le métal dans l'eau de chaux.

Le 24, on commence à ériger le palais de la Bourse et le tribunal de commerce de Paris.

Dans le mois d'avril, on commence à travailler au ca-

Depuis J.-C. 1808. nal de Bourgogne ; il est en peu de temps ouvert à la navigation.

Le 4 mai, formation d'un Institut en Hollande.

En juin, invention d'un nouveau métier à tisser la toile et le drap dans toutes largeurs par un seul métier, et d'un nouveau dévidoir qui ourdit et tord les fils en même temps qu'on les dévide, par Desplau.

Le 1er juillet, l'école militaire de Fontainebleau est transférée à Saint-Cyr, et le prytanée militaire de Saint-Cyr l'est à la Flèche.

Le 1er août, l'empereur ordonne l'ouverture d'une grande route de Paris à Madrid.

Dans ce mois, Deghen, horloger de Vienne, essaie à Paris de s'élever dans l'air avec des ailes, pour enlever un ballon.

David expose son tableau du couronnement de l'empereur Napoléon.

En octobre, l'empereur Napoléon rassemble tous les artistes au muséum, et les encourage par des distinctions honorables.

Le 2 décembre, arrivée des eaux du canal de l'Ourcq à Paris.

Publication d'un voyage dans la Haute et Basse-Égypte, par Nectoux, botaniste.

Publication d'un voyage dans l'Indostan, par Perin-Dulac.

Publication d'un voyage dans l'intérieur de la Louisiane, de la Floride, etc., pendant les années 1801, 1802, 1803, 1804, 1805 et 1806, par Robin.

Publication d'un voyage à Caïenne, dans les deux Amériques, et chez les anthropophages.

Publication d'un voyage de découvertes aux Terres australes, exécuté par ordre de l'empereur Napoléon, pendant les années 1800-1804, par Perron et Louis Freycinet, sur les corvettes *le Naturaliste*, *le Géographe*, et la goëlette *la Caznarina*, ayant pour objet de compléter la reconnaissance des côtes de la Nouvelle-Hollande, qui n'étaient pas encore connues. Ils donnent à la côte méridionale le nom de *Terres de Napoléon*, et à celle nord-ouest, celui de *Witt*.

Voyage chez les sauvages de la Mer du Sud, par Richard.

1809. Rétablissement en France de la société philanthropique, fondée en 1780 sous la protection de Louis XVI.

Établissement de deux maisons d'éducation pour les demoiselles, à Ecouen et à Saint-Denis.

Herschell, astronome anglais, fait faire un télescope immense, dont un pareil a été fait depuis pour la France, et est placé à l'observatoire de Paris. Avec ce télescope, Herschell découvre les six satellites d'*Uranus*.

Murdoch, Anglais, applique le gaz hydrogène tiré de la houille, à l'éclairage.

La Doueppe-Dufougerais, directeur de la manufacture de cristaux du Mont-Cenis, trouve le moyen de renfermer les médailles dans des losanges de cristal, dont la surface transparente et polie laisse voir toutes les faces de la médaille ou de l'objet quelconque qui y est renfermé.

Publication de *l'Anatomie et de la Physiologie du système nerveux en général, et du cerveau en particulier*, avec des observations sur la possibilité de reconnaître plusieurs dispositions intellectuelles et morales de l'homme et des animaux, par la configuration de leurs têtes; par J. Gall et Spurzheim.

Le 4, établissement d'un institut pour les sourds-muets à Zurich.

Le 22, beaucoup d'Anglais passent au Brésil pour y établir des manufactures.

Vers ce temps, les manuscrits des bibliothèques d'Espagne sont envoyés en France.

Le 29, invention d'un éclairage économique à grands effets de lumière, au moyen des réflecteurs paraboliques et des lampes d'Argant, par Bordier-Marcet, de Versoix.

Le 9 février, établissement d'une société hydraulique en Hollande.

Le 19, invention d'une machine propre à faire mouvoir avec économie la vis d'Archimède, par Biallez, Guinchet et Pierruges, de Beaucaire.

Le 8 mars, établissement d'une école militaire spéciale de cavalerie dans le château de Saint-Germain.

Le 10, invention d'une peinture, et impression de toutes sortes de sujets sur porcelaine et faïence, sur émail ou sur biscuit, par Neppel, de Paris.

Le 31, invention d'une gravure sur verre, par Landelle, de Paris.

Le 6 mai, invention d'une machine à feu propre à faire monter l'eau, par Cagniard-Latour, de Paris.

Le 27 septembre, application des matières animales au blanchîment du lin, du chanvre, du coton, et de tous fils et tissus fabriqués avec ces substances, par Plaisant de la Mothe, de Valenciennes.

Dans ce mois, établissement de l'académie Eolienne à Corfou.

Vers le même temps, établissement d'une université à Berlin.

Méthode d'enseignement de Pestalozzi. Elle a pour fondement et pour base ce qu'il appelle le manuel des mères : ce manuel est une instruction qu'il donne aux mères pour diriger les premières sensations et les premières idées de leurs enfans. L'élève de Pestalozzi est l'homme machine de La Mettrie.

Publication d'un voyage à Pékin, à Manille et à l'Ile-de-France, par de Guignes.

Depuis J.-C. 1809. Publication du voyage d'Entrecasteaux.

Publication des voyages dans l'Amérique méridionale, par D. Félix d'Azara, depuis 1781 jusqu'en 1801.

Voyage de Griz, Anglais, pendant cette année et les deux suivantes, dans les îles de la Méditerranée et la Turquie d'Europe.

Voyage au Brésil par l'Anglais Jean Mawe, pendant cette année et la suivante.

Publication de l'*Histoire de l'Inde ancienne et moderne*, par Collin de Bar, avec l'histoire de l'Indostan, de tous les établissemens européens dans cette contrée, et surtout des progrès des Anglais jusqu'à cette époque.

1810. Le 1er janvier, il est établi des écoles impériales d'équitation à Paris, à Caen, à Angers, à Strasbourg, à Lyon, à Turin, à Bruxelles, à Bordeaux, à Toulouse, à Rennes et à Sienne.

Le 9 février, l'empereur Napoléon ordonne la construction d'un hôtel des relations extérieures, d'une fontaine sur la place de la Bastille, sous la forme d'un éléphant en bronze, et de cinq abattoirs pour remplacer les tueries des bouchers de Paris.

Le 2 mai, l'empereur Napoléon fait restaurer les anciens monumens de Rome.

Le 5, il ordonne la continuation des canaux de la Belgique.

Le 7, il fonde un prix d'un million pour l'invention de la meilleure machine propre à filer le lin.

Le 18 juin, les administrateurs de la manufacture des glaces de Saint-Gobin, inventent la manière de faire du verre avec le sulfate et le muriate de soude, sans le secours des alkalis.

Le même jour, invention d'une pendule à sphère mouvante, par Raingo, de Gand, perfectionnée par Janvier, de Paris.

Le 3 juillet, l'empereur Napoléon propose un prix de cent mille francs à celui qui trouvera le moyen d'extraire d'une plante indigène de quoi remplacer l'indigo par le pastel, et un de vingt-cinq mille francs à celui qui fera connaître un procédé pour teindre la laine et la soie avec le bleu de Prusse.

La culture du coton réussit en Italie.

Le 15 août, la colonne d'Austerlitz est découverte; elle a 44 mètres de hauteur totale, y compris la statue de l'empereur Napoléon, qui en a disparu depuis la restauration.

Le 30, invention d'un appareil propre à extraire l'acide pyroligneux et le goudron de toutes les substances végétales, par Lhomond et Kurtz, de Paris.

Le même jour, invention d'un aréomètre, par Lavigne, de Montpellier.

Le 18 octobre, établissement d'une académie à Pise.

Raynouard, auteur de la tragédie des *Templiers*;

Jouy, auteur de l'opéra de *la Vestale;* Laharpe, auteur du *Cours de Littérature;* de Bausset, auteur de *l'Histoire de Fénélon;* Andrieux, auteur du *Trésor;* l'abbé Sicard, auteur de *la Théorie des Signes et des Considérations pour les Sourds-Muets;* Lagrange, auteur des *Leçons sur le calcul des fonctions;* Laplace, auteur de *la Mécanique céleste;* Berthollet, auteur de *la Statique chimique;* Cuvier, auteur des *Leçons d'anatomie comparée*; Montgolfier, auteur du *Bélier hydraulique*, et Girodet, peintre, auteur d'une *Scène du déluge*, obtiennent le prix décennal, chacun dans son art ou sa science. 1810.

L'acier fondu, qui était un secret des Anglais, commence à se fabriquer en Westphalie, par Wolkmar, ingénieur à Brunswick.

La culture de la soude s'étend dans les départemens méridionaux de la France.

Publication de nouvelles tables de la Lune, par Burg.

Invention de la lampe de Carcet, dans laquelle l'huile s'élève au moyen d'un mouvement d'horlogerie.

Invention du sucre d'érable; le prince d'Auersperg en établit une manufacture.

Publication du voyage de la Peyrouse autour du monde, par Milet-Mureau.

Voyage dans l'intérieur de l'Afrique, par Robert Adams, Anglo-Américain.

Création en France de cinq cents dépôts de béliers mérinos, de deux cents béliers chacun. 1811.

Le 19 janvier, l'ancienne académie *della Crusca* à Florence, est rétablie par l'empereur Napoléon.

Vers ce temps, on brûle partout les marchandises de fabrique anglaise, même en Suède et en Prusse.

Le 15 février, l'empereur Napoléon fait commencer les fouilles pour la construction du palais du roi de Rome.

Le 25 mai, l'empereur Napoléon ordonne de mettre en culture de betteraves propres à la fabrication du sucre, trente deux mille hectares de terre.

Le même jour, découverte d'une comète à Viviers, par Flaugergues; elle se perd vers le mois de mai dans les rayons du soleil.

En avril, on suit en Allemagne l'impulsion donnée en France à la culture de la betterave.

Le 12 juin, invention d'une machine propre à scier le marbre et la pierre, machine qui reçoit le mouvement d'une pendule munie d'une lentille, par Pierre Couton, de Paris.

Le 3 juillet, Raymond, professeur de chimie à Lyon, trouve un procédé pour teindre la soie avec le bleu de Prusse, et remplacer très-avantageusement l'indigo.

Le 17, l'empereur Napoléon ordonne des embellissemens et des fouilles dans la ville de Rome.

Depuis J.-C. 1811. Dans ce mois, établissement de trois écoles-pratiques de marine dans les ports d'Anvers, de Brest et de Toulon.

En août, on observe à Paris une comète chevelue, dont la barbe lumineuse et fourchue ressemble à un éventail; elle se porte vers le nord de la *grande ourse*.

Le 2 octobre, invention d'un poivre indigène, par Bonneau, de Paris.

Le même jour, invention d'une méridienne verticale, horizontale, portative, orientale, à volonté, avec thermomètre à échelle gravée, et souvenir météorologique, par Champion, de Paris.

Le 22, invention d'un sucre de châtaignes sans altérer la fécule, par Guerrazzi, de Florence.

Établissement d'un musée dans la Tauride ou Crimée, par l'empereur Alexandre.

Le 23, invention de boules de bleu céleste, avec la faculté colorante du pastel, par Wuy, de Paris.

Un bâtiment anglais allant de l'Ile-de-France à Java, longe la côte occidentale de la Nouvelle-Hollande; et y trouve des contrées plus fertiles et des habitans plus hospitaliers.

Le 16 novembre, invention de la manière d'extraire le sucre de betterave par l'alcohol.

Le même jour, découverte d'une comète dans la constellation de l'Eridan, par Pons, de Marseille; elle se lève au sud-est, et n'est visible qu'à l'aide de très-fortes lunettes.

Découverte d'une comète dans la constellation du petit Lion, par Flaugergues, de Viviers, qui croit que c'est celle de 1301, dont la révolution est de 510 ans. On croit aussi que c'est la même qui a paru en 1703.

Perfectionnement de l'invention du sucre de betterave, par Achard, de Prusse.

Le 24, l'empereur Napoléon ordonne la confection de la route de Nice à Rome, par Gênes.

Le 11 décembre, établissement d'une université norwégienne à Christiania.

Perfectionnement des ouvrages d'anatomie en cire, par Paulet et Pinson.

Le nombre des lycées de France est porté à cent.

Établissement d'une école de sourds-muets à Gênes, pour l'Italie.

Découverte de la formation de la glace par l'acide sulfurique, par Leli, d'Edimbourg.

Découverte de l'orgue expressif imitant la voix humaine, par Grenier.

Découverte du prussiate de fer, ou d'un procédé pour teindre la soie avec le bleu de Prusse, en une couleur qu'on n'obtenait qu'avec l'indigo.

Découverte de l'île Decrès ou Kangourous, près la Nouvelle-Hollande.

Depuis J.-C.

Invention du sucre de farine. 1811.

Invention du sucre d'arbousier.

Invention du café de graines d'iris torréfiées.

Méthode d'enseignement mutuel, de Lancaster, de Londres. Le chevalier Paulet, né français, imagina le premier le mode d'instruction mutuelle. Louis XVI, pour assurer le succès de cette découverte, donna à son auteur trente mille francs pris sur sa cassette. Lancaster et Bell, Anglais, se sont approprié depuis, en la modifiant, cette méthode que la révolution étouffa en France.

Publication des voyages de Mirza-Ebn-Talub-Khan en Asie, en Afrique, en Europe, pendant les années 1792 jusqu'en 1803.

Publication des voyages au Pérou, faits dans les années 1791-1794, par les R. P. Sobreviela et Narcisse y Barcelo, traduits par P. F. Henri.

Publication d'un voyage aux Indes orientales pendant les années 1802-1806, par Tombe, officier français.

Publication de l'itinéraire de Paris à Jérusalem, et de Jérusalem à Paris, par de Châteaubriant.

Le 2 janvier, Haüy vérifie que les formes cristallines du sucre de betterave sont les mêmes que celles du sucre de canne.

Le 15 janvier, établissement en France de quatre écoles 1812.
de fabrication impériale pour le sucre de betterave.

Le 18, invention d'une machine appelée *hydro-pneumatique*, destinée au remontage des bateaux sur les fleuves et rivières, par Chandeau, d'Orléans.

Le 1er février, le docteur Heinrich, en Bohême, tire du pastel une couleur aussi belle que celle de l'indigo des Indes.

Le même jour, le roi de Saxe établit deux lycées, trois gymnases, une école de droit et plusieurs autres écoles publiques, dans le duché de Varsovie.

En mai, invention du sucre de châtaignes à Naples.

Découverte d'une mécanique qui s'adapte aux métiers à tisser les toiles et étoffes de toute espèce et de toute largeur, par Vigneron.

Le 1er juillet, publication de la correspondance du baron de Grimm avec le duc de Saxe-Gotha.

Le 1er août, comète découverte par Bouvard dans la constellation du *lynx*.

Le 4, *methode d'enseignement de Bell, prêtre anglican.* Elle consiste à employer les écoliers eux-mêmes à se surveiller et à s'instruire mutuellement : les enfans les plus intelligens sont dressés à répéter presque machinalement les leçons que le maître leur a inculquées. Une autre particularité de cette méthode, c'est d'employer des tables couvertes de sable, pour y tracer la figure des lettres qu'on veut faire

Depuis J.-C. connaître, ou les opérations du calcul qu'on veut enseigner.

1812. Les prêtres anglicans soutiennent Bell contre Lancaster qui est quaker, et essaient de jeter une couleur odieuse sur les écoles lancastriennes; ils cherchent surtout à représenter les associés aux établissemens de Lancaster, comme liés avec le parti politique qui veut faire accorder à tous les Anglais, sans distinction de secte, l'égalité des droits politiques ; de là une exaspération extrême entre les Lancastriens et les Bellistes.

Traduction de l'*Almageste de Ptolémée*, par Delambre.

Établissement de l'académie de Christiania en Norwège, par le roi de Danemarck.

Deghen, allemand, s'élève dans l'air avec des aîles et à l'aide de ballons, prétendant pouvoir se diriger.

Découverte d'un vaccin dans les tumeurs particulières formées sur les jambes du cheval, et connues sous le nom d'*eau*. Cette découverte faite à Paris, avait déjà été mentionnée à Londres par le docteur Jenner.

Invention d'une pompe à feu dont le moteur n'est pas la vapeur de l'eau bouillante, mais l'effort de la dilatation d'un volume d'air froid introduit dans le fond d'une chaudière, remplie d'eau chaude.

Construction des marchés de Paris.

Publication de l'*Histoire de l'Inde ancienne et moderne*, avec l'histoire de l'Indostan et de tous les établissemens européens dans cette contrée jusqu'en 1810, et des progrès des Anglais dans cette presqu'île, par Colin de Bar.

Publication de l'*Histoire de France au dix-huitième siècle*, par Charles Lacretelle.

Publication des voyages de lord Valencia dans l'Indoustan, à Ceylan, sur les deux côtes de la mer Rouge, dans l'Abyssinie et en Egypte, durant les années 1802, 1806, traduit par Henri.

Publication d'un voyage au Nouveau-Mexique, à la suite d'une expédition ordonnée par le gouvernement des Etats-Unis, pour reconnaître les sources des rivières Arkauses, Kauses, la Plata, et Pierre-Jaune, dans l'intérieur de la Louisiane occidentale; précédé d'une excursion aux sources de Missisipi, pendant les années 1805, 1806 et 1807; par le major Z. M. Pike.

Publication d'un voyage pittoresque à l'Ile-de-France, au cap de Bonne-Espérance et à l'île de Ténériffe, par M. J. Milbert, peintre-directeur des gravures.

Voyage dans l'Amérique méridionale, depuis Buenos-Aires et Potosi jusqu'à Lima, par l'anglais Antoine Zacharie Hebrus, traduit par Barrère de Vieusac.

Voyage au retour de l'Inde par terre, et par une route en partie inconnue jusqu'ici, par Thomas Howel et par James Copper, suivi d'observations sur le passage de l'Inde par l'Égypte et le Grand-Désert.

Voyage d'Engelhardt et Parrot au Caucase, pour l'intérêt de la géographie et de la minéralogie. Depuis J.-C.

Voyage dans le sud de l'Afrique, par Henri Lichstenstein, médecin allemand au service de Hollande.

Construction d'une halle aux vins à Paris. 1813.

Un port est creusé pour les plus grands vaisseaux de guerre dans le roc de Cherbourg, à cinquante pieds de profondeur au-dessous des hautes marées, par ordre de l'empereur Napoléon.

Ouverture de la navigation du canal de l'Ourcq.

Invention d'un procédé pour enlever les fresques de dessus les murs par le moyen de l'aspiration.

Invention d'un métal imitant l'or, auquel on a donné le nom d'*artimamantico;* il est propre à la fabrication de toutes sortes de bijoux et d'objets d'orfévrerie.

Le 20 janvier, nouvelle organisation de l'Institut de France; il est divisé en quatre classes: la première, des sciences physiques et mathématiques ; la seconde, de la langue et de la littérature françaises ; la troisième, d'histoire et de littérature ancienne ; la quatrième, des beaux-arts.

Le 28, organisation de l'école spéciale militaire de Fontainebleau.

Le 2 avril, Pons découvre une comète à Marseille.

Le 3, Harding, de Goettingue, découvre une nouvelle comète dans le *taureau de Poniatowski.*

Le 13 juin, Lingois, professeur au collége du Plessis, invente une machine capable d'élever l'eau à cent pieds.

Construction de cinq abattoirs à Paris.

Kluge et Heineckan, Allemands, soutiennent l'existence du magnétisme; Bartels, de Berlin, donne une théorie du magnétisme, où il soutient l'action immédiate du fluide magnétique animal, et ses influences exercées à une grande distance.

Le 15 août, ouverture de la navigation du canal de l'Ourcq.

Le 28, ouverture de l'enceinte du port de Cherbourg aux eaux de l'Océan, en présence de l'impératrice Marie-Louise, son époux étant en Allemagne à la tête de ses armées.

La méthode d'éducation de Pestalozzi est suivie et pratiquée dans l'institut d'éducation d'Yverdun en Suisse.

Le 1er septembre. Cellier de Blumenthal invente un appareil pour la distillation de toute espèce d'eau-de-vie, tout différent des appareils ordinaires. Dans celui-ci, on peut distiller en vingt-quatre heures trente mille pintes de liqueurs ou matières fermentées ; deux hommes suffisent pour l'opération, et on ne rechange pas l'appareil.

Le 15, un astronome de Florence remarque que par suite des mouvemens réciproques de la terre et de la lune, le centre de celle-ci doit souvent occuper la place que celui de la terre vient de quitter, *et vice versâ ;* il pense que les particules

Depuis J.-C. 1813. des atmosphères lunaire et terrestre doivent quelquefois se mêler en se portant vers le point central que les planètes respectives viennent de quitter : de là les agitations et les fermentations de l'atmosphère. Il calcule qu'un cas semblable existera les 1er novembre 1813 et 12 avril 1814.

Destruction de la machine hydraulique de la Samaritaine.

Invention de la filasse tirée de la paille des fèves, en la faisant rouir. Cette invention est surtout utile pour faire le papier.

La compagnie russe d'Amérique fait partir le vaisseau dit *le Suwarow* pour faire le tour du monde.

Création de deux académies à Bremen et à Munster.

Le gymnase de Hambourg est conservé avec le titre de collége.

Le baron de Drais, autrichien, invente une voiture que les personnes qui sont dedans peuvent faire aller très-vite, sans le secours de chevaux.

Publication d'une nouvelle carte des Indes, par Boudeville.

Publication de l'*Histoire d'Angleterre au 19e siècle*, par de Lewis.

Publication de la traduction de l'*Histoire universelle de* Jean de Muller, par J. G. Hess.

Publication de l'*Histoire de France pendant les guerres de religion*, depuis François Ier jusqu'à la mort d'Henri IV, par Charles Lacretelle.

Voyage en Russie, en Tartarie et en Turquie, par le docteur Édouard-Daniel Clarke.

Voyage aux îles Trinidad, de Tabago, de la Marguerite et dans diverses parties de Venezuela, par Dauxion-Lavaysse.

Publication d'un voyage au Caucase, par Jules de Klaproth.

Publication d'un voyage aux Antilles et à l'Amérique méridionale, depuis 1767 jusqu'en 1802, par Leblond.

Publication de voyages faits dans l'Indoustan, à Ceylan sur les deux côtes de la mer Rouge, en Abyssinie et en Égypte, depuis 1802 jusqu'en 1806, par le vicomte Georges Valentia, traduit par Henri.

1814. Le 10 avril, les lycées de Paris prennent les noms de *lycées de Henri IV*, *de Louis-le-Grand*, *de Bourbon*, etc.

Publication de la relation de la campagne de Russie, par Eugène Labaume.

Le 16 mai, rétablissement de l'université de Parme, du duché de Plaisance et des écoles provinciales.

Le 28, suppression du conservatoire de musique.

Les Italiens, les Allemands et les Prussiens abandonnent aux Français les tableaux et les statues qu'ils ont enlevés à leurs nations, par droit de conquête.

Le 23, le roi d'Espagne charge son ministre en France de

réclamer tous les objets d'arts qui ont été enlevés des temples et de ses palais par les troupes françaises. Depuis J.-C. 1814.

Le 4 juillet, la société d'agriculture de Paris reprend le titre de *société royale d'agriculture.*

L'établissement de la maison d'éducation d'Écouen, est réuni à la maison de Saint-Denis : ceux de Paris, de Barbeaux et des Loges sont supprimés.

Manby, capitaine anglais, invente des mortiers qui lancent à un quart de mille une bombe à laquelle est attachée une corde, qui peut servir à sauver un équipage de bâtimens naufragés sur la côte.

Le 13, Louis XVIII ordonne le rétablissement des colléges anglais et irlandais qui existaient en France avant la révolution.

Le 30 juillet, rétablissement de l'école militaire de Paris.

La commission des monumens d'Égypte donne un ouvrage formant, avec l'atlas géographique, 10 volumes et 900 estampes.

Les monumens pieux recueillis au dépôt des Petits-Augustins ou au musée de Versailles, sont restitués entièrement aux églises.

Le 21, la bibliothèque publique de la ville de Washington, étant brûlée par les Anglais, Thomas Jefferson donne la sienne aux États-Unis.

Le 26, Louis XVIII rend aux villes de France leurs armoiries.

Le 18 octobre, fondation de la société royale des antiquaires de France.

Le 23, Malleville invente une machine à l'aide de laquelle il reste et agit sur l'eau sans communication avec l'air extérieur ; le nombre des pulsations de son pouls monte jusqu'à 164 par minute, au lieu de 70 à 80.

Les antiquaires Rosini, Scotti et Passetti, de Naples, s'occupent du déroulement des manuscrits d'Herculanum. On a déjà publié des fragmens d'un poème latin sur la Terre, fait entre Marc-Antoine et Auguste, et des fragmens du second livre d'Épicure, *de la Nature des choses.* On espère trouver tout l'ouvrage. On en a mis sous presse un de Polystratus, un des plus célèbres disciples d'Épicure, et l'on se propose de publier des fragmens de Cololes *sur le Lysis de Platon*, et de Caniseus *sur l'Amitié.* On imprime un traité complet de rhétorique de Philodemus. On continue les fouilles de Pompeïa.

Le 1er novembre, la ville de Calais fait ériger dans son port un monument à la mémoire de l'heureux retour de Louis XVIII.

Le 2, la bibliothèque de Goettingue reçoit du prince-régent les ouvrages importans publiés en Angleterre depuis 1803.

Depuis J.-C. Piazzi, astronome royal de Palerme, publie un catalogue
1814. de près de 7,500 étoiles.

Le 22, les sucres raffinés de l'étranger sont prohibés en France.

Le 27, ouverture du canal de Mons à Condé, en présence du prince d'Orange et du préfet du Nord.

Le même jour, invention d'un tableau mécanique donnant, à l'aide d'un calcul qui n'exige pas plus de 16 chiffres, la latitude précise dans l'hémisphère du nord, par une seule opération de l'étoile polaire prise à toutes les heures de la nuit indistinctement.

Le roi de Naples fait élever à Capo-di-Monte, un magnifique observatoire, auquel Reichenbach, de Munich, fournit des instrumens astronomiques.

Le 9 décembre, fabrication du bleu d'indigo et du bleu de Prusse, propre au blanchîment des toiles, par Berger Steigen, de Paris.

Le 10, Louis XVIII fonde, au collége royal de France, deux chaires, l'une pour enseigner la langue chinoise, et l'autre pour enseigner la langue samskrite.

Delambre donne un traité complet d'*Astronomie théorique et pratique.*

Méthode inventée par Itard, médecin, consistant à faire parler des sourds-muets.

Publication de l'*Histoire de la guerre entre la France et l'Espagne*, pendant les années de la révolution française, 1793 et 1794, par Louis de Marsillac.

Publication de la *Description de la Guyane française*, ou du tableau des productions naturelles et commerciales de cette colonie, par Leblond.

Publication de l'*Histoire des Cosaques*, par Lesur.

Publication de l'*Histoire du 18 brumaire*, par Gallais.

Publication du *Tableau des premières guerres de Bonaparte en Égypte*, par Michaux de Villette.

Publication du voyage de Humboldt et Bonplan aux régions équinoxiales de l'Amérique, pendant les années 1799-1804.

Le 27 janvier, système de navigation accéléré, inventé par P.
1815. Pajol, de Paris.

Le même jour, invention de bâtimens de navigation, combinés avec des machines à vapeur, et organisés pour marcher quels que soient les courans, par P. Andriel-Perrin, de Paris.

Le 28, l'ancienne Académie de peinture et de sculpture de Paris, est rétablie suivant les anciens statuts.

Le 7 février, Ferdinand VII, roi d'Espagne, ordonne la création de six écoles d'agriculture dans les provinces des

Vieille et Nouvelle-Castille, de l'Andalousie, de l'Estramadure, de Galice, de Léon, et ordonne l'emploi des revenus des bénéfices simples à la dotation de ces écoles.

Le 17, Louis XVIII réduit les Académies de France à dix-sept, et leur donne le nom d'*Universités*, qui seront placées à Paris, à Angers, à Rennes, à Caen, à Douai, à Nanci, à Strasbourg, à Besançon, à Grenoble, à Aix, à Montpellier, à Toulouse, à Bordeaux, à Poitiers, à Bourges, à Clermont et à Dijon; il donne aux lycées le nom de *colléges royaux*, et aux autres institutions, celui de *colléges communaux*; conserve l'école normale de Paris, organise les conseils des universités et des facultés qui en dépendent, et les met sous la surveillance d'un conseil royal d'instruction publique, composé d'un président et de onze conseillers nommés par lui.

Le 21, invention d'une presse nouvelle, par lord Stanhope.

Publication de l'*Histoire des campagnes de* 1814 et de 1815, par Alphonse de Beauchamp.

Le 6 mars, le docteur Olbers, astronome allemand, découvre une comète vers la constellation de Persée, qui s'avance dans la direction du nord-est.

Le 9, l'Institut est rétabli sous son ancienne forme, et divisé en académie française, en académie des inscriptions et belles-lettres, et en académie des sciences : la quatrième classe ne fait plus partie de l'Institut; les académies de peinture et de sculpture sont rétablies.

Le 20, l'abbé Sicard part pour Londres, où il est appelé pour former un institut de sourds-muets à l'instar de celui de Paris.

Les cent jours.

Le 23, rétablissement du conservatoire de musique.

Le 31, l'université impériale est rétablie par l'empereur Napoléon, telle quelle était organisée le 27 mars 1808 : le comte de Lacépède, nommé grand-maître, refuse; le duc de Plaisance accepte cette place.

Le 1er avril, l'empereur Napoléon fait reprendre les travaux de Paris.

Le 6, épreuve dans la plaine de Grenelle d'une découverte dont l'objet est de faire parvenir bien plus loin qu'à l'ordinaire la mitraille et les boulets.

Le 25, invention d'un monophole ou foyer unique, dont la lumière équivaut à celle de dix lampes d'Argant, par Bordier-Marat.

Le 27, établissement à Paris d'une école d'essai d'éduca-

Depuis J.-C. 1815. tion primaire, propre à devenir école normale, pour former des instituteurs primaires.

Le 4 mai, un monument est élevé au cap Juan, par le 106e régiment, au lieu où a débarqué l'empereur Napoléon.

Le 10, Berte, négociant à Paris, fait construire une machine, au moyen de laquelle on peut fabriquer toute espèce de papier d'une longueur indéfinie, et d'une largeur de 44 à 46 pouces, sans ouvriers et à froid.

Le 17, invention des lunettes à grossissement, appelées *lunettes polyaldes*, par Cauchois, de Paris.

Le 10 juin, invention d'une pompe à feu à compression d'air, applicable à la navigation et au déblayage des rivières, canaux, etc., par Richard Wilcox et Pierre Crépu, de Paris. (*Fin des cent jours.*)

Le 9, la langue française est exclusivement employée dans tous les actes du congrès de Vienne.

Le 15, Monsieur, comte d'Artois, engage le peintre Gérard à exposer son tableau de la bataille d'Austerlitz, comme un chef-d'œuvre de l'art et un monument de la gloire nationale.

Vers ce temps, il est établi à Saint-Cyr, dans le local qu'occupait l'école militaire, une seconde école préparatoire, dont l'organisation et le régime seront les mêmes qu'à celle de la Flèche.

Le 9 juillet, le roi ordonne que les places, ponts et édifices publics de Paris reprendront les noms qu'ils avaient au 1er janvier 1790.

Le 31, le vaisseau *le Rurik*, équipé aux frais du comte Romanow, pour faire des découvertes, part de Cronstadt, commandé par le lieutenant Kotzebue, qui a déjà fait le tour du monde avec le capitaine Krusenstern, sur *le Nadeshda.* Le docteur Escholz, de Dorpet; Chamisso, naturaliste de Berlin; Warmskild, naturaliste danois, et le peintre russe Choris, l'accompagnent. Ce vaisseau doit doubler le cap Hoorn en décembre, et employer l'année 1816 et le commencement de 1817, à visiter, dans la mer du Sud, les lieux encore peu connus. Pendant l'été de 1817, il côtoiera l'intérieur de l'Amérique jusqu'au détroit de Behring, reviendra par celui de Torres au cap de Bonne-Espérance, et ne doit rentrer à Cronstadt qu'en 1818.

Le 7, le pape supprime les établissemens d'instruction publique érigés par l'ancien gouvernement, et renvoie les professeurs et les élèves.

Le 16, Louis XVIII fait reprendre les travaux à Paris.

Le 26, on détache les bas-reliefs de l'arc de triomphe du Carrousel, où se trouve la figure de Napoléon Bonaparte. 1815.

Le 17 septembre, les puissances alliées reprennent au musée de Paris les tableaux et les statues de leurs nations respectives.

Le 2 octobre, le lion de Saint-Marc est enlevé de la place des Invalides.

Le 3, les chefs-d'œuvre et les objets d'art qui, pendant la guerre de la révolution, ont été pris dans toutes les parties de l'Europe, sont rendus à leurs propriétaires et aux villes à qui ils appartenaient.

Le 4, l'empereur de Russie achète les statues et les tables qui composent la galerie de la Malmaison.

Le 25, les quatre chevaux placés sur l'arc de triomphe du Carrousel sont reconduits à Venise par les Autrichiens. Le char et les deux autres statues restent en place.

Le même jour, le gouvernement autrichien établit des chaires de langue et de littérature allemande dans l'université de Padoue, et dans les colléges de Venise, de Trévise, d'Udine, de Vicence et de Vérone.

Le 31, suppression des facultés des lettres d'Amiens, de Bordeaux, de Bourges, de Cahors, de Clermont, de Douai, de Limoges, de Lyon, de Montpellier, de Nanci, de Nîmes, d'Orléans, de Pau, de Poitiers, de Rennes et de Rouen, ainsi que des facultés des sciences de Besançon, de Lyon et de Metz.

Publication de l'*Histoire du Brésil*, par Alphonse de Beauchamp.

Publication de l'*Histoire de la révolution de France*, par Papon.

Le 3 novembre, Girodet, avant le départ des différens objets d'arts qui ont été repris au muséum, d'après les réclamations du pape, fait mouler plusieurs statues antiques, dessiner et peindre beaucoup d'antiques d'après les plus beaux tableaux des écoles italiennes.

Le 17, F. A Windsor, Anglais, imitateur de l'ingénieur français Lebon, inventeur des lampes pyrotechniques, emploie une manière d'éclairer les rues de Paris par le gaz hydrogène carboné, tiré du charbon de terre des mines de France ; il obtient un brevet d'invention différent de celui de Preuss.

Le 14, le lion de Saint-Marc ne peut être rétabli à Venise, parce qu'il se trouve trop endommagé.

Le 27, la Vénus de Médicis et autres objets d'arts sont reconduits à Florence.

Le 28, Sophie Germain remporte à l'Institut le prix de mathématiques sur le problème des vibrations des surfaces élastiques.

Depuis J.-C. Girardin, physicien, démontre les avantages de l'électricité appliquée à la médecine.

1815. Publication d'un *Précis historique de la guerre d'Espagne et de Portugal*, de 1808 à 1814, par Auguste Carel.

Publication de l'*Histoire de l'irruption des peuples du Nord en France*, en 1814.

Publication de l'*Histoire de la monarchie française depuis le retour de la maison de Bourbon jusqu'au 1er avril* 1815, par de Montlosier.

Publication de l'*Histoire de Napoléon Bonaparte*, par de Châteauneuf.

Publication de l'*Histoire de la régence de l'impératrice Marie-Louise et des deux gouvernemens provisoires*, par le Hodey de Saule-Chevreuil.

Publication des *Campagnes mémorables des Français en Égypte, en Italie, en Hollande, en Allemagne*, par Rouillon-Petit.

Publication du *Voyage d'Aly-Bey-el-Abassi, en Afrique et en Asie*, pendant les années 1803, 1804, 1805, 1806 et 1807.

1816. Fulton, Américain, construit à Paris un bateau à vapeur.

Invention d'une pendule à mouvement perpétuel, qui marque le temps avec la plus grande exactitude ; cette machine est tenue en mouvement par le moyen de l'attraction magnétique.

Henri Didot perfectionne son moule à refouloir, et parvient à fondre plusieurs lettres à la fois; il donne à cette nouvelle manière de fondre le nom de *fonderie polyamatype*.

Le 1er janvier, le chef-d'œuvre du Laocoon retourne à Rome.

Le 7, invention de bateaux à vapeur pour accélérer la navigation, par Barre Redry, de Bordeaux.

Le 12, Canova fait transporter de France à Rome les tableaux de l'église de Saint-Pierre, tels que la Transfiguration de Raphaël, etc.

Le même jour, l'empereur Alexandre déclare qu'en Pologne l'instruction publique sera nationale et gratuite.

Le 21, établissement d'un musée à Berlin, par Ravaillé, réfugié français.

Le 22, une comète est aperçue à Marseille.

Le 31, création d'un collége royal de marine et de compagnies d'élèves de marine, par Louis XVIII.

Le 7 février, une société de Grecs instruits se réunit pour fonder un lycée à Athènes, et pour y établir un musée.

Le 12, invention de procédés de chauffage et d'éclairage par le moyen du gaz hydrogène carbonisé, par Richard Wilcox et Crepu, de Lyon.

Le 14, remise en activité des travaux de l'église de la Madeleine, des monumens expiatoires ordonnés par la loi du

19 janvier 1816, et du rétablissement des statues équestres de Louis XIII, de Louis XIV et de Louis XV.

Le 18, Louis XVIII ordonne d'élever des monumens à Louis XVI, à son épouse, à Louis XVII, à Madame Elisabeth et au duc d'Enghien, et l'érection des statues de Bayard, de Duguesclin, de Turenne, de Condé, de l'abbé Suger, du cardinal de Richelieu, de Sully, de Colbert, de Tourville, de Duguay-Trouin, de Duquesne, de Suffren, de Moreau et de Pichegru.

Le 19, l'Apollon du Belvédère, le Laocoon et l'Antinoüs sont replacés au musée du Vatican à Rome.

Le 22, le conservatoire de musique est supprimé, et remplacé par une école de chant.

Le 9 mars, organisation de la maison royale de Saint-Denis.

Le 21, nouvelle organisation de l'Institut; il est composé de l'Académie française, de l'Académie royale des inscriptions et belles-lettres, de l'Académie royale des sciences et de l'Académie royale des beaux-arts.

Le 28, le bâtiment à vapeur *l'Elise* arrive de Rouen à Paris en six heures.

Le 30, invention d'une machine appelée *bateau de remorque*, destinée à faire remonter aux bateaux les fleuves et rivières par le moyen d'un mécanisme mu par le courant de l'eau, par Briesta de Bonval, de Paris.

Le 8 avril, un ingénieur vénitien perfectionne la boussole.

Le 13, licenciement de l'école polytechnique.

Le 16, le capitaine de frégate Gauthier, commandant *la Chevrette*, est chargé de déterminer la position des caps et des côtes qui forment le contour de la Méditerranée.

Le 17, rétablissement *du Journal des Savans*.

Le 20, Jean-Victor Jorge invente une machine hydraulique propre à élever les eaux par la force centrifuge.

Le 23, le marquis de Jouffroy, de Paris, construit un bateau à vapeur propre à remonter les courans des fleuves et des rivières. L'usage de ces bateaux se propage dans l'Europe; plusieurs mécaniciens les perfectionnent.

Le même jour, invention de procédés relatifs à la fabrication des esprits ou alkohols sans vin, avec des *eaux de becs à formes*, ou eaux sucrées, par J. Mendès, de Bordeaux.

Le 27, quelques ordres religieux, chargés de fonctions spirituelles et de quelques colléges, sont rétablis en France.

En mai, publication d'un système folliaire qui présente la botanique sous un point de vue plus propre à la faire comprendre, et la rend facile à étudier.

Le 29, H. F. J. Preuss invente des procédés relatifs à l'éclairage par le gaz hydrogène.

Le 2 juin, Bontems-Beaupré, ingénieur-géographe, fait le relevé des côtes de France.

Depuis J.-C. 1816. Le 3, invention de procédés relatifs à l'art de peindre les panoramas, par Pierre Prévost, de Paris.

Le 14, les frères Geyser, de la Chaux-de-Fonds près Lausanne, imaginent une pendule dont la rotation continuelle, sans qu'aucun agent paraisse la produire, indique un mouvement perpétuel uniquement causé par le développement des tubes qui l'entourent, et reproduit sans cesse par l'entraînement de leur poids. C'est la seule machine qui, peut-être jusqu'à ce jour, a le plus parfaitement présenté l'illusion du mouvement perpétuel.

Le même jour, invention d'une machine dite *uranographique*, par Charles Rouy, de Paris. Un mécanicien de Turin réclame cette découverte un mois après.

Le 1er juillet, Christophe engage des savans anglais à se rendre à Haïti.

Le 5, invention des montagnes artificielles de santé, par Charles Populus, de Paris.

Le 10, rétablissement de l'académie des sciences de Bruxelles, créée par Marie-Thérèse.

Le 31, invention d'une table à filer, au moyen de laquelle plusieurs personnes à la fois peuvent filer, sans autre peine que celle de tirer le fil; par le professeur Hermann, de Ratisbonne.

Le 2 août, établissement d'une école de mineurs à Saint-Étienne.

Le 4, David Heath, d'Amérique, fabrique une machine à vapeur applicable aux bateaux, pour empêcher leur explosion.

Le 8, la méthode d'enseigner, dite *lancastrienne*, est approuvée à Paris par la commission de l'instruction publique.

Le même jour, publication du nouveau code pharmaceutique.

Le 14, on brûle à Bruxelles, comme à Paris, les marchandises anglaises, afin de conserver les manufactures nationales.

Le même jour, autorisation d'une société formée à Paris sous la dénomination de *Galerie métallique des grands hommes français.*

Les rues de Londres sont éclairées avec le gaz hydrogène.

Établissemens d'écoles à la Lancastre à Venise et dans d'autres Etats.

Le 20, la galerie de tableaux, dite *Borghèse*, arrivant de Paris, est rétablie à Rome dans le palais Borghèse.

Le 23, réorganisation de l'école polytechnique; elle est mise sous la protection du duc d'Angoulême.

Le 25, la galerie du Musée royal est rouverte; indépendamment des Rubens, Vernet et Lesueur, qui ornoient le palais du Luxembourg, on y voit d'autres tableaux achetés par ordre du Roi.

Société philantropique à Paris, dont les princes français sont les protecteurs.

Dans ce mois, une fonte générale des montagnes de glace du nord, qui s'étendaient depuis le vieux Groënland jusqu'au Spitzberg, et atteignoient les rives nord-ouest de l'Islande, dégage le vieux Groënland : cette barrière du pôle est rompue par la seule action répétée des courans, et par l'augmentation spontanée du calorique.

En octobre, établissement d'une école polytechnique à Vienne en Autriche.

Le 8, établissement d'une société philantropique à Saint-Pétersbourg.

Le 9, invention d'un appareil distillatoire continu à la vapeur, par J. Tachouzin et E. Gonnon, du Gers.

Le 17, invention d'une machine destinée à faire remonter aux bateaux les fleuves et les rivières, par Antoine Pilardeau, de Paris.

Le 2 novembre, l'empereur de Russie établit une université à Varsovie.

Le 16, rétablissement en France de l'ordre de Saint-Michel, destiné à servir de récompense à ceux qui se distinguent dans les lettres, les sciences et les arts, ou par des découvertes, des ouvrages et des entreprises utiles à l'Etat; le nombre des chevaliers est fixé à cent.

Le 19, la compagnie russe-américaine fait partir du port de Cronstadt une nouvelle expédition pour son voyage autour du monde; elle est composée de deux vaisseaux : *l'Annibal* et *le Suwarow*, dont le commandement est confié au capitaine Heyemeister, connu par un voyage semblable en 1806, sur le bâtiment *la Newa*.

Le 5 décembre, rétablissement de l'école des mines à Paris, par Louis XVIII, et d'une ou plusieurs succursales dans les départemens, sous le titre d'*écoles pratiques de mineurs*, avec une collection minéralogique et géologique, et une réunion des produits des arts, qui ont pour objet le travail ou le traitement des substances minérales.

Le 22, établissement d'une académie des arts à Stuttgard, par le roi de Wurtemberg.

Le 27, établissement à Livourne d'une académie des sciences, lettres et arts, connue sous le nom de *Société Labronica*.

Publication de l'*Histoire universelle*, contenant le synchronisme des histoires de tous les peuples tant anciens que modernes, et la succession des empires, par l'abbé Dillon.

Publication de la *Guerre de la Vendée en* 1815, par Charles d'Autichamp.

Publication d'un *Voyage en Abyssinie*, entrepris par or-

Depuis J.-C. dre du gouvernement britannique, de 1809 à 1810, par H. Salz.

Publication de l'*Histoire des campagnes de* 1814 *et* 1815, des deux invasions, de la restauration de la monarchie française, et de la catastrophe de Murat; par de Beauchamp.

Publication de la *Révolution du* 20 *mars* 1815, par Gallais.

Publication d'un *Voyage en Norwège et en Laponie*, pendant les années 1806, 1807 et 1808; par Léopold de Buch.

Voyage de sir Ch. Giezecké, Bavarois, à la côte du Groënland.

1817. En janvier, le chimiste Murrai, découvre un nouvel agent chimique d'une force incroyable; il fond une plaque de platine et la fait scintiller; il fond le *palladium* en un instant : en brûlant la magnésie et l'alumine, il répand un éclat qui n'est effacé que par celui du soleil, change en verre une pipe de terre, et fait sortir la flamme du diamant.

Le 16, invention d'une mécanique pour imprimer simultanément le mouvement à la terre, au soleil, à la lune et aux autres corps célestes, par Rouy.

Le 17, réinstallation de l'école polytechnique par le duc d'Angoulême.

Le même jour, invention d'un mécanisme à bascule, nommé *promenade de société*, par Côme Audin, de Paris.

Le 18, de onze heures à midi, on voit à Lauterbourg trois soleils ; ces deux parélies qui sont rares, sont accompagnés d'un fort bel arc-en-ciel.

Vers ce temps, invention de foyers économiques et salubres, par Désarnod; il invente également des calorifères à circulation extérieure, d'où partent deux bouches, qui répandent de chaque côté des appartemens, une chaleur assez forte pour qu'après quelques heures on soit obligé d'éteindre le feu, les appartemens étant remplis d'une chaleur douce et semblable à celle des beaux jours d'été : cette chaleur n'est autre chose que l'air pur pris au dehors, échauffé et se renouvelant sans cesse, sans passer par le feu.

Vers ce temps, le système du magnétisme fait de grands progrès dans les États prussiens.

Le 6 février, formation en France d'une société coloniale philantropique pour un établissement commercial et agricole sur les côtes de la Sénégambie, au Cap-Vert et dans les environs.

Le même jour, on observe à Paris et à Francfort une aurore boréale.

Le 8, invention du mécanisme *des promenades aériennes*, par P. M. Brison, de Paris.

Le 27, Charles Rouy démontre, à Paris, les nouvelles taches, les volcans, les abîmes et les précipices visibles sur le soleil.

Dans ce mois, l'école des beaux-arts est établie dans le local du Musée des monumens français, aux Petits-Augustins. 1817.

Publication de la *Biographie des hommes vivans*, ou de l'histoire, par ordre alphabétique, de tous les hommes qui se font remarquer par leurs actions et leurs écrits en France et dans l'étranger, pour faire suite à la *Biographie universelle*.

Le 5 mars, on remarque que le nombre des taches qui se voyaient autrefois dans le disque du soleil, est réduit à deux, dont une seule est bien apparente.

Le 7, on voit à Clermont un arc-en-ciel lunaire d'une blancheur éclatante.

Le 13, cent cinquante monumens du Muséum français sont transportés à Saint-Denis.

Le 15, Clément, chimiste, rend l'eau de la mer potable, par un appareil de distillation.

Chaptal propose de dessaler l'eau de la mer, en obtenant la congélation par le vide.

Le 21, on remarque que les taches du soleil décroissent et pâlissent insensiblement; ce qui tend à rendre au soleil sa première chaleur.

Vers ce temps, les monumens du Musée des Petits-Augustins sont rendus à leur destination primitive; ceux qui intéressent l'histoire de l'art sont exposés dans les salles du Louvre, où se tenait autrefois l'Académie française.

Le docteur Broussais, médecin du Val-de-Grâce, attaque la méthode de Brown, et prétend qu'il faut en revenir à la médecine des anciens.

Le 9 avril, rétablissement de la société des Amis des arts, pour faciliter aux artistes le débit de leurs ouvrages, sous la protection du duc de Berri.

Le 12, le soleil est entièrement nettoyé de ses taches.

Le 19, invention d'un mécanisme à l'aide duquel on peut tisser quatre pièces d'étoffe à la fois, au moyen de deux marches qui impriment le mouvement alternatif aux navettes.

Le 24, Gault de Saint-Germain trouve dans les carrières d'Argenteuil, près Paris, et depuis, dans celles de la Bourgogne, des pierres propres aux impressions lithographiques, qui remplacent celles tirées de la Bavière.

Vers ce temps, le physicien Leslie, d'Edimbourg, démontre que l'ewinsthone, ou trapp-porphyritique, réduit en poudre complètement sèche, absorbe le calorique au point de faire geler l'eau en trois minutes.

Le 2 mai, établissement du lycée Richelieu, à Odessa, en Crimée, par ordre de l'empereur de Russie, en l'honneur du fondateur de cette colonie.

Le 14 juin, invention du fauteuil parapontique, par

Depuis J. C. 1817. Schmidt, mécanicien, qui, debout au milieu de la Seine, en suit le cours, se tourne, se dirige, bat le briquet, allume une pipe, boit et mange avec beaucoup d'aisance.

Dans ce mois, la commission d'instruction publique propage la connaissance de la méthode de l'enseignement mutuel; il s'établit de toutes parts des écoles lancastriennes en France.

Vers ce temps, le comte de Forbin, directeur des musées royaux, s'embarque à Toulon pour aller faire un voyage au Levant.

Application du galvanisme à l'horlogerie; on voit, dans le cabinet du physicien Robertson, une pendule dont le mouvement n'est déterminé ni par des ressorts ni par des poids; elle n'a d'autre agent que le galvanisme.

Atlas botanique, ou *Clef du Jardin de l'univers*, par Lefebvre; dans cet atlas, le rang de chaque plante est déterminé d'après sa richesse organique, et par les modifications combinées de la corolle, du sexe et des feuilles.

Le 8 juillet, la méthode des bateaux à vapeur s'introduit en Espagne; une expérience en est faite à Séville.

Le 15, l'empereur de Russie fonde à Pétersbourg un établissement semblable au Collége de France, et y fait enseigner l'arabe et le persan.

Le 8 août, retour du prince Maximilien de Neuwied, d'un voyage fait au Brésil pour l'intérêt des sciences.

Le 11, Bion entreprend un voyage en Écosse pour des opérations géodésiques.

Le même jour, découverte d'une mine d'or dans la terre du prince de Salm, en Moravie.

Le 15, Gérard-Joseph Christian, directeur du Conservatoire des arts et métiers, à Paris, invente une machine avec laquelle on obtient le chanvre et le lin, sans le rouir, et propre à être employés sur-le-champ.

Le 31, on applique, en Angleterre, au théâtre de Covent-Garden, la découverte du marquis de Chabanne, pour purifier l'air de la salle par des ventilateurs.

Dans ce mois, le capitaine Ocken, de Hambourg, après avoir reconnu l'île de Jean Mayen, par le 71ᵉ degré, fait voile vers l'ouest, parvient au 72ᵉ, aperçoit une terre qui remonte vers le nord, et longe cette côte jusqu'au 81ᵉ degré 30 minutes.

Vers ce temps, des pêcheurs irlandais aperçoivent le vieux Groënland, que, depuis long-temps, les savans avaient relégué avec les chimères géographiques, et qu'une barrière de glaces dérobait depuis trois siècles aux marins.

A cette époque, le navigateur russe Kotzebue flotte librement au-delà du détroit de Behring, et sur les mêmes eaux où les glaces amoncelées avaient arrêté la marche de Cook, de Clarke, de Gore et de Dixon.

Le 7 septembre, on essaie de naturaliser l'arbrisseau à thé dans la Lombardie.

Le 23, un nouveau métal est découvert dans les mines de Styrie; ce métal, dont les oxides ont la blancheur des sels, résiste à une chaleur de cent cinquante degrés sans entrer en fusion; on propose de le nommer *Junonium*.

Le 27, la frégate *l'Uranie*, commandée par le capitaine Louis de Freycinet, compagnon du capitaine Baudin, part de Toulon pour aller procéder à la mesure de la configuration de l'hémisphère austral, à des observations sur l'intensité des forces magnétiques, et à diverses expériences qui intéressent la physique, la minéralogie et l'histoire naturelle. Il doit aussi faire la levée des côtes de la Nouvelle-Hollande; l'Angleterre y réunit un vaisseau.

Le 5 octobre, on aperçoit plusieurs taches sur le disque du soleil; l'une se forme de plusieurs petites taches qui se sont peu à peu agrandies et fondues en une seule, elle se partage de nouveau en plusieurs, et disparaît avant d'avoir atteint la limbe occidentale de l'astre; une autre plus grande est observée à la partie méridionale.

Le 6, fonte de la statue équestre de Henri IV. Le 28, Louis XVIII pose la première pierre qui doit la supporter.

Le 31, le roi de Wurtemberg réunit l'université catholique d'Ellewenger à l'université de Tubingue.

Dans ce mois, invention, par un Anglais, d'une nouvelle puissance mécanique, à laquelle il donne le nom de *convertor*, parce qne son effet est de changer en mouvement de rotation le mouvement de deux lignes parallèles; c'est un instrument d'un usage beaucoup plus étendu que le levier, la roue, le coin, la poulie, le plan incliné, la vis, etc.

Le 1er novembre, le docteur Olbers, de Brême, découvre une comète entre les étoiles K et le numéro 104; sa direction est de l'est au sud.

Le 26 décembre, M. Pons, de Marseille, découvre une nouvelle comète dans la constellation du *Cygne*.

Le 29, un officier du pacha d'Égypte engage, en Suisse, des manufacturiers et des artisans, pour aller établir des fabriques en Égypte.

Fondation d'une université à Varsovie, par l'empereur Alexandre.

Publication de l'*Histoire de l'empereur Julien*, par M. Jondot.

Vers ce temps, M. Deleuze soutient de nouveau le magnétisme, avec M. de Puységur, qui y joint les phénomènes étonnans du somnambulisme; M. Hoffmann les combat et les plaisante; M. de Laplace soutient qu'il ne faut pas nier son existence.

Publication de la *Révolution française*, par H. Lemaire.

Publication des Voyages faits dans la partie septentrionale

Depuis J.-C. du Brésil, depuis 1809 jusqu'en 1815, contenant un *Voyage au Rio de la Plata*, et un *Essai historique sur la Révolution de Buénos-Ayres*, par l'anglais Henri Koster, dont la relation est traduite en français, par Jay, auteur de l'*Histoire du cardinal de Richelieu.*

Voyage dans la Crimée, par Kosméli.

Relation du Voyage et de la captivité du capitaine russe Gallownin, au Japon, depuis 1811 jusqu'en 1813.

Publication des *Harmonies de la Nature*, ouvrage posthume de Bernardin de Saint-Pierre.

Publication de l'*Histoire de la Révolution de France*, depuis l'ouverture des états-généraux (mai 1789), jusqu'au 18 brumaire (novembre 1799), par l'abbé Papon.

Publication des *Annales du Monde*, ou Tableaux chronologiques, par l'abbé Anot.

1818. En janvier, le parlement d'Angleterre propose vingt-cinq mille livres sterling au marin qui découvrira un passage au nord de l'Amérique.

Le 7 février, invention d'un corset destiné à soutenir sur l'eau les naufragés qui ne savent pas nager; par Malisson.

Un météore lumineux paraît sur l'horizon de Toulouse, et son extinction est suivie d'une forte détonation, qui cause, avec un bruit sourd de la durée de trente secondes, une de ces violentes secousses qui dénotent un tremblement de terre.

Le 23, on retire des ruines de Thèbes le buste colossal de Memnon; il est embarqué à Alexandrie, pour être transporté en Angleterre, et être déposé au Musée britannique; il pèse dix-huit mille quintaux, et est formé d'une seule pierre de granit, dont la tête est couleur de chair, et le reste gris.

Le 27, on découvre, à Longeau, près Bayeux, une carrière de pierres lithographiques, semblables à celles de Poppenheim.

Le 2 mars, comète découverte à Marseille, au-dessus de la constellation du *Renard.*

Le 26, Louis XVIII ordonne le rétablissement de l'Odéon, et l'autorise à exploiter les répertoires tragique et comique du Théâtre français.

Le 30, deux expéditions partent des ports d'Angleterre: l'une, confiée au capitaine David Buchan, est destinée à atteindre le pôle nord, s'il est possible; l'autre, confiée au capitaine Solm Ross, doit entrer dans la baie de Baffin, que l'on présume être un bras de mer, et non pas un golfe; elle doit y pénétrer par le détroit de Davis, y chercher un passage de la mer Atlantique à la mer du Sud, et entrer dans la mer Glaciale par un autre détroit que les Américains disent avoir découvert par le 78ᵉ degré de latitude. Cinq cent mille francs sont assurés au premier navigateur qui entrera dans la mer Pacifique par un passage au nord du 52ᵉ degré; et cent vingt mille francs sont destinés au capitaine qui approchera le pôle à un degré de distance. Depuis J.-C. 1818.

Dans ce mois on découvre, près d'Argenton, département de l'Indre, une couche d'argile, ou plutôt d'alumine pure, épaisse de vingt à vingt-trois pieds; cette alumine est d'une blancheur éblouissante; on n'y découvre pas un atome de fer, et à peine quelques traces de silice; elle fait pâte avec l'eau, et ressemble parfaitement à de l'alumine que l'on aurait précipitée d'une dissolution d'alun.

Le 26 avril, on fait l'essai de la méthode d'enseignement mutuel, dans une école militaire en Sibérie.

Dans ce mois, le tombeau de Henri II est rétabli à Saint-Denis, à la même place qu'il occupait autrefois.

Le 15 mai, invention d'un nouvel instrument d'optique, nommé Kaléidoscope, qui soumet les corps transparens aux effets de la lumière, par le docteur anglais Brewster, et perfectionnée par Frédéric Albert Windsor, fils, et Alphonse Giroux, de Paris.

Vers ce temps, l'enseignement mutuel se propage en Russie; il se forme, à Saint-Pétersbourg, une école normale, où deux cent cinquante élèves sont entretenus aux frais de l'État.

Le 9 juin, l'expédition pour la découverte d'un passage vers le pôle arctique, arrive au 80e degré 22 minutes de latitude, sans avoir pu trouver de passage ni au nord ni au sud du Spitzberg.

Le 20, invention d'une machine destinée, à l'aide d'un puits ou d'une petite source, à procurer une chute d'eau, à volonté, qui va remplacer les pompes à feu de haute pression, d'après le système de Wolf, et nommé *hydre hydraulique*, par Bertrand Villain de Rong.

Le 8 juillet, on éclaire les rues de Vienne avec le gaz hydrogène.

Le 25, l'expédition du nord arrive au 75e degré 21 minutes de latitude nord, et au 60e degré 30 minutes de longitude : les déviations du compas étant toujours plus sensibles, on a de la peine à reconnaître les vents.

Le même jour, invention de procédés, à l'aide desquels on imprime, par aspiration, sur porcelaine et sur toute espèce de matières.

Le même jour, invention d'une lampe mécanique s'allumant d'elle-même, appelée *Lampe ignifère*, par Antoine-Louis-Joseph Loque, de Paris.

Le 28, le capitaine Kotzebue rentre à Cronstadt, sans avoir pu parvenir du côté du détroit de Behring, que jusqu'au 70e degré, où il a été arrêté par un rempart de glaces; il n'a pu doubler ni le cap Szalatskoï en Asie, ni le cap glacé en Amérique. D'après de nouvelles recherches, la nouvelle Sibérie n'est pas un continent, mais un groupe de trois grandes îles, qui s'étendent jusqu'au 77e degré, et au-delà desquelles on aperçoit une mer glacée; ce qui prouve que le Groënland n'est qu'une île,

Depuis J.-C. 1818. que la baie de Baffin est ouverte vers le nord, et qu'il n'y a point de continent sous le pôle.

Vers ce temps, les vaisseaux l'*Alexandre* et l'*Isabelle* arrivent au 75e degré 30 minutes nord de latitude, et au 60e degré 30 minutes ouest de longitude; cette position est bien au-dessus des côtes d'Amérique; le courant poussait au sud-est, ce qui fait espérer de rencontrer un passage dans cette partie de l'Amérique, vers laquelle le courant semblait se diriger.

Le 1er août, l'expédition de découvertes du capitaine Ross parvient au 75e degré 48 minutes de latitude; il observe que plus on approche du pôle, plus la déviation de la boussole augmente; elle a le sud pour le nord et l'ouest pour l'est.

Le 28 septembre, on reprend les travaux des canaux de l'Ourcq et de Saint-Denis: le premier reçoit depuis des trains de bois à brûler, destinés pour Paris.

Le 30, le gouvernement des États-Unis envoie une expédition pour explorer les sources du Missouri; plusieurs savans font partie de cette expédition.

Dans ce mois, invention des Vélocipèdes, appelés aussi *Draisiennes*, du nom de leur inventeur le baron de Drais, Allemand.

Le 4 octobre, MM. Biot et Arago partent pour Dunkerque, et vont, avec plusieurs savans anglais, terminer des opérations astronomiques, relatives à la mesure de la terre.

Le 11, le colonel Mudge, astronome anglais, arrive à Dunkerque pour se joindre à MM. Biot et Arago, afin de continuer les opérations relatives à la mesure de la terre.

Le 15, une partie de l'expédition envoyée au pôle nord, rentre à Yarmouth; la plus haute latitude que l'expédition ait pu atteindre est le 88e degré 30 minutes, par le 12e degré de longitude. Ayant voulu chercher un autre passage, on s'est dirigé vers le nord-ouest; mais on y a trouvé les mêmes barrières de glace qui arrêtèrent, en 1773, l'expédition du capitaine Philips.

Le 18, fondation d'une université à Bonn, par le roi de Prusse.

Le 20, deux expéditions se préparent à Rochefort; la première est destinée pour la Chine, et doit transporter des Chinois de leur pays à Caïenne, pour y cultiver le thé; la seconde doit porter des ouvriers et des matériaux aux nouveaux établissemens qu'on veut former au Sénégal.

Le 31, le roi de Prusse charge M. de Humboldt de faire un voyage dans l'Archipel qui s'étend à l'est de l'Inde.

Vers ce temps, le pacha d'Egypte veut introduire dans ses États toutes les branches de l'industrie européenne; des sommes immenses sont consacrées à cet objet.

Le 12 novembre, l'*Isabelle* et l'*Alexandre*, envoyés à la

Depuis J.-C. 1818.

découverte du passage par le pôle nord, arrivent dans les basses de la Sonde à Lerwick; le capitaine Ross a exploré toute la baie de Baffin, et a reconnu toutes les positions désignées par les navigateurs qui l'ont précédé. D'après le résultat de ce voyage, il paraissait d'abord certain qu'aucun passage n'existait entre l'océan Atlantique et la mer Pacifique; mais depuis (27 décembre 1819), les Anglais ont découvert ce passage nord-ouest; ils traversent la baie de Baffin, et arrivent à l'embouchure de la rivière Coppermine. La compagnie de la baie d'Hudson vérifiera si le Groënland est une île, ou s'il tient au continent de l'Amérique.

Le 13 novembre, une souscription est ouverte à Stockholm pour élever un monument à Charles XII.

Le 26, M. Pons, de Marseille, découvre une nouvelle comète dans la constellation de *Pégase*.

Le 28, M. Pons, de Marseille, découvre une nouvelle comète dans la constellation de l'*Hydre*.

Le 3 décembre, le chimiste Thénard découvre que l'eau et beaucoup d'autres corps peuvent se combiner avec l'oxigène, et possèdent des propriétés extraordinaires.

Le 7, Ritchie, voyageur anglais, s'embarque à Marseille pour aller faire, dans l'intérieur de l'Afrique, un voyage de découvertes, sur l'invitation du dey de Tripoli.

Le 9, publication d'une *Histoire du Magnétisme*, par Ennemoser, de Berlin.

Le 29, l'électeur de Hesse-Cassel publie une ordonnance par laquelle il n'est permis qu'aux fils de conseillers, ou autres personnes du même rang, de fréquenter les universités : les ministres de paroisse, seuls, sont exceptés de cette mesure générale, mais seulement pour leurs aînés; les cadets doivent renoncer à toute instruction scientifique.

On découvre dans le Tennessée aux États-Unis, près la rivière d'Elk, plusieurs pièces de monnaie antique et d'une forme inconnue, qui prouvent que l'Amérique a été civilisée à une époque fort reculée; on découvre également des restes d'anciennes fortifications, faites dans une autre partie de cette contrée.

Le roi des Deux-Siciles ordonne l'établissement d'un collége royal, d'une académie royale, et de trois écoles pour l'instruction des militaires.

La Grande-Bretagne ordonne l'exécution d'un plan pour déterminer les rapports des poids et mesures de toutes les nations commerçantes.

L'Académie française adopte une partie de l'orthographe de Voltaire, sur la proposition de son secrétaire perpétuel.

Un fabricant de fer de Smalland, en Suède, découvre la malléabilité de la fonte applicable aux pièces d'artillerie.

Maugé reconnaît que l'acide pyroligneux provenant de la

Depuis J.-C. distillation du bois, a la propriété de s'opposer à la décomposition et à la putréfaction des matières animales.

1818. *Association anséatique*, qui s'étend sur presque toute l'Allemagne, et qui a un bureau central sous la direction d'un professeur de Tubingue, lequel désigne dans chaque province, parmi les commerçans, quelques hommes marquans pour la correspondance avec le centre : le but de cette association est de s'éclairer mutuellement, ainsi que les gouvernemens, sur la marche des affaires commerciales.

Formation à Paris d'une société biblique protestante, présidée par le marquis de Jaucourt, ministre d'état, pair de France.

L'Académie de Strasbourg obtient une faculté de théologie protestante.

Le commerce de l'Inde est tout entier entre les mains des Anglais : les Anglo-Américains seuls rivalisent avec eux sur quelques points : toutes les autres nations y trouvent plus de dangers que de profits.

Publication de l'*Histoire des révolutions de Norwège*, par J. P. G. Catteau-Calleville.

Publication de l'*Histoire de Cromwell*, par M. Villemain.

Publication d'un voyage fait en 1816, dans l'Afrique, par le capitaine J. K. Tucken, pour reconnaître le Zaïre, communément appelé *le Congo*.

Publication d'un voyage fait en Perse, en Arménie et dans l'Asie mineure, de 1810 à 1816, par Jacques Morier et sir Gore Ouseley, ambassadeur britannique.

Voyage de Ritchie dans l'intérieur de l'Afrique.

Voyage dans le Levant, pendant les années 1817 et 1818, par le comte de Forbin.

Voyage de Leschenault, naturaliste du roi de Frauoe, dans l'intérieur de l'Inde.

Voyage dans la baie de Baffin, entrepris par ordre de l'amirauté anglaise, par le capitaine Ross.

Publication de l'*Histoire chronologique des Voyages vers le pôle arctique*, entrepris pour découvrir un passage dans le grand Océan, depuis les premières expéditions des Scandinaves jusqu'à l'expédition de 1818, par John Barrow.

Publication de l'*Histoire de l'Empire de Russie*, par Karamsin, traduite par de Saint-Thomas et Jauffret.

Publication des *Annales des Lagides*, ou *Chronologie des rois grecs d'Égypte*, successeurs d'Alexandre le-Grand, par Champollion-Figeac.

Publication de l'*Histoire de la Scandinavie sous la dynastie des Folkungars*.

Voyage et recherches faites par Mollien dans l'intérieur de l'Afrique, aux sources du Sénégal et de la Gambie, par ordre du gouvernement français.

Voyage de Bodwich au pays d'Asshantées en Afrique.

Le capitaine King, chargé par le gouvernement anglais d'explorer la côte nord-ouest de la Nouvelle-Hollande, découvre un grand fleuve dans la baie de Van-Diémen.

(*) Découverte d'une mine de sel gemme près de Vic, département de la Meurthe. 1819.

L'analyse de deux échantillons de neige rouge recueillis sur le mont Saint-Bernard, démontre que la couleur de cette neige provient 1° d'une plus ou moins grande quantité d'oxide de fer répandu à sa surface; 2° d'un principe végétal résineux, ayant une couleur rouge orangée, et appartenant, selon toute apparence, à l'organisation de quelque cryptogame du genre des algues ou des lichens.

M. Rhodes découvre un nouveau genre de vers intestinaux, auquel on donne le nom de *thalazie*.

Le docteur Pavon fait connaître une nouvelle plante fébrifuge, employée avec succès par les Indiens de Quito; il lui donne le nom d'*unanuea fébrifuge*.

Découverte d'un prétendu métal nommé *wodanium*, par M. Lampadius. Ce métal est d'un jaune de bronze; il est malléable, dur comme le spath fluor, et est fortement attiré par l'aimant. M. Stromeyer prouve que ce n'est qu'un minérai de nickel.

Découverte d'une mine d'étain à Piriac, département de la Loire-Inférieure, par M. de Guérande.

Nouvel hydromètre capillaire, inventé par le docteur Brewster, d'Édimbourg. Cet instrument sert à faire connaître la force et la gravité spécifique des liqueurs spiritueuses.

Invention d'une nouvelle machine d'acoustique, nommée *sirène*, par M. Cagniard Delatour; elle est destinée a mesurer les vibrations de l'air qui constituent le son.

Composition d'un nouvel acide, formé par le soufre et l'oxigène, et nommé *hypo-sulfurique*, par MM. Welter et Gay-Lussac.

Un autre acide, produit par la combustion de l'éther par la lampe sans flamme, est découvert par M. Daniell, qui propose de le nommer *acide lampique*.

M. Vauquelin découvre un autre acide, formé par l'action de l'acide nitrique, le chlore et l'iode sur l'acide urique.

M. Braconnot propose de nommer acide *pyro-sorbique*, un nouvel acide produit par la distillation de l'acide sorbique.

(*) On peut consulter pour les quatre dernières années contenues dans ces Tablettes, la partie de la chronologie de l'histoire moderne qui y correspond. On y trouvera plusieurs articles relatifs aux sciences et aux arts, que nous n'avons pas jugé à propos de répéter ici.

Depuis J.-C. 1819. Invention du *galvanodesme*, instrument pour sauver les noyés et les asphyxiés, par le docteur Struve, de Goerlitz.

Nouveau moyen de faire des microscopes simples de verre, proposé par M. Sivright.

Invention du thermo-baromètre, par M. Goubert.

Instrument pour mesurer l'eau de pluie, inventé par M. Tardy de la Brosse.

Application de la gymnastique à l'éducation physique des enfans, par M. Amoros, réfugié espagnol.

Invention d'un nouveau *forceps* par le docteur Panza, de Naples.

Invention du cremnomètre, instrument propre à mesurer les précipités, par M. Cadet.

M. Pons découvre, à l'observatoire de Marseille, le 12 juin 1819, une nouvelle comète dans la constellation du *Lion*; elle est très-petite et invisible à l'œil nû.

M. Bouvard, directeur de l'Observatoire de Paris, observe vers le même temps une autre comète dans la constellation du *Lynx*.

Nouveau *compteur* inventé par MM. Breguet, pour faciliter l'évaluation des fractions de secondes de temps dans les observations astronomiques.

M. Doolitle propose un moyen de faire marcher les vaisseaux de guerre dans un temps calme.

Le mécanicien Xavier Michel, d'Offenbach, invente une machine très-simple et peu volumineuse, à l'aide de laquelle on peut traverser les rivières et même tenir la mer sans être submergé.

Invention d'un nouveau procédé pour peindre sur verre, par M. Wynn.

M. Schortmann, de Buttstaedt, invente un nouvel instrument de musique qui rend dans toute sa force et sa pureté le son de l'harmonica, de la clarinette, du cor, du hautbois, et le coup d'archet du violon.

Invention d'une nouvelle espèce de canon que l'on charge par la culasse. Cette invention est surtout avantageuse pour les vaisseaux de guerre. Elle est due à M. Diamanti, mécanicien à Rome.

Le capitaine d'artillerie Schumacher invente de nouvelles fusées, qui peuvent servir de signaux, et par là devenir très-utiles aux astronomes et géographes.

M. Roggero invente une machine à broyer le chanvre et le lin sans rouissage.

Invention d'une autre machine destinée au même objet, par M. Tissot.

Invention par M. Pienne, d'un instrument pour mettre en communication des sourds-muets et des aveugles. On lui a donné le nom de *Dactylographe*.

On voit à Londres, un automate, joueur d'échecs, qui pique la curiosité publique. Depuis J.-C. 1819.

MM. Renaud, Blanchet et Binet, inventent une machine hydraulique, nommée *cric hydraulique*.

M. Godin compose une machine simple et économique, à laquelle il donne le nom de levier hydraulique.

MM. Lacroix et Poulvay proposent à l'Académie des sciences un modèle d'une machine propre à élever les eaux, par l'action combinée du poids de l'atmosphère, sur la surface du réservoir inférieur, et de refoulement de cette eau dans un tuyau ascendant, implanté sur une espèce de réservoir intermédiaire, rempli en vertu du vide que le même mécanisme y opère.

Invention d'une nouvelle pompe à incendie, nommée *tonneau hydraulique*, par M. Launay.

Nouvelle presse typographique en fonte de fer, par M. Wood.

Autre presse typographique, mue par une machine à vapeur, inventée par M. Koenig.

Le mécanicien Owen invente, à Stockholm, une voiture ou traîneau pouvant contenir douze à quinze personnes, et mis en mouvement par une machine à vapeur au lieu de chevaux.

M. Hervieux invente un nouvel instrument, nommé aréo-thermomètre, qui indique simultanément les degrés de pesanteur des liqueurs, et ceux de la température.

Fabrication du cinabre ou vermillon, par M. Desmoulins.

M. d'Arcet indique les moyens de préserver les doreurs sur bronze des funestes effets de la vapeur du mercure.

Le professeur Meinecke, de Halle, produit une belle illumination au moyen de la lumière électrique, et à l'aide d'un air artificiel renfermé dans des tuyaux de verre.

Le colonel George Gibbs propose un moyen d'augmenter la force de la poudre à canon; il consiste à y faire entrer une certaine portion de chaux vive.

M. Cleland indique un procédé pour blanchir les fils et tissus de chanvre et de lin.

M. le comte de Lasteyrie trouve un moyen simple et économique de conserver les grains; celui de creuser des fosses souterraines où soit toujours maintenue une égale température.

M. Mill, de Londres, découvre un nouveau métal qu'il appelle *or mill*, et qui réunit les qualités de l'or pur. 1820.

M. Breitaupt fait connaître une nouvelle espèce minérale, appelée *amblygonite*.

Invention d'un thermomètre différentiel, par M. Howard de Baltimore. Cet instrument est une imitation du thermomètre différentiel de Leslie.

M. Daniell invente un nouvel hygromètre, qui mesure la

Depuis J.-C. 1820. force et le poids de la vapeur aqueuse dans l'atmosphère, et le dégré correspondant d'évaporation.

Nouvel appareil pneumatique, à l'aide duquel on opère le vide, sans le secours de la pompe, par M. Faschamps.

M. Maçaire fait connaître un appareil électro-chimique propre à reconnaître la présence des métaux en dissolution dans un liquide.

Découverte d'un nouvel acide produit par la combinaison du bleu de Prusse et de la chaux, par M. Doebereiner.

MM. Cadet de Gassicourt et Marc analysent l'air des salles de l'Opéra, du Théâtre Français et du Vaudeville à Paris, le 24 août 1820, jour où l'on jouait gratis à l'occasion de la fête du Roi. Il résulte de ces expériences, qu'il faut attribuer l'extrême insalubrité de l'air des salles de spectacle, lorsque cet air n'est pas renouvelé, à sa grande dilatation, à l'eau qu'il tient en dissolution, et aux miasmes qu'il renferme.

M. Gimbernat, naturaliste espagnol, découvre dans les eaux thermales de Baden en Allemagne, et dans celles d'Ischia, île du royaume de Naples, une substance animale qui ressemble à de la chair humaine recouverte de sa peau, et qu'il propose de nommer *Zoogène*. Cette substance soumise à la distillation donne les produits ordinaires des matières animales.

Le docteur Straub, médecin à Hoftwil, invente un nouvel appareil voltaïque.

Nouvel électromètre très-sensible, qui indique l'espèce d'électricité dont il accuse la présence, par M. Bohnenberger.

Invention d'un théodolite répétiteur, par MM. Richer, père et fils.

M. Chevalier, aîné, fait connaître une chambre obscure à prisme convexe, qui offre plusieurs avantages, entre autres celui de rendre plus vive et plus nette l'image des objets.

M. Adie, physicien à Edimbourg, fait connaître l'invention d'un nouvel instrument qu'il appelle *sympiromètre*, et qui sert à indiquer les plus légers changemens dans la pesanteur de l'atmosphère. Il publie aussi un nouvel hygromètre.

M. Flaugergues invente un nouvel instrument propre à déterminer l'intensité de la gelée et du froid, et auquel il donne le nom de Kruomètre.

Le docteur Devèze lit à l'Académie des sciences un Mémoire sur cette question : la *fièvre jaune est-elle contagieuse ?* qu'il résout par la négative.

M. Troughton, connu par la perfection de ses instrumens astronomiques, construit un secteur zénithal de 40 à 50 pieds de long, sans limbe ou arc divisé.

M. Valz, de Nîmes, invente un nouveau micromètre, qu'il nomme *réticule*, à sommets alternes.

Invention d'un instrument tout-à-fait nouveau, nommé *niveau-cercle*, par M. Lenoir, ingénieur du Roi, pour les instrumens à l'usage des sciences. Cet instrument offre de grands avantages, entre autres celui d'être très-solide, et de n'avoir besoin d'aucune rectification.

Publication d'un *Voyage de découvertes au pôle du nord*, par M. le capitaine Parry.

M. J. Ouracher, d'Aurach, général-major au service d'Autriche, invente un instrument fort ingénieux, qu'il appelle *quaréographe*, au moyen duquel on peut dessiner la perspective avec la plus grande précision.

Nouveau procédé inventé par M. Lizars, pour la gravure en relief sur cuivre.

M. Perkins invente un nouveau procédé de gravure nommé *Sidérographique*.

M. Kœnig, peintre de Berne, imite d'une manière admirable, la nature et ses grandes scènes dans des tableaux transparens.

M. Gatteaux invente une machine pour mettre *au point* les statues et les bustes en marbre. Cette machine est nommée *Pantographe du sculpteur*.

M. Poulleau invente un nouvel instrument à cordes, nommé *orchestrino*, qui a la forme d'un piano, et est garni de cordes à boyaux depuis la plus petite jusqu'à la plus grosse.

Invention par M. Dietz, d'un clavi-harpe, instrument qui a la forme et les sons analogues à ceux d'une harpe, et se joue à l'aide d'un clavier à la manière du forte-piano.

Construction d'un bateau mécanique remorqueur, mis en mouvement par la percussion du courant, inventé par M. Courteaut.

M. Barbier fait connaître un instrument au moyen duquel on peut tracer sur une planche métallique les caractères d'une écriture appelée *expéditive française*. M. Prony fait un rapport sur cet instrument à l'académie des sciences.

M. Gilbert Burks invente une presse d'imprimerie agissant par un mouvement de rotation.

Invention d'une nouvelle machine à vapeur, par W. Congrève.

On emploie dans le Calvados, et dans plusieurs départemens voisins une machine ingénieuse, appelée *vis d'Archimède, à double effet*, qui est de l'invention de M. Pattu.

Invention d'un nouveau belier hydraulique, par M. Godin. Cette machine, qui est fort simple, sert pour arroser les prairies, dessécher les marais, et tirer de l'eau du sein de la terre pour la porter sur les côteaux les plus élevés.

M. Bonnet de Coutz importe d'Angleterre une machine à curer les rivières, mue par une machine à vapeur

M. Pottié propose un moyen de retirer de l'eau les bâtimens submergés.

Le capitaine de vaisseau Brown achève la construction du pont de chaînes jeté sur la Tweed. Ce pont est d'une grande

Depuis J.-C. 1820. solidité. C'est le premier de ce genre qu'on ait fait en Angleterre.

M. Nicolas, pharmacien à Dieppe, invente un appareil pour purifier l'eau de mer.

M. Clegg, habile mécanicien anglais, invente des cornues tournantes pour la production du gaz hydrogène.

Moyen de rendre les toiles incombustibles, par M. Gay-Lussac. Ce moyen consiste à tremper la toile dans une solution de phosphate d'ammoniaque, et à la laisser sécher.

M. Cadet-de-Vaux fait connaître le moyen de blanchir le linge avec la pomme de terre.

Invention de nouvelles marmites, nommées autoclaves, par M. Lemare. Elles ont l'avantage de faire de bon bouillon gras, et de bon bouilli, en moins d'une demi-heure. Cet appareil exige de grandes attentions. Il a déjà causé de terribles accidens.

M. Ternaux fait construire à Saint-Ouen une fosse à conserver les grains. Cette fosse a été visitée en 1823, et on a reconnu que le grain n'y avait subi aucune altération.

1821. Publication d'un ouvrage sur la transfusion du sang dans les animaux, par M. Prévost.

M. Perrotet, cultivateur botaniste et voyageur du gouvernement, attaché à l'expédition commandée par le capitaine Philibert, envoie au Jardin du Roi, à Paris, une nombreuse collection d'objets d'histoire naturelle consistant principalement en plantes vivantes, rassemblées en Asie, en Afrique et en Amérique. Cette collection est la plus riche et la plus considérable qui ait jamais été introduite en France par aucune expédition.

M. Mac-Culloch découvre l'existence du chrôme oxidé, natif de l'île Nust, l'une des îles Schetland.

On découvre en Corse un nouveau minéral chargé de particules d'or, auquel on donne le nom de *Causicorum*. On en a fait des vases, qui pour la blancheur et la beauté, le disputent au vermeil.

La compagnie des Indes envoie en Angleterre un diamant enlevé au peishwa des Marattes, et qui pèse 358 grains. Après le *régent*, et un diamant appartenant à l'empereur de Russie, c'est le plus beau qui existe en Europe.

M. Mac-Culloch découvre que l'on peut produire un grand froid artificiel par le mélange de la glace et de l'alcool, de l'eau-de-vie de grains.

M. Selligue, mécanicien et ingénieur opticien à Genève, présente à la société helvétique des sciences naturelles de cette ville, deux nouveaux instrumens de physique : l'un, appelé *télemètre*, est destiné à la mesure des distances par une seule station, au moyen de deux lunettes assemblées parallèlement aux deux extrémités d'une traverse commune ; l'autre instrument est destiné à faire les fonctions de baromètre ; c'est une sorte de balance qui indique avec précision les changemens de poids d'un même solide, selon que le volume constant d'air qu'il déplace, est plus ou moins dense.

Invention d'un nouveau pyromètre, extrêmement simple et commode, par M. Daniell.

Découverte d'un nouvel acide dans l'allantoïde de la vache, par M. Wurzer.

Invention d'un nouveau *condensateur* galvano-magnétique, par M. Poggendorff, de Berlin.

M. Gauss propose une nouvelle méthode pour se procurer des signaux visibles à de très-grandes distances, et susceptibles d'être observés avec beaucoup de précision.

Invention d'un nouveau microscope, nommé catadioptrique, par M. Amici.

Pierre météorique, du poids de 220 livres, tombée le 15 juin 1821, près du village de Juvina dans le département de l'Ardèche. En tombant, elle s'enfonça de six pieds dans la terre. Au moment de sa chute, il y eut deux détonations successives qui furent entendues à plus de dix lieues.

Le bel établissement de bains de mer, chauds et froids et de douches, formé à Boulogne, par feu M. Cléry de Bécourt, est remis en activité par M. Quettier. C'est le seul établissement de ce genre qui existe en Europe.

M. Berlinghieri, médecin à Pise, invente un nouvel instrument de chirurgie, nommé *Ettopesofago*, propre à exécuter l'opération appelée *œsophagotomie*, et au moyen duquel on peut tirer sans danger tous les corps étrangers tombés dans l'œsophage.

M. Maertens, surintendant ecclésiastique à Halberstadt, invente un instrument de mathématiques au moyen duquel il peut tracer dans tous les rapports donnés du paramètre à l'axe, l'ellipse, la parabole et l'hyperbole.

Nouvelle comète découverte dans la constellation du *Pégase*, par M. Pons.

M. Ramcye, d'Aberdéen, en Écosse, construit un télescope à réflexion, perfectionné, de plus de 25 pieds de longueur, et pouvant être mu avec facilité.

M. Williams Smith découvre une terre située au sud du Cap Horn, et qui est appelée *Nouvelle Schetland du sud*.

Invention d'une nouvelle boussole, par M. Touboulic, chef de l'atelier des boussoles à Brest. Cet instrument apporte une grande précision dans les observations à la mer.

Le même artiste a aussi inventé de nouveaux *habitacles*, et une nouvelle *bouée de sauvetage*.

M. le baron de Saint-Haouen, contre-amiral français, propose un nouveau système de télégraphie.

Construction à Boston d'une frégate à vapeur, destinée à la défense des côtes.

Depuis J.-C. 1821.

Invention d'un nouvel instrument pour copier les dessins, nommé *apographe*, par M. A. Smith, Écossais.

M. Stephano Barezzi, de Milan, découvre un moyen très-simple pour détacher de la muraille les peintures à fresque, sans le moindre risque de les endommager.

Invention d'un nouvel instrument de musique, nommé *basse d'harmonie* ou *ophicleïde*, par M. Labbaye. Les sons de cet instrument tiennent à la fois du cor, du basson, et du serpent.

M. Ledhuy invente un instrument de musique nommé *lyre organisée*. Il est monté de quinze cordes, divisées en trois parties distinctes ; les quatre dernières ou graves, nommées *basses;* les cinq suivantes en montant nommées *intermédiaires*, et les six premières, que l'auteur appelle *dessus*.

Un habitant de Cork, en Irlande, propose un nouveau moyen de diriger les aérostats ; il consiste à placer dans la nacelle, au lieu de lest, une boîte de cuivre propre à condenser le gaz.

Invention d'un mécanisme applicable aux machines à mesurer le temps, nommé régulateur à tourbillon, par M. Breguet.

Invention d'un nouveau chronographe, par M. Rieussec.

M. Herhan indique un procédé pour fondre les caractères d'imprimerie en formats solides.

Manière de fondre des formats stéréotypés, par M. Firmin Didot.

M. Buckley, de New-York, invente un bouclier à feu ou parafeu, destiné à protéger les hommes occupés à éteindre un incendie, et surtout à empêcher le feu d'étendre ses ravages.

M. Le Cointe Marchetti Tomassi invente une nouvelle machine à draguer, à laquelle il donne le nom de *vanga reatina*.

M. François Farkas, de Farkas Falva, en Hongrie, invente une nouvelle machine nommée *Dauphin*, à l'aide de laquelle on peut plonger à quelque profondeur que ce soit.

Invention d'un vélocipède marin, ou machine à marcher sur l'eau, par M. Kent, de Glascow. A l'aide de cette machine, on peut marcher sur l'eau et exécuter divers mouvemens avec beaucoup de facilité.

Achèvement de la construction du pont de Bordeaux, bâti entièrement en pierres, sous la direction de M. Deschamps, ingénieur en chef des ponts et chaussées. La longueur totale de ce pont est de 486 mètres, 68 centimètres, et sa largeur entre les parapets de 14 mètres, 86 centimètres.

Invention d'une nouvelle presse d'imprimerie, par M. Hellfarth, imprimeur à Erfurt. On a jugé cette nouvelle presse préférable à celle de Kœnig.

M. le major Lamb, de New-York, invente un nouvel appareil pour la distillation de l'eau de mer. 1821.

M. Lapostolle, professeur de physique de l'académie d'Amiens, découvre un nouveau procédé pour rendre les étoffes de coton incombustibles; il consiste à tremper ces étoffes avant de les repasser, dans une dissolution de tartrite de potasse et de soude.

M. Gillet, cultivateur du Pas-de-Calais, emploie avec succès une nouvelle méthode de dessèchement.

L'Irlande est le théâtre de phénomènes singuliers. Un petit 1822.
marais situé au nord-est de celui de Kilmaleady paraît fort agité pendant plusieurs jours; il s'élevait à une hauteur considérable et retombait ensuite dans son lit. Un terrain d'environ 100 acres du comté de Joyce, couvert de pâturages, de collines et de nombreuses habitations, a été vu en mouvement, entraînant avec lui une grande quantité de limon et de pierres, détruisant tout ce qui s'opposait à son passage, et se dirigeant vers la mer avec une effrayante rapidité. La Société royale de Dublin a observé ce phénomène, et a cherché les moyens d'y remédier.

MM. Désormeaux et Hippolyte Cloquet découvrent une nouvelle espèce d'entozoaire du genre acéphalocyste à laquelle ils donnent le nom *d'acéphalocystis racemosa.* M. L. Cloquet reconnaît l'existence d'une nouvelle espèce de ver du genre ophiostome, observée chez l'homme.

Nouvelle carrière de marbre blanc statuaire, découverte par M. Dumège, à Sost, dans la vallée de Baroussé, département des Hautes-Pyrénées. Ce marbre se travaille avec la même facilité que celui de Carrare.

Invention d'un nouvel instrument pour mesurer la compression de l'eau, par M. Oersted.

Idée d'un paratonnerre portatif, donnée par sir H. Davy.

M. Scaramucci, de Florence, invente un nouvel appareil aérostatique, qu'il appelle aérodrome ou aéro-naviglio, et à l'aide duquel il peut, dit-il, accélérer, retarder ou arrêter son ascension à volonté, marcher horizontalement dans tous les sens quelle que soit la direction du vent, décrire différentes courbes, demeurer immobile sur terre et à tous les degrés de son élévation, enfin, descendre aussi facilement qu'il se serait élevé. Une machine de ce genre coûterait environ 100,000 francs.

Le colonel Beaufoy, de la Société royale de Londres, invente un nouvel aéromètre, qui paraît supérieur à tous ceux déjà connus.

L'existence d'un nouvel acide, nommé hydroxantique, est constatée par M. Zeisc.

M. Serulas parvient à enflammer la poudre sous l'eau, au moyen d'un mélange fulminant de charbon et d'alliage, d'an-

Depuis J.-C. 1822. timoine et de potassium qui prend feu par le contact de l'eau, et communique l'inflammation à la poudre.

Nouvel appareil de l'invention de M. Clément pour la production du chlore, et pour d'autres usages. On le nomme cascade chimique.

Le professeur Zimmermann, à Giessen, découvre que toutes les substances aqueuses atmosphériques, comme la rosée, la neige, la pluie et la grêle, contiennent du fer météorique combiné avec du nickel.

Nouvelles modifications de l'appareil voltaïque, proposées par M. R. Haze.

Le docteur Gondret reconnaît que l'emploi du galvanisme pour guérir les asphixiés peut produire les plus heureux résultats.

Invention d'un microscope à calquer, par M. Vincent Chevallier.

L'astronome français Matthieu construit un réflecteur vertical, qui est élevé aux dunes de Hastings en Angleterre, et dont la lumière est visible à trente lieues.

On éprouve le 19 février, à Genève, une secousse de tremblement de terre assez forte, accompagnée de divers phénomènes.

On aperçoit à Paris, le 6 août, à 8 heures un quart du soir, une grande traînée lumineuse serpentante, de la grosseur du poignet, qui occupait dans le ciel un arc de trente degrés environ. Sa partie inférieure était plus lumineuse que le reste qui s'affaiblissait graduellement en allant vers l'autre extrémité. Cette traînée lumineuse dura plus de cinq minutes, et fut aperçue au jour, et à l'heure cités dans plusieurs villes de France et d'Angleterre.

Le 22 octobre, éruption du Vésuve. C'est une des plus imposantes et des plus remarquables dont on ait conservé le souvenir. Elle se rapproche beaucoup de celle de l'an 79 de notre ère. Pendant trois jours, elle jette l'épouvante parmi les habitans des villes voisines.

M. Nicod de Vevay, invente un nouvel instrument, nommé udomètre, qui indique la quantité de pluie tombée.

Le professeur Sementini propose pour certaines maladies, l'usage interne du nitrate d'argent, qui avait été rangé dans la classe des poisons les plus redoutables.

Le docteur Rousseau reconnaît des propriétés fébrifuges dans les feuilles de houx, et les regarde comme aussi efficaces que le quinquina.

M. Marochetti, chirurgien de l'hôpital de Moscou, indique un remède contre l'hydrophobie. Ce remède avait été employé avec le plus grand succès sous ses yeux par un paysan de l'Ukraine. Il consiste en une forte décoction de sumac (*Rhus coriaria*) et des fleurs du *genista lutæ tinctoriæ*, que l'on fait prendre aux malades. Cette décoction sert aussi à gargariser, après l'ouverture et la cautérisation des boutons qui viennent sous la langue des personnes menacées de la rage.

Le docteur Amussat invente un instrument pour briser les calculs urinaires dans la vessie.

Le professeur Gibson, de l'université de Pensylvanie, invente un nouvel instrument pour l'opération de la cataracte. Ce sont des ciseaux si délicats, et cependant si forts et si tranchans, qu'ils coupent facilement, et sans blesser aucune partie de l'œil, la lentille qui se forme sur le cristallin dans la cataracte.

M. de Prony invente une nouvelle méthode de nivellement trigonométrique. Cette nouvelle méthode a l'avantage de permettre à l'observateur d'observer dans un lieu abrité.

Invention d'un nouveau théodolite, propre à la fois aux observations géodésiques et astronomiques, par M. Gambey.

Nouvelle comète découverte à Marseille, le 12 mai.

M. Busby expose à Londres une machine hydraulique, planétaire, de son invention.

Nouvelle boussole, inventée par M. W. Clarke de Chatham en Angleterre.

Nouvel instrument nommé hyalographe, inventé par M. Clinchamp, pour dessiner des perspectives, et obtenir des épreuves du dessin.

M. Guilbaud de Nantes, invente un bateau à manége, nommé *zootique*.

M. Louis Martin présente à l'Académie des sciences un instrument de son invention, destiné à mesurer les grandes pressions exercées, soit par les liquides, soit par les gaz, en les représentant par des pressions qui leur sont proportionnelles.

Invention d'une presse d'imprimerie, mue par une machine à vapeur, par M. Selligue.

Invention de nouvelles cornues pour la préparation du gaz, de la houille, par MM. Gibbons et Wilkinson.

M. Baffi, chimiste italien, découvre une nouvelle méthode pour fabriquer le salpêtre sans l'aide du feu, et par la seule chaleur du soleil. Il reçoit du vice-roi d'Egypte un présent de cent mille écus et le titre de bey, en récompense de cette découverte.

La société d'encouragement pour l'industrie nationale, séant à Paris, propose, pour l'année 1823, vingt prix représentant une valeur de 41,900 fr.

FIN DU DEUXIÈME ET DERNIER VOLUME.

www.ingramcontent.com/pod-product-compliance
Lightning Source LLC
Chambersburg PA
CBHW050548270326
41926CB00012B/1965
* 9 7 8 2 0 1 2 6 5 5 9 9 7 *